Omagh
Sligo
Bangor
Lough Neagh
Belfast
Carrick-on-Shannon
Monaghan
Castlebar
Newry
Cavan
Dundalk
Longford
Roscommon
CONNAUGHT
Mullingar
Trim
Drogheda
Galway
LEINSTER
Tullamore
Dublin
Shannon
Ennis
Lough Derg
Naas
Portlaoise
Limerick
IRELAND
Wicklow
Carlow
Kilkenny
Tralee
MUNSTER
Clonmel
Killarney
Waterford
Carrauntoohil 1038
Dungarvan
Wexford
Cork
St. George's Channel
Celtic Sea
Isle of Man
Irish Sea
Anglesey
Carlisle
Scafell Pikes 978
PENNINES
Newcastle
Tyne
Sunderland
Tees
Hartlepool
Middlesbrough
YORKSHIRE AND
Lancaster
Blackpool
NORTH WEST
Liverpool
Wrexham
CAMBRIAN MOUNTAINS
Shrewsbury
WEST MIDLANDS
WALES
Swansea
Cardiff
Bristol Channel
Bristol
SOUTH WEST
Salisbury
Exeter
Plymouth
Torquay
Land's End
Isles of Scilly

Engelsk

lommeordbok

English-Norwegian
Norwegian-English

Kunnskapsforlaget

6. utg., 2. oppl. 2006

Redaktør: Vibecke Haslerud
Markedsansvarlig: Anne Cathrine Knudsen
Omslagsdesign: Kitty Ensby
Sats: Brødr. Fossum AS
Skrift: 6 pkt. Helvetica, 6,5 pkt. Times
Papir: 45 gram Swelite Classic Høyhvit, bulk 1,25
Trykk og innbinding: NordBook A/S

ISBN-13: 978-82-573-1744-7
ISBN-10: 82-573-1744-6

FORKORTELSER – *ABBREVIATIONS*

adj	adjektiv	adjective
adv	adverb	adverb
amr	amerikansk	American
bot	botanikk	botany
dvs	det vil si	that is
edb	elektronisk databehandling	electronic data processing
elektr	elektrisitet	electricity
etc	og så videre	etcetera
f	femininum, hunkjønn	feminine
fork	forkortelse	abbreviation
fotogr	fotografi	photography
gram	grammatikk	grammar
jernb	jernbane	railway
jur	jus	law
konj	konjunksjon	conjunction
m	maskulinum, hankjønn	masculine
mil	militært	military
mus	musikk	music
n	nøytrum, intetkjønn	neuter gender
o.l.	og lignende	and the like
osv	og så videre	and so on
pron	pronomen	pronoun
psyk	psykologi	psychology
subst	substantiv	noun
sby	(no)en	somebody
sth	noe	something
tekn	teknikk	engineering
tlf	telefon	telephone
tv	fjernsyn	television
zool	zoologi	zoology

FORORD

Engelsk lommeordbok er beregnet på både norsk- og engelsktalende som trenger en rask oppslagsmulighet – f.eks. på reise. Ordutvalget bærer preg av dette og er i stor grad hentet fra dagligliv, reiseliv og nyhetsbildet. Det er også særlig utvidet med amerikanske varianter. Den engelsk-norske delen har lydskrift (leseveiledning foran i boken) og kjønnsmarkering ved norske oversettelser.

Bokens midtsider gir en del faktaopplysninger i tillegg til et utvalg av norske og engelske uregelmessige verb. Nytt i denne utgaven er bl.a. noen australske ord og deres betydning, og en parlørdel bak i boken med setninger og uttrykk som kan være nyttige i situasjoner med bil, hos legen, på restaurant o.l.

Denne lommeordboken ble opprinnelig utarbeidet av Jan W. Dietrichson og Orm Øverland.

Dette er sjette utgave av ordboken, og den er revidert av Henny Bjerke.

Oslo, mars 2003 Kunnskapsforlaget

PREFACE

This English dictionary is intended for both Norwegian- and English-speaking in need of a quick reference – e.g. when travelling. Its English-Norwegian part gives ample information about the three genders of Norwegian nouns: feminine, masculine, and neuter. The definite form of feminine gender nouns has the ending **-a** (girl = jente, the girl = jenta); masculine gender **-en** (horse = hest, the horse = hesten); neuter gender **-et** (house = hus, the house = huset). Useful information about numbers, telling the time etc. is given in the centre of the book. At the end you'll find some sentences/expressions and words to be used when e.g. buying food or visiting a doctor.

Oslo, March 2003 Kunnskapsforlaget

TEGN – *SYMBOLS*

For å spare plass er ikke hele oppslagsordet gjentatt i sammensetninger, og følgende tegn er benyttet:

~ betyr at oppslagsordet skal gjentas
~ - betyr at oppslagsordet skal gjentas med bindestrek
| betyr at bare den delen av oppslagsordet som står foran streken, skal gjentas

In order to save space, some special symbols have been used:

~ replaces the word which is at the head of the entry
~ - replaces the headword with a hyphen
| indicates that only the part of the headword which is before the stroke is replaced by ~

UTTALE – *PRONUNCIATION*

/ˈ/ betegner trykk og står foran den trykksterke stavelsen
/ː/ betegner lang lyd

/ɑː/	farm	/n/	no
/æ/	back	/ŋ/	sing
/ʌ/	but	/ɒ/	top
/aɪ/	pipe	/ɔː/	tall
/aɪə/	fire	/ɒɪ/	boy
/aʊ/	house	/oʊ/	home
/aʊə/	hour	/oʊə/	lower
/b/	beat	/p/	pea
/d/	do	/r/	red
/e/	bed	/s/	some
/ə/	afraid	/z/	zoo
/ɜː/	bird	/ð/	then
/eə/	hair	/θ/	think
/eɪ/	state	/ʒ/	pleasure
/f/	find	/dʒ/	just
/g/	go	/ʃ/	short
/h/	hat	/t/	toe
/ɪ/	sit	/tʃ/	chop
/iː/	seat	/uː/	too
/ɪə/	here	/ʊ/	put
/j/	yes	/ʊə/	tour
/k/	can	/v/	vivid
/l/	low	/w/	we
/m/	man		

A

a /eɪ, ə/ en, et.
aback /ə'bæk/ *(sjøfart)* bakk; **taken ~** forbauset, forbløffet.
abandon /ə'bændən/ oppgi, forlate; **~ed** forlatt; **~ment** oppgivelse *m.*
abash /ə'bæʃ/ gjøre skamfull.
abate /ə'beɪt/ minske, forringe; **~ment** minking *m/f,* reduksjon *m.*
abbless /'æbɪs/ abbedisse *m/f;* **-ey** abbedi *n;* **-ot** abbed *m.*
abbreviatle /ə'bri:vɪeɪt/ forkorte; **-ion** forkortelse *m.*
ABC /eɪbɪ'sɪ/ abc *m,* alfabet *n.*
abdicatle /'æbdɪkeɪt/ frasi seg; **-ion** (tron)frasigelse *m.*
abdomlen /'abdəmən/ underliv *n*; **-inal** underlivs-; buk-; **-inal cavity** bukhule *m.*
abduct /əb'dʌkt/ bortføre, kidnappe; **~ion** bortføring *m/f,* kidnapping *m/f;* **~or** kidnapper *m.*
aberration /æbə'reɪʃn/ avvik *n.*
abeyance /ə'beɪəns/, **in ~** i bero.
abhor /əb'hɔ:/ avsky; **~rence** avsky *m,* vemmelse *m;* **~rent** avskyelig, vemmelig.
abide /ə'baɪd/ **(by)** stå, holde fast (ved); avvente.
ability /ə'bɪlɪtɪ/ evne *m;* dyktighet *m.*
abject /'æbdʒekt/ ynke.
able /'eɪbl/ dyktig; **~ to** i stand til; **~-bodied** kraftig, arbeidsfør.
abnormlal /əb'nɔ:ml/ abnorm; **-ity** abnormitet *m.*
aboard /ə'bɔ:d/ om bord (på).
abollish /ə'bɒlɪʃ/ avskaffe, få bort; **-ition** avskaffelse *m.*
abominalble /ə'bɒmɪnəbl/ avskyelig; **-tion** avsky *m,* avskyelighet *m.*
aboriginlal /æbə'rɪdʒənl/ opprinnelig, ur-; **-es** *flertall* urinnbyggere (i Australia) *m, flertall.*
abort /ə'bɔ:t/ abortere; **~ion** abort *m,* misfoster *n;* **~ive** mislykket.

about /ə'baʊt/ omkring; omtrent; ved; om; **be ~ to** stå i ferd med; **come ~** skje.
above /ə'bʌv/ over, ovenfor; ovenpå; *(overført)* over, mer enn; **~ all** fremfor alt; **~-board** åpen, ærlig.
abreast /ə'brest/ side om side; **keep ~ of** holde tritt med.
abridg|e /ə'brɪdʒ/ forkorte, sammendra; **-(e)ment** forkortelse *m*, utdrag *n*.
abroad /ə'brɔːd/ ute, i (*eller* til) utlandet.
abrupt /ə'brʌpt/ bratt; plutselig.
abscess /'æbses/ svulst *m*, byll *m*.
absence /'æbsəns/ fravær *n;* mangel *m*.
absent /'æbsənt/ fraværende; **~-minded** distré.
absolute /'æbsəluːt/ absolutt.
absor|b /əb'sɔːb/ suge inn, oppta; **-ption** inn-, oppsuging *m/f*.
abstain /əb'steɪn/ avholde seg; **~er** avholdsmann *m*.
abstention /æb'stenʃn/ avhold(enhet) *n (m)* (**from** fra).
abstinence /'æbstɪnəns/ avhold(enhet) *n (m)*.
abstract /'æbstrækt/ abstrakt *n*; utdrag *n*.
absurd /əb'sɜːd/ absurd, tåpelig; **~ity** meningsløshet *m*, urimelighet *m*.
abundan|ce /ə'bʌndəns/ overflod *m* (**of** av); **-t** rikelig.
abuse /ə'bjuːs/ misbruk *n*.
abus|e *verb* /ə'bjuːz/ misbruke; skjelle ut; **-ive** grov.
abyss /ə'bɪs/ avgrunn *m*.
academ|ic /ækə'demɪk/ akademisk; akademiker *m;* **~ian** akademiker *m* (medlem *n* av et akademi); **-y** akademi *n*.
accede /æk'siːd/, **~ to** etterkomme, imøtekomme.
accelerat|e /æk'seləreɪt/ fremskynde; gi gass; **-ion** akselerasjon *m;* **-ion lane** akselerasjonsfelt *n*; **-or** gasspedal *m*.
accent /'æksənt/ aksent *m;* uttale *m;* tonefall *n*.
accent *verb* /æk'sent/ betone; **~uate** betone, fremheve; **~uation** betoning *m/f*, aksentuering *m/f*.
accept /ək'sept/ ta imot; godkjenne; **~able** akseptabel; **~ance** godkjennelse *m;* **~or** *(handel)* akseptant *m*.
access /'ækses/ adgang *m*; **~ible** tilgjengelig (**to** for); **~ion** tiltredelse *m*; tilgang *m*.
accessor|y /æk'sesərɪ/ ekstra-;

(jur) medskyldig (**to** i); **-ies** *flertall* tilbehør *n.*

accident /'æksɪdənt/ tilfeldighet *m*; ulykkestilfelle *n*; **~ insurance** ulykkesforsikring *m/f;* **~al** tilfeldig.

acclamation /æklə'meɪʃn/ bifallsrop *n.*

accommodat|e /ə'kɒmədeɪt/ tilpasse; imøtekomme; huse; **-ing** imøtekommende; **-ion** tilpasning *m*; husvære *n;* **-ion service** romformidling *m/f*; **seating -ion** sitteplass *m.*

accompan|iment /ə'kʌmpənɪmənt/ ledsagelse *m,* akkompagnement *n;* **-y** ledsage, akkompagnere.

accomplish /ə'kɒmplɪʃ/ fullføre; greie; **~ed** dyktig; talentfull; **~ment** fullføring *m/f;* ferdighet *m.*

accord /ə'kɔːd/ samsvar *n;* enighet *m*; *(mus)* akkord *m.*

accord *verb* innvilge; forsone; stemme overens (**with** med); **~ance** overensstemmelse *m;* **~ingly** følgelig; **~ing to** ifølge.

accordion /ə'kɔːdɪən/ trekkspill *n.*

account /ə'kaʊnt/ konto *m,* regning *m/f;* **~s** *flertall* regnskap(er) *n flertall*; beretning *m;* **on ~ of** på grunn av; **on no ~** på ingen måte *m;* **take into ~** ta i betraktning *m;* **~able** ansvarlig; **~ant** bokholder *m,* revisor *m;* **~book** regnskapsbok *m/f;* **~ current** kontokurant *m;* **~ for** gjøre rede for; forklare.

accredit /ə'kredɪt/ akkreditere (**to** hos), gi fullmakt *m;* **~ed** anerkjent.

accumulat|e /ə'kjuːmjʊleɪt/ samle, hope (seg) opp, tilta; **-ion** opphopning *m.*

accura|cy /'ækjʊrəsɪ/ nøyaktighet *m;* **-te** nøyaktig.

accus|ation /ækjʊ'zeɪʃn/ anklage *m;* **-e** anklage; **-er** anklager *m.*

accustom /ə'kʌstəm/ venne (**to** til); **~ed** vant; vanlig.

AC/DC /eɪsɪ'diːsɪ/ vekselstrøm/ likestrøm; *(slang)* biseksuell.

ace /eɪs/ *(kortspill)* ess *n.*

ache /eɪk/ verk *m.*

ache *verb* gjøre vondt, verke.

achieve /ə'tʃiːv/ utrette; fullføre; vinne, (opp)nå; **~ment** fullføring *m/f;* bedrift *m,* dåd *m.*

achilles' tendon /ə'kɪliːz tendən/ akillessene *m.*

acid /'æsɪd/ sur; syre *m/f;* **~ity** surhet *m;* **~ rain** sur nedbør *m*; **~ulous** syrlig.

acknowledge /ək'nɒlɪdʒ/ erkjenne, bekrefte; innrømme; **~ment** innrømmelse *m;* anerkjennelse *m;* erkjennelse *m.*
acne /'æknɪ/ kvise *m/f.*
acoustics /ə'kuːstɪks/ akustikk *m.*
acquaint /ə'kweɪnt/ gjøre kjent; **~ance** bekjentskap *n;* kjenning *m.*
acquire /ə'kwaɪə/ erverve, oppnå; **~ment** ervervelse *m.*
acquisition /ækwɪ'zɪʃn/ ervervelse *m.*
acquit /ə'kwɪt/ frikjenne (**of** for); **~tal** frikjenning *m/f.*
acre /'eɪkə/ eng. flatemål 4046,9 m^2; **~age** flateinnhold *n.*
across /ə'krɔːs/ (tvers) over; **come ~** støte på.
act /ækt/ handling *m/f,* gjerning *m/f;* forordning *m/f,* vedtak *n,* lov *m; (teater)* akt *m*; dokument *n.*
act *verb* fungere; handle, opptre; innvirke (**on** på); spille, agere; **~ing** handling; *(teater)* spill *n*; **~ion** handling *m/f*; gjerning *m/f*; *(jur)* prosess *m,* søksmål *n.*
activ|e /'æktɪv/ aktiv, virksom; **-ity** virksomhet *m;* aktivitet *m.*
act|or /'æktə/ *m,* **-ress** *f* skuespiller *m.*
actual /'æktʃʊəl/ virkelig, faktisk.
acute /ə'kjuːt/ skarp; gløgg.
adamant /'ædəmənt/ *(overført)* ubøyelig, steinhard.
adapt /ə'dæpt/ tilpasse, bearbeide (**from** etter); **~ability** tilpasningsevne *m;* **~able** tilpasningsdyktig; **~ation** tillemping *m/f;* bearbeidelse *m.*
add /æd/ tilføye; addere; **~ up** regne sammen.
addict /'ædɪkt/ avhengig *m;* misbruker *m*; **~ed to** avhengig av, henfallen til.
addition /ə'dɪʃn/ tilføyelse *m;* addisjon *m;* **in ~** dessuten.
address /ə'dres/ henvendelse *m,* adresse *m/f;* offentlig tale *m.*
address *verb* henvende, tiltale; adressere.
adequa|cy /'ædɪkwəsɪ/ tilstrekkelighet *m,* riktig forhold *n;* **-te** passende, tilstrekkelig.
adhere /əd'hɪə/ henge fast (**to** ved); **~nt** tilhenger *m.*
adhesive /əd'hiːsɪv/ klebende; **~ plaster** heftplaster *n.*
adjacent /ə'dʒeɪsnt/ tilstøtende.
adjourn /ə'dʒɜːn/ utsette; heve (om møte).

adjunct /'ædʒəŋkt/ tilleggs-; tillegg *n;* medhjelper *m.*
adjust /ə'dʒəst/ innstille; ordne; **~able** stillbar, regulerbar; **~ment** justering *m/f.*
administ|er /əd'mɪnɪstə/ forvalte, styre; tildele, gi; **-ration** forvaltning *m;* **-rator** bestyrer *m,* administrator *m.*
admira|ble /'ædmərəbl/ beundringsverdig, utmerket; **-tion** beundring *m/f.*
admire /əd'maɪə/ beundre; **~r** beundrer *m.*
admiss|ible /əd'mɪsəbl/ tillatelig; **-ion** adgang *m;* innrømmelse *m.*
admit /əd'mɪt/ innrømme; slippe inn; **no ~tance!** ingen adgang! **~tedly** riktignok, ganske visst.
admon|ish /əd'monɪʃ/ formane, påminne; **-ition** formaning *m/f,* påminnelse *m.*
ado /ə'du:/ ståhei *m,* oppstyr *n.*
adolescent /ædo'lesnt/ halvvoksen.
adopt /ə'dɒpt/ adoptere, anta; **~ion** adopsjon *m,* antakelse *m.*
ador|able /ə'dɔ:rəbl/ bedårende; **-ation** tilbedelse *m;* **-e** tilbe; forgude.
adorn /ə'dɔ:n/ smykke, pryde; **~ment** prydelse *m,* utsmykning *m.*
adroit /ə'drɒɪt/ behendig.
adult /'ædəlt/ voksen *m.*
adulterat|e /ə'dəltəreɪt/ forfalske; **-ion** forfalskning *m.*
adulter|er /ə'dəltərə/ *m,* **-ess** *f* ekteskapsbryter *m;* **-y** ekteskapsbrudd *n.*
advance /əd'vɑ:ns/ fremskritt *n;* fremrykning *m;* avansement *n;* forskudd *n;* (pris)forhøyelse *m.*
advance *verb* gå (sette) frem; **~ment** forfremmelse *m.*
advantage /əd'vɑ:ntɪdʒ/ fordel *m;* **~ous** fordelaktig.
adventure /əd'ventʃə/ opplevelse *m;* eventyr *n;* **~r** eventyrer *m.*
advers|ary /'ædvəsərɪ/ motstander *m;* **-e** fiendtlig, ugunstig; **-ity** motgang *m;* ulykke *m/f.*
advertise /'ædvətaɪz/ reklamere, kunngjøre, avertere; **~ment** annonse *m;* **~r** annonsør *m.*
advertising /'ædvətaɪzɪŋ/ reklame *m;* **~ agency** reklamebyrå *n;* **~ film** reklamefilm *m;* **~ space** annonseplass *m.*
advice /əd'vaɪs/ råd *n;* underretning *m;* **a piece of ~** et råd.
advis|able /əd'vaɪzəbl/

tilrådelig; **-e** underrette (**of** om); råde; **-er** rådgiver *m.*
advocacy /'ædvəkəsɪ/ forsvar *n.*
advocate /'ædvəkət/ talsmann *m;* advokat *m.*
advocate *verb* /'ædvəkeɪt/ forfekte.
aerial /eərɪəl/ luft-, luftig; antenne *m/f.*
aero /'eərou/ fly-; **~plane** fly *n.*
aerosol box (can) /'eərəsol båks (kæn)/ sprayflaske *m/f,* sprayboks *m.*
afar /ə'fɑː/ langt borte.
affair /ə'feə/ sak *m/f,* affære *m.*
affect /ə'fekt/ virke på; berøre; hykle; **~ation** påtatt vesen *n;* **~ed** affektert.
affection /ə'fekʃn/ hengivenhet *m;* **~ate** kjærlig, hengiven.
affiliat|e /ə'fɪlɪeɪt/ knytte (**to** til); **~d company** datterselskap *n;* **-ion** tilknytning *m.*
affirm /ə'fɜːm/ forsikre; bekrefte; **~ation** bekreftelse *m,* forsikring *m/f;* **~ative** bekreftende.
afflict /ə'flɪkt/ bedrøve; **~ion** lidelse *m;* prøvelse *m;* sorg *m.*
affluen|ce /'æfluəns/ tilstrømning *m;* velstand *m;* **-t society** velstandssamfunn *n.*
afford /ə'fɔːd/ ha råd til; yte.
afield /ə'fiːld/ ut(e) på marken; **far ~** langt borte, helt på villspor.
afloat /ə'flout/ *(sjøfart)* flott; flytende.
afoot /ə'fʊt/ til fots; *(overført)* i gjære.
afraid /ə'freɪd/ redd (**of** for).
afresh /ə'freʃ/ på ny.
aft *(sjøfart)* akter-.
after /'ɑːftə/ etter; etter at; **~s** *flertall* dessert, etterrett *m;* **~birth** etterbyrd *m;* **~body** *(sjøfart)* akterskip *n;* **~-crop** *(landbruk)* ettergrøde *m/f;* **~glow** aftenrøde *m;* **~math** *(landbruk)* etterslått *m;* følger *m;* **~noon** ettermiddag *m* (etter kl. 12).
again /ə'gen/ igjen; på den annen side; **now and ~** nå og da; **~ and ~** gang på gang.
against mot.
age /eɪdʒ/ (tids)alder *m;* **of ~** myndig; **under ~** umyndig; **~d** gammel av år.
agen|cy /'eɪdʒənsɪ/ agentur *n;* byrå *n;* **-da** dagsorden *m;* **-t** agent *m.*
agglomerate /ə'glɒməreɪt/ klumpe (seg) sammen.
aggravat|e /'ægrəveɪt/ forverre; irritere; **-ion** forverring *m/f;* ergrelse *m.*
aggregate /'ægrɪgeɪt/ samling *m/f,* opphopning *m;* aggregat *n.*

aggregate *verb* samle, oppsamle; /'ægrɪgɪt/ samlet.
aggress|ion /ə'greʃn/ aggresjon *m;* **-ive** aggressiv, pågående.
ago /ə'goʊ/ for – siden; **long ~** for lenge siden.
agon|ize /'ægənaɪz/ pine(s); **-izing** pinefull; **-y** pine *m/f;* **-y aunt** leserbrevredaktør *m.*
agree /ə'gri:/ stemme (overens), bli (være) enig (**on, in** om, **to** om å), samtykke (**to** i, **that** i at); **~able** behagelig, overensstemmende (**to** med); **~ment** enighet *m;* overenskomst *m.*
agricultur|al /ægrɪ'kəltʃərəl/ jordbruks-; **-e** jordbruk *n.*
aground /ə'graʊnd/ på grunn.
ahead /ə'hed/ fremover, foran; **go ~!** kjør i vei!
aid /eɪd/ hjelp *m/f.*
aid *verb* hjelpe.
aids /eɪds/ *fork for* **acquired immune deficiency syndrome**; **~-infected** aidssmittet.
ail /eɪl/ være syk, hangle; **~ing** skrantende; **~ment** illebefinnende *n,* sykdom *m.*
aim /eɪm/ sikte *n;* mål *n.*
aim *verb* sikte (**at** på); trakte, strebe etter (**at** etter); **~less** uten mål.
air /eə/ luft *m/f,* luftning *m;* mine *m,* utseende *n.*
air *verb* /eə/ lufte ut, gi luft, tørke; **~s** *flertall, (overført)* viktig mine *m;* **by ~** med fly; **in the open ~** i friluft; **on the ~** i radio, «på lufta».
air|bag kollisjonspute *m/f;* **- base** flybase *m;* **- bed** luftmadrass *m;* **-borne** flybåren; **-conditioning** klimaanlegg *n.*
aircraft /'eəkrɑ:ft/ luftfartøy *n,* fly *n;* **~ carrier** hangarskip *n.*
air| force luftvåpen *n;* **-ing** lufting *m/f;* **-line** flyselskap *n;* **-liner** rutefly *n;* **-mail** luftpost *m;* **- pipe** luftrør *n;* **-plane** *(amr)* fly *n;* **- pocket** lufthull *n;* **- pollution** luftforurensning *m;* **-port** lufthavn *m/f.*
air| raid luftangrep *n;* **-strip** startbane *m;* **-tight** lufttett; **-way** flyrute *m/f;* **-y** luftig; flott; lettvint.
aisle /aɪl/ midtgang *m.*
ajar /ə'dʒɑ:/ på gløtt.
akin /ə'kɪn/ beslektet (**to** med).
alarm /ə'lɑ:m/ alarm *m;* angst *m.*
alarm *verb* alarmere, engste; **~ clock** vekkerur *n.*
alas /ə'lɑ:s/ akk! dessverre!
albeit /ɒl'bi:t/ det være seg.
alcohol /'ælkəhɒl/ alkohol *m;*

~ic alkoholisk; alkoholiker *m;* **~ism** alkoholisme *m.*
albuminuria /ælbjuːmɪ'njʊərɪə/ eggehvite i urin.
alder /'ɔːldə/ *(bot)* or *m/f;* **~man** rådmann *m.*
ale /eɪl/ (engelsk) øl *n.*
alert /ə'lɜːt/ årvåken; (fly-)alarm *m;* **on the ~** på vakt.
alien /'eɪlɪən/ fremmed; utlending *m;* **~ate** støte fra seg; fremmedgjøre; **~ation** fremmedgjørelse *m.*
alight /ə'laɪt/ stige ned, ut.
alike /ə'laɪk/ lik(edan).
alive /ə'laɪv/ i live, levende.
all /ɔːl/ alt, alle, all, hel; **after ~** når alt kommer til alt; **not at ~** slett ikke; **~ over** over det hele; **~ right** i orden; **~ the same** likevel.
allege /ə'ledʒ/ påstå; **~d** påstått, angivelig.
allegorical /ælɪ'gɒrɪkl/ allegorisk.
allerg|ic /ə'le:dʒɪk/ allergisk; **-y** allergi *m.*
alleviat|e /ə'liːvɪeɪt/ lindre; **-ion** lettelse *m,* lindring *m/f.*
alley /'ælɪ/ allé *m,* smug *n.*
alli|ance /ə'laɪəns/ forbund *n;* **-ed** alliert *m.*
allocat|e /'æləkeɪt/ tildele; **-ion** tildeling *m/f.*
allot /ə'lɒt/ tildele; **~ment** tildeling *m/f;* lott *m;* parsell *m.*
allow /ə'laʊ/ tillate; innrømme; gi; **~ance** innrømmelse *m;* kostpenger, lommepenger *m;* understøttelse *m.*
alloy /'ælɒɪ/ legering *m/f.*
all-round /ɔːl raʊnd/ allsidig.
allspice /'ɔːlspaɪs/ allehånde *m.*
allude /ə'l(j)uːd/ hentyde (**to** til).
allure /ə'l(j)uːə/ (for)lokke; **~ment** tillokking *m/f,* lokkemat *m.*
allusion /ə'l(j)uːʃn/ hentydning *m.*
ally /'ælaɪ/ alliert *m,* forbundsfelle *m.*
ally *verb* /ə'laɪ/ alliere.
almighty /ɔːl'maɪtɪ/ allmektig.
almond /'ɑːmənd/ mandel *m.*
almost /'ɔːlmoʊst/ nesten.
alms /ɑːmz/ *(flertall = entall)* almisse *m/f.*
aloft /ə'lɒft/ til værs.
alone /ə'loʊn/ alene, enslig; **to let** (*eller* **leave**) **~** å la i fred.
along /ə'lɒŋ/ langs (med); av sted; bortover.
aloof /ə'luːf/ fjern; reservert.
aloud /ə'laʊd/ høyt (om lyd).
alpine /'ælpaɪn/ alpe-.
alphabet /'ælfəbet/ alfabet *n.*
already /ɔːl'redɪ/ allerede, alt.
also /'ɔːlsoʊ/ også, dessuten.

altar /'ɔːltə/ alter *n.*
alter /'ɔːltə/ forandre, endre; **~ation** forandring *m/f.*
alternate /ɔːl'tɜːnɪt/ vekselvis.
alternat|e *verb* /'ɔːltəneɪt/ veksle, skifte; **-ion** avveksling *m/f;* **-ive** mulighet *m,* alternativ *n,* valg *n.*
although /ɔːl'ðoʊ/ skjønt, selv om.
altitude /'æltɪt(j)uːd/ høyde *m.*
altogether /ɔːltə'geðə/ aldeles, ganske; alt i alt.
aluminium /æljʊ'mɪnɪəm/, *(amr)* **aluminum** aluminium *n.*
always /'ɔːlwəz/ alltid.
a.m. /eɪ em/ *fork for* **ante meridiem** (om) formiddag(en).
amalgamat|e /ə'mælgəmeɪt/ amalgamere; fusjonere; **-ion** sammensmelting *m/f,* fusjon *m.*
amateur /'æmətɜː/ amatør *m.*
amaz|e /ə'meɪz/ forbløffe; **~ment** forbauselse *m,* forbløffelse *m;* **-ing** forbløffende.
ambassador /æm'bæsədə/ ambassadør *m.*
amber /'æmbə/ rav *n* (-gul).
ambigu|ity /æmbɪ'gjuːətɪ/ tvetydighet *m;* **-ous** tvetydig.
ambiti|on /æm'bɪʃn/ ærgjerrighet *m;* **-ous** ærgjerrig.
ambulance /'æmbjʊləns/ ambulanse *m.*
ambush /'æmbʊʃ/ bakhold *n.*
ambush *verb* ligge (legge) i bakhold.
ameliorate /ə'miːlɪəreɪt/ (for)bedre, bedre seg.
amenable /ə'miːnəbl/ mottakelig (**to** for); føyelig.
amend /ə'mend/ forbedre; endre; **~ment** forbedring *m/f;* endring *m/f.*
amenity /ə'miːnɪtɪ, ə'menɪtɪ/ behagelighet *m,* komfort *m.*
American /ə'merɪkən/ amerikaner; amerikansk.
amiab|ility /e'mjə'bɪlɪtɪ/ elskverdighet *m;* **-le** elskverdig.
amicable /'æmɪkəbl/ vennskapelig.
amid(st) /ə'mɪd(st)/ midt iblant.
amiss /ə'mɪs/ uriktig, feil; **take it ~** ta det ille opp.
amnesia /æm'niːʒɪə/ hukommelsestap *n.*
among(st) /ə'mʌŋ(st)/ blant.
amorous /'æmərəs/ forelsket.
amortiz|ation /əmɔːtɪ'zeɪʃn/ amortisasjon *m;* **-e** amortisere.
amount /ə'maʊnt/ beløp *n,* mengde *m.*
amount *verb* beløpe seg (**to** til), bety.
ample /'æmpl/ vid, stor, rikelig.
amplif|ier /'æmplɪfaɪə/ **(valve)**

forsterker(rør) *m (n);* **-y** forsterke, utvide.
amuse /ə'mjuːz/ more, underholde; **~ment** underholdning *m,* moro *m/f.*
an /æn, ən/ en, et.
anaemi|a /ə'niːmɪə/ blodmangel *m;* **-c** blodfattig.
anaesthe|sia /ænɪs'θiːzɪə/ bedøvelse *m;* **-tic** bedøvende middel *n.*
analog|ic(al) /ænə'lɒdʒɪkl/ analogisk; **-ous** analog; **-y** analogi *m,* overensstemmelse *m.*
analys|e /'ænəlaɪz/ analysere; **-is**, *flertall* **~s** /ə'næləsɪs, -iːz/ analyse(r) *m.*
anatomy /ə'nætəmɪ/ anatomi *m.*
ancest|or /'ænsɪstə/ stamfar *m, flertall* forfedre, aner; **-ry** aner *m, flertall*; ætt *m/f.*
anchor /'æŋkə/ anker *n.*
anchor *verb* ankre; **~age** ankerplass *m.*
anchovy /æn'tʃoʊvɪ/ ansjos *m.*
ancient /'eɪnʃənt/ gammel, fra gamle tider.
ancillary /æn'sɪlərɪ/ hjelpe-.
and /ænd/ og.
anew /ə'njuː/ på ny, igjen.
angel /'eɪndʒəl/ engel *m.*
anger /'æŋgə/ sinne *n.*
anger *verb* gjøre sint.
angle /'æŋgl/ vinkel *m;* angel *m.*
angle *verb* fiske med snøre.
Anglican /'æŋglɪkn/ som hører til den engelske statskirke.
angry /'æŋgrɪ/ sint (**at** over, **with** på).
anguish /'æŋgwɪʃ/ pine *m/f,* kval *m.*
angular /'æŋgjʊlə/ vinkelformet.
animal /'ænɪməl/ dyre-; dyrisk; dyr *n.*
animat|e /'ænɪmeɪt/ besjele, gjøre levende, animere; **-ion** livlighet *m;* liv *n,* fart *m.*
animosity /ænɪ'mɒsɪtɪ/ hat *n,* fiendskap *m/n.*
aniseed /'ænɪsiːd/ anis *m.*
ankle /'æŋkl/ ankel *m.*
annex /'ænəks/ tilføyelse *m,* anneks *n.*
annex *verb* /ə'neks/ knytte til; legge ved; annektere; **~ation** tilknytting *m/f,* innlemmelse *m.*
anniversary /ænɪ'vɜːsərɪ/ årsdag *m.*
announce /ə'naʊns/ meddele, kunngjøre, melde; **~ment** kunngjøring *m/f,* melding *m/f;* **~r** programvert *m.*
annoy /ə'nɒɪ/ ergre, irritere; **~ance** ergrelse *m,* irritasjon *n.*
annual /'ænjʊəl/ årlig.
anomal|ous /ə'nɒmələs/ uregelrett; **-y** uregelmessighet *m,* avvik *n.*

anonym|ity /æno'nɪmɪtɪ/ anonymitet *m;* **-ous** anonym.
anore|ctic /ænə'rektɪk/ anorektisk; **-xia** anoreksi *m.*
another /ə'nʌðə/ en annen, et annet, en (et) til.
answer /'ɑːnsə/ svar *n.*
answer *verb* svare; svare til; stå til ansvar (**for** for); **~able** ansvarlig; **~ing machine** telefonsvarer *m.*
ant /ænt/ maur *m.*
antagon|ism /æn'tægənɪzm/ strid *m,* motsetningsforhold *n;* **-ist** motstander *m.*
antarctic /æn'tɑːktɪk/ sydpols-; **the Antarctic** Antarktis.
ante /'æntɪ/ *(kortspill)* innsats *m.*
ante|cedents /æntɪ'siːdənts/ *flertall* fortid *m/f,* tidligere liv (hendelser); **-chamber** forværelse *n;* **-date** forutdatere.
antelope /'æntɪloʊp/ antilope *m.*
antenna /æn'tenə/, *flertall* **~e** /-ɪ/ følehorn *n;* antenne *m/f.*
anterior /æn'tiːrɪə/ tidligere.
anteroom /'æntɪruːm/ forværelse *n.*
anthem /'ænθəm/ hymne *m;* **national ~** nasjonalsang *m.*
anthill /'ænthɪl/ maurtue *f.*
anthropolog|ist /ænθrə'pɒlədʒɪst/ antropolog *m;* **-y** antropologi *m.*
anti /'æntɪ/ (i)mot; **~biotics** antibiotika.
anticipat|e /æn'tɪsɪpeɪt/ foregripe, forutse; **-ion** forutfølelse *m,* forventning *m.*
anticorrosive /antɪkə'rəʊsɪv/ rusthindrende; antirust-middel *n.*
antidote /'æntɪdoʊt/ motgift *m.*
antifreeze /'æntɪfriːz/ frosthindrende; kjølevæske *m.*
antipathy /æn'tɪpəθɪ/ antipati *m,* motvilje *m.*
antipyretic /æntɪpaɪ'retɪk/ febernedsettende middel *n.*
antiquarian /æntɪ'kweərɪən/ antikvar *m.*
antiqu|e /æn'tiːk/ antikk; antikvitet *m;* **-ity** den klassiske oldtid; **-ities** *flertall* oldtidslevninger *m, flertall.*
antiseptic /æntɪ'septɪk/ antiseptisk (middel).
anvil /'ænvɪl/ ambolt *m.*
anx|iety /æŋ'zaɪətɪ/ uro *m/f,* engstelse *m.* **-ous** engstelig (**about** for); ivrig.
any /'enɪ/ noen (som helst), hvilken som helst; enhver; **~body, ~one** noen (som helst); enhver, hvem som helst; **~how** i hvert fall; **~thing** noe; alt; **~way = ~how; ~where** hvor som helst.

apart /ə'pɑːt/ avsondret; **~ from** bortsett fra; **wide ~** langt fra hverandre.
apartment /ə'pɑːtmənt/ værelse *n; (amr)* leilighet *m.*
apathy /'æpəθɪ/ sløvhet *m.*
ape /eɪp/ ape *m.*
ape *verb* etterape.
aperture /'æpətʃə/ åpning *m/f,* hull *n.*
apiece /ə'piːs/ for stykket, til hver.
apish /'eɪpɪʃ/ apelignende; etterapende, fjollete.
apologletic /əpɒlə'dʒetɪk/ unnskyldende; **-ize** be om unnskyldning; **-y** unnskyldning *m.*
apostle /ə'pɒsl/ apostel *m.*
appal /ə'pɔːl/ forskrekke.
apparatus /æpə'reɪtəs/ apparat *n.*
apparent /ə'pærənt/ tydelig; **~ly** tilsynelatende.
appeal /ə'piːl/ appell *m*; *(jur)* innanking *m/f.*
appeal *verb* appellere (**to** til; *også* behage).
appear /ə'piːə/ vise seg, opptre, synes; **~ance** tilsynekomst *m,* utseende *n.*
appendilcitis /əpendɪ'saɪtɪs/ blindtarmbetennelse *m;* **-x** blindtarm *m,* vedheng *n.*
appetilte /'æpɪtaɪt/ lyst *m/f;* appetitt *m* (**for** på); **-zer** *(amr)* forrett *m*; **-zing** appetittvekkende.
applauld /ə'plɔːd/ applaudere; **-se** bifall *n,* applaus *m.*
apple /æpl/ eple *n.*
appliance /ə'plaɪəns/ redskap *m (n),* innretning *m.*
applicalble /'æplɪkəbl/ anvendelig (**to** på); **-nt** søker *m*; **-tion** anvendelse *m,* anbringelse *m;* søknad *m.*
apply /ə'plaɪ/ bruke; henvende seg (**to** til); søke (for); gjelde.
appoint /ə'pɒɪnt/ fastsette; utnevne; **~ment** avtale *m;* utnevnelse *m.*
appraisle /ə'preɪz/ vurdere; **-al** vurdering *m.*
appreciatle /ə'priːʃɪeɪt/ verdsette, sette pris på; forstå; **-ion** verdsettelse *m,* bedømmelse *m.*
apprehenld /æprɪ'hend/ gripe, anholde; begripe; frykte; **-sion** pågripelse *m;* forståelse *m;* frykt *m;* **-sive** rask til å *oppfatte; redd* (**of** for), bekymret.
apprentice /ə'prentɪs/ lærling *m;* **~ship** læretid *m/f.*
approach /ə'proʊtʃ/ atkomst *m*; *(overført)* innfallsvinkel *m,* innstilling *m/f.*

approach *verb* (det å) nærme seg.
approbation /æpro'beɪʃn/ bifall *n.*
appropriate /ə'proʊprɪɪt/ passende (**to** for).
appropriat|e *verb* /-ɪeɪt/ tilegne seg; bevilge; **-ion** bevilgning *m;* tilegnelse *m.*
approv|al /ə'pruːvəl/ bifall *n,* godkjenning *m/f*; **-e** bifalle, godkjenne (**of**).
approximate /ə'prɒksɪmɪt/ omtrentlig.
apricot /'eɪprɪkɒt/ aprikos *m.*
April /'eɪprəl/ april.
apron /'eɪprən/ forkle *n.*
apt /æpt/ passende; dyktig; tilbøyelig (**to** til).
aptitude /'æptɪtjuːd/ skikkethet *m;* dyktighet *m;* anlegg *n.*
aqua /'ækwə/ vann; **~tube** vannsklie *m/f.*
Aquarius /ə'kweərɪəs/ *(astrologi)* Vannmannen.
arbitrary /'ɑːbɪtrərɪ/ vilkårlig.
arbitrat|e /'ɑːbɪtreɪt/ megle; **-ion** voldgift *m;* **-or** voldgiftsmann *m.*
arcade /ɑː'keɪd/ buegang *m.*
arch /ɑːtʃ/ bue *m,* hvelv *n;* skjelmsk; erke-.
archaeolog|ist /ɑːkɪ'ɒlədʒɪst/ arkeolog *m;* **-y** arkeologi *m.*
archbishop /'ɑːtʃ'bɪʃəp/ erkebiskop *m.*
archer bueskytter *m;* **~y** bueskyting *m/f.*
archipelago /ɑːkɪ'pelagoʊ/ arkipel *n,* øygruppe *m/f.*
architect /'ɑːkɪtekt/ arkitekt *m;* **~ure** byggekunst *m.*
arctic /'ɑːktɪk/ arktisk.
ardent /'ɑːdənt/ brennende, ildfull.
area /'eərɪə/ areal *n;* flate(innhold) *m/f (n);* område *n;* **~ code** *(tlf,) (amr)* retningsnummer *n* (for fjernvalg); **danger ~** faresone *m.*
argu|e /'ɑːgjʊ/ drøfte; argumentere; **-ment** argument *n,* drøfting *m/f;* strid *m;* **-mentation** bevisføring *m/f.*
aria /'ɑːrɪə/ *(mus)* arie *m.*
Aries /'eəriːz/ *(astrologi)* Væren.
arise /ə'raɪz/ oppstå; fremtre.
aristocra|cy /ærɪs'tɒkrəsɪ/ aristokrati *n;* **-t** aristokrat *m;* **-tic** aristokratisk.
arithmetic /ə'rɪθmətɪk/ regning *m/f,* aritmetikk *m;* **~al** aritmetisk.
arm /ɑːm/ arm *m,* armlene *n;* (oftest *flertall)* våpen(art) *n (m).*
arm *verb* bevæpne, ruste seg.
arm|chair lenestol *m;* **-istice**

våpenstillstand *m;* **-let** armbind *n;* **-our** rustning *m;* panser *n; verb* pansre; **-oury** arsenal *n;* **-pit** armhule *m.*
army /'ɑːmɪ/ hær *m.*
aroma /ə'roʊmə/ aroma *m,* duft *m;* **~therapy** aromaterapi *m;* **~tic** aromatisk.
around /ə'raʊnd/ rundt; omkring.
arouse /ə'raʊz/ vekke.
arrange /ə'reɪndʒ/ ordne; avtale; **~ment** ordning *m/f,* avtale *m.*
arrears /ə'rɪəz/ *flertall* restanse *m.*
arrest /ə'rest/ arrestasjon *m;* arrest *m.*
arrest *verb* arrestere, fengsle.
arriv|al /ə'raɪvəl/ ankomst *m;* nykommer *m;* **date of ~** ankomstdato *m;* **time of ~** ankomsttid *m/f;* **-e** (an)komme (**at, in** til).
arrogan|ce /'ærəgəns/ hovmod *n;* **-t** hovmodig, hoven.
arrow /'æroʊ/ pil *m/f.*
***arse** /ɑːs/ (slang) rumpe m/f,* ræv *f;* (*overført*) drittsekk *m.*
arson /'ɑːsn/ brannstiftelse *m;* **~ist** brannstifter *m.*
art /ɑːt/ kunst *m;* list *m/f;* **the fine ~s** de skjønne kunster.
arter|ial /ɑː'tɪərɪəl/ pulsåre-; **~ road** hovedtrafikkåre *m/f;* **-iosclerosis** åreforkalkning *m/f;* **-y** pulsåre *m/f.*
arthritis /ɑː'θraɪtɪs/ leddgikt *m/f.*
artichoke /'ɑːtɪtʃoʊk/ artisjokk *m.*
article /'ɑːtɪkl/ artikkel *m,* vare *m.*
articulat|e /ɑː'tɪkjʊleɪt/ uttale tydelig; **-ion** uttale *m,* leddannelse *m.*
artificial /ɑːtɪ'fɪʃl/ kunstig.
artisan /'ɑːtɪzæn/ håndverker *m.*
artist /'ɑːtɪst/ kunstner *m;* **~ic** kunstnerisk.
as /æz/ (lik)som; idet, ettersom, da; etter hvert som; **~ for** (**to**) med hensyn til; **~ good ~** så god som; **~ if** (*eller* **though**) som om; **~ it were** liksom, så å si; **~ well ~** også; **~ yet** hittil, ennå.
ascend /ə'send/ stige, gå opp, bestige; **~ancy** (over)herredømme *n.*
ascension /ə'senʃn/ oppstigning *m;* **Ascension (Day)** Kristi himmelfartsdag.
ascertain /æsə'teɪn/ finne ut.
ascribe /əs'kraɪb/ tilskrive, tillegge.
ash /æʃ/ ask *m.*
ashamed /ə'ʃeɪmd/ skamfull; **be ~** skamme seg (**of** over).

ashcan /æʃkæn/ *(amr)* søppeldunk *m.*
ashore /əˈʃɔː/ i land.
ashtray /ˈæʃtreɪ/ askebeger *n.*
Asian /ˈeɪʃn/ asiat *m*; asiatisk.
aside /əˈsaɪd/ til side; avsides.
ask /ɑːsk/ spørre (**for** etter); be (**for** om); forlange; innby.
askance /əsˈkæns/ på skjeve.
asleep /əˈsliːp/ i søvne; **be ~** sove; **fall ~** sovne.
asparagus /əˈspærəgəs/ asparges *m.*
aspect /ˈæspekt/ utseende *n;* side *m* (av en sak).
aspen /ˈæspən/ *(bot)* ospe-; osp *m/f.*
aspire /əˈspaɪə/ strebe (**to, after** etter).
aspirin /ˈæsp(ɪ)rɪn/ hodepinetabletter *flertall*, aspirin *m.*
ass /æs/ esel *n; (overført)* tosk *m.*
assassin /əˈsæsɪn/ snikmorder *m;* **~ate** snikmyrde; **~ation** snikmord *n.*
assault /əˈsɔːlt/ angrep *n;* overfall *n.*
assault *verb* angripe.
assembl|age /əˈsemblɪdʒ/ samling *m/f;* montering *m/f;* **-e** samle seg, komme sammen; montere; **-y** (for)samling *m/f;* montasje *m.*
assent /əˈsent/ samtykke (**to** i).
assert /əˈsɜːt/ hevde; **~ion** påstand *m.*
assess /əˈses/ iligne, beskatte; **~ment** skatteligning *m/f.*
assets /ˈæsets/ *flertall* aktiva.
assign /əˈsaɪn/ anvise, tilvise; **~ment** angivelse *m;* oppgave *m.*
associate /əˈsoʊʃɪɪt/ kollega *m,* assosiert *m.*
associat|e *verb* /əˈsoʊʃɪeɪt/ knytte til; forbinde; **-ion** forening *m/f,* forbindelse *m,* tilknytting *m/f.*
assum|e /əˈsjuːm/ anta; påta seg; **-ption** antakelse *m,* forutsetning *m.*
assur|ance /əˈʃʊərəns/ forsikring *m/f,* løfte *n;* visshet *m;* **-e** (for)sikre, trygge.
astern /əsˈtɜːn/ akter(ut).
asthma /ˈæsmə/ astma *m;* **~tic** astmatisk.
astonish /əˈstɒnɪʃ/ forbause; **~ing** forbausende; **~ment** forbauselse *m.*
astound /əˈstaʊnd/ forbløffe.
astray /əˈstreɪ/ på villspor.
astride /əˈstraɪd/ overskrevs.
astrolog|er /əˈstrɒlədʒə/ astrolog *m;* **-y** astrologi *m.*
astronom|er /əˈstrɒnəmə/ astronom *m*; **-y** astronomi *m.*
astute /əˈstjuːt/ slu, gløgg.

asunder /ə'sʌndə/ i stykker.
asylum /ə'saɪləm/ asyl *n*; ~ **seeker** asylsøker *m*.
at *subst* /æt/ *(edb)* krøllalfa *m*.
at *preposisjon* til, ved, i, hos, på; ~ **best** i beste fall; ~ **home** hjemme; ~ **last** endelig, til slutt; ~ **once** straks, med en gang; ~ **school** på skolen; ~ **the age of** i en alder av; ~ **the table** ved bordet; ~ **three o'clock** klokken tre.
athlet|e /'æθliːt/ (fri)idrettsmann *m*, atlet *m*; **~'s foot** fotsopp *m*; **-ic** atletisk; **-ics** friidrett *m*.
atmosphere /'ætməsfɪə/ atmosfære *m*.
atom /'ætəm/ atom *n;* **~ic** atom-; **~ic bomb** atombombe *m/f;* **~ic energy** atomenergi *m*.
atroci|ous /ə'troʊʃəs/ fryktelig; **-ty** grusomhet *m*.
attach /ə'tætʃ/ knytte; vedlegge; **~ed** knyttet (**to** til), hengiven; vedlagt; **~ment** *(edb)* vedlegg *n*; hengivenhet *m*.
attack /ə'tæk/ angrep *n*.
attack *verb* angripe.
attain /ə'teɪn/ (opp)nå.
attempt /ə'tempt/ forsøk *n;* attentat *n*.
attempt *verb* forsøke; gjøre attentat.
attend /ə'tend/ ledsage; betjene, ekspedere; besørge; delta i; **~ance** oppvartning *m;* nærvær *n;* fremmøte *n;* **~ant** vaktmann *m*; **~ing physician** *(amr)* avdelingslege *m*.
attent|ion /ə'tenʃn/ oppmerksomhet *m;* **-ive** oppmerksom.
attest /ə'test/ bevitne; **~ation** bevitnelse *m*.
attic /'ætɪk/ loft *n*, kvist(rom) *m (n)*.
attitude /'ætɪtjuːd/ holdning *m/f;* (inn)stilling *m/f*.
attorney /ə'tɜːnɪ/ *(amr)* advokat *m*.
attract /ə'trækt/ tiltrekke; **~ion** tiltrekning(skraft) *m (m/f);* **~ive** tiltrekkende.
attribute /'ætrɪbjuːt/ kjennetegn *n*.
attribute *verb* /ə'trɪbjuːt/ tilskrive.
aubergine /'əʊbəʒiːn/ eggplante *m/f*.
auburn /'ɔːbən/ kastanjebrun.
auction /'ɔːkʃən/ auksjon(ere) *m*.
auction *verb* aksjonere.
audacious /ə'deɪʃəs/ (dum)dristig.
audible /'ɔːdəbl/ hørbar.
audience /'ɔːdjəns/ publikum *n,* tilhørere *m, flertall*; audiens *m*.

audit /'ɔːdɪt/ revisjon *m.*
audit *verb* revidere; **~or** revisor *m.*
augment /ɔːg'ment/ øke, vokse.
August /'ɔːgəst/ august.
aunt /ɑːnt/ tante *m/f.*
auspic|es /'ɔːspɪsɪz/ *flertall* varsler *flertall*; **-ious** lovende.
auster|e /ɒ'stɪə/ streng, barsk; alvorlig; **-ity** strenghet *m*; alvor *m.*
Australia /ɒ'streɪljə/ Australia; **~n** australier *m*; australsk.
authentic /ɔː'θentɪk/ ekte, autentisk; **~ity** autentisitet *m.*
author /'ɔːθə/ forfatter *m;* opphavsmann *m.*
author|itative /ɔː'θɒrɪtətɪv/ bestemmende, toneangivende; myndig; **-ity** myndighet *m;* autoritet *m;* fullmakt *m/f;* **-ize** bemyndige.
autograph /'ɔːtəgrɑːf/ autograf *m.*
automatic(ally) / ɔːtə'mætɪk(lɪ)/ automatisk.
autonomy /ɔː'tɒnəmɪ/ selvråderett *m*, selvstyre *n.*
autumn /'ɔːtəm/ høst *m;* **in ~** om høsten; **~al** høstlig.
avail /ə'veɪl/ nytte; **~able** disponibel, tilgjengelig; **~ oneself of** benytte seg av.
avalanche /'ævəlɑːnʃ/ lavine *m;* snøskred *n.*
avaric|e /'ævərɪs/ griskhet *m,* gjerrighet *m;* **-ious** gjerrig, grisk.
avenge /ə'vendʒ/ hevne.
avenue /'ævɪnjuː/ aveny *m,* allé *m.*
average /'ævərɪdʒ/ gjennomsnitt(lig); havari *n.*
avers|e /ə'vɜːs/ uvillig (**to** til); **-ion** aversjon *m*, uvilje *m.*
avia|tion /eɪvɪ'eɪʃn/ flyging *m/f;* **-tor** flyger *m.*
avoid /ə'vɒɪd/ unngå.
await /ə'weɪt/ vente på, avvente.
awake /ə'weɪk/ våken.
awake *verb* vekke; våkne; **wide ~** lys våken; **~n** vekke.
award /ə'wɔːd/ pris *m*, premie *m; (jur)* kjennelse *m.*
award *verb* tilkjenne.
aware /ə'weə/, **be ~ of** være klar over.
away /ə'weɪ/ bort, unna; borte.
aw|e /ɔː/ ærefrykt *m;* respekt *m*; **-ful** forferdelig.
awkward /'ɔːkwəd/ keitete, klossete; kjedelig; **~ness** klossethet *m.*
awry /ə'raɪ/ skeiv(t), forkjært.
axe /æks/ øks *m/f.*
axis /'æksɪs/ akse *m.*
axle /'æksl/ (hjul)aksel *m.*
ay(e) /aɪ/ ja.
azure /'æʒə/ himmelblå(tt).

B

B.A. /biː 'eɪ/ *fork for* **Bachelor of Arts** laveste akademiske grad i England og USA.
baby /'beɪbɪ/ spebarn *n*; ~ **carriage** *(amr)* barnevogn *m/f*.
bachelor /'bætʃələ/ ungkar *m*.
back /bæk/ bak-; rygg *m*, bakside *m/f; verb* rygge; bakke, støtte; vedde på; **~-up** *(edb)* sikkerhetskopi(ering) *n (m/f)*; ~ **seat** baksete.
back|bite baktale; **-bone** ryggrad *m;* fasthet *m;* **-ground** bakgrunn *m;* **-hand** bakhåndsslag (i tennis); **-ward(s)** tilbakestående, baklengs.
bacon /'beɪkn/ bacon *n*, røkt sideflesk *n*.
bacteria /bæk'tɪərɪə/ *flertall* bakterier *m, flertall*.
bad /bæd/ dårlig, slem; bedervet; syk; **be ~ly off** ha dårlig råd; **need ~ly** ha sterkt behov for.
badge /bædʒ/ kjennetegn *n*, merke *n*.
baffle /'bæfl/ forvirre; forpurre.
bag /bæg/ pose *m*, veske *m/f*; ~ **people** *(slang)* hjemløse *flertall*.
bagel /'beɪgəl/ liten brødring *m*.
baggage /'bægɪdʃ/ *(amr)*, *(fly)* bagasje *m*; **~-check** *(amr)* reisegodsbevis *m/f*; ~ **claim** bagasjeutlevering *m/f*; ~ **trolley** bagasjetralle *m/f*.
baggy /'bægɪ/ posete.
bagpipe /'bægpaɪp/ sekkepipe *f*.
bail /beɪl/ kausjon *m* (ved løslatelse).
bait /beɪt/ lokkemat *m;* agn *n*.
bait *verb* agne.
bake /beɪk/ bake; steke; **~r** baker *m;* **~ry** bakeri *n*.
balance /'bæləns/ vekt(skål) *m/f (m/f);* likevekt *m/f;* saldo *m*.
balance *verb* balansere, veie; avbalansere.
balcony /'bælkənɪ/ balkong *m*, altan *m*.
bald /bɔːld/ skallete.
bale /beɪl/ balle *m*.
bale *verb* øse, lense.
balk /bɔːk/ bråstoppe; unngå; ~ **at** steile over; **~ed of** snytt for.
ball /bɔːl/ ball *m*, kule *m/f;* nøste *n;* dansefest *m*.

ballet /'bæleɪ/ ballett *m.*
balloon /bə'luːn/ ballong *m.*
ballot /'bælət/ stemmeseddel *m;* skriftlig avstemning *m;* **~-box** valgurne *m/f.*
balm /bɑːm/ balsam *m;* trøst *m;* **~y** mild; *(hverdagslig)* skrullete.
baloney /bə'loʊnɪ/ *dss* servelat *m.*
bamboo /bæm'buː/ bambus *m;* **~ shoot** bambusskudd *n.*
banana /bə'nɑːnə/ banan *m.*
band /bænd/ bånd *n;* bande *m;* orkester *n,* musikkorps *n;* **~age** bind *n,* bandasje *m;* *verb* forbinde; **~box** hatteske *m;* **~master** dirigent *m.*
bang /bæŋ/ slag *n,* smell *n.*
bang *verb* slå, smelle.
banish /'bænɪʃ/ forvise; **~ment** forvisning *m.*
banisters /'bænɪstəz/ *flertall* gelender *n.*
bank /bæŋk/ bank *m;* banke *m;* kant *m;* bredd *m;* **~(ing) account** bankkonto *m;* **~ bill** bankveksel *m;* **~book** bankbok *m/f;* **~er** bankier *m;* **~ing** bankvesen *n,* bankvirksomhet *m;* **~note** pengeseddel *m.*
bankrupt /'bæŋkrʌpt/ fallent, konkurs; **~cy** konkurs *m;* **go into ~cy** erklære seg konkurs.
banner /'bænə/ banner *n,* fane *m/f.*
banns /bænz/ *flertall* (ekteskaps)lysing *m/f.*
banquet /'bæŋkwɪt/ bankett *m,* festmåltid *n.*
banter /'bæntə/ småerte, spøke med.
baptism /'bæptɪzm/ dåp *m.*
baptize /bæp'taɪz/ døpe.
bar /bɑː/ stang *m/f,* slå *m,* bom *m;* sandbanke *m;* *(jur)* skranke *m;* bar(disk) *m.*
bar *verb* stenge, sette slå for.
barb /bɑːb/ tagg *m,* mothake *m,* brodd *m.*
barbarian /bɑː'beərɪən/ barbarisk; barbar *m;* **-ic, -ious** barbarisk.
barbecue /'bɑːbɪkjuː/ (å holde) grillfest; sterkt krydret kjøttsaus *m.*
barbed wire /bɑːbd waɪə/ piggtråd *m.*
barber /'bɑːbə/ barber *m.*
barbiturates /ba'bɪtjʊrɪts/ barbiturater *n, flertall;* beroligende midler *n, flertall.*
bar code /'bɑːkoʊd/ strekkode *m.*
bare /beə/ bar, naken, snau; **lay ~** blotte; **~faced** frekk; **~foot(ed)** barbeint; **~ly** knapt, såvidt.

bargain /'bɑːgɪn/ handel *m;* godt kjøp *n.*
bargain *verb* tinge, prute.
barge /bɑːdʒ/ pram *m,* lekter *m.*
bark /bɑːk/ bark *m;* gjøing *m/f.*
bark *verb* gjø.
barley /'bɑːlɪ/ bygg *m/n.*
barman /'bɑːmən/ barkeeper *m.*
barmy /'bɑːmɪ/ *(hverdagslig)* sprø, gal.
barn /bɑːn/ låve *m.*
barometer /bə'rɒmɪtə/ barometer *n.*
barracks /'bærəks/ *flertall* kaserne *m,* brakke(r) *m/f.*
barrel /'bærəl/ tønne *m/f,* fat *n;* løp *n* (på en børse); valse *m.*
barren /'bærən/ ufruktbar, gold.
barrister /'bærɪstə/ advokat *m.*
barrow /'bærəʊ/ trillebår *f.*
bartender /'bɑːtendə/ *(amr)* barkeeper *m,* bartender *m.*
barter /'bɑːtə/ byttehandel *m.*
barter *verb* bytte.
base /beɪs/ tarvelig; basis *m;* grunnflate *m/f;* base *m.*
base *verb* basere; **~ball** amerikansk ballspill *n;* **~ment** kjeller(etasje) *m.*
basic /'beɪsɪk/ basisk, grunn-.
basil /'bæzl/ basilikum *m.*
basin /'beɪsn/ kum *m;* fat *n;* basseng *n.*
basis /'beɪsɪs/ basis *m;* grunnlag *n.*
bask /bɑːsk/ sole seg.
basket /'bɑːskɪt/ kurv *m.*
bass /beɪs/ bass *m;* abbor *m.*
bastard /'bæstəd/ uekte (barn).
bat /bæt/ balltre *n;* flaggermus *m/f.*
bath /bɑːθ/ bad *n;* badekar *n.*
bathe /beɪð/ bad *n* (i friluft).
bathe *verb* bade.
bathing| suit /'beɪðɪŋ suːt/ badedrakt *m/f;* **- trunks** badebukse *m/f.*
bath|room /'bɑːθrʊm/ bad(eværelse) *n;* *(amr)* toalett *n;* **-tub** badekar *n.*
battle /'bætl/ slag *n;* **~field** slagmark *m/f;* **~ment** brystvern *n.*
bawl /bɔːl/ skrål *n,* brøl *n.*
bawl *verb* skråle, brøle.
bay /beɪ/ bukt *m/f,* vik *m/f;* rødbrun (hest); laurbær *n;* **~ leaf** laurbærblad *n.*
bay *verb* bjeffe.
BB *fork for* **Bed and Breakfast**.
BBC /biː biː siː/ *fork for* **British Broadcasting Corporation**.
BC /biː siː/ *fork for* **Before Christ** før Kristi fødsel.
be /biː/ være; bli.
beach /biːtʃ/ strand *m/f.*
beacon /'biːkn/ sjømerke *n;* fyr *n,* trafikklys *n.*

bead /biːd/ liten kule *m/f;* perle *m/f.*
beak /biːk/ nebb *n;* **~er** plastikkbeger *n.*
beam /biːm/ bjelke *m;* (lys)stråle *m.*
beam *verb* stråle, smile.
bean /biːn/ bønne *m/f;* **~ sprout** bønneskudd *n.*
bear /beə/ bjørn *m.*
bear *verb* bære; tåle; føde; **~ in mind** huske.
beard /bɪəd/ skjegg *n.*
bearer /'beərə/ bærer *m;* overbringer *m;* ihendehaver *m.*
bearing /'beərɪŋ/ holdning *m;* peiling *m/f; (maskin)* lager *n.*
beast /biːst/ dyr *n,* udyr *n;* **~ly** dyrisk; avskyelig.
beat /biːt/ (hjerte)slag *n;* takt(slag) *m (n).*
beat *verb* slå; overvinne.
beau /bəʊ/ kavaler *m,* laps *m.*
beautiful /'bjuːtɪfʊl/ skjønn.
beauty /'bjuːtɪ/ skjønnhet *m;* **~ salon, ~ shop,** *(amr)* **~ parlor** skjønnhetssalong *m.*
beaver /'biːvə/ bever(skinn) *m (n).*
because /bɪ'kɒz/ fordi; **~ of** på grunn av.
beckon /'bekən/ vinke (på).
becom|e /bɪ'kʌm/ bli; kle; **-ing** passende.
bed seng *m/f;* bed *n;* elvefar *n;* **~ding** sengeklær; underlag *n;* **~fellow** sengekamerat *m;* **~pan** stikkbekken *n;* **~room** soveværelse *n;* **~spread** sengeteppe *n;* **~stead** sengeramme *m/f.*
bee /biː/ bie *m/f.*
beech /biːtʃ/ *(bot)* bøk *m.*
beef /biːf/ oksekjøtt *n,* biff *m;* **~steak** hamburger *m.*
bee|hive /'biːhaɪv/ bikube *m;* **-keeper** birøkter *m.*
beer /bɪə/ øl *n.*
beetle /biːtl/ bille *m.*
beetroot /'biːtruːt/ rødbete *m/f.*
before /bɪ'fɔː/ før, foran; **~hand** på forhånd; i forveien.
beg tigge, be (inntrengende); **I ~ your pardon** unnskyld; **I ~ to...** jeg tillater meg å...
beggar /'begə/ tigger *m;* **~ly** ussel.
begin /bɪ'gɪn/ begynne; **~ner** (ny)begynner *m;* **~ning** begynnelse *m.*
behalf /bɪ'hɑːf/, **on ~ of** på vegne av.
behav|e /bɪ'heɪv/ oppføre seg; **-iour** oppførsel *m.*
behind /bɪ'haɪnd/ bak(om); tilbake; rumpe *m/f.*
behold /bɪ'həʊld/ se, skue.
being /'biːɪŋ/ eksistens *m;* skapning *m,* vesen *n.*

belated /bɪ'leɪtɪd/ seint ute, forsinket.
belch /beltʃ/ rap *n,* oppstøt *n.*
belch *verb* rape.
belie|f /bɪ'li:f/ tro *m;* **-vable** trolig; **-ve** tro (**in** på).
bell klokke *m/f;* bjelle *m/f; (sjøfart)* glass *n,* halvtime *m;* **~boy** pikkolo *m*; **~hop** *(amr)* pikkolo *m.*
belligerent /bɪ'lɪdʒərənt/ krigførende.
bellows /'beloʊz/ blåsebelg *m.*
belly /'belɪ/ mage *m.*
belong /bɪ'lɒŋ/, **~ to** tilhøre, høre til; **~ings** *flertall* eiendeler *m, flertall.*
beloved /bɪ'lʌvɪd/ elsket; avholdt.
below /bɪ'loʊ/ (neden)under.
belt belte *n;* reim *f.*
bench /bentʃ/ benk *m;* domstol *m.*
bend bøyning *m,* krumning *m,* sving *m.*
bend *verb* bøye (seg), svinge.
beneath /bɪ'ni:θ/ = **below.**
benediction /benɪ'dɪkʃn/ velsignelse *m.*
benefact|ion /benɪ'fækʃn/ velgjerning *m/f;* **-or** velgjører *m.*
benefic|ence /bɪ'nefɪsns/ godgjørenhet *m;* **-ent** godgjørende; **-ial** gagnlig.
benefit /'benɪfɪt/ gode *n,* gagn *n;* nytte *m/f.*
benefit *verb* gagne; **~ by** ha nytte av.
benevolen|ce /bɪ'nevələns/ velvilje *m,* velgjerning *m/f;* **-t** velvillig.
bent hang *m,* tilbøyelighet *m;* **~ on** oppsatt på.
benzine /'benzi:n/ (rense)bensin *m.*
beq|ueath /bɪ'kwi:θ/ testamentere; **-est** testamentarisk gave *m.*
berry /'berɪ/ bær *n.*
berth /bɜ:θ/ ankerplass *m;* køye *m/f.*
beseech /bɪ'si:tʃ/ be innstendig.
beside /bɪ'saɪd/ ved siden; **~s** dessuten; foruten.
besiege /bɪ'si:dʒ/ beleire.
best best; **make the ~ of** gjøre det best mulige ut av; **~ man** forlover *m.*
bestow /bɪ'stoʊ/ skjenke; gi; **~al** tildeling *m/f.*
bet veddemål *n.*
bet *verb* vedde.
betray /bɪ'treɪ/ forråde, røpe; **~al** forræderi *n.*
betroth /bɪ'troʊð/ forlove; **~al** forlovelse *m.*
better /'betə/ bedre.
better *verb* (for)bedre; **get the**

~ **of** beseire; **so much the ~** desto bedre.
between /bɪ'twiːn/ (i)mellom; **~ you and me** mellom oss sagt.
beverage /'bevərɪdʒ/ drikk *m.*
beware /bɪ'weə/ passe seg (**of** for).
bewilder /bɪ'wɪldə/ forvirre; **~ment** forvirring *m/f.*
bewitch /bɪ'wɪtʃ/ forhekse.
beyond /bɪ'jɒnd/ hinsides, på den andre siden (av); utover; **~ me** over min forstand; **~ measure** over all måte.
bias(s)ed /'baɪəst/ forutinntatt, partisk.
bib smekke *m.*
bible /'baɪbl/ bibel *m.*
bicker /'bɪkə/ kjekle.
bicycle /'baɪsɪkl/ sykkel *m*; **~ path** sykkelsti *m.*
bid bud *n.*
bid *verb* by, befale; gjøre bud; **~der** byder *m.*
bier /bɪə/ (lik)båre *m/f.*
big stor, svær.
bigamy /'bɪgəmɪ/ bigami *n.*
bigot /'bɪgət/ intolerant person *m*; **~ed** sneversynt.
bike /baɪk/ sykkel *m.*
bilberry /'bɪlbərɪ/ blåbær *n.*
bille /baɪl/ galle *m;* **-ious** gallesyk, grinete.
bill regning *m/f;* lovforslag *n;* plakat *m; (amr)* pengeseddel *m; (handel)* veksel *m* (**~ of exchange**); *(zool)* nebb *n;* **~ of fare** spiseseddel *m*, meny *m*; **~ of lading** *(handel)* konnossement *n.*
billboard /'bɪlbɔːd/ *(amr)* plakattavle *m/f.*
billiards /'bɪljədz/ biljardspill *n.*
billion /'bɪljən/ billion *m; (amr)* milliard *m.*
bin binge *m*, kasse *m/f*; **bread ~** brødboks *m*; **litter ~** papirkurv *m.*
bind /baɪnd/ binde; forbinde; binde inn; forplikte; **~ing** forpliktende; bind *n;* innbinding *m/f.*
binoculars /bɪ'nɒkjʊləz/ kikkert *m.*
biographler /baɪ'ɒgrəfə/ biograf *m;* **-y** biografi *m.*
biologlical /baɪə'lɒdʒɪkl/ biologisk; **-ist** biolog *m*; **-y** biologi *m.*
birch /bɜːtʃ/ *(bot)* bjørk *m/f.*
bird /bɜːd/ fugl *m.*
birth /bɜːθ/ fødsel *m;* byrd *m;* herkomst *m;* **date of ~** fødselsdato *m*; **place of ~** fødested *n*; **~day** fødselsdag *m;* **~mark** føflekk *m;* **~rate** fødselshyppighet *m.*
biscuit /'bɪskɪt/ kjeks *m.*
bisexual /baɪ'sekʃʊəl/ biseksuell.

bishop /'bɪʃəp/ biskop *m;* (i sjakk) løper *m.*
bit bit *m;* stykke *n;* bissel *n;* borspiss *m;* **a** ~ litt, en smule; ~ **by** ~ litt etter litt.
bitch /bɪtʃ/ tispe *f; (slang)* drittkjerring *m/f,* hurpe *f.*
bite /baɪt/ bitt *n,* stikk *n.*
bite *verb* bite.
bitter /'bɪtə/ bitter; besk; bitter *m* (øl); **~ness** bitterhet *m;* skarphet *m.*
blab /blæb/ *(hverdagslig)* sladre.
black /blæk/ svart, mørk; **~berry** bjørnebær *n;* **~board** (vegg)tavle *m/f;* **~currant** solbær *n;* ; **~en** sverte *((også overført));* ~ **eye** blått øye *n* (blåveis); **~guard** kjeltring *m,* slyngel *m;* **~list** svarteliste *m/f; også verb;* **~mail** pengeutpressing *m/f; verb* drive pengeutpressing mot; ~ **market** svartebørs *m;* **~smith** grovsmed *m.*
bladder /'blædə/ blære *m/f.*
blade /bleɪd/ blad *n.*
blame /bleɪm/ daddel *m.*
blame *verb* klandre.
bland /blænd/ mild, blid.
blank /blæŋk/ blank, ubeskrevet; tomrom *n.*
blanket /'blæŋkɪt/ ullteppe *n.*
blasphemle /blæs'fiːm/ spotte, banne; **-y** gudsbespottelse *m.*
blast /blɑːst/ vindkast *n;* trompetstøt *n;* sprengning *m.*
blast *verb* ødelegge, sprenge; **oh, ~!** pokker også! ~ **furnace** masovn *m.*
blaze /bleɪz/ flamme *m,* brann *m.*
blaze *verb* lyse, skinne.
blazer /'bleɪzə/ sportsjakke *m/f.*
blazonry /'bleɪzənrɪ/ heraldikk *m.*
bleach /bliːtʃ/ blekemiddel *n.*
bleach *verb* bleike.
bleak /bliːk/ (rå)kald, guffen.
bleat /bliːt/ breke.
bleed /bliːd/ blø; årelate.
bleep /bliːp/ kort lydsignal *n.*
bleep *verb* pipe; **~er** personsøker *m.*
blemish /'blemɪʃ/ skavank *m.*
blend blanding *m/f.*
blend *verb* blande.
bless velsigne; **~ed** velsignet, hellig; **~ing** velsignelse *m.*
blight /blaɪt/ sykdom *m* på planter.
blind /blaɪnd/ blind (**to** for); rullegardin *m/f.*
blindfold /'blaɪndfoʊld/, ~ **sby** binde et bind for øynene på en; **~ed** i blinde.
blink blink *n;* glimt *n.*
blink *verb* blinke.
bliss lykksalighet *m;* **~ful** lykksalig.
blister /'blɪstə/ blemme *m/f;* **water** ~ vannblemme *m/f.*

blizzard /'blɪzəd/ snøstorm *m.*
bloated /'bloʊtɪd/ oppsvulmet.
block /blɒk/ blokk *m/f;* kloss *m; (amr)* kvartal *n.*
block *verb* blokkere; **~ade** blokade *m;* **~head** dumrian *m.*
bloke /bloʊk/ *(hverdagslig)* fyr *m,* kar *m.*
blood /blʌd/ blod *n;* **~ clot** blodpropp *m;* **~ poisoning** blodforgiftning *m;* **~ sedimentation** senkning *m/f;* **~shed** blodsutgytelse *m;* **~ transfusion** blodoverføring *m/f;* **~vessel** blodkar *n;* **~y** blodig; fordømt, helvetes.
bloom /bluːm/ (blomster)flor *n;* blomstring *m/f.*
bloom *verb* blomstre.
blossom /'blɒsəm/ blomst *m.*
blossom *verb* blomstre.
blot /blɒt/ klatt *m,* flekk *m.*
blot *verb* flekke, skjemme; **~ out** slette ut; **~ting paper** trekkpapir *n.*
blotch /blɒtʃ/ flekk *m.*
blouse /blaʊz, /*(amr)*/ blaʊs/ bluse *m/f.*
blow /bloʊ/ slag *n,* støt *n.*
blow *verb* blåse; **~-dry** føne.
blower /bloʊə/ blåser *m;* **snow ~** snøfreser *m.*
blowfly /'bloʊflaɪ/ spyflue *m/f.*
blow| out /'bloʊaʊt/ utblåsing *m/f;* **- over** gli over; **-style** føne; **- up** sprenge i lufta.
blubber /'blʌbə/ (hval)spekk *n.*
blubber *verb* sutre.
blue /bluː/ blå; *(fig)* nedtrykt; **~s** *flertall* tungsinn *n;* **~berry** *(amr)* blåbær *n;* **~ cheese** roquefortost *m.*
blueprint /'bluːprɪnt/ blåkopi *m.*
blues /bluːz/ melankoli *m;* **have the ~** *(hverdagslig)* være deppa.
bluff /blʌf/ steil, bratt; barsk; bløff *m.*
bluff *verb* bløffe.
blunder /'blʌndə/ bommert *m.*
blunder *verb* gjøre en bommert.
blunt /blʌnt/ sløv; likefrem.
blur /blɜː/ uklarhet *m,* tåke *m/f.*
blur *verb* gjøre uklar, dimme.
blurt /blɜːt/, **~ out** buse ut med.
blush /blʌʃ/ rødme *m; også verb.*
boar /bɒə/ råne *m;* villsvin *n.*
board /bɔːd/ bord *n,* brett *n;* papp *m,* kartong *m;* styre *n,* utvalg *n;* **on ~** om bord; **~ and lodging** kost og losji; **~er** pensjonær *m.*
boarding /'bɒdɪŋ/ ombordstigning *m/f;* **~ pass** ombordstigningskort *n;* **~ing-house** pensjonat *n;* **~ingschool** pensjonatskole *m.*
boardsail|ing /'bɔːdseɪlɪŋ/

brettseiling *m/f*; **-or** brettseiler *m*.
boast /boʊst/ skryt *n*.
boast *verb* skryte.
boat /boʊt/ båt *m; skip n;* **~swain** båtsmann *m*.
bob /bɒb/ noe som henger og dingler, dupp *m*.
bobbin /'bɒbɪn/ snelle *m/f;* spole *m*.
bodily /'bɒdɪlɪ/ legemlig.
body /'bɒdɪ/ kropp *m;* lik *n;* forsamling *m/f;* karosseri *n;* hoveddel *m;* **~guard** livvakt *m*.
bog /bɒg/ myr *m/f;* **~gy** myrlendt; **~us** falsk.
boil /bɒɪl/ byll *m*.
boil *verb* koke; **~er** (damp)kjele *m*.
boisterous /'bɒɪstərəs/ larmende; høyrøstet.
bold /boʊld/ dristig; freidig.
bolster /'boʊlstə/ (under)pute *m/f*.
bolster *verb* støtte med puter.
bolt /boʊlt/ bolt *m;* slå *m/f;* lyn *n*.
bolt *verb* stenge (med slå *eller* skåte); løpe (løpsk); stikke av; sikte (korn, mjøl).
bomb /bɒm/ bombe *m/f, også verb*; **~astic** svulstig; **~er** bombefly *n*.
bonanza /boʊ'nænzə/ gullgruve *m/f*.
bond /bɒnd/ bånd *n;* obligasjon *m;* forpliktelse *m*.
bond *verb* få et forhold til.
bondage /'bɒndɪdʒ/ slaveri *n*.
bone /boʊn/ bein *n,* knokkel *m*; **~ marrow** benmarg *m*; **~ marrow graft** margtransplantasjon *m*.
bonfire /'bɒnfaɪə/ bål *n*.
bonnet /'bɒnɪt/ kyse *m/f;* panser *n* (på bil).
bony /'boʊnɪ/ benete, knoklete.
book /bʊk/ bok *m/f*.
book *verb* bestille; bokføre; **~binder** bokbinder *m;* **~case** bokreol *m;* **~ing office** billettkontor *n;* **~keeper** bokholder *m;* **~maker** veddemålsagent *m;* **~mark** bokmerke *n;* **~seller** bokhandler *m;* **~shelf** bokhylle *m/f;* **~stall** kiosk *m;* **~store** *(amr)* bokhandel *m*.
boom /buːm/ bom *m;* drønn *n;* høykonjunktur *m*.
boost /buːst/ forsterkning *m*.
boost *verb* øke, forsterke.
boot /buːt/ støvel *m;* bagasjerom *n* (i bil), *(amr)* trunk; **to ~** attpåtil.
boot *verb (edb)* starte.
booth /buːð, /*(amr)*/ buːθ/ (salgs)bod *m*.

bootlegger /'buːtlegə/ en som selger noe ulovlig.
booze /buːz/ alkohol *m.*
border /'bɔːdə/ kant *m;* grense(land) *m/f (n).*
border *verb* grense (**upon** til).
bore /bɔː/ bor *n;* springflo *m;* kjedelig person *m.*
bore *verb* plage; kjede; **it's a ~** det er ergerlig, kjedelig; **~dom** kjedsomhet *m.*
borough /'bʌrə/ *(amr)* bykommune *m;* valgkrets *m.*
borrow /'bɒrəʊ/ låne (av).
bosom /'bʊzəm/ bryst *n.*
boss /bɒs/ mester *m,* sjef *m;* bule *m,* kul *m.*
botan|ic(al) /bə'tænɪk(l)/ botanisk; **-ist** botaniker *m;* **-y** botanikk *m.*
both /bəʊθ/ begge.
bother /'bɒðə/ bry(deri) *n,* plage *m.*
bother *verb* sjenere, plage; **~some** brysom, plagsom.
bottle /bɒtl/ flaske *m/f.*
bottle *verb* fylle på flaske; **feeding ~** tåteflaske *m/f;* **~ up** *(overført)* holde tilbake.
bottom /'bɒtəm/ bunn *m;* rumpe *m/f.*
bottom *verb* sette bunn i; **at the ~** på bunnen; ved foten (**of** av); **~s up!** skål! drikk ut!
boulder /'bəʊldə/ kampestein *m.*
bounce /baʊns/ sprang *n,* byks *n.*
bounce *verb* sprette, bykse; **~r** *(hverdagslig)* utkaster *m;* sjekk *m* uten dekning.
bound /baʊnd/ sprett *n,* byks *n;* grense *m/f;* **be ~ to do** være (forut)bestemt, nødt til; **be ~ for** være bestemt for, på vei til; **~ary** grense *m/f.*
bounty /'baʊntɪ/ skuddpremie *m.*
bourbon /'bɜːbən/ bourbon.
bow /bəʊ/ bue *m;* fiolinbue *m;* sløyfe(slips) *m/f (n);* /baʊ/ bukk *n;* *(sjøfart)* baug *m.*
bow /baʊ/ *verb* bøye; bukke.
bowels /'baʊəlz/ *flertall* innvoller *m, flertall,* tarmer *m, flertall.*
bowl /bəʊl/ kule *m/f;* bolle *m,* skål *m/f;* **pipe ~** pipehode *n.*
bowl *verb* bowle, spille kjegler.
bow-legged /'bəʊlegd/ hjulbeint.
bowler /'bəʊlə/ (stiv) hatt *m;* en som bowler.
bowling /'bəʊlɪŋ/ bowling *m,* kjeglespill *n.*
box /bɒks/ eske *m;* skrin *n;* kasse *m/f;* koffert *m;* kuskesete *n;* losje *m,* avlukke *n;* slag *n,* ørefik *m.*
box *verb* bokse; slå; **~er** bokser *m.*
box-office /'bɒksɒfɪs/ *(teater)* billettkontor *n.*

boy /bɒɪ/ gutt *m;* tjener *m;* **~hood** gutteår; **~ish** guttaktig, gutte-; **~ scout** speidergutt *m.*

bra /brɑː/ *(hverdagslig)* bysteholder *m.*

brace /breɪs/ *(arkitektur)* bånd *n;* støtte *m/f;* par *n* (i jaktspråk).

brace *verb* binde, stramme, spenne.

braces *flertall* bukseseler *m, flertall.*

bracelet /'breɪslət/ armbånd *n.*

bracket /'brækɪt/ *(arkitektur)* konsoll *m;* **~s** *flertall* klammer (parentes) *m, flertall.*

brag /bræg/ skryte.

braid /breɪd/ flette *m/f;* snor *m/f.*

braid *verb* flette; pynte med snorer; **~ing** pyntebånd *n,* snorbesetning *m.*

brain /breɪn/ hjerne *m;* forstand *m* (også **brains**); **~ fever** hjernebetennelse *m;* **~-injured** hjerneskadet; **~ tumor** hjernesvulst *m.*

brake /breɪk/ brems *m/f.*

brake *verb* bremse; **non-locking ~s** *flertall* blokkeringsfrie bremser *m, flertall*; **pedal ~** fotbrems *m/f*; **power ~** servobrems *m/f*; **~ disc** bremseskive *m/f*; **~ fluid** bremsevæske *m*; **~ lining** bremsekloss *m.*

bran /bræn/ kli *n.*

branch /brɑːn(t)ʃ/ filial *m;* *(bot)* grein *m/f.*

brand /brænd/ merke *n;* svimerke *n.*

brand *verb* brennemerke; *(overført)* stemple; **~-new** splitter ny.

brandy /'brændɪ/ konjakk *m.*

brass /brɑːs/ messing *m/f;* *(hverdagslig)* gryn (penger); **~ band** hornmusikkorps *n.*

brat /bræt/ unge *m.*

brave /breɪv/ modig, tapper.

brawl /brɔːl/ slagsmål *n.*

brazen /breɪzn/ frekk (skamløs); messing-.

Brazil nut /brə'zɪlnət/ paranøtt *m/f.*

breach /briːtʃ/ brudd *n;* bresje *m.*

bread /bred/ brød *n.*

breadth /bredθ/ bredde *m.*

break /breɪk/ brudd *n;* avbrytelse *m;* friminutt *n.*

break *verb* brekke, bryte; ødelegge; **~able** skrøpelig; **~age** brudd *n,* **~ down** bryte sammen; **~down** motorstopp *m; (overført)* sammenbrudd *n;* **~ down lorry** kranbil *m;* **~ down service** rednings-tjeneste *m;* **~er** *(sjøfart)* brottsjø *m.*

breakfast /'brekfəst/ frokost *m.*
breakthrough /'breɪkθruː/ gjennombrudd *n.*
break-up /'breɪkʌp/ oppløsning *m*; sammenbrudd *n.*
breakwater /'breɪkwɔːtə/ molo *m.*
breast /brest/ bryst *n.*
breath /breθ/ pust *m;* (ånde)drag *(m) n.*
breathalyser /'breθəlaɪzə/ alkotest *m.*
breath|e /briːð/ puste; **-less** andpusten; **-taking** som tar pusten fra en.
breech birth /briːtʃ bɜːθ/ setefødsel *m.*
breed /briːd/ rase *m.*
breed *verb* avle; fostre; **~ing** avl *m;* oppdragelse *m.*
breeze /briːz/ bris *m.*
brew /bruː/ brygg *n.*
brew *verb* brygge; *(overført)* være i gjære; **~er** brygger *m;* **~ery** bryggeri *n.*
bribe /braɪb/ bestikkelse *m.*
bribe *verb* bestikke; **~ry** bestikkelse *m.*
brick murstein *m;* **~layer** murer *m.*
brid|al /braɪdl/ brude-, bryllups-; **-e** brud *m;* **-egroom** brudgom *m;* **-esmaid** brudepike *m.*
bridge /brɪdʒ/ bro *m;* *(kortspill)* bridge *m.*
bridle /braɪdl/ bissel *n;* *(overført)* tøyle *m.*
brief /briːf/ *(jur)* saksresymé *n.*
brief *verb* gi et saksresymé; orientere.
brief *adj* kort(varig).
briefcase /'briːfkeɪs/ dokumentmappe *m/f.*
bright /braɪt/ strålende; klar; gløgg; *(overført)* lys; **~en** gjøre lysere; *(overført)* lyse opp; **~ness** *(elektr)* lysstyrke *m.*
brillian|ce /'brɪljəns/ stråleglans *m,* lysstyrke *m;* **-t** briljant, strålende.
brim rand *m/f,* kant *m.*
bring bringe; hente; **~ about** forårsake, få i stand; **~ in** innføre; innbringe; **~ on** fremkalle; **~ out** utgi; bringe for dagen; **~ up** oppdra; bringe på bane.
brink kant *m; også fig.*
brisk livlig; rask; **~et** bryst *m.*
brisling /'brɪslɪŋ/ brisling *m.*
bristle /brɪsl/ bust *m/f;* reise bust.
Brit|ain /brɪtn/, **Great ~** Storbritannia; **-ish** britisk; **-on** brite *m.*
brittle /brɪtl/ skjør, sprø; **~-bone disease** benskjørhet *m.*
broad /brɔːd/ bred, vid; **~band** bredbånd *n.*

broadcast /'brɔːdkɑːst/ *(radio)* sende, kringkaste; **~ing** kringkasting *m/f;* radio-.
broaden /brɔːdn/ gjøre bredere.
broad-minded /brɔːd'maɪndɪd/ vidsynt, tolerant.
broccoli /'brɒkəlɪ/ brokkoli *m.*
broil /brɒɪl/ *(amr)* (grill)steke.
broke /broʊk/ blakk, pengelens; **~n** ødelagt; oppløst; gebrokken.
broker /'broʊkə/ (børs)mekler *m.*
bronchitis /brɒŋ'kaɪtɪs/ bronkitt *m.*
bronze /brɒnz/ bronse *m.*
brooch /broʊtʃ/ brosje *m/f.*
brook /brʊk/ bekk *m.*
broom /bruːm/ sopelime *m,* feiekost *m.*
Bros. /'brʌðəz/ *fork for* **Brothers** brødrene (i firmanavn).
broth /brɒθ/ kjøttkraft *m/f,* buljong *m.*
brothel /brɒθl/ bordell *m.*
brother /'brʌðə/ bror *m;* **~-in-law** svoger *m.*
brow /braʊ/ (øyen)bryn *n;* panne *m/f.*
brown /braʊn/ brun.
Brownie (Guide) /'braʊnɪ (gaɪd)/ (om pikespeider:) meise *m.*
browse /braʊz/ beite; skumlese; **~r** *(edb)* nettleser *m.*
bruise /bruːz/ skade *m,* blåmerke *n.*
brush /brʌʃ/ børste *m;* pensel *m.*
brush *verb* børste; **~ away** viske bort; **~ off** avfeie.
Brussels sprouts /brəslz spraʊts/ rosenkål *m.*
brut|al /bruːtl/ dyrisk; brutal; **~ity** råskap *m,* brutalitet *m;* **-e** (u)dyr *n.*
bubble /bʌbl/ boble *m/f; også v;* **~ bath** skumbad *n.*
buck /bʌk/ *(zool)* bukk *m;* *(amr)* dollar *m.*
buck *verb* skyte rygg; *(amr,)* *(overført)* stritte imot.
bucket /'bʌkɪt/ bøtte *m/f,* spann *n.*
buckle /bʌkl/ spenne *m/f; også verb.*
bud /bʌd/ knopp *m.*
bud *verb* skyte knopper.
buddy /'bʌdɪ/ *(amr)* kamerat *m.*
budge /bʌdʒ/ røre (seg); gi etter.
budgerigar /'bʌdʒərɪgɑː/ undulat *m.*
budget /'bʌdʒɪt/ budsjett *n.*
budget *verb* budsjettere.
buffalo /'bʌfəloʊ/ bøffel *m.*
buffoon /bʌ'fuːn/ bajas *m.*
bug /bʌg/ *(zool)* tege *m; (amr)* insekt *n;* skjult mikrofon *m.*

bug *verb* avlytte.
build /bɪld/ (kropps)bygning *m.*
build *verb* bygge; **~ing** bygning *m.*
bulb /bʌlb/ lyspære *m/f;* (blomster)løk *m.*
bulge /bʌldʒ/ kul *m.*
bulge *verb* bule ut.
bulk /bʌlk/ omfang *n;* last *m/f;* størsteparten; **~y** stor, omfangsrik.
bull /bʊl/ okse *m;* hausse-spekulant *m;* bulle *m;* **~dog** bulldog *m.*
bullet /'bʊlɪt/ (gevær- *eller* revolver)kule *m/f.*
bull market /bʊl 'mɑːkɪt/ hausse *m.*
bull's-eye /'bʊlzaɪ/ *(sjøfart)* kuøye *n;* blinkskudd *n.*
bully /'bʊlɪ/ bølle *m, også verb.*
bulwark /'bʊlwək/ *(sjøfart)* skansekledning *m; (mil)* (festnings)voll *m; (overført)* vern *n.*
bum /bʌm/ rumpe *m/f; (amr)* boms *m.*
bum *verb* gå på bommen; **~-bag** rumpetaske *f.*
bumblebee /'bʌmblbiː/ *(zool)* humle *f.*
bump /bʌmp/ støt *n;* bule *m.*
bump *verb* støte, dunke; **~er** støtfanger *m;* **~y** humpete.
bun /bʌn/ (hvete)bolle *m.*
bunch /bʌntʃ/ knippe *n;* klase *m;* flokk *m.*
bundle /bʌndl/ bunt *m;* bylt *m.*
bundle *verb* bunte sammen.
bung /bʌŋ/ spuns *n;* spunshull *n.*
bungee /'bʌndʒɪ/, **~ jumping** strikkhopping *m/f.*
bungle /'bʌŋgl/ (for)kludre.
bunion /'bʌnjən/ ilke *m.*
bunk /bʌŋk/ fast køye *m/f;* **~er** bunker *m.*
bunker /bəŋkə/ *verb* bunkre.
buoy /bɒɪ/ bøye *m;* **~ancy** oppdrift *m;* **~ant** flytende; *(overført)* spenstig.
burden /bɜːdn/ byrde *m;* belastning *m;* drektighet *m.*
burden *verb* lesse på; bebyrde; **~some** tyngende.
bureau /'bjuːroʊ/ byrå *n;* skatoll *n; (amr)* kommode *m.*
bureaucra|cy /bjʊə'rɒkrəsɪ/ byråkrati *n;* **-t** byråkrat *m;* **-tic** byråkratisk.
burglar /'bɜːglə/ innbruddstyv *m;* **~ alarm** tyverialarm *m;* **~y** innbrudd *n.*
burial /'berɪəl/ begravelse *m;* **~ ground** kirkegård *m.*
burn /bɜːn/ brannsår *n,* forbrenning *m.*
burn *verb* brenne.
burp /bɜːp/ rap *n.*
burp *verb* rape.

burr /bɜː/ borre *m; (fonetisk)* skarring.
burrow /'bʌrəʊ/ hule *m;* gang *m.*
burrow *verb* grave ganger i jorden.
burst /bɜːst/ sprengning *m;* brudd *n.*
burst *verb* sprenge; briste.
bury /'berɪ/ begrave.
bus /bʌs/ buss *m.*
bush /bʊʃ/ busk *m,* kratt(skog) *n (m).*
business /'bɪznɪs/ forretning *m;* butikk *m;* beskjeftigelse *m;* sak *m/f;* oppgave *m;* **~like** forretningsmessig; **~ trip** forretningsreise *m/f.*
bust /bʌst/ byste *m/f; (amr)* fiasko *m.*
bustle /'bʌsl/ travelhet *m.*
busy /'bɪzɪ/ travel, opptatt.
busy *verb* beskjeftige; **~body** geskjeftig person *m.*
but /bʌt, bət/ men; **all ~** alle unntatt; nesten; **~ for** uten.
butcher /'bʊtʃə/ slakter *m.*
butler /'bʌtlə/ hovmester *m; overtjener m.*
butt /bʌt/ (skyte)skive *m/f; (også overført);* tykk ende, kolbe *m;* (sigarett)stump *m.*
butt *verb* stange.
butter /'bʌtə/ smør *n.*
butter *verb* smøre smør på; **~fly** sommerfugl *m;* **~ up** smigre.
buttock /'bʌtək/ rumpeballe *m;* **~s** *flertall* rumpe *f.*
button /bʌtn/ knapp *m.*
button *verb* kneppe; **~hole** knapphull(sblomst) *n (m).*
buxom /'bʌksəm/ (om kvinne) fyldig, frodig.
buy /baɪ/ kjøpe; **~er** kjøper *m.*
buzz /bʌz/ summe, surre; **~ off!** forsvinn!
by /baɪ/ *preposisjon* ved (siden av); av; med; innen; etter, ifølge.
by *adv* forbi; ved; **~ all means** ja visst; **~ day (night)** om dagen (natten); **~-election** suppleringsvalg *n;* **~ heart** utenat; **~ rail** med jernbane; **~ 6 o'clock** innen kl. 6; **~ the by** *eller* **~ the way** forresten, apropos; **~ the sack** i sekkevis.
byword /'baɪwɜːd/ ordtak *n.*

C

cab /kæb/ drosje *m/f*; ~ **rank**, ~ **stand** drosjeholdeplass *m*.
cabbage /'kæbɪdʒ/ (hvit)kål *m*.
cabin /'kæbɪn/ hytte *f*; lugar *m*.
cabinet /'kæbɪnɪt/ skap *n*; ~-**maker** møbelsnekker *m*.
cable /'keɪbl/ kabel *m*.
cable *verb* telegrafere; ~ **car** taubane *m*; ~ **television** kabel-tv *m*.
cackle /'kækl/ kakling *m/f*.
cackle *verb* kakle; snadre.
caddie /'kædɪ/ *(sport)* (i golf) en som bærer køllene.
Caesarean /sɪ'zeərɪən/, ~ **operation** keisersnitt *n*.
cage /keɪdʒ/ bur *n*.
cage *verb* sette i bur.
cairn /keən/ varde *m*.
cake /keɪk/ kake *m/f*.
calamity /kə'læmɪtɪ/ ulykke *m/f*, katastrofe *m*.
calcium /'kæ:lsɪəm/ kalk *m*; ~ **pill** kalktablett *m*.
calculat|e /'kælkjʊleɪt/ beregne, regne ut; **-ion** beregning *m/f*.
calendar /'kæləndə/ kalender *m*.
calf /kɑ:f/, *flertall* **calves** / kɑ:vz/ kalv *m*; (tykk)legg *m*.
calibre /'kælɪbə/ kaliber *n*.
calico /'kælɪkoʊ/ kaliko *n*.
call /kɔ:l/ rop *n*; oppringning *m*; (kort) besøk *n*; *(kortspill)* melding *m/f*.
call *verb* kalle; rope (ut, opp); tilkalle; se innom; ringe til; melde; ~-**box** telefonkiosk *m*.
calling /'kɔ:lɪŋ/ roping *m/f*; kall *n*.
callisthenics /kælɪs'θenɪks/ *flertall* holdningsgymnastikk *m*.
callous /'kæləs/ hard, ufølsom.
calm /kɑ:m/ rolig, (vind)stille; ro *m/f*, stillhet *m*; ~ **down** berolige.
calorie, calory /'kælərɪ/ (gram)kalori *m*.
Calvin and Hobbes /kælvɪnənd'hɒbz/ Tommy og Tiger'n.
camel /'kæməl/ kamel *m*.
camera /'kæmərə/ fotografiapparat *n*, kamera *n*.
camp /kæmp/ leir *m*.
camp *verb* ligge i (*eller* slå) leir; ~ **bed** feltseng *m/f*; ~ **site** leirplass *m*; ~ **stool** feltstol *m*.
campaign /kæm'peɪn/

kampanje *m;* **electoral ~** valgkamp *m.*
camphor /'kæmfə/ kamfer *m.*
camping /'kæmpɪŋ/ camping *m*; **~ ground** campingplass *m.*
campus /'kæmpəs/ universitetsområde *n.*
camshaft /'kæmʃɑːft/ *(maskin)* kamaksel *m.*
can /kæn/ kanne *m/f,* spann *n; (amr)* hermetikkboks *m.*
can *verb* kan, være i stand til; hermetisere; **~ opener** boksåpner *m.*
canal /kə'næl/ (kunstig) kanal *m*; **~ize, ~ise** *(overført)* kanalisere.
canary /kə'neərɪ/ kanarifugl *m.*
cancel /'kænsl/ avlyse; annullere; avbestille; **~lation** avlysning *m*; annullering *m/f*; avbestilling *m/f.*
Cancer /'kænsə/ *(astrologi)* Krepsen.
cancer /'kænsə/ *(medisin)* kreft *m;* **~ous** kreft-.
candid /'kændɪd/ oppriktig, ærlig.
candidate /'kændɪdeɪt/ kandidat *m.*
candle /'kændl/ (stearin)lys *n;* **~stick** lysestake *m.*
candy /'kændɪ/ kandis(sukker) *n; (amr)* sukkertøy *n,* godteri *n.*
candy *verb* kandisere.
cane /keɪn/ rør *n;* spaserstokk *m.*
cane *verb* pryle; **~ chair** kurvstol *m.*
canne|d /kænd/ hermetisk; på boks; **-ry** hermetikkfabrikk *m.*
cannon /'kænən/ *(mil)* kanon *m*; (i biljard) karambolasje *m.*
canny /'kænɪ/ skarpsindig.
canoe /kə'nuː/ kano *m.*
canon /'kænən/ *(religion)* kanon *m;* kannik *m.*
canopy /'kænəpɪ/ baldakin *m.*
cant /kænt/ tomme fraser *m, flertall;* (fag)sjargong *m;* helling *m/f.*
canteen /kæn'tiːn/ kantine *m/f.*
canvas /'kænvəs/ seil(duk) *n (m);* lerret *n*; **~s** drive stemmeverving *m/f.*
canyon /'kænjən/ juv *n.*
cap /kæp/ lue *m/f*; *(maskin)* deksel *m.*
cap *verb* sette deksel på.
capab|ility /keɪpə'bɪlɪtɪ/ evne *m,* dyktighet *m;* **-le** i stand til; dyktig.
capacity /kə'pæsɪtɪ/ evne *m*; kapasitet *m*; egenskap *m.*
cape /keɪp/ nes *n,* kapp *n*; (ermeløs) kappe *m/f.*
capelin /'kæp(ə)lɪn/ *(zool)* lodde *m/f*; **roe of ~** løyrom *m.*
capital /'kæpɪtl/ hovedstad *m;* kapital *m;* stor bokstav *m*; *(arkitektur)* kapitel *n*; **~ism**

kapitalisme *m*; ~ **punishment** dødsstraff *m*.
capitulat|**e** /kə'pɪtjʊleɪt/ kapitulere; **-ion** kapitulasjon *m*.
capric|**e** /kə'priːs/ lune *n;* **-ious** lunefull, ustadig.
Capricorn /'kæprɪkɔːn/ *(astrologi)* Steinbukken.
capsize /kæp'saɪz/ kantre.
capsule /'kæpsjuːl/ kapsel *m*.
captain /'kæptɪn/ kaptein *m;* skipsfører *m;* lagleder *m*.
caption /'kæpʃn/ billedtekst *m/f*; overskrift *m/f*.
captiv|**ate** /'kæptɪveɪt/ *(overført)* fengsle; **-e** fange *m;* **-ity** fangenskap *n*.
capture /'kæptʃə/ bytte *n;* erobring *m/f*.
capture *verb* ta til fange; erobre.
car /kɑː/ bil *m; (amr også)* jernbanevogn *m/f*; ~ **hire**, *(amr)* ~ **rental** bilutleie *m/f;* ~ **licence** motorvogn-avgift *m/f*; ~ **painter** billakkerer *m*; ~ **park** parkeringsplass *m*.
caravan /'kærəvæn/ karavane *m;* campingvogn *m/f*.
caraway /'kærəweɪ/ karve *m/f*.
carbohydrate /kɑːboʊ'haɪdreɪt/ karbohydrat *n*.
carbon /'kɑːbən/ kullstoff *n;* ~ **dioxide** karbondioksid *n;* ~ **paper** karbonpapir *n*.
carburettor /'kɑːbjʊrətə/ forgasser *m*.
carcase /'kɑːkəs/, *(amr)* **carcass** kadaver *n*.
card /kɑːd/ kort *n*; **~amom** kardemomme *m/f*; **~board** kartong *m,* papp *m*; ~ **index** kartotek(skuff) *n (m)*.
cardiac /'kɑːdɪæk/ hjerte-; hjertestyrkende middel *n*; ~ **condition** dårlig hjerte *n*.
cardigan /'kɑːdɪgən/ strikkejakke *m/f*.
cardinal /'kɑːdɪnəl/ kardinal *m;* hoved-; ~ **number** grunntall *n*.
cardiologist /kɑːdɪ'ɒlədʒɪst/ hjertespesialist *m*.
cardphone /'kɑːdfoʊn/ korttelefon *m*.
care /keə/ omsorg *m;* pleie *m/f*; forsiktighet *m*; bekymring *m/f*.
care *verb* bry seg om; bekymre seg; **take** ~ passe seg; **take** ~ **of** ta vare på; ~ **for** være glad i; ta seg av; ~ **of** (c/o) hos, adressert til.
career /kə'riːə/ løpebane *m;* **~s** *flertall* yrkesmuligheter *m, flertall*; **~s guidance** yrkesveiledning *m*.
care|**ful** /'keəfʊl/ forsiktig; omhyggelig; **-less** likegyldig, skjødesløs.
caress /kə'res/ kjærtegne *n*.

caretaker /ˈkeəteɪkə/ oppsynsmann *m*, vaktmester *m*.
cargo /ˈkɑːgoʊ/ ladning *m*, last *m/f*.
caricature /ˈkærɪkətjuːə/ karikatur *m*.
caricature *verb* karikere.
caries /ˈkeərɪz/ tannråte *m/f*, karies.
carnation /kɑːˈneɪʃn/ nellik *m*.
carnival /ˈkɑːnɪvəl/ karneval *n*.
carnivorous /kɑːˈnɪvərəs/ kjøttetende.
carol /ˈkærəl/, **Christmas ~** julesang *m*.
carp /kɑːp/ karpe *m*.
carpenter /ˈkɑːpɪntə/ tømmermann *m*, bygningssnekker *m*.
carpenter *verb* tømre.
carpet /ˈkɑːpɪt/ (gulv)teppe *n*.
carriage /ˈkærɪdʒ/ vogn *m/f*; *(jernb)* frakt *m/f*.
carrier /ˈkærɪə/ *(jernb)* bærer *m*; *(sjøfart)* bortfrakter *m*; bagasjebrett *n*, *(amr)* takgrind *m/f*; **~ bag** bærepose *m*; **firm of ~s** transportfirma *n*.
carrion /ˈkærɪən/ åtsel *n*.
carrot /ˈkærət/ gulrot *m/f*.
carry /ˈkærɪ/ bære; frakte; *(amr)* føre (en vare); **~ on** fortsette; drive (forretning); **~ out** gjennomføre, utføre; **~cot** (barnevogns)bag *m*.
cart /kɑːt/ kjerre *f*; **~er** kjørekar *m*.
carton /ˈkɑːtn/ kartong *m*.
cartoon /kɑːˈtuːn/ vitsetegning *m*; karikaturtegning *m*; tegneserie *m*; **~ (film)** tegnefilm *m*; **~ist** vitsetegner *m*.
cartridge /ˈkɑːtrɪdʒ/ patron *m*.
carve /kɑːv/ skjære, hogge ut; (om kjøtt) skjære opp; **~r** forskjærskniv *m*.
cascade /kæsˈkeɪd/ liten foss *m*; *(overført)* kaskade *m*.
case /keɪs/ tilfelle *n*; *(også jur)* sak *m*; *(gram)* kasus *n*; etui *n*; kasse *f*; **in any ~** i hvert fall; **in ~ (of)** i tilfelle (av).
cash /kæʃ/ kontant(er) *m*, *flertall*; *(handel)* kasse *f*.
cash *verb* heve penger; innløse; **~ dispenser** minibank *m*; **~ on delivery** mot etterkrav *n*; **~ payment** kontant betaling; **~ register** kassaapparat *n*; **~card** minibankkort *n*.
cashier /kæˈʃɪə/ kasserer *m*.
cask /kɑːsk/ fat *n*, tønne *m/f*.
cast /kɑːst/ kast *n*; (av)støpning *m*; *(teater)* rollebesetning *m*.
cast *verb* kaste; støpe; tildele en rolle; **~ iron** støpejern *n*.
castaway /ˈkɑːstəweɪ/ skibbrudden *m*; utstøtt *m*.

caste /kɑːst/ kaste *m.*
castle /'kɑːsl/ borg *m/f,* slott *n;* (i sjakk) tårn *n.*
castor /'kɑːstə/, **~ oil** lakserolje *m/f;* **~ sugar** farin *m/n.*
casual /'kæʒjʊəl/ tilfeldig; bekvem (om klær); **~ty** ulykkestilfelle *n;* **~ties** *flertall* ofre (døde og sårede) *n, flertall.*
cat /kæt/ katt *m*; **cat's-eye** (på sykkel) kattøye *n*; (i veibanen) refleksmerke *n.*
catalogue /'kætəlɒg/ katalog *m.*
catalogue *verb* katalogisere.
catalyIse /'kætəlaɪz/ katalysere; **-tic converter** (i bil) katalysator *m.*
cataract /'kætərækt/ *(medisin)* grå stær *m.*
catarrh /kə'tɑː/ katarr *m*; **~ of the bladder** blærekatarr *m.*
catastrophe /kə'tæstrəfɪ/ katastrofe *m.*
catch /kætʃ/ fangst *m.*
catch *verb* fange; oppfatte; pådra seg; **~ on** slå an, bli populær; **~ up on** ta igjen; **~ing** smittsom; *(overført)* smittende; **~word** slagord *n.*
cater /'keɪtə/, **~ for** imøtekomme; levere mat til; **~er** leverandør *m* av selskapsmat.
caterpillar /'kætəpɪlə/ (sommerfugl)larve *m/f; (maskin)* beltetraktor *m.*
catfish /'kætfɪʃ/ steinbit *m.*
cathedral /kə'θiːdrəl/ katedral *m.*
Catholic /'kæθəlɪk/ katolikk *m*; katolsk.
cattle /kætl/ storfe *n;* **~-show** dyrskue *n.*
cauliflower /'kɒlɪflaʊə/ blomkål *m.*
causal /'kɔːzəl/ kausal, årsaks-; **~ity** årsakssammenheng *m.*
cause /kɔːz/ årsak *m/f,* grunn *m;* sak *m/f.*
cause *verb* forårsake.
caustic /'kɔːstɪk/ kaustisk; *(overført)* bitende.
caution /'kɔːʃn/ forsiktighet *m;* advarsel *m.*
cautiIon *verb* advare; **-ous** forsiktig; varsom.
cave /keɪv/ hule *m.*
cavern /'kævən/ stor hule.
cavity /'kævɪtɪ/ hulrom *n,* hull *n* (i en tann).
cayenne pepper /'keɪən 'pepə/ kajennepepper *n.*
CBE /siː biː iː/ *fork for* **Commander of the Order of the British Empire.**
CBS /siː biː es/ *fork for* **Columbia Broadcasting System** (USA).
cd /siː diː/ *fork for* **compact**

disc; cd *m*; **~-player** cd-spiller *m*.
cease /siːs/ opphøre; holde opp med; **~-fire** våpenhvile *m*; **~less** uopphørlig.
ceiling /'siːlɪŋ/ (innvendig) tak *n; (overført)* øvre grense *m/f*.
celebrat|e /'selɪbreɪt/ feire; **~d** berømt; **-ion** feiring *m/f*.
celebrity /sɪ'lebrɪtɪ/ berømthet *m*; kjendis *m*.
celery /'selərɪ/ (blad)selleri *m*; **~ sticks** *flertall* stangselleri *m*.
celestial /sɪ'lestjəl/ himmelsk.
celibacy /'selɪbəsɪ/ sølibat *n*.
cell /sel/ celle *m/f*.
cellar /'selə/ kjeller *m*.
cell|ophane /'seləfeɪn/ cellofan(papir) *m (n)*; **-uloid** celluloid *m*.
cement /sɪ'ment/ bindemiddel *n*, sement *m*.
cement *verb* sementere; *(overført)* styrke.
cemetery /'semetrɪ/ kirkegård *m*, gravlund *m*.
censor /'sensə/ sensor *m*.
censor *verb* sensurere; **~ship** sensur *m*.
cent /sent/ hundre; **per ~** prosent *m, (amr)* cent = $^{1}/_{100}$ dollar; **~ennial** hundreårs-(dag) *n (m)*.
centigrade /'sentɪgreɪd/ Celsius.
central /'sentrəl/ sentral, midt-; viktig; **~ heating** sentralvarme *m*; **~ reserve** *eller* **strip** (i veibane) midtrabatt *m*; **~ization** sentralisering *m/f*.
centre /'sentə/ sentrum *n*; -sentral *m*.
centre *verb* plassere i midten.
century /'sentʃʊrɪ/ århundre *n*.
ceram|ics /sɪ'ræmɪks/ keramikk *m*; **-ist** keramiker *m*.
cereal /'sɪərɪəl/ kornslag *n*; (om mat) frokostblanding *m/f*.
cerebral /'serɪbrəl/ hjerne-; **~ haemorrhage** hjerneblødning *m*.
ceremon|ial /serɪ'moʊnjəl/ seremoniell, høytidelig; **-y** seremoni *m*.
certain /'sɜːtn/ sikker, viss; **~ly** absolutt; javisst; **~ty** sikkerhet *m*, visshet *m*.
certi|ficate /sə'tɪfɪkɪt/ attest *m*; **-fiable** bevislig; **-fy** attestere; **-tude** visshet *m*.
cervi|cal /'səvɪkl/ hals-; livmorhals-; **-x** livmorhals *m*.
cf /siː ef/ *fork for* **confer** jevnfør (jf).
C flat /siː flæt/ *(mus)* cess.
chafe /tʃeɪf/ gnage, gjøre sår; irritere.
chain /tʃeɪn/ kjede *n*, lenke *m/f*.
chain *verb* lenke; legge i

lenker; **tyre ~s** *flertall* kjettinger *m, flertall* (til dekk).
chair /tʃeə/ stol *m;* **easy ~** lenestol *m*; **folding ~** klappstol *m.*
chairman /'tʃeəmən/ formann *m;* ordstyrer *m;* **~ship** formannsverv *n.*
chalk /tʃɔːk/ kritt *n.*
chalk *verb* kritte.
challenge /'tʃælɪndʒ/ utfordring *m/f*; *(jur)* protest *m.*
challenge *verb* utfordre; bestride; **~ cup** vandrepokal *m.*
chamber /'tʃeɪmbə/ kammer *n; flertall* advokatkontor *n;* **~ music** kammermusikk *m.*
chamois /'ʃæmɪ/, **~ (leather)** semsket skinn *n.*
champagne /ʃæm'peɪn/ champagne *m;* **~ bucket** champagnekjøler *m.*
champion /'tʃæmpɪən/ mester *m*; forkjemper *m;* **~ship** mesterskap *n.*
chance /tʃɑːns/ sjanse *m;* tilfelle *n;* anledning *m.*
chance *verb* ta sjansen på; **by ~** tilfeldig(vis).
chancellor /'tʃɑːnsələ/ kansler *m;* **Chancellor of the Exchequer** finansminister *m.*
chandelier /ʃændɪ'lɪə/ lysekrone *m/f.*
change /tʃeɪndʒ/ forandring *m/f;* veksling *m/f;* småpenger *flertall.*
change *verb* forandre (seg); veksle; bytte; gire; **~ up** gire opp.
channel /'tʃænl/ kanal *m;.*
channel *verb* kanalisere.
chant /tʃɑːnt/ *(religion)* sang *m,* monoton tale *m*; *verb* messe.
chap /tʃæp/ kar *m,* fyr *m.*
chapel /'tʃæpl/ frikirkelig; kapell *n.*
chaplain /'tʃæplɪn/ prest *m* ved institusjon.
chapter /'tʃæptə/ kapittel *n.*
char /tʃɑː/ røye *m/f.*
character /'kærɪktə/ bokstav *m;* karakter *m;* egenart *m*; ry *n; (teater)* rolle *m/f*; **~istic** karakteregenskap *m*; karakteristisk (**of** for); **~istically** typisk nok; **~ize** kjennetegne.
charcoal /'tʃɑːkoʊl/ trekull *n.*
charge /tʃɑːdʒ/ *(elektr)* ladning *m;* byrde *m;* avgift *m,* omkostning *m,* pris *m; (jur)* siktelse *m.*
charge *verb* lade; pålegge; *(handel)* belaste konto *m*; forlange (pris); anklage; **be in ~** ha ledelsen; **free of ~** gratis.
charitable /'tʃærɪtəbl/ nestekjærlig; veldedig.

charity /'tʃærətɪ/ nestekjærlighet *m;* veldedighet *m;* ~ **concert** støttekonsert *m.*
charm /tʃɑːm/ sjarm *m;* trylleformular *n;* amulett *m.*
charm *verb* sjarmere, fortrylle.
chart /tʃɑːt/ kart *n;* grafisk fremstilling *m.*
charter /'tʃɑːtə/ (forfatnings) dokument *n; (sjøfart, handel)* befraktningskontrakt *m;* ~ **tour** charterreise *m.*
charwoman /'tʃɑːwʊmən/ vaskehjelp *m/f.*
chase /tʃeɪs/ jakt *m/f,* forfølgelse *m.*
chase *verb* jage, forfølge; siselere.
chassis /'ʃæsɪ/ understell *n.*
chast|e /tʃeɪst/ ærbar; **-ity** ærbarhet *m.*
chat /tʃæt/ prat *m.*
chat *verb* prate; *(edb)* chatte; ~ **up** slå an på, sjekke; ~ **line** *(edb)* chattelinje *m/f.*
chatter /'tʃætə/ skravling *m/f.*
chatter *verb skravle; klapre;* **~box** skravlebøtte *m/f.*
chauvinis|m /'ʃoʊvɪnɪzm/ sjåvinisme *m;* **-t** sjåvinist *m.*
cheap /tʃiːp/ billig; **~en** gjøre billigere.
cheat /tʃiːt/ juks.
cheat *verb* jukse, svindle; ~ **on** bedra.
check /tʃek/ (i sjakk) sjakk; hindring *m/f,* kontroll(merke) *m (n); (amr)* sjekk *m; (amr)* (restaurant)regning *m/f.*
check *verb* gjøre sjakk; kontrollere; **~-in** innsjekking *m/f;* **~-up** kontroll *m.*
checker /'tʃekə/ *(amr)* dambrikke *m* (i spill); **~s** *flertall* damspill *n;* **~board** dambrett *n.*
checkmate /'tʃekmeɪt/ (i sjakk) sjakkmatt.
checkmate *verb* gjøre sjakkmatt.
checkroom /'tʃekruːm/ *(amr)* garderobe *m.*
cheek /tʃiːk/ kinn *n;* frekkhet *m;* **~y** frekk.
cheer /tʃɪə/ hurrarop *n.*
cheer *verb* hylle; **~s!** *flertall* skål! ~ **up** oppmuntre; **~io** morn'a, ha det!
cheese /tʃiːz/ ost *m;* **blue** ~ roquefortost *m;* **~board** osteanretning *m.*
chemical /'kemɪkl/ kjemisk; **~s** *flertall* kjemikalier *m, flertall.*
chemist /'kemɪst/ kjemiker *m;* apoteker *m;* **~s** apotek *n;* **~ry** kjemi *m.*
chemotherapy /kemə'θerəpɪ/ cellegiftbehandling.

cheque /tʃek/ sjekk *m;* **~book** sjekkhefte *n;* **~card** bankkort *n.*
chequered /'tʃekəd/ rutete.
cherish /'tʃerɪʃ/ sette høyt; verne om.
cherry /'tʃerɪ/ kirsebær *n.*
chervil /'tʃɜːvɪl/ kjørvel *m.*
chess /tʃes/ sjakk *m;* **~board** sjakkbrett *n.*
chest /tʃest/ kiste *m/f;* bryst(kasse) *n (m);* **~ of drawers** kommode *m.*
chestnut /'tʃesnʌt/ kastanje *m;* kastanje-.
chew /tʃuː/ tygge; **~ing gum** tyggegummi *m;* **~y** seig(t).
chicken /'tʃɪkɪn/ kylling *m;* **~pox** vannkopper.
chicory /'tʃɪkərɪ/ sikori *m.*
chief /tʃiːf/ sjef *m;* høvding *m;* viktigst, hoved-; **~ly** hovedsakelig.
child /tʃaɪld/, *flertall* **~ren** /'tʃɪldrən/ barn *n;* **~ benefit** barnetrygd *m;* **~hood** barndom *m;* **~ maintenance** barnebidrag *n;* **~minder** dagmamma *m;* **~proof** sikker for barn; **~ welfare** barnevern *n.*
chill /tʃɪl/ kulde *m/f;* kuldegysning *m.*
chill *verb* avkjøle; **~ed** avkjølt; **~ing** isnende; skremmende; **~y** kjølig.
chime /tʃaɪm/ klokkespill *n;* kiming *m/f.*
chime *verb* lyde, kime.
chimney /'tʃɪmnɪ/ skorstein *m;* pipe *m/f;* **~sweep(er)** (skorsteins)feier *m.*
chin /tʃɪn/ hake (ansiktsdel) *f.*
china /'tʃaɪnə/ porselen *n.*
chip /tʃɪp/ flis *f;* splint *m;* *(edb)* brikke *m/f;* **~s** *flertall* pommes frites; *(amr)* potetgull *n;* **~ off** fjerne; **~munk** *(amr)* jordekorn.
chiropod|ist /kɪ'rɒpədɪst/ fotpleier *m;* **-y** fotpleie *m.*
chiropractor /'kaɪrəpræktə/ kiropraktor *m.*
chirp /tʃɜːp/ kvitring *m/f.*
chirp *verb* kvitre.
chisel /'tʃɪzl/ meisel *m.*
chisel *verb* meisle; hogge ut.
chival|rous /'tʃɪvəlrəs/ ridderlig; **-ry** ridderlighet *m.*
chives /tʃaɪvz/ gressløk *m.*
chocolate /'tʃɒk(ə)lɪt/ sjokolade *m.*
choice /tʃɒɪs/ utsøkt; (ut)valg *n.*
choir /'kwaɪə/ kor *n.*
choke /tʃoʊk/ kvele(s).
cholera /'kɒlərə/ kolera *m.*
choos|e /tʃuːz/ velge; **-y** kresen.
chop /tʃɒp/ hugg *n;* kotelett *m.*
chop *verb* hogge, hakke; **~per** kjøttøks; **~ping knife**

kjøttkniv; **~ping board** hakkebrett; **~sticks** spisepinner *m, flertall.*
chord /kɔːd/ *(mus)* akkord *m.*
chores /tʃɔːz/ *flertall* (hus)arbeid *n*; plikter *m, flertall.*
chorus /ˈkɔːrəs/ kor(sang) *n (m).*
Christ /kraɪst/ Kristus.
christen /ˈkrɪsn/ døpe; **~ing** dåp *m.*
Christian /ˈkrɪstjən/ kristen; **~ name** fornavn *n;* **~ity** kristendom(men) *m.*
Christmas /ˈkrɪsməs/ jul(ehelg) *m/f (m/f);* **Father ~** julenissen *m;* **~ Eve** julaften *m.*
chronological /krɒnəˈlɒdʒɪkl/ kronologisk.
chubby /ˈtʃʌbɪ/ lubben.
chuck /tʃʌk/ kast *n.*
chuck *verb* gjøre slutt med; kaste.
chuckle /ˈtʃʌkl/ klukklatter *m.*
chuckle *verb* klukkle.
chum(my) /ˈtʃʌm(ɪ)/ kamerat *m.*
chunk /tʃʌnk/ tykk skive *m/f.*
church /tʃɜːtʃ/ kirke *m/f; kirke-;* **~yard** kirkegård *m.*
churn /tʃɜːn/ (smør)kjerne *(n) m.*
churn *verb* kjerne smør.
CIA /siː aɪ eɪ/ *fork for* **Central Intelligence Agency.**
cider /ˈsaɪdə/ alkoholholdig eplemost *m,* sider *m;* eplesaft *m.*
cigar /sɪˈgɑː/ sigar *m;* **~ case** sigaretui *n;* **~ette** sigarett *m.*
cinder /ˈsɪndə/ slagg *n.*
Cinderella Askepott.
cinefilm /ˈsɪnɪfɪlm/ smalfilm(ing) *m (m/f).*
cinema /ˈsɪnɪmə/ kino *m.*
cinnamon /ˈsɪnəmən/ kanel *m.*
cipher /ˈsaɪfə/ siffer(skrift) *n (m).*
circa /ˈsɜːkə/ cirka (ca.), omtrent.
circle /ˈsɜːkl/ sirkel *m;* krets *m.*
circle *verb* kretse; gå i ring; *(teater:)* **dress ~** balkong *m;* **upper ~** (øvre) galleri *n.*
circuit /ˈsɜːkɪt/ omkrets *m; (elektr)* strømkrets *m;* **short ~** kortslutning *m;* **~-breaker** strømbryter *m.*
circular /ˈsɜːkjʊlə/ sirkelrund; **~ letter** rundskriv *n.*
circulat|e /ˈsɜːkjʊleɪt/ sirkulere, være i omløp; **-ion** omløp *n;* (avis-, tidsskrift)opplag *n;* **-ory** sirkulasjons-.
circumcis|e /ˈsɜːkəmsaɪz/ omskjære; **-ion** omskjæring *m/f.*
circumferen|ce /səˈkʌmfərəns/ periferi *m,* omkrets *m;* **-tial** omkrets-.
circumnavigation /ˈsəkəmnævɪˈgeɪʃn/, **~ of the world** jordomseiling *m/f.*

circumstance /'sɜːkəmstəns/ omstendighet *m.*
circus /'sɜːkəs/ sirkus *n,* rund plass *m.*
cit|ation /saɪ'teɪʃn/ sitat *n*; **-e** sitere.
citizen /'sɪtɪzn/ (stats)borger *m;* **~ship** (stats)borgerskap *n.*
city /'sɪtɪ/ (større) by *m;* forretningssentrum *n;* **~ hall** rådhus *n.*
civic /'sɪvɪk/ by-, borger-, kommunal-.
civil /'sɪvɪl/ by-, borger-; høflig; sivil; **~ registration number** personnummer *n*; **~ity** høflighet *m;* **~ization** sivilisasjon *m;* **~ize** sivilisere.
claim /kleɪm/ fordring *m/f,* krav *n;* reklamasjon *m.*
claim *verb* fordre, kreve; reklamere på; påstå; **~ advice** *(forsikring)* skademelding *m/f*; **~s department** *(forsikring)* skadeavdeling *m/f.*
clam /klæm/ musling *m.*
clammy /'klæmɪ/ fuktig, klam.
clamorous /'klæmərəs/ skrikende, larmende.
clamp /klæmp/ klemme *m/f.*
clamp *verb* spenne fast; **wheel ~** hjullås *m.*
clan /klæn/ klan *m,* stamme *m.*
clank /klæŋk/ klirr *n,* skrangling *m/f.*
clank *verb* klirre, skrangle.
clap /klæp/ klapp *n.*
clap *verb* klappe.
claret /'klærət/ rødvin *m* (bordeaux).
clarif|ication /klærɪfɪ'keɪʃn/ (av)klaring *m/f;* **-y** (av)klare.
clash /klæʃ/ klirr(ing) *n (m/f); (overført)* sammenstøt *n.*
clash *verb* klirre; støte sammen med.
clasp /klɑːsp/ hekte *m;* omfavnelse *m.*
clasp *verb* hekte; omfavne; **~ knife** foldekniv *m.*
class /klɑːs/ klasse(time) *m;* stand *m;* stil *m.*
classic /'klæsɪk/ klassiker *m;* klassisk; **~al** klassisk.
classif|ication /klæsɪfɪ'keɪʃn/ inndeling *m/f;* klassifisering *m/f;* **-y** klassifisere; inndele.
clause /klɔːz/ klausul *m;* setning *m.*
claustrophobia /klɒstrə'foʊbɪə/ klaustrofobi *m.*
clavicle /'klævɪkl/ krageben *n.*
claw /klɔː/ klo *m/f.*
claw *verb* klore; krafse.
clay /kleɪ/ leire *m/f.*
clean /kliːn/ ren(t); renslig.
clean *verb* gjøre ren(t); **~ing** rengjøring *m/f*; **~se** rense.
clear /klɪə/ klar; lys; tydelig.
clear *verb* klare; rydde; selge

ut; *(handel)* klarere; ~ **up** oppklare, klarne.
clearance /'klɪərəns/ klarering *m/f;* opprydding *m/f;* ~ **sale** utsalg *n*.
clef /klef/ *(mus)* nøkkel.
clench /klentʃ/ presse sammen; bite sammen (tennene).
clergy /'klɜːdʒɪ/ geistlighet *m;* **~man** geistlig *m,* prest *m*.
clerical /'klerɪkl/ geistlig; kontor-.
clerk /klɑːk/ kontorist *m; (amr også)* (butikk)ekspeditør *m*.
clever /'klevə/ dyktig; flink.
client /'klaɪənt/ klient *m*.
cliff /klɪf/ klippe *m,* fjellskrent *m*.
climacteric /klaɪmæk'terɪk/ klimakterisk; kritisk; / klaɪ'mæktərɪk/ klimakterium *n,* overgangsalder *m;* vendepunkt *n*.
climat|**e** /'klaɪmɪt/ klima *n*; **-ic** klimatisk.
climb /klaɪm/ klatring *m/f*.
climb *verb* klatre.
clinch /klɪnʃ/ omfavnelse *m*.
clinch *verb* omfavne.
cling /klɪŋ/ **(to)** klynge seg (til); klenge; **~ing** ettersittende.
clinic /'klɪnɪk/ klinikk *m*; **~al picture** sykdomsbilde *n*; **~ally** klinisk.
clip /klɪp/ (avisut)klipp *n;* klemme *m/f,* klips *n*.
clip *verb* klippe; **paper-~** binders *m;* **tie-~** slipsnål *m/f*.
cloak /kloʊk/ kappe *m/f,* kåpe *m/f;* **~room** garderobe *m*.
clock /klɒk/ ur *n,* klokke *m/f;* **alarm ~** vekkerur *n;* **~wise** med solen.
clog /klɒg/ tresko *m*.
clone /kloʊn/ kloning *m/f,* etterligning *m/f*.
cloun *verb* klone.
close /kloʊz/ løkke *f,* gårdsplass *m;* slutt *m*.
close *verb* lukke; avslutte; nær; tett; ~ **by,** ~ **to** like ved; **~-up** nærbilde *n*.
closet /'klɒzɪt/ skap *n,* kott *n*.
clot /klɒt/ størknet blod *n*.
clot *verb* størkne.
cloth /klɒθ/, *flertall* **~s** tøy *n,* stoff *n*; **face~** vaskeklut *m;* **~es** /'kloʊ(ð)z/ *flertall* klær; **~ing** klær *flertall*.
cloud /klaʊd/ sky *m;* **~y** skyet.
clove /kloʊv/ fedd *n;* kryddernellik *m*.
clover /'kloʊvə/ kløver *m*.
clown /klaʊn/ klovn *m,* bajas *m*.
club /klʌb/ klubbe *m/f,* kølle *m/f,* klubb *m*; **~s** *flertall, (kortspill)* kløver.
clue /kluː/ holdepunkt *n,* ledetråd *m*.

clumsy /'klʌmzɪ/ klossete.
cluster /'klʌstə/ klynge *m/f;* klase *m.*
clutch /klʌtʃ/ grep *n,* tak *n;* kløtsj *m.*
clutch *verb* gripe.
clutter /'klʌtə/ rot *n.*
clutter *verb* rote.
CNN /siː en en/ *fork for* **Cable News Network**.
co- med-.
Co. *fork for* **Company**.
c/o /siː oʊ/ *fork for* **care of.**
coach /koʊtʃ/ vogn *m/f*; (turist)buss *m;* trener *m.*
coach *verb* trene; **~man** kusk *m*; **~ station** busstasjon *m.*
coal /koʊl/ kull *n;* **~bed** kulleie *n*; **~fish** sei *m;* **~mine(r)** kullgruve(arbeider) *m/f (m).*
coarse /kɔːs/ grov.
coast /koʊst/ kyst *m;* **~er** kystfartøy *n; (amr)* ølbrikke *m/f;* **~guard** kystvakt *m/f.*
coat /koʊt/ frakk *m;* kåpe *m/f;* strøk *n* (maling).
coat *verb* overtrekke; **~ hanger** kleshenger *m*; **~ed** belagt; **~ing** lag *n*, belegg *n.*
coax /koʊks/ godsnakke med; overtale.
cobble /'kɒbl/ rund brostein *m.*
cobble *verb* brolegge; reparere på.
cobweb /'kɒbweb/ spindelvev *n.*
coccyx /'kɒksɪks/ haleben *n.*
cock /kɒk/ hane *m;* hann(fugl) *m;* kran *m/f*; hane *m* (på børsse).
cock *verb* spenne hanen på; **~-eyed** skjeløyd; **~pit** førerrom i fly; **~roach** kakerlakk *m;* **~scomb** hanekam *m*; **~sure** skråsikker; **~up** tabbe *m/f*; **~y** overlegen, blærete.
cocoa /'koʊkoʊ/ kakao *m.*
coconut /'koʊkoʊnʌt/ kokosnøtt *m/f.*
cocoon /kə'kuːn/ kokong *m.*
cod /kɒd/ torsk *m.*
code /koʊd/ kode *m; (jur)* lovsamling *m/f.*
code *verb* kode.
cod-liver oil tran *m.*
co-ed /'koʊəd/ felles-undervisning *m/f.*
coffee /'kɒfɪ/ kaffe *m;* **~ grounds** *flertall* kaffegrut *m;* **~pot** kaffekanne *m/f.*
coffin /'kɒfɪn/ (lik)kiste *m/f.*
cog /kɒg/ tann *m/f;* **~wheel** tannhjul *n.*
cohabita|nt /koʊ'hæbɪtənt/ samboer *m*; **-tion** samboerskap *n*; **-tion agreement** samboeravtale *m.*
coheren|ce /koʊ'hɪərəns/ sammenheng *m;* **-t** sammen-hengende.

cohesive /koʊ'hiːsɪv/ sammenhengende.
coil /kɒɪl/ spiral *m;* kveil *m.*
coil *verb* kveile.
coin /kɒɪn/ mynt *m*; **~ changer** vekslingsautomat *m*; **~age** mynting *m/f.*
coincide /koʊɪn'saɪd/ **(with)** falle sammen (med); **~nce** sammentreff *n.*
coke /koʊk/ koks *m.*
colander /'kɒləndə/ dørslag *n.*
cold /koʊld/ kulde *m/f;* forkjølelse *m.*
cold *adj* kald; **~ buffet** koldtbord *n*; **~ cuts** oppskåret kjøttpålegg *n.*
colitis /kɒ'laɪtɪs/ tykktarmbetennelse *m.*
collaborat|e /kə'læbəreɪt/ samarbeide; **-ion** samarbeid *n.*
collapse /kə'læps/ sammenbrudd *n.*
collapse *verb* falle sammen.
collar /'kɒlər/ krage *m;* snipp *m;* halsbånd *n*; **~bone** kragebein *n.*
colleague /'kɒliːg/ kollega *m.*
collect /'kɒlekt/ kollekt *m.*
collect *verb* /kə'lekt/ samle; hente; **~ed** fattet, rolig; **~ion** (inn)samling *m/f;* innkassering *m/f*; **~or** samler *m.*
college /'kɒlɪdʒ/ universitetsavdeling *m/f;* kollegium *n*; høyere skole *m.*
collide /kə'laɪd/ **(with)** støte sammen (med).
collier /'kɒlɪə/ kullgruvearbeider *m;* **~y** kullgruve *m/f.*
collision /kə'lɪʒn/ sammenstøt *n*
colloquial /kə'loʊkwɪəl/ som hører til hverdagsspråket; **~ism** hverdagsuttrykk *n.*
colon /'koʊlən/ tykktarm *m;* *(gram)* kolon *n.*
colonel /'kɜːnl/ oberst *m.*
colon|ial /kə'loʊnjəl/ koloni-; **-ize** kolonisere; **-y** koloni *m.*
colour /'kʌlə/, *(amr)* **color** farge *m.*
colour *verb* farge; rødme; **~s** *flertall* flagg *n*; **~ bar** raseskille *n*; **~ chart** fargekart *n*; **~-fast** fargeekte.
colt /koʊlt/ føll *n.*
column /'kɒləm/ søyle *m/f;* kolonne *m;* (avis)spalte *m.*
comb /koʊm/ kam *m.*
comb *verb* gre.
combat /'kɒmbət/ kamp *m.*
combat *verb* /kəm'bæt/ (be)kjempe.
combin|ation /kɒmbɪ'neɪʃn/ kombinasjon *m.*
combine /kəm'baɪn/ sammenslutning *m,* syndikat *n.*
combine *verb* kombinere.

combusti|ble /kəm'bʌstɪbl/ lettantennelig; **-on** forbrenning *m/f.*
come /kʌm/ komme; ~ **by** få fatt på; ~ **down on** kritisere; ~ **true** oppfylles.
comedi|an /kə'miːdɪən/ komiker *m;* **-y** komedie *m.*
comfort /'kʌmfət/ trøst *m;* komfort *m.*
comfort *verb* trøste; **~able** behagelig; **~ably** bekvemt.
comic /'kɒmɪk/ komiker *m*; komedie-; komisk; **~s** *flertall* tegneserier *m, flertall.*
command /kə'mɑːnd/ befaling *m/f,* kommando *m.*
command *verb* kommandere; **~er** kommandør *m;* -sjef; **~er-in-chief** øverstbefalende *m.*
commandment /kə'mɑːndment/ *(religion)* bud *n.*
commemorat|e /kə'meməreɪt/ feire; minnes; **-ion** minnefest *m*; **-ive** minne-.
commend /kə'mend/ rose; anbefale; **~able** prisverdig.
comment /'kɒment/ (kritisk) bemerkning *m,* kommentar *m;* ~ **on** ha bemerkninger til; kommentere; **~ary** kommentar *m*; (i media) reportasje *m*; **~ate** referere; **~ator** reporter *m.*
commerc|e /'kɒməs/ handel *m;* samkvem *n;* **-ial** reklamesending *m/f*; handels-.
commission /kə'mɪʃn/ oppdrag *n; (handel)* provisjon *m;* kommisjon *m.*
commission *verb* gi i oppdrag; **~er** kommissær *m.*
commit /kə'mɪt/ begå; ~ **oneself** forplikte seg; **~ment** forpliktelse *m; (overført)* engasjement *n*; **~ted** engasjert; **~ted to** forpliktet til.
commodity /kə'mɒdɪtɪ/ vare *m.*
common /'kɒmən/ allmenning *m*; felles; alminnelig; ~ **law** *(jur)* sedvanerett *m*; **~-law husband/wife** samboer *m*; **~-law marriage** papirløst ekteskap *n*; **~er** borger *m;* **~place** banal; banalitet *m;* **the House of Commons** Underhuset; **the British Commonwealth of Nations** Det britiske samveldet.
commotion /kə'moʊʃn/ bråk *n.*
communal /'kɒmjʊnl/ felles.
communica|te /kə'mjuːnɪkeɪt/ kommunisere; meddele; **-tion** forbindelse *m;* meddelelse *m;* meddelelse *m;* **-tions** *flertall* samferdselsmidler *n, flertall*; **-tive** meddelsom.
communion /kə'mjuːnjən/ nattverd *m;* fellesskap *n.*

communis|m /ˈkɒmjʊnɪzm/ kommunisme *m*; **-t** kommunistisk; kommunist *m*.
community /kəˈmjuːnɪtɪ/ samfunn *n*.
commute /kəˈmjuːt/ pendle; **~r** pendler *m*.
compact /kəmˈpækt/ kompakt; tettbygd.
companion /kəmˈpænjən/ ledsager *m;* kamerat *m*.
company /ˈkʌmpənɪ/ (handels)selskap *n;* sosialt samvær *n*.
compar|able /ˈkɒmpərəbl/ sammenlignbar; **-atively** forholdsvis; **-e** sammenligne; **-ison** sammenligning *m/f*.
compartment /kəmˈpɑːtmənt/ avdeling *m/f; (jernb)* kupé *m*.
compass /ˈkʌmpəs/ kompass *n;* **~es** *flertall* passer *m*.
compassion /kəmˈpæʃn/ medlidenhet *m;* **~ate** medfølende.
compatib|ility /kəmpætɪˈbɪlɪtɪ/ forenlighet *m*, samsvar *n;* **-le** forenlig, passer sammen.
compatriot /kəmˈpætrɪət/ landsmann *m*.
compelling /kəmˈpelɪŋ/ tvingende; fengslende.
compensat|e /ˈkɒmpenseɪt/ erstatte; kompensere; **-ion** erstatning *m;* kompensasjon *m*.
compete /kəmˈpiːt/ konkurrere.
competen|ce /ˈkɒmpɪtəns/ dyktighet *m*; kompetanse *m;* **-t** dyktig; kompetent.
competit|ion /kɒmpɪˈtɪʃn/ konkurranse *m;* **-ive** konkurransedyktig; **-or** (konkurranse)deltaker *m*; konkurrent *m*.
complacen|cy /kəmˈpleɪsənsɪ/ selvtilfredshet *m;* **-t** selvtilfreds.
complain /kəmˈpleɪn/ klage (**to** til; **about, of** over); **~t** klage *m;* reklamasjon *m*; lidelse *m*.
complaisant /kəmˈpleɪsənt/ føyelig.
complement /ˈkɒmplɪmənt/ komplement *n*.
complement *verb* supplere; **~ary** supplerende; utfyllende.
complete /kəmˈpliːt/ fullstendig.
complet|e *verb* gjøre ferdig, fullføre; **-ion** fullførelse *m*.
complex /ˈkɒmpleks/ sammensatt.
complexion /kəmˈplekʃn/ hudfarge *m*.
complian|ce /kəmˈplaɪəns/ samsvar *n;* **-t** føyelig.
complicat|e /ˈkɒmplɪkeɪt/

komplisere, gjøre innviklet; **-ion** komplikasjon *m.*
complicity /kəm'plɪsɪtɪ/ delaktighet *m.*
compliment /'kɒmplɪment/ kompliment *n.*
compliment *verb* komplimentere; gratulere; **with ~s** hilsen *m.*
complimentary /kɒmplɪ'mentrɪ/ smigrende; **~ ticket** fribillett *m.*
comply /kəm'plaɪ/, **~ with** imøtekomme; etterkomme.
component /kəm'poʊnənt/ bestanddel *m.*
compos|e /kəm'poʊz/ komponere; **~d** rolig, fattet; **~r** komponist *m;* **-ition** komposisjon *m;* sammensetning *m; (jur)* akkord; **-itor** *(typografi)* setter *m;* **-ure** fatning *m.*
compound /'kɒmpaʊnd/ sammensatt; sammensetning *m.*
compound *verb* /kəm'paʊnd/ blande.
comprehen|d /kɒmprɪ'hend/ begripe; **-sible** begripelig; **-sion** fatteevne *m/f;* forståelse *m.*
comprehensive /kɒmprɪ'hensɪv/ omfattende; **~ school** ungdoms- og videregående skole *m.*
compromise /'kɒmprəmaɪz/ kompromiss *n.*
compromise *verb* inngå et kompromiss.
compuls|ion /kəm'pʌlʃn/ tvang *m;* **-ory** obligatorisk; tvangs-.
comput|er /kəm'pjuːtə/ datamaskin *m;* **personal ~** pc; **~ized** datastyrt; **-ing** data-; databehandling *m/f.*
comrade /'kɒmrəd/ kamerat *m.*
con /kɒn/ svindel *m.*
con *verb* lure.
conceal /kən'siːl/ skjule.
conceit /kən'siːt/ innbilskhet *m;* **~ed** innbilsk.
conceiv|able /kən'siːvəbl/ tenkelig; **-e** tenke ut; bli gravid.
concentrat|e /'kɒnsentreɪt/ konsentrere seg (**on** om); **-ion** konsentrasjon *m.*
concept /'kɒnsəpt/ begrep *n;* **~ion** unnfangelse *m;* idé *m;* **~ual** begrepsmessig.
concern /kən'sɜːn/ konsern *n;* anliggende *n;* bekymring *m.*
concern *verb* angå; **~ed** bekymret.
concert /'kɒnsət/ konsert *m.*
concession /kən'seʃn/ innrømmelse *m; (jur)* konsesjon *m.*
conciliat|e /kən'sɪlɪeɪt/ forsone; **-ion** forsoning *m/f;* **-ory** forsonlig.

concise /kən'saɪs/ kortfattet, konsis.
conclu|de /kən'klu:d/ (av)slutte; **-sion** avslutning *m;* konklusjon *m;* **-sive** avgjørende.
concord /'kɒŋkɔ:d/ enighet *m.*
concrete /'kɒnkri:t/ konkret; betong *m.*
concur /kən'kɜ:/ stemme overens; **~rent** sammenfallende.
concussion /kən'kʌʃn/ hjernerystelse *m.*
condemn /kən'dem/ (for)dømme; kondemnere; **~able** forkastelig; **~ation** fordømmelse *m;* kondemnering *m/f.*
condens|ation /kænden'seɪʃn/ kondens *m;* **-e** fortette, kondensere; **-er** kondensator *m.*
condescend /kɒndɪ'send/ nedlate seg; **~ing** nedlatende.
condition /kən'dɪʃn/ betingelse *m;* (til)stand *m;* kondisjon *m;* **~s** *flertall* forhold *n, flertall*; **~al** betinget.
condolence */kən'doʊləns/* kondolanse *m;* **offer one's ~s** kondolere.
condom /'kɒndəm/ kondom *n.*
condominium /kɒndə'mɪnɪəm/ *(amr)* (blokk med) selveierleilighet(er) *m.*
conduct /'kɒndəkt/ oppførsel *m.*
conduct *verb* /kən'dʌkt/ lede; *(mus)* dirigere; **~or** konduktør *m; (mus)* dirigent *m.*
cone /koʊn/ kjegle *m/f;* kongle *m/f.*
confedera|cy /kən'fedərəsɪ/ forbund *n;* **-te** forbunds-; forbundsfelle *m/f;* **-tion** forbund *n.*
conference /'kɒnfərəns/ konferanse *m.*
confess /kən'fes/ tilstå; *(religion)* skrifte; **~ion** tilståelse *m;* bekjennelse *m;* skriftemål *n.*
confide /kən'faɪd/, **~ in** betro seg til; **~ to** betro en noe; **~nce** tillit *m;* fortrolighet *m;* **~nt** trygg, sikker; **~ntial** fortrolig.
confine /kən'faɪn/ begrense; sperre inne; **~ment** innesperring *m/f;* fødsel *m.*
confirm /kən'fɜ:m/ bekrefte; **~ation** bekreftelse *m.*
confisca|te /'kɒnfɪskeɪt/ konfiskere; beslaglegge; **-ion** beslagleggelse *m.*
conflict /'kɒnflɪkt/ konflikt *m;* **~ing** motstridende.
conform /kən'fɔ:m/ tilpasse seg; **~ity** konformitet *m.*
confounded /kən'faʊndɪd/ forbasket; pokkers.

confront /kən'frʌnt/ konfrontere.
confus|e /kən'fjuːz/ forvirre; forveksle; **-ion** forvirring *m/f.*
congeal /kən'dʒiːl/ størkne.
congenial /kən'dʒiːnɪəl/ (ånds)beslektet; hyggelig.
congestion /kən'dʒestʃn/ økt blodtilførsel *m;* opphopning *m;* trafikkork *m.*
congratulat|e /kən'grætjʊleɪt/ gratulere; **-ion** gratulasjon *m.*
congregat|e /'kɒŋgrɪgeɪt/ samle seg; **-ion** menighet *m.*
congress /'kɒŋgres/ kongress *m; (amr)* **the Congress** Kongressen; **~man** medlem *n* av Kongressen.
conic /'kɒnɪk/ kjegle-.
conifer /'koʊnɪfə/ nåletre *n.*
conjur|e /'kʌndʒə/ trylle; **~r** tryllekunstner *m;* **-ing trick** tryllekunst *m.*
connect /kə'nekt/ forbinde; stå i forbindelse med; **~ing** forbindelses-; **~ion** forbindelse *m.*
conque|r /'kɒŋkə/ erobre; seire; **~or** erobrer *m;* seierherre *m;* **-st** erobring *m/f.*
conscien|ce /'kɒnʃəns/ samvittighet *m;* **-tious** samvittighetsfull.
conscious /'kɒnʃəs/ bevisst; **~ness** bevissthet *m.*
conscript /'kɒnskrɪpt/ vernepliktig (soldat) *m;* **~ion** verneplikt *m.*
consecrate /'kɒnsɪkreɪt/ innvie; vigsle.
consecutive /kən'sekjʊtɪv/ som kommer etter hverandre.
consent /kən'sent/ samtykke *n;* **~ to** samtykke i.
consequen|ce /'kɒnsɪkwens/ følge *m,* konsekvens *m;* **-tly** følgelig.
conservation /kɒnsə'veɪʃn/ bevaring *m;* **~ist** naturverner *m.*
conservative /kən'seːvətɪv/ konservativ.
conserve /'kɒnsɜːv/ hermetisert frukt *m;* syltetøy *n*
consider /kən'sɪdə/ overveie; **~able** betydelig; **~ate** hensynsfull; **~ation** overveielse *m;* hensyn *n.*
consignment /kən'saɪnmənt/ sending *m* (av varer).
consist /kən'sɪst/ bestå (**of** av, **in** i å).
consisten|cy /kən'sɪstənsɪ/ konsistens *m;* konsekvens *m;* **~t** konsekvent.
consol|ation /kɒnsə'leɪʃn/ trøst *m.*
console /'kɒn'soʊl/ konsoll *n.*
console *verb* /kən'soʊl/ trøste.
consolidate /kən'sɒlɪdeɪt/ trygge.

conspicuous /kən'spɪkjʊəs/ iøynefallende.
conspiracy /kən'spɪrəsɪ/ sammensvergelse *m.*
constable /'kʌnstəbl/ konstabel *m.*
constan|cy /'kɒnstənsɪ/ uforanderlighet *m;* **-t** uforanderlig; **-tly** stadig; hele tiden.
consternation /kɒnstə'neɪʃn/ forskrekkelse *m.*
constipat|e /'kɒnstɪpeɪt/ forstoppe; **-ion** forstoppelse *m.*
constituen|cy /kən'stɪtjʊənsɪ/ valgkrets *m;* **-t** velger *m.*
constitut|e /'kɒnstɪtju:t/ utgjøre; **-ion** konstitusjon *m*; grunnlov *m;* **-ional** konstitusjonell.
constrained /kən'streɪnd/ anstrengt.
construct /kən'strʌkt/ bygge; konstruere; **~ion** bygging *m/f;* konstruksjon *m;* **~ive** konstruktiv.
consult /kən'sʌlt/ be om råd, konsultere; **~ant** konsulent *m*; ***~ant physician*** avdelingslege *m*; **~ation** konsultasjon *m.*
consume /kən'sju:m/ konsumere; forbruke; **~r** konsument *m*; forbruker *m.*
consumption /kən'səm(p)ʃn/ forbruk *n;* tuberkulose *m.*
contact /'kɒntækt/ kontakt *m;* berøring *m.*
contact *verb* /kən'tækt/ kontakte.
contag|ion /kən'teɪdʒən/ smitte *m;* **-ous** smittsom.
contain /kən'teɪn/ inneholde; **~er** beholder *m.*
contaminat|e /kən'tæmɪneɪt/ forurense; **-ion** forurensning *m.*
contemplat|e /'kɒntempleɪt/ tenke på; **-ion** ettertanke *m.*
contemporary /kən'tempərərɪ/ samtidig.
contempt /kən'tem(p)t/ forakt *m;* **~uous** foraktelig; hånlig.
contender /kən'tendə/ (mesterskaps)kandidat *m.*
content /'kɒntent/ innhold *n;* /kən'tent/ tilfreds; **~ment** tilfredshet *m.*
contest /'kɒntest/ strid *m;* konkurranse *m;* **~ant** konkurransedeltaker *m.*
context /'kɒntekst/ sammenheng *m.*
continent /'kɒntɪnənt/ verdensdel *m;* kontinent *n.*
contingen|cy /kən'tɪndʒənsɪ/ eventualitet *m*; **-t** mulig; (troppe)kontingent *m.*
continu|al /kən'tɪnjʊəl/ stadig; **-ation** fortsettelse *m;* **-e** fortsette; **-ous** uavbrutt; sammenhengende.

contraceptilon /kɒntrə'sepʃn/ prevensjon *m;* **-ve** prevensjonsmiddel *n.*
contract /'kɒntrækt/ kontrakt *m.*
contract *verb* /kən'trækt/ kontrahere; trekke seg sammen; *(medisin)* pådra seg; **~ion** sammentrekning *m;* **~or** entreprenør *m.*
contradict /kɒntrə'dɪkt/ motsi; **~ion** motsigelse *m;* **~ory** motsigende.
contrary /'kɒntrərɪ/ motsatt; **on the ~** tvert imot.
contrast /'kɒntrɑːst/ motsetning *m.*
contrast *verb* /kən'trɑːst/ sammenligne.
contravenle /kɒntrə'viːn/ overtre; **-tion** overtredelse *m.*
contributle /kən'trɪbjʊt/ bidra; **-ion** bidrag *n;* **-or** bidragsyter *m;* **-ory** bidragsytende.
contrivlance /kən'traɪvəns/ påfunn *n;* innretning *m;* **-e** få til.
control /kən'troʊl/ kontroll *m.*
control *verb* kontrollere.
controverslial /kɒntrə'vɜːʃl/ omstridt; **-y** strid *m.*
convalesce /kɒnvə'les/ friskne til (etter sykdom); **~nce** rekonvalesens *m;* **~nt** rekonvalesent *m.*
convenienlce /kən'viːnɪəns/ bekvemmelighet *m;* **-t** bekvem; passende.
convent /'kɒnvənt/ (nonne)kloster *n.*
convention /kən'venʃn/ møte *n,* kongress *m;* konvensjon *m,* skikk og bruk; **~al** konvensjonell.
conversation /kɒnvɜː'seɪʃn/ samtale *m.*
converlsion /kən'vɜːʃn/ forvandling *m/f; (handel)* konvertering *m/f; (religion)* omvendelse *m.*
convert /'kɒnvɜːt/ konvertitt *m.*
convert *verb* /kən'vɜːt/ gjøre om; omvende; **-er** omformer *m.*
convey /kən'veɪ/ føre; formidle; *(jur)* overdra; **~ance** transport *m;* overdragelse *m;* **deed of ~ance** skjøte *n.*
convict /'kɒnvɪkt/ fange *m.*
convict *verb* /kən'vɪkt/ erklære skyldig (**of** i); **~ion** domfellelse *m;* overbevisning *m.*
convince /kən'vɪns/ overbevise.
coo /kuː/ (om due) kurre; (om barn) pludre.
cook /kʊk/ kokk(e) *m (f).*
cook *verb* lage mat; **~book** kokebok *m/f;* **~er** komfyr *m;* **~ie** kjeks *m (også edb),* småkake *m/f; (edb)*

informasjonskapsel *m*; **~ing** matlaging *m/f*.
cool /ku:l/ kjølig; *(hverdagslig)* stilig.
cool *verb* avkjøle; kjølne; **~er** kjøler *m; (amr)* kjølemiddel *n*; **~ing system** kjølesystem *n*.
co-operat|e /coʊ'ɒpəreɪt/ samarbeide; **-ion** samarbeid *n*; **-ive** samarbeidende; **-ive society** samvirkelag *n*.
coordinat|e /koʊ'ɔ:dɪnɪt/ sidestilt; /koʊ'ɔ:dɪneɪt/ samordne; **-ion** samordning *m*.
cop /kɒp/ politimann *m*.
cope /koʊp/ greie.
copperplate /'kɒpəpleɪt/ kopperstikk *n*.
copulate /'kɒpjʊleɪt/ pare seg.
copy /'kɒpɪ/ kopi *m;* avskrift *m*; eksemplar *n*.
copy *verb* kopiere; **~right** opphavsrett *m*.
coral /'kɔ:rəl/ korall *m*.
cord /kɔ:d/ snor *m/f*; ledning *m*; **spinal ~** ryggmarg *m*; **vocal ~** stemmebånd *n*.
cordial /'kɔ:dɪəl/ hjertelig; *(amr)* hjertestyrkende middel *n*
corduroy /'kɔ:dərɒɪ/ kord(fløyel) *m*.
core /kɔ:/ kjerne(hus) *m (n)*.
cork /kɔ:k/ kork *m*.
cork *verb* sette kork i; **~screw** korketrekker *m*.
corn /kɔ:n/ korn *n;* liktorn *m; (amr)* mais *m;* **~-on-the-cob** maiskolbe *m;* **~ pads** liktornplaster *n*.
cornea /'kɔ:nɪə/ hornhinne *m/f*.
corner /'kɔ:nə/ hjørne *n; (sport)* hjørnespark *n*.
corner *verb* trenge opp i et hjørne; *(handel)* monopolisere; **~ shop** nærbutikk *m*.
cornet /'kɔ:nɪt/ kjeks *m* (til is).
cornice /'kɔ:nɪs/ *(arkitektur)* gesims
corny /'kɔ:nɪ/ banal, sentimental.
coronation /kɒrə'neɪʃn/ kroning *m/f*.
corporal /'kɔ:pərəl/ korporal *m;* legemlig.
corporation /kɔ:pə'reɪʃn/ korporasjon *m*; kommune-, bystyre *n*.
corpse /kɔ:ps/ lik *n*.
corpuscle /'kɔ:pʌsl/ blodlegeme *n*.
correct /kə'rekt/ riktig.
correct *verb* rette, korrigere; **~ion** rettelse *m*; **~ive** korrektiv *n*; korrigerende.
correspond /kɒrɪ'spɒnd/ svare **(to** til); brevveksle; **~ence** overensstemmelse *m;* brevveksling *m/f;* **~ent** korrespondent *m;* **~ing** tilsvarende.

corridor /'kɒrɪdɔː/ korridor *m.*
corro|de /kə'roʊd/ ruste; **~d** rusten; **-sion** rust *m/f*; korrosjon *m*; **-sive** etsende.
corrugate /'kɒrʊgeɪt/ bølge; rifle; **~d iron** bølgeblikk *n.*
corrupt /kə'rʌpt/ fordervet; korrupt.
corrupt *verb* bestikke; forderve; **~ible** bestikkelig; **~ion** korrupsjon *m.*
corset /'kɔːsɪt/ korsett *n.*
cosmetics /kɒz'metɪks/ kosmetikk *m.*
cost /kɒst/ pris *m*; omkostning(er) *m, flertall.*
cost *verb* koste.
costal /'kɒstəl/ ribbens-; bryst-.
costly /'kɒstlɪ/ kostbar.
costume /'kɒstjuːm/ kostyme *n;* drakt *f;* **national ~** bunad *m.*
cosy /'koʊzɪ/ koselig.
cot /kɒt/ barneseng *m/f; (amr)* feltseng *m/f;* **~-death** krybbedød *m.*
cottage /'kɒtɪdʒ/ hytte *f,* lite hus *n.*
cotton /kɒtn/ bomull *m;* **medicated ~** renset bomull.
couch /kaʊtʃ/ sofa *m.*
cough /kɔːf/ hoste *m.*
cough *verb* hoste; **~ medicine** hostemedisin *m.*
council /'kaʊnsl/ råd(sforsamling) *n (m/f);* kommune-; **~lor** rådsmedlem *n*
counsel /'kaʊnsl/ råd *n;* **~ling** rådgivning *m;* **~lor** rådgiver *m.*
count /kaʊnt/ opptelling *m/f;* greve *m.*
count *verb* telle; **~ down** nedtelling *m/f*; **~ on** regne med, stole på.
countenance /'kaʊntɪnəns/ ansikt *n.*
counter /'kaʊntə/ disk *m;* telleverk *n*; spillemerke *n.*
counter *verb* gå i mot; **~act** motvirke.
counterbalance /'kaʊntəbæləns/ motvekt *m.*
counter|balance *verb* /kaʊntə'bæləns/ oppveie; **~feit** forfalskning *m.*
counter|feit /'kaʊntəfɪt/ *verb* forfalske; **~measure** mottiltak *n*; **~pane** sengeteppe *n*; **~part** motstykke *n.*
countess /'kaʊntɪs/ grevinne *m/f.*
country /'kʌntrɪ/ land *n;* terreng *n*; **~ inn** gjestgivergård *m*; **~ road** landevei *m.*
county /'kaʊntɪ/ fylke *n;* grevskap *n.*
couple /'kʌpl/ par *n;* **a ~ of days** et par dager.

courage /'kʌrɪdʒ/ mot *n;* **~ous** modig.
courgette /kʊə'ʒet/ squash *m.*
course /kɔːs/ forløp *n;* kurs *m, n;* (mat)rett *m; (sport)* bane *m;* **of ~** selvfølgelig.
court /kɔːt/ domstol *m; (sport)* bane *m;* hoff *n.*
court *verb* kurtisere; **~ship** frieri *n;* **~yard** gårdsplass *m.*
courteous /'kɜːtɪəs/ høflig; **~sy** høflighet *m.*
cousin /'kʌzn/ fetter *m;* kusine *m/f.*
cover /'kʌvə/ deksel *n,* lokk *n;* (bok)perm *m;* dekning *m;* kuvert *m.*
cover *verb* dekke; skjule; være tilstrekkelig; **~ charge** kuvertpris *m;* **~ed** dekket; overbygd.
covetous /'kʌvɪtəs/ begjærlig (**of** etter).
cow /kaʊ/ ku *f.*
coward /'kaʊəd/ feig(ing) *m;* **~ice** feighet *m.*
cowberry /'kaʊbərɪ/ tyttebær *n.*
coy /kɒɪ/ sjenert.
CPU /siː piː juː/ *fork for* **Central Processing Unit** *(edb)* sentral prosesseringsenhet *m.*
crab /kræb/ krabbe *f;* **~by** irritabel, sur.
crack /kræk/ sprekk *m;* smell *n; (medisin)* brist *m.*
crack *verb* knekke; smelle (med); knake; **~ a joke** slå en vits; **~ed** sprukket; **~er** knallbonbon *m; (amr)* kjeks *m.*
crackle /'krækl/ knitre; sprake.
cradle /'kreɪdl/ vugge *m/f.*
cradle *verb* vugge.
craft /krɑːft/ håndverk *n;* fartøy *n;* **~sman** håndverker *m.*
cram /kræm/ stappe; pugge; **be ~med** være stappfull.
cramp /kræmp/ krampe *m.*
cramp *verb* hemme.
cranberry /'krænbərɪ/ tranebær *n.*
crane /kreɪn/ kran *m/f;* trane *m.*
cranial /'kreɪnɪəl/ kranie-; **~ fracture** kraniebrudd *n.*
crank /kræŋk/ sveiv *m/f;* underlig fyr *m.*
crank *verb* sveive opp; **~shaft** veivaksel *m;* **~y** underlig; *(amr)* gretten.
crap /kræp/ *(slang)* drittprat *m,* vrøvl *n.*
crash /kræʃ/ brak *n;* kollisjon *m;* styrt *m.*
crash *verb* brake; styrte ned; **~ barrier** autovern *n;* **~-helmet** styrthjelm *m.*
crate /kreɪt/ (sprinkel)kasse *f.*
crater /'kreɪtə/ krater *n.*
crave /kreɪv/ be om; lengte etter; **~n** feig; **-ing** (sterkt) ønske *n.*

craw /krɔː/ *(zool)* kro *m*; **~fish** *(amr)* kreps *m*.
crawl /krɔːl/ kravle, krabbe; **be ~ing with** myldre av; **~er lane** krabbefelt *n*.
crayfish /'kreɪfɪʃ/ kreps *m*.
craz|e /kreɪz/ mani *m*; **-y** sprø, gal.
creak /kriːk/ knirking *m/f*.
creak *verb* knirke.
cream /kriːm/ fløte *m*; krem *m*.
crease /kriːs/ buksepress *m*; krøll *m*; rynke *m*.
crease *verb* krølle; **~proof** krøllfri.
creat|e /krɪ'eɪt/ skape; **-ion** skapelse *m*; **-ivity** skaperevne *m*; **-or** skaper *m*.
creature /'kriːtʃə/ (levende) vesen *n*, skapning *m*.
credentials /krɪ'denʃəlz/ *flertall* (legitimasjons)papirer *n*, *flertall*.
credib|ility /kredɪ'bɪlɪtɪ/ troverdighet *m*; **-le** troverdig, trolig.
credit /'kredɪt/ kredit(t) *m*; ære *m*.
credit *verb* kreditere; **~ card** kredittkort *n*.
credulous /'kredjʊləs/ godtroende.
creed /kriːd/ trosbekjennelse *m*.
creek /kriːk/ vik *m/f*; *(amr)* bekk *m*.
creep /kriːp/ kryp *n*.
creep *verb* krype; **~er** slyngplante *m/f*; **~y** nifs.
cremat|e /krɪ'meɪt/ kremere; **-ion** kremasjon *m*; **-orium**, *(amr)* **-ory** krematorium *n*.
crescent /'kresnt/ halvmåne *m*; halvrund plass *m*; halvmåneformet.
cress /kres/ karse *m*.
crest /krest/ (bakke)kam *m*; hanekam *m*; våpenskjold *n*; **~fallen** slukkøret.
crevice /'krevɪs/ (fjell)sprekk *m*.
crew /kruː/ mannskap *n*.
crib /krɪb/ krybbe *m/f*; *(amr)* barneseng *m/f*; **~ death** krybbedød *m*.
crick /krɪk/ kink *n*.
crick *verb* forstrekke.
cricket /'krɪkɪt/ siriss *m*; *(sport)* cricket *m*.
crim|e /kraɪm/ forbrytelse *m*; **-inal** kriminell, forbrytersk; forbryter *m*; **-inality** kriminalitet *m*.
crimson /'krɪmzn/ høyrød.
cringe /krɪndʒ/, **~ before sby** *(overført)* krype for.
cripple /'krɪpl/ krøpling *m*.
crisis /'kraɪsɪs/, *flertall* **-es** /'kraɪsiːz/ krise *m/f*; vendepunkt *n*.
crisp /krɪsp/ sprø; sprøstekt;

~s *flertall* potetgull *n;* **~bread** knekkebrød *n.*
criterion /kraɪ'tɪərɪən/, *flertall* **criteria** kriterium *n.*
critic /'krɪtɪk/ kritiker *m;* **~al** kritisk; **~ism** kritikk *m;* **~ize** kritisere.
croak /kroʊk/ kvekke.
crochet /'kroʊʃeɪ/ som er heklet.
crochet *verb* hekle; **~ hook** heklenål *m/f.*
crockery /'krɒkərɪ/ stentøy *n.*
crocodile /'krɒkədaɪl/ krokodille *f.*
croissant /'krwʌsɒŋ/ croissant *m.*
crony /'kroʊnɪ/ kamerat *m.*
crook /kru:k/ (krum)stav *m;* kjeltring *m;* **~ed** krokete, skjev.
crop /krɒp/ avling *m/f; (zool)* kro *m.*
croquet /'kroʊkeɪ/ krokket (spill) *m (n)*; **~ mallet** krokketkølle *m/f.*
cross /krɒs/ kors *n;* kryss *n;* krysning *m.*
cross *verb* krysse; gå i mot; gretten; **~-country** *(sport)* terreng-; langrenn *n;* **~-eyed** skjeløyd.
crossing /'krɒsɪŋ/ (gate)kryss *n; (sjøfart)* overfart *m;* **level ~** jernbaneovergang *m;* **pedestrian ~** fotgjengerovergang *m.*
crossroads /'krɒsroʊdz/ *flertall* veikryss *n.*
crossword /'krɒswɜ:d/, **~ puzzle** kryssord *n.*
crotch /krɒtʃ/ skritt *n.*
crouch /kraʊtʃ/ krøke seg sammen.
croup /kru:p/ krupp *m.*
crow /kroʊ/ kråke *f.*
crow *verb* gale; **~bar** brekkjern *n.*
crowd /kraʊd/ menneskemengde *m;* **~ed** overfylt.
crown /kraʊn/ krone *m/f;* isse *m.*
crucial /'kru:ʃl/ avgjørende.
cruciflixion /kru:sɪ'fɪkʃn/ korsfestelse *m;* **-y** korsfeste.
crude /kru:d/ rå; grov; vulgær.
cruel /'kru:əl/ grusom; **~ty** grusomhet *m.*
cruise /kru:z/ cruise *n*, sjøreise *m/f*; **~ ship** cruiseskip *n.*
crumb /krʌm/ (brød)smule *m;* **~le** smule opp.
crumpet /'krʌmpɪt/ tebrød *n.*
crumple /'krʌmpl/ krølle; **~d** krøllete.
crunch /krʌntʃ/ knase.
crusade /kru:'seɪd/ korstog *n.*
crush /krʌʃ/ trengsel *m;* **have a ~ on** være forelsket i.
crush *verb* knuse; presse; **~ed** flatklemt.
crust /krʌst/ skorpe *m/f;* skare *m.*

crutch /krʌtʃ/ krykke *m/f.*
cry /kraɪ/ skrik *n;* gråt *m;* gråte.
crystal /krɪstl/ krystall *n;* **~lize** krystallisere.
cub /kʌb/ valp *m,* unge *m;* **Cub (Scout)** småspeider: ulvunge *m.*
cube /kjuːb/ terning *m.*
cuckoo /'kʊkuː/ gjøk *m.*
cucumber /'kjuːkʌmbə/ agurk *m.*
cud /kʌd/, **chew the ~** tygge drøv.
cuddle /'kʌdl/ klem *m.*
cuddle *verb* klemme; **~ up to** trykke seg inntil.
cuddly /'kədlɪ/ myk og deilig; **~ toy** kosedyr *n.*
cue /kjuː/ (biljard)kø *m; (teater)* stikkord *n.*
cuff /kʌf/ mansjett *m; (amr)* (bukse)brett *m;* dask *m.*
cuff *verb* fike til; **~link** mansjettknapp *m.*
culminat|e /'kʌlmɪneɪt/ kulminere; **-ion** kulminasjon *m.*
culprit /'kʌlprɪt/ gjerningsmann *m.*
cult /kʌlt/ kult *m.*
cultivat|e /'kʌltɪveɪt/ dyrke; kultivere; **-ion** dyrking *m/f.*
cultur|al /'kʌltʃərəl/ kulturell; kultur-; **-e** kultur *m;* dyrking *m/f;* **-ed milk** kulturmelk *m/f.*
cumbersome /'kʌmbəsəm/ besværlig.
cunning /'kʌnɪŋ/ utspekulert; *(overført)* list *m.*
cunt /kʌnt/ *(vulgært)* fitte *f.*
cup /kʌp/ kopp *m;* beger *n;* pokal *m;* **~board** skap *n.*
curable /'kjuːrəbl/ helbredelig.
curat|e /'kjuːrɪt/ kapellan *m;* **-or** konservator *m.*
curb /kɜːb/ demper *m; (amr)* fortauskant *m;* tøyle *m.*
curb *verb* dempe.
cure /kjuː/ kur *m;* helbredelse *m.*
cure *verb* helbrede; konservere (salte *o.l.*).
curettage /'kjʊərɪtɪdʒ/ *(medisin)* utskrapning *m.*
curfew /'kɜːfjʊ/ portforbud *n.*
curio|sity /kjuːrɪ'ɒsɪtɪ/ nysgjerrighet *m;* raritet *m;* **-us** nysgjerrig; underlig.
curl /kɜːl/ krøll *m.*
curl *verb* krølle (seg); **~er** papiljott *m.*
currant /'kʌrənt/ korint *m;* **red ~s** *flertall* rips *n, flertall;* **black ~s** *flertall* solbær *n, flertall.*
currency /'kʌrənsɪ/ valuta *m.*
current /'kʌrənt/ gangbar; aktuell; strøm *m.*
curriculum /kə'rɪkjʊləm/ undervisningsplan *m,* pensum *n;* **~ vitae** personlige opplysninger *m, flertall.*
curry /'kʌrɪ/ karri *m.*
curse /kɜːs/ forbannelse *m.*

curse *verb* forbanne.
cursor /'kɜːsə/ *(edb)* markør *m.*
curt /kɜːt/ kort, brysk.
curtail /kɜː'teɪl/ skjære ned på.
curtain /'kɜːtn/ gardin *m/f/n; (teater)* teppe *n;* **~ rail** gardinstang *m/f.*
curts(e)y /'kɜːtsɪ/ kniks *n.*
curts(e)y *verb* neie.
curve /kɜːv/ kurve *m;* sving *m.*
curve *verb* krumme (seg).
cushion /'kʊʃn/ pute *m/f.*
custard /'kʌstəd/ *omtrent* vaniljesaus *m.*
custodian /kʌ'stoʊdɪən/ vokter *m; (amr)* vaktmester *m;* **-y** varetekt *m; (jur)* foreldrerett *m.*
custom /'kʌstəm/ skikk *m;* **~s** *flertall* toll(myndighet) *m;* **~s-house** tollbod *m;* **~s officer** toller *m;* **~ary** vanlig; **~er** kunde *m.*
cut /kʌt/ snitt *n;* hogg *n;* reduksjon *m.*
cut *verb* skjære; klippe; hugge; redusere; *(kortspill)* ta av; **~ glass** krystallglass *n;* **~ short** avbryte; **~back** nedskjæring *m/f.*
cute /kjuːt/ søt; smart.
cuticle /'kjuːtɪkl/ neglebånd *n.*
cutler /'kʌtlə/ knivsmed *m;* **~y** spisebestikk *n.*
cutlet /'kʌtlɪt/ kotelett *m.*
cutting /'kʌtɪŋ/ utklipp *n;* (vei-, jernbane)skjæring *m;* **~ board** fjøl *f.*
cuttle /'kʌtl/ blekksprut *m.*
cycle /saɪkl/ syklus *m;* sykkel *m.*
cycle *verb* sykle; **-ing shorts** *flertall* sykkelshorts *m.*
cylinder /'sɪlɪndə/ sylinder *m;* valse *m;* **~ head** *(maskin)* topplokk *n.*
cynic /'sɪnɪk/ kyniker *m;* **~al** kynisk.
cyst /sɪst/ cyste *m.*

D

dab /dæb/ slå lett, daske; **~ble in** sysle med.
dad(dy) /'dæd(ɪ)/ pappa *m.*
daffodil /'dæfədɪl/ påskelilje *m/f.*
daft /dɑːft/ tåpelig.
dagger /'dægə/ dolk *m.*
daily /'deɪlɪ/ daglig.
dainty /'deɪntɪ/ lekker; delikat.
dairy /'deərɪ/ meieri *n.*
daisy /'deɪzɪ/ tusenfryd *m; (amr)* prestekrage *m.*
dam /dæm/ dam *m;* demning *m.*

damage /ˈdæmɪdʒ/ skade *m.*
damage *verb* skade; **~s** *flertall*, *(jur)* skadeserstatning *m.*
damn /dæm/ fordømme; **~!** fordømt! jævla!
damp(en) /dæmp(ən)/ fuktig, klam; *subst* fuktighet *m.*
damp *verb* fukte; dempe; **~er** demper *m.*
dance /dɑːns/ dans *m.*
dance *verb* danse; **~r** danser *m.*
dandelion /ˈdændɪlaɪən/ løvetann *f.*
dandruff /ˈdændrʌf/ flass *n.*
dandy /ˈdændɪ/ laps *m.*
danger /ˈdeɪndʒə/ fare *m;* **~ous** farlig.
dangle /ˈdæːŋgl/ henge og slenge; dingle.
Danish /ˈdeɪnɪʃ/ dansk; **~ pastry** wienerbrød *n.*
dar|e /deə/ våge; **-ing** dristig.
dark /dɑːk/ mørk; mørke *n;* **~en** mørkne; **~ness** mørke *n.*
darling /ˈdɑːlɪŋ/ elskling *m;* yndling *m.*
darn /dɑːn/ stoppe (hull).
dart /dɑːt/ (liten) pil *m/f*; **~s** *flertall* pilespill *n.*
dash /dæʃ/ skvett *m;* byks *m;* tankestrek *m.*
dash *verb* styrte av sted; **~board** instrumentbord *n*; **~ing** flott.
DAT /diː aɪ tiː/ *fork for* **Digital Audio Tape**; *(edb)* **~-streamer** båndstasjon *m* (til sikkerhetskopiering).
data /ˈdeɪtə/, **~ base** database *m*; **~ processing** databehandling *m/f*; **~ processing machine** datamaskin *m.*
date /deɪt/ daddel *m;* dato *m;* årstall *n;* avtale *m.*
date *verb* datere; *(hverdagslig)* gå ut med; **out of ~** foreldet; **sell-by ~** utløpsdato *m* (for matvarer); **up to ~** tidsmessig.
daub /dɔːb/ smøreri *n.*
daub *verb* klattemale.
daughter /ˈdɔːtə/ datter *m/f;* **~-in-law** svigerdatter *m/f.*
daunting /ˈdɔːntɪŋ/ skremmende.
dawn /dɔːn/ daggry *n.*
dawn *verb* gry (av dag); *(overført)* demre.
day /deɪ/ dag *m;* **the other ~** forleden (dag); **this ~ week** i dag om en uke; **~ nursery** daghjem *n.*
dazed /deɪzd/ omtumlet.
dazzle /dæzl/ blende.
DC /diː siː/ *fork for* **District of Columbia** (USA).
dead /ded/ død, livløs; dødsens; **~en** dempe; **~-end road** blindvei *m*; **~line** (siste) frist *m*; **~lock** fastlåst

situasjon *m;* **~ly** dødelig.
deaf /def/ døv; **~-aid** høreapparat *n;* **~-mute** døvstum; **~ening** øredøvende; **~ness** døvhet *m.*
deal /diːl/ forretning *m,* handel *m;* avtale *m; (kortspill)* giv *m.*
deal *verb* handle; *(kortspill)* gi; **a great ~** en hel del; **~ with** behandle; ta seg av; **~er** forhandler *m.*
dean /diːn/ dekanus *m;* domprost *m.*
dear /dɪə/ kjær; dyr.
death /deθ/ død *m;* dødsfall *n.*
debark /dɪ'bɑːk/ gå i land; landsette; **~ation** landgang *m;* landsetting *m/f.*
debate /dɪ'beɪt/ debatt *m.*
debate *verb* debattere.
debit /'debɪt/ debet *m.*
debit *verb* debitere.
debt /det/ gjeld *m/f;* **~or** debitor *m,* skyldner *m.*
decade /'dekeɪd/ tiår *n.*
decaden|ce /'dekədəns/ forfall *n;* **-t** som er i forfall.
decaf /'diːkæf/ koffeinfri kaffe *m.*
decanter /dɪ'kæntə/ karaffel *m.*
decay /dɪ'keɪ/ forråtnelse *m;* forfall *n.*
decay *verb* råtne; forfalle.
deceased /dɪ'siːst/ avdød.
deceit /dɪ'siːt/ bedrag *n;* **~ful** svikefull.
deceive /dɪ'siːv/ bedra; narre.
deceleration /diːselə'reɪʃn/ det å saktne farten.
December /dɪ'sembə/ desember.
decen|cy /'diːsnsɪ/ sømmelighet *m;* anstendighet *m;* **-t** sømmelig; skikkelig.
decepti|on /dɪ'sepʃn/ bedrag *n;* **-ve** villedende.
deci|de /dɪ'saɪd/ bestemme; avgjøre; **-sion** avgjørelse *m;* **-sive** avgjørende.
decipher /dɪ'saɪfə/ tyde; omsette.
deck /dek/ dekk *n; (kortspill)* kortstokk *m.*
declar|ation /deklə'reɪʃn/ erklæring *m;* **-e** erklære; fortolle; *(kortspill)* melde.
decline /dɪ'klaɪn/ nedgang *m;* forfall *n.*
decline *verb* avslå; avta.
decorat|e /'dekəreɪt/ dekorere; pusse opp; **-ion** dekorasjon *m;* pynt *m.*
decoy /'diːkɔɪ/ lokkefugl *m.*
decrease /'diːkriːs/ nedgang *m,* reduksjon *m.*
decrease *verb* /dɪ'kriːs/ avta, minke.
decree /dɪ'kriː/ dekret *n.*
decree *verb* forordne; **~ nisi** *(jur)* foreløpig skilsmissedom *m.*

decrepit /dɪ'krepɪt/ skrøpelig; falleferdig.
dedicat|e /'dedɪkeɪt/ tilegne; **-ion** tilegnelse *m,* dedikasjon *m.*
deduce /dɪ'dju:s/ utlede, slutte.
deduct /dɪ'dʌkt/ trekke fra; **~ion** fradrag *n.*
deed /di:d/ gjerning *m; (jur)* skjøte *n.*
deep /di:p/ dyp; **~-fry** frityrsteke; **~en** utdype.
deer /dɪə/ hjortedyr *n.*
defeat /dɪ'fi:t/ nederlag *n.*
defeat *verb* vinne over; **~ism** defaitisme *m.*
defect /'di:fekt/ mangel *m,* feil *m.*
defect *verb* /dɪ'fekt/ *(politikk)* hoppe av; **~ion** avhopp *n;* **~ive** mangelfull; **~or** avhopper *m.*
defen|ce /dɪ'fens/ forsvar *n; (kortspill)* motspill *n;* **-d** forsvare; **-dant** saksøkt; **-sive** forsvars-; defensiv.
defian|ce /dɪ'faɪəns/ trass *m;* **-t** trassig.
deficien|cy /dɪ'fɪʃənsɪ/ mangel *m;* **-t** mangelfull; utilstrekkelig.
deficit /'defɪsɪt/ underskudd *n.*
defin|e /dɪ'faɪn/ definere; forklare; **-ite** bestemt; **-ition** definisjon *m;* **-itive** definitiv, endelig.
deflect /dɪ'flekt/ avvike, bøye(s) av.
deforest /di:'fɒrɪst/ avskoge; **~ation** avskoging *m/f.*
deform /dɪ'fɔ:m/ misdanne; **~ed** vanskapt; misdannet; **~ity** misdannelse *m.*
defrost /di:'frɒst/ avrime.
deft rask; netthendt.
defuse /di:'fju:z/ uskadeliggjøre.
defy /dɪ'faɪ/ trosse; utfordre.
degenerat|e /dɪ'dʒenəreɪt/ utarte; **-ion** utarting *m/f.*
degrad|ation /degrə'deɪʃn/ degradering *m/f;* **-e** fornedre; degradere.
degree /dɪ'gri:/ grad *m;* eksamen *m* (ved universitet *eller* college).
de-ice /di:'aɪs/ avise.
dejected /dɪ'dʒektɪd/ nedslått.
delay /dɪ'leɪ/ forsinkelse *m;* utsettelse *m.*
delay *verb* forsinke; utsette.
delegate /'delɪgɪt/ utsending *m.*
delegate *verb* /'delɪgeɪt/ delegere.
delete /dɪ'li:t/ stryke (ut).
deliberate /dɪ'lɪbərɪt/ overlagt.
delica|cy /'delɪkəsɪ/ finfølelse *m;* lekkerbisken *m;* **-te** fintfølende; sart; delikat.
delicious /dɪ'lɪʃəs/ deilig.
delight /dɪ'laɪt/ glede *m.*

delight *verb* glede seg (**in** over); **~ful** herlig.
delinquen|cy /dɪ'lɪŋkwənsɪ/ lovovertredelse *m;* **juvenile ~** ungdomskriminalitet *m;* **-t** lovovertreder *m.*
delirious /dɪ'lɪrɪəs/, **be ~** ha feberfantasier *m, flertall.*
deliver /dɪ'lɪvə/ (over)levere; forløse; holde (en tale).
delivery /dɪ'lɪvərɪ/ (over)levering *m/f;* ombæring *m/f* (av post); fødsel *m;* fremføring *m/f;* **recorded ~** (post) rekommandert sending *m.*
delude /dɪ'lu:d/ villede, narre.
deluge /'delju:dʒ/ oversvømmelse *m;* syndflod *m.*
delusi|on /dɪ'lu:ʒən/ illusjon *m;* vrangforestilling *m/f;* **-ve** illusorisk.
demand /dɪ'mɑ:nd/ krav *n;* etterspørsel *m.*
demand *verb* fordre, kreve; **in great ~** sterkt etterspurt.
demeanour /dɪ'mi:nə/ oppførsel *m.*
democra|cy /dɪ'mɒkrəsɪ/ demokrati *n;* **-t** demokrat *m;* **-tic** demokratisk.
demoli|sh /dɪ'mɒlɪʃ/ rive ned; **-tion** nedriving *m/f.*
demonstrat|e /'demənstreɪt/ (be)vise; demonstrere; **-ion** bevis(føring) *n (m/f);* demonstrasjon *m;* **-ive** demonstrativ.
demure /dɪ'mjʊə/ anstendig.
den hule *m/f.*
denial /dɪ'naɪəl/ (be)nektelse *m;* avslag *n.*
denominat|ion /dɪnɒmɪ'neɪʃn/ benevnelse *m;* pålydende verdi *m;* religiøst samfunn *n;* **~al** livssyns-; **-or** *(matematikk)* nevner *m.*
denounce /dɪ'naʊns/ angi; fordømme; avvise.
dens|e /dens/ tett; dum; **-ity** tetthet *m.*
dent bulk *m.*
dent *verb* bulke.
dent|al /dentl/ tann-; **~ hygienist** tannpleier *m;* **-ist** tannlege *m;* **-ure** gebiss *n.*
denunciat|ion /dɪnʌnsɪ'eɪʃn/ fordømmelse *m;* angiveri *n.*
deny /dɪ'naɪ/ (be)nekte; avslå.
depart /dɪ'pɑ:t/ (av)gå; dø; avvike; **~ed** avdød.
department /dɪ'pɑ:tmənt/ avdeling *m;* departement *n;* **~ store** varehus *n.*
departure /dɪ'pɑ:tʃə/ avreise *m/f;* **date of ~** avreisedato *m;* **time of ~** avgangstid *m/f.*
depend /dɪ'pend/, **~ on** avhenge av; stole på; **~able** pålitelig; **~ence** avhengighet *m.*

depict /dɪ'pɪkt/ avbilde; skildre.
depletion /dɪ'pliːʃn/ tømming *m/f*; uttynning *m/f*.
deplor|able /dɪ'plɔːrəbl/ beklagelig; **-e** beklage.
depopulate /dɪ'pɒpjʊleɪt/ avfolke.
deport /dɪ'pɔːt/ deportere.
depose /dɪ'poʊz/ avsette; vitne.
deposit /dɪ'pɒzɪt/ depositum *n;* innskudd *n;* avleiring *m/f*.
deposit *verb* deponere, anbringe; avleire.
depreciat|e /dɪ'priːʃɪeɪt/ synke i verdi; nedvurdere; **-ion** (verdi)forringelse *m;* avskrivning *m*.
depress /dɪ'pres/ trykke ned; **~ed** nedtrykt; **~ion** nedtrykking *m/f*; depresjon *m*.
deprive /dɪ'praɪv/ berøve.
depth /depθ/ dybde *m;* dyp *n*.
deput|ize /'depjʊtaɪz/, **~ for sby** vikariere for en; **-y** stedfortreder *m*; vise-.
derail /dɪ'reɪl/ spore av; **~ment** avsporing *m/f*.
derange|d /dɪ'reɪndʒd/, **mentally ~** sinnsforvirret; **mental -ment** sinnsforvirring *m/f*.
derision /dɪ'rɪʒən/ hån *m*.
derive /dɪ'raɪv/ avlede, utlede.
derma|l /'dɜːml/ hud-; **-tologist** hudlege *m*.
derogatory /dɪ'rɒgətərɪ/ nedsettende.
derrick /'derɪk/ lastebom *m*, lossebom *m;* boretårn *n*.
descen|d /dɪ'send/ stige ned; stamme fra; **~ant** etterkommer *m;* **-t** nedstigning *m;* avstamning *m*.
descri|be /dɪ'skraɪb/ beskrive; **-ption** beskrivelse *m;* signalement *n*.
desecrate /'desɪkreɪt/ vanhellige; skjende.
desert /'dezət/ ørken *m*.
desert *verb* /dɪ'zɜːt/ forlate; desertere; **~ion** desertering *m/f*.
deserv|e /dɪ'zɜːv/ fortjene; **-ing** fortjenstfull.
design /dɪ'zaɪn/ tegning *m;* plan *m;* konstruksjon *m*.
design *verb* tegne; planlegge; bestemme (**for** til); **~ate** betegne; utpeke (**to, for** til); **~ation** betegnelse *m;* **~er** tegner *m;* formgiver *m;* **~ing** utspekulert.
desirable /dɪ'zaɪərəbl/ ønskelig.
desire /dɪ'saɪə/ ønske *n;* begjær *n*.
desire *verb* ønske; begjære.
desk pult *m;* skranke *m*.

desktop| computer /'desktɒp kɒm'pju:tə/ stasjonær pc; **- publishing** grafisk tekstbehandling *m/f.*
desolate /'desəlɪt/ øde; ulykkelig.
despair /dɪs'peə/ fortvilelse *m.*
despair *verb* fortvile; **~ing** fortvilet.
desperate /'despərɪt/ fortvilet; desperat.
despise /dɪs'paɪz/ forakte.
despite /dɪs'paɪt/ *preposisjon* til tross for; nag *n.*
desponden|cy /dɪs'pɒndənsɪ/ motløshet *m;* **-t** motløs.
dessert /dɪ'zɜ:t/ dessert *m.*
destin|ation /destɪ'neɪʃn/ bestemmelsessted *n,* reisemål *n*; **-ed** forutbestemt; **-y** skjebne *m.*
destitut|e /'destɪtju:t/ blottet (**of** for); nødlidende; **-ion** nød *m.*
destr|oy /dɪs'trɒɪ/ ødelegge; **-uction** ødeleggelse *m;* **-uctive** ødeleggende.
detach /dɪ'tætʃ/ ta av; kople fra; **~ed** frittliggende; *(overført)* uengasjert; **~ed house** enebolig *m*; **~ment** løsriving *m/f.*
detail /'di:teɪl/ detalj *m;* **~ed** inngående.
detain /dɪ'teɪn/ holde tilbake; oppholde.
detect /dɪ'tekt/ merke; oppdage; **~ive** detektiv *m.*
detention /dɪ'tenʃn/ forvaring *m,* arrest *m.*
detergent /dɪ'tɜ:dʒənt/ vaskemiddel *n.*
deteriorate /dɪ'tɪərɪəreɪt/ forverres.
determin|ation /dɪtɜ:mɪ'neɪʃn/ besluttsomhet *m;* bestemmelse *m;* **-e** bestemme.
detest /dɪ'test/ avsky *m;* **~able** avskyelig.
detonation /detoʊ'neɪʃn/ eksplosjon *m;* knall *n.*
detour /'di:tʊə/ omvei *m.*
detoxif|ication / di:tɒksɪfɪ'keɪʃn/ avvenning *m*; **-y** fjerne giften fra.
detriment /'detrɪmənt/ skade *m;* **~al** skadelig.
deuce /dju:s/ *(kortspill) o.l.* toer; (i tennis) a-40.
devalu|ation /di:væljʊ'eɪʃn/ devaluering *m/f*; **-e** devaluere.
devastate /'devəsteɪt/ herje, ødelegge.
develop /dɪ'veləp/ utvikle (seg); *(fotogr)* fremkalle; **~ment** utvikling *m; (fotogr)* fremkalling *m/f.*
deviat|e /'di:vɪeɪt/ avvike; **-ion** avvik *n.*

device /dɪ'vaɪs/ innretning *m.*
devil /'devl/ djevel *m.*
devious /'diːvɪəs/ underfundig; **by ~ ways** ad omveier.
devise /dɪ'vaɪz/ tenke ut.
devoid /dɪ'vɒɪd/ fri, blottet (**of** for).
devot|e /dɪ'voʊt/ vie; **~d** hengiven; **-ion** hengivenhet *m;* fromhet *m.*
devour /dɪ'vaʊə/ sluke.
devout /dɪ'vaʊt/ from.
dew /djuː/ dugg *m.*
dew *verb* dugge; **~y** dugget.
dexter|ity /deks'terɪtɪ/ (be)hendighet *m;* **-ous** hendig, fingernem.
diabet|es /daɪə'biːtɪs/ sukkersyke *m*; **-ic** diabetiker-; diabetiker *m.*
diagnos|e /'daɪəgnoʊz/ diagnostisere; **-is**, *flertall* **-es** diagnose *m.*
dial /'daɪəl/ urskive *m/f;* nummerskive *m/f.*
dial *verb (tlf)* slå et nummer.
dialect /'daɪəlekt/ målføre *n.*
dialling /'daɪəlɪŋ/, **(international) direct ~** *(tlf)* fjernvalg *n*; **~ code** retningsnummer *n* (for fjernvalg); **~ tone** summetone *m.*
diameter /daɪ'æmɪtə/ diameter *m.*
diamond /'daɪəmənd/ diamant *m;* **~s** *flertall, (kortspill)* ruter.
diaper /'daɪəpə/ *(amr)* bleie *m/f;* **disposable ~** papirbleie *m/f.*
diaphragm /'daɪəfræm/ *(anatomi)* mellomgulv *n; (fotogr)* blender *m; (medisin)* pessar *n.*
diarrhoea /daɪə'rɪə/ diaré *m.*
diary /'daɪərɪ/ dagbok *m/f.*
dice /daɪs/ (*flertall* av **die**) terninger *m, flertall.*
dice *verb* spille med terninger; skjære opp i terninger.
dictat|e /dɪk'teɪt/ diktere; **-ion** diktat *m;* **-or** diktator *m;* **-orship** diktatur *n.*
dictionary /'dɪkʃənrɪ/ ordbok *m/f,* leksikon *n.*
didactic /dɪ'dæktɪk/ didaktisk, belærende.
die /daɪ/ dø; *flertall* **dice** terning *m.*
diesel /'diːz(ə)l/ diesel; **~ engine** dieselmotor.
diet /'daɪət/ kost *m,* diett *m.*
differ /'dɪfə/ være forskjellig; **~ence** forskjell *m;* uenighet *m;* **~ent** forskjellig.
difficult /'dɪfɪkəlt/ vanskelig; **~y** vanskelighet *m.*
diffus|e /dɪ'fjuːz/ spre; **-ion** spredning *m.*
dig grave.

digest /daɪdʒest/ sammendrag *n.*
digest *verb* /dɪ'dʒest/ fordøye; **~ible** (lett)fordøyelig; **~ion** fordøyelse *m;* **~ive** fordøyelses-.
digit /'dɪdʒɪt/ finger *m;* ensifret tall *n;* **~al** digital.
digni|fied /'dɪgnɪfaɪd/ (ær)verdig; **-tary** rangsperson *m*; **-ty** verdighet *m.*
digress /daɪ'gres/ komme bort fra emnet; **~ion** digresjon *m.*
dike /daɪk/ dike *n;* demning *m.*
dilapidated /daɪ'læpɪdeɪtɪd/ falleferdig.
diligen|ce /'dɪlɪdʒəns/ flid *m;* **-t** flittig.
dill dill *m.*
dilute /daɪ'ljuːt/ fortynne.
dim matt; svak; uklar.
dim *verb* blende; dempe.
dimension /d(a)ɪ'menʃn/ dimensjon *m.*
dimin|ish /dɪ'mɪnɪʃ/ forminske; avta; **-ution** forminskelse *m.*
dimple /'dɪmpl/ smilehull *n.*
dine /daɪn/ spise middag.
dingy /'dɪndʒɪ/ skitten; snuskete.
dining /'daɪnɪŋ/, **~ car** spisevogn *m/f;* **~ room** spisestue *m/f;* **~ table** spisebord *n.*
dinner /'dɪnə/ middag(smat) *m (m);* **~ jacket** smoking *m.*
diocese /'daɪəsiːs/ bispedømme *n.*
dip fordypning *m*; dukkert *m*; (mat) dip *m.*
dip *verb* dyppe; dukke.
diphtheria /dɪf'θɪərɪə/ difteri *m.*
diploma /dɪ'ploʊma/ diplom *n,* vitnemål *n*; **~cy** diplomati *n;* **~t** diplomat *m.*
dipper /'dɪpə/ øse *m/f;* nedblendingskontakt *m.*
dipstick /'dɪpstɪk/ oljepinne *m/f.*
dipswitch /'dɪpswɪtʃ/ dimbryter *m.*
direct /dɪ'rekt *eller* daɪ-/ direkte; rett.
direct /dɪ'rekt *eller* daɪ-/ *verb* rettlede; styre; **~ current** likestrøm *m;* **~ dialling** *(tlf)* fjernvalg *n.*
direction /dɪ'rekʃən *eller* daɪ-/ ledelse *m;* retning *m;* **~ indicator** blinklys *n*; **~ of travelling** kjøreretning *m.*
directly /dɪ'rektlɪ *eller* daɪ-/ direkte; straks.
director /dɪ'rektə *eller* daɪ-/ leder *m;* styremedlem *n;* direktør *m.*
directory /dɪ'rektərɪ/ adressebok *m/f*; retningsgivende; **telephone ~** telefonkatalog *m.*
dirt /dɜːt/ skitt; **~y** skitten.
disab|ility /dɪsə'bɪlɪtɪ/ uførhet *m;* **-led** ufør.

disadvantage /dɪsəd'vɑːntɪdʒ/ ulempe *m/f;* **~ous** ufordelaktig.
disagree /dɪsə'griː/ ikke stemme overens; være uenig **(with** med); ikke tåle (om mat og drikke); **~able** ubehagelig; **~ment** uoverensstemmelse *m;* uenighet *m.*
disappear /dɪsə'pɪə/ forsvinne; **~ance** forsvinning *m/f.*
disappoint /dɪsə'pɒɪnt/ skuffe; **~ment** skuffelse *m.*
disappro|val /dɪsə'pruːvl/ misbilligelse *m;* **-ve** mislike.
disarm /dɪs'ɑːm/ avvæpne, nedruste; **~ament** avvæpning *m,* nedrusting *m/f.*
disassembl|e /dɪsə'sembl/ demontere; **-y** demontering *m/f.*
disast|er /dɪ'zɑːstə/ katastrofe *m*; ulykke *m/f;* **-rous** katastrofal; ulykksalig.
disbeli|ef /dɪsbɪ'liːf/ vantro *m;* tvil *m;* **-eve** mistro.
disc /dɪsk/ disk, *(edb)* diskett *m*; skive *m/f;* (grammofon)plate *m/f;* **slipped ~** ryggvirvelforskyvning *m*; **~ brake** skivebrems *m*; **~ clutch** lamellkopling *m/f*; **~-drive** diskstasjon *m.*
discern /dɪ'sɜːn/ skjelne; **~ing** forstandig; skarpsindig.
discharge /'dɪstʃɑːdʒ/ utskrivning *m*; avmønstring *m/f*; lossing *m;* løslatelse *m; (medisin)* utflod *m.*
discharge *verb* /dɪs'tʃɑːdʒ/ skrive ut; losse; avfyre; løslate; avskjedige.
discipl|e /dɪ'saɪpl/ disippel *m.*
discipline /'dɪsɪplɪn/ disiplin *m.*
discipline *verb* disiplinere.
disclaim /dɪs'kleɪm/ dementere; fraskrive seg.
disclos|e /dɪs'kloʊz/ avsløre; røpe; **-ure** avsløring *m/f.*
discomfort /dɪs'kʌmfət/ ubehag *n.*
disconcerted /dɪskən'sɜːtɪd/ forvirret.
disconnect /dɪskə'nekt/ (av)bryte; kople fra; **~ed** frakoplet; usammenhengende.
disconsolate /dɪs'kɒnsəlɪt/ utrøstelig.
discontent /dɪskən'tent/ misnøye *m;* **~ed** misfornøyd.
discontinue /dɪskən'tɪnjʊ/ holde opp med, avbryte.
discord /'dɪskɔːd/ disharmoni *m;* uenighet *m;* dissonans *m.*
discount /'dɪskaʊnt/ rabatt *m;* diskonto *m.*
discount *verb* /dɪs'kaʊnt/ diskontere, trekke fra.
discourage /dɪs'kʌrɪdʒ/ ta motet fra.

discourse /'dɪskɔːs/ foredrag *n.*
discourteous /dɪs'kɜːtɪəs/ uhøflig.
discover /dɪs'kʌvə/ oppdage; **~er** oppdager *m;* **~y** oppdagelse *m.*
discredit /dɪs'kredɪt/ vanry *n.*
discredit *verb* avvise.
discreet /dɪs'kriːt/ taktfull, diskret.
discrepancy /dɪs'krepənsɪ/ uoverensstemmelse *m.*
discretion /dɪs'kreʃn/ diskresjon *m;* skjønn *n.*
discriminat|**e** /dɪs'krɪmɪneɪt/ diskriminere; **-ion** diskriminering *m/f;* skjønn *n.*
discuss /dɪs'kʌs/ drøfte, diskutere; **~ion** drøfting *m/f,* diskusjon *m;* forhandling *m/f.*
disease /dɪ'ziːz/ sykdom *m;* **~d** syk; sykelig.
disembark /dɪsɪm'bɑːk/ utskipe, landsette; gå i land.
disengage /dɪsɪn'geɪdʒ/ gjøre fri; **~d** fri, ledig.
disentangle /dɪsɪn'tæŋgl/ greie ut, vikle ut.
disfigure /dɪs'fɪgə/ vansire.
disgrace /dɪs'greɪs/ unåde *m;* vanære *m/f.*
disgrace *verb* bringe i unåde; vanære; **~ful** skammelig.
disguise /dɪs'gaɪz/ forkledning *m.*
disguise *verb* forkle; maskere.
disgust /dɪs'gʌst/ avsky *m.*
disgust *verb* virke frastøtende på; **~ing** motbydelig.
dish /dɪʃ/ fat *n;* (mat)rett *m;* **do the ~es** *flertall* vaske opp; **~ cloth** oppvaskklut *m;* **~washer** oppvaskmaskin *m;* **~washing liquid** oppvaskmiddel *n.*
dishonest /dɪs'ɒnɪst/ uærlig; **~y** uærlighet *m.*
dishonour /dɪs'ɒnə/ skam *m;* vanære *m/f.*
dishonour *verb* vanære; ikke innfri (en veksel); **~able** vanærende.
disillusion /dɪsɪ'luːʒn/ desillusjonere.
disinclined /dɪsɪn'klaɪnd/ utilbøyelig (**to** til).
disinfect /dɪsɪn'fekt/ desinfisere; **~ant** desinfeksjonsmiddel *n;* **~ion** desinfeksjon *m.*
disinherit /dɪsɪn'herɪt/ gjøre arveløs.
disintegrate /dɪs'ɪntɪgreɪt/ nedbryte(s); gå i oppløsning.
disjointed /dɪs'dʒɒɪntɪd/ av ledd; usammenhengende.
disk *dss* disc.
dislike /dɪs'laɪk/ motvilje *m.*
dislike *verb* ikke like.
dislocat|**e** /'dɪslokeɪt/

forrykke; bringe av ledd; **-ion** forvridning *m.*
disloyal /dɪs'lɒɪəl/ illojal.
dismantle /dɪs'mæntl/ demontere.
dismay /dɪs'meɪ/ forferdelse *m.*
dismay *verb* forferde.
dismiss /dɪs'mɪs/ avskjedige; sende bort; **~al** avskjed *m.*
dismount /dɪs'maʊnt/ stige av (hest *eller* sykkel); demontere.
disobedien|ce /dɪso'biːdjəns/ ulydighet *m;* **-t** ulydig.
disobey /'dɪso'beɪ/ være ulydig.
disorder /dɪs'ɔːdə/ uorden *m;* **~ly** uordentlig.
disown /dɪs'oʊn/ fornekte; ikke kjennes ved.
disparity /dɪs'pærɪtɪ/ ulikhet; forskjell.
dispatch /dɪs'pætʃ/ rapport *m;* avsendelse *m.*
dispatch *verb* ekspedere; **~ note** følgebrev *n.*
dispel /dɪs'pel/ spre; jage bort.
dispens|able /dɪs'pensəbl/ unnværlig; **-ation** utdeling *m/f;* **-e** dele ut; **-e with** klare seg uten; **-ing chemist** apoteker *m.*
disperse /dɪs'pɜːs/ spre (seg).
displace /dɪs'pleɪs/ forskyve; flytte på; **~ment** forskyvning *m; (sjøfart)* deplasement *n;* **~d person** flyktning *m.*
display /dɪs'pleɪ/ oppvisning *m;* utstilling *m/f.*
display *verb* vise; stille ut; **~ unit** dataskjerm *m.*
disposable /dɪs'poʊzəbl/ engangs-.
dispos|al /dɪs'poʊzl/ det å kvitte seg med; disposisjon *m;* **-e of** kvitte seg med; **-ed to** innstilt på; **-ition** disposisjon *m;* tilbøyelighet *m;* gemytt *n.*
dispossess /dɪspɒ'zes/ berøve; fordrive.
disproportion /dɪsprə'pɔːʃn/ misforhold *n.*
disputable /dɪs'pjuːtəbl/ diskutabel.
dispute /dɪs'pjuːt/ stridighet *m.*
dispute *verb* strides om; **-ed** omstridt.
disquieting /dɪs'kwaɪətɪŋ/ foruroligende.
disregard /dɪsrɪ'gɑːd/ ignorering *m/f.*
disregard *verb* ikke ta hensyn til.
disreputable /dɪs'repjʊtəbl/ beryktet.
disrespect /dɪsrɪ'spekt/ mangel på aktelse *m;* **~ful** uærbødig.
dissatisf|action /dɪsætɪs'fækʃn/ misnøye *m;* **-ied** misfornøyd.
dissension /dɪ'senʃn/ uenighet *m.*

dissimilar /dɪ'sɪmɪlə/ ulik.
dissipat|e /'dɪsɪpeɪt/ spre; ødsle bort; **~d** utsvevende; **-ion** spredning *m;* ødsling *m.*
dissolute /'dɪsəl(j)uːt/ utsvevende.
dissolv|able /dɪ'zɒlvəbl/ oppløselig; **-e** oppløse(s).
distan|ce /'dɪstəns/ avstand *m;* distanse *m;* **-t** fjern.
distaste /dɪs'teɪst/ avsmak *m.*
distil /dɪs'tɪl/ destillere; **~lation** destillasjon *m.*
distinct /dɪs'tɪŋkt/ tydelig; atskilt; **~ion** forskjell *m;* utmerkelse *m;* **~ive** særegen.
distinguish /dɪs'tɪŋgwɪʃ/ skjelne; utmerke (seg); **~ed** høyt anerkjent; fornem.
distort /dɪs'tɔːt/ fordreie; fortegne.
distract /dɪs'trækt/ avlede, distrahere; **~ed** forstyrret; **~ion** distraksjon *m*; forvirring *m/f.*
distraint /dɪs'treɪnt/ utpantning *m.*
distress /dɪs'tres/ nød *m;* bekymring *m/f.*
distress *verb* bekymre.
distribut|e /dɪs'trɪbjuːt/ dele ut, fordele; **-ion** utdeling *m/f,* fordeling *m/f;* **-or** fordeler *m;* forhandler *m.*
distrust /dɪs'trʌst/ mistillit *m.*
distrust *verb* mistro.
disturb /dɪs'tɜːb/ forstyrre; **~ance** forstyrrelse *m;* uro(lighet) *m.*
ditch /dɪtʃ/ grøft *f.*
ditch *verb* kjøre i grøfta.
diuretic /daɪjʊ'retɪk/ vanndrivende middel *n;* urindrivende middel *n.*
dive /daɪv/ stup *n.*
dive *verb* stupe; dykke; **~r** dykker *m.*
diverse /daɪ'vɜːs/ diverse.
diver|sion /daɪ'vɜːʃn/ avledning *m;* omkjøring *m/f;* atspredelse *m;* **-t** avlede; omdirigere; atspre.
divide /dɪ'vaɪd/ (vann)skille *n.*
divide *verb* dele; dividere.
divin|e /dɪ'vaɪn/ guddommelig; **-ity** gud(dommelighet) *m;* teologi *m.*
division /dɪ'vɪʒən/ deling *m/f;* divisjon *m.*
divorce /dɪ'vɔːs/ skilsmisse *m.*
divorce *verb* skilles; **~d** skilt.
dizz|iness /'dɪzɪnɪs/ svimmelhet *m;* **-y** svimmel.
do /duː/ gjøre; utføre; klare; gå an; **that will ~** det er nok; **how ~ you ~?** god dag! det gleder meg (ved presentasjon); **will this ~?** kan du bruke denne? **~ away with** avskaffe; **~ without** unnvære.

docile /'doʊsaɪl/ føyelig.
dock /dɒk/ dokk *m; (jur)* anklagebenk *m;* **~er** havnearbeider *m;* **~land** dokkområde *n.*
doctor /'dɒktə/ lege *m.*
document /'dɒkjʊmənt/ dokument *n.*
document *verb* dokumentere; **~ary** dokumentar-; dokumentarfilm *m.*
dodge /dɒdʒ/ smette unna.
dog /dɒg/ hund *m;* **~-eared** med eselører; **~ged** seig; innbitt.
dole /doʊl/ arbeidsledighets-trygd *f;* **on the ~** arbeidsløs.
doll /dɒl/ dokke *f.*
dolphin /'dɒlfɪn/ delfin *m.*
domain /doʊ'meɪn/ domene *n.*
dome /doʊm/ kuppel *m.*
domestic /də'mestɪk/ hus-; innenriks-; hushjelp *m/f;* **~ flight** innenriks flyrute *m/f;* **~ terminal** innenriks-terminal *m.*
domicile /'dɒmɪsaɪl/ bopel *m; (handel)* domisil *m.*
dominat|e /'dɒmɪneɪt/ dominere; **-ion** herredømme *n.*
dominion /də'mɪnjən/ herredømme *n.*
donation /doʊ'neɪʃn/ donasjon *m,* gave *m.*
done /dʌn/ (*perf pts* av **do**) gjort, utført; ferdig; **well ~** (om kjøtt) godt stekt.
donkey /'dɒŋkɪ/ esel *n.*
donor /'doʊnə/ giver *m.*
doom /duːm/ undergang *m.*
doom *verb* dømme; **~sday** dommedag *m.*
door /dɔː/ dør *m/f;* **~ handle** dørklinke *m/f;* **~keeper** dørvakt *m/f;* **~man** portner *m;* **~ plate** dørskilt *n;* **~speak** dørtelefon *m;* **~way** døråpning *m/f.*
dope /doʊp/ stoff (narkotika) *n,* stimulerende middel *n;* **~ addict** stoffmisbruker *m;* **~-pedlar** narkotikalanger *m.*
dormitory /'dɒmɪt(ə)rɪ/ sovesal *m.*
DOS /diː oʊ es/ *fork for* **Disc Operating System** *(edb)* operativsystem *n.*
dose /doʊs/ dose *m.*
dose *verb* dosere.
doss|er /'dɒsə/ *(hverdagslig)* hjemløs *m;* **-house** herberge *n.*
dot /dɒt/ prikk *m,* punkt *n;* **~ty** sprø, smårar.
double /'dʌbl/ dobbelt; dublett *m;* dobbeltgjenger *m;* dobbeltspill *n* (i tennis).
double *verb* doble; **~breasted** dobbeltknappet (om jakke); **~-cross** narre; bedra;

~-dealer bedrager *m;* **~ entry** dobbelt bokholderi *n;* **~ glazing** dobbeltvinduer *n, flertall.*
doubt /daʊt/ tvil *m.*
doubt *verb* tvile; **~ful** tvilsom; **~less** utvilsomt.
dough /doʊ/ deig *m;* **~nut** *(amr)* smultring *m.*
dove /dʌv/ due *m/f.*
dowager /'daʊədʒə/ (fornem) enke *m/f.*
down /daʊn/ ned(e); utfor; dun *n;* **~s** *flertall* bakkelandskap *n;* **~fall** *(overført)* undergang *m;* **~hearted** motløs; **~hill** utforbakke *m;* **~hill running** utforkjøring *m/f* (på ski); **~ payment** depositum *n;* **~pour** øsregn *n;* **~stairs** nedenunder; **~town** især *(amr)* byens sentrum *n;* **~ward(s)** nedover.
dowry /'daʊərɪ/ medgift *m.*
doze /doʊz/ døse, slumre.
dozen /'dʌzn/ dusin *n.*
drab /dræb/ trist, ensformig.
draft /drɑːft/ veksel *m,* tratte *m;* utkast *n.*
draft *verb* lage utkast til; *(amr)* innkalle til militærtjeneste.
drag /dræg/ *(hverdagslig)* kjedelig.
drag *verb* dra, trekke.
dragnet /'drægnet/ slepenot *m/f.*
dragon /'drægən/ drake *m;* **~fly** øyenstikker *m.*
drain /dreɪn/ avløpsrenne *f; (overført)* belastning *m.*
drain *verb* drenere; **~-pipe** avløpsrør *n;* **~ trap** vannlås *m;* **~age** drenering *m;* kloakksystem *n.*
drama /'drɑːmə/ drama *n;* dramatikk *m;* **~tic** dramatisk; **~tist** dramatiker *m;* **~tize** dramatisere.
drape /dreɪp/ drapere; **~r's shop** manufakturforretning *m.*
draught /drɑːft/ trekk *m;* fatøl *n;* **~s** *flertall* damspill *n;* **~-board** dambrett *n;* **~y** trekkfull.
draw /drɔː/ trekning *m; (sport)* uavgjort spill *n;* remis *m* (i sjakk); attraksjon *m.*
draw *verb* dra, trekke; tegne; heve penger; **~ up** avfatte; **~back** ulempe *m/f;* **~bridge** vindebro *m.*
drawer /'drɔː(r)/ tegner *m;* skuff *m;* **chest of ~s** kommode *m.*
drawing /'drɔːɪŋ/ tegning *m/f;* **~-board** tegnebrett *n;* **~-room** (daglig)stue *f;* salong *m.*
drawl /drɔːl/ snakke med slepende tonefall.
dread /dred/ skrekk *m,* frykt *m.*

dread *verb* frykte; **~ful** fryktelig.
dream /dri:m/ drøm *m.*
dream *verb* drømme; **~y** drømmende.
dreary /'drɪərɪ/ trist; kjedelig.
dredge /dredʒ/ muddermaskin *m.*
dredge *verb* mudre.
dregs /drægz/ *flertall* bunnfall *n; (overført)* berme *m.*
drenched /drentʃt/ gjennomvåt.
dress kjole *m;* antrekk *n.*
dress *verb* kle på (seg); forbinde; pynte; **~ circle** *(teater)* balkong *m;* **~ coat** snippkjole *m;* **~-rehearsal** *(teater)* generalprøve *m/f.*
dressing /'dresɪŋ/ (salat) dressing *m;* påkledning *m;* bandasje *m;* **~-case** toalettmappe *m/f;* **~-gown** slåbrok *m.*
dressmaker /'dresmeɪkə/ sydame *m/f.*
drift noe som er føket sammen, haug *m.*
drift *verb* fyke sammen; drive.
drill bor *m/n,* drill *m; (mil)* eksersis *m.*
drill *verb* drille, bore; innøve.
drink /drɪŋk/ drikk *m.*
drink *verb* drikke; **soft ~** alkoholfri drikk *m;* **~-drive limit** promillegrense *m/f;* **~-driving** promillekjøring *m/f;* **~ to** skåle for; **~able** drikkelig.
drip dråpe *m/f;* drypp *n.*
drip *verb* dryppe; **~-feed** gi intravenøs næring *m/f;* **~ping** stekefett *n.*
drive /draɪv/ kjøretur *m;* kampanje *m;* oppkjørsel *m;* drivmekanisme *m.*
drive *verb* kjøre; drive; **~ at** sikte til; **~r** kjører *m,* sjåfør *m.*
driving /'draɪvɪŋ/ kjøring *m/f;* **~ ban** kjøreforbud *n;* **~ belt** drivreim *m/f;* **~ licence** førerkort *n, (amr)* **driver's license.**
drizzle /'drɪzl/ duskregn *n.*
drizzle *verb* duskregne.
droll /droʊl/ pussig.
drool /dru:l/ sikkel *n.*
drool *verb* sikle.
droop /dru:p/ henge ned.
drop /drɒp/ dråpe *m;* øredobb *m;* fall *n.*
drop *verb* dryppe; falle; miste; sløyfe; **~ in** stikke innom.
drought /draʊt/ tørke *m/f.*
drown /draʊn/ drukne.
drowsy /'draʊzɪ/ døsig, søvnig.
drug /drʌg/ legemiddel *n.*
drug *verb* bedøve; **~s** *flertall* narkotika *m, flertall,* stoff *n;* **~ abuse** stoffmisbruk *n;* **~ addict** stoffmisbruker *m;* **~ agent** narkotikaspaner *m;* **~ pusher** narkotikalanger *m.*

drug|gist /'drʌgɪst/ apoteker *m;* **-store** *(amr)* (slags) apotek *n.*
drum /drʌm/ tromme *m/f.*
drum *verb* tromme.
drunk /drʌŋk/ full; **~ard** drukkenbolt *m;* **~en driving** fyllekjøring *m/f;* **~enness** drukkenskap *m.*
dry /draɪ/ tørr.
dry *verb* tørke; **~ cleaner's** renseri *n;* **~er** tørketrommel *m;* hårtørrer *m.*
dual /'dju:əl/ dobbelt; **~ carriageway** vei med to kjørebaner i hver retning.
dub /dʌb/ legge lyd på (ettersynkronisere) en film.
dubious /'dju:bjəs/ tvilsom; tvilende.
duch|ess /'dʌtʃɪs/ hertuginne *m/f;* **-y** hertugdømme *n.*
duck /dʌk/ and *m/f.*
duck *verb* dukke (seg); **~ling** andunge *m.*
dud /dʌd/ *(hverdagslig)* udugelig, umulig.
dude /dju:d/ *(amr)* type *m;* *turist m.*
due /dju:/ skyldig; passende; forfallen (til betaling); skyldighet *m;* **~s** *flertall* avgifter *m, flertall;* **in ~ time** i rett tid; **~ date** forfallsdag *m;* **~ to** på grunn av.
duel /'dju:əl/ duell *m.*
duel *verb* duellere.
duke /dju:k/ hertug *m.*
dull /dʌl/ kjedelig; treg; sløv; matt; trist.
dumb /dʌm/ stum; *(amr)* dum; **~founded** forbløffet, målløs.
dummy /'dʌmɪ/ utstillingsfigur *m; (kortspill)* blindemann *m;* narresmokk *m;* stråmann *m.*
dump /dʌmp/ søppelhaug *m.*
dump *verb* lesse av; sette tungt fra seg; *(handel)* dumpe (selge varer til lav pris); **~ing** avlessing; *(handel)* dumping *m/f.*
dumpling /'dʌmplɪŋ/ melbolle *m.*
dune /dju:n/ sandbanke *m.*
dung /dʌŋ/ naturgjødsel *m.*
dupe /dju:p/ lettlurt person *m.*
duplicate /'dju:plɪkɪt/ dobbelt; dublett *m;* kopi *m.*
duplicate *verb* /dju:plɪkeɪt/ skopiere.
durab|ility /dju:rə'bɪlɪtɪ/ holdbarhet *m;* **-le** varig; holdbar.
duration /dju:'reɪʃn/ varighet *m.*
during /'dju:rɪŋ/ i løpet av, under, i.
dusk /dʌsk/ skumring *m/f.*
dust /dʌst/ støv *n.*
dust *verb* støvtørre; **~bin** søppelbøtte *m/f;* **~ cloth** støvklut *m;* **~ cover** varetrekk

n; **~er** støvekost *m;* **~man** søppeltømmer *m;* ***~pan*** feiebrett *n;* **~y** støvete.
dutiable /'djuːtɪəbl/ tollpliktig.
dutiful /'djuːtɪfʊl/ lydig, pliktoppfyllende.
duty /'djuːtɪ/ plikt *m/f;* toll *m;* **be on ~** ha vakt; **liable to ~** tollpliktig; **~-free** tollfri.
dwarf /dwɔːf/ dverg *m.*
dwell dvele; bo; **~ing** bolig *m.*
dwindle /dwɪndl/ svinne.
dye /daɪ/ farge *m*; fargestoff *n.*
dye *verb* farge.
dying /'daɪŋ/ døende.
dynamic /daɪ'næmɪk/ dynamisk; **~s** *flertall* dynamikk *m.*
dynamite /'daɪnəmaɪt/ dynamitt *m.*

E

each /iːtʃ/ hver enkelt; **~ other** hverandre.
eager /'iːgə/ ivrig; **~ness** iver *m.*
eagle /iːgl/ ørn *m/f.*
ear /ɪə/ øre *n; (mus)* gehør *n;* **~ache** øreverk *m;* **~drum** trommehinne *m/f;* **~flap** ørebeskytter *m*; **~lobe** øreflipp *m*; **~phones** *flertall* høretelefon *m*; **~plug** ørepropp *m.*
earl /ɜːl/ greve *m.*
early /'ɜːlɪ/ tidlig.
earn /ɜːn/ (for)tjene; innbringe.
earnest /'ɜːnɪst/ alvorlig.
earnings /'ɜːnɪŋz/ *flertall* inntekter *m/f, flertall.*
earth /ɜːθ/ jord *m/f;* verden *m.*
earth *verb* dekke med jord; jorde; **~enware** steintøy *n;* **~ly** jordisk; **~quake** jordskjelv *n;* **~worm** meitemark *m.*
ease /iːz/ letthet *m;* utvungenhet *m;* velbehag *n*; lindring *m/f.*
ease *verb* lette; slakke; lindre.
easel /'iːzl/ staffeli *n.*
east /iːst/ øst; **~bound** som går østover; **~ern** østlig; **~wards** østover.
Easter /'iːstə/ påske *m/f.*
easy /'iːzɪ/ lett(vint); rolig; behagelig; utvungen; **take it ~** ta det med ro; **~ chair** lenestol *m;* **~-going** omgjengelig.
eat /iːt/ spise; fortære; **~able** spiselig; **~ables** *flertall* matvarer *m, flertall.*

eaves /iːvz/ takskjegg *n;* **~drop** (smug)lytte.
ebb ebbe *m,* fjære *f.*
ebony /'ebənɪ/ ibenholt *m.*
e-book /əiːbʊk/ e-bok *m/f.*
EC /iː siː/ *fork for* **European Community** Europeiske Union.
ecclesiastic(al) /ɪkliːzɪ'æstɪk(l)/ kirkelig, geistlig.
echo /'ekoʊ/ ekko *n.*
echo *verb* gi gjenlyd *m.*
eclipse /ɪ'klɪps/ formørkelse *m; (også overført)*
ecolog|ical /iːkə'lɒdʒɪkl/ økologisk; **-y** økologi *m.*
e-commerce /iː'kɒməs/ e-handel *m.*
econom|ic /ɪkə'nɒmɪk/ (sosial)økonomisk; **~s** (sosial)økonomi *m;* **~al** økonomisk (sparsommelig); **-ist** (sosial)økonom *m;* **-y** økonomi *m;* sparsommelighet *m.*
ecstasy /'ekstəsɪ/ ekstase *m.*
ectopic /ek'tɒpɪk/ ektopisk; **~ pregnancy** svangerskap *utenfor livmoren.*
ECU /'eɪkjuː/ *fork for* **European Currency Unit**.
eczema /'eksɪmə/ eksem *m.*
eddy /'edɪ/ virvel *m;* evje *m/f.*
edge /edʒ/ kant *m;* egg *m; (overført)* skarphet *m;* **on ~** på (høy)kant; oppskaket; **~ways** sidelengs; **~y** irritabel.
edible /'edɪbl/ spiselig.
edif|ice /'edɪfɪs/ byggverk *n;* **-ying** oppbyggelig.
edit /'edɪt/ utgi; redigere; **~ion** utgave *m/f;* opplag *n;* **~or** utgiver *m,* redaktør *m;* **~orial** lederartikkel *m.*
educat|e /'edjʊkeɪt/ utdanne; **-ion** utdannelse *m,* undervisning *m/f;* skolevesen *n;* **-ional** utdannelses-.
EEA /iː iː eiː/ *fork for* **European Economic Area** EØS.
eel /iːl/ ål *m;* **~ pot** åleteine *m/f.*
effect /ɪ'fekt/ virkning *m;* effekt *m;* **~s** *flertall* effekter *m, flertall*, eiendeler *m, flertall*; **take ~** tre i kraft; **in ~** i virkeligheten; **~ive** virksom; effektiv.
effeminate /ɪ'femɪnɪt/ feminin.
efficien|cy /ɪ'fɪʃənsɪ/ effektivitet *m;* **-t** effektiv.
effort /'efət/ anstrengelse *m;* **make an ~** anstrenge seg.
effus|ion /e'fjuːʒn/ utgytelse *m;* **-ive** overstrømmende.
EFTA /'eftə/ *fork for* **European Free Trade Association**.
e.g. /iː dʒiː/ *fork for* **exempli gratia** for eksempel (f.eks.).

egg egg *n;* **~ cup** eggeglass *n;* **~nog** eggtoddy *m;* **~shell** eggeskall *n;* **~ yolk** eggeplomme *m/f.*

ego|ism /'egouɪzm/ egoisme *m;* **-ist** egoist *m;* **-istical** egoistisk; **-tism** selvopptatthet *m.*

eh /eɪ/ hva? ikke sant?

eider /'aɪdə/ ærfugl *m.*

eight /eɪt/ åtte; **~een** atten; **~eenth** attende; **~h** åttende; **~y** åtti.

either /'aɪðə/ en (av to); hvilken som helst (av to); heller; begge; **~ – or** enten – eller.

eject /iː'dʒekt/ støte ut; fordrive; **~or seat** katapultsete *n.*

eke /iːk/, **~ out** drøye ut.

elaborate /ɪ'læbərɪt/ utarbeidet.

elaborat|e *verb* /ɪ'læbəreɪt/ utarbeide; gå i detaljer; **-ion** utarbeidelse *m;* utdyping *m/f.*

elapse /ɪ'læps/ gå (om tiden).

elastic /ɪ'læstɪk/ elastisk, tøyelig; strikk *m;* **~ity** elastisitet *m.*

elbow /'elbou/ albue *m;* krok *m,* vinkel *m;* puffe, skubbe; **at one's ~** like for hånden; **~-room** alburom *n.*

elder /'eldə/ eldre; eldst (av to); **~berry** hyllebær *n;* **~ly** aldrende.

eldest /'eldɪst/ eldst.

elect /ɪ'lekt/ velge; utvalgt; **~ion** valg *n;* **~ive** valg-; **~or** velger *m; (amr)* valgmann *m.*

electric|(al) /ɪ'lektrɪk(l)/ elektrisk; **~ engineer** elektroingeniør *m;* **-ian** elektriker *m.*

electricity /ɪlek'trɪsɪtɪ/ elektrisitet *m;* **~ board** el(ektrisitets)verk *n.*

electrocute /ɪ'lektrəkjuːt/ henrette ved elektrisitet.

elegan|ce /'elɪgəns/ eleganse *m;* **-t** elegant; smakfull.

element /'elɪmənt/ element *n;* grunnstoff *n;* **~ary** elementær; **~ary school** grunnskole *m.*

elephant /'elɪfənt/ elefant *m.*

elevat|e /'elɪveɪt/ heve; **-ion** høyning *m/f;* høyde *m;* **-or** *(amr)* heis *m.*

eleven /ɪ'levn/ elleve; **~th** ellevte.

elicit /ɪ'lɪsɪt/ lokke frem.

eligib|ility /elɪdʒɪ'bɪlɪtɪ/ valgbarhet *m;* **-le** valgbar; passende.

elk elg *m.*

elm alm *m.*

elope /ɪ'loup/ rømme (for å gifte seg); **~ment** rømning *m.*

eloquen|ce /'eləkwəns/ veltalenhet *m;* **-t** veltalende.
else /els/ ellers; annen; **anyone ~** noen annen; **or ~** ellers; **what ~?** hva ellers?; **~where** annetsteds.
elucidate /ɪ'lu:sɪdeɪt/ klargjøre.
elu|de /ɪ'lu:d/ unnvike; **-sive** unnvikende.
emaciated /ɪ'meɪʃɪeɪtɪd/ utmagret.
e-mail /'i:meɪl/ e-post *m.*
emanate /'eməneɪt/ utgå (**from** fra).
emancipate /ɪ'mænsɪpeɪt/ frigjøre.
emasculate /ɪ'mæskjʊleɪt/ kastrere.
embalm /ɪm'bɑ:m/ balsamere.
embankment /em'bæŋkment/ demning *m;* voll *m.*
embark /ɪm'bɑ:k/ gå ombord; *(overført)* innlate seg (**on** på); **~ation** innskipning *m.*
embarrass /ɪm'bærəs/ gjøre flau; **~ment** forlegenhet *m.*
embassy /'embəsɪ/ ambassade *m.*
embezzle /ɪm'bezl/ underslå; **~ment** underslag *n.*
embitter /ɪm'bɪtə/ gjøre bitter; forbitre.
embod|iment /ɪm'bɒdɪmənt/ legemliggjørelse *m;* **-y** legemliggjøre.
embrace /ɪm'breɪs/ omfavnelse *m.*
embrace *verb* omfavne.
embroider /ɪm'brɒɪdə/ brodere; **~y** broderi *n;* **~y cotton** brodergarn *n.*
emerald /'emərəld/ smaragd *m.*
emerge /ɪ'mɜ:dʒ/ dukke opp; **~ncy** nøds-; nødstilfelle *n.*
emetic /ɪ'metɪk/ brekkmiddel *n.*
emigra|nt /'emɪgrənt/ utvandrer *m;* **-te** utvandre; **-tion** utvandring *m/f.*
eminen|ce /'emɪnəns/ høy rang *m;* **-t** fremragende; høytstående.
emission /e'mɪʃn/ utstråling *m/f;* utslipp *n.*
emit /ɪ'mɪt/ sende ut.
emotion /ɪ'moʊʃn/ sinnsbevegelse *m;* følelse *m;* **~al** følelsesmessig.
emperor /'empərə/ keiser *m.*
empha|sis /'emfəsɪs/ ettertrykk *n;* **-size** legge vekt på, understreke; **-tic** ettertrykkelig.
empire /'empaɪə/ keiserrike *n;* verdensrike *n.*
employ /ɪm'plɒɪ/ ansette; beskjeftige; nytte; **~ee** arbeidstaker *m;* **~er** arbeidsgiver *m;* **~ment** arbeid *n;* beskjeftigelse *m.*
empress /'emprɪs/ keiserinne *m/f.*

empty /'emtɪ/ tom (**of** for); *(overført)* innholdsløs.
empty *verb* tømme.
EMU /iː em juː/ *fork for* **Economic and Monetary Union** ØMU.
emulate /'emjʊleɪt/ etterligne.
enable /ɪ'neɪbl/ sette i stand til.
enact /ɪ'nækt/ bestemme ved lov; spille (en rolle).
enamel /ɪ'næməl/ emalje *m;* glasur *m.*
enamel *verb* emaljere; glasere.
encephalitis /ensefə'laɪtɪs/ hjernebetennelse *m.*
enchant /ɪn'tʃɑːnt/ fortrylle; **~ment** fortryllelse *m.*
enclos|e /ɪn'kloʊz/ innhegne; inneslutte; vedlegge; **-ure** innhegning *m;* vedlegg *n.*
encounter */ɪn'kaʊntə/* møte *n;* sammenstøt *n.*
encounter *verb* møte, støte på.
encourage /ɪn'kʌrɪdʒ/ oppmuntre; støtte; **~ment** oppmuntring *m/f.*
encroach /ɪn'kroʊtʃ/ **on** forgripe seg på; gjøre inngrep i; **~ment** brudd *n*; overgrep *n.*
encumb|er /ɪn'kʌmbə/ (be)hefte; hindre; **-rance** hindring *m/f; (jur)* heftelse *m.*
encyclop(a)edia /ensaɪkloʊ'piːdjə/ konversasjonsleksikon *n.*
end ende *m*; slutt *m;* mål *n.*
end *verb* (av)slutte; **~ing** slutt *m;* endelse *m*; **~less** uendelig.
endanger /ɪn'deɪndʒə/ bringe i fare; **~ed** truet.
endear /ɪn'dɪə/, **~ oneself** gjøre seg godt likt *(eller* elsket); **~ment** kjærtegn *n.*
endeavour /ɪn'devə/ bestrebelse *m.*
endeavour *verb* bestrebe seg.
endive /'endɪv/ endivie *m.*
endorse /ɪn'dɔːs/ endossere, påtegne; **~ment** påtegning *m/f.*
endow /ɪn'daʊ/ gi gave til; **~ment** gave *m;* legat(sum) *n (m).*
endur|ance /ɪn'djʊərəns/ utholdenhet *m;* **~e** holde ut; tåle.
enema /'enɪmə/ klyster *n.*
enemy /'enɪmɪ/ fiende *m.*
energ|etic /enə'dʒetɪk/ energisk; **-y** kraft *m/f;* energi *m.*
enforce /ɪn'fɔːs/ håndheve; fremtvinge; **~d** påtvungen; **~ment** håndhevelse *m;* inndrivelse *m.*
engage /ɪn'geɪdʒ/ engasjere; ansette; **~d** opptatt (**in** med); forlovet; **~ment** forlovelse *m;* avtale *m*; engasjement *n.*

engender /en'dʒendə/ avle.
engine /'endʒɪn/ maskin *m;* (bil)motor *m;* lokomotiv *n;* ~ **failure** motorstopp *m/n*; ~ **heater** motorvarmer.
engineer /endʒɪ'nɪə/ ingeniør *m;* tekniker *m;* maskinist *m*; ~**ing** ingeniør-; ingeniørarbeid *n.*
England /'ɪŋglənd/ England.
English /'ɪŋglɪʃ/ engelsk; **the** ~ engelskmennene *m, flertall.*
engrave /ɪn'greɪv/ gravere.
engrossed /ɪn'groʊst/ oppslukt.
enhance /ɪn'hɑːns/ øke; forbedre; ~**ment** økning *m.*
enigma /ɪ'nɪgmə/ gåte *m/f;* ~**tic** gåtefull.
enjoin /ɪn'dʒɒɪn/ pålegge.
enjoy /ɪn'dʒɒɪ/ nyte, glede seg ved; ~**able** hyggelig; ~**ment** nytelse *m;* glede *m/f.*
enlarge /ɪn'lɑːdʒ/ forstørre; ~**ment** forstørrelse *m.*
enlighten /ɪn'laɪtn/ opplyse; ~**ed** opplyst.
enlist /ɪn'lɪst/ (la seg) verve; *slutte seg til.*
enmity /'enmɪtɪ/ fiendskap *n.*
enormous /ɪ'nɔːməs/ enorm; uhyre stor.
enough /ɪ'nʌf/ nok.
enquire, enquiry, *se inquire, inquiry.*
enrage /ɪn'reɪdʒ/ gjøre rasende.
enrapture /ɪn'ræptʃə/ henrykke.
enrich /ɪn'rɪtʃ/ berike.
enrol /ɪn'roʊl/ skrive seg inn, melde seg på.
ensign /'ensaɪn/ flagg *n;* merke *n;* fenrik *m.*
enslave /ɪn'sleɪv/ gjøre til slave.
ensu|le /ɪn'sjuː/ følge; -**ing** påfølgende.
en suite /ɑːn'swɪt/, **bathroom** ~ med (eget) bad.
ensure /ɪn'ʃʊə/ garantere, sikre (**against, from** mot).
ENT /iː ən tiː/ *fork for* **ear, nose, and throat specialist** øre-, nese- og halsspesialist *m.*
entail /ɪn'teɪl/ medføre.
entangle /ɪn'tæŋgl/ komplisere, vikle inn i; ~**ment** sammenfiltring *m/f.*
enter /'entə/ gå inn, komme inn (i); bokføre; melde på.
enter|itis /entə'raɪtɪs/ tarmbetennelse *m*; -**otomy** tarmbrokk *n.*
enterpris|e /'entəpraɪz/ foretak *n;* foretaksomhet *m;* -**ing** foretaksom.
entertain /entə'teɪn/ more, underholde; ~**ment** underholdning *m;* representasjon *m.*

enthusias|m /ɪn'θjuːzɪæzm/ begeistring *m/f;* **-t** entusiast *m;* **-tic** begeistret.
entice /ɪn'taɪs/ lokke, forlede.
entire /ɪn'taɪə/ hel; **~ly** helt; fullstendig.
entitle /ɪn'taɪtl/ berettige (**to** til).
entrails /'entreɪlz/ *flertall* innvoller *flertall.*
entrance /'entrəns/ inngang *m;* inntreden *m;* adgang *m;*
~ exam opptaksprøve *m;*
~ fee inngangspenger *flertall.*
entreat /ɪn'triːt/ bønnfalle.
entree /'ɒntreɪ/ *(amr)* hovedrett *m.*
entrust /ɪn'trʌst/ betro.
entry /'entrɪ/ innreise *m/f;* adgang *m*; postering *m/f;*
~ permit innreisetillatelse *m.*
E-number /'iːnəmbə/ e-nummer *n.*
enumerate /ɪ'njuːməreɪt/ regne opp.
envelop /ɪn'veləp/ innhylle; **~e** konvolutt *m.*
envi|able /'envɪəbl/ misunnelsesverdig; **-ous** misunnelig.
environment /ɪn'vaɪrənmənt/ omgivelse(r) *m;* miljø *n;* **~al** miljø-; **~alist** miljøforkjemper *m.*
envisage /ɪn'vɪzɪdʒ/ forestille seg.
envoy /'envɒɪ/ utsending *m.*
envy /'envɪ/ misunnelse *m.*
envy *verb* misunne.
epidemic /epɪ'demɪk/ epidemisk; farsott *m,* epidemi *m.*
epilep|sy /'epɪlepsɪ/ epilepsi *m*; **-tic** epileptiker *m.*
epileptic *adj* epileptisk.
episcopal|lian /ɪpɪskə'peɪlɪən/ episkopal, biskoppelig; medlem *n* av den episkopale kirke; **-te** bispeembete *n.*
epitaph /'epɪtɑːf/ gravskrift *m/f.*
equal /'iːkwəl/ lik(e); jevnbyrdig(e); **~ity** likhet *m;* likestilling *m/f;* **~ize** utjevne; **~izer** *(sport)* utligningsmål *n.*
equanimity /iːkwə'nɪmɪtɪ/ sinnslikevekt *m/f.*
equation /ɪ'kweɪʒn/ ligning *m/f;* det å likestille.
equator /iː'kweɪtə/ ekvator *m.*
equestrian /ɪ'kwestrɪən/ rytter-.
equilibrium /iːkwɪ'lɪbrɪəm/ likevekt *m/f.*
equinox /'iːkwɪnɒks/ jevndøgn *n.*
equip /ɪ'kwɪp/ utruste; **~ment** utstyr *n;* utrustning *m.*
equivalen|ce /ɪ'kwɪvələns/ likeverd *n;* **-t** av samme verdi; tilsvarende.
equivocal /ɪ'kwɪvəkl/ tvetydig.
era /'ɪərə/ æra *m,* tidsalder *m.*
eradicate /ɪ'rædɪkeɪt/ utrydde.

erase /ɪ'reɪz/ radere bort; stryke ut; **~r** viskelær *n.*
erect /ɪ'rekt/ oppreist.
erect *verb* reise; oppføre; **~ion** oppførelse *m;* ereksjon *m.*
ermine /'ɜːmɪn/ hermelin *m;* røyskatt *m.*
erode /ɪ'roʊd/ tære bort.
err /ɜː/ feile, ta feil.
errand /'erənd/ ærend *n;* **~boy** visergutt *m.*
erratic /ɪ'rætɪk/ uberegnelig; ujevn.
erroneous /ɪ'roʊnjəs/ feilaktig.
error /'erə/ feil *m.*
erudition /erʊ'dɪʃn/ lærdom *m.*
erupt /ɪ'rʌpt/ bryte frem; være i utbrudd; **~ion** utbrudd *n.*
escalat|e /'eskəleɪt/ trappe opp; tilta; **-ion** opptrapping *m/f.*
escalator /'eskəleɪtə/ rulletrapp *m/f.*
escalope /'eskəlɒp/ schnitzel *m.*
escapade /eskə'peɪd/ sidesprang *n.*
escape /ɪ'skeɪp/ flukt *m,* rømning *m; (også overført).*
escape *verb* rømme; *unnslippe;* unngå.
escort /'eskɔːt/ eskorte *m.*
escort *verb* /ɪs'kɔːt/ ledsage.
especial /ɪs'peʃl/ særlig; spesiell; **~ly** særlig; spesielt.
espionage /'espɪənɑːʒ/ spionasje *m.*
esquire /ɪs'kwaɪə/ *fork* **Esq** herr.
essay /'eseɪ/ essay *n;* (skole)stil *m.*
essential /ɪ'senʃl/ vesentlig, absolutt nødvendig.
establish /ɪs'tæblɪʃ/ opprette, etablere; **~ed** etablert; **~ed church** statskirke *m/f.*
establishment /ɪs'tæblɪʃmənt/ etablering *m/f;* etablissement *n;* **the Establishment** det etablerte samfunn.
estate /ɪs'teɪt/ gods *n,* eiendom *m; (jur)* bo *n;* **~ agent** eiendomsmegler *m.*
esteem /ɪs'tiːm/ aktelse *m.*
esteem *verb* (høy)akte.
estimate /'estɪmɪt/ vurdering *m/f;* overslag *n.*
estimat|e *verb* /'estɪmeɪt/ vurdere, beregne; taksere (**at** til); **-ion** vurdering *m/f;* aktelse *m.*
estrange /ɪ'streɪndʒ/ fremmedgjøre; støte fra seg; **~ment** kjølig forhold *n.*
estuary /'estjʊərɪ/ elvemunning *m.*
etching /'etʃɪŋ/ etsning *m,* radering *m/f.*
etern|al /iː'tɜːnl/ evig; **~ize** forevige; **-ity** evighet *m.*
ethics /'eθɪks/ etikk *m.*
ethnic /'eθnɪk/ etnisk, folke-.

eulogy /'juːlədʒɪ/ lovtale *m.*
Eurail /'juːreɪl/ *(amr)* interrail; **~ pass** interrailbillett *m*; **~er** interrailer *m.*
Europe /'juːrəp/ Europa; **~an** europeisk; europeer *m.*
evacuat|e /ɪ'vækjʊeɪt/ evakuere; tømme; rømme; **-ion** evakuering *m/f.*
evade /ɪ'veɪd/ unngå; lure seg unna.
evaluat|e /ɪ'væljʊeɪt/ vurdere; verdsette; **-ion** vurdering *m/f;* verdsettelse *m.*
evaporat|e /ɪ'væpəreɪt/ fordampe; **-ion** fordampning *m.*
evasive /ɪ'veɪsɪv/ unnvikende.
eve /iːv/ aften *m* (før helg); **Christmas ~** julaften *m.*
even /'iːvən/ jevn; glatt; lik; selv, til og med; enda.
even *verb* jevne; **not ~** ikke engang; **~ if** *eller* **~ though** selv om.
evening /'iːvnɪŋ/ kveld *m;* **~dress** selskapsantrekk *n.*
event /ɪ'vent/ begivenhet *m;* *(sport)* øvelse *m*; **at all ~s** i alle tilfelle; **~ful** begivenhetsrik.
eventual /ɪ'ventʃʊəl/ endelig; **~ity** eventualitet *m.*
ever /'evə/ noensinne, stadig, alltid; **hardly ~** nesten aldri; **~ so** veldig; **~lasting** evig(varende); **~more** for alltid.
every /'evrɪ/ (en)hver; **~body** alle; **~day** hverdagslig; **~one** alle; **~ other** annenhver; **~thing** alt; **~where** overalt.
evict /ɪ'vɪkt/ *(jur)* kaste ut; **~ion** utkastelse *m.*
evidence /'evɪdəns/ bevis(materiale) *n;* vitneutsagn *n.*
evident /'evɪdent/ innlysende, tydelig; **~ly** tydeligvis, øyensynlig.
evil /'iːvɪl/ ond; onde *n.*
evocative /ɪ'vɒkətɪv/ stemningsfull.
evoke /ɪ'voʊk/ fremkalle.
ex /eks/ fra; forhenværende.
exact /ɪg'zækt/ nøyaktig; **~ing** krevende; **~ly** nøyaktig; nettopp; **~ness** eksakthet *m*, nøyaktighet *m.*
exaggerat|e /ɪg'zædʒəreɪt/ overdrive; **-ion** overdrivelse *m.*
exalt /ɪg'zɔːlt/ opphøye; lovprise; **~ation** opphøyelse *m;* opprømthet *m.*
exam /ɪg'zæm/ *fork for* **examination.**
examin|ation /ɪgzæmɪ'neɪʃn/ eksamen(sprøve) *m;* undersøkelse *m;* eksaminasjon *m;* **-e** undersøke; eksaminere.

example /ɪg'zɑːmpl/ eksempel *n;* forbilde *n;* **for ~** for eksempel.
exasperate /ɪg'zɑːspəreɪt/ irritere, ergre.
excavat|e /'ekskəveɪt/ grave ut; **-ion** utgravning *m/f.*
exceed /ɪk'siːd/ overskride; overgå; **~ingly** umåtelig.
excel /ɪk'sel/ overgå; utmerke seg (**in, at** i); **~lence** fortreffelighet *m;* **~lent** utmerket; fortreffelig.
except /ɪk'sept/ unntatt; uten.
except *verb* unnta; **~ion** unntak *m;* innsigelse *m;* **~ional** usedvanlig.
excerpt /'eksɜːpt/ utdrag *n.*
excess /ɪk'ses/ overmål *n;* overskridelse *m;* **~ luggage** overvekt *m/f;* **~es** *flertall* utskeielser; **~ive** overdreven; altfor stor.
exchange /ɪks'tʃeɪndʒ/ (ut)veksling *m/f;* (om)bytte *n;* valutaveksling *m/f;* børs *m;* (telefon)sentral *m.*
exchange *verb* veksle; bytte; **~ *bureau*** vekslingskontor *n;* **~ rate** vekslingskurs *m.*
Exchequer /ɪks'tʃekə/, **the ~** *tilsvarer* Finansdepartementet *n;* **Chancellor of the ~** finansminister *m.*
excise /'eksaɪz/ *(medisin)* fjerne; **~ duty** (forbruker)avgift *m.*
excit|able /ɪk'saɪtəbl/ pirrelig, nervøs; **-e** opphisse; **-ement** opphisselse *m;* spenning *m.*
excla|im /ɪks'kleɪm/ utbryte; **-mation** utrop *n.*
exclu|de /ɪks'kluːd/ utelukke; **-sion** utelukkelse *m.*
exclusive /ɪks'kluːsɪv/ eksklusiv; **~ly** utelukkende.
excrete /eks'kriːt/ skille ut, utsondre.
excruciating /ɪks'kruːʃɪeɪtɪŋ/ ulidelig; uutholdelig.
excursion /ɪks'kɜːʃn/ utflukt *m; (også overført.)*
excusable /ɪks'kjuːzəbl/ unnskyldelig.
excuse /ɪks'kjuːs/ unnskyldning *m.*
excuse *verb* /ɪks'kjuːz/ unnskylde; frita.
execut|e /'eksɪkjuːt/ utføre; henrette; effektuere; **-ion** utførelse *m;* henrettelse *m;* effektuering *m/f;* **-ioner** bøddel *m;* **-ive** utøvende, utførende; leder *m.*
exempl|ary /ɪg'zemplərɪ/ mønstergyldig; **-ify** belyse ved eksempler.
exempt /ɪg'zempt/ frita(tt) (**from** for); **~ion** fritak *m.*

exercise /'eksəsaɪz/ mosjon *m;* (ut)øvelse *m.*
exercise *verb* mosjonere; (ut)øve.
exert /ɪg'zɜːt/ (ut)øve, bruke; anstrenge (seg); **~ion** bruk *m*; anstrengelse *m.*
exhaust /ɪg'zɔːst/ eksos *m.*
exhaust *verb* utmatte; drive rovdrift på; bruke opp; **~ion** utmattelse *m;* uttømming *m/f*; **~ pipe** eksosrør *n;* **~ system** eksosanlegg *n*; **~ive** uttømmende, grundig.
exhibit /ɪg'zɪbɪt/ utstillingsgjenstand *m.*
exhibit *verb* utstille, (frem)vise; **~ion** utstilling *m/f;* fremvisning *m;* stipend *n.*
exhilarate /ɪg'zɪləreɪt/ live opp; **~d** opprømt.
exhort /ɪg'zɔːt/ formane.
exigen|cy /'eksɪdʒənsɪ/ tvingende nødvendighet *m*; **-t** presserende.
exile /'eksaɪl/ landsforvisning *m;* landflyktig(het) *(m).*
exist /ɪg'zɪst/ eksistere; **~ence** eksistens *m;* tilværelse *m;* **~ing** eksisterende, foreliggende.
exit /'eksɪt/ utgang *m; (teater)* sorti *m;* **~ (road)** avkjøringsvei *m.*
exorbitant /ɪg'zɔːbɪtənt/ urimelig, ublu.
expan|d /ɪks'pænd/ utvide (seg), utbre (seg); **-sion** utvidelse *m;* utbredelse *m;* **-sive** utvidbar, ekspansiv; meddelsom.
expatriat|e /eks'pætrɪət/ eksil-; (lands)forvise; **-ion** landsforvisning *m.*
expect /ɪks'pekt/ vente (seg); anta; **~ant** forventningsfull; **~ation** forventning *m.*
expectora|nt /ɪks'pektərənt/ slimløsende; **-te** hoste opp.
expedi|ency /ɪks'piːdɪənsɪ/ hensiktsmessighet *m;* **-ent** hensiktsmessig; utvei *m;* **-te** påskynde; **-tion** ekspedisjon *m;* **-tious** rask; ekspeditt.
expel /ɪks'pel/ fordrive; utvise.
expen|diture /ɪks'pendɪtʃə/ utgift(er) *m;* forbruk *n;* **-se** utgift *m*; **-sive** dyr; kostbar.
experience /ɪks'pɪərɪəns/ erfaring *m/f;* opplevelse *m.*
experience *verb* erfare, oppleve; **~d** erfaren.
experiment /ɪks'perɪmənt/ eksperiment *n.*
experiment *verb* eksperimentere.
expert /'ekspɜːt/ sakkyndig; fagmann *m;* ekspert *m;* **~ knowledge** sakkunnskap *m.*
expir|ation /ekspɪ'reɪʃn/ utånding *m/f;* utløp *n;* **-e** utånde; utløpe.

expla|in /ɪks'pleɪn/ forklare; gjøre greie for; **-nation** forklaring *m/f.*
explicable /ɪks'plɪkəbl/ forklarlig.
explicit /ɪks'plɪsɪt/ tydelig; uttrykkelig.
explode /ɪks'ploʊd/ eksplodere.
exploit /'eksplɒɪt/ dåd *m,* bedrift *m.*
exploit *verb* /ɪks'plɒɪt/ utnytte; **~ation** utnyttelse *m,* nyttiggjøring *m/f.*
explor|ation /ekspləʊ'reɪʃn/ utforskning *m;* **-atory drilling** prøveboring *m/f;* **-e** utforske; **-er** oppdagelsesreisende *m.*
explosi|on /ɪks'ploʊʒn/ eksplosjon *m;* **-ve** eksplosiv; sprengstoff *n.*
exponent /eks'poʊnənt/ eksponent *m;* talsmann *m.*
export /'ekspɔːt/ eksport *m.*
export *verb* /eks'pɔːt/ eksportere; **~s** *flertall* eksportvarer *m;* **~ation** eksport *m.*
expos|e /ɪks'poʊz/ stille ut; ~ **to** utsette (for); ~ **oneself** blotte seg; *(fotogr)* belyse; **-ure** utsetting *m/f;* avsløring *m/f; (fotogr)* eksponering *m/f.*
express /ɪks'pres/ ekspress *m,* ilbud *n.*
express *verb* uttrykke; **~ion** uttrykk *n;* **~ive** uttrykksfull; **~ly** uttrykkelig.
expulsion /ɪks'pʌlʃn/ fordrivelse *m;* utvisning *m.*
exquisite /'ekskwɪzɪt/ utsøkt.
exten|d /ɪks'tend/ forlenge; utvide; strekke seg (**to** til); **-sible** strekkbar; **-sive** utstrakt, omfattende.
extension /ɪks'tenʃn/ forlengelse *m;* utstrekning *m;* utvidelse *m; (tlf)* biapparat *n;* ~ **lead** skjøteledning *m.*
extent /ɪks'tent/ utstrekning *m,* omfang *n;* **to a certain ~** i (*eller* til) en viss grad.
extenuat|e /eks'tenjʊeɪt/ unnskylde; mildne; **-ing circumstances** formildende omstendigheter.
exterior /eks'tɪərɪə/ utvendig; ytre *n,* utside *m/f.*
extermina|te /eks'tɜːmɪneɪt/ utrydde, tilintetgjøre; **-tion** utryddelse *m.*
external /eks'tɜːnl/ ytre; utvendig; utenriks-.
extinct /ɪks'tɪŋkt/ sloknet; utdødd; **~ion** slokking *m/f;* utslettelse *m.*
extinguish /ɪks'tɪŋgwɪʃ/ slokke; utrydde; **~er** slokkingsapparat *n.*
extort /ɪks'tɔːt/ presse; **~ion** utpressing *m/f.*

extra /'ekstrə/ ekstra; tilleggs-.
extract /'ekstrækt/ utdrag *n;* ekstrakt *n, m.*
extract *verb* /ɪks'trækt/ trekke ut; **~able** utvinnbar; **~ion** (ut)trekking *m/f;* utvinning *m;* avstamning *m.*
extradit|e /'ekstrədaɪt/ utlevere (forbryter til et annet land); **-ion** utlevering *m/f.*
extraordinary /ɪks'trɔːdnrɪ/ usedvanlig; merkelig.
extravagan|ce /ɪks'trævɪgəns/ ekstravaganse *m;* ødselhet *m;* urimelighet *m;* **-t** ekstravagant; ødsel.
extreme /ɪks'triːm/ ytterst(e); ekstrem; drastisk; ytterlighet *m;* **~ly** ytterst, høyst.
extremit|y /ɪks'tremɪtɪ/ ytterpunkt *n; (anatomi)* ekstremitet *m.*
extricat|e /'ekstrɪkeɪt/ frigjøre, få løs; **-ion** frigjøring *m/f.*
exuberan|ce /ɪg'zjuːbərəns/ frodighet *m;* overflod *m;* begeistring *m/f;* **-t** frodig; overstrømmende.
exult /ɪg'zʌlt/ juble; **~ation** jubel *m.*
eye /aɪ/ øye *n;* blikk *n.*
eye *verb* se på, betrakte; mønstre; **~ball** øyeeple *n;* **~brow** øyebryn *n;* **~-catcher** blikkfang *n;* **~ drops** øyedråper *flertall;* **~glass** monokkel *m;* **~lash** øyevippe *m/f;* **~lid** øyelokk *n;* **~-opener** tankevekker *m;* **~sight** syn(sevne) *n (m);* **~ socket** øyehule *m;* **~sore** skamplett *m;* **~ specialist** øyelege *m;* **~witness** øyenvitne *n.*

F

f. *fork for* **farthing; fathom; following; foot.**
fable /'feɪbl/ fabel *m.*
fable *verb* fable.
fabric /'fæbrɪk/ (vevd) stoff *n,* vevning *m;* struktur *m;* **~ate** dikte opp; **~ation** oppspinn *n.*
fabulous /'fæbjʊləs/ fabelaktig.
face /feɪs/ ansikt *n;* overflate *m/f;* tallskive *m/f.*
face *verb* stå overfor; vende ut mot; **~-lift** ansiktsløftning *m;* **~ pack** ansiktsmaske *m;* **~ tissue** ansiktsserviett *m.*
facetious /fə'siːʃəs/ spøkefull.
facial /'feɪʃl/ ansikts-.

facilit|ate /fə'sɪlɪteɪt/ lette; **-y** letthet *m;* **-ies** *flertall* hjelpemidler *n, flertall;* muligheter *m, flertall.*
fact /fækt/ kjensgjerning *m;* faktum *n;* **as a matter of ~, in ~** faktisk.
facti|on /'fækʃn/ fraksjon *m,* gruppe *m;* **-ous** fraksjonsdannende.
factor /'fæktə/ faktor *m;* **~y** fabrikk *m.*
factual /'fæktʃʊəl/ saklig; faktisk, virkelig.
faculty /'fækəltɪ/ evne *m;* fakultet *n.*
fad /fæd/ innfall *n;* kjepphest *m.*
fade /feɪd/ *(radio)* toning *m/f.*
fade *verb* visne; falme; dø hen; dempe; **~ in** tone opp.
fag /fæg/ slit *n;* *(hverdagslig)* sigarett *m;* *(amr)* homse *m.*
faggot /'fægət/ risknippe *n.*
fail /feɪl/ svikte; slå feil; forsømme; stryke (til eksamen); **without ~** ganske sikkert.
failure /'feɪljə/ svikt *m;* fiasko *m;* fallitt *m;* **engine ~** motorstopp *n.*
faint /feɪnt/ svak, matt; besvimelse *m.*
faint *verb* besvime.
fair /feə/ lys, blond; rimelig, rettferdig; marked *n;* varemesse *f;* **~ copy** renskrift *n;* **~ play** ærlig spill *n;* **~ly** nokså; **~ness** redelighet *m;* rettferdighet *m.*
fairy /'feərɪ/ fe *m;* **~-tale** eventyr *n;* skrøne *m/f.*
faith /feɪθ/ tro *m;* tillit *m;* **~ful** trofast; **~less** troløs.
fake /feɪk/ forfalskning *m.*
fake *verb* forfalske; **~r** forfalsker *m.*
falcon /'fɔː(l)kən/ falk *m.*
fall /fɔːl/ fall *n;* *(amr)* høst *m.*
fall *verb* falle; **~s** *flertall* foss *m;* **~ asleep** sovne; **~ due** forfalle; **~ in** styrte sammen; **~ out** bli uenig; **~ over** velte; **~ short** komme til kort.
fallacy /'fæləsɪ/ feilslutning *m.*
fallopian tube /fəl'oʊpɪən tjuːb/ eggleder *m.*
fallout /'fɔːlaʊt/ nedfall *n;* konsekvenser *m, flertall.*
fallow /'fæloʊ/ brakkmark *m/f.*
fals|e /fɔːls/ falsk; uekte; **~hood** løgn *m;* **-ification** forfalskning *m;* **-ify** forfalske.
falter /'fɔːltə/ snuble; nøle; svikte; **~ing** vaklende, usikker; nølende.
fame /feɪm/ berømmelse *m;* ry *n.*
familiar /fə'mɪljə/ (vel)kjent; fortrolig; **~ity** fortrolighet *m;* **~ize** gjøre seg kjent med.
family /'fæmɪlɪ/ familie *m.*
famine /'fæmɪn/ hungersnød *m.*

famished /'fæmɪʃt/ skrubbsulten.
famous /'feɪməs/ berømt.
fan /fæn/ vifte *f;* beundrer *m.*
fan *verb* vifte; ~ **belt** viftereim *m/f.*
fanatic /fə'nætɪk/ fanatisk; fanatiker *m;* **~ism** fanatisme *m.*
fanciful /'fænsɪfʊl/ fantasifull.
fancy /'fænsɪ/ pyntete; mønstrete; fantasi *m,* innbilning(skraft) *m;* forkjærlighet *m.*
fancy *verb* innbille seg; ha lyst på.
fantastic /fæn'tæstɪk/ fantastisk.
FAQ *fork for* **Frequently Asked Questions** SoS (spørsmål og svar), OSS (ofte spurte spørsmål).
far /fɑː/ fjern, langt (borte); **as** ~ **as** like til; **by** ~ langt; **so** ~ hittil; ~ **and wide** vidt og bredt; **~-fetched** søkt; usannsynlig; **~-reaching** vidtrekkende.
fare /feə/ billettpris *m;* takst *m* ~ **meter** taksameter *n;* ~ **stage** takstsone *m/f;* **~well** farvel; avskjed *m.*
farm /fɑːm/ (bonde)gård *m.*
farm *verb* dyrke jorden; drive gårdsbruk; **fish** ~ fiskeoppdrett *n;* ~ **salmon** oppdrettslaks *m;* **~er** gårdbruker *m,* bonde *m;* **~ing** jordbruk *n;* **~yard** gårdsplass *m.*
farthe|r /'fɑːðə/ fjernere, lengre; **-st** fjernest, lengst.
farthing /'fɑːðɪŋ/ kvartpenny *m; (overført)* døyt, grann.
fascinate /'fæsɪneɪt/ fortrylle.
fashion /'fæʃn/ mote *m;* måte *m;* **~able** moderne; elegant.
fast /fɑːst/ rask, hurtig; dyp (om søvn); for fort (om ur); vaskeekte (om farge); faste *m.*
fast *verb* faste; ~ **lane** forbikjøringsfelt *n;* **~ness** hurtighet *m.*
fasten /'fɑːsn/ feste, gjøre fast; lukke; **~er** lås *m.*
fastidious /fə'stɪdjəs/ kresen.
fat /fæt/ fet, tykk; fett *n;* **deep** ~ frityr *m;* ~ **suction** fettsuging *m/f.*
fatal /'feɪtl/ skjebnesvanger; dødbringende; **~ity** skjebnebestemthet *m;* (døds)ulykke *m;* **~ly** skjebnesvangert.
fate /feɪt/ skjebne *m;* **~ful** skjebnesvanger.
father /'fɑːðə/ far *m;* **Father Christmas** julenissen; **~-in-law** svigerfar *m;* **~hood** farskap *n;* **~less** farløs; **~ly** faderlig.
fathom /'fæðəm/ favn *m.*

fatigue /fə'ti:g/ tretthet *m.*
fattiness /'fætɪnəs/ fettholdighet *m.*
faucet /'fɔ:sɪt/ *(amr)* (tappe)kran *f.*
fault /fɔ:lt/ feil *m;* skyld *m/f;* **find ~ with** ha noe å utsette på, kritisere; **~-finding** feilsøking *m/f*; kritikksyke *m;* **~less** feilfri; **~y** mangelfull.
favour /'feɪvə/ tjeneste *m;* velvilje *m.*
favour *verb* begunstige; **~able** gunstig; **~ed** begunstiget; **~ite** favoritt *m,* yndling *m.*
fax /fæks/ fakse; **~ machine** faks *m.*
FBI /ef bi: aɪ/ *fork for* **Federal Bureau of Investigation** (USA).
fear /fɪə/ frykt *m.*
fear *verb* være redd for, frykte; **~ful** engstelig; fryktelig; **~less** fryktløs.
feasib|ility /fɪzə'bɪlətɪ/ gjennomførlighet *m;* mulighet *m;* **-le** gjennomførlig; mulig.
feast /fi:st/ fest(måltid) *m (n); høytid m; (overført)* fryd *m.*
feast *verb* spise riktig godt; beverte.
feat /fi:t/ prestasjon *m.*
feather /'feðə/ fjær *m/f*; **~y** fjærkledd; fjærlett.
feature /'fi:tʃə/ (ansikts)trekk *n; (radio)* innslag *n;* attraksjon *m;* **~ (film)** hovedfilm *m.*
feature *verb* fremheve; **~less** uten særpreg.
febrifuge /'febrɪfju:dʒ/ febernedsettende middel *n.*
February /'febrʊərɪ/ februar.
fecund /'fi:kənd/ fruktbar.
fed up /fed ʌp/ lut lei.
federa|l /'fedərəl/ føderal-, forbunds-; **-te** gå sammen i forbund; **-tion** føderasjon *m;* forbund *n.*
fee /fi:/ honorar *n;* gebyr *n.*
feeble /'fi:bl/ svak.
feed /fi:d/ fôr *n;* måltid *n.*
feed *verb* fôre; mate *(også tekn)*; **~back** tilbakemelding *m/f*; **~er** en som mater.
feel /fi:l/ følelse *m.*
feel *verb* føle (seg); kjenne(s); **~ like** ha lyst på/til; **~er** følehorn *n; (overført)* føler *m;* **~ing** følelse *m.*
feet /fi:t/ (*flertall* av **foot**) føtter.
feign /feɪn/ late som.
felicit|ate /fe'lɪsɪteɪt/ lykkønske; **-ation** lykkønskning *m;* **-y** lykke *m.*
feline /'fi:laɪn/ katte-.
fellow /'feloʊ/ fyr *m;* kamerat *m;* medlem *n;* stipendiat *m;* **~ship** fellesskap *n;* kameratskap *n.*

felon /'felən/ forbryter *m*; **~y** forbrytelse *m*.
felt filt *m*.
female /'fiːmeɪl/ kvinnelig; kvinne *m/f;* hunn *m* (om dyr).
feminine /'femɪnɪn/ kvinnelig, feminin.
femur /'fiːmə/ lårhals *m*; **fracture of the ~** lårhalsbrudd *n*.
fence /fens/ gjerde *n;* heler *m*.
fenc|e *verb* gjerde inn; fekte; **~r** fekter *m;* **-ing** fekting *m/f*.
fend| off /fend ɒf/ avverge; parere; **-er** fender *m*, støtfanger *m; (amr)* (bil)skjerm *m*.
fennel /'fenl/ fennikel *m*.
ferment /'fɜːmənt/ gjæringsmiddel *n*.
ferment *verb* /fə'mənt/ gjære *(også overført)*; **~ation** gjæring *m/f*.
fern /fɜːn/ bregne *m/f*.
ferocious /fə'roʊʃəs/ vill; glupsk.
ferret /'ferɪt/ fritte *m*, ilder *m*.
ferry /'ferɪ/ ferje(sted) *f (n)*.
fertil|e /'fɜːtaɪl/ fruktbar; **-ity** fruktbarhet *m;* **-ization** befruktning *m*; **-ize** befrukte; gjødsle; **-izer** kunstgjødsel *m/f*.
ferv|ent /'fɜːvənt/ ivrig; glødende; **-our** inderlighet *m*.
festiv|al /'festɪvl/ fest(spill) *m (n);* høytid *m;* **-e** festlig; **-ity** festlighet *m*.
festoon /fe'stuːn/ girlander *m*.
fetch /fetʃ/ hente; innbringe.
fetter /'fetə/ (fot)lenke *m/f*.
fetter *verb* lenke.
feud /fjuːd/ feide *m*, strid *m*.
feudal /'fjuːdl/ føydal; **~ism** føydalisme *m*; lensvesen *n*.
fever /'fiːvə/ feber *m*; **three day ~** tredagersfeber *m*; **~ish** febril(sk).
few /fjuː/ få; **a ~** noen få.
fiancé /fɪ'anseɪ/ *m*, *f* **fiancée** forlovede *m*.
fib liten løgn *m/f*.
fibre /'faɪbə/ fiber *m; (overført)* støpning *m*.
fickle /fɪkl/ ustadig.
ficti|on /'fɪkʃn/ (opp)diktning *m;* skjønnlitteratur *m;* **-tious** fiktiv, oppdiktet.
fiddle /fɪdl/ (spille) fele *f;* **fit as a ~** frisk som en fisk; **~sticks** tull og tøys.
fidelity /fɪ'delɪtɪ/ troskap *m*.
fidgety /'fɪdʒɪtɪ/ være urolig.
field /fiːld/ jorde *n;* felt *n;* **~ glasses** *flertall* (felt)kikkert *m;* **~fare** gråtrost *m*.
fiend /fiːnd/ djevel *m*.
fierce /fɪəs/ sint; barsk; voldsom.
fiery /'faɪərɪ/ flammende, heftig, fyrig.

fif|teen /fɪf'tiːn/ femten; **-th** femtende; **-th** femte; femtedel *m*; **-thly** for det femte; **-tieth** femtiende; **-ty** femti.
fig fiken(tre) *m (n)*.
fight /faɪt/ kamp *m;* slagsmål *n*.
fight *verb* kjempe; slåss.
fighter /'faɪtə/, **~ (jet)** *(mil)* jagerfly *n*.
figure /'fɪgə/ skikkelse *m;* tall *n*.
figure *verb* figurere; fremstille; anta; **~ out** forstå; **~ skating** kunstløp *n* på skøyter; **~head** gallionsfigur *m;* toppfigur *m*.
file /faɪl/ fil *m/f;* arkiv *n*, kartotek *n*; geledd *n*.
file *verb* file; arkivere.
filial /'fɪljəl/ sønnlig, datterlig.
filigree /'fɪlɪgriː/ filigran *n*.
fill /fɪl/ fyll(masse) *n (m)*.
fill *verb* fylle; plombere; **~ in** fylle igjen; fylle ut (skjema *o.l.*); **~-up** påfyll *n*.
filler /'fɪlə/, **~ cap** påfyllingsdeksel *n*.
fillet *(mat)* filet *m*; **~ of beef** indrefilet *m*; **~ steak** tournedos *m*.
filling /'fɪlɪŋ/ fyll(ing) *n (m/f);* plombe *m;* **~ station** bensinstasjon *m*.
filly /'fɪlɪ/ hoppeføll *n*.
film (fin) hinne *m/f;* film *m*.
film *verb* filme; **colour-slide ~** film for lysbilder; **silent ~** stumfilm *m*; **~ cartridge** *(fotogr)* filmkassett *m*; **~ winder** *(fotogr)* fremtrekker *m*.
filter /'fɪltə/ filter *n*.
filter *verb* filtrere.
filth /fɪlθ/ smuss *n*, skitt *m;* **~y** skitten.
fin finne *m*.
final /'faɪnl/ sist; endelig; finale *m;* **-s** *flertall* avgangseksamen *m;* **~e** *(mus)* finale *m*; **~ize** sluttføre; **~ly** endelig, til slutt.
finance /f(a)ɪ'næns/ finans (-vesen, -vitenskap) *m (m/n)*.
financ|e *verb* finansiere; **~s** *flertall* finanser; **-ial** finans-; økonomisk.
find /faɪnd/ funn *n*.
find *verb* finne; synes; **~er** *(fotogr)* søker.
finding /'faɪndɪŋ/ funn *n; (jur)* kjennelse *m;* **~s** *flertall* resultat(er) *n, flertall*.
fine /faɪn/ fin; bot *m*.
fine *verb* bøtlegge; **~ness** finhet *m*; **~ry** pynt *m*.
finger /'fɪŋgə/ finger *m*.
finger *verb* fingre med; ta på; **~print** fingeravtrykk *n*.
finish /'fɪnɪʃ/ slutt *m*; finpuss *m; (sport)* oppløp *n*.
finish *verb* (av)slutte; overflatebehandle; **~ed**

ferdig; **~ing touch** siste hånd på noe.
fir /fɜː/ furu *m/f; (hverdagslig)* gran *m/f.*
fire /faɪə/ ild *m,* varme *m;* brann *m;* bål *n; (overført)* lidenskap *m.*
fire *verb* tenne, sette ild på; fyre av; *(hverdagslig)* gi sparken; **on ~** i brann.
fire| brigade brannvesen *n;* **- department** *(amr)* brannvesen *n;* **-detecting apparatus** brannvarsler *m;* **-engine** brannbil *m,* brannsprøyte *m/f;* **-escape** brannstige *m;* nødutgang *m;* **-extinguisher** brannslukningsapparat *n.*
fire|-irons ildtang *m/f;* **-man** brannmann *m;* **-place** ildsted *n,* peis *m;* **-plug** hydrant *m;* **-proof** ildfast; **-side** peis *m;* **- station** brannstasjon *m;* **-wood** ved *m;* **-works** fyrverkeri *n.*
firing /'faɪərɪŋ/ skyting *m/f,* (av)fyring *m/f;* tenning *m/f.*
firm /fɜːm/ fast; standhaftig; *(handel)* firma *n;* **a ~ offer** et bindende tilbud; **~ness** fasthet *m.*
first /fɜːst/ først; beste karakter; **at ~** til å begynne med; **~ of all** aller først; **~ aid** førstehjelp *m/f;* **~ly** for det første; **~ name** fornavn *n;* **~ night** première *m;* **~-rate** førsteklasses.
firth /fɜːθ/ fjord *m.*
fish /fɪʃ/ fisk *m.*
fish *verb* fiske; **fly-~** fiske med flue; **~-au-gratin** fiskegrateng *m;* **~ farm** havbruk *n;* fiskeoppdrett *n;* **~hook** fiskekrok *m.*
fisher|man /'fɪʃəmən/ fisker *m;* **-ies** *flertall* fiske(ri) *n.*
fishing /'fɪʃɪŋ/ fiske *n;* **~ licence** fiskekort *n;* **~-line** fiskesnøre *n;* **~-rod** fiskestang *f;* **~-tackle** fiskeutstyr *n.*
fishmonger /'fɪʃmʌŋgə/ fiskehandler *m.*
fission /'fɪʃn/ spalting *m/f.*
fist neve *m.*
fit skikket, passende; i god form; anfall *n;* pass(form) *m.*
fit *verb* (til)passe; **~ness** egnethet *m;* kondisjon *m;* **~ness centre** treningsstudio *n;* **~ out** utruste; **~ted** tilpasset; **~ter** montør *m;* **~ting** passende; prøving *m/f;* montering *m/f;* **~tings** *flertall* tilbehør *n;* utstyr *n;* armatur *m;* **~ up** innrede.
five /faɪv/ fem.
fix /fɪks/ knipe *f; (hverdagslig)* narkotikasprøyte *m/f.*

fix *verb* feste; avtale; ordne; fiksere; **~ation** *(fotogr)* fiksering *m/f; (psyk)* binding *m/f*; **~ative** fiksermiddel *n*; **~ed** fastsatt; festet.
fizz /fɪz/ bruse, skumme; **~y** musserende.
flabbergasted /ˈflæbəgɑːstɪd/ forbløffet.
flabby /ˈflæbɪ/ slapp; pløsete.
flag /flæg/ flagg *n; (bot)* sverdlilje *f*; **~-pole** flaggstang *m/f*.
flagrant /ˈfleɪgrənt/ åpenbar.
flagstone /ˈflægstoʊn/ helle *m/f*.
flair /fleə/ eleganse *m; (overført)* teft *m*, nese *f*.
flak /flæk/ antiluftskyts *n*.
flake /fleɪk/ flak *n;* fnugg *n;* **~ off** skalle av, flasse.
flame /fleɪm/ flamme *m*; **~ mail** *(edb)* flammepost *m*.
flame *verb* flambere *(også edb)*.
flan /flæn/ fruktterte *m/f*.
flank /flæŋk/ flanke *m*.
flannel /ˈflænl/ flanell *m;* **~s** *flertall* flanellsbukser *m, flertall*; **face ~** ansiktsklut *m*.
flap /flæp/ klaff *m;* blafring *m/f*.
flap *verb* blafre.
flare /fleə/ bluss *n*.
flare *verb* flakke; blusse.
flash /flæʃ/ glimt *n*, blink *n*.
flash *verb* blinke; **~bulb** blitzpære *m/f*; **~er** blinklys *n; (fotogr)* blitz(lys) *m (n);* **~light** *(amr)* lommelykt *m/f;* **~y** glorete; prangende.
flask /flɑːsk/ (kurv)flaske *m/f;* lommelerke *m/f;* kolbe *m*.
flat /flæt/ flat; leilighet *m*; flate *m/f;* slette *f;* punktering *m/f;* **~-footed** plattfot; **~-iron** strykejern *n;* **~ly** kategorisk; **~ten** gjøre flat.
flatter /ˈflætə/ smigre; **~er** smigrer *m*; **~y** smiger *m*.
flavour /ˈfleɪvə/ smak(stilsetning) *m;* aroma *m*.
flavour *verb* krydre, sette smak på.
flaw /flɔː/ feil *m*; mangel *m;* **~less** feilfri.
flax /flæks/ lin *n;* **~en** lin-.
flay /fleɪ/ flå.
flea /fliː/ loppe *m/f;* **~ market** loppemarked *n*.
flee /fliː/ flykte.
fleece /fliːs/ skinn *n;* (saue)ull *m/f*.
fleecle *verb* klippe (sau); flå, plyndre (**of** for); **-y** ullen, ull-.
fleet /fliːt/ flåte *m;* vognpark *m*.
flesh /fleʃ/ kjøtt *n*.
flex /fleks/ ledning *m*; **extension ~** skjøteledning *m*.
flexiblility /fleksɪˈbɪlɪtɪ/ fleksibilitet *m*; bøyelighet *m;* **-le** fleksibel; bøyelig.
flicker /ˈflɪkə/ blafre; flimre.
flier /ˈflaɪə/, **flyer** flyger *m*.

flight /flaɪt/ flukt *m;* flyging *m/f,* flytur *m; (sport)* svev *n;* **~ of stairs** trapp *f.*
flimsy /ˈflɪmzɪ/ spinkel.
flinch /flɪntʃ/ vike tilbake.
fling /flɪŋ/ kast *n.*
fling *verb* slenge, hive; **have a ~** slå seg løs.
flint flint *m.*
flip knips *n; (slang)* raptus *m.*
flip *verb* knipse; *(amr)* bli forelsket; **~ a coin** slå mynt og krone; **~ out** bli rasende; **~ over** snu.
flippant /ˈflɪpənt/ fleipete.
flirt /flɜːt/ flørte; **~ation** flørt *m.*
flit pile; smette.
float /floʊt/ flåte *m;* flottør *m;* dupp *m.*
float *verb* flyte; sveve; fløte.
flock /flɒk/ flokk *m;* ulldott *m.*
flock *verb* flokkes.
floe /floʊ/ isflak *n.*
flog /flɒg/ piske; **~ging** pisking *m/f;* pryl *m.*
flood /flʌd/ flom *m,* oversvømmelse *m.*
flood *verb* oversvømme; **~gate** sluseport *m;* **~light** flomlys *n;* **~lit** flombelyst; **~-tide** flo *m,* høyvann *n.*
floor /flɔː/ golv *n;* etasje *m;* **first ~** annen etasje; **ground ~** første etasje; **take the ~** ta ordet.
flop /flɒp/ fiasko *m.*
flop *verb* slå, bakse (med vingene); deise ned; bli fiasko; **belly ~** mageplask *n.*
floppy /ˈflɒpɪ/ slapp; **~ disc** *(edb)* diskett *m.*
florid /ˈflɒrɪd/ rødmusset; *(overført)* overlesset.
florist /ˈflɒrɪst/ blomsterhandler *m.*
floss /ˈflɒs/ dun; **dental ~** tanntråd *m.*
flotation /flɒˈteɪʃn/ *(handel)* stiftelse *m;* **the ~ of a loan** et låneopptak *n.*
flounced /flaʊnst/ med (rynke)kapper *m, flertall.*
flounder /ˈflaʊndə/ flyndre *m/f.*
flounder *verb* bakse.
flour /ˈflaʊə/ mel *n.*
flourish /ˈflʌrɪʃ/ snirkel *m;* fanfare *m.*
flourish *verb* florere; trives; **with a ~** med brask og bram; **~ing** blomstrende.
flow /floʊ/ strøm *m;* flo *m/f.*
flower /ˈflaʊə/ blomst *m.*
flower *verb* blomstre; **~ing** blomstring *m/f.*
flu /fluː/ = **influenza.**
fluctuat|e /ˈflʌktjʊeɪt/ svinge, variere; **-ion** svingning *m.*
fluen|cy /ˈfluːənsɪ/ taleferdighet *m;* **-t** flytende.
fluff /flʌf/ lo *f;* **~ up** riste; **~y** dunbløt.

fluid /fluːɪd/ flytende; væske *m/f.*
flunk /flʌŋk/ *(amr)* gi strykkarakter.
fluoridation /flʊərɪ'deɪʃn/ fluorisering *m/f*; **-e** fluor *m/n.*
fluorescent /flʊə'resənt/, **~ tube** lysstoffrør *n.*
flurrlied /'flʌrɪd/ forfjamset; **-y** vindstøt *n.*
flurry /'flərɪ/ *verb* kave.
flush /flʌʃ/ glatt; rødme *m;* strøm *m.*
flush *verb* rødme; strømme sterkt (om blod); spyle; **hot ~** hetetokt *m/f*; **~ toilet** vannklosett *n.*
flustered /'flʌstəd/ oppskjørtet.
flute /fluːt/ fløyte *f;* **~ player** fløytist *m.*
flutter /'flʌtə/ flagring *m/f;* vibrering *m/f.*
flutter *verb* flagre; gjøre urolig.
fly /flaɪ/ flue *m/f;* buksesmekk *m.*
fly *verb* fly; flykte; **~-fish** fiske med flue; **~ing fish** flyvefisk *m;* **~ing squad** utrykningspatrulje *m.*
***foal** /foʊl/ føll n.*
foam /foʊm/ skum *n.*
foam *verb* skumme; **~y** skummende.
f.o.b. *fork for* **free on board**.
focus /'foʊkəs/ brennpunkt *n,* fokus *n.*
focus *verb* fokusere.
fodder /'fɒdə/ fôr *n.*
foetlal /'fiːtl/ foster-; **-us** foster *n.*
fog /fɒg/ tåke *m/f;* **~gy** tåkete; uklar.
foil /fɒɪl/ folie *m;* florett *m.*
foil *verb* forpurre, hindre.
fold /foʊld/ fold *m;* kve *f.*
fold *verb* folde, brette; **~ up** legge sammen; opphøre; **~er** folder *m;* **~ing chair** klappstol *m;* **~ing seat** klappsete *n.*
foliage /'foʊlɪɪdʒ/ løv(verk) *n.*
folk /foʊk/ folk, mennesker *n, flertall*; **my ~s** *flertall* mine slektninger *m, flertall.*
follow /'fɒloʊ/ følge; etterfølge; **~-up** oppfølging *m/f*; **~er** tilhenger *m;* **~ing** (på)følgende; tilhengere *m, flertall.*
folly /'fɒlɪ/ tåpelighet *m.*
fond /fɒnd/ kjærlig; **be ~ of** være glad i; **~le** kjærtegne.
food /fuːd/ mat *m*; **~ poisoning** matforgiftning *m.*
fool /fuːl/ tosk *m.*
fool *verb* narre, bedra; tøyse; **~hardy** dumdristig; **~ish** tåpelig; **~proof** idiotsikker.
foot /fʊt/, *flertall* **feet** /fiːt/ fot *m* (som mål = 30,48 cm); **on ~** til fots; i gang.
footlball fotball *m;* **-bridge**

gangbro *m*; **-hold** fotfeste *n;* **-ing** fotfeste *n;* **gain ~ing** vinne innpass; **-lights** *flertall (teater)* rampelys *n;* **-man** lakei *m;* **-path** gangsti *m;* **-print** fotspor *n;* **-step** fottrinn *n.*

for /fɔː/ for; til; av; **~ two hours** i to timer.

forage /'fɒrɪdʒ/ fôr *n.*

forbear /fɔː'beə/ unnlate; **~ance** overbærenhet *m.*

forbid /fə'bɪd/ forby; **~ding** avskrekkende; frastøtende.

force /fɔːs/ kraft *m/f;* makt *m/f; (mil)* styrke *m.*

force *verb* tvinge; forsere, sprenge; **come into ~** tre i kraft; **~ open** bryte opp.

forced /fɔːst/ påtvungen; **~ landing** nødlanding *m/f;* **~ sale** tvangsauksjon *m.*

forcible /'fɔːsɪbl/ kraftig; tvangs-.

ford /fɔːd/ vadested *n.*

fore /fɔː/ foran, forrest; for-; **~arm** underarm *m*; **~bode** varsle; **~cast** forutsigelse *m.*

fore|cast /'fɔːkɑːst/ *verb* forutsi; **-castle** *(sjøfart)* ruff *m;* **-finger** pekefinger *m;* **-front** forreste linje *m;* **-ground** forgrunn *m;* **-head** panne *f.*

foreign /'fɒrɪn/ utenlandsk; utenriks-; fremmed; **~ exchange** fremmed valuta *m*; **the Foreign Office** *(brit)* Utenriksdepartement *n;* **Foreign Secretary** *(brit)* utenriksminister *m;* **~ worker** fremmedarbeider *m*; **~er** utlending *m.*

fore|most forrest; fremst; **-noon** formiddag *m;* **-runner** forløper *m;* **-sail** fokk *m;* **-see** forutse; **-shadow** bebude; **-sight** forutseenhet *m.*

forest /'fɔːrɪst/ skog *m;* **~ management** skogforvaltning *m;* **~ation** skogplanting *m/f*; **~er** forstmann *m;* **~ry** skogindustri *m*; skogvesen *n.*

forfeit /'fɔːfɪt/ forspilt, forbrutt; pant *m/n.*

forfeit *verb* forspille.

forge /fɔːdʒ/ smie *f.*

forge *verb* smi; forfalske; **~r** falskner *m;* **~ry** forfalskning *m.*

forget /fə'get/ glemme; **~ful** glemsom; **~-me-not** *(bot)* forglemmegei *m.*

forgive /fə'gɪv/ tilgi, forlate; **~ness** tilgivelse *m.*

fork /fɔːk/ gaffel *m;* greip *n;* veiskille *n.*

form /fɔːm/ form *m/f;* skikkelse *m;* skjema *n*; skoleklasse *m.*

form *verb* forme; danne.

formal /'fɔːməl/ formell; **~ dress** gallaantrekk *n*; **~ity** formalitet *m*.
format /'fɔːmæt/ formatere; **~ion** danning *m/f*; formasjon *m*; **~ive** grunnleggende.
former /'fɔːmə/ tidligere, forhenværende; **the ~** førstnevnte; **~ly** tidligere, før i tiden.
formic /'fɔːmɪk/ maur-; **~ide** maurmiddel *n*.
formidable /'fɔːmɪdəbl/ fryktinngytende; imponerende.
formula /'fɔːmjʊlə/ formel *m;* oppskrift *m/f;* **~te** formulere.
forsake /fɒ'seɪk/ svikte; oppgi.
forth /fɔːθ/ frem; **and so ~** *osv*; **~coming** forestående; forekommende; **~right** åpenhjertig; liketil; **~with** straks.
fortieth /'fɔːtɪɪθ/ førtiende.
fortify /'fɔːtɪfaɪ/ forsterke; *(mil)* befeste; **-tude** sjelsstyrke *m*.
fortnight /'fɔːtnaɪt/ fjorten dager.
***fortress** /'fɔːtrɪs/ festning m.*
fortuitous /fə'tjʊɪtəs/ tilfeldig.
fortunate /'fɔːtʃnɪt/ heldig; **~ly** heldigvis.
fortune /'fɔːtʃən/ skjebne *m;* lykke *m;* formue *m;* **~-teller** spåkone *f*, spåmann *m*.
forty /'fɔːtɪ/ førti.
forward /'fɔːwəd/ forrest; fremover; fremmelig; *(handel)* på levering; (i fotball) løper *m*.
forward *verb* (videre)sende.
forwarding /'fɔːwədɪŋ/ forsendelse *m*; **~ agent** speditør *m*.
foster /'fɔːstə/ fostre; ha i pleie; oppmuntre.
foul /faʊl/ skitten; stygg; vulgær; uærlig.
foul *verb* skitne til; **~-mouthed** grov i munnen; **~ play** *(sport)* forseelse *m* mot spillereglene; *(overført)* uærlig spill *n*; **~ up** tabbe seg ut; *(slang)* drite seg ut.
found /faʊnd/ grunnlegge, opprette; støpe; **~ation** grunnleggelse *m;* grunnmur *m/f*; fundament *n;* stiftelse *m,* legat *n*.
foundry /'faʊndrɪ/ støperi *n*.
fountain /'faʊntɪn/ kilde *m;* fontene *m;* **~-pen** fyllepenn *m*.
four /fɔː/ fire; **~ wheel drive** firehjulstrekk *n*; **~fold** firedobbelt; **~-letter word** tabuord *n*; **~teen(th)** fjorten(de); **~th** fjerde(del); **~thly** for det fjerde.
fowl /faʊl/ (hønse)fugl *m*.
fox /fɒks/ rev *m*.

fraction /'frækʃn/ brøk(del) *m (m);* **~al** brøk-; ubetydelig.
fracture /'fræktʃə/ brudd *n;* **~d** brukket.
fragile /'frædʒaɪl/ skjør, skrøpelig.
fragment /'frægmənt/ bruddstykke *n.*
fragran|ce /'freɪgrəns/ duft *m;* vellukt *m;* **-t** duftende; velluktende.
frail /freɪl/ svak; skrøpelig; **~ty** svakhet *m*; skrøpelighet *m.*
frame /freɪm/ ramme(verk) *m/f (n);* skjelett *n*; struktur *m;* karm *m.*
frame *verb* ramme inn; (ut)forme; **~s** *flertall* brilleinnfatning *m*; **~ of mind** sinnsstemning *m*; **~-up** falsk anklage *m*; **~work** skjelett *n;* rammeverk *n.*
franchise /'fræntʃaɪz/ stemmerett *m;* rettighet *m; (amr)* konsesjon *m.*
frank /fræŋk/ oppriktig; åpen(hjertig); **~ly** åpent; ærlig.
frantic /'fræntɪk/ panisk; vill.
fratern|al /frə'tɜːnl/ broderlig, bror-; **-ity** brorskap *n; (amr)* sammenslutning *m* av (mannlige) studenter.
fraud /frɔːd/ svindel *m;* bedrageri *n;* svindler *m;* **~ulent** svikefull, falsk.
fraught /frɔːt/ nervøs, anspent; **~ with** ladet med.
frayed /freɪd/ frynsete.
freak /friːk/ lune *n;* original *m;* **~ out** gjøre noe helt sprøtt; **~ish** uvanlig; **~y** helt sprø.
freckle /'frekl/ fregne *m/f.*
free /friː/ fri; ledig; gratis; utvungen.
free *verb* befri, frigjøre; **be ~ with** være raus med; **~dom** frihet *m;* **~-handed** gavmild; **~hold(er)** selveie(r) *n (m);* **~ kick** frispark *n* (i fotball); **~lancer** frilanser *m*; **~mason** frimurer *m;* **~way** *(amr)* motorvei *m.*
freeze /friːz/ fryse (ned); stivne; **~r** (dyp)fryser *m*; **~r bag** frysepose *m.*
freight /freɪt/ frakt(gods) *m (n);* last *m/f;* fraktpenger *m, flertall.*
freight *verb* (be)frakte; **~er** lastebåt *m.*
french fries /'frenʃfraɪs/ pommes frites.
frenzy /'frenzɪ/ vanvidd *n,* raseri *n.*
frequency /'friːkwənsɪ/ hyppighet *m;* frekvens *m.*
frequent /'friːkwent/ hyppig.
frequent *verb* /frɪ'kwent/ frekventere.
fresh /freʃ/ frisk, fersk; ny,

uerfaren; *(amr)* freidig, frekk; **~en** friske på; **~en up** stelle seg; **~ness** friskhet *m;* **~water** ferskvann *n.*
fret gnage; slite på; irritere; ergre (seg); **~ful** gretten; **~saw** løvsag *m/f.*
friar /'fraɪə/ tiggermunk *m.*
friction /'frɪkʃn/ gnidning *m,* friksjon *m.*
Friday /'fraɪdɪ/ fredag *m;* **Good ~** langfredag.
fridge /frɪdʒ/ kjøleskap *n.*
friend /frend/ venn(inne) *m (m/f);* **~ly** vennlig; vennskapelig; **~ship** vennskap *n.*
frieze /fri:z/ frise *m*; vadmel *n.*
fright /fraɪt/ skrekk *m;* **~en** skremme; **~ful** skrekkelig.
fringe /frɪndʒ/ frynse *m/f*; utkant *m*; pannelugg *m.*
fringe *verb* kante; **~ benefits** *flertall* frynsegoder *n, flertall.*
frisky /'frɪskɪ/ spretten.
frivolity /frɪ'vɒlɪtɪ/ fjollethet *m;* lettsindighet *m*; **-ous** fjollete; betydningsløs.
fro /froʊ/, ***to and ~*** frem og tilbake.
frock /frɒk/ (barne- og dame)kjole *m.*
frog /frɒg/ frosk *m;* **~ fish** breiflabb *m*; **~man** froskemann *m.*
frolic /'frɒlɪk/ munterhet *m.*
frolic *verb* boltre seg.
from /frɒm/ fra; ut fra; mot; på grunnlag av; etter.
front /frʌnt/ forrest; front-; forside *m/f,* fasade *m;* front *m;* **in ~** foran; **~ alignment** forhjulsinnstilling *m*; **~ (wheel) drive** forhjulsdrift *m/f*; **~ door** inngangsdør *m/f;* **~ page** forside *m/f*; **~ seat** forsete *n*; **~ wing** forskjerm *m*; **~ier** grense *m/f.*
frost /frɒst/ frost *m;* rim *n;* **black ~** barfrost *m*; **~-bitten** frostskadet; **~ injury** frostskade *m*; **~ed** dekket av rim; (om glass) mattslipt; **~y** frost-; (is)kald.
froth /frɒθ/ skum *n*, fråde *m.*
froth *verb* skumme.
frown /fraʊn/ rynke pannen; **~ on** mislike; fordømme.
frozen /'froʊzn/ (til)frosset; sperret (om konto).
frugal /'fru:gl/ sparsommelig; nøysom.
fruit /fru:t/ frukt *m/f;* **~ful** fruktbar; **~less** nytteløs.
frustrate /'frʌstreɪt/ frustrere; forpurre (planer); **-ion** forpurring *m/f;* skuffelse *m.*
fry /fraɪ/ (fiske)yngel *m.*
fry *verb* steke; **~ing pan** stekepanne *m/f.*

fuck /fʌk/ *(vulgært)* samleie *n*: nummer *n*.
fuck *verb* pule, knulle; ~ **off** dra til helvete; ~ **you** drittsekk!
ft. *fork for* **foot, feet.**
fuel /'fju:əl/ brensel *n*; drivstoff *n*; ~ **gauge** bensinmåler *m*; ~ **injection** bensininnsprøytning *m*; ~ **supply** bensintilførsel *m*; ~ **tank** bensintank.
fugitive /'fju:dʒɪtɪv/ flyktende; flyktig; flyktning *m*.
fulfil oppfylle; innfri; ~**ment** oppfyllelse *m*.
full /fʊl/ full, hel, fullstendig; utførlig; **in ~ dress** i galla; ~**-bodied** (om vin) fyldig; ~**-fledged** flygeferdig; ~**-time** heltids-; ~**ness** fylde *m*.
fully /'fʊlɪ/ fullt ut; ~ **automatic** helautomatisk.
fumble /'fʌmbl/ famle, rote (**for** etter).
fume /fju:m/ røyk *m*, damp *m*.
fum|e *verb* ryke; dunste; *(overført)* rase; **-igate** desinfisere (ved røyking).
fun /fʌn/ moro *m/f*, fornøyelse *m*.
function /'fʌŋkʃn/ funksjon *m*; oppgave *m*.
function *verb* fungere; ~**al** funksjonell; funksjons-.
fund /fʌnd/ fond *n*, kapital *m*.
fund *verb* finansiere; ~**amental** fundamental.
funeral /'fju:nərəl/ begravelse *m*.
fung|icide /'fʌndʒɪsaɪd/ soppdrepende middel *n*; **-us** sopp *m*.
funnel /'fʌnl/ trakt *m/f*, skorstein *m*.
funny /'fʌnɪ/ morsom; pussig.
fur /fɜ:/ pels *m*; tungebelegg *n*; ~**s** *flertall* pelsverk *n*; ~ **coat** pelskåpe *m/f*; ~**-lined** skinnforet.
furious /'fju:rɪəs/ rasende.
furnace /'fɜ:nɪs/ ovn *m*.
furnish /'fɜ:nɪʃ/ møblere; forsyne, utstyre.
furniture /'fɜ:nɪtʃə/ møbler *n*, *flertall*; **a piece of ~** et møbel.
furrier /'fərɪə/ buntmaker *m*.
furrow /'fʌroʊ/ (plog)fure *m*.
further /'fɜ:ðə/ lenger (borte); ytterligere, mer.
further *verb* fremme; ~ **education** videreutdanning *m/f*, ~**more** dessuten.
furtive /'fɜ:tɪv/ hemmelig(hetsfull).
fury /'fju:rɪ/ raseri *n*; furie *m*.
fuse /fju:z/ (elektrisk) sikring *m/f*; lunte *m/f*.
fus|e *verb* (sammen)smelte; ~ **box** sikringsskap *n*; **-ible** lettsmeltelig; **-ion** sammensmelting *m/f*; fusjon *m*.

fuss /'fʌs/ oppstyr *n.*
fuss *verb* mase, lage oppstyr; **~y** masete; kresen.
futile /fjuːtaɪl/ forgjeves; intetsigende; **-ity** formålsløshet *m.*
future /'fjuːtʃə/ fremtidig; fremtid *m; (gram)* futurum *m.*
fuzzy /'fʌzɪ/ flokete; krusete.

G

gab /gæb/ skravle.
gable /'geɪbl/ gavl *m.*
gad /gæd/, **~ about** farte omkring; **~fly** brems *m,* klegg *m.*
gadget /'gædʒɪt/ innretning *m,* greie *f.*
gag /gæg/ knebel *m;* (improvisert) vits *m.*
gag *verb* kneble, sette munnkurv på.
gage /geɪdʒ/ pant *n.*
gaiety /'geɪətɪ/ lystighet *m.*
gain /geɪn/ vinning *m/f;* økning *m.*
gain *verb* vinne; tjene; oppnå; øke.
gait /geɪt/ gangart *m;* **~er** gamasje *m.*
gale /geɪl/ kuling *m;* storm *m.*
gall /gɔːl/ galle *m;* bitterhet *m;* gnagsår *n.*
gall *verb* gnage; irritere; **~-bladder** galleblære *m/f.*
gallant /'gælənt/ kjekk; tapper; ridderlig.
galled /gɔːld/ hudløs.
gallery /'gælərɪ/ galleri *n;* stoll *m.*
galley /'gælɪ/ bysse *f.*
gallon /'gælən/ gallon (= 4,546 l, i Amerika 3,785 l).
gallop /'gæləp/ galopp *m.*
gallop *verb* galoppere.
gallows /'gæloʊz/ *flertall* galge *m.*
gallstone /'gɒlstoʊn/ gallesten *m.*
galore /gə'lɔː/ i massevis.
galosh /gə'lɒʃ/ kalosje *m.*
gamble /'gæmbl/ (hasard)spill *n.*
gamble *verb* spille; **~r** (hasard)spiller *m.*
game /geɪm/ villig, med på; spill *n;* lek *m;* vilt *n; (kortspill)* utgang *m;* **play the ~** følge spillereglene; **~keeper** skogvokter *m;* **~ licence** jaktlisens *m.*

gammon /'gæmən/ skinkestek *m/f*; spekeskinke *m/f*.
gander /'gændə/ gasse *m*.
gang /gæŋ/ bande *m;* gjeng *m;* arbeidslag *n*; ~ **up on** rotte seg sammen mot.
gangren|e /'gæŋgriːn/ koldbrann *m;* **-ous** angrepet av koldbrann.
gangway /'gæŋweɪ/ landgang *m;* fallrep *n*.
gaol /dʒeɪl/ = **jail** fengsel *n*.
gap /gæp/ åpning *m;* kløft *m/f;* hull *n*.
gape /geɪp/ gape; måpe.
garage /'gærɑːʒ/ garasje *m;* bensinstasjon *m*; bilverksted *n*.
garbage /'gɑːbɪdʒ/ avfall *n;* søppel *n*.
garden /'gɑːdn/ hage *m;* **~er** gartner *m*.
gardening /'gɑːdnɪŋ/ hagebruk *n*; hagearbeid *n*; **landscape** ~ hagearkitektur *m*.
gargle /'gɑːgl/ gurglevann *n*.
gargle *verb* gurgle.
garland /'gɑːlənd/ krans *m*.
garlic /'gɑːlɪk/ hvitløk *m;* **a clove of** ~ et fedd hvitløk.
garment /'gɑːmənt/ plagg *n*.
garnet /'gɑːnɪt/ granat *m* (edelsten).
garnish /'gɑːnɪʃ/ garnering *m/f*.
garnish *verb* pynte; garnere.
garret /'gærət/ kvistværelse *n*.
garrison /'gærɪsn/ garnison *m*.
garrulous /'gærələs/ snakkesalig.
garter /'gɑːtə/ strømpebånd *n;* *(amr)* sokkeholder *m;* ~ **belt** *(amr)* strømpeholder *m*.
gas /gæs/ gass *m; (amr)* bensin *m;* **leaded** ~ *(amr)* blyholdig bensin; **unleaded** ~ blyfri bensin.
gas /gæs/ *verb* gassforgifte; ~ **cooker** gasskomfyr *m*; **~-lighter** gasstenner *m*; ~ **meter** gassmåler *m*.
gash /gæʃ/ gapende sår *n;* flenge *m/f*.
gash *verb* flenge.
gasket /'gæskɪt/ *(maskin)* pakning *m*.
gasoline /'gæsəliːn/ *(amr)* bensin *m*.
gasp gisp *n*.
gasp *verb* gispe.
gastr|ic /'gæstrɪk/ mage-; ~ **catarrh** magekatarr *m*; ~ **flu** omgangssyke *m*; ~ **ulcer** magesår *n*; **-itis** magekatarr *m*; **-ocolitis** mage- og tykktarm-betennelse *m*.
gate /geɪt/ port *m;* grind *m/f;* **~money** billettinntekt(er) *m, flertall;* **~way** port(hvelving) *m (m)*.
gather /'gæðə/ samle(s);

plukke; øke; forstå (**from** av); **~ing** sammenkomst *m.*
GATT /gæt/ *fork for* **General Agreement on Tariffs and Trade.**
gaudy /'gɔːdɪ/ grell; glorete.
gauge /geɪdʒ/ (standard)mål *n,* dimensjon *m*; måler *m*; sporvidde *m/f.*
gauge *verb* måle.
gaunt /gɔːnt/ radmager; øde.
gauntlet /'gɔːntlɪt/ kjørehanske *m;* stridshanske *m.*
gauze /gɔːz/ gas(bind) *m (n).*
gay /geɪ/ munter, lystig; homoseksuell.
gaze /geɪz/ (**at**) stirre (på).
gazette /gə'zet/ lysingsblad *n.*
GCE /dʒiː sɪ 'iː/ *fork for* **General Certificate of Education.**
gear /gɪə/ utstyr *n;* redskap *n; (bil)* gir *n;* **~ lever** girspak *m.*
gear /gɪə/ *verb* sette i gir; **change ~** gire; **~ to** tilpasse; **~box** girkasse *m/f;* **~-lever, ~-stick,** *(amr)* **~shift** girstang *m/f.*
geld kastrere; **~ing** vallak *m.*
gem /dʒem/ (slepet) edelstein *m.*
Gemini /'dʒemɪnaɪ/ *(astrologi)* Tvillingene.
gen /dʒen/, **~ sby up on** orientere en om.
gender /'dʒendə/ *(gram)* kjønn *n.*
genealog|ist /dʒiːnɪ'ælədʒɪst/ slektsforsker *m*; **-y** slektsforskning *m/f*; slektshistorie *m.*
general /'dʒenərəl/ allmenn; generell; general-; hoved-; general *m*; **~ manager** administrerende direktør *m*; **~ practitioner** allmenn-praktiserende lege *m*; **~ly** vanligvis.
generat|e /'dʒenəreɪt/ frembringe; **-ion** utvikling *m/f;* slektledd *n.*
gene|rosity /dʒenə'rɒsɪtɪ/ høysinn *n;* gavmildhet *m;* **-rous** høysinnet; rundhåndet.
genial /'dʒiːnjəl/ vennlig; mild.
genitals /'dʒenɪtlz/ *flertall* kjønnsorganer *n, flertall.*
genius /'dʒiːnjəs/ geni *n;* (skyts)ånd *m.*
gent /dʒent/ *(hverdagslig,) fork for* **gentleman; ~s** *flertall* herretoalett *n.*
gentle /'dʒentl/ mild; blid; lett; **~man** dannet mann *m,* herre *m;* **~manlike** dannet; **~woman** dannet kvinne *m/f.*
gentry /'dʒentrɪ/ lavadelen *m;* fornemme folk.
genuine /'dʒenjʊɪn/ autentisk; oppriktig.
geograph|er /dʒɪ'ɒgrəfə/ geograf *m*; **-y** geografi *m.*

geolog|ist /dʒɪ'ɒlədʒɪst/ geolog *m*; **-y** geologi *m.*
germ /dʒɜːm/ bakterie *m*; spire *m/f;* **~ carrier** smittebærer *m*; **~icide** bakteriedrepende middel *n.*
gesture /'dʒestʃə/ gestus *m.*
gesture *verb* gestikulere.
get få; bli; hente; forstå; **~ across** slå an; **~ along** komme av sted; klare seg; **~ away** unnslippe; **~ by** slippe igjennom; klare seg; **~ down to** ta fatt på; **~ going** få i gang; **~ off** gå av; slippe fra det; **~ on** komme godt ut av det med; ta på (klær); **~ on with** fortsette med; komme i gang med; **~ over** overvinne, overstå; **~ round to** få tid til; **~ through to** få forbindelse med; **~ up** stå opp.
ghastly /'gɑːstlɪ/ likbleik; uhyggelig, grufull.
gherkin /'gɜːkɪn/ sylteagurk *m.*
ghost /goʊst/ spøkelse *n;* ånd *m;* **the Holy Ghost** den Hellige Ånd; **~writer** en person som skriver på vegne av en annen.
GI /dʒiː aɪ/ *fork for* **Government Issue** (USA).
giant /'dʒaɪənt/ kjempemessig; kjempe *m,* rise *m.*
gibberish /'gɪbərɪʃ/ vrøvl *n;* uforståelig snakk *n.*
gibe /dʒaɪb/ spott *m.*
gibe *verb* spotte.
giddy /'gɪdɪ/ svimmel, ør.
gift gave *m;* anlegg *n, flertall*; **~ed** begavet.
gigantic /dʒaɪ'gæntɪk/ kjempemessig, gigantisk.
giggle /gɪgl/ fnising *m.*
giggle *verb* fnise.
gild forgylle.
gill /gɪl/ gjelle *m/f;* /dʒɪl/ hulmål = ca. 14 cl.
gilt /gɪlt/ forgylt; forgylling *m/f.*
gimmick /'gɪmɪk/ knep *n.*
ginger /'dʒɪndʒə/ rødbrun; ingefær *m;* **~ up** sette fart på; **~ ale, ~ beer** ingefærøl *n;* **~bread** honningkake *m/f.*
gipsy /'dʒɪpsɪ/ sigøyner *m.*
girder /'gɜːdə/ (bære)bjelke *m.*
girdle /'gɜːdl/ belte *n;* hofteholder *m.*
girl /gɜːl/ pike *m/f;* **Girl Guide** speiderpike *m/f;* **~ish** jenteaktig.
giro /'dʒaɪroʊ/ (bank- og post-) giro *m*; **~ account** postgirokonto *m*; **~ cheque** postsjekk *m*; **~ directory** postgirokatalog *m*; **~ payment order** utbetalingskort *n.*
gist /dʒɪst/ hovedinnhold *n;* kjerne *m.*

give /gɪv/ gi; skjenke; ~ **away** gi bort; røpe; ~ **back** gi igjen; ~ **in** gi etter, gi opp; ~ **out** dele ut; kunngjøre; ~ **over** overgi; ~ **up** avlevere, gi opp; **~-way sign** vikepliktskilt *n.*
glacil|al /'gleɪʃl/ is-; ~ **lake** brevann *n*; **-er** isbre *m.*
glad /glæd/ glad; **~ly** gjerne, med glede; **~ness** glede *m/f.*
glade /gleɪd/ lysning i skog *m.*
glamour /'glæmə/ fortryllelse *m*; glans *m;* **~ous** fortryllende.
glance /glɑːns/ blikk *n.*
glance *verb* se; ~ **through** se flyktig igjennom.
gland /glænd/ kjertel *m*; **~ular fever** kjertelfeber *m.*
glare /gleə/ skarpt lys *n*; blikk *n.*
glar|e *verb* skinne, blende; ~ **at** glo olmt på; **-ing** grell; blendende.
glass /glɑːs/ glass *n;* speil *n;* **~es** *flertall (amr)* briller *m, flertall*; **cut** ~ slepet glass; **frosted** ~ matt glass.
glaucoma /glɒ'koʊmə/ *(medisin)* grønn stær *m.*
glaze /gleɪz/ glasur *m.*
glaz|e *verb* glasere; sette rute (*eller* glass) i; **~d** *(overført)* glassaktig; **-ier** glassmester *m;* **-ing** glass(mester)arbeid *n.*
gleam /gliːm/ (lys)glimt *n.*
gleam *verb* glimte; skinne.
glee /gliː/ fryd *m;* ~ **club** sangkor *n.*
glen skar *n,* fjelldal *m.*
glib tungerapp; glatt.
glide /glaɪd/ glidning *m.*
glide *verb* gli; **~r** glider *m.*
glimpse /glɪmps/ glimt *n.*
glimpse *verb* skimte.
glisten /'glɪsn/ glinse; glitre.
glitter /'glɪtə/ glitring *m/f.*
glitter *verb* funkle; glitre.
gloat /gloʊt/, ~ **over** være skadefro over.
globe /gloʊb/ globus *m;* **the** ~ jordkloden.
gloom /gluːm/ halvmørke *n;* tungsinn *n;* **~y** dyster.
glori|fication /glɒrɪfɪ'keɪʃn/ forherligelse *m;* **-fy** forherlige; **-ous** strålende.
glory /'glɔːrɪ/ ære *m/f;* glans *m*; salighet *m.*
gloss /glɔːs/ glans *m;* **~ary** ordliste *m/f;* **~y** blank, glatt.
glove /glʌv/ hanske *m;* ~ **compartment** hanskerom *n.*
glow /gloʊ/ glød *m.*
glow *verb* gløde; **~er** stirre olmt på.
glue /gluː/ lim *n.*
glue *verb* lime.
glum /glʌm/ nedtrykt; dyster.
glutton /'glʌtn/ fråtser *m;* *(zool)* jerv *m;* **~ous** grådig; **~y** forslukenhet *m.*

GMT /dʒiː em tiː/ *fork for* **Greenwich Mean Time.**
gnarled /nɑːld/ knudrete.
gnat /næt/ mygg *m.*
gnaw /nɔː/ gnage; nage.
gnome /noʊm/ dverg *m.*
go /goʊ/ forsøk *n*; pågangsmot *n.*
go *verb* gå; reise; kjøre; **let ~** slippe; **~ ahead** sette i gang; **~ along with** holde med; **~ mad** bli gal; **~ on** fortsette; **~ through with** gjennomføre.
goad /goʊd/ piggstav *m.*
goad *verb* egge.
goal /goʊl/ (i fotball) mål *n, (også overført)*; **~keeper** målvakt *m;* **~ kick** utspark *n* fra mål.
goat /goʊt/ geit *f;* **~ee** fippskjegg *n.*
gobble /'gɒbl/ sluke.
goblet /'gɒblɪt/ beger *n,* pokal *m.*
god /gɒd/ gud *m;* **(~) bless you!** prosit! **~child** gudbarn *n;* **~dess** gudinne *m/f;* **~father** gudfar *m;* **~like** guddommelig; **~ly** from.
goggle /'gɒgl/ stirre; **~s** *flertall* beskyttelsesbriller *m, flertall.*
gold /goʊld/ gull *n;* **~en** gull-; gyllen.
golf /gɒlf/ golfspill *n;* **~ club** golfkølle *m/f,* golfklubb *m;* **~ course** golfbane *m;* **~er** golfspiller *m.*
goitre /'gɒɪtə/ struma *m.*
gong /gɒŋ/ gongong *m.*
gonorrhea /gɒnə'rɪə/ gonoré *m.*
good /gʊd/ god; snill; dyktig; flink; frisk; behagelig; *(handel)* solid; gyldig; gode *n;* **~s** *flertall* varer *m, flertall*; **for ~** for bestandig.
good|bye farvel; **- evening** god kveld; **-looking** pen; **- morning** god morgen; **-natured** godmodig; **-ness** godhet *m.*
goods /gʊdz/, **~ station** godsstasjon *m;* **~ train** godstog *n.*
goodwill /'gʊdwɪl/ velvilje *m;* kundekrets *m.*
goose /guːs/, *flertall* **geese** gås *m/f;* **~berry** stikkelsbær *n;* **~flesh** gåsehud *m.*
goof /guːf/ fjols *n*; tabbe *m.*
gorge /gɔːdʒ/ fjellkløft *m/f;* strupe *m.*
gorge *verb* svelge, fråtse.
gorgeous /'gɔːdʒəs/ praktfull.
gory /'gɔːrɪ/ blodig.
gospel /'gɒspəl/ evangelium *n.*
gossip /'gɒsɪp/ sladrekjerring *f;* sladder *m.*
gossip *verb* sladre.
gout /gaʊt/ gikt *m/f;* **~y** giktisk.
govern /'gʌvən/ regjere, styre; **~ess** guvernante *m/f;* **~ment** regjering *m/f;* **~or** guvernør *m.*

gown /gaʊn/ lang kjole *m;* kappe *m/f.*

GP /dʒiː piː/ *fork for* General Practitioner.

GPO /dʒiː piː oʊ/ *fork for* **General Post Office.**

grab /græb/ gripe; snappe.

grace /greɪs/ ynde *m;* bordbønn *m.*

grace *verb* pryde; hedre; **~ful** grasiøs.

gracious /ˈgreɪʃəs/ elskverdig; nådig; **~!** du all verden!

gradation /grəˈdeɪʃn/ nyanse *m.*

grade /greɪd/ trinn *n;* grad *m; (amr)* (skole)klasse *m;* karakter *m* (på skolen).

grade *verb* gradere; **~ crossing** *(amr)* jernbaneovergang *m.*

gradient /ˈgreɪdɪənt/ stigning(sgrad) *m.*

gradual /ˈgrædjʊəl/ gradvis.

graduate /ˈgrædjʊɪt/ kandidat *m.*

graduate *verb* /ˈgrædjʊeɪt/ inndele i grader; ta (akademisk) eksamen.

graft /grɑːft/ pode *m;* podning *m; (amr)* korrupsjon *m.*

grain /greɪn/ (frø)korn *n;* tekstur *m.*

grammar /ˈgræmə/ grammatikk *m;* **~ school** videregående skole *m; (amr)* folkeskole *m.*

gramophone /ˈgræməfoʊn/ grammofon *m;* **~ record** grammofonplate *m.*

grand /grænd/ storartet; flygel *n; (slang,)* tusen pund, *(amr)* tusen dollar; **~child** barnebarn *n;* **~daughter** sønnedatter *m/f;* datterdatter *m/f;* **~father** bestefar *m;* **~mother** bestemor *m/f;* **~ piano** flygel *n;* **~son** sønnesønn *m;* dattersønn *m.*

grandstand /ˈgrænstænd/ sittetribune *m.*

grange /greɪndʒ/ bondegård *m.*

grant /grɑːnt/ bevilgning *m;* stipend *n.*

grant *verb* bevilge; skjenke; innrømme.

granulated /ˈgrænjʊleɪtɪd/ kornete; **~ sugar** grov farin *m/n.*

grape /greɪp/ (vin)drue *m;* **~ sugar** druesukker *n.*

graph /græf/ diagram *n;* **~ paper** rutepapir *n.*

graphic /ˈgræfɪk/ grafisk; **~ art(s)** grafikk *m.*

grapple /ˈgræpl/ gripe; gi seg i kast (**with** med).

grasp /grɑːsp/ grep *n.*

grasp *verb* gripe, forstå.

grass /grɑːs/ gress *n;* **~hopper** gresshoppe *f;* **~ widow(er)** gressenke(mann) *m/f (m).*

grate /greɪt/ gitter *n,* rist *m/f.*

grate *verb* rive, raspe; skurre.
grateful /'greɪtfʊl/ takknemlig.
grater /'greɪtə/ rivjern *n.*
grati|fication /grætɪfɪ'keɪʃn/ tilfredsstillelse *m;* **-fy** tilfredsstille; glede; **~tude** takknemlighet *m.*
gratuit|ous /grə'tju:ɪtəs/ gratis; **-y** drikkepenger *flertall.*
grave /greɪv/ alvorlig; betydningsfull; grav *m/f.*
gravel /'grævəl/ grus *m;* **~ road** grusvei *m;* **~led** gruslagt.
graveyard /'greɪvjɑ:d/ kirkegård *m.*
gravit|ation /grævɪ'teɪʃn/ tyngdekraft *m/f;* **-y** alvor *n;* tyngde *m.*
gravy /'greɪvɪ/ (steke)sjy *m,* (brun) saus *m.*
graze /greɪz/ beite; få skrubbsår.
grease /gri:s/ fett *n.*
greas|e *verb* smøre; **-y** fett.
great /greɪt/ stor; storartet; **~-grandchild** oldebarn *n;* **~-grandfather** oldefar *m;* **~ly** i høy grad; **~ness** storhet *m.*
greed /gri:d/ grådighet *m;* **~y** grådig.
green /gri:n/ grønn (farge); grøntareale *n;* **~grocer's** grønnsaksforretning *m/f;* **~house** drivhus *n.*
greet /gri:t/ hilse; **~ing** hilsen *m.*
gregarious /grɪ'geərɪəs/ selskapelig.
grey /greɪ/ grå; **~hound** mynde *m.*
grid gitter *n;* **~iron** grillrist *m/f.*
grief /gri:f/ sorg *m;* **good ~!** herregud!
griev|ance /'gri:vəns/ klagemål *n;* **-e** sørge; volde sorg; **-ous** alvorlig.
grill rist *m/f,* grill *m.*
grill *verb* grille.
grim bister; uhyggelig.
grim|e /graɪm/ skitt *m,* sot *f/m/n;* **-y** skitten, sotete.
grin glis *n.*
grin *verb* smile bredt, glise.
grind /graɪnd/ maling *m/f.*
grind *verb* male; slipe; **~ coarsely** grovmale; **~ one's teeth** skjære tenner *flertall.*
grinder /'graɪndə/ jeksel *m.*
grindstone /'graɪn(d)stoʊn/ slipestein *m.*
grip grep *n.*
grip *verb* gripe; *(overført)* fengsle; **~ing** fengslende.
grisly /'grɪzlɪ/ uhyggelig.
gristle /'grɪsl/ brusk *m.*
grit grus *m;* sand(korn) *m (n); (overført)* mot.
grit *verb* strø; **~ one's teeth** bite tennene sammen; **~ty** sandete; modig.

grizzly /'grɪzlɪ/ grålig, gråsprengt.
groan /groʊn/ stønn *n.*
groan *verb* stønne; knake.
grocer /'groʊsə/ kjøpmann *m;* **~ies** *flertall* (daglig)varer *flertall;* **~'s** dagligvareforretning *m/f.*
grog /grɒg/ grogg *m,* brennevin og vann; **~gy** omtåket.
groin /grɒɪn/ lyske *m.*
groom /gruːm/ stallkar *m;* også **bridegroom** brudgom *m.*
groom *verb* pleie, stelle.
groove /gruːv/ spor *n;* fure *m.*
groove *verb* lage fure i.
grope /groʊp/ famle, føle seg frem.
gross /groʊs/ tykk; grov; plump; brutto; gross *n* (12 dusin).
grouchy /'graʊtʃɪ/ gretten.
ground /graʊnd/ jord *m/f;* grunn *m;* terreng *n;* bunn *m;* plass *m;* årsak *m/f.*
ground *verb* grunnstøte; (pret av **grind**) malt; **~s** *flertall* grut *m; (jur)* premisser *n, flertall;* **be ~ed** få startforbud; få husarrest; **~ floor** første etasje.
group /gruːp/ gruppe *f.*
group *verb* gruppere; **~ ticket** gruppebillett *m;* **~ travel** gruppereise *m/f.*
grouse /graʊs/ (en art) skogshøns *flertall.*
grove /groʊv/ lund *m,* skogholt *n.*
grovel /'grɒvl/ krype (for).
grow /groʊ/ vokse; dyrke; bli; **~ old** bli gammel; **~er** produsent *m.*
growl /'graʊl/ knurring *m/f.*
growl *verb* knurre; **~er** brumlebasse *m.*
grown-up /'groʊnʌp/ voksen.
growth /groʊθ/ vekst *m; (medisin)* svulst *m.*
grub /grʌb/ larve *m/f;* mat *m;* **~by** skitten.
grudge /grʌdʒ/ uvilje *m,* nag *n.*
gruel /'gruːəl/ velling *m/f.*
gruesome /'gruːsəm/ gyselig.
gruff /grʌf/ barsk; grov.
grumble /'grʌmbl/ rumle; beklage seg.
grumpy /'grʌmpɪ/ gretten, sur.
grunt /grʌnt/ grynt *n.*
grunt *verb* grynte.
guarantee /gærən'tiː/ garanti *m;* kausjon(ist) *m.*
guarantee *verb* garantere.
guard /gɑːd/ vakt *m/f;* bevoktning *m;* garde *m;* konduktør *m.*
guard *verb* vokte; beskytte; **off one's ~** uoppmerksom; **on**

one's ~ against være på vakt overfor; **~edly** forsiktig; **~ian** beskytter *m;* formynder *m.*
guess /ges/ gjetning *m.*
guess *verb* gjette; *(amr)* anta, formode.
guest /gest/ gjest *m;* **be my ~!** vær så god!
guidance /'gaɪdəns/ veiledning *m*; **for your ~** til orientering.
guide /gaɪd/ omviser *m;* (reise)håndbok *m/f;* veileder *m.*
guide *verb* vise vei; veilede; **the (Girl) Guides** jentespeiderne *m, flertall*; **~lines** *flertall* retningslinjer *m, flertall*; **~ post** veiviser *m.*
guild /gɪld/ laug *n.*
guile /gaɪl/ svik *n*; list *m.*
guilt /gɪlt/ skyld *m/f;* **~y** skyldig.
guinea-pig /'gɪnɪpɪg/ marsvin *n; (overført)* forsøkskanin *m.*
guise /gaɪz/ forkledning *m;* **in the ~ of** forkledd som; **under the ~ of** under dekke av.
guitar /gɪ'tɑː/ gitar *m.*
gulch /gʌltʃ/ *(amr)* (fjell)kløft *m/f.*
gulf /gʌlf/ havbukt *f*, golf *m; (overført)* avgrunn *m.*
gull /gʌl/ måke *m/f.*
gullet /'gʌlɪt/ spiserør *n.*
gullible /'gʌlɪbl/ godtroende; lettroende.
gully /'gʌlɪ/ kløft *m/f;* renne *m/f.*
gulp /gʌlp/ slurk *m;* jafs *m.*
gulp *verb* svelge, sluke.
gum /gʌm/ gom *m,* tannkjøtt *n;* gummi *m.*
gum *verb* gummiere; **chewing ~** tyggegummi *m.*
gun /gʌn/ kanon *m,* gevær *n,* børse *f; (amr)* revolver *m.*
gun *verb* skyte med børse; **~ barrel** geværløp *n;* **~man** gangster *m;* **~ner** artillerist *m;* **~powder** krutt *n;* **~stock** geværkolbe *m.*
gunwale /'gʌnəl/ reling *m/f.*
gurgle /'gɜːgl/ gurglelyd *m.*
gurgle *verb* gurgle; klukke.
gush /gʌʃ/ sprut *m; (overført)* utbrudd *n*; **~ forth** velle frem, fosse.
gust /gʌst/ vindstøt *n.*
gusto /'gʌstoʊ/ nytelse *m*, velbehag *n.*
gut /gʌt/ tarm *m;* streng *m.*
gut *verb* ta innvollene ut, sløye; **~s** *(overført)* mot *n;* **~ feeling** magefølelse *m;* **~ted** utbrent.
gutter /'gʌtə/ rennestein *m;* takrenne *m/f.*
guy /gaɪ/ bardun *m; (amr)* fyr *m,* kar *m.*
gymnas|ium /dʒɪm'neɪzjəm/ gymnastikksal *m;* **-t** turner *m;* **-tics** gymnastikk *m,* turning *m/f.*

gynaecologiical /gaɪnɪkə'lɒdʒɪkl/ gynekologisk; ~ **examination** underlivsundersøkelse *m*; **-st** gynekolog *m*.
gypsum /'dʒɪpsəm/ gips *m*.

H

haberdashery /'hæbədæʃrɪ/ garn- og trådhandel *m; (amr)* herrekonfeksjon *m*.
habit /'hæbɪt/ vane *m;* drakt *m/f;* **~-forming** vanedannende.
habitabliility /hæbɪtə'bɪlɪtɪ/ beboelighet *m*; **-le** beboelig.
habitat /'hæbɪtæt/ tilholdssted *n*; voksested *n*; **~ion** bolig *m*.
habitual /hæ'bɪtʃʊəl/ sedvanlig.
hack /hæk/ skår *n*; hakk(e) *n (f)*.
hack *verb* hakke; *(edb)* hacke; **~er** datasnok *m*.
hackneyed /'hæknɪd/ forslitt, banal.
haddock /'hædək/ kolje *m/f*, hyse *m/f*.
haemophilia /hɪmoʊ'fiːlɪə/ blødersykdom *m*.
haemorrhlage /'hemərɪdʒ/ *blødning m*; ***anal*** **~** endetarmsblødning *m*; **cerebral** ~ hjerneblødning *m*; **-oids** *flertall* hemorroider *m, flertall*.
haemostatic /hɪmoʊ'stætɪk/ blodstillende middel *n*.
hag /hæg/ hurpe *f*, heks *m/f*.
haggard /'hægəd/ mager; herjet.
haggle /hægl/ prute.
hail /heɪl/ hagl *n*.
hail *verb* hagle; praie.
hair /heə/ hår *n*; **~ conditioner** hårbalsam *m*; **~cut** hårklipp *m;* **~dresser** frisør *m;* **~-dye** hårfarging(smiddel) *m/f (n)*; **~ lotion** hårvann *n*; **~-piece** tupé *m*, parykk *m*; **~pin** hårnål *m/f;* **~y** håret, lodden.
half /hɑːf/ halv(t); halvdel *m;* **~ board** halvpensjon *m*; **~-breed** halvblods *m;* **~-way** halvveis; **~-yearly** halvårlig.
halibut /'hælɪbət/ hellefisk *m*, kveite *m/f*.
hall /hɔːl/ hall *m*, sal *m;* entré *m*; herregård *m*; **~stand** stumtjener *m*.
hallow /'hæloʊ/ hellige, innvie; **Halloween** *(amr)* Allehelgensaften *m*.
halt /hɔːlt/ stopp *n*.
halt *verb* stoppe; gjøre holdt.

ham /hæm/ skinke *m/f;* **~burger** hamburger *m.*
hammer /'hæmə/ hammer *m; (sport)* slegge *m/f.*
hammer *verb* hamre.
hammock /'hæmək/ hengekøye *m/f.*
hamper /'hæmpə/ stor kurv *m.*
hamper *verb* hindre, hemme.
hand /hænd/ hånd *m/f;* urviser *m;* arbeider *m.*
hand /hænd/ *verb* levere, rekke; **at ~** for hånden; **in ~** under kontroll; **on ~** for hånden; **on the other ~** på den annen side; derimot; **shake ~s** håndhilse; **~bag** håndveske *m/f;* **~brake** håndbrems *m;* **~cuffs** håndjern *n;* **~ful** håndfull.
handicap /'hændɪkæp/ handikap *n.*
handicraft /'hændɪkrɑːft/ (kunst)håndverk *n.*
handkerchief /'hæŋkətʃɪf/ lommetørkle *n.*
handle /hændl/ håndtak *n;* skaft *n;* hank *m.*
handle *verb* håndtere; behandle; **~bars** *flertall* sykkelstyre *n;* **~r** heler *m.*
handl luggage håndbagasje *m;* **-made** håndlaget; **~out** løpeseddel *m;* almisse *m,* gave *m;* pressemelding *m/f;* **-rail** gelender *n.*
handsome /'hænsəm/ pen; kjekk.
handwriting /'hændraɪtɪŋ/ håndskrift *m/f.*
handy /'hændɪ/ fingernem; bekvem, praktisk; for hånden; **~man** altmuligmann *m.*
hang /hæŋ/ henge; henge opp; **~ in there** hold ut; **~ loose** slapp av; **~ out** treffes; være sammen; **~er** henger *m;* **~ing** hengning *m;* opphenging *m/f;* **~man** bøddel *m.*
hangover /'hæŋoʊvə/ bakrus *m.*
hank /hæŋk/ bunt *m.*
hanker /'hæŋkə/ ha god lyst på.
hanky-panky /hæŋkɪ'pæŋkɪ/ *(hverdagslig)* lureri *n,* narrestreker *m, flertall;* flørt *m.*
haphazard /hæp'hæzəd/ tilfeldig; **~ly** på måfå.
happen /'hæpən/ hende; skje; **~ing** hendelse *m.*
happilly /'hæpɪlɪ/ lykkelig; **-ness** lykke *m.*
happy /'hæpɪ/ lykkelig; glad; **~-go-lucky** sorgløs.
harass /'hærəs/ plage; **~ment** plage *m;* press *n,* overgrep *n.*
harbour /'hɑːbə/ havn *m/f.*
hard /hɑːd/ hard; vanskelig; tung; **~ cash** rede penger *m, flertall,* kontanter *flertall;* **~ of hearing** tunghørt; **~ up** i pengeknipe; **~en** gjøre *(eller*

bli) hard; herde; **~ly** neppe; nesten ikke; **~ness** hardhet *m;* **~ship** motgang *m.*
hardware /'hɑːdweə/ jernvarer *m, flertall; (edb)* maskinvare *m;* **~ store** *(amr)* jernvareforretning *m.*
hardy /'hɑːdɪ/ hardfør.
hare /heə/ hare *m;* **~-brained** tankeløs; **~lip** hareskår *n.*
harlot /'hɑːlət/ skjøge *m/f,* hore *f.*
harm /hɑːm/ ugang *m;* skade *m.*
harm *verb* skade; **~ful** skadelig; **~less** uskadelig, harmløs.
harmonious /hɑː'moʊnjəs/ harmonisk.
harness /'hɑːnɪs/ seletøy *n.*
harness *verb* sele på.
harp /hɑːp/ harpe *m/f;* **~ on** gnåle om, terpe på.
harpsichord /'hɑːpsɪkɔːd/ cembalo *m.*
harrow /'hæroʊ/ harv *m/f.*
harrow *verb* harve.
harsh /hɑːʃ/ barsk; hard; streng; besk.
hart /hɑːt/ hjort *m;* **~shorn** hjortetakk *m.*
harvest /'hɑːvɪst/ høst *m;* innhøstning *m.*
harvest *verb* høste; **combine ~er** skurtresker *m.*
hash /hæʃ/ *(hverdagslig)* hasj *m;* hakkemat *m.*
hast|e /heɪst/ hast(verk) *m (n);* **make ~** skynde seg; **~n** skynde seg; skynde på; **-y** rask; forhastet; hissig.
hat /hæt/ hatt *m.*
hatch /hætʃ/ luke *m/f;* kull *n.*
hatch *verb* ruge ut, klekke ut; skravere.
hatchet /'hætʃɪt/ øks *m/f.*
hate /heɪt/ hat *n.*
hat|e *verb* hate; **-red** hat *n.*
hatter /'hætə/ hattemaker *m;* **mad as a ~** splitter pine gal.
haughty /'hɔːtɪ/ hovmodig; overlegen.
haul /hɔːl/ rykk *n;* frakt *m;* kast *n;* fangst *m.*
haul *verb* hale, dra.
haulage /'hɔːlɪdʒ/ transport *m;* **the ~ business** transportbransjen *m.*
haunch /hɔːntʃ/ hofte *m/f;* (om mat) lår *n;* **~es** *flertall* ende *m,* bakdel *m.*
haunt /hɔːnt/ tilholdssted *n.*
haunt *verb* spøke; besøke ofte; **~ed** *(overført)* forpint.
have /hæv/ ha; få; **~ to** måtte.
havoc /'hævək/ ødeleggelse *m.*
hawk /hɔːk/ kremt *n;* hauk *m.*
hawk *verb* kremte; rope ut; **~er** gateselger *m.*
hawser /'hɔːzə/ trosse *f;* kabel *m.*
hawthorn /'hɔːθɔːn/ hagtorn *m.*

hay /heɪ/ høy *n;* ~ **fever** høysnue *m,* pollenallergi *m.*
hazard /'hæzəd/ fare *m.*
hazard *verb* våge; sette på spill; ~**ous** risikabel.
haze /heɪz/ dis *m.*
hazelnut /'heɪzlnʌt/ hasselnøtt *m/f.*
hazy /'heɪzɪ/ disig.
he /hiː/ han; ~ **who** den som.
head /hed/ hode *n;* leder *m.*
head *verb* lede; stå i spissen for; ~**ache** hodepine *m;* ~**cold** snue *m/f;* ~**-dress** hodeplagg *n;* ~**light** frontlys *n;* **dipped ~lights** nærlys *n;* ~**line** overskrift *m/f;* ~**long** hodekulls; ~**master** rektor *m;* ~**-on** frontal; ~**phones** *flertall* høretelefoner *m, flertall;* ~**quarters** *flertall* hovedkvarter *n;* ~**stone** gravstein *m;* ~**strong** stri, sta; ~**waiter** hovmester *m;* ~**way** fart forover; ~ **wind** motvind *m;* ~**word** oppslagsord *n.*
heal /hiːl/ helbrede(s); ~ **up** gro.
health /helθ/ helse *m;* sunnhet *m;* ~ **food** helsekost *m;* ~ **insurance** sykeforsikring *m/f;* ~ **resort** kursted *n;* ~**y** sunn.
heap /hiːp/ haug *m.*
heap *verb* legge i en haug; ~**s** *flertall* massevis; ~**ed** toppet.
hear /hɪə/ høre; få vite.
hearing /'hɪərɪŋ/ hørsel *m;* høring *m/f;* hørevidde *m/f; (jur)* behandling *m/f;* ~**-aid** høreapparat *n.*
hearse /hɜːs/ likvogn *m/f.*
heart /hɑːt/ hjerte *n;* kjerne *m;* ~**s** *flertall, (kortspill)* hjerter *m;* ~ **attack** hjerteinfarkt *n;* **by** ~ utenat; ~**beat** hjerteslag *n;* ~**burn** halsbrann *m;* kardialgi *m;* ~ **failure** hjertefeil *m;* ~**less** hjerteløs; ~**-rending** hjerteskjærende; ~**y** hjertelig; kraftig.
hearten /'hɑːtən/ oppmuntre; ~**ing** oppmuntrende.
hearth /hɑːθ/ arne *m;* peis *m.*
heartilly /'hɑːtɪlɪ/ hjertelig; **-ness** hjertelighet *m.*
heat /hiːt/ hete *m;* løpetid *m/f;* pulje *m; (overført)* heftighet *m.*
heat *verb* varme opp; ~ **rash** varmeutslett *n;* ~ **stroke** heteslag *n;* ~**er** varmeapparat *n.*
heath /hiːθ/ mo *m.*
heathen /'hiːðən/ hedensk; hedning *m.*
heather /'heðə/ lyng *m.*
heating /'hiːtɪŋ/ oppvarming *m/f;* **central** ~ sentralvarme *m.*
heave /hiːv/ hale og dra; stige og synke; lempe; *geologi* forskyve.
heaven /'hevn/ himmel *m;* ~**ly** himmelsk.

heavily /'hevɪlɪ/ tungt.
heavy /'hevɪ/ tung; **~ with** tynget ned av; **~weight** tungvekter *m.*
heck! /hek/ pokker!
heckle /'hekl/ hekle; avbryte stadig vekk; **~r** møteplager *m.*
hectic /'hektɪk/ hektisk.
hedge /hedʒ/ hekk *m.*
hedge *verb* innhegne; **~hog** pinnsvin *n;* **~row** hekk *m.*
heed /hiːd/ ense, gi akt på.
heel /hiːl/ hæl *m*; **~ over** få slagside.
heifer /'haɪfə/ kvige *f.*
height /haɪt/ høyde *m;* høydepunkt *n;* **~en** gjøre høyere; forhøye.
heir /eə/ *m, f* **~ess** arving *m;* **~loom** arvestykke *n.*
hell helvete *n.*
helm ror *n;* **~et** hjelm *m.*
help hjelp *m/f.*
help *verb* hjelpe; **I cannot ~ laughing** jeg kan ikke la være å le; **~ oneself to sth** forsyne seg med; **~ful** hjelpsom; nyttig; **~ing** porsjon *m*; **~less** *hjelpeløs;* **~ *out*** *hjelpe til.*
helter-skelter /heltə'skeltə/ hulter til bulter.
hem søm *m;* fald *m.*
hem *verb* falde; kremte; **~ in** omringe; **~line** skjørtelengde *m/f*; **~stitch** hullsøm *m.*
hemisphere /'hemɪsfɪə/ halvkule *m/f.*
hemo- = haemo-.
hemp hamp *m.*
hen høne *f.*
hence /hens/ derfor; følgelig; **~forth** fra nå av.
hepatitis /hepə'taɪtɪs/ gulsott *m*, leverbetennelse *m.*
her /hɜː/ henne; seg; hennes; sin.
herb /hɜːb/ urt *m/f;* **~ tea** urtete *m*; **~aceous** urteaktig; **~al** urte-.
herbilcide /'hɜːbɪsaɪd/ ugressmiddel *n;* **-vorous** planteetende.
herd /hɜːd/ flokk *m*; **~sman** gjeter *m.*
here /hɪə/ her, hit; **~about(s)** på disse kanter; **~by** herved.
heredit|ary /hɪ'redɪtərɪ/ arvelig; **-y** arvelighet *m.*
here|sy /'herəsɪ/ kjetteri *n*; **-tic** kjetter *m*; **-tical** kjettersk.
heritage /'herɪtɪdʒ/ arv *m.*
hermit /'hɜːmɪt/ eremitt *m.*
hernia /'hənɪə/ brokk *m/n.*
hero /'hɪəroʊ/, *flertall* **-es** helt *m;* **~ic** heroisk; **~ine** heltinne *m/f;* **~ism** heltemot *n.*
heron /'herən/ hegre *m.*
herpes /'həpiːz/, **~ labialis** forkjølelsessår *n*; **~ zoster** helvetesild *m.*
herring /'herɪŋ/ sild *f.*

hers /hɜːz/ hennes; sitt, sin(e).
herself /hɜː'self/ henne selv; seg (selv); **by ~** alene.
hesitat|e /'hezɪteɪt/ nøle; **-ion** nøling *m/f*.
hew /hjuː/ hogge.
hiberna|te /'haɪbəneɪt/ ligge (*eller* gå) i hi; **-tion** vinterdvale *m*.
hiccup /'hɪkʌp/ hikke *m*; **have the ~s** hikke.
hide /haɪd/ hud *m/f*, skinn *n*.
hide *verb* skjule, gjemme (seg); **~-and-seek** gjemsel *m*; **~-out** gjemmested *n*.
hideous /'hɪdɪəs/ heslig, skrekkelig.
hiding /'haɪdɪŋ/ pryl *m/n;* dekning *m;* **go into ~** gå i dekning; **~-place** skjulested *n*.
high /haɪ/ høy; **be in ~ spirits** *være i godt humør*; **be ~-strung** være overspent; **~brow** intellektuell *m;* åndssnobb *m;* **~light** høydepunkt *n;* **~ly** høyt, i høy grad; **~-minded** høysinnet; **~ness** høyhet *m;* **~ road** landevei *m;* **~ school** videregående skole *m*; **~ sea** sterk sjøgang *m;* **~ tea** aftensmåltid *n* (med te); **~way** motorvei *m*.
hijack /'haɪdʒæk/ kapre (fly *etc*); **~er** (fly)kaprer *m*.
hik|e /haɪk/ (gå) fottur *m;* **~r** turgåer *m*; **-ing trail** tursti *m*.
hill bakke *m;* ås *m;* **~side** li *f*, åsside *m/f*.
him ham; den, det; seg.
himself /hɪm'self/ han selv; seg (selv); **by ~** alene.
hind /haɪnd/ hind *m/f;* bak-; **~er** (for)hindre (**from** i å); **~rance** hindring *m/f*; **~sight** *(overført)* etterpåklokskap *m*.
hinge /hɪndʒ/ hengsel *n*.
hinny /'hɪnɪ/ mulesel *n*.
hint vink *n*, antydning *m*.
hint *verb* antyde, ymte.
hip hofte *m/f; (bot)* nype *m/f*; *(hverdagslig)* moderne; **~ bone** hofteben *n;* **~flask** lommelerke *m/f;* **~ joint** hofteledd *n;* **~ pocket** baklomme *m/f;* **~ socket** hofteskål *m*.
hippopotamus /hɪpə'pɒtəməs/ flodhest *m*.
hire /haɪə/ leie *m/f*.
hire *verb* leie; ansette; **~-purchase** avbetaling *m/f*.
his /hɪz/ hans; sitt, sin(e).
hiss vislelyd *m*.
hiss *verb* visle; pipe ut.
histor|ian /hɪs'tɔːrɪən/ historiker *m;* **-ic(al)** historisk; **-y** historie *m/f*.
hit slag *n;* fulltreffer *m*, suksess *m*.

hit *verb* treffe; slå; ramme.
hitch /hɪtʃ/ vanskelighet *m,* hindring *m/f; (sjøfart)* stikk *n.*
hitch *verb* tjore, binde fast.
hitchhike /ˈhɪtʃhaɪk/ haike.
hitherto /ˈhɪðəˈtuː/ hittil.
HIV /eɪtʃ aɪ viː/ *fork for* **Human Immunodeficiency Virus**; **hiv infected** hiv-smittet.
hive /haɪv/ bikube *m;* **~s** *flertall, (medisin)* elveblest *m.*
hoar(frost) /ˈhɔːfrɒst/ rimfrost *m.*
hoard /hɔːd/ forråd *n.*
hoard *verb* hamstre; **~ing** hamstring *m/f.*
hoarse /hɔːs/ hes.
hoary /ˈhɔːrɪ/ gråhåret.
hoax /hoʊks/ puss *n,* spøk *m.*
hobgoblin /ˈhɒbgɒblɪn/ (ondskapsfull) nisse *m.*
hobnob /ˈhɒbnɒb/, **~ with** menge seg med.
hoe /hoʊ/ hakke *m/f.*
hoe *verb* hakke.
hog /hɒg/ svin *n,* gris *m;* **~tie** binde på hender og føtter; **~skin** svinelær *n;* **~-wash** *tull.*
hoist /hɒɪst/ heise.
hold /hoʊld/ tak *n,* grep *n.*
hold *verb* ta fatt i; holde; inneholde; anse for; reservere; **~ an office** ha et embete *n;* **~ one's own** hevde seg; **~ on to** holde fast i; **~ up** hefte; rane; fremholde; **~-up** forsinkelse *m;* ran *n;* **~ water** være vanntett.
holder /ˈhoʊldə/ holder *m;* innehaver *m.*
holding /ˈhoʊldɪŋ/ gårdsbruk *n;* **~ of shares** aksjeportefølje *m.*
hole /hoʊl/ hull *n.*
holiday /ˈhɒlədeɪ/ helligdag *m;* fridag *m,* ferie *m;* **~s** *flertall* ferie *m.*
holiness /ˈhoʊlɪnɪs/ hellighet *m.*
hollow /ˈhɒloʊ/ hul; innfallen; hulning *m,* fordypning *m;* **~ of the knee** knehase *m.*
holly /ˈhɒlɪ/ kristtorn *m.*
holy /ˈhoʊlɪ/ hellig.
homage /ˈhɒmɪdʒ/ hyllest *m;* **pay ~ to** hylle.
home /hoʊm/ hjem *n;* hus *n;* **at ~** hjemme; **from ~** hjemmefra, bortreist; **~ address** hjemstedsadresse *m/f;* **~less** hjemløs; **~ly** enkel; stygg; **~-made** hjemmelaget.
Home Office /hoʊm ˈɒfɪs/, **the ~** Innenriksdepartementet.
homeopath /ˈhoʊmɪəpæθ/ homøopat *m;* **~y** homøopati *m.*
homesick /ˈhoʊmsɪk/ som lengter hjem; **~ness** hjemlengsel *m.*

homewards /'hoʊmwədz/ hjemover.
homicide /'hɒmɪsaɪd/ mord(er) *n (m).*
Hon. *fork for* **honorary, honourable.**
hone /hoʊn/ bryne *n.*
hone *verb* bryne; slipe.
honest /'ɒnɪst/ ærlig; **~ly** ærlig talt; **~y** ærlighet *m,* redelighet *m.*
honey /'hʌnɪ/ honning *m;* **~moon** bryllupsreise *m/f;* **~suckle** kaprifolium *m.*
honorary /'ɒnərərɪ/ æres-, heders-.
honk /hɒŋk/ tut(ing) *n (m/f).*
honour /'ɒnə/ ære *m/f,* heder *m;* æresbevisning *m.*
honour *verb* ære, hedre; honorere (veksel *o.l.*); **~able** hederlig; som tittel: ærede.
hood /hʊd/ hette *m/f;* kalesje *m; (amr)* (bil)panser *n;* **~wink** narre, føre bak lyset.
hoof /huːf/ hov *m.*
hook /hʊk/ hake *m;* knagg *m,* krok *m.*
hook *verb* få på kroken; hekte; **~ed** kroket, krum; hektet.
hooligan /'huːlɪgən/ bølle *m,* ramp *m.*
hoop /huːp/ bøyle *m;* tønnebånd *n.*
hoot /huːt/ tuting *m/f,* uling *m/f.*
hoot *verb* tute, ule; **~er** bilhorn *n.*
hoover /'huːvə/ støvsuger *m.*
hoover *verb* støvsuge.
hop /hɒp/ hopp *n; (bot)* humle *m.*
hop *verb* hoppe.
hope /hoʊp/ håp *n.*
hope *verb* håpe; **~ful** forhåpningsfull. **~fully** *adv* håpefullt; forhåpentligvis.
hopscotch /'hɒpskɒtʃ/, **play ~** hoppe paradis.
horizon /hə'raɪzn/ horisont *m.*
horn /hɔːn/ horn *n, (amr)* (bil)horn *n.*
hornet /'hɔːnɪt/ geitehams *m* (stor veps).
horny /'hɔːnɪ/ hornaktig; kåt.
horrible /'hɒrəbl/ fryktelig; **-d** vemmelig; redselsfull.
horrify /'hɒrɪfaɪ/ forferde; sjokkere; **~ing** gruoppvekkende; forferdelig.
horror /'hɒrə/ forferdelse *m;* redsel *m.*
horse /hɔːs/ hest *m;* **on ~back** til hest; **~-fly** klegg *m;* **~man** rytter *m;* **~power (HP)** hestekraft *m/f* (HK); **~-race** hesteveddeløp *n;* **~-radish** pepperrot *m/f;* **~whip** ridepisk *m.*
horticulture /'hɔːtɪkʌltʃə/ hagebruk *n.*
hose /hoʊz/ slange *m;* strømpe

m/f; ~ **down** spyle; ~**pipe** hageslange *m*.
hosiery /'hoʊʒɪərɪ/ strikkevarer *m, flertall* (strømper og sokker).
hospitable /'hɒspɪtəbl/ gjestfri.
hospital /'hɒspɪtl/ hospital *n*, sykehus *n;* ~**ity** gjestfrihet *m;* ~**ize** sende til, legge inn på sykehus.
host /hoʊst/ vert *m;* (hær)skare *m*.
hostage /'hɒstɪdʒ/ gissel *n*.
hostel /'hɒstəl/ herberge *n;* **youth** ~ vandrerhjem *n*.
hostess /'hoʊstəs/ vertinne *m/f*.
hostile /'hɒstaɪl/ fiendtlig(sinnet); -**ity** fiendskap *m;* fiendtlighet *m/n*.
hot /hɒt/ het, varm; (om mat) sterkt krydret; ~ **dog** pølse *m*; ~-**headed** hissig; ~**house** drivhus *n;* ~**plate** kokeplate *m/f*; ~-**water bottle** varmeflaske *m/f*; ~-**water tap** varmtvannskran *m/f*.
hotel /hoʊ'tel/ hotell *n;* **make a** ~ **reservation** bestille rom på et hotell; ~ **management** hotelldireksjon *m*; ~ **room** hotellværelse *n*; ~ **staff** hotellbetjening *m/f*.
hound /haʊnd/ jakthund *m*.
hound *verb* jage.
hour /'aʊə/ time *m;* ~**s** *flertall* arbeidstid *m/f*; åpningstid *m/f o.l.;* **by the** ~ pr. time; **for** ~**s** i timesvis; ~ **hand** (på klokke) lilleviser *m*; ~**ly** hver time.
house /haʊs/, *flertall* **houses** /'haʊzɪz/ hus *n*; **the House of Commons** Underhuset; **the House of Lords** Overhuset; ~**hold** husstand *m;* ~**keeper** husholderske *m;* ~**keeping** husholdning *m*; ~-**trained** stueren; ~-**warming** innvielsesfest *m*.
housing /'haʊzɪŋ/ bolig *m*; ~ **estate** boligfelt *n;* ~ **shortage** boligmangel *m*.
hovel /'hɒvəl/ skur *n*.
hover /'hɒvə/ sveve; ~**craft** luftputefartøy *n*.
how /haʊ/ hvordan; hvor; ~ **are you?** hvordan har du det? ~ **do you do?** god dag! *(ved presentasjon)* det gleder meg; ~ **kind (of you)** så hyggelig (av deg)! ~ **much (is it)?** hvor mye (koster det)?
however /haʊ'evə/ imidlertid; hvordan – enn.
howl /haʊl/ hyl *n*.
howl *verb* hyle, ule.
h.p. *fork for* **horse-power.**
HQ *fork for* **headquarters**.
H.R.H. *fork for* **Her** *eller* **His Royal Highness.**

hub /hʌb/ nav *n*; **~-cap** hjulkapsel *m*.
hubbub /'hʌbʌb/ støy *m*; ståhei *m*.
huckster /'hʌkstə/ høker *m*.
huddle /'hʌdl/ klynge *m/f*.
huddle *verb* stuve (seg) sammen; krype sammen.
hue /hjuː/ farge *m;* anstrøk *n*.
Huey, Dewey and Louie Ole, Dole og Doffen.
huffy /'hʌfɪ/ fornærmet, snurt.
hug /hʌg/ klem *m*.
hug *verb* klemme, omfavne.
huge /hjuːdʒ/ veldig; kjempestor.
hull /hʌl/ (skips)skrog *n;* belg *m*.
hull *verb* skalle, rense.
hum /hʌm/ nynne; summe.
human /'hjuːmən/ menneskelig; menneske-; **~ being** menneske *n;* **~e** human; **~ity** menneskehet *m*; menneskelighet *m*.
humble /'hʌmbl/ ydmyk, beskjeden.
humble *verb* ydmyke.
humbug /'hʌmbʌg/ lureri *n;* bløffmaker *m*.
humbug *verb* lure, bløffe.
humdrum /'hʌmdrʌm/ ensformig, kjedelig.
humid /'hjuːmɪd/ fuktig; **~ifier** luftfukter *m*; **~ity** fuktighet *m*.
humililate /hjuː'mɪlɪeɪt/ ydmyke; **-ation** ydmykelse *m;* **-ty** ydmykhet *m*.
hummingbird /'hʌmɪŋbɜːd/ kolibri *m*.
humorous /'hjuːmərəs/ morsom; humoristisk.
humour /'hjuːmə/ humor *m;* **~ sby** snakke en etter munnen, føye en.
hump /hʌmp/ pukkel *m;* kul *m*.
hunch /hʌntʃ/ pukkel *m;* *(hverdagslig)* (forut)anelse *m;* **~backed** pukkelrygget.
hundred /'hʌndrəd/ hundre; **by the ~** i hundrevis; **~th** hundrede (ordenstall); hundredel *m;* **~weight** (cwt.) = 50,8 kg.
hung|er /'hʌŋgə/ sult *m*.
hunger *verb* hungre (**for** etter); **-rily** begjærlig; **-ry** sulten.
hunt /hʌnt/ jakt *m/f*.
hunt *verb* jakte, drive jakt; **~er** jeger *m*.
hunting /'hʌntɪŋ/ jakt *m*; **go ~** gå på jakt; **~ ground** jaktterreng *n*.
hurdle /'hɜːdl/ hinder *n;* *(overført)* forhindring *m*.
hurdle *verb* løpe hekkeløp; **~s** *flertall* hekkeløp *n,* hinderløp *n;* **~r** hekkeløper *m*.
hurl /hɜːl/ kaste, slynge.
hurricane /'hʌrɪkən/ orkan *m*.

hurried /'hʌrɪd/ rask; oppjaget.
hurry /'hʌrɪ/ hast *m;* hastverk *n;* haste, skynde på; **be in a ~** ha det travelt; **~ up!** skynd deg!
hurt /hɜːt/ skade *m;* sår *n.*
hurt *verb* skade; gjøre vondt; såre.
husband /'hʌzbənd/ ektemann *m.*
hush /hʌʃ/ stille! **~ed** lavmælt.
husk /hʌsk/ skall *n.*
husk *verb* skrelle, pille.
husky /'hʌskɪ/ hes, rusten; grønlandshund *m.*
hustle /'hʌsl/ trengsel *m.*
hustle *verb* skubbe, dytte; trekke på gaten; *(overført)* presse; **~r** *(amr)* prostituert.
hut /hʌt/ hytte *f.*
hutch /hʌtʃ/ (kanin)bur *n.*
hydrangea /haɪ'dreɪndʒə/ hortensia *m.*
hydro- /'haɪdroʊ-/ *i sammensetninger:* vann-.
hyena /haɪ'iːnə/ hyene *m.*
hygien|e /'haɪdʒiːn/ hygiene *m;* **-ic** hygienisk.
hymn /hɪm/ hymne *m;* salme *m.*
hype /haɪp/ reklamekampanje *m*; sprøytenarkoman *m*; sprøyte *m/f*, skudd *n*; **~d up** overdrevet.
hyper /'haɪpə/ hyperaktiv.
hyphen /'haɪfən/ bindestrek *m.*
hypno|sis /hɪp'noʊsɪs/ hypnose *m;* **-tic** søvndyssende middel *n*; hypnotisk; **-tist** hypnotisør *m;* **-tize** hypnotisere.
hypocri|sy /hɪ'pɒkrɪsɪ/ hykleri *n;* skinnhellighet *m;* **-te** hykler *m.*
hypodermic /haɪpə'deːmɪk/ underhuds-; (injeksjons)sprøyte *m/f*, «skudd» *n*; **~ needle** sprøytespiss *m*; **~ syringe** injeksjonssprøyte *m/f.*
hypothesis /haɪ'pɒθəsɪs/ hypotese *m.*
hysteric /hɪs'terɪk/ hysterisk person *m*; **~s** *flertall* hysterisk anfall *n*; **~al** hysterisk.

I

I /aɪ/ jeg.
ICBM /aɪ siː biː em/ *fork for* **InterContinental Ballistic Missile.**
ice /aɪs/ is *m*.
ice *verb* ise; glasere; **~berg** isfjell *n;* **~ breaker** isbryter *m*; **~ cream** iskrem *m;* **~d** isavkjølt; med glasur.
icicle /'aɪsɪkl/ istapp *m*.
icing /'aɪsɪŋ/ isdannelse *m*; glasur *m*; **~ sugar** melis *m*.
icy /'aɪsɪ/ iskald; isete, glatt.
IDD /aɪ diː diː/ *fork for* **International Direct Dialling.**
idea /aɪ'dɪə/ idé *m;* tanke *m;* hensikt *m*.
ideal /aɪ'diːl/ ideell; forbilde *n;* **~ism** idealisme *m;* **~ize** idealisere.
identi|cal /aɪ'dentɪkl/ identisk; **-fy** identifisere.
identity /aɪ'dentɪtɪ/ identitet *m;* **~ card** legitimasjonskort *n*.
idiom /'ɪdɪəm/ idiom *n*, språkeiendommelighet *m*.
idiot /'ɪdɪət/ idiot *m*.
idle /'aɪdl/ uvirksom; doven.
idl|e /'aɪdl/ *verb* drive dank; (bil) gå på tomgang; **~ness** ledigang *m;* dovenskap *m;* **~r** dagdriver *m;* **-ing** tomgang(skjøring) *m (m/f)*.
idol /'aɪdl/ avgud *m;* **~ize** forgude.
idyll /'ɪdɪl/ idyll *m*; hyrdedikt *n*.
i.e. /aɪ iː/ *fork for* **id est (= that is)** det er; det vil si, *fork* dvs.
if hvis; om.
ignit|able /ɪg'naɪtəbl/ antennelig; **-e** antenne; **-ion** tenning *m/f*; **-ion key** tenningsnøkkel *m*.
ignoble /ɪg'noʊbl/ gemen, ussel.
ignominious /ɪgnə'mɪnɪəs/ forsmedelig; vanærende.
ignor|ance /'ɪgnərəns/ uvitenhet *m;* **-ant** uvitende; **-e** ignorere, overse.
ileus /'ɪlɪəs/ tarmslyng *m*.
ill syk; dårlig; onde *n*.
illegal /ɪ'liːgəl/ ulovlig.
illegible /ɪ'ledʒəbl/ uleselig.
illegitimate /ɪlɪ'dʒɪtɪmət/ født utenfor ekteskap; ulovlig.
illicit /ɪ'lɪsɪt/ ulovlig.
illitera|cy /ɪ'lɪtərəsɪ/ analfabetisme *m*; **-te** analfabet *m*.
illness /'ɪlnəs/ sykdom *m*.

illuminat|ed /ɪ'lju:mɪneɪtɪd/ opplyst; **-ion** opplysning *m;* belysning *m.*
illus|ion /ɪ'lu:ʒn/ illusjon *m;* villfarelse *m*; **-ive, -ory** illusorisk.
illustrat|e /'ɪləstreɪt/ illustrere; forsyne med bilder; belyse; **-ion** illustrasjon *m;* belysning *m.*
illustrious /ɪ'lʌstrɪəs/ fremtredende; strålende.
image /'ɪmɪdʒ/ bilde *n;* *(overført)* ansikt utad.
imagin|able /ɪ'mædʒɪnəbl/ tenkelig; **-ary** innbilt; **-ation** innbilning *m*; fantasi *m;* **-ative** fantasifull; **-e** forestille seg; innbille seg.
imbibe /ɪm'baɪb/ drikke; *(overført)* absorbere.
imita|ble /'ɪmɪtəbl/ som kan etterlignes, imiteres; **-te** etterligne, imitere; **-tion** etterligning *m/f;* imitasjon *m;* **-tor** imitator *m.*
immaculate /ɪ'mækjʊlɪt/ uklanderlig; ulastelig.
immaterial /ɪmə'tɪərɪəl/ *uvesentlig.*
immature /ɪmə'tju:ə/ umoden.
immeasurably /ɪ'meʒərəblɪ/ umåtelig.
immediate /ɪ'mi:djət/ umiddelbar; øyeblikkelig; **~ly** straks.
immemorial /ɪmə'mɔ:rɪəl/ uminnelig.
immense /ɪ'mens/ enorm; **~ly** umåtelig, grenseløs.
immerse /ɪ'mɜ:s/ senke ned (**in** i); dyppe.
immigra|nt /'ɪmɪgrənt/ innvandrer *m;* **-te** innvandre; **-tion** innvandring *m/f.*
imminent /'ɪmɪnənt/ forestående; overhengende.
immoderate /ɪ'mɒdərɪt/ overdreven.
immoral /ɪ'mɒrəl/ umoralsk; **~ity** umoral *m.*
immortal /ɪ'mɔ:tl/ udødelig; **~ity** udødelighet *m.*
immovable /ɪ'mu:vəbl/ ubevegelig; urokkelig.
immune /ɪ'mju:n/ uimottakelig; **~ deficiency** immunsvikt *m.*
imp djevelunge *m,* skøyer *m.*
impact /'ɪmpækt/ støt *n;* *(overført)* (inn)virkning *m/f.*
impaired /ɪm'peəd/ svekket.
impart /ɪm'pɑ:t/ gi videre; formidle.
impartial /ɪm'pɑ:ʃl/ upartisk.
impassable /ɪm'pɑ:səbl/ ufremkommelig.
impasse /ɪm'pɑ:s/ blindgate *m/f.*
impatien|ce /ɪm'peɪʃns/ utålmodighet *m;* **-t** utålmodig.
impeach /ɪm'pi:tʃ/ stille for

riksrett; **~ment** (riksretts)anklage *m.*
impeccable /ɪm'pekəbl/ uklanderlig; plettfri.
impedle /ɪm'piːd/ hindre; **-iment** hinder *n.*
impel /ɪm'pel/ drive frem, tilskynde.
impending /ɪm'pendɪŋ/ nær forestående; overhengende.
impenetrable /ɪm'penɪtrəbl/ ugjennomtrengelig.
imperative /ɪm'perətɪv/ absolutt nødvendig; myndig; *(gram)* imperativ.
imperceptible /ɪmpə'septəbl/ umerkelig.
imperfect /ɪm'pɜːfɪkt/ ufullkommen; mangelfull; *(gram)* imperfektum; **~ion** ufullkommenhet *m.*
imperial /ɪm'pɪərɪəl/ keiserlig.
imperil /ɪm'perɪl/ utsette for fare.
imperishable /ɪm'perɪʃəbl/ ubedervelig; uforgjengelig.
impersonal /ɪm'pɜːsnl/ upersonlig.
impersonatle /ɪm'pɜːsəneɪt/ etterligne; **-ion** etterligning *m.*
impertinenlce /ɪm'pɜːtɪnəns/ nesevishet *m;* **-t** nesevis, uforskammet.
imperturbable /ɪmpə'tɜːbəbl/ uforstyrrelig.
impervious /ɪm'pɜːvɪəs/ ugjennomtrengelig; uimottakelig (**to** for).
impetigo /ɪmpɪ'taɪgoʊ/ brennkopper *flertall.*
impetuous /ɪm'petjʊəs/ heftig, voldsom.
impetus /'ɪmpɪtəs/ stimulans *m,* impuls *m.*
impious /'ɪmpɪəs/ ugudelig.
implement /'ɪmplɪmənt/ redskap *m/n*, verktøy *n.*
implicatle /'ɪmplɪkeɪt/ innvikle, implisere; **-ion** innblanding *m/f*, innvikling *m/f*; stilltiende forståelse *m.*
implicit /ɪm'plɪsɪt/ stilltiende, underforstått.
implore /ɪm'plɔː/ bønnfalle.
imply /ɪm'plaɪ/ antyde; implisere, innebære.
impolite /ɪmpə'laɪt/ uhøflig.
import /'ɪmpɔːt/ innførsel *m;* betydning *m;* mening *m.*
import *verb* /ɪm'pɔːt/ innføre, importere; **~ance** viktighet *m;* **~ant** viktig.
imposle /ɪm'poʊz/ pålegge; påtvinge; **~ upon** narre, bedra; **-ing** imponerende; **-ition** pålegg *n;* påbud *n;* skatt *m;* straffelekse *m/f* på skole; bedrag *n,* lureri *n.*
impossibility /ɪmpɒsə'bɪlətɪ/ umulighet *m;* **-le** umulig.

impost|or /ɪm'pɒstə/ bedrager *m;* **-ure** bedrageri *n.*
impoten|ce /'ɪmpətəns/ impotens *m;* **-t** kraftløs, impotent.
impoverish /ɪm'pɒvərɪʃ/ gjøre fattig.
impracticable /ɪm'præktɪkəbl/ ugjennomførlig.
impregnable /ɪm'pregnəbl/ uinntakelig.
impregnate /ɪm'pregnɪt/ impregnert.
impregnate *verb* /'ɪmpregneɪt/ impregnere, gjennomtrenge.
impress /'ɪmpres/ preg *n,* avtrykk *n.*
impress *verb* /ɪm'pres/ (på)trykke; prege, gjøre inntrykk på, imponere; **~ion** inntrykk *n;* avtrykk *n;* opplag *n;* **be under the ~ion that** ha det inntrykk at; **~ive** imponerende.
imprint /'ɪmprɪnt/ avtrykk *n;* preg *n.*
imprint *verb* /ɪm'prɪnt/ merke, prege; innprente.
imprison /ɪm'prɪzn/ fengsle; **~ment** fengsling *m,* fangenskap *n.*
improbab|ility /ɪmprɒbə'bɪlətɪ/ usannsynlighet *m;* **-le** usannsynlig.
improper /ɪm'prɒpə/ upassende.
improv|able /ɪm'pru:vəbl/ som kan forbedres; **-e** forbedre(s); **-ement** forbedring *m/f.*
impruden|ce /ɪm'pru:dns/ ubetenksomhet *m;* **-t** ubetenksom; uklok.
impuden|ce /'ɪmpjʊdns/ uforskammethet *m;* **-t** uforskammet.
impulse /'ɪmpʌls/ impuls *m;* tilskyndelse *m;* innfall *n.*
impure /ɪm'pju:ə/ uren.
in i; inn; inne; innen; om; på; hos; ved; **be ~ for** ha i vente; **be ~ on** kjenne til; **~ that** fordi.
in. *fork for* **inch(es)**.
inability /ɪnə'bɪlɪtɪ/ manglende evne *m.*
inaccessible /ɪnæk'sesəbl/ utilgjengelig.
inaccura|cy /ɪn'ækjʊrəsɪ/ unøyaktighet *m;* **-te** unøyaktig.
inacti|on /ɪn'ækʃn/ uvirksomhet *m;* **-ve** uvirksom.
inadequate /ɪn'ædɪkwət/ utilstrekkelig.
inadmissible /ɪnəd'mɪsəbl/ som ikke kan godtas.
inadvertently /ɪnəd'vɜ:təntlɪ/ av vanvare.
inane /ɪ'neɪn/ tom; tåpelig.
inapplicable /ɪn'æplɪkəbl/ uanvendelig; ubrukelig.

inappropriate /ɪnə'proʊprɪət/ upassende; malplassert.
inasmuch /ɪnəz'mʌtʃ/, **~ as** for så vidt som, ettersom.
inattentilon /ɪnə'tenʃn/ uoppmerksomhet *m;* **-ve** uoppmerksom.
inaugurlal /ɪn'ɔːgjʊrəl/ innvielses-; **-ate** innsette; innvie; **-ation** innsettelse *m;* innvielse *m.*
inborn /ɪn'bɔːn/ medfødt.
inc. *fork for* **including, Incorporation.**
incandescent /ɪnkæn'desənt/ hvitglødende; **~ lamp** glødelampe *m/f.*
incapalbility /ɪnkeɪpə'bɪlətɪ/ manglende evne *m;* **-ble** uskikket (**of** til).
incapacitlate /ɪnkə'pæsɪteɪt/ gjøre arbeidsufør; umuliggjøre; **-y** arbeidsuførhet *m; (jur)* inhabilitet *m.*
incarnate /ɪn'kɑːneɪt/ legemliggjøre.
incendiary /ɪn'sendɪərɪ/ brann-; brannstifter *m.*
incense /'ɪnsens/ røkelse *m.*
incense *verb* hisse opp; gjøre rasende.
incentive /ɪn'sentɪv/ ansporende; incitament *n;* oppmuntring *m/f.*
incessant /ɪn'sesnt/ uopphørlig.
incest /'ɪnsest/ incest *m;* **~uous** skyldig i incest *m.*
inch /ɪntʃ/ tomme *m* (2,54 cm).
incidence /'ɪnsɪdns/ hyppighet *m;* utbredelse *m.*
incident /'ɪnsɪdənt/ (tilfeldig) hendelse *m;* episode *m; (fysikk)* innfallende; **~al** tilfeldig; **~ally** forresten.
incineratle /ɪn'sɪnəreɪt/ (for)brenne; **-ion** forbrenning *m/f;* **-or** forbrenningsovn *m.*
incislion /ɪn'sɪʒən/ innsnitt *n;* **-ive** skarp.
incite /ɪn'saɪt/ anspore, egge; **~ment** tilskyndelse *m;* spore *m.*
incl. *fork for* **inclusive.**
inclination /ɪnklɪ'neɪʃn/ tilbøyelighet *m;* helling *m/f.*
incline /ɪn'klaɪn/ skråning *m.*
inclinle *verb* skråne, helle; **-ed** skrånende; tilbøyelig (**to** til).
includle /ɪn'kluːd/ omfatte, inkludere; **-sive** samlet; inklusive.
incoherent /ɪnkoʊ'hɪərent/ usammenhengende.
incomle /'ɪnkəm/ inntekt *m/f;* **~ tax** inntektsskatt *m;* **-ing** innkommende.
incomparable /ɪn'kɒmpərəbl/ som ikke kan sammenlignes.
incompatible /ɪnkɒm'pætəbl/ som ikke passer sammen, uforenlig.

incompetent /ɪn'kɒmpətənt/ uskikket; inhabil.
incomplete /ɪnkəm'pliːt/ ufullstendig; uferdig.
incomprehensible /ɪnkɒmprɪ'hensəbl/ uforståelig.
inconceivable /ɪnkən'siːvəbl/ ufattelig.
incongru|ity /ɪnkɒn'gruːətɪ/ uoverensstemmelse *m;* **-ous** uoverstemmende; urimelig.
inconsider|able /ɪnkən'sɪdərəbl/ ubetydelig; **-ate** ubetenksom; hensynsløs.
inconsistent /ɪnkən'sɪstənt/ selvmotsigende, inkonsekvent.
inconsolable /ɪnkən'soʊləbl/ utrøstelig.
inconvenience /ɪnkən'viːnɪəns/ uleilighet *m;* ulempe *m.*
inconvenien|ce *verb* uleilige; bry; **-t** ubeleilig; brysom.
incorporate /ɪn'kɔːpəreɪt/ innlemme; **~d** innlemmet; *fork* **Inc.** *(amr)* aksjeselskap *n.*
incorrect /ɪnkə'rekt/ uriktig.
incorrigible /ɪn'kɒrɪdʒəbl/ *uforbederlig.*
increase /'ɪnkriːs/ vekst *m;* økning *m.*
increase *verb* /ɪn'kriːs/ øke; forhøye; tilta.
incred|ible /ɪn'kredəbl/ utrolig; **-ulous** tvilende; vantro.
increment /'ɪnkrəmənt/ økning *m;* (lønns)tillegg *n.*
incriminate /ɪn'krɪmɪneɪt/ anklage; belaste.
incubator /'ɪnkjʊbeɪtə/ rugemaskin *m*; kuvøse *m.*
incur /ɪn'kɜː/ pådra seg; utsette seg for.
incurable /ɪn'kjʊərəbl/ uhelbredelig.
indebted /ɪn'detɪd/ stå i gjeld (**to** til).
indecen|cy /ɪn'diːsnsɪ/ uanstendighet *m;* **-t** uanstendig.
indecisi|on /ɪndɪ'sɪʒn/ ubeslutsomhet *m;* **-ve** ubeslutsom.
indeed /ɪn'diːd/ sannelig, riktignok; ja visst!
indefatigable /ɪndɪ'fætɪgəbl/ utrettelig.
indefensible /ɪndɪ'fensəbl/ uholdbar; som ikke kan forsvares.
indefinite /ɪn'defɪnɪt/ ubestemt; ubegrenset.
indelible /ɪn'deləbl/ *uutslettelig.*
indelicacy /ɪn'delɪkəsɪ/ taktløshet *m.*
indemnity /ɪn'demnɪtɪ/ dekning *m; (jur)* skadeserstatning *m.*
indent /'ɪndent/ (eksport)ordre *m.*

indent *verb* /ɪn'dent/ skjære hakk i; *(typografi)* lage innrykk; ~ **for** rekvirere; **~ation** hakk *n,* skår *n;* innrykk *n.*
independen|ce /ɪndɪ'pendəns/ uavhengighet *m;* **-t** uavhengig.
indescribable /ɪndɪ'skraɪbəbl/ ubeskrivelig.
indestructible /ɪndɪ'strʌktəbl/ som ikke kan ødelegges; uforgjengelig.
index /'ɪndeks/ viser *m;* pekefinger *m;* register *n.*
index *verb* registrere.
indicat|e /'ɪndɪkeɪt/ vise; markere; gi tegn (bilkjøring); **-ion** tegn *n.*
indicator /'ɪndɪkeɪtə/ viser *m;* **flashing ~** blinklys *n.*
indict /ɪn'daɪt/ *(jur)* reise tiltale mot; **~ment** tiltale *m.*
indifferen|ce /ɪn'dɪfrəns/ likegyldighet *m* (**to** overfor); **-t** likegyldig; middelmådig.
indigenous /ɪn'dɪdʒənəs/ innfødt.
indigest|ible /ɪndɪ'dʒestəbl/ ufordøyelig; **-ion** dårlig fordøyelse *m.*
indign|ant /ɪn'dɪgnənt/ vred; indignert; **-ation** harme *m.*
indiscernable /ɪndɪ'sɜːnəbl/ umerkelig.
indiscreet /ɪndɪs'kriːt/ ubetenksom; indiskret.
indiscretion /ɪndɪs'kreʃn/ taktløshet *m;* indiskresjon *m.*
indiscriminate /ɪndɪs'krɪmɪnɪt/ kritikkløs, vilkårlig.
indispensable /ɪndɪs'pensəbl/ uunnværlig; absolutt nødvendig.
indispos|ed /ɪndɪs'poʊzd/ uopplagt; utilbøyelig; indisponert; **-ition** indisposisjon *m;* uvillighet *m.*
indisputable /ɪndɪs'pjuːtəbl/ ubestridelig.
indissoluble /ɪndɪ'sɒljʊbl/ uløselig; uoppløselig.
indistinct /ɪndɪs'tɪŋkt/ utydelig; **~ive** ukarakteristisk.
indistinguishable /ɪndɪs'tɪŋgwɪʃəbl/ som ikke kan skjelnes fra hverandre.
individual /ɪndɪ'vɪdjʊəl/ personlig, individuell; særskilt; individ *n,* enkeltperson *m.*
indivisible /ɪndɪ'vɪzəbl/ udelelig.
indolen|ce /'ɪndələns/ treghet *m;* lathet *m;* **-t** treg, lat.
indomitable /ɪn'dɒmɪtəbl/ utemmelig, ukuelig.
indoor /'ɪndɔː/ innvendig, inne-; **~s** inne, innendørs.
indubitable /ɪn'djuːbɪtəbl/ utvilsom.

induce /ɪn'djuːs/ forårsake; overtale; **~ment** motivasjon *m*; bestikkelse *m*.
indulge /ɪn'dʌldʒ/ føye; gi etter for; **~nce** overbærenhet *m*; ettergivenhet *m*; noe man unner seg; **~nt** overbærende; ettergivende.
industr|ial /ɪn'dʌstrɪəl/ industriell; industri-; **-ious** flittig; **-y** industri *m*; næringsvei *m*.
ineffective /ɪnɪ'fektɪv/ virkningsløs, ineffektiv.
inefficient /ɪnɪ'fɪʃənt/ udugelig.
inept /ɪ'nept/ malplassert; tåpelig; ukyndig; udugelig.
inequality /ɪnɪ'kwɔːlətɪ/ ulikhet *m*.
inequitable /ɪn'ekwɪtəbl/ urettferdig.
ineradicable /ɪnɪ'rædɪkəbl/ uutryddelig.
inert /ɪ'nɜːt/ treg.
inestimable /ɪn'estɪməbl/ uvurderlig.
inevitable /ɪn'evɪtəbl/ uunngåelig.
inexorably /ɪn'eksərəblɪ/ ubønnhørlig.
inexpedient /ɪnɪks'piːdɪent/ uhensiktsmessig.
inexperienced /ɪnɪks'pɪərɪənst/ uerfaren.
inexplicable /ɪnɪks'plɪkəbl/ uforklarlig.
inexpress|ible /ɪnɪks'presəbl/ ubeskrivelig; **-ive** uttrykksløs.
inextricable /ɪn'ekstrɪkəbl/ uløselig (sammenfiltret).
infallible /ɪn'fæləbl/ ufeilbarlig.
infamous /'ɪnfəməs/ beryktet; skammelig.
infancy /'ɪnfənsɪ/ spebarnsalder *m*; barndom *m*.
infant /'ɪnfənt/ spebarn *n*, lite barn *n*; **~ prodigy** vidunderbarn *n*; **~ile** barnslig, infantil; **~ile colic** spebarnskolikk *m*.
infantry /'ɪnfəntrɪ/ infanteri *n*; **~man** infanterist *m*.
infarct /'ɪnfɑːkt/, **~ of the heart** hjerteinfarkt *n*.
infatuat|ed /ɪn'fætjʊeɪtɪd/ blindt forelsket (**with** i); **-ion** blind forelskelse *m*.
infect /ɪn'fekt/ infisere, smitte; **~ed** smittet; **~ion** smitte *m*, infeksjon *m*; **~ious** smittende; smittsom.
infer /ɪn'fɜː/ slutte seg til; antyde; **~ence** slutning *m*.
inferior /ɪn'fɪərɪə/ underordnet; lavere; dårligere; mindreverdig; **~ity** mindreverdighet *m*; **~ity complex** mindreverdighetskompleks *n*.

infernal /ɪn'fɜːnl/ pokkers, fordømt; helvetes.
infertil|le /ɪn'fɜːtaɪl/ ufruktbar; **-ity** ufruktbarhet *m.*
infest /ɪn'fest/ hjemsøke, plage; **~ed with** befengt med.
infidel /'ɪnfɪdl/ vantro; **~ity** vantro *m;* utroskap *m.*
infiltrate /'ɪnfɪltreɪt/ sive inn i; infiltrere.
infinit|e /'ɪnfɪnɪt/ uendelig; **~simal** uendelig liten; **-y** uendelighet *m.*
infirm /ɪn'fɜːm/ svak(elig); **~ary** sykehus *n;* **~ity** svakelighet *m;* skrøpelighet *m.*
inflamed /ɪn'fleɪmd/ betent; opphisset.
inflammable /ɪn'flæməbl/ (lett) antennelig; brennbar.
inflammation /ɪnflə'meɪʃn/ betennelse *m.*
inflat|ed /ɪn'fleɪtɪd/ oppblåst; **-ion** inflasjon *m;* oppblåsing *m/f.*
inflect /ɪn'flekt/ modulere; *(gram)* bøye; **~ion** modulasjon *m*; bøyning *m.*
inflexible /ɪn'fleksɪbl/ ubøyelig.
inflict /ɪn'flɪkt/ tildele, gi; påtvinge.
influence /'ɪnflʊəns/ innflytelse *m.*
influen|ce *verb* påvirke, influere; **-tial** innflytelsesrik.
influenza /ɪnflʊ'enzə/, *(hverdagslig)* **the flu** influensa *m.*
influx /'ɪnflʌks/ tilstrømming *m*, innrykk *n.*
inform /ɪn'fɔːm/ underrette; meddele; **~al** uformell; **~ation** opplysninger *m, flertall*; **~er** angiver *m.*
infringe /ɪn'frɪndʒ/ *(jur)* overtre; **~ment** overtredelse *m.*
infuriat|e /ɪn'fjuːrɪeɪt/ gjøre rasende; **-ing** meget irriterende.
infuse /ɪn'fjuːz/ sette mot i.
ingen|ious /ɪn'dʒiːnjəs/ oppfinnsom; skarpsindig; **-uity** lurt påfunn *n;* kløkt *m;* **-uous** troskyldig; oppriktig.
ingrained /ɪn'greɪnd/ gjennomfarget (garn); inngrodd.
ingratitude /ɪn'grætɪtjuːd/ utakknemlighet *m.*
ingredient /ɪn'griːdɪənt/ bestanddel *m;* ingrediens *m.*
inguinal /'ɪŋgwɪnəl/ lyske-; **~ hernia** lyskebrokk *n.*
inhabit /ɪn'hæbɪt/ bebo; **~able** beboelig; **~ant** beboer *m;* innbygger *m.*
inhale /ɪn'heɪl/ puste inn; innhalere; **~r** inhalator *m.*
inharmonious /ɪnhɑː'moʊnjəs/ uharmonisk.

inherent /ɪn'hɪərənt/ iboende; medfødt.
inherit /ɪn'herɪt/ arve; **~ance** arv *m.*
inhibit /ɪn'hɪbɪt/ hemme; hindre; **~ion** hemning *m;* **~ive** hemmende.
inhospitable /ɪn'hɒspɪtəbl/ ugjestfri.
inhuman /ɪn'hjuːmən/ umenneskelig.
inimical /ɪn'ɪmɪkl/ fiendtlig.
iniquitous /ɪ'nɪkwɪtəs/ grovt urettferdig; skammelig.
initial /ɪ'nɪʃl/ begynnelses-; forbokstav *m.*
initiate /ɪ'nɪʃɪɪt/ innviet (person) *m.*
initiat|e *verb* /-ʃɪeɪt/ innlede; innvie; **-ion** innledning *m;* innvielse *m.*
inject /ɪn'dʒekt/ sprøyte inn; **~ion** sprøyte *m/f;* innsprøytning *m.*
injur|e /'ɪndʒə/ skade; krenke; **-ious** skadelig; krenkende; **-y** skade *m;* krenkelse *m.*
injustice /ɪn'dʒʌstɪs/ urettferdighet *m.*
ink /ɪŋk/ blekk *n.*
inkling /'ɪŋklɪŋ/ anelse *m.*
inland /'ɪnlənd/ innlands(k); innenriks; /'ɪnlænd/ inne i landet.
in-laws /'ɪnlɔːz/ *flertall* svigerfamilie *m.*
inlet /'ɪnlet/ innløp *n;* vik *m/f.*
inmate /'ɪnmeɪt/ beboer *m;* innsatt *m.*
inn vertshus *n,* kro *m/f.*
innate /ɪ'neɪt/ medfødt.
inner /'ɪnə/ indre; **~most** innerst.
innocen|ce /'ɪnəsens/ uskyld(ighet) *m;* **-t** uskyldig.
innovation /ɪno'veɪʃn/ fornyelse *m;* nyskapning *m.*
innuendo /ɪnjʊ'endoʊ/ insinuasjon *m.*
innumerable /ɪ'njuːmərəbl/ utallig, talløs.
inoculate /ɪn'ɒkjʊleɪt/ vaksinere; innpode.
inoffensive /ɪnə'fensɪv/ harmløs.
inoperative /ɪn'ɒpərətɪv/ virkningsløs; som ikke virker.
inordinate /ɪn'ɔːdɪnɪt/ overdreven.
inquest /'ɪnkwest/ (rettslig) likskue *n.*
inquir|e /ɪn'kwaɪə/ spørre; **~ about** forhøre seg om; **~ into** undersøke; **-y** forespørsel *m;* undersøkelse *m.*
inquisitive /ɪn'kwɪzɪtɪv/ vitebegjærlig; nysgjerrig.
insan|e /ɪn'seɪn/ sinnssyk; **-ity** sinnssykdom *m;* vanvidd *n.*

inscri|be /ɪn'skraɪb/ skrive inn; gravere inn; dedisere; **-ption** inskripsjon *m;* inngravering *m/f;* dedikasjon *m.*
insect /'ɪnsekt/ insekt *n;* **~icide** insektdrepende middel *n.*
insecure /ɪnsɪ'kjʊə/ usikker.
insens|ibility /ɪnsensə'bɪlətɪ/ følelsesløshet *m;* **-ible** følelsesløs; ufølsom.
inseparable /ɪn'sepərəbl/ uatskillelig.
insert /ɪn'sɜːt/ sette (*eller* rykke, skyte) inn.
inside /'ɪnsaɪd/ inne; innvendig; /ɪn'saɪd/ inn(er)side *m/f;* indre *n;* **~ information** underhåndsopplysninger *m, flertall*; **~r trading** innsidehandel *m.*
insight /'ɪnsaɪt/ innsikt *m.*
insignificant /ɪnsɪg'nɪfɪkənt/ ubetydelig.
insincere /ɪnsɪn'sɪə/ uoppriktig, falsk, uekte.
insinuate /ɪn'sɪnjʊeɪt/ antyde.
insipid /ɪn'sɪpɪd/ flau, smakløs.
insist /ɪn'sɪst/ insistere; **~ on** fastholde; **~ent** pågående.
insolent /'ɪnsələnt/ uforskammet.
insoluble /ɪn'sɒljʊbl/ u(opp)løselig.
insomnia /ɪn'sɒmnɪə/ søvnløshet *m.*
inspect /ɪn'spekt/ inspisere; kontrollere; **~ion** inspeksjon *m;* kontroll *m;* **~or** inspektør *m.*
inspir|ation /ɪnspə'reɪʃn/ inspirasjon *m;* **-e** inspirere.
inst. *fork for* **instant** /'ɪnstənt/ denne måned, d.m.
instab|ility /ɪnstə'bɪlətɪ/ ustabilitet *m;* **-le** ustabil.
install /ɪn'stɔːl/ innstallere; innsette (i et embete *o.l.*).
instalment /ɪn'stɔːlmənt/ avdrag *n;* porsjon *m;* **by ~s** avdragsvis.
instance /'ɪnstəns/ eksempel *n;* tilfelle *n*; **for ~** for eksempel.
instant /'ɪnstənt/ øyeblikkelig; øyeblikk *n;* **~ coffee** pulverkaffe *m*; **~aneous** momentan; **~ly** straks.
instead /ɪn'sted/ isteden; **~ of** istedenfor.
instep /'ɪnstep/ vrist *m.*
instigate /'ɪnstɪgeɪt/ fremkalle; egge.
instill /ɪn'stɪl/ innpode, inngyte.
instinct /'ɪnstɪŋkt/ instinkt *n;* **~ive** instinktiv; uvilkårlig.
institute /'ɪnstɪtjuːt/ institutt *n.*
institution /ɪnstɪ'tjuːʃn/ institusjon *m;* **~alize** anbringe på institusjon.

instruct /ɪn'strʌkt/ undervise; instruere; **~ion** instruksjon *m;* undervisning *m/f;* **~ions** *flertall* instruks *m;* ordre *m;* bruksanvisning *m*; **~ive** lærerik.

instrument /'ɪnstrʊmənt/ instrument *n;* verktøy *n; verb (mus)* instrumentere; **~ board** dashbord *n*; **~al** medvirkende; *(mus)* instrumental.

insubordinate /ɪnsə'bɔːdɪnət/ oppsetsig; ulydig.

insufferable /ɪn'sʌfərəbl/ ulidelig; utålelig.

insufficient /ɪnsə'fɪʃnt/ utilstrekkelig.

insular /'ɪnsjʊlə/ øy-; **~ity** øyboermentalitet *m.*

insulat|e /'ɪnsjʊleɪt/ isolere; **-ion** isolasjon *m*; **-or** isolator *m.*

insulin /'ɪnsjʊlɪn/ insulin *n.*

insult /'ɪnsʌlt/ fornærmelse *m.*

insult *verb* /ɪn'sʌlt/ fornærme, såre.

insuperable /ɪn'suːpərəbl/ uoverkommelig; *uoverstigelig.*

insupportable /ɪnsə'pɔːtəbl/ uutholdelig.

insur|ance /ɪn'ʃuːrəns/ forsikring *m/f;* **-e** forsikre.

insurmountable /ɪnsə'maʊntəbl/ uoverstigelig.

insurrection /ɪnsə'rekʃn/ opprør *n.*

intangible /ɪn'tændʒəbl/ ufattelig; ubestemt; ikke merkbar.

integer /'ɪntɪdʒə/ heltall *n.*

integral /'ɪntɪgrəl/ helhetlig; integrerende; integral *m*; **~ rim** fast felg *m.*

integr|ate /'ɪntɪgreɪt/ integrere; inngå i et hele; **-ity** integritet *m*; helhet *m;* rettskaffenhet *m.*

intellect /'ɪntəlekt/ forstand *m;* **~ual** forstandsmessig; intellektuell *m.*

intellig|ence /ɪn'telɪdʒəns/ intelligens *m;* etterretning *m;* **-ent** intelligent; **-ible** forståelig.

intemperance /ɪn'tempərəns/ mangel på måtehold *n.*

intend /ɪn'tend/ ha til hensikt; **~ed** tilkommende.

intens|e /ɪn'tens/ intens; voldsom; **-ification** forsterkning *m*; **-ify** forsterke; intensivere; **-ity** intensitet *m;* styrke *m.*

intent /ɪn'tent/ (an)spent.

intention /ɪn'tenʃn/ hensikt *m;* formål *n;* **~al** tilsiktet.

interact /ɪntər'ækt/ påvirke hverandre gjensidig; **~ion** vekselvirkning *m.*

intercede /ɪntə'siːd/ mekle; gå i forbønn.
intercept /ɪntə'sept/ snappe opp; avskjære; **telephone ~** avlyttingsapparat *n*; **~or** *(mil)* nærjager *m.*
interchange /'ɪntətʃeɪndʒ/ utveksling *m/f.*
interchange *verb* /ɪntə'tʃeɪndʒ/ utveksle.
intercom /'ɪntəkɒm/ *fork for* **intercommunication system** internt telefonanlegg *n.*
intercourse /'ɪntəkɔːs/ samkvem *n;* **sexual ~** samleie *n.*
interest /'ɪntrɪst/ interesse *m;* rente *m/f.*
interest *verb* interessere; **be ~ed in** interessere seg for; **~ing** interessant.
interface /'ɪntəfeɪs/ *(edb)* grensesnitt *n.*
interfere /ɪntə'fɪə/ blande seg opp i; **~ with** hindre, komme i veien for; **~nce** innblanding *m/f; (radio)* støy *m.*
interior /ɪn'tɪərɪə/ indre; innvendig; *(amr)* **Department of the Interior** Innenriksdepartementet; **Secretary of the Interior** innenriksminister *m.*
interjacent /ɪntə'dʒeɪsənt/ mellomliggende.
interlock /'ɪntəlɒk/ *(elektr)* lås *m*, sperre *m/f.*
interlock *verb* /ɪntə'lɒk/ passe inn i hverandre; *(elektr)* blokkere.
interlude /'ɪntəluːd/ *(teater)* pause *m; (også overført)* mellomspill *n.*
intermedia|ry /ɪntə'miːdɪərɪ/ mellommann *m;* **-te** mellomliggende; mellom-.
interminable /ɪn'tɜːmɪnəbl/ endeløs, uendelig.
intermission /ɪntə'mɪʃn/ avbrytelse *m; (teater)* pause *m.*
intermittent /ɪntə'mɪtənt/ som skjer med mellomrom; periodisk.
intern /ɪn'tɜːn/ internere; **~ee** internert (person) *m*; **~ment** internering *m/f.*
internal /ɪn'tɜːnəl/ indre, innvendig; **~ combustion engine** forbrenningsmotor *m.*
international /ɪntə'næʃnl/ internasjonal; **~ terminal** utenriksterminal *m.*
Internet, the ~ Internett *n*; **~ café** internettkafé *m.*
interplay /'ɪntəpleɪ/ vekselspill *n*; samspill *n.*
interpolate /ɪn'tɜːpoleɪt/ innskyte, interpolere.
interpose /ɪntə'poʊz/ sette

eller komme mellom; gripe inn i.
interpret /ɪn'tɜːprɪt/ tolke; tyde; **~ation** tolking *m/f*; fortolkning *m;* **~er** tolk *m.*
InterRail /'ɪntəreɪl/ interrail; **~ pass** interrailbillett *m*; **~er** interrailer.
interrogat|e /ɪn'terəgeɪt/ forhøre; **-ion** forhør *n;* utspørring *m/f*; **-ive** spørrende.
interrupt /ɪntə'rʌpt/ avbryte; **~ion** avbrytelse *m.*
intersect /ɪntə'sekt/ krysse hverandre; (gjennom)skjære; **~ion** kryss *n*, skjæringspunkt *n.*
interval /'ɪntəvəl/ mellomrom *n;* pause *m.*
interven|e /ɪntə'viːn/ gripe inn; intervenere; **-tion** intervensjon *m;* innblanding *m/f.*
interview /'ɪntəvjuː/ samtale *m;* intervju *n.*
interview *verb* intervjue.
intestin|e /ɪn'testɪn/ tarm *m;* **large ~** tykktarm *m*; **small ~** tynntarm *m*; **-al** tarm-; innvolls-; **-al tract** fordøyelseskanal *m*
intima|cy /'ɪntɪməsɪ/ fortrolighet *m;* **-te** fortrolig; uformell.
intimidat|e /ɪn'tɪmɪdeɪt/ skremme; **-ion** skremming *m/f.*
into /'ɪntʊ/ inn i; til.
intolera|ble /ɪn'tɒlərəbl/ uutholdelig; utålelig; **-nt** intolerant (**of** overfor).
intonation /ɪntoʊ'neɪʃn/ intonasjon *m;* tonefall *n.*
intoxica|nt /ɪn'tɒksɪkənt/ rusmiddel *n;* **-te** beruse; **-ted** beruset, rusa; **-tion** beruselse *m;* rus *m.*
intrepid /ɪn'trepɪd/ fryktløs; uforferdet.
intricate /'ɪntrɪkət/ innviklet.
intrigue /ɪn'triːg/ intrige *m*; intrigering *m/f.*
intrigu|e *verb* gjøre nysgjerrig; **-ing** interessant; intregant.
intrinsic /ɪn'trɪnsɪk/ indre; **~ value** reell verdi *m.*
introduc|e /ɪntrə'djuːs/ innføre, introdusere; presentere (**to** for); **-tion** innledning *m;* presentasjon *m;* **-tory** innledende.
intrude /ɪn'truːd/ trenge seg på; forstyrre; **~r** inntrenger *m.*
intrus|ion /ɪn'truːʒn/ det å trenge seg på; forstyrrelse *m;* **-ive** påtrengende.
intuit|ion /ɪntjuː'ɪʃn/ intuisjon *m;* **-ive** intuitiv.
invade /ɪn'veɪd/ trenge inn i; gjøre invasjon i; **~r** inntrenger *m.*
invalid /ɪn'vælɪd/ ugyldig.

invalid /'ɪnvəlɪd/ ufør; invalid *m;* **~ate** gjøre ugyldig.
invaluable /ɪn'væljʊəbl/ uvurderlig.
invariabl|e /ɪn'veərɪəbl/ uforanderlig; **-y** alltid.
invasion /ɪn'veɪʒn/ invasjon *m; (jur)* krenkelse *m.*
invent /ɪn'vent/ oppfinne; finne på; **~ion** oppfinnelse *m;* **~ive** oppfinnsom; **~or** oppfinner *m.*
inventory /'ɪnvəntərɪ/ inventarliste *m/f;* fortegnelse *m.*
invers|e /ɪn'vɜːs/ omvendt; **-ion** det å vende om på, inversjon *m.*
invert /ɪn'vɜːt/ snu om på, invertere; **~ed** omvendt; speilvendt; **~ed commas** anførselstegn *n.*
invest /ɪn'vest/ investere; **~ment** investering *m/f,* (penge)anbringelse *m;* **~or** investor *m.*
investigat|e /ɪn'vestɪgeɪt/ etterforske; undersøke; **-ion** etterforskning *m;* granskning *m.*
inveterate /ɪn'vetərət/ inngrodd.
invigorat|e /ɪn'vɪgəreɪt/ styrke; **-ing** forfriskende.
invincible /ɪn'vɪnsəbl/ uovervinnelig.
inviolable /ɪn'vaɪələbl/ ukrenkelig.
invisible /ɪn'vɪzəbl/ usynlig.
invit|ation /ɪnvɪ'teɪʃn/ invitasjon *m;* oppfordring *m/f;* **-e** innby, invitere; oppfordre; **-ing** innbydende.
invoice /'ɪnvɒɪs/ faktura *m.*
invoice *verb* fakturere.
invoke /ɪn'voʊk/ påkalle; anrope.
involuntary /ɪn'vɒləntərɪ/ ufrivillig.
involve /ɪn'vɒlv/ trekke inn, involvere; medføre; **~ment** engasjement *n;* innblanding *m/f.*
invulnerable /ɪn'vʌlnərəbl/ usårbar.
inward /'ɪnwəd/ indre; **~s** innover; **~ly** innvendig; i sitt stille sinn.
iodine /'aɪədiːn/ jod *m.*
IOU /aɪ əʊ jʊ/ *fork for* **I owe you** gjeldsbevis *n.*
iris /'aɪrɪs/ regnbuehinne *m/f.*
Irish /'aɪrɪʃ/ irerne *flertall;* irsk.
irksome /'ɜːksəm/ kjedsommelig.
iron /'aɪən/ jern *n;* strykejern *n.*
iron *verb* stryke; **~ing board** strykebrett *n;* **~monger's** jernvarehandel *m.*
iron|ic(al) /aɪ'rɒnɪk(l)/ ironisk; **-y** ironi *m.*
irrational /ɪ'ræʃnl/ irrasjonell; fornuftsstridig.

irreconcilable /ɪrəkn'saɪləbl/ uforsonlig, uforenlig.
irregular /ɪ'regjʊlə/ uregelmessig; **~ity** uregelmessighet *m.*
irrelevan|ce /ɪ'relɪvəns/ noe som ikke har med saken å gjøre; **-t** saken uvedkommende.
irreparable /ɪ'repərəbl/ uopprettelig.
irreproachable /ɪrɪ'proʊtʃəbl/ ulastelig.
irresistible /ɪrɪ'zɪstəbl/ uimotståelig.
irresolute /ɪ'rezəluːt/ ubeslutsom.
irresponsible /ɪrɪ'spɒnsəbl/ uansvarlig.
irretrievable /ɪrɪ'triːvəbl/ uopprettelig.
irreverent /ɪ'revərənt/ uærbødig, respektløs.
irrevocable /ɪ'revəkəbl/ ugjenkallelig.
irrigat|e /'ɪrɪgeɪt/ overrisle; vanne; **-ion** overrisling *m/f;* vanning *m/f.*
irrita|ble /'ɪrɪtəbl/ irritabel; **-te** irritere; **-tion** irritasjon *m;* ergrelse *m.*
is|land /'aɪlənd/ øy *f;* **~er** øyboer *m;* **-e** øy *f.*
isolate /'aɪsəleɪt/ isolere.
issue /'ɪʃuː/ utstedelse *m;* nummer *n* (av tidsskrift); sak *m,* spørsmål *n.*
issue *verb* utstede; utgi.
IT /aɪ tiː/ *fork for* Information Technology.
it den, det.
italic /ɪ'tælɪk/ kursiv.
itch /ɪtʃ/ kløe *m;* skabb *n.*
itch *verb* klø.
item /'aɪtəm/ punkt *n,* post *m* (i regnskap *o.l.*); artikkel *m;* vare *m;* **~ize** spesifisere.
itinera|nt /ɪ'tɪnərənt/ omreisende; **-ry** reiserute *m/f.*
its dens, dets, sin(e).
itself /ɪt'self/ seg; selv; **by ~** for seg selv.
ivory /'aɪvərɪ/ elfenben *n.*
ivy /'aɪvɪ/ eføy *m.*

J

jab /dʒæb/ støt *n*; stikk *n*.
jab *verb* stikke.
jack /dʒæk/ jekk *m; (kortspill)* knekt *m;* ~ **up** jekke opp; **~-knife** foldekniv *m*; **~-of-all-trades** tusenkunstner *m*.
jackal /'dʒækɔːl/ sjakal *m*.
jacket /'dʒækɪt/ jakke *m/f*; (på bok) omslag *n*; (på potet) skrell *n*.
jacuzzi /dʒə'kuːzɪ/ boblebad *n*.
jaded /'dʒeɪdɪd/ trett; sløv.
jag /dʒæg/ spiss *m*, takk *m; (hverdagslig)* rangel *m*; **~ged** takkete.
jail /dʒeɪl/ fengsel *n*.
jail *verb* sette i fengsel.
jam /dʒæm/ syltetøy *n;* trengsel *m;* knipe *m*; blokkering *m/f*.
jam *verb* presse sammen; være i knipe; blokkere; *(radio)* forstyrre; ~ **dish** syltetøyskål *m*.
jangle /'dʒæŋgl/ rasling *m/f*; skramling *m/f*.
jangle *verb* rasle; skramle.
janitor /'dʒænɪtə/ portvakt *m; (amr)* vaktmester *m*.
January /'dʒænjʊərɪ/ januar.
jar /dʒɑː/ krukke *m/f*; ~ **on** skurre mot; **~ring** skurrende.
jaundice /'dʒɔːndɪs/ gulsott *m/f*.
jaunt /dʒɔːnt/ kort tur *m*; **~y** munter; kvikk.
javelin /'dʒævlɪn/ (kaste)spyd *n*.
jaw /dʒɔː/ kjeve *m;* **lower ~** underkjeve *m*; **upper ~** overkjeve *m*; ~ **bone** kjeveben *n*; ~ **joint** kjeveledd *n*; **~s** *flertall* gap *n*.
jay /dʒeɪ/ nøtteskrike *m/f*.
jealous /'dʒeləs/ sjalu; **~y** sjalusi *m*.
jeer /dʒɪə/ håne, spotte.
jelly /'dʒelɪ/ gelé *m;* **~fish** manet *m/f*.
jeopard|ize /'dʒepədaɪz/ bringe i fare, sette på spill; **-y** fare *m*.
jerk /dʒɜːk/ rykk *n;* tosk *m*.
jerk *verb* rykke; **~y** i rykk.
jersey /'dʒɜːzɪ/ jersey (stoff) *m;* genser *m*.
jest /dʒest/ spøk *m*.
jest *verb* spøke; **~er** spøkefugl *m*.
jet /dʒet/ stråle *m*, sprut *m;* jetfly *n;* **suffer from ~ lag** være døgnvill.
jetty /'dʒetɪ/ brygge *m/f*, kai *m/f*.

Jew /dʒuː/ *m; f* **~ess** jøde *m*; **~ish** jødisk.
jewel /ˈdʒuːəl/ juvel *m;* smykke *n*; **~ box** smykkeskrin *n*; **~ler** gullsmed *m;* **~lery** smykke(r) *n, flertall*.
jib /dʒɪb/, **~ at** protestere mot.
jiffy /ˈdʒɪfɪ/, **in a ~** på et øyeblikk.
jig /dʒɪg/ pilk *m; (mus)* gigg *m*.
jig *verb* pilke; danse gigg.
jigsaw /ˈdʒɪgsɔː/ løvsag *m/f*, **~ puzzle** puslespill *n*.
jilt /dʒɪlt/, **~ sby** slå opp med.
jingle /ˈdʒɪŋgl/ klirring *m/f*.
jingle *verb* ringle, klirre.
jittery /ˈdʒɪtərɪ/ nervøs.
job /dʒɒb/ jobb *m;* arbeid *n*.
jockey /ˈdʒɒkɪ/ jockey *m*.
jocular /ˈdʒɒkjʊlə/ spøkefull.
jog /dʒɒg/ støt *n*.
jog *verb* jogge.
join /dʒɒɪn/ forbinde; skjøte; forene(s); slutte seg til; bli medlem av.
joint /dʒɒɪnt/ felles-; skjøt *m;* ledd *n;* (mat) stek *m/f*.
joint *verb* skjøte; føye sammen.
joke /dʒoʊk/ spøk *m*.
joke *verb* spøke.
jolly /ˈdʒɒlɪ/ lystig; morsom; veldig.
jolt /dʒoʊlt/ støt *n*.
jolt *verb* støte; skumpe.
jostle /ˈdʒɒsl/ puffe, skubbe.
jot /dʒɒt/ døyt *m;* **~ down** rable ned, notere.
journal /ˈdʒɜːnl/ dagbok *m/f;* tidsskrift *n;* avis *m/f;* **~ism** journalistikk *m;* **~ist** journalist *m*.
journey /ˈdʒɜːnɪ/ reise *m/f*; **a pleasant ~!** god reise!
Jove /dʒoʊv/ Jupiter; **by ~** du all verden!
jovial /ˈdʒoʊvjəl/ gemyttlig.
jowl /dʒaʊl/ (under)kjeve *m*.
joy /dʒɒɪ/ glede *m;* **~ful, ~ous** glad; gledelig.
jubilee /ˈdʒuːbɪliː/ jubileum *n*.
judge /dʒʌdʒ/ dommer *m*.
judge *verb* dømme; anse for.
judg(e)ment /ˈdʒʌdʒmənt/ dom *m;* skjønn *n;* **Judgment Day** dommedag *m*.
judic|ial /dʒʊˈdɪʃl/ rettslig; juridisk; retts-; **-ious** forstandig, klok.
jug /dʒʌg/ mugge *m/f*.
juggle /ˈdʒʌgl/ sjonglere; **~r** sjonglør *m*.
jugular /ˈdʒʌgjʊlə/ hals-.
juic|e /dʒuːs/ råsaft *m/f;* kraft *m/f*; **-y** saftig.
July /dʒʊˈlaɪ/ juli.
jumble /ˈdʒʌmbl/ virvar *n*; **~ sale** loppemarked *n*.
jump /dʒʌmp/ hopp *n;* sprang *n*.
jump *verb* hoppe (over); **~ at**

gripe begjærlig; ~ **bid** *(kortspill)* hoppmelding *m/f*; ~ **leads** *flertall*, *(amr)* ~**er cables** *flertall* startkabler *m*, *flertall*; ~**er** hopper *m*; jumper *m*.
jumping /'dʒʌmpɪŋ/, ~ **blanket** *eller* **sheet** brannseil *n*; ~ **hill** hoppbakke *m*; ~ **jack** sprellemann *m*; ~ **ski** hoppski *m*.
jumpy /'dʒʌmpɪ/ nervøs, urolig.
junction /dʒʌŋkʃn/ knutepunkt *n*; kryss *n*.
June /dʒu:n/ juni.
jungle /'dʒʌŋgl/ jungel *m*.
junior /'dʒu:njə/ yngre; junior *m*.
juniper /'dʒu:nɪpə/ einer *m*.
junk /dʒʌnk/ skrap *n*; narkotika *m*; ~**ie** stoffmisbruker *m*; narkoman *m*; ~ **shop** skraphandler *m*.
juridical /dʒʊ'rɪdɪkəl/ juridisk.
juris|diction /dʒu:rɪs'dɪkʃn/ domsmyndighet *m*; -**prudence** rettsvitenskap *m*.
jury /'dʒu:rɪ/ jury *m*.
just /dʒʌst/ rettferdig; nettopp; bare.
justice /'dʒʌstɪs/ rettferdighet *m*; berettigelse *m*; **Department of Justice** Justisdepartementet.
justif|iable /dʒʌstɪ'faɪəbl/ forsvarlig; -**ication** rettferdiggjørelse *m*; -**y** rettferdiggjøre; forsvare.
jut /dʒʌt/ stikke frem.
juvenile /'dʒu:vɪnaɪl/ ungdom *m*; ungdoms-; ~ **delinquent** ungdomsforbryter *m*.
juxtaposition /dʒʌkstəpə'zɪʃn/ sidestilling *m/f*.

K

kangaroo /kæŋgə'ru:/ kenguru *m*.
keel /ki:l/ kjøl *m*.
keen /ki:n/ skarp; ivrig.
keep /ki:p/ underhold *n*; **for** ~**s** *flertall* for bestandig.
keep *verb* oppbevare; holde; beholde; opprettholde; hefte; ~ **(-ing)** fortsette med å (gjøre noe); ~ **accounts** føre regnskap *n*; ~ **in mind** huske på; ~ **in touch** holde kontakt *m*; ~ **off** holde (seg) unna; ~ **on** fortsette; ~ **out** holde ute; ~ **up with** holde tritt med; ~**er** oppsynsmann *m*; vokter *m*;

~er *(sport)* målmann *m*; **~ing** forvaring *m/f*; **~sake** minne *n*, souvenir *m*.
keg liten tønne *f*; fat *n*.
kennel /kenl/ hundehus *n*; kennel *m*.
kerb /kɜːb/ fortauskant *m*.
kerosene /ˈkerəsiːn/ *(især amr)* parafin *m*.
kettle /ˈketl/ kjele *m*; **~drum** *(mus)* pauke *m*; **~ holder** gryteklut *m*.
key /kiː/ nøkkel *m*; tangent *m*; toneart *m*.
key *verb (mus)* stemme; **~ in** *(edb)* taste inn; **~board** tastatur *n*; klaviatur *n*; **~hole** nøkkelhull *n*; **~note** grunntone *m*; **~stone** sluttstein *m*.
kick spark *n*.
kick *verb* sparke; **for ~s** *flertall* for moro skyld; **~-off** avspark *n*.
kid geitekilling *m*; *(hverdagslig)* unge *m*.
kid *verb* erte; **no ~ding!** det er helt sant!
kidney /ˈkɪdnɪ/ nyre *m/f*; **inflammation of the ~s** nyrebetennelse *m*; **~ stone** nyresten *m*.
kill drepe; slakte; **~er** morder *m*.
kilo /ˈkiːlo/ kilo *m/n*; **~gramme** kilogram *n*; **~metre** kilometer *m*.
kin slekt *m/f*; slektninger *m*, *flertall*; **next of ~** nærmeste pårørende *m*.
kind /kaɪnd/ snill; vennlig (**to** mot); slag(s) *n*, sort *m*; **~ness** vennlighet *m*.
kindergarten /ˈkɪndəgɑːtn/ barnehage *m*.
kindle /ˈkɪndl/ tenne; *(overført)* nøre opp under.
kindred /ˈkɪndrɪd/ beslektet; slektskap *m*; **~ spirit** åndsfrende *m*.
king /kɪŋ/ konge *m*; **~dom** kongerike *n*.
kipper /ˈkɪpə/ røkt sild *f*.
kiss /kɪs/ kyss *n*.
kiss *verb* kysse.
kit sett *n*; utstyr *n*; **~bag** reiseveske *m/f*.
kitchen /ˈkɪtʃən/ kjøkken *n*; **~ette** tekjøkken *n*.
kite /kaɪt/ (papir)drage *m*; glente *m*.
kitten /ˈkɪtn/ kattunge *m*.
knack /næk/ knep *n*; ferdighet *m*; håndlag *n*.
knapsack /ˈnæpsæk/ ryggsekk *m*; ransel *m*.
knave /neɪv/ kjeltring *m*; *(kortspill)* knekt *m*.
knead /niːd/ kna, elte.
knee /niː/ kne *n*; **~bending** knebøyning *m*; **~cap** kneskål *m*; **~ joint** kneledd *n*; **~ pad**

knebeskytter *m*; ~ **socks** *flertall* knestrømper *m/f*, *flertall*.
kneel /niːl/ knele.
knickers /'nɪkəz/ *flertall* underbukser *m/f*, *flertall*; *(amr)* nikkers *m*.
knife /naɪf/, *flertall* **knives** kniv *m*.
knight /naɪt/ ridder *m*; (i sjakk) springer *m*.
knit /nɪt/ strikke.
knitting /'nɪtɪŋ/ strikketøy *n*; ~ **-needle** strikkepinne *m*; ~ **wool** (strikke)garn *n*.
knob /nɒb/ knott *m*; knute *m*; **door~** dørhåndtak *n*; **~bly** knudrete.
knock /nɒk/ slag *n*; bank(ing) *n (m/f)*.
knock *verb* slå; støte; banke; **~er** dørhammer *m*.
knoll /noʊl/ haug *m*; knaus *m*.
knot /nɒt/ knute *m*; klynge *m/f*; *(sjøfart)* knop *m*.
knot *verb* knyte; **~ty** knudrete; med knuter.
know /noʊ/ vite; kunne; kjenne til; **make ~n** gjøre kjent; **~-how** sakkunnskap *m*; **~ing(ly)** megetsigende.
knowledge /'nɒlɪdʒ/ kunnskap *m*; kjennskap *m*; **~able** kunnskapsrik.
knuckle /'nʌkl/ knoke *m*; **~duster** slåsshanske *m*.
knurled /nɜːld/ rulettert; riflete.
Koran /kɒ'rɑːn/, *the* ~ Koranen.
kosher /'kəʊʃə/ koscher (mat).
k.p.h. /keɪ piː eɪtʃ/ *fork for* **kilometres per hour** kilometer per time.
krill /krɪl/ krill *m*, lyskreps *m*.
Kurd /kɜːd/ kurder *m*; **~ish** kurdisk.

L

label /'leɪbl/ merkelapp *m*; etikett *m*.
label *verb* sette merkelapp på; *(overført)* stemple.
laboratory /lə'bɔːrətrɪ, /(amr)/ 'læbrətɔːrɪ/ laboratorium *n*.
laborious /lə'bɔːrɪəs/ strevsom.
labour /'leɪbə/ arbeid *n*; arbeidskraft *m/f*; slit *n*; (fødsels)veer *m*, *flertall*.
labour *verb* arbeide; slite, stri med; **the Labour Party** Arbeiderpartiet.
lace /leɪs/ knipling *m*; lisse *m/f*.

lace *verb* snøre; sette til alkohol.
lacerate /'læsəreɪt/ lage rift i.
lack /læk/ mangel *m.*
lack *verb* mangle.
lacquer /'lækə/ lakk(ferniss) *m (m).*
lacquer *verb* lakkere.
lad /læd/ gutt *m.*
ladder /'lædə/ stige *m,* leider *m;* raknet maske *m/f* (i strømpe); **~-proof** raknefri.
lad|en /'leɪdən/ lastet; nedtynget; **-ing** last *m/f.*
ladle /'leɪdl/ øse *m/f;* sleiv *f.*
ladle *verb* øse; **~ out** øse opp, servere.
lad|y /'leɪdɪ/ dame *m/f;* frue *m/ f;* Lady (tittel); **~'s slipper** *(bot)* marisko *m;* **-ies' room** dametoalett *n.*
lag /læg/, **~ behind** sakke akterut; somle.
lager /'lɑːgə/, **~ (beer)** lager(øl) *m (n).*
lagoon /lə'guːn/ lagune *m.*
lair /leə/ hi *n;* hule *m/f.*
lake /leɪk/ innsjø *m.*
lamb /læm/ lam *n.*
lamb *verb* lamme; **roast ~** lammestek *m.*
lame /leɪm/ halt; *(overført)* spak.
lame *verb* gjøre halt.
lament /lə'ment/ klage *m;* klagesang *m.*
lament *verb* jamre; beklage (seg); **~able** beklagelig.
lamp /læmp/ lampe *m/f.*
lampoon /læm'puːn/ smedeskrift *n.*
lamp|-post lyktestolpe *m;* **-shade** lampeskjerm *m.*
lance /lɑːns/ lanse *m/f.*
land /lænd/ land(jord) *n (m/f).*
land *verb* lande; havne; **~ed** som eier jord; **~holder** grunneier *m.*
landing /'lændɪŋ/ landing *m/f;* (ski) nedslag *n;* trappeavsats *m; (mil)* landsetting *m/f;* **intermediate ~** mellomlanding *m/f;* **~ net** hov *m;* **~ slope** (ski) unnarenn *n.*
land|lady husvertinne *m/f;* **-lord** husvert *m.*
landscape /'læn(d)skeɪp/ landskap *n;* **~ gardening** hagearkitektur *m.*
landslide /'læn(d)slaɪd/ skred *n.*
lane /leɪn/ smal vei *m;* fil *m/f,* kjørefelt *n;* **~ line** kjørefeltlinje *m/f.*
language /'læŋgwɪdʒ/ språk *n.*
languid /'læŋgwɪd/ sløv, treg.
languish /'læŋgwɪʃ/ vansmekte; bli apatisk.
languor /'læŋgə/ sløvhetstilstand *m.*
lank /læŋk/ mager; (om hår) glatt.

lantern /'læntən/ lanterne *m/f*, lykt *m/f*.
lap /læp/ fang *n; (sport)* runde *m.*
lap /læp/ *verb* slurpe i seg; skvalpe; ~ **belt** nyrebelte *n*; ~ **time** rundetid *m/f*; ~**-dog** skjødehund *m*; **-top** *(edb)* bærbar pc *m*.
lapel /lə'pel/ slag (på jakke *o.l.*) *n*.
lapse /læps/ forløp *n; feil m; (forsikring)* forfall *n*.
lapse *verb* flyte avsted; feile; forfalle.
lard /lɑːd/ spekk *n*, smult *n*.
lard *verb* spekke; ~**er** spiskammer *n*.
large /lɑːdʒ/ stor; utstrakt; **at** ~ på frifot; i sin alminnelighet; ~**ly** overveiende.
lark /lɑːk/ lerke *m/f*; moro *m/f*; ~**spur** *(bot)* ridderspore *m*.
larynx /'lærɪŋks/ strupehode *n*.
lascivious /lə'sɪvɪəs/ vellystig.
laser /'leɪzə/ laser *m*; ~ **printer** *(edb)* laserskriver *m*.
lash /læʃ/ øyenvippe *m/f*; piskeslag *n*, snert *m*.
lass /læs/ ungjente *f*.
last /lɑːst/ sist(e), forrige; lest *m*.
last *verb* vare; **at** ~ endelig; ~ **but one** nest sist; ~**ing** varig; ~**ly** til slutt.
latch /lætʃ/ smekklås *m*; dørklinke *m/f;* ~**key** (entré)nøkkel *m*.
late /leɪt/ sein; forsinket; forhenværende; nylig avdød; **at the** ~**st** seinest; **of** ~ nylig, i det siste; ~**comer** etternøler *m;* ~**ly** i det siste.
lateral /'læt(ə)rəl/ side-.
lath /lɑːθ/ lekte *m/f*; tynn list *m/f*.
lather /'lɑːðə/ (såpe)skum *n*.
lather *verb* skumme.
Latin /'lætɪn/ latin(sk) *m*.
latitude /'lætɪtjuːd/ bredde(grad) *m*.
latter /'lætə/ (den, det) sistnevnte (av to); siste (annen).
lattice /'lætɪs/ gitter(verk) *n;* ~ **bars** *flertall* sprinkler *m*, *flertall*.
laudable /'lɔːdəbl/ rosverdig.
laugh /lɑːf/ latter *m*.
laugh *verb* le; ~ **at** le av; ~**able** latterlig; ~**ing matter** noe man ler av; ~**ing stock** en man ler av; ~**ter** latter *m*.
launch /lɔːn(t)ʃ/ stabelavløpning *m;* utskytning *m*; lansering *m/f*.
launch *verb* sjøsette; skyte ut; lansere.
laund|erette /lɔːndə'ret/ (selvbetjenings)vaskeri *n*; **-ry** vaskeri *n;* vask(etøy) *m (n)*.
laurel /'lɒrəl/ laurbær(tre) *n*.

lavatory /ˈlævət(ə)rɪ/ *fork* **lav** w.c. *n*, toalett *n*; ~ **pan** toalettskål *m*.
lavender /ˈlævəndə/ lavendel *m*.
lavish /ˈlavɪʃ/ overdådig.
lavish *verb* ødsle bort.
law /lɔː/ lov *m;* rett *m;* jus *m;* **~ful** lovlig; rettmessig; **~less** lovløs.
lawn /lɔːn/ gressplen *m;* **~mower** gressklipper *m*.
lawsuit /ˈlɔːsuːt/ (retts)sak *m*.
lawyer /ˈlɔːjə/ (praktiserende) jurist *m*; *(hverdagslig)* advokat *m*.
lax /læks/ slapp; **~ative** avføringsmiddel *n;* **~ity** slapphet *m*.
lay *verb* legge; ~ **bare** blottlegge; ~ **by** legge til side, hamstre; ~ **off** permittere; holde opp; holde seg unna.
lay-by /ˈleɪbaɪ/ parkeringslomme *m/f; (jernb)* lite sidespor *n*.
layer /ˈleɪə/ lag *n;* ~ **cake** bløtkake *m/f*.
layman /ˈleɪmən/ lekmann *m*.
laz|iness */ˈleɪzɪnɪs/ dovenskap m;* **-y** doven, lat.
L-car /ˈelkɑː/ *fork for* **Learner car** øvelseskjøringsbil *m*.
lead /led/ bly *n; (sjøfart)* lodd *n*.
lead /liːd/ ledelse *m;* forsprang *n;* vink *n; (teater)* hovedrolle *m/f*.
lead *verb* /liːd/ føre, lede; *(kortspill)* spille ut.
leaded /ˈledɪd/ med bly; **un~** blyfri.
leaden /ˈledn/ bly-; blyaktig.
leader /ˈliːdə/ leder *m;* **~ship** ledelse *m*.
leading /ˈliːdɪŋ/ ledende.
leaf /liːf/, *flertall* **leaves** blad *n; flertall* løv *n;* **gold ~** bladgull *n*; **~let** brosjyre *m*.
league /liːg/ forbund *n;* liga *m*.
leak /liːk/ lekkasje *m*.
leak *verb* lekke; **~age** lekkasje *m*.
lean /liːn/ tynn; mager.
lean *verb* helle; lene; **~ on** støtte seg til; **~ing** skjev; tilbøyelighet *m*.
leap /liːp/ hopp *n;* sprang *n*.
leap *verb* hoppe; **~-frog** hoppe bukk; **~ year** skuddår *n*.
learn /lɜːn/ lære; få vite; erfare; **~ from** lære av; **~ed** lærd.
learner /ˈlɜːnə/ elev *m;* lærling *m;* **~ driver, L-driver** kjøreelev *m*.
learning /ˈlɜːnɪŋ/ læring *m/f*; lærdom *m*.
lease /liːs/ leie *m/f,* bygsel *m;* leiekontrakt *m*.
lease *verb* leie, forpakte.
leasehold /ˈliːshoʊld/ bygslet grunn *m*; **~er** leier *m*, forpakter *m*.

leash /liːʃ/ (hunde)bånd *n;* koppel *n.*
least /liːst/ minst; **at ~** i det minste; **~ of all** aller minst.
leather /'leðə/ lær *n;* **~y** læraktig; (om kjøtt) seigt.
leave /liːv/ avreise *m;* permisjon *m.*
leave *verb* reise; gå fra; etterlate; **be on ~** ha permisjon; **sick ~** sykepermisjon *m;* **take ~ of** si farvel til; **~ alone** la være i fred; **~ off** holde opp.
leaven /'levən/ surdeig *m.*
lecherous /'letʃərəs/ lidderlig.
lecture /'lektʃə/ foredrag *n;* forelesning *m.*
lecture *verb* holde forelesning *eller* foredrag; **~r** foreleser *m;* universitetslektor *m.*
ledge /ledʒ/ hylle *m/f.*
ledger /'ledʒə/ *(handel)* hovedbok *m/f;* reskontro *m.*
lee /liː/ *(sjøfart)* le *n* (side).
leech /liːtʃ/ igle *m/f.*
leek /liːk/ *(bot)* purre *m.*
leer /lɪə/ lystent blikk *n.*
left venstre.
left-hand /'lefthænd/, **~ bend** venstresving *m;* **~ driving** venstrekjøring *m/f;* **~ed** keivhendt; klossete.
left-luggage /'leftlʌgɪdʒ/, **~ office** bagasjeoppbevaring *m/f.*
left-overs /'leftoʊvəz/ *flertall* (mat)rester *m, flertall.*
leg ben *n;* (om mat) lår *n;* **~ ulcer** leggsår *n.*
legacy /'legəsɪ/ testamentarisk gave *m;* arv *m.*
legal /'liːgl/ lovlig; **~ age** minstealder *m;* **~ proceedings** *flertall* rettergang *m.*
legality /lɪ'gælɪtɪ/ lovlighet *m.*
legalize /'liːgəlaɪz/ legalisere, gjøre lovlig.
legally /'liːgəlɪ/ legalt; juridisk.
legation /lɪ'geɪʃn/ legasjon *m.*
legend /'ledʒənd/ legende *m,* sagn *n;* **~ary** legendarisk.
leggings /'legɪŋz/ *flertall* gamasjer *m, flertall.*
legible /'ledʒəbl/ leselig.
legislat|ion /ledʒɪ'sleɪʃn/ lovgivning *m;* **-ive** lovgivende.
legitimate /lɪ'dʒɪtɪmət/ lovmessig; ektefødt.
legitimate *verb* /-meɪt/ gjøre lovlig; legitimere.
leisure /'leʒə/ fritid *m/f;* **at ~** i ro og mak; **~ly** makelig.
lemon /'lemən/ sitron *m;* **~ade** limonade *m;* **~ balm** sitronmelisse *m;* **~ rind** sitronskall *n;* **~-squeezer** sitronpresse *m/f.*
lend låne (ut); **~er** utlåner *m;* **~ing** utlåns-.

length /leŋθ/ lengde *m;* **at ~** omsider; **~en** forlenge.
lenient /'liːnɪənt/ mild; skånsom.
lens /lenz/ linse *m/f; (fotogr)* objektiv *n;* **wide-angle ~** vidvinkelobjektiv *n;* **~ attachment** forsatslinse *m/f;* **~ cap** objektivlokk *n;* **~ ring** mellomring *m.*
Lent faste(tid) *m (m/f).*
lentil /'lentɪl/ *(bot)* linse *m/f.*
Leo /'liːəʊ/ *(astrologi)* Løven.
lep|er /'lepə/ spedalsk *m;* **-rosy** spedalskhet *m;* **-rous** spedalsk.
lesbian /'lezbɪən/ lesbisk.
lesion /'liːʒn/ lesjon *m;* skade *m.*
less mindre; minus; **~en** minke, avta; minske; **~er** mindre; minst (av to).
lesson /'lesn/ lekse *m/f;* undervisningstime *m;* lærepenge *m.*
lest for at (ikke).
let utleie *m.*
let *verb* la, tillate; leie ut; **~ alone** for ikke å snakke om; **~ down** svikte; **~ go** slippe taket; **~ in** slippe inn; **~ on** la seg merke med.
lethal /'liːθəl/ dødelig.
letter /'letə/ bokstav *m;* brev *n;* **by ~** per brev; **~-box** postkasse *m/f;* **~ card** brevkort *n.*
lettuce /'letɪs/ bladsalat *m.*
level /'levl/ jevn; vannrett; plan; strøken; nivå *n.*
level *verb* planere; (ut)jevne; **on a ~ with** på samme nivå som; **~-crossing** *(jernb)* overgang *m;* planovergang *m;* **~-headed** stø, sindig.
lever /'liːvə/ spak *m;* vektstang *m/f.*
lever *verb* jekke; **gear ~** girstang *m/f.*
levity /'levɪtɪ/ lettsinn *n.*
levy /'levɪ/ skattutskrivning *m;* avgift *m/f.*
levy *verb* pålegge, innkreve skatt *o.l.*
lewd /l(j)uːd/ utuktig.
liab|ility /laɪə'bɪlətɪ/ forpliktelse *m;* ansvar *n;* **-ilities** *flertall* passiva; **-le** ansvarlig; tilbøyelig.
liaison /lɪ'eɪzən/ *(mil)* forbindelse *m,* samband *n;* kjærlighetsaffære *m.*
liar /'laɪə/ løgner *m.*
lib *fork for* **liberation**.
libel /'laɪbl/ injurie *m.*
libel *verb* injuriere; **~ action** injuriesak *m/f;* **~ damages** *flertall* injurieerstatning *m.*
liberal /'lɪb(ə)rəl/ frisinnet; liberal; gavmild.
liberat|e /'lɪbəreɪt/ frigjøre; **-ion** frigjøring *m/f;* befrielse *m.*

liberty /ˈlɪbətɪ/ frihet *m.*
Libra /ˈliːbrə/ *(astrologi)* Vekten.
librar|ian /laɪˈbreərɪən/ bibliotekar *m;* **-y** bibliotek *n.*
licen|ce /ˈlaɪsəns/ bevilling *m,* lisens *m*; avgift *m/f*; **driving ~** førerkort *n;* **-se** gi bevilling til; **-se plate** *(amr)* nummerskilt *n*; **~sed** med skjenkerett; **-tious** utsvevende; tøylesløs.
lichen /ˈlaɪkən/ *(bot)* lav *m/n.*
lick /lɪk/ slikk *m.*
lick *verb* slikke.
licorice /ˈlɪkərɪs/ *(amr)* lakris *m.*
lid lokk *n;* deksel *n;* øyelokk *n.*
lie /laɪ/ løgn *m/f.*
lie *verb* lyve; ligge.
lieutenant /lefˈtenənt/ løytnant *m.*
life /laɪf/, *flertall* **lives** liv *n;* **~-jacket** redningsvest *m;* **~less** livløs; **~like** realistisk; **~long** livsvarig; **~-support machine** hjerte-lungemaskin *m*; **~time** levetid *m/f.*
lift heis *m;* løft *n;* *(hverdagslig)* haik *m.*
lift *verb* løfte; lette; stjele; **get a ~** få haik.
ligament /ˈlɪgəmənt/ ligament *n*; leddbånd *n*; **tendinous ~** senebånd *n.*
light /laɪt/ lys *n;* belysning *m.*
light *verb* lyse, tenne; lett (om vekt); **come to ~** komme for dagen; **~bulb** lyspære *m/f*; **~en** lyne; lysne; opplyse; lette, oppmuntre; **~er** sigarettenner *m;* lekter *m;* **~-headed** svimmel; **~-hearted** sorgløs; **~ hooter** lyshorn *n;* **~house** fyrtårn *n;* **~ly** lett; **~ meter** *(fotogr)* lysmåler *m.*
lightning /ˈlaɪtnɪŋ/ lyn *n;* **flash of ~** lyn *n*; **~ conductor**, *(amr)* **~ rod** lynavleder *m.*
lik(e)able sympatisk.
like /laɪk/ lik(e); (slik) som.
like *verb* like; ville gjerne; **what is he ~?** hvordan er han?
like|lihood /ˈlaɪklɪhʊd/ sannsynlighet *m;* **-ly** sannsynlig(vis).
liken /ˈlaɪkən/ sammenligne (**to** med).
likeness /ˈlaɪknəs/ likhet *m.*
likewise /ˈlaɪkwaɪz/ likeså; likeledes.
liking /ˈlaɪkɪŋ/ forkjærlighet *m*; **take a ~ to** fatte sympati for; **to my ~** etter min smak.
lilac /ˈlaɪlək/ lilla; syrin *m.*
lily /ˈlɪlɪ/ lilje *m/f;* **~-of-the-valley** liljekonvall *m.*
limb /lɪm/ lem *n.*
lime /laɪm/ kalk *m;* lind *m/f;* limettsitron *m.*

limit /'lɪmɪt/ grense *m/f.*
limit *verb* begrense; **~ation** begrensning *m;* **~ed company** *fork* **Ltd.** aksjeselskap *n;* **~ed partnership** kommandittselskap *n.*
limp slapp; halting *m/f.*
limp *verb* halte; **~id** klar, gjennomsiktig.
linden /'lɪndən/ lind *m.*
line /laɪn/ linje *m/f;* snor *m/f;* strek *m;* bransje *m.*
line *verb* linjere; kante; fôre, kle; **hold the ~** *(tlf)* vent et øyeblikk! **~-up** oppstilling *m/f.*
linen /'lɪnɪn/ lin(tøy) *n (n);* **~ cloth** lerret *n;* **~ goods** *flertall* lintøy *n.*
liner /'laɪnə/ ruteskip *n;* rutefly *n.*
linger /'lɪŋgə/ nøle, somle; bli lenger.
lingerie /'lænʒərɪ/ dameundertøy *n, flertall.*
lingering /'lɪŋgərɪŋ/ dvelende; langvarig.
lingual /'lɪŋgwəl/ tunge-.
linguistic /lɪŋ'gwɪstɪk/ språklig.
liniment /'lɪnɪmənt/ salve *m/f.*
lining /'laɪnɪŋ/ fôr *n;* **brake ~** bremsebelegg *n.*
link /lɪŋk/ ledd *n;* forbindelse *m;* *(edb)* lenke *m/f.*
link *verb* forbinde; lenke (sammen); **~s** *flertall* golfbane *m;* **~ed** (sammen)koblet.
linseed /'lɪnsiːd/ linfrø *n.*
lion /'laɪən/ løve *m.*
lip leppe *m/f;* **lower ~** underleppe *m/f;* **upper ~** overleppe *m/f.*
liposuction /'lɪpoʊsʌkʃn/ fettsuging *m/f.*
lipstick /'lɪpstɪk/ leppestift *m.*
liquefied /'lɪkwɪfaɪd/ kondensert.
liqueur /lɪ'kjʊə/ likør *m.*
liquid /'lɪkwɪd/ flytende; klar; væske *m/f;* **~ assets** *flertall* likvide midler *flertall.*
liquidate /'lɪkwɪdeɪt/ likvidere; avvikle.
liquidity /lɪ'kwɪdətɪ/ likviditet *m.*
liquor /'lɪkə/ brennevin *n;* **in ~** full.
liquorice /'lɪkərɪs/ lakris *m.*
lisp lesping *m/f.*
lisp *verb* lespe.
list liste *m/f,* fortegnelse *m;* *(sjøfart)* slagside *m.*
listen /'lɪsn/ lytte; høre etter; **~er** tilhører *m.*
listless /'lɪstləs/ giddeløs.
litera|cy /'lɪtrəsɪ/ lese- og skriveferdighet *m;* **-l** ordrett; bokstavelig.
litera|ry /'lɪtərərɪ/ litterær; **-te** som kan lese og skrive; **-ture** litteratur *m.*
litter /'lɪtə/ søppel *n;* kull (av unger) *n.*

litter *verb* strø utover; (om dyr) få unger; **~-bin** papirkurv *m.*

little /'lɪtl/ lite(n); **a ~** litt; **~ by ~** litt etter litt.

live /lɪv/ leve; bo; **~ by** leve av; leve videre; /laɪv/ levende; **~lihood** levebrød *n;* **~ly** livlig.

liver /'lɪvə/ lever *m/f;* **~ paste** leverpostei *m.*

livestock /'laɪvstɒk/ husdyrbestand *m;* **~ farming** kvegavl *m.*

livid /'lɪvɪd/ gusten, bleik.

living /'lɪvɪŋ/ (nå)levende; livsførsel *m;* levebrød *n;* **~room** dagligstue *m/f.*

lizard /'lɪzəd/ firfisle *m/f.*

load /loʊd/ last *m/f;* belastning *m.*

load *verb* lesse (på); (be)laste; lade (våpen); **~ing** lasting *m/f;* lading *m/f.*

loaf /loʊf/, *flertall* **loaves** brød *n;* **~er** dagdriver *m.*

loam /loʊm/ leirjord *m/f.*

loan /loʊn/ (ut)lån *n.*

loath /loʊθ/ uvillig.

loathle /loʊð/ avsky; **-ing** vemmelse *m;* avsky *m;* **-some** motbydelig.

lob /lɒb/ lobbe, (i tennis) slå ballen høyt.

lobby /'lɒbɪ/ (parlaments)korridor *m;* vestibyle *m; (teater)* foajé *m.*

lobby *verb* drive korridorpolitikk; **~ist** korridorpolitiker *m.*

lobe /loʊb/ lapp *m,* flik *m;* **ear~** øreflipp *m.*

lobster /'lɒbstə/ hummer *m.*

local /'loʊkl/ lokal, stedlig; kommunal; **~ity** beliggenhet *m;* sted *n;* **~ize** lokalisere; stedfeste.

locatle /loʊ'keɪt/ lokalisere; plassere; **-ion** plassering *m/f;* sted *n.*

loch /lɒx, lɒk/ (skotsk for *lake*) innsjø *m.*

lock /lɒk/ lås *m;* sluse *m/f;* (hår)lokk *m.*

lock *verb* låse(s); **~ up** låse inne; låse ned; stenge; **~er** (låsbart) skap *n;* oppbevaringsboks *m;* **~et** medaljong *m;* **~ gate** sluseport *m;* **~smith** låsesmed *m.*

locomotive /loʊkə'moʊtɪv/ bevegelses-; lokomotiv *n.*

lodge /lɒdʒ/ hytte *f;* (frimurer)losje *m.*

lodge *verb* (inn)losjere; sette seg fast; **~r** leieboer *m.*

lodging /'lɒdʒɪŋ/ losji *n;* **board and ~** kost og losji.

lofty /'lɒftɪ/ høy; opphøyet.

log /lɒg/ tømmerstokk *m;* *(sjøfart)* loggbok *m/f.*
log *verb* føre inn i loggbok; *(edb)* logge, registrere; ~ **in** *(edb)* logge seg på; ~ **off/out** logge seg ut.
logic /ˈlɒdʒɪk/ logikk *m;* **~al** logisk.
loin /lɒɪn/ lend *m/f;* (på slakt) nyrestykke *n,* kam *m.*
loiter /ˈlɒɪtə/ slentre.
lone|ly /ˈloʊnlɪ/, **-some** ensom.
long /lɒŋ/ lang; lenge.
long *verb* lengte; **be** ~ være sen; **before** ~ om kort tid; ~ **for** lengte etter; **~-distance call** rikstelefonsamtale *m;* **~ing** lengselsfull; lengsel *m.*
longitud|e /ˈlɒŋgɪtuːd/ lengde(grad) *m;* **-inal** langsgående; lengde-.
loo /luː/, *(slang)* **lavatory** toalett *n;* w.c. *n.*
look /lʊk/ blikk *n;* mine *m/f.*
look *verb* se; se ut til, synes; **~s** *flertall* utseende *n;* ~ **at** se på; ~ **after** holde øye med; ~ **for** se etter; ~ **forward to** se frem til; ~ **into** undersøke; ~ **out for** holde utkikk etter; ~ **up** slå opp (f.eks. i bok).
looker-on /lʊkərˈɒn/ tilskuer *m.*
looking-glass /ˈlʊkɪŋglɑːs/ speil *n.*
loom /luːm/ vevstol *m.*
loom *verb* rage opp.
loop /luːp/ løkke *f;* sløyfe *m/f;* lage løkke; **penalty** ~ strafferunde *m;* **~hole** (smutt)hull *n.*
loose /luːs/ løs; vid; **~n** løsne (på).
loot /luːt/ bytte *n,* tyvegods *n.*
loot *verb* plyndre.
lopsided /ˈlɒpsaɪdɪd/ skjev; usymmetrisk.
lord /lɔːd/ herre *m;* lord *m;* medlem *n* av Overhuset; **the Lord** Gud; **the Lord's Prayer** Fader vår *n;* **the Lord's Supper** nattverden *m.*
lorry /ˈlɒrɪ/ lastebil *m.*
lose /luːz/ miste; tape; saktne (om klokken); **~r** taper *m.*
loss /lɒs/ tap *n;* savn *n;* **at a** ~ med tap; opprådd.
lost /lɒst/ (for)tapt; ~ **property office** hittegodskontor *n.*
lot /lɒt/ loddtrekning *m;* skjebne *m;* **a** ~ mye; **the** ~ alt.
lotion /ˈloʊʃn/ vann *n;* fuktighetskrem *m.*
lottery /ˈlɒtərɪ/ lotteri *n.*
loud /laʊd/ høy (om lyd); skrikende (om farge); **~speaker** høyttaler *m.*
lounge /laʊndʒ/ salong *m;*

vestibyle *m*; ~ **suite** sofagruppe *m/f*.
lous|e /laʊs/, *flertall* **lice** /laɪs/ lus *m/f;* **-y** lusete; elendig.
lout /laʊt/ slamp *m*.
lovable /'lʌvəbl/ elskelig.
love /lʌv/ kjærlighet *m;* elskede *m,* kjæreste *m*.
love *verb* elske; være glad i; **fall in ~ with** bli forelsket i; **make ~ to** elske med; **~ from** (i brev) kjærlig hilsen; **~ly** yndig; deilig; **~r** elsker(inne) *m;* **~rs** *flertall* elskende (par).
loving /'lʌvɪŋ/ kjærlig; øm.
low /loʊ/ lav; simpel; dyp; *(overført)* nedslått; **~-necked** utringet.
lower /'loʊə/ lavere, nedre, under-.
lower *verb* senke.
lozenge /'lɒsɪndʒ/ pastill *m*.
loyal /'lɒɪəl/ lojal; trofast; **~ty** lojalitet *m*.
Ltd. *fork for* **Limited**.
lubrica|nt /'lu:brɪkənt/ smøremiddel *n*; **-te** smøre; **-tion** smøring *m/f*.
lucid /'lu:sɪd/ klar.
luck /lʌk/ lykke *m*; hell *n;* **bad ~** uhell *n;* **good ~!** lykke til! **~ily** heldigvis; **~y** heldig.
lucrative /'lu:krətɪv/ innbringende; lønnsom.
ludicrous /'lu:dɪkrəs/ latterlig.
lug /lʌg/ hale, slepe.
luggage /'lʌgɪdʒ/ bagasje *m;* reisegods *n;* **left-~ office** reisegodsoppbevaring *m/f*, **~ boot** bagasjerom *n* (på bil); **~ locker** oppbevaringsboks *m*; **~ ticket** reisegodskvittering *m/f*.
lukewarm /'lju:kwɔ:m/ lunken.
lull /lʌl/ opphold *n;* **~ sby to sleep** dysse en i søvn; **~aby** vuggesang *m*.
lumbago /ləm'beɪgoʊ/ hekseskudd *n*.
lumber /'lʌmbə/ skrap *n; (amr)* tømmer *n;* **~ up** fylle (med skrap); **~jack** *(amr)* tømmerhogger *m*.
luminous /'lu:mɪnəs/ (selv)lysende; **~ strip** refleksbånd *n*.
lump /lʌmp/ hevelse *m*; klump *m*.
lump *verb* klumpe; **a ~ sum** en rund sum; **~ sugar** raffinade *m*, sukkerbiter *m, flertall*; **~ together** slå sammen; betrakte under ett.
luna|cy /'lu:nəsɪ/ galskap *m;* **-tic** galning *m*.
lunar /'lu:nə/ måne-.
lunch /lʌntʃ/ lunsj *m*.
lung /lʌŋ/ lunge *m/f*; **~ cancer** lungekreft *m*.

lunge /lʌndʒ/ (i fekting) utfall *n.*
lunge *verb* gjøre utfall mot.
lurch /lɜːtʃ/ krenging *m/f.*
lurch *verb* sjangle; **leave in the ~** la i stikken.
lure /l(j)uː/ lokkemat *m.*
lure *verb* lokke.
lurid /'l(j)uːrɪd/ uhyggelig; glødende.
lurk /lɜːk/ ligge på lur.
luscious /'lʌʃəs/ saftig; lekker.
lush /lʌʃ/ frodig, yppig.
lust /lʌst/ (vel)lyst *m/f;* begjær *n;* **~ful** vellystig.
lustr|e /'lʌstə/ glans *m;* **-ous** skinnende.
luxurious /lʌg'zjʊərɪəs/ luksuriøs; overdådig.
luxury /'lʌkʃərɪ/ luksus(artikkel) *m.*
lye /laɪ/ *(amr)* lut *m;* **~d stockfish** lutefisk *m.*
lymph|atic /lɪm'fætɪk/ lymfe-; **- gland** lymfekjertel *m;* **~ node** lymfeknute *m;* **~ tissue** lymfevev *n.*
lynch /lɪntʃ/ lynsje.
lynx /lɪŋks/ gaupe *m/f.*
lyric /'lɪrɪk/ lyrisk (dikt); **~s** *flertall* sangtekster *m, flertall*; lyriske vers *n, flertall*.

M

M.A. /em eɪ/ *fork for* **Master of Arts.**
macaroon /mækə'ruːn/ makron *m.*
mace /meɪs/ septer *n.*
machine /mə'ʃiːn/ maskin *m;* **answering ~** telefonsvarer *m*; **~ry** maskineri *n.*
mackerel /'mækrəl/ makrell *m.*
mackintosh /'mækɪntɒʃ/ regnfrakk *m.*
mad /mæd/ gal; rasende.
madam /'mædəm/ (i tiltale) frue *m/f.*
mad|den /'mædn/ gjøre gal, rasende; **-ness** galskap *m.*
magazine /mægə'ziːn/ magasin *n;* lagerbygning *m;* tidsskrift *n.*
maggot /'mægət/ larve *m/f.*
magic /'mædʒɪk/ magisk; magi *m;* **~ wand** tryllestav *m*; **~al** magisk; trylle-; **~ian** trollmann *m;* magiker *m.*
magnanim|ous /mæg'nænɪməs/ storsinnet; **-ity** storsinnethet *m.*
magnificen|ce /mæg'nɪfɪsəns/

prakt *m,* storhet *m;* **-t** storartet; praktfull.

magni|fy /'mægnɪfaɪ/ forstørre; **~ing glass** forstørrelsesglass *n.*

magpie /'mægpaɪ/ skjære *f.*

mahogany /mə'hɒgənɪ/ mahogni *m.*

maid /meɪd/ stuepike *m/f;* hushjelp *m/f;* **~ of honour** brudens forlover *m.*

maiden /'meɪdən/ jomfru *m/f;* **~ name** pikenavn *n;* **~ speech** jomfrutale *m.*

mail /meɪl/ post *m.*

mail *verb (amr)* sende med post; **e-~** e-post *m;* **~-bag** postsekk *m;* **~box** *(amr)* postkasse *m/f.*

mailing list /'meɪlɪŋ lɪst/ kundekartotek *n.*

mailman /'meɪlmən/ *(amr)* postbud *n.*

maim /meɪm/ lemleste.

main /meɪn/ hoved-; **~ lights** fjernlys *n;* **~ road** forkjørsvei *m;* **~land** fastland *n;* **~ly** hovedsakelig.

maint|ain /meɪn'teɪn/ vedlikeholde; opprettholde; hevde; **-enance** vedlikehold *n;* underhold(sbidrag) *n.*

maize /meɪz/ mais *m.*

majestic|(ally) /mæ'dʒestɪk/ majestetisk; **-y** majestet *m.*

major /'meɪdʒə/ større; vesentlig; major *m; (mus)* dur *m.*

majority /mə'dʒɒrətɪ/ flertall *n.*

make /meɪk/ fabrikat *n.*

make *verb* lage; gjøre; utgjøre; få til å; **~ up** dikte opp; ordne (en trette); sminke (seg); **~ up for** ta igjen; oppveie; **~ up one's mind** bestemme seg; **~-up** sminke *m.*

maker /'meɪkə/ -maker *m.*

makeshift /'meɪkʃɪft/ provisorisk, midlertidig.

maladjusted /mælə'dʒʌstɪd/ dårlig tilpasset.

malady /'mælədɪ/ sykdom *m.*

malaria /mə'leərɪə/ malaria *m.*

male /meɪl/ mannlig; hann *m.*

malevolent /mə'levələnt/ ondskapsfull.

malfunction /mæl'fʌŋkʃn/ funksjonsfeil *m.*

malfunction *verb* fungere dårlig.

malic|e /'mælɪs/ ondskap(sfullhet) *m;* **-ious** ondskapsfull; skadefro.

malignant /mə'lɪgnənt/ ond; ondartet.

mall /mɔːl/ kjøpesenter *n.*

mallard /'mæləd/ stokkand *m/f.*

malleable /'mælɪəbl/ smibar.

mallet /'mælɪt/ klubbe *m/f.*

malnutrition /mæln(j)uː'trɪʃn/ feilernæring *m/f;* underernæring *m/f.*

malt /mɔːlt/ malt *n.*

mammal /'mæməl/ pattedyr *n.*
mammography /mə'mɒgrəfɪ/ mammografi *m.*
man /mæn/, *flertall* **men** mann *m;* menneske *n.*
manage /'mænɪdʒ/ administrere; (be)styre; greie; **~able** medgjørlig; overkommelig; **~ment** administrasjon *m*; forvaltning *m;* ledelse *m;* **~r** leder *m;* direktør *m;* **~rial** leder-.
mandatory /'mændətərɪ/ obligatorisk; **~ sign** påbudsskilt *n.*
mane /meɪn/ man(ke) *m/f (m).*
mange /meɪnʒ/ skabb *n.*
manger /'meɪnʒə/ krybbe *m/f.*
mangle /'mæŋgl/ rulle (tøy); ødelegge.
manhood /'mænhʊd/ manndom(salder) *m (m);* mandighet *m.*
mania /'meɪnjə/ vanvidd *n;* mani *m.*
maniac /'meɪnɪæk/ manisk person *m; (hverdagslig)* galning *m.*
manifest /'mænɪfest/ åpenbar; tydelig.
manifest *verb* legge for dagen; vise; **~ation** tilkjennegivelse *m;* manifestasjon *m;* **~o** manifest *n.*
manifold /'mænɪfoʊld/ mangfoldig; mangfoldiggjøre.
manipulate /mə'nɪpjʊleɪt/ behandle; manipulere.
mankind /mæn'kaɪnd/ menneskeheten *m.*
manly /'mænlɪ/ mandig.
manner /'mænə/ måte *m;* **~s** *flertall* oppførsel *m*; **~ism** affekterthet *m.*
manoeuvre /mə'nuːvə/ manøver *m.*
manoeuvre *verb* manøvrere.
manor /'mænə/ gods *n;* herregård *m.*
manpower /'mænpaʊə/ arbeidskraft *m/f.*
mansion /'mænʃn/ herskapshus *n.*
manslaughter /'mænslɔːtə/ drap *n.*
mantelpiece /'mæntlpiːs/ kaminhylle *m/f.*
mantle /mæntl/ kappe *m/f.*
manual /'mænjʊəl/ hånd-; håndbok *m/f;* **~ labour** kroppsarbeid *n.*
manufacture /mænjʊ'fæktʃə/ fabrikasjon *m;* fremstilling *m/f.*
manufacture *verb* fabrikkere; fremstille; **~r** fabrikant *m.*
manure /mən'juːə/ gjødsel *m/f.*
manure *verb* gjødsle.
Manx /mæŋks/ fra øya Man.
many /'menɪ/ mange.
map /mæp/ kart *n*; **~ out** planlegge.

maple /ˈmeɪpl/ *(bot)* lønn *m/f;* ~ **syrup** lønnesirup *m.*
mar /mɑː/ spolere; skjemme.
marble /ˈmɑːbl/ marmor *n;* klinkekule *m/f.*
march /mɑːtʃ/ marsj *m.*
march *verb* marsjere.
March /mɑːtʃ/ mars.
mare /meə/ hoppe *f.*
margin /ˈmɑːdʒɪn/ marg *m;* margin *m;* ~**al** marginal.
marine /məˈriːn/ hav-; sjø-; marine(soldat) *m;* ~**r** sjømann *m.*
marital /ˈmærɪtl/ ekteskapelig.
maritime /ˈmærɪtaɪm/ maritim; sjø-; kyst-.
marjoram /ˈmɑːdʒərəm/ (krydder) merian *m.*
mark /mɑːk/ merke *n;* kjennemerke *n;* karakter *m* (på skolen).
mark *verb* merke; markere; gi karakter; ~**ed** merket; markert; ~**er** merkepenn *m;* markør *m.*
market /ˈmɑːkɪt/ marked *n;* torg *n.*
market *verb* markedsføre; selge; ~**able** salgbar; ~**ing** markedsføring *m/f.*
marksman /ˈmɑːksmən/ (skarp)skytter *m.*
marmalade /ˈmɑːm(ə)leɪd/ (appelsin)marmelade *m.*
marmot /ˈmɑːmət/ murmeldyr *n.*
maroon /məˈruːn/ rødbrun.
marquee /mɑːˈkiː/ stort telt (til fester *o.l.*).
marriage /ˈmærɪdʒ/ ekteskap *n;* vielse *m;* **civil** ~ borgerlig vielse *m;* ~ **certificate** vielsesattest *m.*
married /ˈmærɪd/ gift.
marrow /ˈmærou/ *(anatomi)* marg *m;* (grønnsak) *(amr)* squash *m.*
marry /ˈmærɪ/ gifte seg (med); vie.
marsh /mɑːʃ/ myr *f.*
marshal /ˈmɑːʃl/ marskalk *m.*
marshy /ˈmɑːʃɪ/ myrlendt.
marsupial /mɑːˈsuːpɪəl/ pungdyr *n.*
marten /ˈmɑːtɪn/ mår *m.*
martial /ˈmɑːʃl/ krigs-; ~ **art** kampsport *m;* **court** ~ krigsrett *m;* ~ **law** militær unntakstilstand *m.*
martin /ˈmɑːtɪn/ (tak)svale *m/f.*
martyr /ˈmɑːtə/ martyr *m.*
marvel /ˈmɑːv(ə)l/ (vid)under *n.*
marvel *verb* undre seg (**at** over); ~**lous** vidunderlig; fantastisk.
masculine /ˈmæskjʊlɪn/ mandig; hankjønns-.
mash /mæʃ/ mos *m.*
mash *verb* knuse, mose.
mask /mɑːsk/ maske *m/f.*

mask *verb* maskere.
mason /ˈmeɪsn/ frimurer *m;* steinhogger *m*; **~ic** frimurer-; **~ry** murverk *n.*
mass /mæs/ *(religion)* messe *m;* masse *m*; **~ start** *(sport)* fellesstart *m.*
massacre /ˈmæsəkə/ massakre *m.*
massacre *verb* massakrere.
massage /ˈmæsɑːʒ/ massasje *m.*
massage *verb* massere.
massive /ˈmæsɪv/ stor, tung; massiv.
master /ˈmɑːstə/ mester *m;* herre *m;* lærer *m.*
master *verb* mestre; beherske; **Master of Arts** språklig-historisk embetseksamen; **Master of Science** matematisk-naturvitenskapelig embetseksamen; **~-key** universalnøkkel *m*; **~ly** mesterlig; **~piece** mesterstykke *n;* **~-stroke** mesterstykke *n.*
masturbation /mæstəˈbeɪʃn/ onani *m.*
mat */mæt/ matte m/f.*
match /mætʃ/ fyrstikk *m/f;* like(mann) *m;* parti *n;* (idretts)kamp *m.*
match *verb* passe til; måle seg med; **~box** fyrstikkeske *m/f;* **~less** makeløs.
mate /meɪt/ (i sjakk) matt; make *m*; hjelpemann *m*; kamerat *m.*
mate *verb* pare seg; (i sjakk) gjøre matt.
material /məˈtiːrɪəl/ stofflig; materiell; materiale *n;* stoff *n* (til klær); **~ize** bli virkeliggjort.
maternal /məˈtɜːnl/ mors-.
maternity /məˈtɜːnɪtɪ/ morskap *n*; **~ nurse** barselpleier *m*; **~ ward** fødeavdeling *m/f.*
mathematics /mæθɪˈmætɪks/ matematikk *m.*
matriculate /məˈtrɪkjʊleɪt/ innskrive, immatrikulere (ved et universitet).
matrimon|ial /mætrɪˈmoʊnɪəl/ ekteskaps-; **-y** ekteskap *n.*
matrix /ˈmætrɪks/ matrise *m.*
matron /ˈmeɪtrən/ forstander *m;* sjefsykepleier *m.*
matter /ˈmætə/ materie *m*; stoff *n;* sak *m; (medisin)* materie *m; (typografi)* sats *m.*
matter *verb* ha betydning; **as a ~ *of fact*** *i virkeligheten*; **it doesn't ~** det spiller ingen rolle; **no ~ how** uansett hvordan; **printed ~** trykksak *m*; **what's the ~ (with you)?** hva er i veien (med deg)? **~-of-fact** saklig.
mattress /ˈmætrɪs/ madrass *m.*

matur|e /mə'tjʊə/ moden; modne(s); **-ity** modenhet *m;* forfall(stid) *n (m/f).*
maudlin /'mɔːdlɪn/ sentimental.
maul /mɔːl/ mishandle.
mauve /moʊv/ blålilla.
maxim /'mæksɪm/ grunnsetning *m;* (leve)regel *m.*
May /meɪ/ mai.
may /meɪ/ kan; få lov til; **~ I?** får jeg lov?
maybe /'meɪbiː/ kanskje.
mayor /meə/ borgermester *m.*
maze /meɪz/ labyrint *m.*
MBA /em biː eɪ/ *fork for* **Master of Business Administration.**
MBE /em biː iː/ *fork for* **Member of the British Empire.**
MD /em diː/ *fork for* **Doctor of Medicine, Managing Director.**
me /miː/ meg.
meadow /'medoʊ/ eng *m/f.*
meagre /'miːgə/ mager.
meal /miːl/ måltid *n;* grovt mel *n;* **~y** melete.
mean /miːn/ simpel, lav; gjerrig; middel-.
mean *verb* bety; mene; **~while** i mellomtiden.
meaning /'miːnɪŋ/ megetsigende; betydning *m;* mening *m/f;* **~ful** meningsfylt.
means /miːnz/ *flertall* middel *n;* (penge)midler *flertall*; **by all ~** for all del; **by ~ of** ved hjelp av; **by no ~** slett ikke.
measles /'miːzlz/ meslinger *flertall*; **German ~** røde hunder.
measurable /'meʒərəbl/ målbar, som kan måles.
measure /'meʒə/ mål *n;* forholdsregel *m; (mus)* takt *m/f.*
measur|e *verb* måle; bedømme; **~ up** holde mål; **~ment** mål(ing) *n (m/f);* **-ing tape** målebånd *n.*
meat /miːt/ kjøtt *n;* **minced ~** hakket kjøtt, kjøttdeig *m;* **~balls** kjøttboller *flertall*; **~ rissole** karbonade *m.*
mechanic /mɪ'kænɪk/ mekaniker *m;* **~s** *flertall* mekanikk *m;* **~al** mekanisk; **~al engineer** maskiningeniør *m.*
mechani|sm /'mekənɪzm/ mekanisme *m;* **-ze** mekanisere.
medal /'medl/ medalje *m;* **~list** medaljevinner *m.*
meddle /'medl/, **~ in** (*eller* **with**) blande seg opp i; **~some** geskjeftig.
media /'miːdɪə/, *flertall av* **medium; mass ~** massemedia *flertall.*
medi(a)eval /medɪ'iːvl/ middelaldersk.

mediat|e /ˈmiːdɪeɪt/ mekle; **-ion** mekling *m/f*; **-or** mekler *m.*
medical /ˈmedɪkl/ medisinsk; legeundersøkelse *m*; **local ~ officer** distriktslege *m.*
medicat|e /ˈmedɪkeɪt/ behandle med medisin; **-ion** medisinsk behandling *m/f*, medisin *m.*
medicine /ˈmedsn/ medisin *m*; **~ chest** medisinskap *n.*
mediocr|e /miːdɪˈoʊkə/ middelmådig; **-ity** middelmådighet *m.*
meditat|e /ˈmedɪteɪt/ meditere; **-ive** ettertenksom.
medium /ˈmiːdɪəm/, *flertall* **media** mellom-; middel *n*; medium *m.*
medley /ˈmedlɪ/ blanding *m/f*; potpurri *m.*
medulla /mɪˈdʌlə/ *(anatomi, bot)* marg *m.*
meek /miːk/ ydmyk; **~ness** ydmykhet *m.*
meet /miːt/ møte(s); oppfylle (forpliktelse); etterkomme (oppfordring *o.l.*); **~ with** møte, støte på; **~ing** møte *n*; stevne *n.*
megalomania /megəloʊˈmeɪnɪə/ stormannsgalskap *m.*
melancholy /ˈmelənkɒlɪ/ tungsindig; tungsinn *n.*
mellow /ˈmeloʊ/ bløt, myk; dempet.
mellow *verb* mildne(s); modne(s).
melod|ious /mɪˈloʊdjəs/ melodisk; **-y** melodi *m.*
melt smelte.
member /ˈmembə/ medlem *n*; **~ship** medlemskap *n.*
membrane /ˈmembreɪn/ hinne *m/f.*
memor|able /ˈmemərəbl/ minneverdig.
memorial /mɪˈmɔːrɪəl/ minne-; minnesmerke *n.*
memor|ize /ˈmeməraɪz/ lære utenat; **-y** hukommelse *m*; minne *n*; **loss of -y** hukommelsestap *n.*
menac|e /ˈmenəs/ trussel *m*; **-ing** truende.
mend reparere; bli bedre; **on the ~** på bedringens vei.
meningitis /menɪnˈdʒaɪtɪs/ hjernehinnebetennelse *m.*
meniscus /məˈnɪskəs/ menisk *m.*
menopause /ˈmenəpɔːz/ overgangsalder *m*; klimakterium *n.*
men's room /menz ruːm/ herretoalett *n.*
menstruat|e /ˈmenstrʊeɪt/ menstruere; **-ion** menstruasjon *m.*
mental /ˈmentl/ sinns-; sjelelig;

~ **disorder** psykisk lidelse *m;* ~ **faculties** *flertall* sjelsevner *m, flertall.*
mentality /men'tæləti/ mentalitet *m.*
mentally /'mentəli/ psykisk; intellektuelt; **suffer** ~ lide psykisk; ~ **disabled** psykisk utviklingshemmet *m.*
mention /'menʃn/ omtale *m.*
mention *verb* nevne; omtale; **don't ~ it!** ingen årsak!
menu /'menju:/ meny *m,* spisekart *n.*
MEP /em i: pi:/ *fork for* **Member of the European Parliament**.
mercantile /'m3:kəntail/ handels-.
mercenary /'m3:sinri/ leiesoldat *m.*
merchandise /'m3:tʃəndaiz/ (handels)varer *m, flertall.*
merchant /'m3:tʃənt/ grossist *m;* kjøpmann *m.*
merc|iful /'m3:sifʊl/ barmhjertig; nådig; **-iless** ubarmhjertig; **-y** barmhjertighet *m.*
mercury /'m3:kjʊri/ kvikksølv *n.*
mere /miə/ ren; bare; **~ly** bare; utelukkende.
merg|e /m3:dʒ/ smelte sammen; fusjonere; *(amr)* (i trafikk) velge fil, flette; **~r** sammensmelting *m/f;* fusjon *m;* **-ing** (i trafikk) glidelåskjøring *m/f.*
merit /'merit/ fortjeneste *m;* fortrinn *n.*
merit *verb* fortjene.
mermaid /'m3:meid/ havfrue *m/f.*
merry /'meri/ lystig; munter; ~ **Christmas!** god jul! **~-go-round** karusell *m.*
mesh /meʃ/ maske (i garn *o.l.*) *m/f.*
mess rot *n; (sjøfart, mil)* messe *f;* **make a** ~ rote; **~y** rotete.
message /'mesidʒ/ beskjed *m; (edb)* tekstmelding *m/f.*
messenger /'mesindʒə/ bud(bringer) *n (m).*
metal /metl/ metall *n;* **~lic** metallisk.
meteorolog|ical /mi:tjərə'lɒdʒikl/ meteorologisk; **~ist** meteorolog *m;* **-y** meteorologi *m.*
meter /'mi:tə/ måler *m; (amr)* meter *m.*
method /'meθəd/ metode *m;* **~ical** metodisk.
meticulous /mi'tikjʊləs/ pinlig nøyaktig.
metr|e /'mi:tə/ meter *m;* versemål *n;* **-ic** metrisk.
metropolis /mi'trɒpəlis/ verdensby *m.*

mettlesome /'metlsəm/ modig; ildfull.
mew /mjuː/ mjaue.
mica /'maɪkə/ glimmer *n*; kråkesølv *n*.
micro|chip /'maɪkroʊtʃɪp/ mikrobrikke *m/f*; **-fiche** mikrokort *n*; **-phone** mikrofon *m*; **-scope** mikroskop *n*.
microwave /'maɪkroʊweɪv/ mikrobølge *m*; **~ oven** mikrobølgeovn *m*.
mid midt-; **~day** middag *m*, kl. 12.
middle /'mɪdl/ mellom-; midte *m*; **in the ~** i midten; **~ finger** langfinger *m*; **~-aged** middelaldrende.
midge /mɪdʒ/ *(zool)* knott *m*.
midget /'mɪdʒɪt/ dverg *m*.
midnight /'mɪdnaɪt/ midnatt *m*.
midsummer /'mɪd'sʌmə/ midtsommer *m*; **Midsummer's Eve** sankthansaften *m*.
midwife /'mɪdwaɪf/ jordmor *m/f*; **~ry** fødselshjelp *m/f*.
might /maɪt/ makt *m/f*; kraft *m/f*; **~y,** mektig, sterk.
might *(hverdagslig), (amr) adv* veldig.
migraine /'maɪgreɪn/ migrene *m*.
migrant /'maɪgrənt/ trekkfugl *m*; **~ worker** fremmedarbeider *m*.
migrat|e /maɪ'greɪt/ flytte; (om fugler) trekke; **-ion** vandring *m/f*; (om fugler) trekk *n*.
mild /maɪld/ mild; bløt; **~ness** mildhet *m*.
mildew /'mɪldjuː/ mugg *m*; jordslag *n*.
mile /maɪl/ (engelsk) mil *f* (= 1609,3 m); **~age** avstand *m* i mil; kilometerstand *m*; **~stone** *(overført)* milepæl *m*; kilometerstolpe *m*.
military /'mɪlɪtərɪ/ militær; **the ~** det militære.
milk melk *m/f*.
milk *verb* melke; **~maid** budeie *f*; **~sop** brødsoll *m*.
mill mølle *m/f*; fabrikk *m*; *(maskin)* frese; **~er** møller *m*.
millennium /mɪ'lenɪəm/ årtusen *n*.
milliner /'mɪlɪnə/ modist *m*, hattemaker *m*; **~'s** hatteforretning *m/f*; **~y** hattepynt *m*.
millipede /'mɪlɪpiːd/ *(zool)* tusenbein *n*.
milt milt *m*; (hos fisk) melke *m*.
mimic /'mɪmɪk/ mimisk; imitator *m*.
mimic *verb* herme etter; **~ry** etteraping *m/f*; beskyttelseslikhet *m*.
mince /mɪns/ (fin)hakke; **~d**

meat kjøttdeig *m;* **~d steak** karbonadedeig *m.*

mincemeat /'mɪnsmiːt/ epler, rosiner *o.l.* brukt som fyll i pai.

mind /maɪnd/ sinn *n;* sjel *m/f;* forstand *m;* hjerne *m,* intellekt *n.*

mind *verb* passe (på); bry seg om; ha noe imot; **change one's ~** forandre mening *m/f;* **have a ~ to** ha lyst til; **keep in ~** huske (på); **never ~!** ikke bry deg om det! **~ you** vel og merke.

minded /'maɪndɪd/ -sinnet; **open-~** med åpent sinn.

mind-reader /'maɪndriːdə/ tankeleser *m.*

mine /maɪn/ min(e), mitt; gruve *m/f;* mine *m/f.*

mine *verb* utvinne; minelegge; **~r** gruvearbeider *m.*

mineral /'mɪnərəl/ mineral *n;* **~ water** mineralvann *n.*

mingle /mɪŋgl/ blande (seg).

miniature /'mɪnjətʃə/ miniatyr(maleri) *n.*

minimum /'mɪnɪməm/ det minste; minstemål *n.*

mining /'maɪnɪŋ/ gruvedrift *m/f.*

minist|er /'mɪnɪstə/ minister *m;* (dissenter)prest *m;* **-ry** ministerium *n;* prestetjeneste *m.*

minor /'maɪnə/ mindre; mindreårig; *(mus)* moll; **~ity** mindretall *n;* umyndighet *m.*

minster /'mɪnstə/ domkirke *m.*

mint myntverksted *n; (bot)* mynte *f.*

mint *verb* mynte; **~age** mynting *m/f.*

minute /maɪ'njuːt/ ørliten; minutiøs; /'mɪnɪt/ minutt *n;* øyeblikk *n;* **~s** *flertall* (møte)referat *n;* **~ hand** minuttviser *m,* langviser *m.*

mirac|le /'mɪrəkl/ under *n;* **~ulous** mirakuløs.

mire /'maɪə/ søle *m/f.*

mirror /'mɪrə/ speil *n.*

mirror *verb* speile.

mirth /mɜːθ/ munterhet *m.*

misadventure /mɪsəd'ventʃə/, **by ~** ved et uhell.

misapprehension /mɪsæprɪ'henʃn/ misoppfatning *m.*

misbehav|e /mɪsbɪ'heɪv/ oppføre seg dårlig; **-iour** dårlig oppførsel *m.*

miscalculate /mɪs'kælkjʊleɪt/ regne feil.

miscarr|iage /'mɪskærɪdʒ/ abort *m;* det at noe mislykkes; **~ of justice** justismord *n*; **-y** abortere; slå feil.

miscellaneous /mɪsə'leɪnjəs/ blandet; *fork* **misc.**

mischie|f /ˈmɪstʃɪf/ ugagn *n;* skade *m;* **-vous** skøyeraktig.
misconduct /mɪsˈkɒndəkt/ upassende oppførsel *m.*
misconduct *verb* /mɪskənˈdʌkt/ vanskjøtte, forvalte dårlig.
misdemeanour /mɪsdɪˈmiːnə/ *(jur)* mindre alvorlig forbrytelse *m.*
miser /ˈmaɪzə/ gnier *m.*
miser|able /ˈmɪzərəbl/ elendig; ulykkelig; **-y** elendighet *m;* ulykke *m/f.*
mis|fire /mɪsˈfaɪə/ klikke; (om motor) ikke starte; **-fit** noe(n) som ikke passer; **-fortune** uhell *n;* **-givings** *flertall* bange anelser *m, flertall;* **-hap** uhell *n;* **-interpret** feiltolke; **-judge** bedømme galt; **-lay** forlegge; **-lead** villede.
misprint /ˈmɪsprɪnt/ trykkfeil *m.*
miss frøken *m/f;* bom(skudd) *m (n).*
miss *verb* savne; gå glipp av; bomme.
missing /ˈmɪsɪŋ/ manglende; forsvunnet.
mission /ˈmɪʃn/ oppdrag *n;* misjon *m;* **~ary** misjonær *m.*
mist tåke *m/f.*
mistake /mɪsˈteɪk/ feil(takelse) *m (m).*
mistake *verb* ta feil av, forveksle (**for** med).
mister /ˈmɪstə/ *fork* **Mr.** herr.
mistletoe /ˈmɪsltoʊ/ misteltein *m.*
mistress /ˈmɪstrɪs/ frue *m/f; fork* **Mrs.** /ˈmɪsɪz/; lærerinne *m/f;* elskerinne *m/f.*
mistrust /mɪsˈtrʌst/ mistro *m.*
mistrust *verb* mistro.
misunderstand /mɪsʌndəˈstænd/ misforstå; **~ing** misforståelse *m.*
misuse /mɪsˈjuːs/ misbruk *n.*
misuse *verb* /mɪsˈjuːz/ misbruke.
mitigate /ˈmɪtɪgeɪt/ formilde; lindre.
mitten /ˈmɪtn/ vott *m;* halvhanske *m.*
mix /mɪks/ blande; omgås; **~ up** blande; forveksle; **~ture** blanding *m/f;* mikstur *m.*
moan /moʊn/ stønn *n.*
moan *verb* stønne; jamre.
moat /moʊt/ vollgrav *m/f.*
mob /mɒb/ mobb *m;* pøbel *m.*
mob *verb* mobbe; stimle sammen om.
mobil|e /ˈmoʊbaɪl/ mobil, bevegelig; **-ity** bevegelighet *m.*
mobiliz|e /ˈmoʊbɪlaɪz/ mobilisere; **-ation** mobilisering *m/f.*
mock /mɒk/ uekte.
mock *verb* gjøre narr av; håne; **~ery** hån *n.*

mode /moʊd/ måte *m;* mote *m; (mus)* toneart *m.*
model /ˈmɒdl/ modell *m.*
model *verb* modellere; være modell.
moderate /ˈmɒdərət/ måteholden; moderat.
moderat|e *verb* /ˈmɒdəreɪt/ moderere (seg); **-ion** måtehold *n.*
modern /ˈmɒdən/ moderne.
modest /ˈmɒdɪst/ beskjeden; blyg; **~y** beskjedenhet *m.*
modi|fication /mɒdɪfɪˈkeɪʃn/ endring *m/f;* **-fy** modifisere; endre.
moist /mɒɪst/ fuktig; **~en** fukte; **~ure** fuktighet *m;* **~urizing cream** fuktighetskrem *m.*
molar /ˈmoʊlə/ jeksel *m.*
mole /moʊl/ muldvarp *m;* føflekk *m;* molo *m.*
moment /ˈmoʊmənt/ øyeblikk *n;* **~ary** som varer et øyeblikk *n;* forbigående.
monarch /ˈmɒnək/ monark *m;* **~y** monarki *n.*
monastery /ˈmɒnəstrɪ/ (munke)kloster *n.*
Monday /ˈmʌndɪ/ mandag.
monetary /ˈmʌnətərɪ/ penge-.
money /ˈmʌnɪ/ *entall* penger *m, flertall*; **~order** postanvisning *m.*
mongrel /ˈmʌŋgrəl/ kjøter *m.*
monitor /ˈmɒnɪtə/ ordensmann *m* (på skole); (billed)monitor *m.*
monitor *verb* avlytte.
monk /mʌŋk/ munk *m.*
monkey /ˈmʌŋkɪ/ ape *m.*
monogram /ˈmɒnəgræm/ monogram *n.*
monologue /ˈmɒnəlɒg/ enetale *m.*
monopoly /məˈnɒpəlɪ/ monopol *n;* enerett (**of** på).
monotonous /məˈnɒtənəs/ ensformig; monoton.
monst|er /ˈmɒnstə/ uhyre *n;* **-rosity** uhyrlighet *m;* misfoster *n;* **-rous** kjempestor.
month /mʌnθ/ måned *m;* **~ly** månedlig; månedstidsskrift *n.*
mood /muːd/ (sinns)stemning *m;* **~y** lunefull.
moon /muːn/ måne *m;* **~light** måneskinn *n.*
moor /mʊə/ hei *f,* mo *m.*
moor *verb* fortøye; **~ings** *flertall* fortøyning(splass) *m.*
moose /muːs/ *(amr)* elg *m.*
mop /mɒp/ mopp *m.*
mop *verb* tørke (opp).
mope /moʊp/ (sitte og) sture.
moral /ˈmɒrəl/ moralsk; moral *m;* **~s** *flertall* moral *m,* normer *m, flertall*; **~e** ånd *m,* moral *m;* **~ity** moral *m,* etikk *m.*
morbid /ˈmɔːbɪd/ sykelig.

more /mɔː/ mer; flere; **once** ~ en gang til; **~over** dessuten; hva mer er.
morgue /mɔːg/ likhus *n.*
morning /'mɔːnɪŋ/ morgen *m;* formiddag *m;* **in the ~** om morgenen; **this ~** i morges; **tomorrow ~** i morgen tidlig.
moron /'mɔːrɒn/ *(hverdagslig)* idiot *m.*
morose /mə'roʊs/ gretten.
morphia /'mɔːfɪə/, **morphine** /'mɔːfiːn/ morfin *m.*
morsel /'mɔːsəl/ liten bit *m.*
mortal /mɔːtl/ dødelig; **~ity** dødelighet *m.*
mortar /'mɔːtə/ morter *m;* mørtel *m.*
mortgage /'mɔːgɪdʒ/ pant *n;* prioritet *m.*
mortgagle *verb* belåne; **~ bond** panteobligasjon *m;* **~e** panthaver *m.*
mortification /mɔːtɪfɪ'keɪʃn/ krenkelse *m,* ydmykelse *m;* *(medisin)* koldbrann *m;* **-y** ydmyke, krenke.
mortuary /'mɔːtjʊərɪ/ likhus *n;* **~ *table*** *obduksjonsbord n.*
mosque /mɒsk/ moské *m.*
mosquito /məs'kiːtoʊ/ mygg *m,* moskito *m;* **~ repellent** myggolje *m/f.*
moss /mɒs/ mose *m;* **~y** mosegrodd.
most /moʊst/ mest; flest; **at (the) ~** høyst; **~ly** for det meste; hovedsakelig.
motel /moʊ'tel/ motell *n.*
moth /mɒθ/ møll *m;* **~ ball** møllkule *m/f;* **~-eaten** møllspist.
mother /'mʌðə/ mor *m;* **~hood** morskap *n;* **~-in-law** svigermor *m/f;* **~ly** moderlig; **~-of-pearl** perlemor *m/n;* **~ tongue** morsmål *n.*
motion /moʊʃn/ bevegelse *m;* forslag *n.*
motion *verb* gjøre tegn til; **~less** ubevegelig.
motive /'moʊtɪv/ motiv *n;* driv-.
motley /'mɒtlɪ/ brokete, spraglete.
motor /'moʊtə/ bil-; motor *m;* *(hverdagslig)* bil *m;* **~way** motorvei *m.*
motor /'moʊtə/ *verb* bile; **~ bike, ~ cycle** motorsykkel *m;* **~ oil** motorolje *m/f;* **~ (vehicle) insurance** bilforsikring *m/f;* **(~) vehicle mechanic** bilmekaniker *m;* **~*ing*** *bilkjøring m/f;* **~ist** bilist *m.*
mottled /'mɒtəld/ spraglete; spettete.
mould /moʊld/ mugg *m;* (støpe)form *m/f;* muld *m.*
mould *verb* mugne; støpe; forme; **~y** muggen.

mound /maʊnd/ (jord)haug *m.*
mount /maʊnt/ (be)stige; montere, stille opp; (i navn) berg *n.*
mountain /'maʊntɪn/ fjell *n;* berg *n*; **~ hike** fjellvandring *m/f*; **~ hotel** høyfjellshotell *n.*
mountaineer /maʊntɪ'niːə/ fjellklatrer *m;* **~ing** fjellklatring *m/f.*
mountain| guide fjellfører *m*; **- inn** fjellstue *m/f*; **-ous** fjellrik; **- plateau** fjellvidde *m/f*; **- range** fjellkjede *m*; **- ridge** fjellrygg *m*; **- stream** fjellbekk *m.*
mourn /mɔːn/ sørge (over); **~er** en som sørger; **~ful** sørgmodig.
mourning /'mɔːnɪŋ/ sorg *m;* **be in ~** bære sørgedrakt *m/f.*
mouse /maʊs/, *flertall* **mice** /maɪs/ mus *m/f.*
mousse /muːs/ fromasj *m.*
mouth /maʊθ/ munn *m;* (elve)munning *m.*
mouth *verb* /maoð/ forme med leppene; **~-organ** munnspill *n;* **~piece** munnstykke *n;* *(tlf)* rør *n;* **~ ulcer** munnsår *n*; **~wash** munnvann *n.*
movable /'muːvəbl/ bevegelig; **~s** *flertall*, *(jur)* løsøre *n.*
move /muːv/ flytting *m/f;* trekk *n* (i sjakk *osv*).
move *verb* flytte; bevege (seg); ferdes; påvirke; fremsette forslag om; **on the ~** på farten; **~ on** gå videre; **~ over** flytte seg litt.
moved /muːvd/ beveget, rørt.
movement /'muːvmənt/ bevegelse *m; (mus)* sats *m.*
movie /'muːvɪ/ *(amr)* film *m;* **go to the ~s** gå på kino.
moving /'muːvɪŋ/ som beveger seg; rørende.
mow /moʊ/ meie; slå; **(lawn) ~er** gressklipper *m.*
MP *fork for* **Member of Parliament; Military Police.**
Mr; **Mrs, Ms = Mister; Mistress.**
much /mʌtʃ/ mye; meget; **how ~ is it?** hvor mye koster det?
muck /mʌk/ møkk *f*, gjødsel *m/f*; **~ sth up** spolere noe.
mucous /'mjuːkəs/ slimete; **~ membrane** slimhinne *m/f.*
mud /mʌd/ mudder *n*, gytje *f;* **~ flap** (på bil) skvettlapp *m*; **~guard** skjerm *m.*
muddle /'mʌdl/ rot *n.*
muddle *verb* rote sammen; forvirre; **~d** rotete; forvirret.
muddy /'mʌdɪ/ sølete; gjørmete.
muff /mʌf/ muffe *m/f.*
muffin /'mʌfɪn/ (slags) tekake *m/f.*

muffle /'mʌfl/ pakke inn; dempe (om lyd); **~d** dempet; **~r** skjerf *n;* (på bil) lydpotte *m.*.
mug /mʌg/ krus *n.*
mug *verb* overfalle; **~ger** raner *m*; overfallsmann *m*; **~ging** overfall *n*; **~gy** fuktig, lummer.
mulatto /mjʊ'lætoʊ/ mulatt *m.*
mulberry /'mʌlbərɪ/ morbær(tre) *n.*
mulle /mju:l/ muldyr *n;* stabeis *m;* **-ish** sta.
mull /mʌl/ (om vin) varme opp og krydre; **~ed claret** gløgg *m.*
mullet /'məlɪt/ *fisk* mulle *m/f.*
multi /'mʌltɪ/ fler-; mange-; **~access** *(edb)* flerbruker *m*; **~-storey car park** parkeringshus *n.*
multiplle /'mʌltɪpl/ mangfoldig; **-lication** forøkelse *m;* multiplikasjon *m;* **-ly** formere (seg); multiplisere.
multitude /'mʌltɪtju:d/ mengde *m/f.*
mumble /'mʌmbl/ mumling *m/f.*
mumble *verb* mumle.
mumps /mʌmps/ kusma *m.*
munch /mʌntʃ/ gomle på; knaske.
mundane /'mʌndeɪn/ verdslig.
municipal /mju:'nɪsɪpl/ by-; kommunal; **~ity** bykommune *m.*
munitions /mju:'nɪʃnz/ *flertall* krigsmateriell *n.*
mural /'mju:rəl/ vegg-; mur-.
murder /'mɜ:də/ mord *n.*
murder *verb* myrde; **~er** morder *m;* **~ous** morderisk.
murky /'mɜ:kɪ/ dyster; skummel.
murmur /'mɜ:mə/ mumling *m/f*; murring *m/f.*
murmur *verb* mumle; bruse; protestere.
musclle /'mʌsl/ muskel *m;* **-ular** muskuløs.
muse /mju:z/ muse *m.*
muse *verb* gruble.
museum /mju:'zɪəm/ museum *n.*
mushroom /'mʌʃru:m/ sopp *m*; **~ poisoning** soppforgiftning *m/f.*
mushy /'mʌʃɪ/ grøtaktig; bløt.
music /'mju:zɪk/ musikk *m;* noter *m, flertall; (overført)* **face the ~** ta støyten; **set to ~** tonesette; **~-hall** varieté *m*; **~ paper** notepapir *n*; **~ stand** notestativ *n*; **~ stool** pianokrakk *m.*
musical /'mju:zɪkl/ musikalsk; velklingende; musikal *m*; **~ comedy** operette *m.*
musician /mju:'zɪʃn/ musiker *m.*
musk /mʌsk/ moskus; **~-deer** moskushjort *m;* **~-rat** bisamrotte *f.*

mussel /'mʌsl/ blåskjell *n;* musling *m.*
must /mʌst/ most *m;* nødvendighet *m.*
must *verb* må, måtte.
mustard /'mʌstəd/ sennep *m.*
muster /'mʌstə/ mønstring *m/f.*
muster *verb* mønstre.
musty /'mʌstɪ/ muggen; gammeldags.
mute /mjuːt/ stum (person).
mute *verb* dempe; **~d** dempet; **~ness** stumhet *m.*
mutilate /'mjuːtɪleɪt/ lemleste; ødelegge.
mutiny /'mjuːtɪnɪ/ mytteri *n.*
mutiny *verb* gjøre mytteri.
mutter /'mʌtə/ mumling *m/f.*
mutter *verb* mumle.
mutton /'mʌtn/ fårekjøtt *n;* **leg of ~** fårelår *n;* **~ chop** lammekotelett *m.*
mutual /'mjuːtʃʊəl/ gjensidig; felles; **~ fund** aksjefond *n.*
muzzle /'mʌzl/ mule *m;* munning (på skytevåpen) *m/f;* munnkurv *m.*
muzzle *verb* sette munnkurv på.
my /maɪ/ min(e), mitt.
myopic /maɪ'ɒpɪk/ nærsynt.
myrtle /mɜːtl/ myrt *m.*
myself /maɪ'self/ jeg selv, meg selv; meg.
myster|ious /mɪ'stɪərɪəs/ mystisk; hemmelighetsfull; **-y** mysterium *n;* hemmelighet *m.*
mystic /'mɪstɪk/ mystiker *m;* **~ism** mystisisme *m.*
mysti|fication /mɪstɪfɪ'keɪʃn/ mystifikasjon *m;* **-fy** mystifisere.
myth /mɪθ/ myte *m.*

N

nab /næb/ få tak i; fakke.
nag /næg/ gamp *m.*
nag *verb* småskjenne; mase.
nail /neɪl/ negl *m;* spiker *m.*
nail *verb* spikre; slå kloen i; **~-file** neglefil *m/f;* **~ varnish** neglelakk *m.*
naive /na'iːv/ naiv, godtroende.
naked /'neɪkɪd/ naken; bar; **~ness** nakenhet *m.*
name /neɪm/ navn *n;* ry *n.*
name *verb* kalle; (be)nevne; **~less** navnløs; **~ly** nemlig **(= i.e.); ~-plate** navneskilt *n;* **~sake** navnebror *m.*
nanny /'nænɪ/ barnepike *m/f.*

nap /næp/ lur *m;* lo *f.*
nape /neɪp/, **~ of the neck** nakke *m.*
napkin /'næpkɪn/ serviett *m.*
nappy /'næpɪ/ bleie *m/f;* **disposable ~** papirbleie *m.*
narcissus /nɑː'sɪsəs/ narsiss *m;* **white ~** pinselilje *m/f.*
narco|sis /nɑː'koʊsɪs/ bedøvelse *m,* narkose *m.*
narcotic /nɑː'kɒtɪk/ narkotisk; narkoman *m;* narkotisk stoff *n.*
narrat|e /næ'reɪt/ berette; fortelle; **-ive** fortellende; fortelling *m/f;* **-or** forteller *m.*
narrow /'næroʊ/ smal; trang; snever.
narrow *verb* smalne; **~ing** innsnevring *m/f;* **~-minded** sneversynt.
nasal /'neɪzl/ nese-.
nasty /'nɑːstɪ/ ekkel, vemmelig; ubehagelig.
natal /'neɪtəl/ fødsels-; føde-; **~ity** fødselsrate *m.*
nation /neɪʃn/ nasjon *m;* folk(eslag) *n;* **~al** nasjonal; **~ality** nasjonalitet *m;* *statsborgerskap n;* **~alize** nasjonalisere.
native /'neɪtɪv/ føde-; medfødt; innfødt (*m*); **~ country** hjemland *n;* **~ language** morsmål *n.*
natural /'nætʃərəl/ naturlig; medfødt; **~ science** naturvitenskap *m;* **~ize** naturalisere; gi statsborgerskap *n;* **~ly** naturlig(vis).
nature /'neɪtʃə/ natur *m;* beskaffenhet *m;* **~ conservation** naturvern *n;* **~ reserve** naturreservat *n.*
naught /nɔːt/ null *m/n;* **~y** uskikkelig; slem.
nausea /'nɔːsɪə/ kvalme *m;* **~ting** kvalmende; ekkel.
nautical /'nɔːtɪkl/ sjø-; nautisk; **~ mile** sjømil *m* (1852 m).
naval /'neɪvl/ sjø-; marine-.
nave /neɪv/ (i kirke) skip *n.*
navel /'neɪvl/ navle *m.*
navigable /'nævɪgəbl/ farbar; fremkommelig.
navigat|e /'nævɪgeɪt/ navigere; seile; **-ion** navigasjon *m;* sjøfart *m;* **-or** navigatør *m.*
navy /'neɪvɪ/ marine *m;* flåte *m.*
near /nɪə/ nær; like ved; **~ly** nesten; **~side** venstre side *m;* **~-sighted** nærsynt.
neat /niːt/ ordentlig; ryddig; fiks; ublandet (om alkohol).
necessary /'nesɪsərɪ/ nødvendig; **the necessaries** *flertall* det aller nødvendigste; **if ~** om nødvendig.

necessity /nɪ'sesətɪ/ nødvendighet *m.*
neck /nek/ hals *m;* **back of the ~** nakke *m*; **~ of the femur** lårhals *m.*
neck *verb* kline, kjæle med; **~lace** halsbånd *n;* **~tie** slips *n.*
need /niːd/ nød *m*; behov *n.*
need *verb* behøve; trenge.
needle /'niːdl/ nål *m/f;* **~work** søm *m*; håndarbeid *n.*
need|less /'niːdləs/ unødvendig; **-y** trengende (*m*).
negative /'negətɪv/ nektende; negativ; nektelse *m; (fotogr)* negativ *n.*
neglect /nɪ'glekt/ forsømmelse *m.*
neglect *verb* forsømme.
neglig|ence /'neglɪdʒəns/ skjødesløshet *m;* **-ent** skjødesløs; **-ible** ubetydelig.
negotiable /nɪ'goʊʃəbl/ omsettelig.
negotia|te /nɪ'goʊʃɪeɪt/ forhandle (om); omsette; **-tion** forhandling *m/f;* **-tor** forhandler *m.*
neigh /neɪ/ vrinsk *n.*
neigh *verb* vrinske, knegge.
neighbour /'neɪbə/ nabo *m;* **~hood** naboskap *n;* **~ing** nabo-; omkringliggende.
neither /'naɪðə/ ingen (av to); **~ – nor** verken – eller.
nephew /'nefjuː/ nevø *m.*
nerve /nɜːv/ nerve *m; (hverdagslig)* frekkhet *m;* **~-racking** enerverende.
nervous /'nɜːvəs/ nerve-; nervøs; **~ breakdown** nervesammenbrudd *n*; **~ness** nervøsitet *m.*
nest reir *n.*
nest *verb* bygge reir.
nestle /'nesl/ ligge lunt og trygt; **~ up to** trykke seg inntil.
net netto; nett *n,* garn *n.*
net *verb* fange; sette garn i; **landing ~** håv *m.*
netizen /'netɪzn/ nettbruker *m.*
netting garnbinding *m/f*; nett *n;* **wire ~** ståltrådnetting *m.*
nettle /'netl/ nesle *m*; **stinging ~** brennesle *m/f*; **~ rash** elveblest *m*, neslefeber *m.*
network /'netwɜːk/ nettverk *n.*
neuro|logist /njuː'rɒlədʒɪst/ nevrolog *m*; **-sis** nevrose *m.*
neuter /'njuːtə/ *(gram)* intetkjønn(sord) *n.*
neutral /'njuːtrəl/ nøytral; **put the car in ~** sette bilen i fri; **~ity** nøytralitet *m;* **~ize** nøytralisere.
never /'nevə/ aldri; **~theless** ikke desto mindre.
new /njuː/ ny; fersk; **~ly** nylig, nettopp; ny-.
news /njuːz/ *flertall* nyhet(er) *m, flertall;* etterretning(er)

m; ~ **agency** telegrambyrå *n;* ~**agent's** forretning hvor det selges aviser og blader; ~**boy** avisgutt *m;* ~**paper** avis *m/f;* ~-**stand** aviskiosk *m.*

New Year /'nju:'ji:ə/ nyttår *n;* ~~'**s Eve** nyttårsaften *m.*

next /nekst/ neste; (på)følgende; nærmest; deretter; **what ~?** hva så? ~ **to** ved siden av; nest etter.

NHS /en eɪtʃ es/ *fork for* **National Health Service**.

nib spiss *m*; pennesplitt *m.*

nibble /'nɪbl/ liten bit *m;* ~ **at** bite forsiktig i.

nice /naɪs/ fin; hyggelig, sympatisk; ~**ly** fint; bra; ~**ty** nøyaktighet *m;* liten detalj *m.*

nick kutt *n,* snitt *n.*

nick *verb* lage kutt i; *(hverdagslig)* stjele; **in the ~ of time** i siste øyeblikk.

nickel /'nɪkl/ nikkel *m; (amr)* femcent(stykke) *m (n).*

nickname /'nɪkneɪm/ klengenavn *n.*

niece /ni:s/ niese *m/f.*

niggardly */'nɪgədlɪ/ knuslete.*

night /naɪt/ natt *m/f;* kveld *m;* **at** ~ om natten; om kvelden; **first** ~ première *m*; **last** ~ i går kveld.

nightcap /'naɪtkæp/ kveldsdrink *m.*

nightingale /'naɪtɪŋgeɪl/ nattergal *m.*

nightly /'naɪtlɪ/ nattlig; hver natt.

nightmare /'naɪtmeə/ mareritt *n.*

nightshade /'naɪtʃeɪd/ *(bot)* søtvier *m*; **deadly ~** belladonna *m* (urt).

nil /nɪl/ null.

nimble /'nɪmbl/ rask; kvikk.

nin|e /naɪn/ ni; ~**pins** /'naɪnpɪnz/ *flertall* kjeglespill *n*; ~**teen** nitten; ~**teenth** nittende; ~**tieth** nittiende; ~**ty** nitti; -**th** niende.

nip klyp *n.*

nip *verb* klype; *(bot)* stoppe veksten av.

nippers /'nɪpəz/, **a pair of ~** knipetang *m/f.*

nipple /'nɪpl/ brystvorte *m/f;* nippel *m; (amr)* tåtesmokk *m.*

nitre /'naɪtə/ salpeter *m.*

nitrogen /'naɪtrədʒən/ nitrogen *n.*

nitrous /'naɪtrəs/ salpeterholdig.

nitwit tåpelig person *m.*

no /noʊ/ nei; ikke; ikke noe(n); **in ~ time** på et øyeblikk; ~**body** ingen; ~ **one** ingen.

no. *fork for* **number**.

nobility /noʊ'bɪlɪtɪ/ adel *m.*

noble /'noʊbl/ adelig; fornem; edel.
nocturnal /nɒk'tɜːnl/ natt-.
nod /nɒd/ nikk *n*.
nod *verb* nikke; blunde.
nodular /nɒdjʊlə/ knuteaktig.
noisle /nɒɪz/ bråk *n; støy m;* **~ nuisance** støyplage *m*; **~less** lydløs; **-y** bråkete; støyende.
nominal /'nɒmɪnl/ nominell.
nominlate /'nɒmɪneɪt/ nominere, innstille; utnevne; **-ation** nominasjon *m;* **-ee** kandidat *m*.
non- /nɒn/ ikke-.
noncommittal /nɒnkə'mɪtl/ uforpliktende; diplomatisk.
nonconformist /nɒnkən'fɔːmɪst/ dissenter *m*.
nondescript /'nɒndɪskrɪpt/ ubestemmelig.
none /nʌn/ ingen(ting); ikke noe; **~ the less** ikke desto mindre.
non-iron /'nɒnaɪən/ strykefri.
nonsense /'nɒnsəns/ sludder *n*.
noodle /'nuːdəl/ nudel *m*.
noon /nuːn/ kl. 12 (middag); **~day** middagstid *m/f*.
noose /nuːs, nuːz/ løkke *f;* rennesnare *m/f*.
nor /nɔː/ heller ikke; **neither – nor** verken – eller.
Nordic /'nɔːdɪk/ nordisk.
norm /nɔːm/ regel *m,* norm *m;* **~al** normal.
Norse /nɔːs/ nordisk; norrøn.
north /nɔːθ/ nord; nord-; nordover; **~bound** som går nordover; **~ern** nordlig; nord-; **~ward(s)** nordlig; nordover.
Norlway /'nɒweɪ/ Norge; **-wegian** nordmann *m*; norsk.
nose /noʊz/ nese *m/f; snute m/f; (overført)* teft *m*; **runny ~** rennende nese *m/f*; **stuffed-up ~** tett nese; **~ drops** nesedråper *flertall*.
nosebleed /'noʊzbliːd/ neseblødning *m*; **have a ~** blø neseblod.
nostalgila /nɒ'stældʒɪə/ hjemlengsel *m;* nostalgi *m;* **-c** nostalgisk.
nostril /'nɒstrɪl/ nesebor *n*.
nosy /'noʊzɪ/ nysgjerrig.
not /nɒt/ ikke.
notablle /'noʊtəbl/ bemerkelsesverdig; **-y** særlig.
notation /noʊ'teɪʃn/ tegnsystem *n;* notesystem *n*.
notch /nɒtʃ/ hakk *n*.
notch *verb* lage hakk i.
note /noʊt/ note *m;* lite brev *n;* (penge)seddel *m;* nota *m;* note *m*.
note *verb* notere (seg); legge merke til; **~ down** notere;

~book notisbok *m/f*; **~paper** brevpapir *n*.
nothing /'nʌθɪŋ/ ingenting; **good for ~** udugelig.
notice /'noʊtɪs/ melding *m/f;* notis *m* (i avis *o.l.*); varsel *n;* oppsigelse *m*.
notice *verb* legge merke til; **give ~** si opp; **~able** merkbar; **~-board** oppslagstavle *m/f*.
notiflication /noʊtɪfɪ'keɪʃn/ melding *m/f;* **-y** underrette.
notion /noʊʃn/ idé *m*; anelse *m*.
notorious /noʊ'tɔːrɪəs/ beryktet; **~ly** som kjent.
notwithstanding /nɒtwɪθ'stændɪŋ/ til tross for; ikke desto mindre.
nought /nɔːt/ null *n*.
noun /naʊn/ substantiv *n*.
nourish /'nʌrɪʃ/ (er)nære; **~ing** nærende; **~ment** næring *m/f*.
novel /'nɒvəl/ roman *m;* **~ist** romanforfatter *m;* **~ty** nyhet *m*.
November /nəʊ'vembə/ november.
novice /'nɒvɪs/ nybegynner *m;* novise *m/f*.
now /naʊ/ nå; **~adays** nå til dags.
nowhere /'noʊweə/ ikke noe sted; **~ near** ikke på langt nær.
noxious /'nɒkʃəs/ skadelig.
nozzle /'nɒzl/ munnstykke *n*.
nuclear /'njuːklɪə/ kjerne-; atom-; **~ power station** atomkraftverk *n*.
nude /njuːd/ naken.
nudge /nʌdʒ/ lite dytt *n*.
nudge *verb* dytte til.
nuisance /njuːsns/ plage *m/f;* besværlighet *m*.
null /nʌl/ ugyldig; **~ify** erklære ugyldig.
numb /nʌm/ nummen, følelsesløs.
numb *verb* gjøre nummen.
number /'nʌmbə/ (an)tall *n;* nummer *n*.
number *verb* nummerere; **in large ~s** i massevis; **~ plate** nummerskilt *n*.
numeral /'njuːmrəl/ tall(tegn) *n*.
numerical /njuː'merɪkl/ tall-; **in ~ order** i nummerorden; **~ly** tallmessig.
numerous /'njuːmərəs/ tallrik.
nun /nʌn/ nonne *m/f*.
nuptial /'nʌpʃəl/ bryllups-; ekteskapelig.
nurse /nɜːs/ sykepleier *m*.
nurse *verb* pleie; amme; **wet ~** amme *m/f*; **~ry** barneværelse *n;* planteskole *m*.
nut /nʌt/ nøtt *m/f;* mutter *m;* **be ~s** *flertall, (overført)* være sprø, gal; **~cracker** nøtteknekker *m*.
nutmeg /'nʌtmeg/ muskat *m* (krydder).

nutrient /'nju:trɪənt/ nærings-; næringsmiddel *n.*
nutritilon /nju:'trɪʃən/ ernæring *m/f;* **~al** ernærings-; nærings-; **-ous** nærende.
nutshell /'nʌtʃel/ nøtteskall *n;* **in a ~** i korthet *m.*
nuzzle /'nʌzl/ gni nesen (mulen, snuten) mot.

O

oak /oʊk/ eik *f.* **~um** drev *n.*
oar /ɔ:/ åre *m/f;* **~sman** roer *m.*
oaslis /oʊ'eɪsɪs/, *flertall* **-es** / oʊ'eɪsi:z/ oase *m.*
oath /oʊθ/ ed *m;* banning *m/f;* **take an ~** avlegge ed.
oatmeal /'oʊtmi:l/ havremel *n;* **~ porridge** havregrøt *m.*
oats /oʊts/ havre *m.*
OBE /oʊ bi: i:/ *fork for* **Order of the British Empire.**
obedienlce /ə'bi:djəns/ lydighet *m* (**to** mot); **-t** lydig.
obesity /oʊ'bi:sətɪ/ fedme *m.*
obey /ə'beɪ/ adlyde.
obituary /ə'bɪtjʊərɪ/ nekrolog *m;* **~ notice** dødsannonse *m.*
object /'ɒbdʒekt/ gjenstand *m;* (for)mål *n; (gram)* objekt *n.*
object *verb* /əb'dʒekt/ innvende (**to** mot); **~ion** innvending *m/f.*
objective /əb'dʒektɪv/ objektiv; mål *n;* objektiv *n.*
obligatlion /ɒblɪ'geɪʃn/ forpliktelse *m;* **-ory** bindende, obligatorisk; **-ory stop** stoppeplikt *m.*
oblilge /ə'blaɪdʒ/ tvinge; gjøre en tjeneste; **anything to ~!** til tjeneste! **be ~d to** være nødt til; **much ~d!** stor takk! **-ing** forekommende; tjenestevillig.
oblique /əb'li:k/ skrå, skjev.
obliterate /ə'blɪtəreɪt/ utslette.
oblivion /ə'blɪvɪən/ glemsel *m.*
oblong /'ɒblɒŋ/ avlang.
obnoxious /əb'nɒkʃəs/ *ytterst* ubehagelig.
obscene /əb'si:n/ obskøn; uanstendig; slibrig.
obscure /əb'skjuːə/ dunkel; lite kjent.
obscurle *verb* fordunkle; skjule; **-ity** mørke *n;* ubemerkethet *m.*
observalble /əb'zɜ:vəbl/ iakttagbar; **-nce** overholdelse *m;* **-nt** oppmerksom.
observatlion /ɒbzə'veɪʃn/

iakttakelse *m;* bemerkning *m;* **-ory** observatorium *n.*
observe /əb'zɜːv/ iaktta; observere; legge merke til; **~r** iakttaker *m;* observatør *m.*
obsess /əb'ses/ besette; plage; **~ion** besettelse *m;* tvangsforestilling *m/f;* **~ively** som besatt.
obsolete /'ɒbsəliːt/ foreldet.
obstacle /'ɒbstəkl/ hindring *m/f; (sport)* hinder *n;* **~ race** hinderløp *n.*
obstetrician /ɒbstə'trɪʃən/ fødselslege *m.*
obstinate /'ɒbstənət/ sta; gjenstridig.
obstruct /əb'strʌkt/ sperre; hindre; **~ion** hindring *m/f; (sport)* blokkering *m/f;* **~ive** som hindrer.
obtain /əb'teɪn/ få; oppnå; **~able** tilgjengelig; oppnåelig.
obtrusive /ɒb'truːsɪv/ påtrengende.
obvious /'ɒbvɪəs/ klar; innlysende; **~ly** tydeligvis.
occasion /ə'keɪʒn/ anledning *m; begivenhet m;* **~al** tilfeldig; **~ally** av og til.
occupation /ɒkjʊ'peɪʃn/ okkupasjon *m;* beskjeftigelse *m,* yrke *n;* **~al** yrkes-; arbeids-.
occupy /'ɒkjʊpaɪ/ beskjeftige; oppta; okkupere; **be -ied with** være opptatt med.
occur /ɒ'kɜː/ hende; forekomme; **~ to sby** falle en inn; **~rence** hendelse *m;* forekomst *m.*
ocean /'oʊʃn/ (verdens)hav *n.*
o'clock /ə'klɒk/, **five ~** klokken fem.
October /ɒk'toʊbə/ oktober.
octopus /'ɒktəpəs/ blekksprut *m;* akkar *m.*
ocular /'ɒkjʊlə/ øye(n)-.
odd /ɒd/ underlig, rar; ulike; umake; enkelt; **fifty ~ years** noen og femti år; **~ jobs** forefallende arbeid; **~ly enough** merkelig nok; **~ one out** til overs.
oddity /'ɒdɪtɪ/ særhet *m.*
odds /ɒdz/ *flertall* odds; sjanser *m, flertall.*
odious /'oʊdɪəs/ motbydelig.
odometer /ɒ'dɒmɪtə/ kilometerteller *m.*
odour /'oʊdə/ lukt *m/f.*
oestrogen /'estrədʒən/ østrogen *n.*
of /ɒv, əv/ *preposisjon* av; fra; om.
off /ɔːf/ bort; av sted; fri (fra arbeidet); ikke bli noe av; **be badly ~** være dårlig stilt; **I must be ~** jeg må gå; **well ~** velstående; **~hand** *(overført)*

på stående fot; **~-licence** vin- og brennevinsutsalg *n;* **~-line** *(edb)* frakoblet; **~-peak** utenom rushtiden; **~-the-record** uoffisiell; konfidensiell.

offence /ə'fens/ krenkelse *m;* forseelse *m.*

offend /ə'fend/ fornærme; såre; **~ed** fornærmet; såret; **~er** lovovertreder *m.*

offensive /ə'fensɪv/ offensiv; anstøtelig; offensiv *m.*

offer /'ɒfə/ tilbud *n;* bud *n.*

offer *verb* tilby; utlove; **~ing** offergave *m/f.*

office /'ɒfɪs/ kontor *n;* embete *n;* **~r** offiser *m;* embetsmann *m;* tjenestemann *m;* politimann *m.*

official /ə'fɪʃl/ embets-; tjeneste-; offisiell; embetsmann *m;* tjenestemann *m;* funksjonær *m.*

officiate /ə'fɪʃɪeɪt/ forrette; fungere.

offprint /'ɒfprɪnt/ særtrykk *n.*

offshore /'ɒf∫ɒ/ fralands-; (i oljeindustrien) til havs, på feltet.

often /'ɔːfn/ ofte.

ogre /'oʊgə/ uhyre *n,* troll *n.*

oil /ɒɪl/ olje *m/f.*

oil *verb* olje, smøre; **crude ~** råolje *m/f;* **fuel ~** fyringsolje *m/f;* **lubricating ~** smøreolje *m/f;* **~cloth** voksduk *m;* **~ deposit** oljeforekomst *m;* **~ dipper** olje(måle)pinne *m;* **~field** oljefelt *n;* **~ gauge** oljemåler *m;* **~skin** oljelerret *n; i flertall* oljehyre *m/n;* **~ well** oljekilde *m;* **~y** oljete; *(overført)* slesk.

ointment /'ɒɪntmənt/ (sår)salve *m/f;* **~ for burns** brannsårsalve *m/f.*

O.K. /oʊ'keɪ/ alt i orden.

old /oʊld/ gammel; **~ age** alderdom *m;* **~-age pensioner,** *fork* **OAP** pensjonist *m;* **~-fashioned** gammeldags.

olive /'ɒlɪv/ oliven(tre) *m (n);* olivengrønn.

Olympic Games /oʊ'lɪmpɪc geɪmz/, **the ~** de olympiske leker.

omelette /'ɒmlɪt/ omelett *m.*

omen /'oʊmən/ tegn *n,* varsel *n.*

ominous /'ɒmɪnəs/ illevarslende.

omission /ə'mɪ∫n/ utelatelse *m;* unnlatelse *m.*

omit /ə'mɪt/ utelate; la være.

omnipotent /ɒm'nɪpətənt/ allmektig.

omniscient /ɒm'nɪsɪənt/ allvitende.

omnivorous /ɒm'nɪvərəs/ altetende.

on /ɒn/ på; fra; med; ved; overfor; ifølge; fremover, videre; **~ and off** av og til.

once /wʌns/ én gang; **at ~** straks; **~ more** én gang til.
one /wʌn/ en, ett; man, en; **~ another** hverandre; **~self** seg; selv; **~-way street** enveiskjørt gate *m/f;* **~-way ticket** *(amr)* enkeltbillett *m.*
onion /'ɒnjən/ løk *m.*
online /'ɒnlaɪn/ *(edb)* oppkoblet; **~ newspaper** nettavis *m/f.*
onlooker /'ɒnlʊkə/ tilskuer *m.*
only /'oʊnlɪ/ eneste; bare.
onset /'ɒnset/ angrep *n.*
onward(s) /'ɒnwədz/ fremover.
ooze /uːz/ slam *n;* **~ out** sive ut.
open /'oʊpn/ åpen; fri; åpenhjertig.
open *verb* åpne (seg); **~-air** i friluft; **~ing** åpnings-; åpning *m/f;* **~ly** åpenlyst; **~-minded** fordomsfri.
opera /'ɒpərə/ opera *m;* **~-glasses** *flertall* teaterkikkert *m.*
operat|e /'ɒpəreɪt/ operere; virke; betjene; **-ion** operasjon *m; drift m/f;* **-or** *operatør m;* *(tlf)* telefonist *m.*
opinion /ə'pɪnjən/ mening *m/f;* oppfatning *m;* **~ated** sta, påståelig.
opponent /ə'poʊnənt/ motstander *m;* motspiller *m.*
opportun|e /'ɒpətjuːn/ beleilig; **-ity** (gunstig) anledning *m/f;* sjanse *m.*
oppose /ə'poʊz/ bekjempe, motsette seg; **~d** motsatt; **be ~d to** være i mot.
opposit|e /'ɒpəzɪt/ motsatt; overfor; **-ion** motstand *m;* opposisjon *m.*
oppress /ə'pres/ undertrykke; **~ion** undertrykkelse *m;* nedtrykthet *m;* **~or** undertrykker *m.*
optic|al /'ɒptɪkl/ syns-; **-ian** optiker *m;* **-s** optikk *m.*
option /'ɒpʃn/ valg *n;* forkjøpsrett *m;* opsjon *m;* **~al** valgfri.
opulent /'ɒpjʊlənt/ rik; overdådig.
or /ɔː/ eller; **either – ~** enten – eller; **~ else** ellers.
oral /'ɒrəl/ muntlig.
orange /'ɒrɪndʒ/ appelsin *m;* oransje(farget).
orator /'ɒrətə/ taler *m;* **~y** veltalenhet *m.*
orb /ɔːb/ kule *m/f.*
orbit /'ɔːbɪt/ *(astronomi)* bane *m.*
orbit *verb* gå i bane rundt.
orchard /'ɔːtʃəd/ frukthage *m.*
orchestra /'ɔːkɪstrə/ orkester *n.*
orchid /'ɔːkɪd/ orkidé *m.*
ordain /ɔː'deɪn/ ordinere.
ordeal /ɔː'diːl/ ildprøve *m/f.*

order /'ɔːdə/ orden *m;* ordre *m;* bestilling *m/f;* anvisning *m.*
order *verb* ordne; befale; bestille; **in ~ to** for å; **out of ~** i uorden; **~ly** velordnet; ordonnans *m.*
ordinal /'ɔːdɪnl/ ordenstall *n.*
ordinance /'ɔːdɪnəns/ forordning *m.*
ordinary /'ɔːdnrɪ/ ordinær; vanlig; **~ share** stamaksje *m.*
ordnance /'ɔːdnəns/ artilleri *n.*
ore /ɔː/ malm *m.*
oregano /ɒrɪ'gɑːnoʊ/ oregano *m.*
organ /'ɔːgən/ organ *n;* orgel *n;* **~ic** organisk.
organiz|e /'ɔːgənaɪz/ organisere; **-ation** organisasjon *m.*
orgy /'ɔːdʒɪ/ orgie *m.*
orient|ation /ɔːrɪən'teɪʃən/ orientering *m;* **-eering** *(sport)* orientering *m/f.*
origin /'ɒrɪdʒɪn/ opprinnelse *m;* opphav *n;* **~al** opprinnelig, original; **~ate** oppstå; **~ator** opphavsmann *m.*
ornament /'ɔːnəmənt/ pryd(gjenstand) *m.*
ornament *verb* pryde; **~al** dekorativ.
orphan /'ɔːfən/ foreldreløs; **~age** hjem *n* for foreldreløse barn.
orthodox /'ɔːθədɒks/ ortodoks; rettroende.
orthography /ɒ'θɒgrəfɪ/ rettskrivning *m.*
orthopedics /ɒθɒ'piːdɪks/ ortopedi *m.*
oscillate /'ɒsɪleɪt/ svinge, pendle.
ostensibly /ɒ'stensɪblɪ/ tilsynelatende.
ostentatious /ɒstən'teɪʃəs/ brautende; prangende.
ostracized /'ɒstrəsaɪzd/ landsforvist; utstøtt.
ostrich /'ɒstrɪtʃ/ struts *m.*
other /'ʌðə/ annen, annet, andre; **the ~ day** forleden dag; **each ~** hverandre; **~wise** annerledes; ellers.
otitis /əʊ'taɪtɪs/ ørebetennelse *m.*
otter /'ɒtə/ oter *m.*
ought /ɔːt/, **~ to** bør; burde.
ounce /aʊns/ unse *m* (28,35 g); *fork* oz.
our /aʊə/ *adjektivisk:* vår, vårt, våre; **~s** vår, vårt, våre; **~selves** (oss) selv.
oust /aʊst/ fortrenge.
out /aʊt/ ut; ute; **way ~** utgang *m;* utvei *m;* **~bid** overby; **~break** utbrudd *n;* **~cast** utstøtt; **~come** resultat *n;* **~cry** (rama)skrik *n;* **~dated** foreldet; **~distance** distansere, gå forbi; **~doors** ute i det fri; **~er** ytre, ytter-; **~fit** utstyr *n;* **~grow** vokse

fra; **~ing** utflukt *m;* **~law** fredløs *m;* **~let** utløp *n;* **~line** omriss *n;* utkast *n; verb* angi hovedtrekkene i; **~live** overleve; **~look** utsikt *m;* **~number** være tallmessig overlegen.

out-patient /'aʊtpeɪʃənt/ poliklinisk pasient *m;* **~ clinic, ~ department** poliklinikk *m.*

output /'aʊtpʊt/ produksjon(sytelse) *m; (edb)* ut-; utdata *flertall.*

outrage /'aʊtreɪdʒ/ voldshandling *m.*

outrage *verb* fornærme grovt; **~ous** opprørende; skandaløs.

out|right rent ut; likefrem; **-set** begynnelse *m.*

outside /'aʊtsaɪd/ utenfor; utenfra; utvendig; ytterside *m/f;* **~r** utenforstående *m.*

out|size av stor størrelse *m;* **-skirts** *flertall* utkant *m;* **-spoken** åpenhjertig; **-standing** fremragende; utestående (beløp) *(n);* **-ward(s)** ytre; utover; **-ward** ***journey*** utreise *m/f;* **-weigh** oppveie; **-wit** overliste.

ovary /oʊ'vərɪ/ eggstokk *m.*

oven /ʌvn/ (steke)ovn *m;* **~-proof** ildfast.

over /'oʊvə/ over; **~ again** om igjen; **~ here** hitover; **~ there** der borte.

overall /'oʊvərɔːl/ samlet, generell; **~s** *flertall* kjeledress *m.*

over|bearing anmassende; **-board** over bord; **-cast** overskyet; **-coat** ytterfrakk *m;* **-come** overvelde; overvinne; **-do** overdrive; **-draft** overtrekking *m/f* (av konto); **-draw** overtrekke (konto); **-due** forsinket; forfallen; **-eat** forspise seg; **-flow** overløp *n;* oversvømmelse *m.*

over|flow *verb* oversvømme; **-grown** tilgrodd; forvokst; **-haul** overhaling *m/f.*

overhaul *verb* etterse, overhale.

overhead /'oʊvəhed/ luft-; over; **~s** *flertall* faste utgifter *m, flertall;* **~ projector** overhead-fremviser *m;* **~ valve** toppventil *m.*

over|hear få høre; **-land** til lands; **-load** overbelastning *m; verb* over(be)laste; **-look** ha utsikt over; overse; **-powering** overveldende; **-rate** overvurdere; **-rule** forkaste; **-seas** oversjøisk; **-sight** forglemmelse *m;* **-sleep** forsove seg; **-strain** overanstrenge seg.

overt /'ouvɜːt/ åpen.
overtak|e /ouvə'teɪk/ innhente; **no -ing!** forbikjøring forbudt!
over|throw /ouvə'θrou/ styrte; **-turn** velte; **-value** overvurdere; **-weight** overvektig; overvekt *m/f;* **-whelm** overvelde; **-wrought** overspent.
ow|e /ou/ skylde; **-ing** skyldig; utestående; **-ing to** på grunn av.
owl /aul/ ugle *m/f.*
own /oun/ egen, eget, egne.
own *verb* eie; innrømme.
owner /'ounə/ eier *m;* **~ship** eierforhold *n.*
ox /ɒks/, *flertall* **oxen** okse *m.*
oxygen /'ɒksɪdʒən/ oksygen *n.*
oyster /'ɒɪstə/ østers *m.*
oz. *fork for* **ounce(s).**
ozone /'ouzoun/ ozon *m/n;* **~ layer** ozonlag *n.*

P

pace /peɪs/ skritt *n;* hastighet *m.*
pace *verb* gå (frem og tilbake).
pacif|ic /pə'sɪfɪk/ fredelig; **the Pacific Ocean** Stillehavet; **-y** berolige.
pack /pæk/ oppakning *m;* flokk *m.*
pack *verb* pakke; **~ of cards** kortstokk *m;* **~ up** pakke sammen.
package /'pækɪdʒ/ pakke *m/f;* kolli *n;* **~ tour** pakketur *m.*
packed /pækt/ emballert, pakket; **~ lunch** nistepakke *m/f.*
packet /'pækɪt/ pakke *m/f.*
packing /'pækɪŋ/ pakking *m/f;* emballasje *m; (tekn)* pakning *m.*
pact /pækt/ pakt *m;* overenskomst *m.*
paeditrician /piːdɪə'trɪʃn/ barnelege *m.*
pad /pæd/ pute *m/f.*
pad *verb* vattere, polstre; **knee ~** knebeskytter *m;* **shoulder ~** skulderpute *m/f;* **~ding** vattering *m/f;* stopp *m.*
paddle /'pædl/ padleåre *m/f.*
paddle *verb* padle; plaske; **~ steamer** hjuldamper *m.*
paddock /'pædək/ hestehage *m.*
padlock /'pædlɒk/ hengelås *m.*
pagan /'peɪgən/ hedensk; hedning *m.*
page /peɪdʒ/ side *m/f;* **~(boy)** pikkolo *m.*
pager /'peɪdʒə/ personsøker *m.*

pail /peɪl/ spann *n.*
pain /peɪn/ smerte *m;* plage *m.*
pain *verb* gjøre vondt; **be in great ~** ha store smerter; **~ful** smertefull; pinlig; **~-killer** smertestillende middel *n*; **~less** smertefri.
painstaking /'peɪnzteɪkɪŋ/ omhyggelig; flittig.
paint /peɪnt/ maling *m/f;* sminke *m.*
paint *verb* male; sminke (seg); (*medisin)* pensle; **box of ~s** malerskrin *n*; **~er** maler *m;* **~ing** maleri *n.*
pair /peə/ par *n.*
pal /pæl/ *(hverdagslig)* kamerat *m.*
palace /'pælɪs/ slott *n.*
palat|able /'pælətəbl/ velsmakende; **-e** gane *m.*
pale /peɪl/ blek; stake *m;* **go ~** bli blek.
paling /'peɪlɪŋ/ plankegjerde *n.*
pall /pɔːl/ likklede (til kiste) *n.*
pallet /'pælɪt/ (laste)pall *m*; halmmadrass *m.*
palliative /'pælɪətɪv/ *smertestillende middel n.*
pallid /'pælɪd/ gusten, blek.
palm /pɑːm/ palme *m;* håndflate *m/f.*
palpable /'pælpəbl/ følbar; håndgripelig.
palpitation /pælpɪ'teɪʃn/ *(medisin)* hjertebank *m*; **have ~s** ha hjertebank.
palsy /'pɔːlzɪ/ lammelse *m.*
pampered /'pæmpəd/ bortskjemt.
pamphlet /'pæmflɪt/ brosjyre *m.*
pan /pæn/ panne *m/f;* gryte *m/f;* **~cake** pannekake *m/f.*
pancreas /'pæŋkrɪəs/ bukspyttkjertel *m.*
pane /peɪn/ (vindus)rute *m/f.*
panel /'pænl/ panel *n;* felt *n* (i dør *o.l.*); instrumentbord *n*; **wooden ~ling** trepanel *n.*
pang /pæŋ/ stikk(ende smerte) *n (m).*
panic /'pænɪk/ panisk; panikk *m.*
panic *verb* få panikk.
pansy /'pænzɪ/ stemorsblomst *m; (hverdagslig)* homse *m.*
pant /pænt/ pese.
panther /'pænθə/ panter *m.*
pantry /'pæntrɪ/ spiskammer *n;* anretning *m.*
pant|s /pænts/ (under)bukser *m/f, flertall*; **-y liner** truseinnlegg *n.*
papal /peɪpl/ pavelig.
paper /'peɪpə/ papir *n;* *(hverdagslig)* avis *m/f;* (skole)stil *m.*
paper *verb* tapetsere; **corrugated ~** bølgepapp *m;* **glazed ~** glanspapir *n*; **grease-proof ~** matpapir *n*;

wrapping ~ innpakkingspapir *n*; **~s** *flertall* (legitimasjons)papirer *n, flertall*; **~back** uinnbundet bok *m/f*; ~ **clip** binders *m*.
paprika /ˈpæprɪkə/ paprika *m*.
par /pɑː/ pari; **at** ~ til pari (kurs) *m;* **be on a** ~ **with** være på høyde med.
parachute /ˈpærəʃuːt/ fallskjerm *m*.
parade /pəˈreɪd/ parade *m*.
parade *verb* paradere.
paradise /ˈpærədaɪs/ paradis *n*.
paradoxical /pærəˈdɒksɪkl/ paradoksal.
paragraph /ˈpærəgrɑːf/ avsnitt *n;* (kort) artikkel *m*.
paraly|se /ˈpærəlaɪz/ lamme; **-sis** lammelse *m;* **-tic** lam(met).
paramount /ˈpærəmaʊnt/ meget viktig.
paraphrase /ˈpærəfreɪz/ omskrivning *m/f*.
paraphrase *verb* omskrive.
parasite /ˈpærəsaɪt/ parasitt *m*.
parboil /ˈpɑːbɒɪl/ halvkoke.
parcel /ˈpɑːsl/ pakke *m/f;* **by** ~ **post** med pakkepost; ~ **out** utparsellere.
parch /pɑːtʃ/ tørke ut; **~ment** pergament *n*.
pardon /ˈpɑːdn/ tilgivelse *m*.
pardon *verb* tilgi; benåde; **I beg your** ~ unnskyld meg! unnskyld?
parent /ˈpeərənt/ far *m,* mor *m/f;* **~s** *flertall* foreldre *flertall*; **single** ~ aleneforelder *m*; **~age** opphav *n;* **~al** foreldre-.
parenthesis /pəˈrenθəsɪs/ parentes *m*.
parish /ˈpærɪʃ/ (kirke)sogn *n;* **~ioner** sognebarn *n*.
park /pɑːk/ park *m*.
park *verb* parkere; **car** ~ parkeringsplass *m*; **multi-storeyed car** ~ parkeringshus *n*.
parking /ˈpɑːkɪŋ/ parkering *m/f*; **long-term parking** langtidsparkering *m/f*; **short-term** ~ korttidsparkering *m/f*; ~ **fee** parkeringsavgift *m/f*; ~ **light** parkeringslys *n*; ~ **lot** *(amr)* parkeringsområde *n*; ~ **meter** *parkometer n;* ~ **offence** parkeringsforseelse *m*; ~ **space** plass til å parkere; ~ **ticket** parkeringsbot *m*.
parliament /ˈpɑːləmənt/ parlament *n;* **~arian** parlamentariker *m;* **~ary** parlamentarisk.
parlour /ˈpɑːlə/ dagligstue *m/f;* **beauty** ~ skjønnhetssalong *m;* **~-maid** stuepike *m/f*.
parody /ˈpærədɪ/ parodi *m*.

parody *verb* parodiere.
parole /pə'roʊl/ parole *m; (jur)* **be on ~** løslatt på prøve.
parrot /'pærət/ papegøye *m.*
parsley /'pɑːslɪ/ persille *m/f;* **curled ~** kruspersille *m/f;* **~ root** persillerot *m/f.*
parsnip /'pɑːsnɪp/ pastinakk *m.*
parson /'pɑːsn/ sogneprest *m;* **~age** prestegård *m.*
part /pɑːt/ (an)del *m; (teater)* rolle *m/f; (mus)* stemme *m,* parti *n.*
part *verb* dele; skille(s); **in ~** delvis; **take ~ in** delta i.
partake /pɑː'teɪk/ delta (*in* i).
partial /'pɑːʃl/ delvis; partisk; **~ity** partiskhet *m;* forkjærlighet *m.*
participate /pɑː'tɪsɪpeɪt/ delta (**in** i).
particular /pə'tɪkjʊlə/ særlig, spesiell; særskilt; kresen; **in ~** spesielt; **~s** *flertall* detaljer *flertall*; **~ly** særlig.
parting /'pɑːtɪŋ/ avskjeds-; avskjed *m;* skill (i håret) *m.*
partisan /pɑːtɪ'zæn/ (parti)tilhenger *m;* partisan *m.*
partition /pɑː'tɪʃn/ deling *m/f;* skillevegg *m.*
partly /'pɑːtlɪ/ delvis.
partner /'pɑːtnə/ partner *m;* kompanjong *m;* **~ship** kompaniskap *n.*
partridge /'pɑːtrɪdʒ/ rapphøne *m/f.*
part-time /'pɑːt'aɪm/ deltids-.
party /'pɑːtɪ/ parti *n;* selskap *n; (jur)* part *m.*
pass /pɑːs/ fjellovergang *m;* passerseddel *m.*
pass *verb* passere, gå forbi; bestå (eksamen); tilbringe (tid); vedta (lov); avsi (dom); **~able** farbar; **~ away** gå bort; dø; **~ on** sende videre; **~ out** miste bevisstheten.
passage /'pæsɪdʒ/ passasje *m;* gang *m;* overfart *m;* avsnitt *n* (i bok).
passenger /'pæsɪndʒə/ passasjer *m.*
passing /'pɑːsɪŋ/ flyktig; passering *m/f;* forbikjøring *m/f;* **in ~** i forbifarten.
passion /'pæʃn/ lidenskap *m;* **~ate** lidenskapelig.
passive /'pæsɪv/ passiv.
passkey /'pɑːskiː/ hovednøkkel *m.*
passport /'pɑːspɔːt/ pass *n.*
past /pɑːst/ forbi, over; fortid *m/f.*
paste /peɪst/ klister *n;* pasta *m;* deig *m.*
paste *verb* klistre; **~board** papp *m,* kartong *m;* **~-up** oppklistret materiale *n.*
pastime /'pɑːstaɪm/ tidsfordriv *n.*

pastoral /'pɑːstərəl/ hyrde-.
pastry /'peɪstrɪ/ kake *m/f*; kakedeig *m;* **Danish ~** wienerbrød *n*; **puff ~** butterdeig *m*; **short-crust ~** mørdeig *m.*
pasture /'pɑːstʃə/ beite *n.*
pasture *verb* beite.
pasty /'peɪstɪ/ deigaktig; /'pæstɪ/ kjøttpostei *m.*
pat /pæt/ klapp *n.*
pat *verb* klappe; glatte på.
patch /pætʃ/ lapp *m;* flekk *m.*
patch *verb* lappe; **~work** noe som er lappet sammen; lappverk *n.*
patent /'peɪtənt/ tydelig; patent *n.*
patent *verb* patentere; **~ leather** lakklærs-; **~ee** patentinnehaver *m.*
patern|al /pə'tɜːnl/ faderlig; **-ity** farskap *n.*
path /pɑːθ/ sti *m.*
patience /'peɪʃns/ tålmodighet *m;* kabal *m;* **play ~** legge kabal; **the ~ is coming out** kabalen går opp.
patient /'peɪʃənt/ tålmodig; pasient *m.*
patriot /'peɪtrɪət/ patriot; **~ic** patriotisk; **~ism** patriotisme *m.*
patrol /pə'troʊl/ patrulje *m.*
patrol *verb* patruljere.
patron /'peɪtrən/ beskytter *m;* **~ize** behandle nedlatende; beskytte; **~izing** nedlatende.
pattern /'pætən/ mønster *n.*
pause /pɔːz/ pause *m.*
pause *verb* ta en pause.
pave /peɪv/ steinsette; **~ment** fortau *n;* steinsetting *m/f.*
paw /pɔː/ pote *m;* labb *m.*
pawn /pɔːn/ pant *n;* bonde *m* (i sjakk).
pawn *verb* pantsette; **~broker** pantelåner *m.*
pay /peɪ/ lønn *m/f.*
pay *verb* betale; lønne seg; **~able** betalbar; **~ing** betalende; lønnsom; **~ment** betaling *m/f.*
PDA *fork for* **Personal Digital Assistant**.
pea /piː/ ert *m/f;* **split ~s** *flertall* gule erter *flertall.*
peace /piːs/ fred *m;* ro *m;* **~ful** fredelig.
peach /piːtʃ/ fersken *m.*
pea|cock /'piːkɒk/ påfugl(hann) *m;* **-hen** påfuglhøne *f.*
peak /piːk/ topp *m;* høydepunkt *n.*
peak *verb* nå et høydepunkt; **~ hours** *flertall* rushtid *m/f*; **~ed cap** skyggelue *m/f*; **~y** blek.
peal /piːl/ skrall *n;* klokkeklang *m.*

peanut /'piːnʌt/ jordnøtt *m/f.*
pear /peə/ pære *m/f.*
pearl /pɜːl/ perle *m/f.*
peasant /'pez(ə)nt/ bonde *m.*
peat /piːt/ torv *m/f.*
pebbles /'peblz/ *flertall* småstein *m, flertall.*
peck /pek/ hakke (med nebb); pirke (**at** i); **~ish** sulten, sugen (på noe).
peculiar /pɪ'kjuːljə/ underlig; særlig; **-ity** eiendommelighet *m.*
pecuniary /pɪ'kjuːnjərɪ/ penge-.
pedal /'pedl/ pedal *m.*
pedal *verb* bruke pedal; sykle; **~ car** tråbil *m.*
peddle /'pedl/ selge ved dørene; **~r** *(amr)* dørselger *m;* **drug ~r** narkotikalanger *m.*
pedestrian /pɪ'destrɪən/ fotgjenger *m;* **~ crossing** fotgjengerovergang *m;* **~ street** gågate *m/f.*
pedigree /'pedɪgriː/ stamtavle *m/f.*
pedlar /'pedlə/ dørselger *m.*
peek /piːk/ titt *m;* **~ at** ta en titt på.
peel /piːl/ skall *n.*
peel *verb* skrelle; **~ings** *flertall* skrell *n.*
peep /piːp/ glimt *n;* pip *n.*
peep *verb* kikke, titte; kvidre.
peer /pɪə/ like(mann); adelsmann *m* (med rett til å sitte i Overhuset).
peer *verb* stirre; **~age** adelstittel *m;*.
peevish /'piːvɪʃ/ irritabel.
peg plugg *m;* knagg *m;* klype *m/f.*
peg *verb* feste, plugge fast.
pellet /'pelɪt/ liten kule *m/f;* hagl *n.*
pell-mell /'pel'mel/ hulter til bulter.
pelt uberedt skinn *n.*
pelt *verb* kaste på.
pelvic /'pelvɪk/ bekken-; **~ fracture** bekkenbrudd *n;* **-s** bekken *n.*
pen penn *m;* kve *n;* **~ name** pseudonym *n.*
penal /'piːnl/ straffe-; **~ty** straff *m;* bot *m/f.*
pencil /'pensl/ blyant *m.*
pendant /'pendənt/ anheng *n;* **-ent** hengende.
pending /'pendɪŋ/ ikke avgjort; ventet; i påvente av.
pendulum /'pendjʊləm/ pendel *m.*
penetrate /'penɪtreɪt/ trenge gjennom; trenge inn i.
penguin /'peŋgwɪn/ pingvin *m.*
peninsula /pɪ'nɪnsjʊlə/ halvøy *f.*
penis /'piːnɪs/ penis *m.*

penitent /'penɪtənt/ angerfull; **~ial** bots-.
pennant /'penənt/ vimpel *m.*
penniless /'penɪles/ pengelens.
penny /'penɪ/, *flertall* **pence** (enkelte: **pennies),** penny (eng. mynt = $^{1}/_{100}$ pund).
pension /'penʃn/ pensjon *m;* pensjonat *n.*
pension *verb* pensjonere; **(old-age) ~** pensjon *m*; **(old-age) pensioner** *fork* **OAP** pensjonist *m.*
pentagon /'pentəgən/ femkant *m;* **the Pentagon** Forsvarsdepartementet i USA.
penthouse /'penthaʊs/ leskur *n;* takleilighet *m.*
people /'pi:pl/ folk *n;* mennesker *n, flertall*; man, en.
pep pepp *m,* futt *m;* **~ sby up** pigge en opp.
pepper /'pepə/ pepper *n.*
pepper *verb* pepre; **green ~** grønn paprika *m*; **red ~** rød paprika *m*; paprika (pulver) *n*; **~ pot** pepperbøsse *m/f.*
per /pɜ:/ per, pr.
perambulator /'præmbjʊleɪtə/ *fork* **pram** barnevogn *m/f.*
perceive /pə'si:v/ merke, sanse; oppfatte.
percentage /pə'sentɪdʒ/ prosent(sats) *m;* provisjon *m.*
perceptilon /pə'sepʃn/ oppfatning *m/f*; **-ve** observant.
perch /pɜ:tʃ/ vagle *n/m;* abbor *m.*
perch *verb* sette seg (*eller* sitte) på vagle.
percolatle /'pɜ:kəleɪt/, **~ through** sive gjennom; **-or** kaffetrakter *m.*
percussion /pə'kʌʃn/ *(mus)* slagverk *n.*
perennial /pə'renɪəl/ flerårig; staude *m.*
perfect /'pɜ:fɪkt/ fullkommen; /pɜ:'fekt/ perfeksjonere (seg); **~ion** fullkommenhet *m.*
perforatle /'pɜ:fəreɪt/ gjennomhulle; *(medisin)* gå hull på.
perform /pə'fɔ:m/ utføre; oppfylle (plikt, løfte); *(teater)* fremføre; opptre; **~ance** utførelse *m*; prestasjon *m; (teater)* forestilling *m/f;* **~er** opptredende *m.*
perfume /'pɜ:fju:m/ parfyme *m.*
perhaps /pə'hæps/ kanskje.
peril /'perɪl/ fare *m;* **~ous** farlig.
period /'pɪərɪəd/ periode *m;* punktum *n; (hverdagslig)*

menstruasjon *m*; ~ **pains** menstruasjonssmerter *flertall*; **~ical** periodisk; tidsskrift *n*.
peripheral /pə'rɪfərəl/ *(edb)* ytre; ~ **control unit** ytre styreenhet *m*.
perish /'perɪʃ/ omkomme; gå i oppløsning; **~able** lett bedervelig; **~ables** *flertall* ferskvarer *m, flertall* (som lett bederves).
perjur|e /'pɜːdʒə/, ~ **oneself** sverge falsk; **-y** mened *m*.
perk /pɜːk/ frynsegode *n*; ~ **up** kvikke opp; **~y** oppkvikket.
perm /pɜːm/ *(hverdagslig)* **permanent wave** permanent(krøll) *m*.
permanence /'pɜːmənəns/ varighet *m*.
permanent /'pɜːmənənt/ varig; fast; ~ **wave** permanent(krøll) *m*.
permeate /'pɜːmɪeɪt/ trenge gjennom.
permission /pə'mɪʃn/ tillatelse *m*.
permit /'pɜːmɪt/ skriftlig tillatelse *m*.
permit *verb* /pə'mɪt/ tillate.
permute /pə'mjuːt/ bytte om; forandre rekkefølgen av.
pernicious /pɜː'nɪʃəs/ skadelig; ondartet.
perpetrate /'pɜːpɪtreɪt/ forøve; begå.
perpetual /pə'petjʊəl/ vedvarende; evig.
perplex /pə'pleks/ forvirre; **~ity** forvirring *m/f*.
persecut|e /'pɜːsɪkjuːt/ forfølge; plage; **-ion** forfølgelse *m*; **-or** forfølger *m*.
persever|ance /pɜːsɪ'vɪərəns/ utholdenhet *m*; **-e** holde ut; fortsette; **-ing** utholdende; iherdig.
persist /pə'sɪst/ holde fast ved; **~ent** standhaftig; vedvarende.
person /'pɜːsn/ person *m*; **in** ~ personlig, i egen person.
personal /'pɜːsənl/ personlig; ~ **computer** *fork* pc *m*, datamaskin *m*.
personality /pɜːsə'nælətɪ/ personlighet *m*.
personif|ication /pəsɒnɪfɪ'keɪʃn/ personliggjøring *m/f*; **-y** personifisere.
personnel /pɜːsə'nel/ personale *n*.
perspective /pə'spektɪv/ perspektiv *n*.
perspicuous /pə'spɪkjʊəs/ klar; anskuelig.
perspir|ation /pɜːspə'reɪʃn/ svette *m*; **-e** svette.
persua|de /pə'sweɪd/ overtale;

-sion overtalelse *m;* **-sive** overbevisende.
pert /pɜːt/ nesevis.
pertain /pə'teɪn/, ~ **to** høre (med) til; angå.
pertinent /'pɜːtɪnənt/ relevant, som angår saken.
perturb /pə'tɜːb/ forurolige.
peruke /pə'ruːk/ parykk *m.*
perus|al /pə'ruːzl/ gjennomlesing *m/f;* **-e** lese grundig igjennom.
perva|de /pə'veɪd/ gjennomtrenge; *(overført)* gjennomsyre; **-sive** gjennomtrengende.
perverse /pə'vɜːs/ pervers; uriktig.
pervert en pervers person.
pervert *verb* forderve.
pessary /'pesərɪ/, **diaphragm** ~ pessar *n.*
pessimis|m /'pesɪmɪzm/ pessimisme *m;* **-tic** pessimistisk.
pest plageånd *m;* skadedyr *n;* **~er** plage; **~icide** middel *n* mot skadedyr.
pestle /'pesl/ støter *m* (til morter).
pet kjæledyr *n;* yndling *m.*
pet *verb* kjærtegne; **~ting** klining *m/f.*
petition /pə'tɪʃn/ bønnskrift *n;* protestskriv *n; (jur)* begjæring *m/f.*
petition *verb* ansøke.
petrify /'petrɪfaɪ/ forstene; gjøre stiv av redsel.
petrol /'petrəl/ bensin *m;* **fill ~** fylle bensin; **leaded ~** blyholdig bensin; **run out of ~** kjøre tom for bensin; **unleaded ~** blyfri bensin; ~ **can** bensinkanne *m/f;* ~ **cap** tanklokk *n.*
petticoat /'petɪkoʊt/ underskjørt *n.*
pett|iness /'petɪnɪs/ smålighet *m;* **-y** ubetydelig; smålig.
pew /pjuː/ kirkestol *m.*
pewter /'pjuːtə/ tinn(vare) *n (m).*
phantom /'fæntəm/ spøkelse *n;* fantom *n.*
pharmacy /'fɑːməsɪ/ farmasi *m;* apotek *n.*
phase /feɪz/ fase *m;* **~d** trinnvis.
pheasant /'feznt/ fasan *m.*
phenomen|on /fə'nɒmɪnən/, *flertall* **-a** fenomen *n.*
phial /'faɪəl/ (medisin)flaske *m/f.*
philanthropist /fɪ'lænθrəpɪst/ menneskevenn *m;* filantrop *m.*
philatel|ist /fɪ'lætəlɪst/ frimerkesamler *m;* **-y** filateli *m.*
philolog|ical /fɪlə'lɒdʒɪkl/ filologisk; **-y** filologi *m.*
philosoph|er /fɪ'lɒsəfə/ filosof *m;* **-y** filosofi *m.*

phlegm /flem/ slim *n;* sinnsro *m*; **~atic** flegmatisk.
phone /foʊn/ *(hverdagslig)* telefon *m*.
phone *verb* ringe.
phonetics /foʊ'netɪks/ *flertall* fonetikk *m;* lydlære *m/f.*
phoney /'foʊnɪ/ falsk; uekte.
photo /'foʊtoʊ/ foto(grafi) *n*.
photograph /'foʊtəgrɑːf/ fotografi *n*.
photograph *verb* fotografere.
photographler /fə'tɒgrəfə/ fotograf *m;* **-y** fotografering *m/f.*
phrase /freɪz/ frase *m;* uttrykk *n*.
phrase *verb* uttrykke; formulere.
physical /'fɪzɪkl/ fysisk, kroppslig.
physicilan /fɪ'zɪʃn/ lege *m*; **-st** fysiker *m*.
physics /'fɪzɪks/ fysikk *m*.
physique /fɪ'ziːk/ kroppsbygning *m,* fysikk *m*.
piano /'pjænoʊ/ piano *n;* **grand ~** flygel *n*.
pick hakke *m/f*.
pick *verb* hakke; pirke i; plukke; velge; **~ up** ta opp; tilegne seg; **~axe** hakke *m/f*; **~ed** utvalgt.
picket /'pɪkɪt/ stake *m;* streikevakt *m/f*.
picket *verb* sette vakt ved.
pickled /'pɪkəld/ nedlagt i lake; **~ cucumber** sylteagurk *m*.
pickpocket /'pɪkpɒkɪt/ lommetyv *m*.
pickup /'pɪkʌp/ liten varebil *m;* pickup *m* (på platespiller).
picnic /'pɪknɪk/ landtur *m,* piknik *m*.
pictorial /pɪk'tɔːrɪəl/ bilde-.
picture /'pɪktʃə/ bilde *n;* maleri *n;* **~ oneself** forestille seg; **go to the ~s** gå på kino.
picturesque /pɪktʃə'resk/ malerisk.
pie /paɪ/ pai *m*.
piece /piːs/ stykke *n;* del *m;* **a ~ of advice** råd *n;* **go to ~s** gå i stykker; **~ wage** akkordlønn *m/f*, **~-work** akkordarbeid *n*.
pier /pɪə/ brygge *m/f,* pir *m*.
piercle /pɪəs/ gjennombore; trenge inn i; **-ing** gjennomtrengende.
piety /'paɪətɪ/ fromhet *m*.
pig gris *m;* svin *n;* **~headed** sta; **~sty** grisebinge *m;* *(overført)* svinesti *m;* **~tails** *flertall* musefletter *f, flertall*.
pigeon /'pɪdʒən/ due *m/f.*
pike /paɪk/ gjedde *m/f.*
pile /paɪl/ haug *m,* stabel *m;* **~ on to** lesse på; **~ up** stable; samle seg (opp).
pilfer /'pɪlfə/ naske; **~age** nasking *m/f.*

pilgrim /ˈpɪlgrɪm/ pilegrim *m;* **~age** pilegrimsferd *m/f.*
pill pille *m.*
pillage /ˈpɪlɪdʒ/ plyndring *m/f.*
pillage *verb* plyndre.
pillar /ˈpɪlə/ pilar *m;* søyle *m/f;* **~-box** søyleformet postkasse *m/f.*
pillion /ˈpɪljən/ baksete (på motorsykkel) *n.*
pillow /ˈpɪloʊ/ (hode)pute *m/f;* **~case** putevar *n.*
pilot /ˈpaɪlət/ los *m;* pilot *m.*
pimp /pɪmp/ hallik *m.*
pimple /ˈpɪmpl/ kvise *m/f.*
PIN *fork for* **Personal Identification Number**.
pin knappenål *m/f;* stift *m;* tapp *m.*
pin *verb* feste med nåler; holde fast; **~cushion** nålepute *m/f.*
pincers /ˈpɪnsəz/ knipetang *m/f.*
pinch /pɪntʃ/ klyp(e) *n (m).*
pinch *verb* klype; klemme; stjele; **a ~ of salt** en klype salt.
pine /paɪn/ furu(tre) *m/f (n);* **~ for** lengte etter.
pineapple /ˈpaɪnæpl/ ananas *m.*
pink nellik *m;* rosa(farget).
pinnacle /ˈpɪnəkl/ tind *m.*
pint /paɪnt/ hulmål: 0,57 l; *(hverdagslig)* halvliter (øl) *m.*
pioneer /paɪəˈnɪə/ foregangsmann *m;* pionér *m.*
pious /ˈpaɪəs/ from.
pipe /paɪp/ rør *n;* pipe *m/f;* fløyte *m/f.*
pipe *verb* pipe, blåse; **~line** rørledning *m.*
pirate /ˈpaɪrɪt/ sjørøver *m;* pirat *m.*
pirate *verb* utgi uten tillatelse *m.*
Pisces /ˈpaɪsiːz/ *(astrologi)* Fiskene.
pistol /ˈpɪstl/ pistol *m.*
piston /ˈpɪstən/ stempel *n* (i motor).
pit hull *n,* grop *m/f;* gruve *m/f;* *(teater)* parterre *n;* **~ coal** steinkull *n.*
pitch /pɪtʃ/ bek *n;* (tone)høyde *m;* nivå *n.*
pitch *verb* kaste; sette opp; sette tonehøyde; **~-dark** bekmørkt; **~er** krukke *m/f;* kaster *m* (i baseball); **~fork** høygaffel *m.*
pitfall /ˈpɪtfɔːl/ fallgruve *m/f.*
pith /pɪθ/ *(bot)* marg *m.*
pitiful /ˈpɪtɪfʊl/ ynkelig.
piton /ˈpɪtən/ (ring)bolt *m.*
pittance /ˈpɪtəns/ liten lønn *m/f.*
pity /ˈpɪtɪ/ medlidenhet *m.*
pity *verb* føle medlidenhet med; **it's a ~** det er synd.
pivot /ˈpɪvət/ dreietapp *m;* **~ on** dreie seg om.
placard /ˈplækɑːd/ plakat *m.*
place /pleɪs/ sted *n;* plass *m.*

place *verb* plassere; **out of ~** malplassert; **take ~** finne sted.
placid /'plæsɪd/ rolig.
plague /pleɪg/ pest *m;* (lande)plage *m.*
plaice /pleɪs/ rødspette *m/f.*
plaid /plæd/ pledd *n.*
plain /pleɪn/ enkel; klar; ensfarget; slette *f;* **~ chocolate** ren sjokolade; **~ stitch** rettmaske *m/f.*
plaint /pleɪnt/ klage(skrift) *m/f (n);* **~iff** *(jur)* saksøker *m;* **~ive** klagende.
plait /pleɪt/ (hår)flette *m/f.*
plait *verb* flette.
plan /plæn/ plan *m;* utkast *n.*
plan *verb* planlegge.
plane /pleɪn/ plan, jevn; fly *n;* høvel *m.*
plane *verb* høvle.
plank /plæŋk/ planke *m.*
plant /plɑːnt/ plante *m;* (fabrikk)anlegg *n.*
plant *verb* (be)plante.
plaque /plɑːk/ plakett *m;* minnetavle *m/f.*
plaster /'plɑːstə/ gips *m;* murpuss *m;* plaster *n.*
plaster *verb* gipse; pusse; klistre; plastre.
plastic /'plæstɪk/ plastisk, formbar; plast *m.*
plate /pleɪt/ tallerken *m;* (metall)plate *m/f.*
platform /'plætfɔːm/ plattform *m;* perrong *m.*
platinum /'plætɪnəm/ platina *m/n.*
platitude /'plætɪtjuːd/ platthet *m;* selvfølgelighet *m.*
plausible /'plɔːzəbl/ sannsynlig.
play /pleɪ/ lek *m;* spill *n;* skuespill *n.*
play *verb* leke; spille; **fair ~** ærlig spill *n;* **~-act** agere; **~back** avspilling (av lydopptak) *m/f;* **~ground** lekeplass *m;* **~ing card** spillkort *n;* **~mate** lekekamerat *m;* **~wright** skuespillforfatter *m.*
plc /piː el 'siː/ *fork for* **public limited company.**
plea /pliː/ *(jur)* påstand *m,* innlegg *n;* appell *m.*
plead /pliːd/ *(jur)* svare (på skyldspørsmål); føre en sak; be inntrengende (om); **~ guilty** erkjenne seg skyldig.
pleasant /'pleznt/ behagelig; hyggelig; **~ry** hyggelig *bemerkning m.*
pleas|e /pliːz/ behage; gjøre til lags; **~!** vær så snill! **Yes ~!** ja takk! **do as one ~s** gjøre som man selv vil; **~ yourself!** som du vil! **~d** fornøyd; **-ing** behagelig.

pleasure /'pleʒə/ fornøyelse *m;* glede *m;* **at ~** etter behag; **~ trip** fornøyelsesreise *m/f.*
pleat /pliːt/ plissé *m,* fold *m.*
pleat *verb* plissere.
pledge /pledʒ/ pant *n;* løfte *n.*
pledge *verb* pantsette; forplikte (seg).
plentiful /'plentɪfʊl/ rikelig.
plenty /'plentɪ/ nok; overflod *m;* **~ of** massevis av.
pleurisy /'pluːrəsɪ/ plevritt *m.*
pliable /'plaɪəbl/ bøyelig; føyelig.
pliers /'plaɪəz/ nebbtang *m/f.*
plight /plaɪt/ (sørgelig) forfatning *m.*
plod /plɒd/, **~ on** traske; gå tungt.
plot /plɒt/ komplott *n,* sammensvergelse *m;* jordstykke *n; litterært* handling *m.*
plot *verb* planlegge; intrigere.
plough /plaʊ/ plog *m.*
plough *verb* pløye.
ploy /plɒɪ/ knep *n.*
pluck /plʌk/ mot *n;* innmat *m.*
pluck *verb* plukke; nappe; **~y** modig.
plug /plʌg/ plugg *m;* propp *m;* tapp *m;* støpsel *n*; **sparking ~** tennplugg *m*; **two-way ~** dobbeltstøpsel *n*; **~-in** *(edb)* programtillegg *n.*
plum /plʌm/ plomme *m/f.*
plumage /'pluːmɪdʒ/ fjærdrakt *m/f.*
plumb /plʌm/ i lodd; loddrett; (bly)lodd *n.*
plumb *verb* lodde; **~er** rørlegger *m;* **~ing** rørleggerarbeid *n.*
plump /plʌmp/ trinn, lubben.
plump *verb* plumpe, falle.
plumy /'pluːmɪ/ fjærkledd.
plunder /'plʌndə/ plyndring *m/f.*
plunder *verb* plyndre.
plunge /plʌndʒ/ kaste seg; styrte; stupe; dukkert *m;* stup *n;* **take the ~** *(overført)* våge spranget.
plural /'plʊərəl/ flertall *n.*
plus-fours /plʌs'fɔːz/ *flertall* nikkers *m.*
plush /plʌʃ/ plysj *m.*
ply /plaɪ/ (i garn) tråd *m;* (i finér) lag *n;* **three-~** tre-trådet; **~wood** finér *m.*
p.m. *fork for* **post meridiem** etter middag; **at 4 p.m.** kl. 16.
pneumatic /njuː'mætɪk/ pressluft-.
pneumonia /njuː'moʊnjə/ lungebetennelse *m.*
poach /poʊtʃ/ drive ulovlig jakt *eller* fiske; pochere (egg); **~er** krypskytter *m.*
pob /piː oʊ biː/ *fork for* **post-office box.**

pocket /'pɒkɪt/ lomme *m/f*.
pocket *verb* stikke i lommen.
pockmark /'pɒkmɑːk/ koppam *n*.
pod /pɒd/ belg *m*, skolm *m*.
poem /'poʊɪm/ dikt *n*.
poet /'poʊɪt/ dikter *m*; **~ic(al)** poetisk; **~ry** poesi *m*.
poignant /'pɒɪnjənt/ skarp, bitende; intens.
point /pɒɪnt/ spiss *m*; punkt *n*; hensikt *m*; poeng *n*.
point *verb* spisse; peke; **~ at** peke på; **~-blank** likefrem, rett på sak; **~ out** gjøre oppmerksom på; **~ed** spiss; poengtert; **~er** *(edb)* peker *m*; viser *m* (på instrument); **~less** meningsløs.
poise /pɒɪz/ likevekt *m/f*; (kropps)holdning *m*.
poise *verb* holde i likevekt, balansere.
poison /'pɒɪzn/ gift *m/f*.
poison *verb* forgifte; **~ing** forgiftning *m*; **~ous** giftig.
poke /poʊk/ dytt *n*.
poke *verb* rote i; dytte; **~r** ildraker *m*; poker(spill) *m (n)*.
polar /'poʊlə/ pol-, polar-; **~ bear** isbjørn *m*.
pole /poʊl/ stang *m/f*, stake *m*; pol *m*.
police /pə'liːs/ politi *n*.
policy /'pɒləsɪ/ politikk *m*; polise *m*.
polio(myelitis) /'poʊlɪoʊ(maɪə'laɪtɪs)/ polio(myelitt) *m*; **~ victim** poliorammet.
polish /'pɒlɪʃ/ glans *m*; polering(smiddel) *m/f (n)*.
polish *verb* polere.
polite /pə'laɪt/ høflig; **~ness** høflighet *m*.
political /pə'lɪtɪkl/ politisk; **~ science** statsvitenskap *m*.
politician /pɒlɪ'tɪʃən/ politiker *m*; **-s** politikk *m*.
poll /pɒʊl/ valg *n*; skriftlig avstemning *m*; **Gallup ~** gallupundersøkelse *m*; **~ing booth** stemmeavlukke *n*; **~ing station** valglokale *n*.
pollack /'pɒlək/ sei *m*.
pollutant /pə'ljuːtənt/ som forurenser; forurensende; **-e** forurense; **-ion** forurensing *m/f*.
polyp /'pɒlɪp/ polypp *m*.
pompous /'pɒmpəs/ pompøs.
pond /pɒnd/ dam *m*.
ponder /'pɒndə/ tenker over; **~ous** tung; klossete.
pony /'poʊnɪ/ ponni *m*.
poodle /'puːdl/ puddel *m*.
pool /puːl/ dam *m*; basseng *n*; sammenslutning *m*; **~s** *flertall* tipping *m/f*; **do the ~s** tippe.
poop /puːp/ *(sjøfart)* hytte(dekk) *f (n)*; akterdekk *n*.

poor /pʊə/ fattig; stakkars; **~ly** dårlig.
pop /pɒp/ smell *n.*
pop *verb* smelle; **~-eyed** med utstående øyne; **~ in** stikke innom; **~ up** dukke opp.
pope /poʊp/ pave *m.*
poplar /'pɒplə/ poppel *m.*
poppy /'pɒpɪ/ valmue *m.*
popular /'pɒpjʊlə/ populær; folkelig.
populat|e /'pɒpjʊleɪt/ befolke; **-ion** befolkning *m.*
populous /'pɒpjʊləs/ folkerik.
porcelain /'pɔːslɪn/ porselen *n.*
porch /pɔːtʃ/ vindfang *n.*; *(amr)* veranda *m.*
porcupine /'pɔːkjʊpaɪn/ pinnsvin *n.*
pork /pɔːk/ svinekjøtt *n*; **~ chop** svinekotelett *m.*
pornograph|ic /pɔːnə'græfɪk/ pornografisk; **-y** pornografi *m.*
porous /'pɔːrəs/ porøs.
porridge /'pɒrɪdʒ/ grøt *m.*
port /pɔːt/ babord; havn(eby) *m*; portvin *m*; *(edb)* port *m.*
portable /'pɔːtəbl/ bærbar.
portal /'pɔːtl/ *(edb)* portal *m*, startside *m/f*; port *m.*
portend /pɔː'tend/ varsle.
portent /'pɔːtent/ (ondt) varsel *n*; **~ous** illevarslende.
porter /'pɔːtə/ dørvokter *m*; bærer *m*; mørkt øl *n.*
portfolio /pɔːt'foʊlɪoʊ/ (dokument)mappe *m/f*; portefølje *m.*
portion /'pɔːʃn/ (an)del *m*; porsjon *m*; **~ out** dele ut.
portly /'pɔːtlɪ/ korpulent.
portrait /'pɔːtrɪt/ portrett *n*; **~ure** portrettkunst *m.*
portray /pɔː'treɪ/ portrettere; *(overført)* skildre; *(teater)* fremstille.
pose /poʊz/ stilling *m/f*, positur *m.*
pose *verb* posere; sitte modell.
posh /pɒʃ/ fin, flott.
position /pə'zɪʃn/ stilling *m/f*; posisjon *m.*
positive /'pɒzətɪv/ positiv; sikker.
possess /pə'zes/ eie; besitte; besette; **~ed** besatt; **~ion** det å eie; besettelse *m*; **~or** eier *m.*
possib|ility /pɒsə'bɪlətɪ/ mulighet *m*; **-le** mulig; **-ly** muligens, kanskje.
post /poʊst/ post *m*; stilling *m*; stolpe *m/f.*
post *verb* poste; postere; **~-paid** portofritt.
postage /'poʊstɪdʒ/ porto *m*; **excess ~** straffeporto *m*; **~ stamp** frimerke *n.*
postal /'poʊstl/, **~ order** postanvisning *m.*
postcode /'poʊstkoʊd/ postnummer *n.*

post-date /'poustdeɪt/ etterdatere.
poster /'poustə/ plakat *m.*
posterilor /pɒs'tɪərɪə/ senere; bakre; bak(ende) *m;* **-ty** etterslekt *m/f.*
posthumous /'pɒstjuməs/ posthum.
postmark /'poustmɑːk/ poststempel *n.*
post-office| box /'poustɒfɪs bɒks/ postboks *m;* **- savings bank** postsparebank *m.*
postpone /poust'poun/ utsette; **~ment** utsettelse *m.*
postscript /'poustskrɪpt/ etterskrift *m/n; fork* **p.s.**
posture /'pɒstʃə/ holdning *m;* stilling *m;* positur *m.*
posture *verb* stille seg i positur.
postwar /'poustwɔː/ etterkrigs-.
pot /pɒt/ potte *m/f;* gryte *m/f;* kanne *m/f;* krukke *m/f;* **~-roast** grytestek *m.*
potato /pə'teɪtou/, *flertall* **-es** potet *m;* **~ chips** *(amr)* potetgull *n;* **~ crisps** potetgull *n.*
poten|cy /'poutnsɪ/ kraft *m/f,* styrke *m;* potens *m;* **-t** kraftig; mektig.
potential /pə'tenʃəl/ potensiell, mulig.
potter /'pɒtə/ pottemaker *m;* keramiker *m;* **~y** keramikk *m;* pottemakerverksted *n.*
pouch /pautʃ/ pung *m;* **tobacco ~** tobakkspung *m.*
poultice /'poultɪs/ grøtomslag *n.*
poultry /'poultrɪ/ fjærfe *n,* høns *f, flertall.*
pounce /pauns/, **~ on** kaste seg over; slå ned på.
pound /paund/ pund *n* (vekt, mynt); innhegning *m/f.*
pound *verb* hamre, dundre (*at* på).
pour /pɔː/ helle, skjenke; strømme; (om regn) øse ned.
pout /paut/ geip *m.*
pout *verb* surmule.
poverty /'pɒvətɪ/ fattigdom *m.*
powder /'paudə/ pulver *n;* pudder *n.*
powder *verb* pudre (seg); pulverisere, støte; **~-puff** pudderkvast *m.*
power /'pauə/ makt *m/f;* evne *m/f;* kraft *m/f;* **~ failure** strømbrudd *n;* **~ful** mektig; kraftig; **~less** kraftløs; **~-station** kraftstasjon *m;* **~ steering** (i bil) servostyring *m/f.*
practical /'præktɪkl/ praktisk; **~ly** praktisk talt.
practice /'præktɪs/ praksis *m;* skikk *m;* øvelse *m;* trening *m/f.*

practise /'præktɪs/ praktisere; øve.
practitioner /præk'tɪʃnə/ praktiserende lege *m eller* advokat *m.*
praise /preɪz/ ros *m.*
praise *verb* rose.
pram /præm/ barnevogn *m/f.*
prance /prɑːns/ spankulere.
prattle /'prætl/ skravling *m/f.*
prattle *verb* skravle.
prawn /prɔːn/ (stor) reke *m/f.*
pray /preɪ/ be; **~er** bønn *m.*
preach /priːtʃ/ *(religion)* preke; **~er** predikant *m.*
precarious /prɪ'keərɪəs/ usikker; prekær.
precaution /prɪ'kɔːʃn/ forholdsregel *m.*
precedle /priː'siːd/ gå foran; **~nce** forrang *m;* **-ing** foregående.
precept /'priːsept/ forskrift *m/f.*
precinct /'priːsɪŋkt/ -sone *m;* -område *n; (amr)* distrikt *n.*
precious /'preʃəs/ kostbar; kjær, dyrebar.
precipice /'presɪpɪs/ stup *n;* bratt skrent *m.*
precipitate /prɪ'sɪpɪtət/ overilt; *(kjemi)* bunnfall *n.*
precipitate *verb* /prɪ'sɪpɪteɪt/ styrte; påskynde.
precipitation /prɪsɪpɪ'teɪʃn/ nedbør *m.*
precipitous /prɪ'sɪpɪtəs/ stupbratt; steil.
precisle /prɪ'saɪs/ nøyaktig; **-ely** nettopp; **-ion** nøyaktighet *m;* presisjon *m.*
preclude /prɪ'kluːd/ utelukke.
precocious /prɪ'koʊʃəs/ bråmoden; veslevoksen.
precursor /prɪ'kɜːsə/ forløper *m.*
predatory /'predət(ə)rɪ/ rov-.
predecessor /'priːdɪsesə/ forgjenger *m.*
predestine /priː'destɪn/ forutbestemme.
predicament /prɪ'dɪkəmənt/ forlegenhet *m;* knipe *m/f.*
predict /prɪ'dɪkt/ forutsi; **~able** forutsigbar; **~ion** forutsigelse *m.*
predilection /priːdɪ'lekʃn/ forkjærlighet *m.*
predominanlce /prɪ'dɒmɪnəns/ overvekt *m/f*; **-t** fremherskende.
preeminent /prɪ'emɪnənt/ fremragende.
prefab /'priːfæb/ *(hverdagslig)* ferdighus *n;* **~ricate** prefabrikkere.
preface /'prefɪs/ forord *n.*
prefer /prɪ'fɜː/ foretrekke; **~ably** helst; fortrinnsvis.
preference /'prefərəns/ preferanse *m.*
pregnanlcy /'pregnənsɪ/ graviditet *m;* **-t** gravid.
prejudice /'predʒʊdɪs/ fordom

m; **be ~d** ha fordommer; være forutinntatt.

preliminary /prɪ'lɪmɪnərɪ/ forberedende; innledende.

prelude /'prelju:d/ opptakt *m/f;* innledning *m; (mus)* preludium *n.*

premature /premə'tjʊə/ for tidlig; forhastet.

premeditated /prɪ'medɪteɪtɪd/ overlagt.

premier /'premjə/ først; statsminister *m.*

premise /'premɪs/ premiss *n;* betingelse *m;* **~s** *flertall* eiendom *m;* **on the ~s** på stedet.

premium /'pri:mjəm/ premie *m;* belønning *m/f;* bonus *m.*

premonition /premə'nɪʃn/ forutanelse *m.*

preoccupied /pri:'ɒkjʊpaɪd/ åndsfraværende; **~ with** opptatt av.

prepaid /pri:'peɪd/ betalt; **postage ~** porto er betalt: portofritt.

prepar|ation /prepə'reɪʃn/ forberedelse *m;* **-atory** forberedende; **-e** forberede; tilberede.

preponderant /prɪ'pɒndərənt/ overveiende.

prepossessing /pri:pə'zesɪŋ/ tiltalende.

preposterous /prɪ'pɒstrəs/ meningsløs; absurd.

prerogative /pri:'rɒgətɪv/ privilegium *n.*

prescribe /prɪ'skraɪb/ foreskrive, ordinere.

prescription /prɪ'skrɪpʃn/ resept *m.*

presence /'prezns/ nærvær *n.*

present /'prezənt/ til stede; nåværende; nåtid *m/f;* gave *m.*

present *verb* /prɪ'zent/ overrekke; presentere; fremsette.

presentation /prezən'teɪʃn/ overrekkelse *m;* presentasjon *m.*

presentiment /prɪ'sentɪmənt/ forutanelse *m.*

presently /'prezəntlɪ/ snart.

preserv|ation /prəzə'veɪʃn/ bevaring *m/f;* konservering *m/f;* **-ative** konserveringsmiddel *n;* **-e** bevare; konservere; hermetisere; **-e(s)** *flertall* syltetøy *n.*

preside /prɪ'zaɪd/ presidere; lede.

president /'prezɪdənt/ president *m;* formann (i forening *o.l.*) *m; (amr)* administrerende direktør *m.*

press presse *m/f;* press *n.*

press *verb* presse; trykke; **~-stud** trykknapp *m;* **~ing** presserende; **~ure** trykk *n;* press *n.*

prestige /pres'tiːʒ/ prestisje *m.*
presum|ably /prɪ'zjuːməblɪ/ antakelig; **-e** anta; **-ption** antakelse *m,* formodning *m/f;* **-ptuous** arrogant.
pretence /prɪ'tens/ påskudd *n.*
pretend /prɪ'tend/ late som om; **~ to** pretendere.
preten|sion /prɪ'tenʃn/ pretensjon *m;* **-tious** pretensiøs.
pretext /'priːtekst/ påskudd *n.*
pretty /'prɪtɪ/ pen; temmelig.
prevail /prɪ'veɪl/ herske, råde; **~ on** overtale til.
prevalent /'prevələnt/ rådende; utbredt.
prevent /prɪ'vent/ forhindre; forebygge; **~ion** forebyggelse *m;* **~ive** forebyggende (middel) *(n).*
previous /'priːvjəs/ foregående; tidligere; **~ly** tidligere.
prey /prey/ bytte *n,* rov *n;* **of ~** rov-; **~ on** jakte på; tære på.
price /praɪs/ pris *m.*
price *verb* prise, fastsette pris; **~ freeze** prisstopp *m;* **~-label, ~-tag** prislapp *m;* **~less** meget verdifull; **~ range** prisklasse *m.*
prick /prɪk/ stikk *n.*
prick *verb* stikke.
prickl|e /'prɪkl/ tagg *m,* pigg *m;* **-y** piggete; stikkende.
pride /praɪd/ stolthet *m;* **~ oneself on** rose seg av.
priest /priːst/ (katolsk) prest *m.*
prig innbilsk narr *m;* pedant *m;* **~gish** pedantisk; selvgod.
prim snerpete; pertentlig.
primarily /praɪ'meərəlɪ/ opprinnelig; hovedsakelig.
primary /'praɪmərɪ/ primær-; grunn-; **~ school** grunnskole *m.*
prime /praɪm/ viktigst; førsteklasses; hoved-; **Prime Minister** statsminister *m;* **~r** begynnerbok *m/f;* grunning(smiddel) *m/f (n).*
prince /prɪns/ prins *m;* fyrste *m;* **~ly** fyrstelig; **~ss** prinsesse *m/f.*
principal /'prɪnsəpl/ hoved-; viktigst; rektor *m;* sjef *m.*
principality /prɪnsɪ'pælətɪ/ fyrstedømme *n.*
principle /'prɪnsəpl/ prinsipp *n;* **on ~** av prinsipp.
print trykk *n; (fotogr)* kopi *m.*
print *verb* trykke; kopiere; **~out** *(edb)* utskrift *m/f;* **~ed matter** trykksak *m.*
printer /'prɪntə/ *(edb)* skriver *m.*
printing /'prɪntɪŋ/ trykking *m/f;* opptrykk *n;* **~ office** trykkeri *n.*
prior /'praɪə/ tidligere; prior *m;* **~ to** før.

priority /praɪ'ɒrətɪ/ fortrinn *n;* prioritet *m;* forkjørsrett *m.*
prison /'prɪzn/ fengsel *n;* **~er** fange *m.*
privacy /'prɪvəsɪ/ uforstyrrethet *m;* privatliv *n.*
privat|e /'praɪvɪt/ privat; *(mil)* menig *m;* **in ~** for lukkede dører; under fire øyne; **~ly** i all stillhet; underhånden; **-ize** privatisere.
privilege /'prɪvəlɪdʒ/ privilegium *n;* **~d** privilegert.
privy /'prɪvɪ/ do *m.*
prize /praɪz/ premie *m,* pris *m;* gevinst *m.*
pro /proʊ/ for-; profesjonell *m;* **~s and cons** *flertall* argumenter for og imot.
probab|ility /prɒbə'bɪlətɪ/ sannsynlighet *m;* **-le** sannsynlig; **-ly** sannsynligvis.
probation /prə'beɪʃn/ prøve *m;* prøvetid *m/f;* **on ~** på prøve; *(jur)* betinget dom med tilsynsverge; **~ officer** tilsynsverge *m.*
probe /proʊb/ sonde *m/f.*
probe *verb* sondere.
problem /'prɒbləm/ problem *n.*
procedure /prə'siːdʒə/ fremgangsmåte *m;* prosedyre *m.*
proceed /prə'siːd/ fortsette; gå til verks; **~s** *flertall* vinning *m/f;* utbytte *n;* **~ against** *(jur)* anlegge sak mot; **~ings** *flertall* det som foregår; *(jur)* rettergang *m.*
process /'proʊses/ prosess *m;* *(jur)* stevning *m.*
process *verb* bearbeide; *(fotogr)* fremkalle; **~ed** behandlet; **~ed cheese** smelteost *m.*
processing /'proʊsesɪŋ/ behandling *m/f;* **word ~** tekstbehandling *m/f;* **~ industri** foredlingsindustri *m.*
procession /prə'seʃən/ prosesjon *m;* opptog *n.*
processor /'proʊsesə/ *(edb)* prosessor *m;* **word ~** tekstbehandler *m.*
procla|im /prə'kleɪm/ bekjentgjøre; proklamere; **-mation** bekjentgjørelse *m.*
procure /prə'kjuːə/ skaffe, få tak i.
prod /prɒd/ stikk *n.*
prod *verb* stikke; sette fart i.
prodigal /'prɒdɪgl/ ødsel.
prodigious /prə'dɪdʒəs/ forbausende; uhyre.
prodigy /'prådɪdʒɪ/ vidunder *n;* **child ~** vidunderbarn *n.*
produce /'prɒdjuːs/ produkter *n, flertall.*
produce *verb* /prə'djuːs/ produsere; fremstille; *(teater)* iscenesette.

producer /prə'dju:sə/ produsent *m;* regissør *m.*
product /'prɒdəkt/ produkt *n;* **~ion** produksjon *m;* fremskaffelse *m;* **~ive** produktiv; fruktbar.
profane /prə'feɪn/ profan; verdslig.
profan|e *verb* vanhellige; **-ity** bespottelse *m;* **-ities** *flertall* banning *m/f.*
profess /prə'fes/ erklære; **~ion** yrke *n;* profesjon *m;* bekjennelse *m;* **~ional** faglig; yrkes-; profesjonell *m.*
proffer /'prɒfə/ tilbud *n.*
proffer *verb* tilby.
proficien|cy /prə'fɪʃnsɪ/ dyktighet *m;* ferdighet *m;* **-t** dyktig.
profile /'proʊfaɪl/ profil *m.*
profile *verb* profilere.
profit /'prɒfɪt/ fortjeneste *m;* utbytte *n;* **~ by** tjene på; dra nytte av; **~able** lønnsom; nyttig.
profiteer /prɒfə'tɪə/ ågrer *m,* profitør *m;* **~ing** åger *m,* profitørvirksomhet *m.*
profligate /'prɒflɪgət/ ryggesløs; utsvevende.
profound /prə'faʊnd/ dyp(sindig).
profuse /prə'fju:s/ overstrømmende; overdådig; **~ly** voldsomt.
progesterone /proʊ'dʒestəroʊn/ progesteron *n.*
prognosis /prɒg'noʊsɪs/ prognose *m;* **make a ~** stille en prognose.
program /'proʊgræm/ *(edb)* program *n.*
program *verb* programmere; **~mer** *(edb)* programmerer *m.*
progress /'proʊgres/ fremgang *m;* fremskritt *n;* utvikling *m/f.*
progress *verb* /prə'gres/ gjøre fremskritt; **~ion** det å gå fremover; progresjon *m;* **~ive** progressiv; fremskrittsvennlig.
prohibit /prə'hɪbɪt/ forby; **~ion** forbud *n;* **~ion sign** forbudsskilt *n.*
project /'prɒdʒekt/ plan *m;* prosjekt *n.*
project *verb* /prə'dʒekt/ planlegge; prosjektere; *(psyk)* projisere; **~ion** prosjektering *m/f;* projeksjon *m;* fremspring *n; (psyk)* projisering *m/f;* **~or** fremviser *m.*
prolapse /'proʊlæps/ *(medisin)* fremfall *n,* prolaps *m;* **~ of the uterus** livmorfremfall *n.*
prolapse *verb* /proʊ'læps/ falle frem.
proliferation /prəlɪfə'reɪʃn/

rask formering *m*; spredning *m*; **nuclear non-~ treaty** ikke-spredningsavtale *m* (for atomvåpen).
prolific /prə'lɪfɪk/ fruktbar.
prologue /'proʊlɒg/ prolog *m*.
prolong /prə'lɒŋ/ forlenge.
prom /prɒm/ *(hverdagslig)* promenadekonsert *m*; **~enade** promenade *m*; spasertur *m*.
promenade /prɒmə'neɪd/ *verb* spasere.
prominent /'prɒmɪnənt/ fremstående.
promise /'prɒmɪs/ løfte *n*.
promis|e *verb* love; **-ing** lovende.
promot|e /prə'moʊt/ fremme; forfremme; **-ion** forfremmelse *m;* **sales ~ion** salgsfremmende tiltak *n, flertall*.
prompt /prɒmpt/ rask; omgående.
prompt *verb* tilskynde; *(teater)* sufflere; **~er** sufflør *m*.
pronate /'proʊneɪt/ *(anatomi)* pronere, dreie innover.
prone /proʊn/ utstrakt (på magen); **~ to** tilbøyelig til.
prong /prɒŋ/ tann *m/f* (på gaffel); spiss *m*.
pronoun /'proʊnaʊn/ pronomen *n*.
pronounce /prə'naʊns/ uttale; erklære; **~d** utpreget.
pronunciation /prənʌnsɪ'eɪʃn/ uttale *m*.
proof /pruːf/ (i sammensetninger) -fast, -sikker; -tett; bevis *n;* korrektur *m;* **~-reader** korrekturleser *m*.
prop /prɒp/ støtte(bjelke) *m/f (m); (hverdagslig,) (teater)* rekvisitt *m*; **~ against** lene mot; **~ up** støtte opp.
propagat|e /'prɒpəgeɪt/ forplante (seg); spre; **-ion** forplantning *m/f;* utbredelse *m*.
propel /prə'pel/ drive (fremover); **~lant** drivstoff *n*; **~ler** propell *m*.
propensity /prɒ'pensətɪ/ hang *m*, tilbøyelighet *m*.
proper /'prɒpə/ riktig; passende; egen; **~ly** ordentlig.
property /'prɒpətɪ/ eiendom *m*.
prophe|cy /'prɒfɪsɪ/ spådom *m;* **~sy** spå; **-t** profet *m;* **-tic** profetisk.
prophylactic /prɒfɪ'læktɪk/ forebyggende (middel) *(n)*.
propitious /prɒ'pɪʃəs/ gunstig.
proponent /prə'poʊnənt/ talsmann *m*.
proportion /prə'pɔːʃn/ forhold *n;* proporsjon *m;* andel *m;* **~al** forholdsmessig; **~ally** forholdsvis.

proposal /prə'poʊzl/ forslag *n;* frieri *n.*
propose /prə'poʊz/ foreslå; fri (**to** til); **~ a toast to** utbringe en skål for.
proposition /prɒpə'zɪʃən/ forslag *n.*
propriet|ary /prə'praɪɪt(ə)rɪ/ eiendoms-; *(handel)* merkebeskyttet; **~ brand** varemerke *n;* **-or** eier *m;* **-y** anstendighet *m.*
propulsion /prə'pʌlʃn/ fremdrift *m/f.*
pros|aic /proʊ'zeɪɪk/ prosaisk; **-e** prosa *m.*
prosecut|e /'prɒsɪkjuːt/ *(jur)* anklage, sette under tiltale; **-ion** rettsforfølgning *m;* påtalemyndighet *m;* **-or** aktor *m.*
prospect /'prɒspekt/ utsikt *m;* fremtidsmulighet *m;* **~ive** fremtidig; mulig; **~us** prospekt *n.*
prosper /'prɒspə/ ha fremgang; **~ity** velstand *m;* fremgang *m;* **~ous** velstående; blomstrende.
prostate /'prɒsteɪt/ *(anatomi)* prostata *m;* **~ gland** prostatakjertel *m;* **~ctomy** fjernelse av prostata.
prosthesis /'prɒsθɪsɪs/ protese *m.*
prostitut|e /'prɒstɪtjuːt/ prostituert *m;* **-ion** prostitusjon *m.*
prostrate /'prɒstreɪt/ utstrakt (på magen); nedbrutt.
prostrat|e *verb* /prɒ'streɪt/ kaste seg ned; **-ion** sammenbrudd *n.*
protect /prə'tekt/ beskytte; **~ion** beskyttelse *m;* vern *n;* **~ive** beskyttende; **~or** beskytter *m.*
protest /'proʊtest/ protest *m;* innvending *m/f.*
protest *verb* /prə'test/ protestere; bedyre.
protestant /'prɒtɪstənt/ *(religion)* protestantisk; protestant *m.*
protruding /prə'truːdɪŋ/ som stikker frem; utstående.
proud /praʊd/ stolt.
prov|able /'pruːvəbl/ bevislig; **-e** bevise; vise seg å være.
proverb /'prɒvɜːb/ ordspråk *n;* **~ial** ordspråklig.
provide /prə'vaɪd/ skaffe; **~ for** forsørge; dra omsorg for; **~d (that)** forutsatt at.
provident /'prɒvɪdənt/ nøysom; sparsommelig.
provinc|e /'prɒvɪns/ provins *m;* **-ial** fra provinsen; provinsiell.
provision /prə'vɪʒn/ forsyning *m/f;* *(jur)* bestemmelse *m;* **~s**

flertall proviant *m*, (mat)forsyninger *m, flertall*; **~al** foreløpig, provisorisk.
provocat|ion /prɒvə'keɪʃn/ provokasjon *m;* **-ive** utfordrende.
provoke /prə'voʊk/ provosere; irritere.
prow /praʊ/ baug *m*, forstavn *m*.
prowl /praʊl/ luske omkring.
proxy /'prɒksɪ/ fullmakt *m/f;* **vote by ~** stemme med fullmakt.
prude /pru:d/ snerpete person *m*.
pruden|ce /'pru:dns/ forsiktighet *m;* klokskap *m*; **-t** forsiktig; klok.
prudish /'pru:dɪʃ/ snerpete.
prune /pru:n/ sviske *m*.
prune *verb* beskjære.
pry /pray/ være nysgjerrig; snuse (*into* i).
p.s. *fork for* **postscript.**
psalm /sɑ:m/ salme *m*.
psychiatric /saɪkɪ'ætrɪk/ psykiatrisk.
psychiatr|ist /saɪ'kaɪətrɪst/ psykiater *m;* **-y** psykiatri *m*.
psychic /'saɪkɪk/ psykisk; synsk.
psychoanalys|is /saɪkoʊə'næləsɪs/ psykoanalyse *m*; **-t** psykoanalytiker *m*.
psychological /saɪkə'lɒdʒɪkl/ psykologisk.
psycholog|ist /saɪ'kɒlədʒɪst/ psykolog *m;* **-y** psykologi *m*.
psychopath /'saɪkoʊpæ:θ/ psykopat *m*.
psycho|sis /saɪ'koʊsɪs/ psykose *m*; **-tic** psykotisk.
PTA /pi: ti: eɪ/ *fork for* **Parent-Teacher Association.**
ptarmigan /'tɑ:mɪgən/ (fjell)rype *m/f*.
pto /pi: ti: oʊ/ *fork for* **please turn over.**
pub /pʌb/ *fork for* **public house** kro *m/f;* **~ crawl** pubrunde *m*.
puberty /'pju:bətɪ/ pubertet *m*.
pubic /'pju:bɪk/ *(anatomi)* skam-.
public /'pʌblɪk/ offentlig; allmenn; offentlighet *m;* allmennheten *m;* **go ~** bli børsnotert; **make ~** offentliggjøre; **~ convenience** offentlig toalett *n*; **~ conveyance** offentlig transportmiddel *n*; **~ school** internatskole *m; (amr)* offentlig skole; **~ servant** offentlig ansatt *m*; **~ transport** kollektivtrafikk *m*.
publican /'pʌblɪkən/ krovert *m*.
publication /pʌblɪ'keɪʃn/ publikasjon *m;* utgivelse *m;* offentliggjøring *m/f*.
publicity /pʌb'lɪsɪtɪ/ publisitet *m;* reklame *m*.
publish /'pʌblɪʃ/ utgi;

forlegge; **~er** forlegger *m;* **~ers** *flertall*, **a firm of ~ers** forlag *n.*
publishing /'pʌblɪʃɪŋ/ forlagsvirksomhet *m*; **desktop ~** grafisk tekstbehandling *m/f*; **~ house** forlagshus *n.*
pudding /'pʊdɪŋ/ pudding *m.*
puddle /'pʌdl/ sølepytt *m.*
puff /pʌf/ vindpust *n;* drag *n.*
puff *verb* blåse, puste ut; pese, dampe; **~ pastry** butterdeig *m*; tertedeig *m*; **~ed** andpusten; **~ed up** opphovnet.
pugnacious /pʌg'neɪʃəs/ trettekjær.
puke /pjuːk/ *(hverdagslig)* kaste opp.
pull /pʊl/ rykk *n*; trekking *m/f.*
pull *verb* trekke; dra; rykke; **~ back** trekke tilbake; **~ down** dra ned; rive; **~ oneself together** ta seg sammen; **~ through** komme seg igjen; **~ up (the car)** stanse (bilen); **~ed ligament** senestrekk *m.*
pullet /'pʊlɪt/ unghøne *f.*
pulley /'pʊlɪ/ trinse *m/f;* talje *m/f.*
pulmonary /'pʌlmənərɪ/ lunge-.
pulp /pʌlp/ (papir)masse *m;* mos *m*; **~ fiction** kiosklitteratur *m.*
pulpit /'pʊlpɪt/ prekestol *m.*
pulpy /'pʌlpɪ/ kjøttfull; bløt.
puls|ate /'pʌlseɪt/ pulsere; **-e** puls *m.*
pumice /'pʌmɪs/, **~ (stone)** pimpstein *m.*
pump /pʌmp/ pumpe *m/f.*
pump *verb* pumpe.
pumpkin /'pʌmpkɪn/ *(bot)* gresskar *n.*
pun /pʌn/ ordspill *n.*
punch /pʌntʃ/ dor *n*; slag *n*; punsj *m.*
punch *verb* lage hull i; slå; klippe (billett).
Punch and Judy show /kjent engelsk dukketeater/.
punctual /'pʌŋktjʊəl/ punktlig.
punctuat|e /'pʌŋktjʊeɪt/ sette skilletegn *n;* avbryte; **-ion** tegnsetting *m;* **-ion mark** skilletegn *n.*
puncture /'pʌŋktʃə/ punktering *m/f.*
puncture *verb* stikke hull på; punktere.
pungent /'pʌndʒənt/ skarp; bitter; besk (om smak).
punish /'pʌnɪʃ/ straffe; **~able** straffbar; **~ment** straff *m.*
punitive /'pjuːnɪtɪv/ straffe-.
puny /'pjuːnɪ/ liten; ynkelig.
pup /pʌp/ (dyre)unge *m*; valp *m.*
pupil /'pjuːpl/ elev *m;* pupill *m.*
puppet /'pʌpɪt/ (hånd)dukke *m;* marionett *m;* **~ theatre** dukketeater *n.*

puppy /ˈpʌpɪ/ valp *m*.
purchase /ˈpɜːtʃəs/ (inn)kjøp *n*.
purchase *verb* kjøpe.
pure /pjʊə/ ren, ublandet; **~ly** utelukkende.
purgative /ˈpɜːgətɪv/ avføringsmiddel *n*.
purgatory /ˈpɜːgətərɪ/ skjærsild *m*.
purge /pɜːdʒ/ utrenskning *m/f*.
purge *verb* renske ut.
purify /ˈpjuːrɪfaɪ/ gjøre ren, rense; **-ty** renhet *m*.
purl /pɜːl/, **~ stitch** vrangmaske *m/f*.
purple /ˈpɜːpl/ purpur *n;* vinrød(farget).
purpose /ˈpɜːpəs/ hensikt *m;* formål *n;* **on ~** med hensikt; **to no ~** til ingen nytte.
purr /pɜː/ male (om katt).
purse /pɜːs/ (penge)pung *m;* (hånd)veske *m/f*.
pursue /pəˈsjuː/ forfølge.
pursuit /pəˈsjuːt/ forfølgelse *m*; beskjeftigelse *m*; **in ~ of** på jakt etter.
purvey /pɜːˈveɪ/ skaffe; levere; **~or** leverandør *m*.
push /pʊʃ/ støt *n*, puff *n;* krafttak *n*.
push *verb* puffe, dytte; skyve; **~ drugs** omsette narkotika; **~-bike** tråsykkel *m*; **~-button** trykk(knapp) *n (m);* **~-chair** barnevogn *m/f* (sports-); **~er** narkotikalanger *m*; **~-up** armheving *m/f*; **~y** pågående.
put /pʊt/ sette; stille; legge; putte; **stay ~** bli hvor man er; **~ by** legge til side, spare; **~ off** frata; utsette; **~ on** ta på (seg); **~ out** slukke; **~ through** *(tlf)* sette over; **~ up with** finne seg i.
putrefy /ˈpjuːtrɪfaɪ/ råtne.
putrid /ˈpjuːtrɪd/ råtten.
putt /pət/ (i golf) putte; **~er** (golfkølle) putter.
putty /ˈpʌtɪ/ kitt *n*.
putty *verb* kitte.
puzzle /ˈpʌzl/ gåte *m/f*.
puzzle *verb* forvirre; **crossword ~** kryssord *m/n*; **jigsaw ~** puslespill *n; ~d* uforstående; rådvill.
pyelitis /paɪəˈlaɪtɪs/ nyrebekkenbetennelse *m*.
pyjamas /pəˈdʒɑːməz/ pyjamas *m;* nattdrakt *m/f*.
pylon /ˈpaɪlən/ ledningsmast *m/f*.
pyre /ˈpaɪə/, **funeral ~** likbål *n*.
pyromaniac /paɪroʊˈmeɪnɪæk/ pyroman *m*.

Q

quack /kwæk/ (lyd) snadring *m/f;* kvaksalver *m.*
quack *verb* snadre.
quadrangular /kwɒ'dræŋgjʊlə/ firkantet.
quail /kweɪl/ vaktel *m.*
quaint /kweɪnt/ eiendommelig; underlig.
quake /kweɪk/ skjelving *m/f;* rystelse *m;* **earth~** jordskjelv *n.*
quali|fication /kwɒlɪfɪ'keɪʃn/ kvalifikasjon *m;* forutsetning *m;* **-fy** kvalifisere (seg); modifisere.
qualit|ative /'kwɒlɪtətɪv/ kvalitativ; **-y** kvalitet *m;* egenskap *m.*
qualm /kwɑːm/, **~s** *flertall* skrupler *m, flertall;* betenkeligheter *m, flertall.*
quantity /'kwɒntətɪ/ kvantitet *m*; mengde *m.*
quarantine /'kwɒrəntiːn/ karantene *m.*
quarantine *verb* sette/holde i karantene.
quarrel /'kwɒrəl/ krangel *m.*
quarrel *verb* krangle; **~some** kranglesyk.
quarry /'kwɒrɪ/ steinbrudd *n;* (jakt)bytte *n.*
quart /kwɔːt/ 1,136 liter.
quarter /'kwɔːtə/ fjerdedel *m;* mål: 2,9 hl *m,* $^{1}/_{4}$ eng. favn *m;* $^{1}/_{4}$ yard *m;* 12,7 kg *n;* kvarter *n*; kvartal *n;* **~ of an hour** kvarter *n*; **~ly** kvartalsvis.
quaver /'kweɪvə/ skjelving *m/f*; *(mus)* åttendedelsnote *m.*
quaver *verb* skjelve, vibrere.
quay /kiː/ kai *f;* brygge *f.*
queazy /'kwiːzɪ/ kvalm.
queen /kwiːn/ dronning *m/f; (kortspill)* dame *m/f.*
queer /kwɪə/ merkelig; rar; homofil *m.*
quell /kwel/ dempe; undertrykke.
quench /kwenʃ/ slukke (tørsten); slå ned.
querulous /'kwerʊləs/ gretten; klagende.
quest /kwest/ leting *m/f (for* etter).
question /'kwestʃən/ spørsmål *n.*
question *verb* (ut)spørre; **the person in ~** vedkommende; **~able** tvilsom; **~ing** avhør *n*; **~naire** spørreskjema *n.*

queue /kjuː/ kø *m*.
queue *verb* stå i kø; ~ **up** stille seg i kø.
quibble /kwɪbl/ liten krangel *m*; ordkløveri *n*.
quibblle *verb* krangle om detaljer; **-ing** ordkløveri *n*.
quick /kwɪk/ rask; kvikk; skarp; **~en** påskynde; **~ness** raskhet *m;* **~sand** kvikksand *m/f*; **~silver** kvikksølv *n*; **~-witted** snartenkt; slagferdig.
quid /kwɪd/ *(hverdagslig)* pund (sterling) *n*.
quiet /'kwaɪət/ rolig; stille; stillhet *m;* **~en** roe ned; berolige.
quilt /kwɪlt/ vatteppe *n;* lappeteppe *n*; **~ed** vattert; utført i lappeteknikk.
quinine /kwɪ'niːn/ kinin *m/n*.
quirk /kwɜːk/ særhet *m;* innfall *n*.
quit /kwɪt/ slutte; holde opp med.
quite /kwaɪt/ helt; ganske; javisst! **not** ~ ikke akkurat; ~ **a lot** en hel del; ~ **(so)!** helt riktig!
quits /kwɪts/ skuls; kvitt; **let's call it** ~ la oss være skuls.
quitter /'kwɪtə/ person som lett gir opp.
quiver /'kwɪvə/ skjelving *m/f;* (pile)kogger *n*.
quiver *verb* skjelve; vibrere.
quiz /kwɪz/ spørrekonkurranse *m*.
quiz *verb* (ut)spørre; **~zical** spørrende; ertende.
quota /'kwoʊtə/ kvote *m;* andel *m*.
quotation /kwoʊ'teɪʃn/ sitat *n;* (børs)notering *m/f;* **~-marks** *flertall* anførselstegn *n*, *flertall*.
quote /kwoʊt/ sitere; notere (*at* til); **~ – unquote** anførselstegn begynner – anførselstegn slutter.

R

rabbi /'ræbaɪ/ rabbiner *m*.
rabbit /'ræbɪt/ kanin *m*.
rabble /'ræbl/ pøbel *m;* **~-rouser** oppvigler *m*.
rabid /'ræbɪd/ rabiat; rasende, vill.
race /reɪs/ rase *m;* løp *n*; veddeløp *n*.
race *verb* løpe om kapp med; gå (kjøre) fort; **~course** veddeløpsbane *m;* **~horse**

veddeløpshest *m;* **~-track** *(amr)* veddeløpsbane *m.*
racial /ˈreɪʃl/ rase-.
racing /ˈreɪsɪŋ/ veddeløp(ssport) *n (m)*; **motor ~** billøp *n.*
racis|m /ˈreɪsɪzm/ rasisme *m;* **-t** rasist *m.*
rack /ræk/ hylle *m/f;* stativ *n;* knaggrekke *m.*
rack *verb* pine; anstrenge; **luggage ~** bagasjehylle *m/f*; **roof ~** takgrind *m/f.*
racket /ˈrækɪt/ (tennis)racket *m;* bråk *n,* uro *m;* svindelforetak *n;* **~eer** svindler *m;* pengeutpresser *m.*
radar /ˈreɪdɑː/ radar *m*; **~ control** radarkontroll *m.*
radian|ce /ˈreɪdɪəns/ ståleglans *m*; **-t** strålende.
radiat|e /ˈreɪdɪeɪt/ utstråle; **-ion** utstråling *m/f;* **-ion therapy** strålebehandling *m/f.*
radiator /ˈreɪdɪeɪtə/ radiator *m.*
radical /ˈrædɪkl/ radikal; radikaler *m.*
radio /ˈreɪdɪoʊ/ radio *m;* **by ~** over radio; **on the ~** i radio; **turn on the ~** skru på radioen; **~ transmitter** radiosender *m.*
radioactiv|e /reɪdɪoʊˈæktɪv/ radioaktiv; **~ fallout** radioaktivt nedfall *n*; **-ity** radioaktivitet *m.*
radiograph /ˈreɪdɪoʊgrɑːf/ røntgenbilde *n.*
radish /ˈrædɪʃ/ reddik *m.*
RAF /ɑː eɪ ef/ *fork for* **Royal Air Force.**
raffle /ˈræfl/ tombola *m.*
raft /rɑːft/ (tømmer)flåte *m.*
raft *verb* fløte; **~ing** *(sport)* flåteritt *n.*
rag /ræg/ fille *f;* klut *m;* **~ged** fillete; ujevn.
rage /reɪdʒ/ raseri *n.*
rage *verb* rase.
raid /reɪd/ razzia *m*; overfall *n.*
raid *verb* foreta en razzia; overfalle, plyndre.
rail /reɪl/ *(jernb)* skinne *m/f*; rekkverk *n*; **by ~** med jernbane; **~ in/off** gjerde inn.
railing(s) /ˈreɪlɪŋ/ *flertall* stakitt *n;* rekkverk *n.*
railroad /ˈreɪlroʊd/ *(amr)* jernbane *m*; **~ car** jernbanevogn *m/f.*
railway /ˈreɪlweɪ/ jernbane *m*; **~ carriage** jernbanevogn *m/f*; **~ station** jernbanestasjon *m*; **~ timetable** rutebok *m/f*; **~ track** jernbanespor *n.*
rain /reɪn/ regn *n.*
rain *verb* regne; **acid ~** sur nedbør *m*; **~bow** regnbue *m;* **~coat** regnfrakk *m;* **~fall** regn(skur) *n (m/f)*; nedbør *m*;

~ **forest** regnskog *m*; **~proof** vanntett; **~wear** regntøy *n*.
rainy /'reɪnɪ/ regnfull; regn-; ~ **season** regntid *m/f*.
raise /reɪz/ *(amr)* lønnsforhøyelse *m*.
raise *verb* heve; løfte; forhøye; vekke; oppfostre; ~ **a loan** ta opp et lån.
raisin /reɪzn/ rosin *m*.
rake /reɪk/ rive *m/f*, rake *f*.
rake *verb* rake.
rally /'rælɪ/ samling *m/f*, møte *n*.
rally *verb* samle (seg); komme til krefter; erte, ha litt moro med.
ram /ræm/ *(zool)* vær *m; (edb) fork for* **random access memory** hukommelse *m*; ~ **against** drive, kjøre inn i.
ramble /'ræmbl/ spasertur *m*.
ramblle *verb* gå tur; streife omkring; **~r** fotturist *m*; vandrer *m*; **-ing** springende, ustrukturert.
ramiflication /ræmɪfɪ'keɪʃn/ forgrening *m/f*; **-y** forgrene seg.
ramp /ræmp/ rampe *m;* bukk *m;* fartsdemper *m*.
rampant /'ræmpənt/ frodig; tøylesløs.
ramshackle /'ræmʃækl/ falleferdig; skranglete.
ranch /ræ:n(t)ʃ/ *(amr)* kvegfarm *m*.
rancid /'rænsɪd/ harsk.
random /'rændəm/ tilfeldig; **at** ~ på måfå; ~ **access** *(edb)* direkte tilgang *m*.
randy /'rændɪ/ kåt.
range /reɪndʒ/ utvalg *n*; rekkevidde *m/f*, skuddvidde *m/f*; (fjell)kjede *m*.
range *verb* strekke seg, rekke; ordne; **~-finder** avstandsmåler *m*.
rank /ræŋk/ rekke *m/f;* geledd *n;* rang *m*, grad *m*.
rank *verb* rangere; **close ~s** stille seg solidarisk.
rankle /'ræŋkl/ nage.
ransack /'rænsæk/ ransake.
ransom /'rænsəm/ løsepenger *m, flertall*.
ransom *verb* betale løsepenger for.
rant /rænt/ snakke sint og høyt.
rap /ræp/ rapp *n;* smekk *n*.
rap *verb* fike til.
rape /reɪp/ voldtekt *m*.
rape *verb* voldta; **attempted ~** voldtektsforsøk *n*; **consummated** ~ fullbyrdet voldtekt *m*.
rapid /'ræpɪd/ rask; stri; **~s** *flertall* (elve)stryk *n;* **~ity** hurtighet *m*.
rapist /'reɪpɪst/ voldtektsforbryter *m*.
rapt /ræpt/ henført; **~ure** henrykkelse *m*.

rarle /reə/ sjelden; *(amr)* (om kjøtt) rå, lite stekt; **~ly** sjelden; **~ness, -ity** sjeldenhet *m.*
rascal /'rɑːskl/ kjeltring *m;* slyngel *m.*
rash /ræʃ/ overilt; utslett *n.*
rasher /'ræʃə/ (tynn) baconskive *m/f.*
rasp /rɑːsp/ rasp *m/f.*
rasp *verb* raspe; skurre.
raspberry /'rɑːzbərɪ/ bringebær *n.*
rat /ræt/ rotte *m/f;* **~ race** karrièrejag *n.*
rate /reɪt/ (rente)sats *m;* takst *m,* rate *m;* hastighet *m.*
rate *verb* verdsette; taksere (*at* til); **at any ~** i hvert fall; **~ of exchange** valutakurs *m.*
rather /'rɑːðə/ heller; snarere; nokså; temmelig.
rating /'reɪtɪŋ/ oppslutning *m.*
ration /'ræʃn/ rasjon *m.*
ration *verb* rasjonere.
rational /'ræʃnəl/ fornuftig.
rattle /'rætl/ skramling *m/f.*
rattle *verb* skrangle; rasle; **~snake** klapperslange *m.*
raucous /'rɔːkəs/ hes.
ravage /'rævɪdʒ/ hærverk *n.*
ravage *verb* herje.
rave /reɪv/ snakke i ørske, fantasere.
raven /'reɪvn/ ravn *m;* **~ous** skrubbsulten.
ravine /rə'viːn/ kløft *m/f,* juv *n.*
raving /'reɪvɪŋ/, **~ mad** splitter pine gal.
ravish /'rævɪʃ/ henrykke; **~ing** henrivende.
raw /rɔː/ rå; ubearbeidet.
ray /reɪ/ (lys)stråle *m/f.*
rayon /'reɪɒn/ kunstsilke *m.*
raze /reɪz/ rasere.
razor /'reɪzə/ barbermaskin *m;* **~-blade** barberblad *n.*
re /riː/ *fork for* **regarding; with reference to.**
reach /riːtʃ/ rekkevidde *m/f;* strekning *m.*
reach *verb* nå; rekke; strekke; **~ing** *(sport)* sløring *m/f.*
react /rɪ'ækt/ reagere; **~ion** reaksjon *m;* **~ionary** reaksjonær.
read /riːd/ lese; avlese; **~able** leseverdig; lesbar; **~er** leser *m;* lesebok *m/f.*
readdress /riːə'dres/ omadressere.
readilly /'redɪlɪ/ gjerne; lett; **-ness** beredskap *m;* beredvillighet *m.*
reading /'riːdɪŋ/ lesestoff *n;* (opp)lesning *m;* oppfatning *m.*
readjust /riːə'dʒʌst/ innstille på nytt; omstille seg.
ready /'redɪ/ klar, ferdig; villig;

~-cooked food ferdigmat *m*; **~-made** konfeksjonssydd; **~ money** kontanter *flertall*.

real /'rɪəl/ virkelig; faktisk; ekte; **~ estate** *(amr)* fast eiendom *m*; **~ estate agent** *(amr)* eiendomsmegler *m*.

reality /rɪ'ælətɪ/ virkelighet *m*; **virtual ~** nestenvirkelighet *m*; konstruert virkelighet *m*.

realiz|able/rɪə'laɪzəbl/ realiserbar; **-ation** forståelse *m*; realisering *m/f*; iverksetting *m/f*; salg *n*; **-e** bli klar over; virkeliggjøre; realisere.

really /'rɪəlɪ/ virkelig; egentlig; **~?** jasså?

realm /relm/ (konge)rike *n*.

reap /ri:p/ høste; **~er** slåmaskin *m*.

reappear /ri:ə'pɪə/ dukke opp igjen.

rear /rɪə/ bak-; bakside *m/f*.

rear /rɪə/ *verb* oppdra; **at the ~** på baksiden; bakerst; **~-end collision** påkjørsel bakfra; **~-view mirror** bakspeil *n*; **~ light** baklys *n*; **~ wheel drive** *bakhjulsdrift m/f*; **~ window (wiper)** bakrute(visker); **~ wing** *(amr)* rear fender.

rearmament /rɪ'ɑ:məmənt/ opprustning *m*.

rearrange /ri:ə'reɪndʒ/ ordne på ny; omarbeide.

reason /'ri:zn/ grunn *m*, årsak *m*; fornuft *m*.

reason *verb* resonnere; bruke fornuften; **~ with** snakke fornuft med; **~able** fornuftig; rimelig, moderat; **~ing** resonnement *n*; argumentering *m/f*.

reassur|e /rɪə'ʃʊə/ berolige; **-ing** beroligende; betryggende.

rebel /'rebl/ opprørs-; opprører *m*; /rɪ'bel/ gjøre opprør (**against** mot); **~lion** opprør *n*; **~lious** opprørsk.

rebound /rɪbaʊnd/, **on the ~** fremdeles påvirket av (et brutt forhold).

rebuff /rɪ'bʌf/ (bryskt) avslag *n*.

rebuff *verb* avslå.

rebuild /ri:'bɪld/ gjenoppbygge; bygge om.

rebuke /rɪ'bju:k/ irettesettelse *m*.

rebuke *verb* irettesette.

recall /rɪ'kɔ:l/ tilbakekalling *m/f*.

recall *verb* tilbakekalle; minnes; huske.

recapture /ri:'kæptʃə/ gjenerobre; gjenskape.

recede /rɪ'si:d/ vike, gå tilbake; falle.

receipt /rɪ'si:t/ kvittering *m/f*; mottakelse *m*.

receive /rɪ'si:v/ motta; få; **~r** mottaker *m*; telefonrør *n*.

recent /'riːsnt/ ny; fersk; **-ly** nylig; i det siste.
reception /rɪ'sepʃn/ mottakelse *m;* resepsjon *m*; **~ manager** resepsjonssjef *m*; **~ist** portier *m*, resepsjonist *m*.
receptive /rɪ'septɪv/ mottakelig.
recess /rɪ'ses/ nisje *m;* pause *m;* **~ion** tilbaketrekning *m;* lavkonjunktur *m.*
recharge /riː'tʃɑːdʒ/ lade opp igjen.
recipe /'resɪpɪ/ (mat)oppskrift *m/f.*
recipient /rɪ'sɪpɪənt/ mottaker *m.*
reciprocal|l /rɪ'sɪprəkl/ gjensidig; **-te** gjøre gjengjeld.
recit|al /rɪ'saɪtl/ opplesning *m;* konsert *m;* **-e** lese opp; deklamere.
reckless /'reklɪs/ uvøren; skjødesløs.
reckon /'rekn/ tro, anse; beregne, telle; **~ on** regne med; **~ing** beregning *m.*
reclaim /riː'kleɪm/ gjenvinne; avhente; tørrlegge.
reclamation /reklə'meɪʃn/ gjenvinning *m/f;* tørrlegging *m/f.*
recline /rɪ'klaɪn/ lene bakover, hvile.
recluse /rɪ'kluːs/ eneboer *m.*
recogni|tion /rekəg'nɪʃn/ (an)erkjennelse *m;* gjenkjennelse *m;* **-zable** gjenkjennelig; **-ze** gjenkjenne; innrømme; (an)erkjenne.
recoil /rɪ'kɒɪl/ rekyl *m;* tilbakeslag *n.*
recoil *verb* rygge tilbake.
recollect /rekə'lekt/ huske; minnes; **~ion** erindring *m/f.*
recommend /rekə'mend/ anbefale; **~ation** anbefaling *m/f.*
recompense /'rekəmpens/ erstatning *m;* belønning *m/f.*
recompense *verb* erstatte; belønne.
reconci|le /'rekənsaɪl/ forsone; bilegge; **-iation** forsoning *m/f;* forlik *n.*
reconsider /riːkɒn'sɪdə/ vurdere på nytt.
reconstruct /riːkən'strʌkt/ gjenoppbygge; rekonstruere.
record /'rekɔːd/ rekord *m;* opptegnelse *m*, dokument *n;* grammofonplate *m/f.*
record *verb* /rɪ'kɔːd/ skrive ned, protokollere; ta opp (på plate *o.l.*); **off the ~** uoffisielt, i all fortrolighet.
recorder /rɪ'kɔːdə/ *(mus)* blokkfløyte *m/f*; spiller *m*; **video ~** videospiller *m.*
recording /rɪ'kɔːdɪŋ/ opptak *n*, innspilling *m/f*; nedtegnelse *m.*

recover /rɪ'kʌvə/ få tilbake; komme seg (etter sykdom); gjenvinne; *(edb)* gjenopprette; **~y** gjenervervelse *m;* bedring *m/f;* gjenvinning *m/f.*
re-create /riːkrɪ'eɪt/ gjenskape.
recreat|e /'rekrɪeɪt/ kvikke opp; atsprede; **~ion** atspredelse *m;* rekreasjon *m;* **-ion ground** friareal *n,* parkområde *n.*
recruit /rɪ'kruːt/ rekrutt *m.*
recruit *verb* verve.
rect|al /'rektl/ endetarms-; **-um** endetarm *m.*
rectify /'rektɪfaɪ/ korrigere.
rector /'rektə/ sogneprest *m* (i den engelske kirken); rektor *m* (ved visse skoler); **~y** prestegård *m.*
recumbent /rɪ'kʌmbənt/ liggende; tilbakelent.
recuperate /rɪ'kjuːpəreɪt/ komme til krefter (etter sykdom).
recur /rɪ'kɜː/ hende igjen; gjenta seg; **~rence** gjentakelse *m;* **~rent** tilbakevendende.
recycl|e /riː'saɪkəl/ resirkulere; gjenvinne; **-ing** resirkulering *m/f;* gjenbruk *n.*
red rød (farge); *(hverdagslig)* kommunist *m;* **Red Cross** Røde Kors; **~currant** rips *n;* **Little Red Riding Hood** Rødhette; **~den** bli rød; rødme.
redecorate /riː'dekəreɪt/ pusse opp.
redeem /rɪ'diːm/ kjøpe tilbake; innløse; innfri; **~able** som kan kjøpes tilbake; som kan innfris; **~ing** forsonende.
redefine /riːdɪ'faɪn/ definere på nytt.
redemption /rɪ'dempʃn/ innløsning *m; (religion)* forløsning *m.*
red-handed /red'hændɪd/ på fersk gjerning.
redirect /riːdɪ'rekt/ omadressere; omdirigere.
redoubtable /rɪ'daʊtəbl/ fryktinngytende.
redress /rɪ'dres/ godtgjørelse *m;* hjelp *m/f.*
reduc|e /rɪ'djuːs/ redusere; sette ned; **~ weight** gå ned i vekt, slanke seg; **-tion** nedsettelse *m;* reduksjon *m.*
redundant /rɪ'dʌndənt/ overflødig; overtallig.
reed /riːd/ *(bot)* rør *n;* siv *n.*
reef /riːf/ (klippe)rev *n.*
reef *verb* reve (seil); **~ knot** båtmannsknop *m.*
reek /riːk/ os *m;* **~ of** stinke av; ose av.
reel /riːl/ skotsk dans; spole *m;* (tråd)snelle *m/f;* (film)rull *m.*

reel *verb* spole; sjangle; tumle; vakle; danse reel; **yarn ~** garnvinde *m/f*; **~ off** lire av seg.
re-elect /riːɪ'lekt/ gjenvelge.
re-enter /riː'entə/ komme inn igjen.
re-establish /riːɪ'stæblɪʃ/ gjenopprette.
refer /rɪ'fɜː/, **~ to** henvise til; angå; **~ee** (fotball-, bokse)dommer *m;* (om person:) referanse *m.*
refer *verb* dømme (fotball- og boksekamp).
reference /'refrəns/ henvisning *m;* referanse *m,* attest *m*; **in/ with ~ to** angående; **~ book** oppslagsbok *m/f*; håndbok *m/f.*
refill /'riːfɪl/ påfyll *n.*
refill *verb* /rɪ'fɪl/ fylle på igjen.
refine /rɪ'faɪn/ rense; foredle; raffinere; **~ment** foredling *m/f;* raffinering *m/f;* raffinement *n.*
refit /'rɪfɪt/ reparasjon *m.*
refit *verb* /riː'fɪt/ reparere.
reflect /rɪ'flekt/ kaste tilbake; gjenspeile; reflektere; **~ on** tenke på *(el* over); kaste skygge på; **~ion** refleks(jon) *m;* gjenspeiling *m/f;* overveielse *m;* **~ive** reflekterende; tenksom; **~or** kattøye *n*; refleksbrikke *m/f.*
reflex /'riːfleks/ refleks *m*; **~ action** reflekshandling *m/f.*
reform /rɪ'fɔːm/ forbedring *m/f;* reform *m.*
reform *verb* forbedre; reformere; **~ation** reformering *m/f;* forbedring *m/f;* **~er** reformator *m.*
refrain /rɪ'freɪn/ refreng *n;* **~ from** avholde seg fra.
refresh /rɪ'freʃ/ forfriske; **~ing** oppkvikkende; **~ment** forfriskning *m.*
refrigerant /rɪ'frɪdʒərənt/ kjølevæske *m/f*; kjølemiddel *n.*
refrigerat|e /rɪ'frɪdʒəreɪt/ (av)kjøle; **-or** *(hverdagslig)* **fridge** kjøleskap *n.*
refuel /'rɪ'fjʊəl/ fylle bensin.
refuge /'refjuːdʒ/ tilflukt(ssted) *m (n).*
refugee /refjʊ'dʒiː/ flyktning *m;* **~ camp** flyktningeleir *m.*
refund /'riːfʌnd/ tilbakebetaling *m/f.*
refund *verb* /riː'fʌnd/ tilbakebetale.
refusal /rɪ'fjuːzl/ avslag *n;* vegring *m/f;* **first ~** forkjøpsrett *m.*
refuse /'refjuːs/ avfall *n.*
refuse *verb* /rɪ'fjuːz/ avslå; avvise; nekte; **toxic ~** risikoavfall *n.*
refut|ation /refjʊ'teɪʃn/ gjendrivelse *m;* **-e** gjendrive.
regain /rɪ'geɪn/ gjenvinne.

regard /rɪ'gɑːd/ aktelse *m;* blikk *n;* hensyn *m.*
regard *verb* se på; betrakte; angå; **as ~s** hva angår; **in/ with ~ to** med hensyn til; **with kind -s** de beste hilsener *m, flertall*; **~ing** angående; **~less of** uten (å ta) hensyn til.
regenerate /rɪ'dʒenəreɪt/ gjenføde(s); fornye(s).
region /'riːdʒən/ region *m;* egn *m;* strøk *n.*
register /'redʒɪstə/ protokoll *m;* register *n;* fortegnelse *m;* spjeld *n.*
register *verb* protokollere; registrere; skrive (seg) inn; *(jur)* tinglyse; rekommandere (et brev); **hotel ~** gjestebok *m/f*; **~ office** folkeregister *n;* **~ed** registrert; innskrevet; rekommandert.
registration /redʒɪ'streɪʃn/ registrering *m/f*; **~ document** (i bil) vognkort *n;* **~ fee** registreringsgebyr *n;* **~ form** registreringsskjema *n.*
regret /rɪ'gret/ beklagelse *m;* sorg *m;* anger *m.*
regret *verb* beklage; angre; **~table** beklagelig.
regular /'regjʊlə/ regelmessig; fast; regulær; ordentlig; **~ity** regelmessighet *m.*
regulat|e /'regjʊleɪt/ regulere; ordne; **-ion** regulering *m/f;* vedtekt *m/f;* regel *m;* **-ions** *flertall* reglement *n,* forskrifter *m;* vedtekter *m.*
rehabilitation /riːhæbɪlɪ'teɪʃn/ rehabilitering *m/f*; attføring *m/f.*
rehears|al /rɪ'hɜːsl/ *(teater)* prøve *m/f;* **dress ~** *(teater)* generalprøve *m/f*; **-e** *(teater)* ha prøve på; innstudere.
reign /reɪn/ regjering(stid) *m/f (m/f).*
reign *verb* regjere.
reimburse /riːɪm'bɜːs/ tilbakebetale; dekke (utlegg); **~ment** tilbakebetaling *m/f.*
rein /reɪn/ tøyle *m;* tømme *m.*
reindeer /'reɪndiːə/ rein *m,* reinsdyr *n.*
reinforce /riːɪn'fɔːs/ forsterke; armere; **~ment** forsterkning *m;* armering *m/f.*
reiterate /riː'ɪtəreɪt/ ta opp igjen (og opp igjen).
reject /rɪ'dʒekt/ forkaste; vrake; avslå; avvise; **~ion** forkastelse *m;* vraking *m/f;* avslag *n.*
rejoic|e /rɪ'dʒɒɪs/ glede (seg), fryde (seg) (**at, in** over); **-ing** fryd *m;* glede *m.*
rejoin /rɪ'dʒɒɪn/ svare; vende tilbake til; slutte seg til igjen; **~der** gjensvar *n,* replikk *m.*

rejuvenate /rɪ'dʒu:vɪneɪt/ forynge(s).
relapse /'ri:læps/ tilbakefall *n.*
relapse *verb* /rɪ'læps/ falle tilbake; få tilbakefall.
relate /rɪ'leɪt/ berette; **~ to** angå; sette *eller* stå i forbindelse med; **~d** beslektet (**to** med).
relation /rɪ'leɪʃn/ slektning *m;* forbindelse *m,* forhold *n;* **~ship** slektskap *n;* forhold *n.*
relative /'relətɪv/ relativ; slektning *m*; **~ly** forholdsvis.
relax /rɪ'læks/ slappe (av); koble av; løsne (på); **~ation** avslapping *m/f;* avkobling *m/f.*
relay /'ri:leɪ/ *(sport)* stafett *m.*
release /rɪ'li:s/ løslatelse *m*; frigivelse *m*; utsendelse *m;* utløser *m.*
release *verb* løslate; ettergi (gjeld), frafalle (rett); *film* sende ut (på markedet); utløse; slippe.
relegat|e /'relɪgeɪt/ forvise; *(sport)* rykke ned; **-ion** *(sport)* nedrykking *m/f.*
relent /rɪ'lent/ formildes; gi etter; **~less** ubøyelig.
relia|bility /rɪlaɪə'bɪlətɪ/ pålitelighet *m;* **-ble** pålitelig; **-nce** tillit *m;* tiltro *m.*
relic /'relɪk/ levning *m;* relikvie *m.*
relief /rɪ'li:f/ hjelpe-; lindring *m/f;* lettelse *m;* hjelp *m/f;* avløsning *m*; unnsetning *m;* relieff *n;* **~ road** avlastningsvei *m*; **~ work** bistandsarbeid *n.*
relieve /rɪ'li:v/ lette; understøtte; hjelpe; unnsette; **~d** lettet.
religi|on /rɪ'lɪdʒən/ religion *m;* **-ous** religiøs; samvittighetsfull.
relinquish /rɪ'lɪnkwɪʃ/ slippe; oppgi; frafalle.
relish /'relɪʃ/ velsmak *m*; smakstilsetning *m.*
relish *verb* like; sette pris på; **give ~ to** sette piff på (mat); **with ~** med liv og lyst.
reload /rɪ'loʊd/ lesse om; lade på nytt.
relocate /ri:'loʊkeɪt/ omplassere; flytte.
reluctant /rɪ'lʌktənt/ motvillig; uvillig; **~ly** motstrebende.
rely /rɪ'laɪ/, **~ on** stole på.
remain /rɪ'meɪn/ (for)bli; være igjen; vedbli å være; **~der** rest *m.*
remand /rɪ'mɑ:nd/ varetekt(skjennelse) *m/f (m)*; **~ sby (into custody)** avsi varetektskjennelse over en; **prisoner on ~** varetektsfange *m*; **~ centre** sikringsanstalt *m.*
remark /rɪ'mɑ:k/ bemerkning *m.*
remark *verb* bemerke; **~able**

bemerkelsesverdig; merkelig.
remedy /'remədɪ/ (hjelpe)middel *n;* legemiddel *n.*
rememb|er /rɪ'membə/ huske; erindre; **-rance** minne *n;* erindring *m/f.*
remind /rɪ'maɪnd/ minne (**of** om, på); **~er** påminnelse *m;* kravbrev *n.*
reminisce /remɪ'nɪs/ *verb* minnes gamle dager; **~nce** minne *n* fra gamle dager; erindring *m/f.*
remit /rɪ'mɪt/ sende tilbake; (over)sende; remittere; minske(s); ettergi; **~tance** remisse *m.*
remnant /'remnənt/ levning *m;* (tøy)rest *m.*
remorse /rɪ'mɔːs/ samvittighetsnag *n;* **~ful** angrende.
remote /rɪ'moʊt/ fjern; avsides; **(~) control panel** fjernkontroll *m.*
removable /rɪ'muːvəbl/ avtagbar; som kan fjernes; oppsigelig.
removal /rɪ'muːvəl/ fjernelse *m;* bortrydding *m/f;* flytting *m/f;* avskjedigelse *m.*
remove /rɪ'muːv/ fjerne; rydde bort; flytte; avskjedige; **stain ~r** flekkfjerner *m.*
remunerat|e /rɪ'mjuːnəreɪt/ (be)lønne; **-ion** godtgjørelse *m;* **-ive** innbringende.
renal /'riːnəl/ nyre-; **~ pelvis** nyrebekken *n.*
render /'rendə/ gjengi, oversette; yte, gi.
renew /rɪ'njuː/ fornye; **~able** fornybar; **~al** fornyelse *m.*
renounce /rɪ'naʊns/ oppgi; gi avkall på; fornekte; *(kortspill)* renons *m.*
renovate /'renoveɪt/ restaurere.
renown /rɪ'naʊn/ berømmelse *m;* **~ed** berømt.
rent (hus)leie *m/f;* revne *m/f,* sprekk *m/f;* rift *m/f.*
rent *verb* leie; forpakte; **~-free** avgiftsfri.
rental /'rentəl/ leieavgift *m/f;* leieinntekt *m/f;* **~ car** leiebil *m.*
renunciation /rɪnʌnsɪ'eɪʃn/ forsakelse *m;* avkall *n.*
reorganiz|ation /riːɔːgənaɪ'zeɪʃn/ omdannelse *m;* reorganisering *m/f;* **-e** omdanne; reorganisere.
repair /rɪ'peə/ reparasjon *m;* istandsettelse *m.*
repair *verb* reparere; **be under ~** være til reparasjon; **keep in ~** vedlikeholde; **~er** reparatør *m.*
reparation /repə'reɪʃn/ oppreisning *m;* erstatning *m.*
repatriat|e /riː'pætrɪeɪt/ sende hjem; repatriere; **-ion** hjemsendelse *m.*

repay /rɪˈpeɪ/ betale tilbake; **~ment** tilbakebetaling *m/f.*
repeal /rɪˈpiːl/ opphevelse *m.*
repeal *verb* oppheve.
repeat /rɪˈpiːt/ gjenta; **~ order** etterbestilling *m/f*; **~edly** gjentatte ganger.
repel /rɪˈpel/ drive tilbake; avvise; frastøte; **~lent** avstøtende; frastøtende.
repent /rɪˈpent/ angre; **~ance** anger *m;* **~ant** angrende.
repercussion /rɪpəˈkʌʃn/ tilbakeslag *n;* ettervirkning *m.*
repetition /repɪˈtɪʃn/ gjentakelse *m;* repetisjon *m.*
replace /rɪˈpleɪs/ sette tilbake; erstatte; skifte ut; **~ment** tilbakesettelse *m;* erstatning *m.*
replenish /rɪˈplenɪʃ/ fylle opp; supplere, komplettere.
reply /rɪˈplaɪ/ svar *n.*
reply *verb* svare; **in ~ to** som svar på.
report /rɪˈpɔːt/ melding *m/f;* rapport *m;* beretning *m;* referat *n;* smell *n,* knall *n.*
report *verb* berette; melde (seg); rapportere; **~er** referent *m,* reporter *m.*
repose /rɪˈpoʊz/ hvile *m.*
represent /reprɪˈzent/ fremstille; forestille; representere; oppføre; **~ation** fremstilling *m/f;* oppførelse *m;* forestilling *m/f;* representasjon *m;* **~ative** som forestiller; representative; representant *m.*
repress /rɪˈpres/ undertrykke; **~ion** undertrykkelse *m.*
reprieve /rɪˈpriːv/ frist *m;* utsettelse *m;* benådning *m.*
reprieve *verb* benåde.
reprimand /ˈreprɪmɑːnd/ reprimande *m;* **~ sby** gi noen en reprimande.
reprint /ˈriːprɪnt/ opptrykk *n.*
reprint *verb* /riːˈprɪnt/ trykke opp igjen.
reprisal /rɪˈpraɪzl/ gjengjeldelse *m;* **~s** *flertall* represalier *m, flertall.*
reproach /rɪˈproʊtʃ/ bebreidelse *m.*
reproach *verb* bebreide; **~ful** bebreidende.
reproduc|e /riːprəˈdjuːs/ gjengi; reprodusere; **-tion** ny fremstilling *m/f*; gjengivelse *m;* forplantning *m;* reproduksjon *m.*
repro|of /rɪˈpruːf/ bebreidelse *m;* **-ve** bebreide.
reptile /ˈreptaɪl/ krypdyr *n.*
republic /rɪˈpʌblɪk/ republikk *m;* **~an** republikansk; republikaner *m.*
repudiate /rɪˈpjuːdɪeɪt/ forkaste; tilbakevise; fornekte.

repugnan|ce /rɪ'pʌgnəns/ motvilje *m;* avsky *m;* **-t** frastøtende; motvillig.
repulse /rɪ'pʌls/ tilbakevisning *m.*
repuls|e *verb* drive tilbake; avvise; **-ive** frastøtende; motbydelig.
reputable /'repjʊtəbl/ aktet, vel ansett; hederlig.
reput|ation /repjʊ'teɪʃn/ rykte *n;* anseelse *m;* **-e** anseelse *m;* rykte *n.*
request /rɪ'kwest/ anmodning *m;* ønske *n;* etterspørsel *m.*
request *verb* anmode om, be om; **by ~** etter anmodning.
require /rɪ'kwaɪə/ forlange; kreve; trenge; behøve; **~ment** fordring *m/f,* krav *n;* behov *n.*
requisite /'rekwɪzɪt/ nødvendig, påkrevd; nødvendighet(sartikkel) *m.*
requisition /rekwɪ'zɪʃn/ rekvisisjon *m;* krav *n.*
requsition *verb* bestille; rekvirere; **~ form** bestillingsskjema *n.*
rerun /'ri:rʌn/ nyutsending *m/f,* nyoppførelse *m; (sport)* omløp *n; (edb)* omkjøring *m/f;* **~ning** (olje) omproduksjon *m.*
rescue /'reskju:/ redning *m/f,* berging *m/f.*
rescue *verb* redde.
research /rɪ'sɜ:tʃ/ forskning *m/f.*
resembl|ance /rɪ'zembləns/ likhet *m;* **-e** ligne.
resent /rɪ'zent/ ta ille opp; føle seg fornærmet over; **~ful** ergerlig; **~ment** ergrelse *m;* harme *m.*
reservation /rezə'veɪʃn/ forbehold *n;* bestilling *m/f; (amr)* reservat *n;* **central ~** (i vei) midtrabatt *m;* **make a ~** ta et forbehold; (forhånds)bestille.
reserve /rɪ'zɜ:v/ reserve *m;* reservat *n.*
reserve *verb* reservere; forbeholde; bestille; **~d** reservert; forbeholden.
reshuffle /ri:'ʃʌfl/ *(politikk)* ommøblering *m/f; (kortspill)* ny giv *m.*
reside /rɪ'zaɪd/ bo; være bosatt; **~nce** opphold *n;* bosted *n;* residens *m;* **~nce permit** oppholdstillatelse *m;* **~nt** bosatt; fastboende; **~ntial** bolig-.
residue /'rezɪdju:/ levning *m;* rest *m.*
resign /rɪ'zaɪn/ oppgi; frasi seg; ta avskjed; **~ation** fratredelse *m;* avskjedsansøkning *m;* resignasjon *m;* **~ed** resignert.
resilient /rɪ'zɪlɪənt/ elastisk; spenstig; seig.

resin /'rezɪn/ harpiks *m,* kvae *m.*
resist /rɪ'zɪst/ motstå; **~ance** motstand *m;* **~ant** motstandsdyktig; bestandig.
resolut|e /'rezəluːt/ beslutsom; **~ness** beslutsomhet *m;* **-ion** beslutning *m;* beslutsomhet *m;* oppløsning *m.*
resolve /rɪ'zɒlv/ beslutning *m/f.*
resolve *verb* beslutte; (opp)løse; **~d** fast bestemt.
resort /rɪ'zɔːt/ tilholdssted *n;* utvei *m;* **health ~** kursted *n;* **~ to** ty til.
resound /rɪ'zaʊnd/ gjenlyde; **~ing** rungende.
resource /rɪ'sɔːs/ resurs *m;* **~ful** oppfinnsom; snarrådig.
respect /rɪ'spekt/ aktelse *m,* respekt *m;* henseende *m/n.*
respect *verb* akte, respektere; **in this ~** i denne henseende; **pay one's ~s** vise sin aktelse; **~able** vel ansett; skikkelig; **~ful** ærbødig.
respective /rɪ'spektɪv/ hver sin (sitt), respektive; **~ly** henholdsvis.
respirat|ion /respə'reɪʃn/ åndedrett *n;* **-ory** åndedretts-.
respite /'respɪt/ frist *m.*
respon|d /rɪ'spɒnd/ svare; **~ to** svare på, reagere på; **-se** svar *n;* reaksjon *m.*
responsi|bility /rɪspɒnsə'bɪlətɪ/ ansvar(lighet) *n (m);* **-ble** ansvarlig; **-ve** lydhør; mottakelig (**to** for).
rest hvile *m;* støtte *m;* pause *m;* rest *m.*
rest *verb* hvile; støtte (seg); **the ~** de øvrige, de andre; **~ on** bygge på; bero på; **~ful** rolig; **~ive** rastløs; **~less** rastløs; urolig; **~room** *(amr)* toalett *n.*
restaurant /'restərɒnt/ restaurant *m;* **~ car** *(jernb)* spisevogn *m/f.*
restoration /restə'reɪʃn/ istandsetting *m/f,* restaurering *m/f.*
restore /rɪ'stɔː/ restaurere; gi tilbake; gjenopprette; **feel ~d** føle seg frisk igjen (etter sykdom).
restrain /rɪ'streɪn/ holde tilbake; beherske; **~ed** behersket; **~t** (selv)beherskelse *m;* tvang *m.*
restrict /rɪ'strɪkt/ begrense; innskrenke; **~ion** innskrenkning *m;* begrensning *m;* **~ive** innskrenkende, restriktiv.
result /rɪ'zʌlt/ resultat *n.*
result *verb* resultere.
resume /rɪ'zjuːm/ ta tilbake; gjenoppta; sammenfatte.

resurgent /rɪ'sɜːdʒənt/ gjenoppblussende.
resurrection /rezə'rekʃn/ gjenopplivelse *m*; oppstandelse *m*.
retail /'riːteɪl/ detalj(handel) *m*; **~ price** utsalgspris *m*; **~er** detaljist *m*.
retain /rɪ'teɪn/ holde tilbake; beholde.
retaliat|e /rɪ'tælɪeɪt/ gjengjelde; **-ion** hevn *m*.
retarded /rɪ'tɑːdɪd/ forsinket; evneveik; **mentally ~** psykisk utviklingshemmet; **~ ignition** lav tenning *m/f*.
reticent /'retɪsənt/ tilbakeholden.
retina /'retɪnə/ netthinne *m/f*.
retire /rɪ'taɪə/ trekke (seg) tilbake; gå av; **~d** pensjonert; tilbaketrukket; **~ment** det å gå av; fratredelse *m;* pensjonisttilværelse *m;* tilbaketrukkenhet *m*.
retort /rɪ'tɔːt/ skarpt svar *n*.
retort *verb* svare (skarpt).
retract /rɪ'trækt/ trekke tilbake; **~able** som kan trekkes inn (*eller* tilbake).
retreat /rɪ'triːt/ retrett *m;* tilbaketog *n*.
retreat *verb* trekke seg tilbake.
retrench /rɪ'trenʃ/ innskrenke, skjære ned på.
retribution /retrɪ'bjuːʃn/ velfortjent straff *m*; gjengjeldelse *m*.
retrievable /rɪ'triːvəbl/ som kan fås (*eller* finnes) igjen; som kan gjenopprettes.
retriev|al /rɪ'triːvl/ det å få igjen; gjenervervelse *m; (edb)* gjenfinning *m/f*; **beyond ~** kan ikke reddes; ugjenkallelig; **-e** få (tak i) igjen; gjenopprette; *(edb)* gjenfinne.
retroactive /retroʊ'æktɪv/ tilbakevirkende.
retrospect /'retrəspekt/ tilbakeblikk *n*; **in ~** når man ser tilbake.
return /rɪ'tɜːn/ tilbaketur *m;* hjemkomst *m;* tilbakelevering *m/f;* tilbakebetaling *m/f;* avkastning *m*.
return *verb* komme (*eller* reise, gi, betale) tilbake; besvare; **by ~ (of post)** omgående; **in ~** til gjengjeld; **~ ticket** returbillett *m;* **many happy ~s (of the day)** til lykke med fødselsdagen.
reunion /riː'juːnjən/ gjenforening *m/f;* sammenkomst *m*.
Rev. *fork for* **Reverend**.
rev up the engine (om bil) gi gass; ruse motoren.
revalu|ation /riːvæljʊ'eɪʃn/ omvurdering *m/f; økon* oppskrivning *m*; ny taksering

m/f; **-e** vurdere på nytt; taksere på nytt; *(handel)* skrive opp.
reveal /rɪ'viːl/ røpe; avsløre; åpenbare; **~ing** avslørende.
revel /'revl/ fest *m*, kalas *n*; **~ in** nyte; fryde seg over; **~ation** avsløring *m/f*.
revenge /rɪ'vendʒ/ hevn *m*.
revenge *verb* hevne; **~ful** hevngjerrig.
revenue /'revɪnjuː/ (stats)inntekter *flertall*.
reverberat|e /rɪ'vɜːbəreɪt/ gi gjenlyd; ljome; **-ion** gjenlyd *m*; gjenklang *m*.
revere /rɪ'vɪə/ *verb* hedre; ære; **~nce** ærefrykt *m;* ærbødighet *m;* **~nd** ærverdig.
reverie /'revərɪ/ dagdrøm *m*.
reverse /rɪ'vɜːs/ motsatt; omvendt; motsatt side *m/f;* bakside *m/f;* revers *m*.
revers|e *verb* vende om; reversere; (om bil) rygge; **~ the charges** *(tlf)* la mottaker betale samtalen; **-ing light** (på bil) ryggelys *n*.
reversible /rɪ'vɜːsɪbl/ vendbar; omstillbar.
revert /rɪ'vɜːt/, **~ to** vende tilbake til.
review /rɪ'vjuː/ tilbakeblikk *n;* anmeldelse *m;* tidsskrift *n;* *(mil)* revy *m*.
review *verb* ta et tilbakeblikk på; se igjennom; anmelde; **~er** anmelder *m*.
revis|e /rɪ'vaɪz/ lese igjennom; revidere; **-ion** gjennomsyn *n;* revisjon *m;* rettelse *m*.
reviv|al /rɪ'vaɪvl/ gjenopplivelse *m;* fornyelse *m;* **-e** livne til igjen; gjenopplive.
revoke /rɪ'voʊk/ tilbakekalle.
revolt /rɪ'voʊlt/ opprør *n*.
revolt *verb* gjøre opprør; opprøre.
revolution /revə'luːʃn/ omveltning *m;* revolusjon *m;* omdreining *m;* **~ary** revolusjonær (*m*); **~ize** revolusjonere.
revolv|e /rɪ'vɒlv/ rotere; dreie (seg); overveie; **-ing door** svingdør *m/f*.
revulsion /rɪ'vʌlʃn/ avsky *m;* plutselig omslag *n*.
reward /rɪ'wɔːd/ belønning *m/f*.
reward *verb* belønne; **~ing** givende.
rewind /riː'waɪnd/ spole tilbake.
rheumat|ic /ruː'mætɪk/ revmatisk; revmatiker *m;* **-ism** gikt *m/f*, revmatisme *m*.
rhinoceros /raɪ'nɒsərəs/ neshorn *n*.
rhubarb /'ruːbɑːb/ rabarbra *m*.

rhyme /raɪm/ rim *n.*
rhyme *verb* rime (**with** på).
rhythm /'rɪðm/ rytme *m;* takt *m/f;* **~ic(al)** rytmisk; taktfast.
rib ribben *n;* ribbe *m/f;* spile *m.*
ribbon /'rɪbən/ bånd *n;* remse *m/f;* sløyfe *f.*
rice /raɪs/ ris *m.*
rich /rɪtʃ/ rik (**in** på); fet; kraftig (om mat); fruktbar (om jord); fyldig (om vin); **~es** *flertall* rikdom *m.*
rickets /'rɪkɪts/ engelsk syke *m.*
rickety /'rɪkətɪ/ skrøpelig; vaklevoren.
rid befri (**of** for); frigjøre; **get ~ of** bli kvitt; **good ~dance** godt å være kvitt.
riddle /'rɪdl/ gåte *f.*
riddle *verb* sikte; gjennomhulle.
ride /raɪd/ ritt *n;* kjøretur *m.*
ride *verb* ride; kjøre; **~r** rytter *m.*
ridge /rɪdʒ/ fjellrygg *m;* åskam *m.*
ridicule /'rɪdɪkjuːl/ latterliggjøring *m/f.*
ridicul|e *verb* latterliggjøre; **-ous** latterlig.
riding /'raɪdɪŋ/ ridning *m.*
riff-raff /'rɪfræf/ pøbel *m.*
rifle /'raɪfl/ rifle *m/f,* gevær *n.*
rift revne *m/f,* rift *m/f.*
rig rigg *m;* takkelasje *m.*
rig *verb* rigge; fuske.
right /raɪt/ rett; riktig; høyre; rett(ighet) *m;* **be ~** ha rett; **~ away** med en gang; **~ of way** forkjørsrett *m;* **~ turn** høyresving *m.*
righteous /'raɪtʃəs/ rettferdig.
right-hand|ed /'raɪthændɪd/ høyrehendt; **- traffic** høyrekjøring *m/f.*
rigid /'rɪdʒɪd/ stiv; streng.
rigorous /'rɪgərəs/ streng.
rim kant *m;* felg *m;* **~less** (om briller) uten innfatning *m.*
rind /raɪnd/ bark *m;* skall *n;* skorpe *m/f;* svor *m.*
ring ring *m;* sirkel *m;* arena *m;* manesje *m;* krets *m,* klikk *m;* (klokke)klang *m.*
ring *verb* ringe; lyde; klinge; **~leader** anfører *m;* hovedmann *m.*
rink /rɪŋk/, **skating ~** skøytebane *m.*
rinse /rɪns/ skylling *m/f.*
rinse *verb* skylle; **colour ~** hårtoning *m/f.*
riot /'raɪət/ bråk *n;* spetakkel *n;* tumult *m;* **~s** *flertall* opptøyer *flertall;* **put down a ~** slå ned et opprør; **run ~** løpe løpsk; **~ous** opprørsk; støyende.
rip flenge *m/f.*
rip *verb* få en flenge i; spjære; **~ off** rive av; *(amr)*

(hverdagslig) **~-off** lureri *n*; **~ up** rive opp; sprette opp.
r.i.p. /ɑː aɪ piː/ *fork for* **rest in peace.**
ripe /raɪp/ moden; **~n** modne(s).
ripple /'rɪpl/ krusning *m;* skvulp *n*.
ripple *verb* kruse; skvulpe.
rise /raɪz/ stigning *m;* vekst *m;* oppgang *m*.
rise *verb* reise seg; stige; stå opp; avansere; heve seg; gå opp; **give ~ to** forårsake.
rising /'raɪzɪŋ/ reisning *m*.
risk risiko *m*.
risk *verb* risikere; **~y** risikabel.
rissole /'rɪsəʊl/ *dss* kjøttkake *m/f*, kjøttbolle *m/f*.
rival /'raɪvəl/ rivaliserende; rival *m;* konkurrent *m*.
rival *verb* rivalisere; **~ry** rivalisering *m/f*.
river /'rɪvə/ elv *m/f;* flod *m*.
rivet /'rɪvɪt/ nagle *m*.
rivet *verb* nagle; klinke.
roach /rəʊtʃ/ mort *m*.
road /rəʊd/ vei *m;* gate *m/f;* **~-block** veisperring *m*; **~ communication** veiforbindelse *m*; **~ construction** veibygging *m/f*; **~-hog** bilbølle *m/f*; **~holding** veigrep *n*; **~ junction** veikryss *n*; **~ map** veikart *n*; **~side** grøftekant *m*; **~side spot check** bilkontroll *m* (langs veien); **~ sign** veiskilt *n*; **~ surface** veidekke *n*; **~way** kjørebane *m;* **~-works** *flertall* veiarbeid *n*; **~worthy** i kjørbar stand.
roam /rəʊm/ streife omkring; vandre rundt.
roar /rɔː/ brøl *n;* brus *n*.
roar *verb* brøle; bruse; brake; **~ing** brølende; brakende; **~ing success** knallsuksess *m*.
roast /rəʊst/ stek *m*.
roast *verb* steke (i ovn); riste (kastanjer); brenne (kaffe); **~ beef** oksestek *m*, roastbiff *m*.
rob /rɒb/ plyndre; røve; **~ber** ransmann *m;* **~bery** ran *n*.
robe /rəʊb/ fotsid kappe *m/f;* embetsdrakt *m/f*.
robin /'rɒbɪn/ rødstrupe *m*.
robot /'rəʊbɒt/ robot *m*.
rock /rɒk/ klippe *m; (amr)* stein *m*.
rock *verb* gynge, vugge; krenge; **on the ~s** (om drink) med is; **~y** berglendt; ustø.
rockery /'rɒkərɪ/ steinrøys *f*.
rocket /'rɒkɪt/ rakett *m*.
rocket *verb* skyte i været (om pris).
rocking chair /'rɒkɪŋ tʃeə/ gyngestol *m*.
rod /rɒd/ kjepp *m;* stang *m/f*.

rodent /roʊdənt/ gnager *m*; **~icide** rottegift *m/f*.
roe /roʊ/ (fiske)rogn *m/f; rådyr n;* **soft ~** melke *m*; **cod ~** torskerogn *m/f*.
rogue /roʊg/ kjeltring *m;* skøyer *m*.
role, rôle /roʊl/ rolle *m/f*.
roll /roʊl/ rulling *m/f;* rull *m;* valse *m;* rundstykke *n*.
roll *verb* rulle; trille; valse; slingre; **~ out pastry** kjevle ut (kake)deig; **~ up** rulle (seg) sammen; **~-call** navneopprop *n*.
roller /'roʊlə/ valse *m;* **~ skate** rulleskøyte *m/f*.
rollicking /'rɒlɪkɪŋ/ lystig.
rolling /'roʊlɪŋ/ rullende; kupert; **~-pin** kjevle *m/f*.
Roman /'roʊmən/ romersk; romer *m*.
romantic /ro'mæntɪk/ romantisk.
romp /rɒmp/ boltre seg; tumle; leke viltert.
roof /ruːf/ tak *n;* **~ of the mouth** den harde gane *m;* **~-rack** takgrind *m/f*.
***rook** /rʊk/ tårn n (i sjakk);* svindler *m*.
room /ruːm/ rom *n;* værelse *n;* **~ service** rombetjening *m/f*; **~s** *flertall* bolig *m*.
roost /ruːst/ vagle *m/n;* hønsehus *n;* **~er** *(amr)* hane *m*.
root /ruːt/ rot *m;* knoll *m*.
root *verb* slå rot; **~s** *flertall* rotfrukter *m, flertall*; **~ out** utrydde; **~ed** rotfestet.
rope /roʊp/ tau *n;* rep *n;* **~ ladder** taustige *m*.
ros|e /roʊz/ rose *m/f;* **~hip** nype *m/f*; **~mary** rosmarin *m* (krydder); **-y** rosenrød.
rot /rɒt/ råte *m;* forråtnelse *m;* tøv *n*.
rot *verb* råtne; tøve.
rotat|e /roʊ'teɪt/, *(amr)* /'roʊ-/ rotere; dreie; veksle; **-ion** omdreining *m*; rotasjon *m*; veksling *m/f*.
rotten /'rɒtn/ råtten; bedervet; elendig.
rough /rʌf/ ujevn; grov; rå; barsk; primitiv; bølle *m/f;* utkast *n;* **~ it** tåle strabaser *flertall*; **~en** gjøre (*eller* bli) ujevn; **~ly** omtrent; **~neck** bølle *m/f;* oljerigg-arbeider *m;* **~ness** råhet *m;* grovhet *m*.
round /raʊnd/ rund; hel; likefrem; tydelig; rundt (om); omkring; ring *m;* runding *m/f;* runde *m;* omgang *m;* sprosse *m/f*.
round *verb* gjøre rund; (av)runde; dreie rundt; **~-the-world-trip** verden rundt-reise *m/f*; **~ trip** rundreise *m/f;*

(amr) reise *(m/f)* tur–retur; **~ed** avrundet.
roundabout /'raʊndəbaʊt/ rundkjøring *m/f;* karusell *m*; **in a ~ way** ad omveier.
rouse /raʊz/ vekke.
route /ruːt/ (reise)rute *m/f.*
routine /ruː'tiːn/ rutine *m.*
rove /roʊv/ streife omkring; vandre; **~r** vandrer *m.*
row /raʊ/ spetakkel *n;* bråk *n;* radio *m;* rekke *m/f.*
row *verb* /roʊ/ ro.
rowan /'roʊən/ *(bot)* rogn *m*; **~berry** rognebær *n.*
rowdy /'raʊdɪ/ bølle *m/f*; **~ism** rampestreker *m, flertall.*
rowler /'roʊə/ roer *m*; **-ing-boat** robåt *m*; **-lock** åregaffel *m.*
royal /'rɒɪəl/ kongelig; **~ty** kongelige personer *flertall*; avgift *m/f;* honorar *n.*
rpm /ɑː piː em/ *fork for* **revs per minute**; **~ counter** turteller *m.*
rub /rʌb/ gniing *m/f.*
rub *verb* gni; skubbe; gnisse; **~ down** frottere; **~ out** viske ut.
rubber /'rʌbə/ gummi *m; (slang)* kondom *n*; viskelær *n; (kortspill)* robber *m;* **~s** *flertall* kalosjer *m, flertall*; **~ band** gummistrikk *m.*
rubbish /'rʌbɪʃ/ avfall *n;* skrot *n;* sludder *n;* **~ bin** søppelbøtte *m/f*; **~ chute** søppelsjakt *m/f.*
ruby /'ruːbɪ/ rubin *m.*
rucksack /'rʌksæk/ ryggsekk *m.*
rudder /'rʌdə/ ror *n.*
ruddy /'rʌdɪ/ rødmusset.
rude /ruːd/ grov; rå; udannet; uhøflig (**to** mot); **~ly** uforskammet; frekt; **~ness** grovhet *m;* uhøflighet *m.*
ruff /rʌf/ *(kortspill)* trumfe (på sidefarge).
ruffian /'rʌfjən/ bølle *m/f.*
ruffle /'rʌfl/ rysj *m;* rynket strimmel *m*; krusning *m.*
ruffle *verb* kruse; buste til; uroe.
rug /rʌg/ lite teppe *n;* sengeforlegger *m;* (reise)pledd *n.*
ruin /'ruːɪn/ ruin *m;* ødeleggelse *m.*
ruin *verb* ruinere; ødelegge; **~ous** ødeleggende; ruinerende.
rule /ruːl/ regel *m;* forskrift *m/f;* styre *n;* regjering *m/f;* linjal *m.*
rule *verb* lede; herske; regjere; linjere; **as a ~** som regel; **~ out** utelukke; **~r** hersker *m;* linjal *m.*
rum /rʌm/ pussig; rom *m* (brennevin).
rumble /'rʌmbl/ rumling *m/f.*
rumble *verb* rumle; ramle; buldre.

ruminate /'ru:mɪneɪt/ tygge drøv; gruble over.
rummage /'rʌmɪdʒ/ gjennomleting *m/f*.
rummage *verb* lete; ransake.
rumour /'ru:mə/ rykte *n*.
rump /rʌmp/ bakdel *m;* rumpe *m/f;* ~ **steak** lårstek *m*, rundbiff *m*.
run /rʌn/ løp *n;* renn *n;* gang *m;* ferd *m*.
run *verb* løpe; renne; flyte; strømme; kjøre; være i gang; trafikkere; lyde (tekst, melodi); drive (fabrikk, maskin, forretning); *(teater)* oppføres, spilles; ~ **across** treffe tilfeldig; ~ **against** gå imot; ~ **down** kjøre ned; løpe ned; jakte på; gå i stå; ~ **dry** gå tørr, tom; ~ **into** støte på; kjøre på; bli til; ~ **into debt** stifte gjeld; ~ **off** rømme; flykte; ~ **out** løpe fra (om tid); utløpe; ~ **short** slippe opp (for); ~ **a temperature** ha feber *m*.
runaway /'rʌnəweɪ/ flyktning *m;* rømling *m*.
runner-up /rʌnər'ʌp/ *(sport)* nr 2; på annenplass.
running /'rʌnɪŋ/ løpende; rennende; sammenhengende; løping *m/f*.
run-up /'rʌnʌp/ *(sport)* tilløp *n*; innspurt *m*.
runway /'rʌnweɪ/ rullebane *m*.
rupture /'rʌptʃə/ brudd *n*.
rural /'ru:rəl/ landlig; land-.
rush /rʌʃ/ jag *n;* mas *n;* tilstrømning *m;* sus *n; (bot)* siv *n*.
rush *verb* fare av sted; styrte frem; suse; sette fart i; fremskynde; ~ **hour** rushtid *m/f*.
rust /rʌst/ rust *m/f*.
rust /rʌst/ *verb* ruste; **~-proof** rustbeskyttet; ~ **remover** rustfjerner *m*; ~ **stain** rustflekk *m*.
rustic /'rʌstɪk/ landlig; enkel.
rustle /'rʌsl/ rasling *m/f*.
rustle *verb* rasle.
rusty /'rʌstɪ/ rusten.
rut /rʌt/ hjulspor *n;* brunst *m*.
rutabaga /ru:tə'beɪgə/ kålrot *m/f*.
ruthless /'ru:θlɪs/ ubarmhjertig; hard.
rye /raɪ/ rug *m*; ~ **bread** rugbrød *n*.

S

S. *fork for* **Saint; South.**
s. *fork for* **second(s); shilling(s); steamer.**
S.A. /es eɪ/ *fork for* **South Africa; South America; Salvation Army.**
sabre /'seɪbə/ sabel *m.*
sack /sæk/ sekk *m;* pose *m; (mil)* plyndring *m/f.*
sack *verb (hverdagslig)* avskjedige; *(mil)* plyndre; **hit the ~** *(hverdagslig)* krype til køys; **~cloth** sekkelerret *n.*
sacred /'seɪkrɪd/ hellig.
sacrifice /'sækrɪfaɪs/ offer *n;* ofring *m/f.*
sacrifice *verb* (opp)ofre.
sad /sæd/ bedrøvet; trist; bedrøvelig; **~den** gjøre bedrøvet; bli bedrøvet; **~ness** tristhet *m.*
saddle /'sædl/ (ride)sal *m;* (om mat) sadel *m.*
saddle *verb* sale; **~-backed** salrygget; svairygget.
sae /es eɪ iː/ *fork for* **stamped addressed envelope.**
safe /seɪf/ pengeskap *n;* trygg; sikker; i god behold; **~guard** beskyttelse *m,* vern *n.*
safeguard *verb* /'seɪfgɑːd/ beskytte, verne.
safety /'seɪftɪ/ sikkerhet *m/f;* **~-belt** sikkerhetsbelte *n;* **~-pin** sikkerhetsnål *m/f;* **~ razor** barberhøvel *m.*
saffron /'sæfrən/ safran *m.*
sag /sæg/ fordypning *m;* sig *n.*
sag *verb* henge ned; synke.
sagacious /sə'geɪʃəs/ klok; skarpsindig; **-ity** skarpsindighet *m/f;* klokskap *m.*
sage /seɪdʒ/ klok, vis; salvie (krydder); vismann *m.*
Sagittarius /sædʒɪ'teərɪəs/ *(astrologi)* Skytten.
sail /seɪl/ seil(as) *n (m);* *seilskute f.*
sail *verb* seile; **~board** seilbrett *n;* **~or** sjømann *m;* matros *m;* **~plane** seilfly *n.*
saint /seɪnt/ helgen *m.*
sake /seɪk/, **for my ~** for min skyld.
salacious /sə'leɪʃəs/ slibrig; vellystig.
salad /'sæləd/ salat *m.*
salaried /'sælərɪd/ lønnet; **-y** gasje *m.*
sale /seɪl/ salg *n;* avsetning *m;*

for ~ til salgs; **(public) ~** auksjon *m;* **~able** salgbar; **~sman** selger *m;* ekspeditør *m;* **~swoman** ekspeditrise *m/f.*
salient /'seɪljənt/ fremspringende; tydelig.
saliva /sə'laɪvə/ spytt *n.*
sallow /'sæloʊ/ selje *m/f;* gusten (hud).
sally /'sælɪ/ *(mil)* utfall *n;* vittighet *m.*
salmon /'sæmən/ laks *m.*
saloon /sə'luːn/ salong *m; (amr)* bar *m;* kneipe *m/f.*
SALT /sɔːlt/ *fork for* **Strategic Arms Limitation Talks**.
salt /sɔːlt/ salt *n.*
salt *verb* salte; **~-cellar** saltkar *n.*
salty /'sɔːltɪ/ salt.
salutation /sæljʊ'teɪʃn/ hilsen *m.*
salute /sə'luːt/ hilsen *m;* honnør *m,* salutt *m.*
salute *verb* hilse; saluttere.
salvation /sæl'veɪʃn/ *(religion)* frelse *m/f;* **the Salvation Army** Frelsesarméen.
same /seɪm/, **all the ~** likevel; **the ~** den, det, de samme.
sample /'sɑːmpl/ (vare)prøve *m/f;* smaksprøve *m/f.*
sample *verb* (ta) prøve (av).
sanctify /'sæŋktɪfaɪ/ helliggjøre; innvie.
sanctimonious /sæŋktɪ'moʊnɪəs/ skinnhellig.
sanction /'sæŋkʃən/ stadfestelse *m;* godkjennelse *m;* sanksjon *m.*
sanction *verb* godkjenne; bifalle.
sanctuary /'sæŋktjʊərɪ/ helligdom *m;* fristed *n,* asyl *n.*
sand /sænd/ sand *m;* **~s** *flertall* sandstrand *m/f;* **~-blast** sandblåse; **~glass** timeglass *n.*
Sandman, Mr ~ Ole Lukkøye.
sandy /'sændɪ/ sandete; (rød)blond.
sandwich /'sænwɪtʃ/, **open ~** smørbrød *n;* **~ man** plakatbærer *m.*
sane /seɪn/ forstandig; normal.
sanitary /'sænɪtərɪ/ sanitær; hygienisk; **~ napkin (towel)** sanitetsbind *n.*
sanitation /sænɪ'teɪʃn/ sanitære forhold *flertall;* hygiene *m.*
sanity /'sænɪtɪ/ mental helse *m/f;* sunn fornuft *m.*
Santa Claus /'sæntəklɔːs/ julenissen.
sap /sæp/ saft *m/f;* sevje *m/f.*
sap *verb* tappe saft (*eller* krefter) av; underminere.
sapphire /'sæfaɪə/ safir *m.*
sarcas|m /'sɑːkæzm/ spydighet *m;* sarkasme *m;* **-tic** spydig; sarkastisk.

sardine /sɑːˈdiːn/ sardin *m.*
satchel /ˈsætʃəl/ veske *m/f;* ransel *m.*
sateen /sæˈtiːn/ sateng *m.*
satellite /ˈsætəlaɪt/ satellitt *m;* **~ dish** parabolantenne *m/f;* **~ town** drabantby *m.*
satiat|e /ˈseɪʃɪeɪt/ *verb* (over)mette; **-ion** (over)metthet *m/f.*
satin /ˈsætɪn/ sateng *m.*
satis|faction /sætɪsˈfækʃn/ tilfredshet *m/f;* tilfredsstillelse *m;* **-factory** tilfredsstillende; **-fied** tilfreds; **-fy** tilfredsstille; forvisse; overbevise.
saturate /ˈsætʃəreɪt/ gjennombløte; *(kjemi)* mette; **~d** *(kjemi)* mettet; **~d fat acid** mettet fettsyre.
Saturday /ˈsætədɪ/ lørdag *m.*
sauce /sɔːs/ saus *m; (overført)* krydder; **~-boat** sausenebbe *m/f.*
saucepan /ˈsɔːspən/ kasserolle *m;* kjele *m;* **~ holder** grytelapp *m.*
saucer /ˈsɔːsə/ skål *m/f* (til kopp); **flying ~** flygende tallerken *m.*
saucy /ˈsɔːsɪ/ nesevis; smart.
sauna /ˈsɔːnə/ badstue *m/f.*
sausage /ˈsɒsɪdʒ/ pølse *m/f.*
savage /ˈsævɪdʒ/ vill; grusom; villmann *m;* barbar *m;* **~ry** villskap *m;* grusomhet *m.*
save /seɪv/ unntatt.
save *verb* redde; bevare; trygge; spare (opp).
saving /ˈseɪvɪŋ/ sparsommelig; besparelse *m;* **~s** *flertall* sparepenger *m, flertall;* **~s account** sparekonto *m;* **~s bank** sparebank *m.*
saviour /ˈseɪvjə/ frelser *m.*
savour /ˈseɪvə/ smak *m;* aroma *m;* **~y** velsmakende; velluktende; delikat; pikant.
saw /sɔː/ sag *m/f.*
saw *verb* sage; **~ blade** sagblad *n;* **~dust** sagmugg *m;* **~mill** sagbruk *n.*
say /seɪ/ si; **have one's ~** si sin mening; **I ~!** det må jeg si! si meg; hør her! **that's to ~** det vil si; **~ing** ordtak *n;* ytring *m/f.*
scab /skæb/ skorpe *m/f;* skabb *m;* streikebryter *m.*
scaffold /ˈskæfəld/ stillas *n;* skafott *n;* **~ing** stillas *n.*
scald /skɔːld/ skålde.
scale /skeɪl/ vekt(skål) *m/f;* skjell *n;* (tone)skala *m;* målestokk *m.*
scale *verb* måle; veie; skalle av; bestige.
scallion /ˈskæljən/ vårløk *m.*
scallop /ˈskæləp/ kamskjell *n.*

scalp /skælp/ skalp *m.*
scalp *verb* skalpere.
scamp /skæmp/ slubbert *m.*
scamp *verb* slurve med; **~er** løpe hit og dit; fare av sted.
scampi /'skæmpɪ/ scampi.
scan /skæn/ granske; skanne.
scandal /'skændl/ skandale *m;* sladder *m;* **~ize** forarge; **~ous** skandaløs.
Scandinavia /skændɪ'neɪvjə/ Skandinavia; **~n** skandinavisk; skandinav *m.*
scant|iness /'skæntɪnɪs/ knapphet *m/f;* **-y** knapp, snau.
scapegoat /'skeɪpgoʊt/ syndebukk *m.*
scar /skɑː/ arr *n;* skramme *m.*
scar *verb* sette arr.
scarc|e /skeəs/ knapp; sjelden; **~ly** neppe; knapt; **-ity** mangel *m* (**of** på).
scare /skeə/ skrekk *m.*
scar|e *verb* skremme; **~crow** fugleskremsel *n;* **-y** skremmende.
scarf /skɑːf/ skjerf *n;* halstørkle *n;* lask *m.*
scarlet /'skɜːlɪt/ skarlagen(rød); **~ fever** skarlagensfeber *m.*
scatter /'skætə/ spre (utover); strø; spre seg; **~-brained** vimsete.

scavenger /'skævɪndʒə/ gatefeier *m; (zool)* åtseldyr *n.*
scene /siːn/ scene *m;* skueplass *m;* opptrinn *n;* hendelse *m;* **~s** *flertall* scenedekorasjoner *m, flertall*, kulisser *m, flertall*; **~ry** kulisser *m, flertall*; (natur)landskap *n.*
scenic /'siːnɪk/ naturskjønn; scenisk.
scent /sent/ (vel)lukt *m/f;* duft *m.*
scent *verb* lukte.
sceptic /'skeptɪk/ skeptiker *m;* **~al** skeptisk; tvilende.
schedule /'ʃedjuːl, /*(amr)*/ 'skedʒl/ fortegnelse *m;* (tog)tabell *m;* (rute)plan *m.*
schedule *verb* fastsette tidspunkt for.
scheme /skiːm/ plan *m;* prosjekt *n;* utkast *n;* skjema *n.*
scheme *verb* intrigere; planlegge.
scholar /'skɒlə/ lærd *m;* (humanistisk) vitenskapsmann *m;* stipendiat *m;* **~ly** lærd; vitenskapelig; **~ship** lærdom *m;* stipend *n.*
school /skuːl/ skole *m;* (fiske)stim *m*; **at ~** på skolen; **~ing** utdannelse *m;* skolegang *m;* skolering *m/f.*
sciatica /saɪ'ætɪkə/ isjias *m.*
scien|ce /'saɪəns/ (natur)vitenskap *m;* **-tific**

(natur)vitenskapelig; **~tist** (natur)vitenskapsmann *m.*
scissors /'sɪzəz/, **(a pair of) ~** saks *f.*
sclerosis /sklɪə'roʊsɪs/ *(medisin)* forkalkning *m.*
scoff /skɒf/ håne, være spydig (**mot** at); spise grådig.
scold /skoʊld/ skjenne på; skjelle; **~ing** skjenn(epreken) *n (m).*
scope /skoʊp/ spillerom *n; (overført)* område *n.*
scorch /skɔːtʃ/ svi; brenne; fare av sted.
score /skɔː/ skår *n;* hakk *n;* innsnitt *n;* regnskap *n;* poengsum *m;* partitur *n;* snes *n.*
score *verb* merke; notere; nedtegne; føre regnskap; vinne; score; **~-board** resultattavle *m/f.*
scorn /skɔːn/ forakt *m.*
scorn *verb* forakte; **~ful** foraktelig.
Scorpio /'skɔːpɪəʊ/ *(astrologi)* Skorpionen.
Scotch /skɒtʃ/ skotsk; skotsk whisky.
scoundrel /'skaʊndrəl/ kjeltring *m;* skurk *m;* usling *m.*
scour /'skaʊə/ *verb* skure.
scourge /skɜːdʒ/ svepe *m;* svøpe *m.*
scourge *verb* piske; plage.
scout /skaʊt/ speider *m;* **boy ~** speidergutt *m.*
scrabble /'skræbl/ rable (ned).
scramble /'skræmbl/ klatring *m/f;* kappløp *n.*
scramble *verb* krabbe; klatre; krafse, streve (**for** etter); **~d eggs** eggerøre *m/f.*
scrap /skræp/ lite stykke *n;* (mat)rester *m, flertall;* lapp *m;* utklipp *n;* avfall *n.*
scrap *verb* kassere; **~-book** utklippsbok *m/f;* **~ iron** skrapjern *n.*
scrape /skreɪp/ skrape; skure; **~r** skraper *m.*
scratch /skrætʃ/ risp *n;* kloring *m/f.*
scratch *verb* klore; rispe; skrape.
scrawl /skrɔːl/ rabbel *n.*
scratch *verb* rable ned.
scrawny /'skrɔːnɪ/ knoklete; skranglete.
scream /skriːm/ skrik *n.*
scream *verb* skrike.
screech /skriːtʃ/ hvin *n.*
screech *verb* hvine.
screen /skriːn/ film-; skjerm *m;* skjermbrett *n;* filmlerret *n.*
screen *verb* skjerme; verne; sortere; filme; **~ washer** vindusspyler *m* (på bil).
screw /skruː/ skrue *m;* propell *m;* gnier *m.*

screw *verb* skru; vri; presse.
screwdriver /'skru:draɪvə/ skrujern *n;* **cross-headed ~** stjerneskrutrekker *m.*
scribble /'skrɪbl/ rabbel *n.*
scribble *verb* rable, smøre sammen.
script /skrɪpt/ (hånd)skrift *m/f;* (for film) dreiebok *m/f;* **the (Holy) ~ure(s)** Bibelen, Den hellige skrift.
Scrooge, Uncle ~ Onkel Skrue.
scrotum /'skroʊtəm/ *(anatomi)* pung *m.*
scrub /skrʌb/ kratt(skog) *n (m).*
scrub *verb* skrubbe; skure.
scruple /'skru:pl/ skruppel *m.*
scrupulous /'skru:pjʊləs/ meget samvittighetsfull; skrupuløs.
scrutin|ize /'skru:tɪnaɪz/ granske; **-y** gransking *m/f.*
scull /skʌl/ kranium *n.*
scullery /'skʌlərɪ/ oppvaskrom *n.*
sculpt|or /'skʌlptə/ billedhugger *m;* **-ure** skulptur *m.*
scum /skʌm/ (av)skum *n.*
scurf /skɜ:f/ flass *n;* skurv *m;* skjell *n.*
scurrilous /'skʌrɪləs/ uforskammet; sjofel.
scuttle /'skʌtl/ *verb* fare av sted.
scythe /saɪð/ ljå *m.*
sea /si:/ hav *n;* sjø *m;* **at ~** til sjøs, på sjøen; **~board** kyst(linje) *m (m/f);* **~food** fisk og skalldyr; **~gull** måke *m/f;* **~-level** hav(over)flate *m;* **~man** sjømann *m;* **~sick** sjøsyk; **~side** kyst *m;* **~side resort** badested *n* ved kysten; **~weed** tang *m/f;* **~worthy** sjødyktig.
seal /si:l/ segl *n;* sel *m.*
seal *verb* forsegle; besegle; plombere; **~ pup** selunge *m.*
sealing /'si:lɪŋ/ selfangst *m;* forsegling *m/f;* **~-wax** lakk *m.*
seam /si:m/ søm *m (n);* fuge *m; geol* gang *m,* lag *n;* fure *m,* rynke *m;* **~ed** furet; **~stress** sydame *m/f.*
sear /sɪə/ brenne; svi.
search /'sɜ:tʃ/ søking *m/f;* leting *m/f;* gransking *m/f.*
search *verb* (under)søke; gjennomsøke; lete (**for** etter); visitere; sondere; granske; **in ~ of** på leting etter; **~ engine** søkemotor *m;* **~light** lyskaster *m;* søkelys *n;* **~-party** letemannskap *n.*
season /'si:zn/ årstid *m/f;* sesong *m.*
season *verb* modne; krydre; **in ~** være rett tid (for noe); **out of ~** ikke rett tid (for noe); **~able** beleilig; **~ed** krydret; lagret; **~ing** krydder *n;* **~-ticket** sesongbillett *m.*

seat /siːt/ sete *n;* benk *m;* sitteplass *m;* bosted *n.*
seat *verb* sette; anvise plass; **~-belt** bilbelte *n;* **~ reservation, ~ ticket** (sitte)plassbillett *m.*
secluded /sɪ'kluːdɪd/ bortgjemt; avsidesliggende.
second /'sekənd/ annen, andre; nummer to; sekundant *m;* hjelper *m;* sekund *n.*
second *verb* støtte, sekundere; **~ary** underordnet; **~-hand** annenhånds; brukt; **~-rate** annenrangs.
secrecy /'siːkrɪsɪ/ hemmelighet *m;* hemmeligholdelse *m.*
secret /'siːkrət/ hemmelig; hemmelighet *m;* **-ive** hemmelighetsfull; **-ly** i hemmelighet.
secretary /'sekrətrɪ/ sekretær *m;* **~-general** generalsekretær *m;* **~ of State** minister *m; (amr)* utenriksminister *m.*
secret|e /sɪ'kriːt/ skjule, gjemme bort; utsondre; **-ion** sekresjon *m;* sekret *n.*
sect /sekt/ sekt *m/f;* **-arian** sekterisk; sekterist *m.*
section /'sekʃn/ snitt *n;* avdeling *m/f;* avsnitt *n;* seksjon *m.*
section *verb* seksjonere.
secular /'sekjʊlə/ verdslig.
secure /sɪ'kjʊə/ sikker, trygg.
secure *verb* sikre, feste; sikre (*eller* skaffe) seg.
securit|y /sɪ'kjʊərətɪ/ sikkerhet *m;* trygghet *m;* kausjon *m;* **-ies** *flertall* verdipapirer *n, flertall;* **~ check** sikkerhetskontroll *m.*
sedative /'sedətɪv/ beroligende; beroligende middel *n.*
sedition /sɪ'dɪʃn/ oppvigleri *n.*
seduc|e /sɪ'djuːs/ forføre; **~r** forfører *m;* **-tive** forførende.
see /siː/ se; innse; forstå; besøke, treffe; omgås; passe på; se etter; følge; **I ~** jeg skjønner; **~ a thing done** sørge for at noe blir gjort; **~ sby off** følge en (til stasjonen); **~ out** følge ut; **~ to it that** sørge for at; **~ you!** ha det!
seed /siːd/ frø *n;* sæd *m;* **~ling** frøplante *m/f;* **~y** frørik; medtatt; loslitt.
seeing /'siːɪŋ/, **worth ~** verd å se; **~ (that)** ettersom.
seek /siːk/ søke; forsøke.
seem /siːm/ synes; se ut; **~ing(ly)** tilsynelatende; **~ly** sømmelig; passende.
see-saw /'siːsɔː/ dumpehuske *m/f.*

see-saw *verb* huske.
seethe /siːð/ syde; koke.
see-through /'siːθruː/ gjennomsiktig.
segregatle /'segrɪgeɪt/ skille ut; avsondre; isolere; **-ion** utskillelse *m;* (rase)skille *n.*
seizle /siːz/ gripe; forstå; konfiskere; **-ure** pågripelse *m;* beslagleggelse *m.*
seldom /'seldəm/ *adv* sjelden.
select /sɪ'lekt/ utsøkt; utvalgt.
select *verb* velge (*eller* plukke) ut; **~ion** utvalg *n.*
self, *flertall* **selves** selv; (eget) jeg; **~-adhesive** selvklebende; **~-centered** selvopptatt; **~-command** selvbeherskelse *m;* **~-confidence** selvtillit *m;* **~-conscious** forlegen; sjenert; **~-control** selvbeherskelse *m;* **~-defence** selvforsvar *n;* **~-denial** selvfornektelse *m;* **~-esteem** selvaktelse *m;* **~-government** selvstyre *n;* **~-interest** egennytte *m;* **~ish** egoistisk; **~less** uselvisk; **~-possessed** behersket; **~-seeking** egoistisk; **~-sufficient** selvhjulpen; **~-willed** egenrådig.
sell *verb* selge(s); **~er** selger *m;* (god) salgsvare *m;* **~ing price** salgspris *m*
semblance /'sembləns/ utseende *n;* likhet *m;* (*overført*) skinn *n.*
semester /sɪ'mestə/ *(amr)* semester *n.*
semi- halv-.
semolina /semə'liːnə/ semule(gryn) *m (n).*
senate /'senɪt/ senat *n.*
send sende; **~ for** sende bud etter.
senile /'siːnaɪl/ senil.
senior /'siːnjə/ eldre; eldst(e); overordnet *m;* senior *m;* **~ citizen** pensjonist *m.*
sensation /sen'seɪʃn/ følelse *m;* fornemmelse *m;* sensasjon *m.*
sense /sens/ sans *m;* sansning *m;* følelse *m;* forstand *m;* betydning *m;* **~less** bevisstløs; meningsløs.
sensil**bility** /sensɪ'bɪlətɪ/ følsomhet *m;* **-ble** følelig; merkbar; fornuftig.
sensitivle /'sensɪtɪv/ sensibel; følsom; **-ity** følsomhet *m.*
sensual /'senʃʊəl/ sanselig; sensuell; **~ity** sensualitet *m.*
sentence /'sentəns/ *(jur)* dom *m;* setning *m. verb* dømme (**to** til).
sentiment /'sentɪmənt/ følelse *m;* mening *m/f;* **~al** sentimental; **~al value** affeksjonsverdi *m.*
sentinel /'sentɪnl/, **sentry** /'sentrɪ/ skiltvakt *m/f*; post *m.*

separate /'seprɪt/ særskilt; (at)skilt.
separat|e *verb* /'sepəreɪt/ separere; skilles, gå fra hverandre; **-ion** atskillelse *m.*
September /sep'tembə/ september.
sequel /'siːkwəl/ fortsettelse *m;* følge *m.*
sequence /'siːkwens/ rekkefølge *m;* rekke *m/f;* sekvens *m.*
sequester /sɪ'kwestə/ beslaglegge; konfiskere.
serene /sɪ'riːn/ klar; ren; rolig.
sergeant /'sɑːdʒənt/ sersjant *m;* overbetjent *m.*
seri|al /'sɪərɪəl/ rekke-; føljetong *m;* (film)serie *m;* **-es** rekke *m/f;* serie *m.*
serious /'sɪərɪəs/ alvorlig.
sermon /'sɜːmən/ preken *m.*
serpent /'sɜːpənt/ slange *m;* **~ine** buktet; serpentin *m.*
servant /'sɜːvənt/ tjener *m;* hushjelp *m/f;* **civil ~** statstjenestemann *m.*
serve /sɜːv/ tjene; betjene; servere; gjøre tjeneste; (i tennis) serve.
service /'sɜːvɪs/ tjeneste *m;* nytte *m;* tjenestegjøring *m/f;* servering *m/f;* betjening *m/f;* statstjeneste *m,* (embets)verk *n;* gudstjeneste *m;* krigstjeneste *m;* servise *n;* **~ provider** tjenesteleverandør *m*; **~able** nyttig; brukbar.
session /'seʃn/ sesjon *m;* samling *m/f;* møte *n.*
servo /sɜːvoʊ/, **~ brake** servobrems *m*; **~ control** servostyring *m/f.*
set fast, stivnet; stø; bestemt; synking *m/f;* sett *n,* samling *m/f;* (radio- *eller* tv-)apparat *n;* spisestell *n;* lag *n;* (omgangs)krets *m;* snitt *n,* fasong *m;* (i tennis) sett *n.*
set *verb* sette; innfatte; fastsette (tid for); bestemme; anslå; ordne; stille (et ur etter **a clock by**); gå ned (om himmellegemer); bli stiv, størkne; **~ about** ta fatt på; **~ forth** sette frem; legge ut på; **~ free** befri; **~ off** starte; fremheve; **~ out** dra av sted; fremføre; **~ up** oppføre; sette opp; fremsette.
set-back /'setbæk/ tilbakeslag *n.*
settee /se'tiː/ sofa *m.*
setting /'setɪŋ/ innfatning *m;* ramme *m/f;* omgivelser *m, flertall.*
settle /'setl/ sette; bosette; etablere; ordne; avgjøre; betale, gjøre opp; gjøre det av med; festne seg; komme til

ro; synke; bunnfelles; ~ **down** slå seg ned; bosette seg; slå seg til ro; ~**d** fast; bestemt; bebodd.
settlement /'setlmənt/ bosetning *m;* ordning *m;* overenskomst *m;* oppgjør *n;* nybyggerkoloni *m.*
settler /'setlə/ nybygger *m,* kolonist *m.*
seven sju; ~**fold** sjudobbelt; ~**teen(th)** sytten(de); ~**th** sjuende; sjuendedel *m;* ~**tieth** syttiende; ~**ty** sytti.
several /'sevrəl/ atskillige; flere; forskjellige; respektive.
severe /sɪ'vɪə/ streng; hard; skarp; voldsom.
sew /soʊ/ sy; hefte (bok); ~ **up** sy sammen; ~**er** syer *m;* ~**ing** sytøy *n;* sy-; ~**ing cotton** sytråd *m.*
sewage /'sju:ɪdʒ, /(*amr*)/ 'su:-/ kloakkinnhold *n*; kloakkvann *n*; ~ **works,** ~ **plant** kloakkrenseanlegg *n.*
sewer /'sjʊə, /(*amr*)/ 'su:ə/ kloakkrør *n;* ~**age** kloakkanlegg *n.*
sex /seks/ kjønn *n;* ~ **harassment** sexpress *n*; ~ **quota** kjønnskvotering *m/f.*
sexual /'sekʃʊəl/ seksuell; kjønns-; kjønnslig; ~ **disease** kjønnssykdom *m.*
sexton /'sekstən/ kirketjener *m.*
shabby /'ʃæbɪ/ loslitt.
shack /ʃæk/ *(hverdagslig),* ~ **up with** bo sammen med.
shackle /'ʃækl/ lenke *m/f.*
shade /ʃeɪd/ skygge *m;* nyanse *m,* avskygning *m;* skjerm *m.*
shade *verb* kaste skygge på; skygge (for); skjerme; sjattere.
shadow /'ʃædoʊ/ skygge *m;* skyggebilde *n.*
shady /'ʃeɪdɪ/ skyggefull; lyssky.
shaft /ʃɑ:ft/ skaft *n;* spyd *n;* *(maskin)* aksel *m;* sjakt *m/f*; **propeller** ~ kardangaksel *m.*
shaggy /'ʃægɪ/ raggete.
shake /ʃeɪk/ rysting *m/f;* skaking *m/f;* håndtrykk *n.*
shakl**e** *verb* riste; skjelve; -**y** ustø; vaklende.
shall /ʃæl/ skal; vil.
shallow /'ʃæloʊ/ grunn; overfladisk; grunne *m.*
sham /ʃæm/ falsk; humbug *m.*
sham *verb* hykle; agere.
shamble /'ʃæmbl/ subbe; ~**s** *flertall* kaos *n.*
shame /ʃeɪm/ skam(følelse) *m;* skjensel *m*; ~ **on you!** fy, skam deg! ~**faced** skamfull; ~**ful** skammelig; ~**less** skamløs.
shampoo /ʃæm'pu:/ hårvask *m;* sjampo *m.*
shampoo *verb* vaske håret.

shank /ʃæŋk/ skank *m.*
shanty /ˈʃæntɪ/ *(sjøfart)* oppsang *m;* hytte *f;* koie *f.*
SHAPE /ʃeɪp/ *fork for* **Supreme Headquarters of Allied Powers in Europe.**
shape /ʃeɪp/ skikkelse *m;* form *m;* snitt *n;* figur *m.*
shape *verb* danne; forme; **in bad ~** i dårlig stand *m;* **~ly** velformet; velskapt.
share /ʃeə/ (an)del *m;* part *m;* aksje *m.*
share *verb* (for)dele; ha sammen (**with** med); **~holder** aksjonær *m;* **~ware** /ˈʃeəweə/ *(edb)* (gratis) programvare *m.*
shark /ʃɑːk/ hai *m.*
sharp /ʃɑːp/ skarp; spiss; gløgg; lur; **at ten ~** presis kl. 10; **look ~!** kvikt nå! **~-sighted** skarpsindig.
sharpen /ˈʃɑːpən/ skjerpe; kvesse; spisse; **~er** (blyant)spisser *m.*
sharp|er /ˈʃɑːpə/ bedrager *m;* **~ness** skarphet *m;* skarpsindighet *m.*
shatter /ˈʃætə/ splintre(s); knuse.
shave /ʃeɪv/ barbering *m/f.*
shav|e *verb* barbere; **-ing** barber-; barbering *m/f;* **-ings** *flertall* høvelspon *n;* **-ing brush** barberkost *m.*
shawl /ʃɔːl/ sjal *n.*
she /ʃiː/ hun; hunn- (om dyr).
sheaf /ʃiːf/ bunt *m;* nek *n.*
shear /ʃɪə/ klippe (især sau); **~s** *flertall* saue- *eller* hagesaks *f.*
sheath /ʃiːθ/ skjede *m;* slire *m/f.*
shed /ʃed/ skur *n.*
shed *verb* spre; felle (tårer, tenner *etc*).
sheep /ʃiːp/ sau *m;* **~ish** flau.
sheer /ʃɪə/ skjær; ren.
sheet /ʃiːt/ ark *n;* flak *n;* flate *m/f;* plate *m/f;* laken *n;* *(sjøfart)* skjøt *n;* **~ iron** jernblikk *n.*
shelf /ʃelf/, *flertall* **shelves** hylle *m/f;* avsats *m;* grunne *m/f;* sandbanke *m.*
shell /ʃel/ skall *n;* skjell *n;* musling *m;* (patron)hylse *m/f;* patron *m;* granat *m.*
shell *verb* bombardere; **~fish** skalldyr *n;* **~-proof** bombesikker.
shelter /ˈʃeltə/ ly *n;* vern *n.*
shelter *verb* beskytte; gi ly.
shelve /ʃelv/ legge på hylla; skrinlegge.
shepherd /ˈʃepəd/ (saue)gjeter *m.*
sherbet /ˈʃɜːbət/ sorbet *m.*
sheriff /ˈʃerɪf/ sheriff *m;* fogd *m;* *(amr) omtrent* lensmann *m.*
shield /ʃiːld/ skjold *n;* vern *n;* forsvar *n.*

shield *verb* beskytte, verge.
shift /ʃɪft/ skifte *n;* ombytting *m/f;* arbeidsskift *n;* klesskift *n.*
shift *verb* skifte; omlegge; flytte på; forskyve seg.
shifty /ˈʃɪftɪ/ upålitelig.
shilling /ˈʃɪlɪŋ/ (tidl. eng. mynt) shilling *m* ($^1/_{20}$ pund), tilsvarer 5 pence.
shimmer /ˈʃɪmə/ flimring *m/f.*
shimmer *verb* flimre.
shin /ʃɪn/ skinneben *n.*
shine /ʃaɪn/ skinn *n;* glans *m.*
shine *verb* skinne; stråle; pusse.
shingle /ˈʃɪŋgl/ takspon *n;* grus *n (m)* singel *m;* **~s** helvetesild *m.*
shiny /ˈʃaɪnɪ/ blank; skinnende.
ship /ʃɪp/ skip *n;* **~broker** skipsmekler *m;* **~ment** skiping *m/f,* parti *n;* sending *m/f;* **~owner** skipsreder *m.*
shipping /ˈʃɪpɪŋ/ skipsfart *m;* tonnasje *m;* **~ agency** spedisjonsfirma *n.*
shipwreck /ˈʃɪprek/ skibbrudd *n.*
ship|wreck *verb* forlise; **-yard** skipsverft *n.*
shire /ˈʃaɪə/ engelsk grevskap *n;* fylke *n.*
shirk /ʃɜːk/ skulke.
shirt /ʃɜːt/ skjorte *m/f;* skjortebluse *m.*
shiver /ˈʃɪvə/ splint *m;* (kulde)gysning *m/f.*
shiver *verb* skjelve; **~y** skjelven.
shoal /ʃoʊl/ stim *m;* grunne *m.*
shock /ʃɒk/ støt *n;* sjokk *n.*
shock *verb* ryste; sjokkere; **~ absorber** støtdemper *m;* **~ing** anstøtelig; sjokkerende.
shoe /ʃuː/ sko *m;* **~black** skopusser *m;* **~-lace** skolisse *m/f;* **~maker** skomaker *m;* **~polish** skokrem *m.*
shoot /ʃuːt/ skudd *n;* jakt *m/f;* stryk *n* (i elv).
shoot *verb* skyte; gå på jakt; spire frem; ta opp (film).
shooting /ˈʃuːtɪŋ/ skyting *m/f;* (film)opptak *n;* jakt(rett) *m/f (m);* sting *n;* **go ~** gå på jakt; **~ star** stjerneskudd *n.*
shop /ʃɒp/ butikk *m;* verksted *n.*
shop *verb* handle, gå i butikker; **~ assistant** ekspeditør *m;* **~keeper** kjøpmann *m;* **~lifter** butikktyv *m;* **~ping centre, ~ping mall** kjøpesenter *n;* **~ window** utstillingsvindu *n.*
shore /ʃɔː/ kyst *m;* strand *m/f.*
short /ʃɔːt/ kort; liten (av vekst); kortvarig; kortfattet; knapp; **in ~** kort sagt; **~ circuit** kortslutning *m;* **~ wave** kortbølge *m.*

shortage /ˈʃɔːtɪdʒ/ mangel *m;* knapphet *m.*
shortcoming /ˈʃɔːtkʌmɪŋ/ brist *m;* mangel *m.*
shortcut /ˈʃɔːtkʌt/ snarvei *m.*
shorten /ˈʃɔːtən/ forkorte; (ved baking) tilsette fett; **~ing** forkorting *m/f*; (ved baking) fett *n.*
shorthand /ˈʃɔːthænd/ stenografi *m.*
short-lived /ˈʃɔːtlɪvd/ kortvarig.
shortly /ˈʃɔːtlɪ/ snart.
short-sighted /ˈʃɔːtsaɪtɪd/ kortsynt; nærsynt.
shorts /ʃɔːts/ shorts *m*; **boxer ~** *(amr)* underbukser *m, flertall.*
shot /ʃɒt/ skudd *n;* hagl *n;* prosjektil(er) *n, flertall;* skuddvidde *m/f;* skytter *m; (fotogr)* (om film) (øyeblikks)opptak *n.*
shoulder /ˈʃoʊldə/ skulder *m;* (om kjøtt) bog *m*; **~blade** skulderblad *n.*
shout /ʃaʊt/ rop *n;* brøl *n.*
shout *verb* rope; brøle.
shove /ʃʌv/ skubb *n.*
shove *verb* skubbe; skyve.
shovel /ˈʃʌvl/ skuffe *m/f.*
shovel *verb* skyfle.
show /ʃoʊ/ utstilling *m/f;* fremvisning *m;* forestilling *m/f;* ytre skinn *n;* forstillelse *m.*
show *verb* vise (seg); fremvise; forevise; stille ut; **~ off** vise seg; briljere; **~-case** montre *m.*
shower /ˈʃaʊə/ byge *m;* skur *m;* **~(-bath)** dusj(bad) *m (n).*
shower *verb* dusje; **~y** bygete.
showroom /ˈʃoʊruːm/ utstillingslokale *n.*
showy /ˈʃoʊɪ/ prangende; glorete.
shred /ʃred/ remse *m/f;* strimmel *m;* trevl *m.*
shrewd /ʃruːd/ skarp(sindig).
shriek /ʃriːk/ hyl *n;* skrik *n.*
shriek *verb* hyle; skrike.
shrill /ʃrɪl/ skingrende.
shrimp /ʃrɪmp/ reke *m/f;* pusling *m/f.*
shrine /ʃraɪn/ helgenskrin *n.*
shrink /ʃrɪŋk/ skrumpe inn; krympe; vike tilbake for.
shrivel /ˈʃrɪvl/ skrumpe inn.
shrub /ʃrʌb/ busk *m;* **~bery** buskas *n.*
shrug /ʃrʌg/ skuldertrekning *m.*
shrug *verb* trekke på skuldrene.
shudder /ˈʃʌdə/ gysning *m/f.*
shudder *verb* gyse.
shuffle /ˈʃʌfl/ subbe, slepe; *(kortspill)* stokke, blande.
shun /ʃʌn/ unngå; sky.
shut /ʃʌt/ lukket.
shut *verb* lukke(s); lukke seg; **~ down** lukke; stanse

arbeidet; ~ **in** innelukke; ~ **up** stenge (inne); holde munn.

shutter /'ʃʌtə/ skodde *m;* vinduslem *m; (fotogr)* lukker *m.*

shuttle /'ʃʌtl/ skyttel(trafikk) *m.*

shuttle *verb* pendle; **~cock** fjærball *m;* ~ **service** pendeltrafikk *m.*

shy /ʃaɪ/ sky; sjenert; skvetten.

shy *verb* bli sky; kaste; ~ **away** vike tilbake; skygge unna; **~ness** skyhet *m.*

sick /sɪk/ syk (**of** av); lei og kei (**of** av); **be** ~ kaste opp; **feel** ~ være kvalm; **report** ~ sykmelde seg; **~-leave** sykepermisjon *m*; **~en** bli syk, kvalm; **~ly** sykelig; skrøpelig; usunn; kvalmende; **~ness** sykdom *m;* kvalme *m.*

sickle /'sɪkl/ sigd *m.*

side /saɪd/ side-; side *m/f;* kant *m;* parti *n.*

side *verb* ta parti (**with** for); **~board** anretningsbord *n;* **~burns** kinnskjegg *n*; **~-car** sidevogn *m/f;* **~light** sidelys *n;* streiflys *n;* **~line** sidelinje *m/f*; ekstrajobb *m*; **~long** sidelengs; **~-slip** (om bil) gli til siden; **~step** unngå; **~walk** *(amr)* fortau *n;* **~ways** sidelengs.

sieve /sɪv/ sil *m/f*; dørslag *n.*

sieve *verb* sile, sikte.

sift sikte, sile; vurdere; strø.

sigh /saɪ/ sukk *n.*

sigh *verb* sukke.

sight /saɪt/ syn(sevne) *n (m/f);* observasjon *m;* severdighet *m;* sikte *n* (på skytevåpen).

sight *verb* få øye på; få i sikte; sikte inn *eller* på; rette (skytevåpen); **catch** ~ **of** få øye på; **~seeing** det å se på severdigheter.

sign /saɪn/ tegn *n;* vink *n;* skilt *n.*

sign *verb* gjøre tegn; merke; undertegne; ~ **language** tegnspråk *n.*

signal /'sɪgnəl/ utmerket; signal *n.*

signal *verb* signalisere.

signature /'sɪgnətʃə/ underskrift *m/f.*

significan|ce /sɪg'nɪfɪk(ə)ns/ betydning *m/f;* viktighet *m;* **-t** betydningsfull; betegnende.

signify /'sɪgnɪfaɪ/ betegne; bety.

signpost /'saɪnpoust/ veiskilt *n;* veiviser *m.*

silence /'saɪləns/ stillhet *m;* taushet *m.*

silen|ce *verb* få til å tie; **~r** lydpotte *m/f*; **-t** stille; taus.

silk silke *m;* **~en** silke-; av silke; **~y** silkeaktig.

sill vinduskarm *m;* dørterskel *m.*
silliness /'sɪlɪnɪs/ dumhet *m;* **-y** dum; enfoldig; tosket.
silver /'sɪlvə/ sølv *n.*
similar /'sɪmɪlə/ lignende; lik; maken; **~ity** likhet *m.*
simmer /'sɪmə/ småkoke; putre.
simple /'sɪmpl/ enkel; lett.
simplicity /sɪm'plɪsətɪ/ enkelhet *m;* letthet *m;* troskyldighet *m.*
simplification /sɪmplɪfɪ'keɪʃn/ forenkling *m/f*; **-fy** forenkle.
simply /'sɪmplɪ/ simpelthen.
simultaneous /sɪməl'teɪnjəs/ samtidig; simultan-.
sin synd *m.*
sin *verb* synde.
since /sɪns/ siden; ettersom.
sincere /sɪn'sɪə/ oppriktig; **-ity** oppriktighet *m.*
sinew /'sɪnjuː/ sene *m;* kraft *m/f.*
sing /sɪŋ/ synge; **~er** sanger *m.*
singe /sɪndʒ/ svi.
single /'sɪŋgl/ enkelt; eneste; enslig; (i tennis) enkeltspill *n,* single.
single (out) *verb* utvelge, plukke ut; **~-breasted** enkeltspent, enkeltknappet; **~ file** gåsegang *m*; **~-handed** uten hjelp; **~ parent** eneforsørger *m.*
singular /'sɪŋgjʊlə/ enestående; usedvanlig; underlig; entall *n.*
sinister /'sɪnɪstə/ illevarslende; skummel.
sink /sɪŋk/ vask *m;* oppvaskkum *m.*
sink *verb* synke; senke; **~er** søkke *n.*
sinner /'sɪnə/ synder *m.*
sinuous /'sɪnjʊəs/ buktete, slyngete.
sinusitis /saɪnə'saɪtɪs/ bihulebetennelse *m.*
sip tår *m.*
sip *verb* nippe (**at** til).
sir /sɜː/ (i tiltale) min herre; **Sir** tittel foran knights *eller* baronets fornavn (og etternavn).
sirloin /'sɜːlɒɪn/ mørbrad(stek) *m.*
sister /'sɪstə/ søster *m/f;* **~-in-law** svigerinne *m/f.*
sit sitte; holde møte(r); (om høne) ruge (**on** på); passe (om klær); **~ down** sette seg; **~ up** sette seg opp; sitte oppe (utover natten).
site /saɪt/ beliggenhet *m;* plass *m;* (bygge)tomt *m/f.*
sitting /'sɪtɪŋ/ det å sitte; møte *n;* sesjon *m;* **~-room** dagligstue *m/f.*
situated /'sɪtjʊeɪtɪd/ beliggende; **-ion** situasjon *m;* beliggenhet *m;* stilling *m/f,* post *m.*

six /sɪks/ seks; **~fold** seksdobbelt; **~teen** seksten; **~teenth** sekstende(del); **~th** sjette(del); **~thly** for det sjette; **~ty** seksti.
size /saɪz/ størrelse *m;* dimensjon *m;* (om sko, klær) nummer *n.*
size, ~ up *verb* beregne.
skate /skeɪt/ skøyte *f.*
skatle *verb* gå på skøyter; **~board** rullebrett *n*; **-ing-rink** (kunstig) skøytebane *m;* rulleskøytebane *m.*
skeleton /'skelɪtn/ skjelett *n.*
sketch /sketʃ/ skisse *m/f.*
sketch *verb* skissere.
ski /skiː/ ski *m/f.*
ski *verb* gå på ski; **~er** skiløper *m*; **~-jumper** skihopper *m*; **~-lift** skiheis *m*; **~ pole** skistav *m*; **~ track** skiløype *m/f*; **~ wax** skismøring *m/f.*
skid skrens *m*; støtteplanke *m.*
skid *verb* gli; skrense.
skilful /'skɪlfl/ dyktig.
skill dyktighet *m;* ferdighet *m;* **~ed** faglært; dyktig.
skim (off) /skɪm ɒf/ skumme (av); **~(med) milk** *skummet* melk *m/f.*
skin hud *m;* skinn *n;* skall *n* (på frukt); hinne *f;* snerk *m.*
skin *verb* flå, skrelle; **~ny** radmager.
skip hopp *n;* byks *n;* sprett *n.*
skip *verb* hoppe; springe; hoppe tau; hoppe over; puffe; **~per** skipper *m;* kaptein *m;* lagleder *m;* **~ping-rope** hoppetau *n.*
skirt /skɜːt/ skjørt *n;* flik *m;* frakkeskjøt *m.*
skull /skʌl/ hodeskalle *m.*
skunk /skʌŋk/ stinkdyr *n.*
sky /skaɪ/ himmel *m;* **in the ~** på himmelen; **~light** takvindu *n;* overlys *n;* **~scraper** skyskraper *m.*
slab /slæb/ plate *m/f;* steinhelle *m/f;* skive *m/f* (av brød, kjøtt *o.l.*).
slack /slæk/ slapp; slakk; sløy; **~en** slappe (av); slakke; minske (seil); **~er** slappfisk *m.*
slag /slæg/ slagg *n.*
slam /slæm/ smell *n;* slem *m* (i bridge).
slam *verb* smelle igjen.
slander /'slɑːndə/ bakvaskelse *m.*
slander *verb* baktale; **~er** baktaler *m;* **~ous** baktalende.
slang /slæŋ/ slang *m.*
slant /slɑːnt/ på skrå; skråning *m/f;* synspunkt *n.*
slant *verb* skråne; helle; **~ing** skrå; skrånende.
slap /slæp/ dask *m;* slag *n.*
slap *verb* slå; klapse; **~dash** skjødesløs.

slash /slæʃ/ *(typografi)* skråstrek *m.*
slash *verb* flenge (i); kutte opp; hogge.
slate /sleɪt/ skifer(tavle) *m (m/f);* **a clean ~** rent rulleblad *n.*
slaughter /ˈslɔːtə/ slakting *m/f;* nedsabling *m/f,* blodbad *n.*
slaughter *verb* slakte; **~house** slakteri *n.*
slave /sleɪv/ slave *m;* **~ry** slaveri *n.*
slay /sleɪ/ slå ihjel.
sleazy /ˈsliːzɪ/ snuskete; simpel.
sled(ge) /sledʒ/ slede *m;* kjelke *m.*
sled(ge) *verb* kjøre med slede; ake.
sledge(hammer) /ˈsledʒhæmə/ slegge *m/f.*
sleek /sliːk/ glatt; blank.
sleep /sliːp/ søvn *m.*
sleep *verb* sove; **go to ~** sovne; **~er** sovende *m;* *(jernb)* sovevogn *m/f; (jernb)* sville *m;* **~iness** søvnighet *m.*
sleeping|-bag /ˈsliːpɪŋ bæg/ sovepose *m;* **Sleeping Beauty** Tornerose; **-car** sovevogn *m/f;* **-pills** sovetabletter *flertall;* **- sickness** sovesyke *m.*
sleep|less /ˈsliːpləs/ søvnløs; **-walker** søvngjenger *m*; **-y** søvnig.
sleet /sliːt/ sludd *n.*
sleeve /sliːv/ erme *n.*
sleigh /sleɪ/ slede *m.*
sleigh *verb* kjøre med slede.
slender /ˈslendə/ slank; smekker; tynn; skrøpelig.
slice /slaɪs/ skive *m/f;* del *m,* stykke *n;* sleiv *m/f,* spade *m;* spatel *m.*
slice *verb* skjære i skiver; skjære opp.
slick /slɪk/ glatt; elegant.
slide /slaɪd/ sklie *f;* ras *n;* skred *n; (fotogr)* lysbilde *n*; rutsjebane *m.*
slide *verb* gli; skli; **~-rule** regnestav *m.*
slight /slaɪt/ sped; ubetydelig.
slim slank.
slim *verb* slanke seg; **~ming remedy** slankemiddel *n.*
slime /slaɪm/ slam *n;* slim *n.*
sling /slɪŋ/ slynge *f;* fatle *m.*
sling *verb* kaste; slynge.
slip glidning *m;* feil *m;* strimmel *m;* underkjole *m; (maskin)* sluring *m/f*; putevar *n.*
slip *verb* gli; smutte; liste seg; slippe bort (fra); slure; **~ on/off** ta på/av; **~ of paper** seddel *m.*
slipped disc /slɪpt dɪsk/ *(medisin)* skiveprolaps *m.*
slipper /ˈslɪpə/ tøffel *m*; **a pair of ~s** et par tøfler.

slippery /ˈslɪpərɪ/ glatt.
slit spalte *m/f;* rift *m/f;* splitt *m;* revne *m/f.*
slit *verb* skjære; sprette, klippe opp.
slither /ˈslɪðə/ skli; **~y** glatt.
slogan /ˈsloʊgən/ slagord *n.*
slop /slɒp/ skyllevann *n;* pytt *m;* **~s** *flertall* sølevann *n.*
slope /sloʊp/ skråning *m;* helling *m/f.*
slope *verb* skråne.
sloppy /ˈslɒpɪ/ våt; slurvete.
slosh /slɒʃ/ skvalping *m/f.*
slosh *verb* skvalpe.
slot /slɒt/ sprekk *m;* spalte *m;* **~-machine** myntautomat *m;* spilleautomat *m.*
slouch /slaʊtʃ/ henge slapt; **~ along** slentre avsted.
slovenly /ˈslʌvnlɪ/ sjusket.
slow /sloʊ/ langsom; sen; treg; **~ lane** krabbefelt *n.*
sludge /slʌdʒ/ snøslaps *n;* sørpe *m/f;* mudder *n.*
sluice /slu:s/ sluse(port) *m/f (m).*
slumber /ˈslʌmbə/ slummer *m.*
slumber *verb* slumre; **~ous** søvndyssende; søvnig.
slump /slʌmp/ plutselig prisfall *n.*
slump *verb* falle brått (om priser *o.l.*).
slur /slɜ:/ snakke (*eller* skrive) utydelig.
slush /slʌʃ/ slaps *n;* søle *m/f.*
sly /slaɪ/ slu; listig; lur.
smack /smæk/ klask *n;* smatting *m/f;* smellkyss *n;* smak *m.*
smack *verb* smatte; smaske.
small /smɔ:l/ liten; ubetydelig; **~pox** *(medisin)* kopper; **~ talk** lett konversasjon *m.*
smart /smɑ:t/ skarp, gløgg; flott; velkledd; smart.
smash /smæʃ/ brak *n;* hardt slag *n.*
smash *verb* smadre(s); slå; slenge; **~ing** knusende; flott.
smattering /ˈsmætərɪŋ/ overfladisk kjennskap *m/n.*
smear /smɪə/ flekk *m.*
smear *verb* smøre utover; bakvaske; **~ campaign** bakvaskelseskampanje *m.*
smell /smel/ lukt *m/f.*
smell *verb* lukte.
smelt smelte (malm).
smile /smaɪl/ smil *n.*
smile *verb* smile.
smith /smɪθ/ smed *m;* **~y** smie *m/f.*
smock /smɒk/ arbeidskittel *m.*
smog /smɒg/ (**smoke** og **fog**) røyktåke *m/f.*
smoke /smoʊk/ røyk *m;* *(hverdagslig)* sigar *m;* sigarett *m.*
smoke *verb* ryke; røyke;

~ **detector** røykvarsler *m*; **~d** (om mat) røkt; **~r** røyker *m;* røykekupé *m.*
smoking /ˈsmoʊkɪŋ/ røyking *m/f*; **no ~!** røyking forbudt!
smoky /ˈsmoʊkɪ/ røykfylt.
smooth /smuːð/ glatt; jevn; rolig.
smooth *verb* glatte; berolige.
smoulder /ˈsmoʊldə/ ulme.
SMS *fork for* **Short Message Service**.
smudge /smʌdʒ/ flekk *m.*
smudge *verb* gni utover.
smug /smʌg/ selvtilfreds.
smuggle /ˈsmʌgl/ smugle; **~r** smugler *m.*
smut /smʌt/ (sot)flekk *m;* smuss *n;* skitt *m/n.*
smut *verb* sote; smusse; **~ty** sotete; skitten; uanstendig.
snack /snæk/ matbit *m;* lett måltid *n.*
snag /snæg/ ulempe *m.*
snail /sneɪl/ snegl *m* (med hus).
snake /sneɪk/ slange *m.*
snap /snæp/ forhastet; glefs *n;* smekk *m.*
snap *verb* snappe; glefse; knipse; **~py** bisk; irritabel.
snare /sneə/ snare *m/f.*
snare *verb* fange i snare.
snarl /snɑːl/ snerre; knurre.
snatch /snætʃ/ kjapt grep *n;* napp *n.*
snatch *verb* snappe; gripe (**at** etter).
snazzy /ˈsnæzɪ/ flott, smart.
sneak /sniːk/ sladrehank *m.*
sneak *verb* snike (seg); luske; sladre på; **~ers** *flertall (amr)* joggesko *m.*
sneer /snɪə/ hånlig flir *n.*
sneer *verb* smile hånlig.
sneeze /sniːz/ nys *n.*
sneeze *verb* nyse.
sniff /snɪf/ snuse; snufse; rynke på nesen (**at** av).
sniper /ˈsnaɪpə/ snikskytter *m.*
snob /snɒb/ snobb *m;* **~bery** snobbethet *m;* **~bish** snobbete.
snore /snɔː/ snork *n.*
snore *verb* snorke.
snort /snɔːt/ snøfte; fnyse.
snot /snɒt/ snørr *n.*
snout /snaʊt/ snute *m/f;* tryne *n.*
snow /snoʊ/ snø *m;* **~board** snøbrett *n;* **~storm** snøstorm *m.*
Snow White *eventyrfigur* Snøhvit.
snub /snʌb/ irettesette; avbryte.
snuff /snʌf/ snus *m;* utbrent veke *m.*
snuff *verb* snuse; blåse ut (et lys).
snug /snʌg/ lun; koselig.
snug *verb* legge seg (godt) ned; krype sammen.

so /soʊ/ så(ledes); altså; **and ~ on** og så videre; **~-and-so** den og den, N.N.; **~ what!** ja, hva så?
soak /soʊk/ gjennombløte; **~ up** suge opp.
soap /soʊp/ såpe *m/f.*
soap *verb* såpe inn; **~suds** såpeskum *n.*
soar /sɔːr/ fly høyt; sveve; stige sterkt (om pris *o.l.*).
sob /sɒb/ hulking *m/f.*
sob *verb* hulke.
sober /'soʊbə/ nøktern; edru; edruelig; sindig.
sobriety /soʊ'braɪətɪ/ nøkternhet *m;* edruelighet *m.*
so-called /'soʊkɔːld/ såkalt.
soccer /'sɒkə/ (vanlig) fotball *m.*
sociable /'soʊʃəbl/ selskapelig; omgjengelig.
social /'soʊʃl/ sosial; samfunns-; selskaps-; **~ly** sosialt; **~ize** sosialisere.
society /sə'saɪətɪ/ samfunn *n;* forening *m/f;* selskap *n.*
sock /sɒk/ sokk *m;* slag *n;* **knee ~s** *flertall* knestrømper *m/f, flertall.*
socket /'sɒkɪt/ holder *m;* øyenhule *m/f;* hofteskål *m/f;* *(elektr)* stikkontakt *m.*
sod /sɒd/ gresstorv *m/f*, **~ off!** *(slang)* dra til helvete!
soda /'soʊdə/ soda(vann) *m (n);* natron *n.*
sofa /'soʊfə/ sofa *m.*
soft /sɒft/ bløt; myk; svak; dempet; blid; **~-centered** fylt; **~core porn(ography)** mykporno *m;* **~ drink** leskedrikk *m* (alkoholfritt drikke); **~en** bløtgjøre; mildne; **~ness** bløthet *m;* mildhet *m;* **~ware** *edb* programvare *m.*
soggy /'sɒgɪ/ gjennomvåt.
soil /sɒɪl/ jord(smonn) *m/f (n);* jordbunn *m;* skitt *m.*
soil *verb* søle, skitne til.
sojourn /'sɒdʒɜːn/ opphold *n.*
soldier /'soʊldʒə/ soldat *m.*
sole /soʊl/ eneste; ene-; såle *m;* sjøtunge *m/f*, **~ly** utelukkende.
solemn /'sɒləm/ høytidelig; **~ity** høytidelighet *m.*
solicit /sə'lɪsɪt/ be innstendig om; anmode om; **~or** (rådgivende) advokat *m.*
solid /'sɒlɪd/ fast; massiv; solid; pålitelig; **~ify** (få til å) størkne; **~ity** fasthet *m;* soliditet *m.*
solitaire /sɒlɪ'teə/ *(amr)* kabal; brettspill (for én person).
solitary /'sɒlɪtərɪ/ ensom; enslig; **~ confinement** isolasjon *m;* **-ude** ensomhet *m.*

solution /sə'luːʃn/ (opp)løsning *m.*
solve /sɒlv/ løse (problem *o.l.*).
some /sʌm/ noen, noe; en eller annen, et eller annet; visse, somme; omtrent; **~body** noen, en eller annen; **~how** på en eller annen måte; **~one** noen.
somersault /'sʌməsɔːlt/ (slå) saltomortale *m*; stupe kråke.
some|thing noe, et eller annet; **-time** en gang, en dag; **-times** undertiden; av og til; **-what** noe; litt; temmelig; **-where** et eller annet sted.
son /sʌn/ sønn *m;* **~-in-law** svigersønn *m.*
song /sɒŋ/ sang *m;* vise *m/f.*
sonic /'sɒnɪk/ lyd-; **~ depth finder** ekkolodd *n.*
soon /suːn/ snart; tidlig; gjerne; **~er** snarere; heller.
soot /sʊt/ sot *m.*
soothe /suːð/ berolige.
sooty /'sʊtɪ/ sotete; svart.
sop /sɒp/ oppbløtt brødbit *m;* godbit *m;* pyse *m.*
sophisticated /sə'fɪstɪkeɪtɪd/ avansert; raffinert.
sorcer|er /'sɔːsərə/ trollmann *m*; **-y** trolldom *m.*
sordid /'sɔːdɪd/ skitten; elendig; simpel.
sore /sɔː/ sår, øm(tålig); sår *n;* byll *m;* **~ness** sårhet *m;* ømhet *m.*
sorrow /'sɒroʊ/ sorg *m;* bedrøvelse *m;* **feel ~** sørge.
sorry /'sɒrɪ/ bedrøvet; sørgmodig; lei (seg); **(I am so) ~!** unnskyld! **~ for** synd på.
sort /sɔːt/ sort *m;* slag(s) *n.*
sort *verb* sortere; ordne.
soul /soʊl/ sjel *m/f.*
sound /saʊnd/ sunn, frisk; sterk; uskadd, hel; velbegrunnet; lyd *m;* klang *m;* sonde *m;* sund *n.*
sound *verb* sondere; lodde; lyde; klinge; gi signal; **safe and ~** i god behold; **~ asleep** i dyp søvn; **~ barrier** lydmur *m*; **~-proof** lydisolert.
soup /suːp/ suppe *m/f;* **~ ladle** suppeøse *m/f*; **~-plate** dyp tallerken *m.*
sour /'saʊə/ sur; gretten.
sour *verb* surne; gjøre sur; forbitre.
source /sɔːs/ kilde *m;* opprinnelse *m.*
south /saʊθ/ sør; syden; sørover; i sør; **~bound** som går sørover; **~ern** sørlig, sør-; sydlandsk; **~erner** sydlending *m; (amr)* en fra sørstatene; **~wards** sørover.

south-wester /saʊθ'westə/ sørvestvind *m;* sydvest *m* (hodeplagg).
sovereign /'sɒvrɪn/ suverén; hersker *m;* monark *m;* **~ty** suverenitet *m.*
sow /saʊ/ purke *f.*
sow *verb* /soʊ/ **~ (seed)** så.
spa /spɑː/ kursted *n.*
spac|e /speɪs/ rom *n;* plass *m;* areal *n;* tidsrom *n;* spalteplass *m;* **outer ~** verdensrom *n;* **~craft, ~ship** romskip *n;* **-ious** rommelig.
spade /speɪd/ spade *m;* **~s** *flertall, (kortspill)* spar.
spam /spæm/ spam *m,* søppelpost *m.*
span /spæn/ spenn *n;* spann *n* (hester); spennvidde *m/f.*
span *verb* spenne (over); omspenne.
spank /spæŋk/ klaps *n;* smekk *m/n.*
spank *verb* klaske; daske; **~er** *(sjøfart)* mesan *m;* **~ing** ris *m,* juling *m/f.*
spanner /'spænə/ skrunøkkel *m;* skiftenøkkel *m.*
spare /speə/ knapp; sparsom; ledig; reserve-.
spare *verb* unnvære; avse; skåne; **~ bed** ekstraseng *m/f;* **~ parts** *flertall* reservedeler *m, flertall;* **~-rib** (svine)ribbe *m/f;* **~ room** gjesteværelse *n;* **~ tank** reservetank *m;* **~ time** fritid *m/f;* **~ wheel** reservehjul *n.*
sparing(ly) /'speriŋ(lɪ)/ sparsom(t); forsiktig.
spark /spɑːk/ gnist *m.*
spark *verb* gnistre; tenne (om motor); **~ing plug** tennplugg *m.*
sparkle /'spɑːkl/ (liten) gnist *m.*
sparkl|e *verb* gnistre; funkle; perle (om drikke); **-ing** glitrende; musserende (om vin).
sparrow /'spæroʊ/ spurv *m.*
spasm /'spæzm/ krampe(trekning) *m.*
spatial /'speɪʃəl/ romlig, rom-.
spawn /spɔːn/ (fiske)rogn *m/f.*
spawn *verb* legge egg; gyte; **~ing ground** gyteplass *m.*
speak /spiːk/ tale; snakke; **on ~ing terms** på talefot; **~ out** snakke ut; si sin mening; **~ up** snakke høyere; **~er** taler *m;* ordstyrer *m;* president i Underhuset.
spear /spɪə/ spyd *n;* lanse *m.*
special /'speʃəl/ spesiell; særlig; spesial-; **~ist** fagmann *m;* **~ity** spesialitet *m;* **~ize** spesialisere (seg).
species /'spiːʃiːs/ art *m;* slag(s) *n.*

specif|ic /spɪ'sɪfɪk/ presis; særegen, spesiell; spesifikk; **-ation** spesifisering *m/f;* **-y** spesifisere.
specimen /'spesɪmɪn/ prøve *m;* eksemplar *n.*
speck /spek/ (liten) flekk *m.*
spectacle /'spektəkl/ syn *n;* opptog *n;* **(a pair of) ~s (specs)** *flertall* (et par) briller *flertall.*
spectacular /spek'tækjʊlə/ iøynefallende; prangende.
spectator /spek'teɪtə/ tilskuer *m.*
speculat|e /'spekjʊleɪt/ gruble (**on** over); spekulere; **-ion** spekulasjon *m.*
speech /spiːtʃ/ tale *m;* **~ therapist** logoped *m;* **~less** målløs, stum.
speed /spiːd/ hast *m;* hurtighet *m;* fart *m.*
speed *verb* haste; fare; ile; **~ up** sette opp farten; **~boat** passbåt *m;* **~ bump** fartsdump *m/f;* **~ control** fartskontroll *m;* **~ limit** fartsgrense *m/f;* **~y** hurtig; rask; snarlig.
spell (kort) periode *m;* tørn *m;* trylleformular *m/n;* fortryllelse *m.*
spell *verb* stave; **~bound** fortryllet, fjetret.
spelling /'spelɪŋ/ rettskrivning *m;* stavemåte *m.*
spend /spend/ (for)bruke; tilbringe; **~thrift** ødeland *m.*
spew /spjuː/ spy (ut).
sphere /sfɪə/ sfære *m;* klode *m.*
spice /spaɪs/ krydder *n.*
spic|e *verb* krydre; **heavily ~d** sterkt krydret; **-y** krydret; pikant.
spider /'spaɪdə/ edderkopp *m;* **~ web** spindelvev *n;* edderkoppnett *n.*
spike /spaɪk/ spiss *m;* pigg *m;* nagle *m;* aks *n.*
spike *verb* nagle fast; sette pigger på; **~s** *flertall* piggsko *m, flertall.*
spill spille; søle; kaste av.
spin spinne; virvle; snurre rundt; (om fly, bil) gå i spinn; **take for a ~** ta en rask kjøretur.
spinach /'spɪnɪdʒ, /(*amr*)/ -ɪtʃ/ spinat *m.*
spinal /spaɪnl/ rygg-; **~ cord** ryggmarg *m;* **~ fluid** spinalvæske *m.*
spin-|drier /'spɪndraɪə/ sentrifuge *m;* **-dry** sentrifugere.
spine /spaɪn/ ryggrad *m;* bokrygg *m;* torn *m* (på kaktus).
spinning| mill spinneri *n;* **-wheel** rokk *m.*
spire /spaɪə/ spir *n.*

spirit /spɪrɪt/ ånd *m;* spøkelse *n;* sinn(elag) *n;* humør *n;* lyst *m/f;* mot *n;* livlighet *m;* sprit *m.*
spirit *verb* oppmuntre; **~s** *flertall* brennevin *n;* **in high ~s** opprømt; i godt humør; **in low ~s** nedslått; **~ed** livlig; energisk; kraftig; **~ual** åndelig; geistlig.
spit spidd *n;* odde *m;* spytt *n.*
spit *verb* spytte; frese (om katt); sprute.
spite /spaɪt/ ondskap(sfullhet) *m;* **in ~ of** til tross for; **~ful** ondskapsfull.
spit|fire /'spɪtfaɪə/ hissigpropp *m;* **-roast** på spidd.
spittle /'spɪtl/ spytt *n.*
splash /splæʃ/ skvett *m;* plask *n.*
splash *verb* skvette; plaske; søle til; **make a ~** vekke sensasjon *m.*
spleen /spliːn/ milt *m;* dårlig humør *n.*
splen|did /'splendɪd/ strålende; glimrende; storartet; **-dour** glans *m;* prakt *m.*
splice /splaɪs/ spleise; skjøte.
splint *(medisin)* skinne *m/f;* **~er** splint *m;* flis *f;* spon *n.*
splint *verb* splintre.
split sprekk *m;* spalting *m/f;* splittelse *m.*
split *verb* splitte; spalte; kløyve; dele seg; **~ peas** *flertall* gule erter *m/f, flertall.*
splutter /'splʌtə/ spruting *m/f;* oppstyr *n.*
splutter *verb* sprute; frese.
spoil /spɒɪl/ bytte *n;* rov *n.*
spoil *verb* ødelegge; skjemme bort; spolere; **~sport** gledesdreper *m.*
spoke /spoʊk/ eike *f;* trinn *n.*
spokesman /'spoʊksmən/ talsmann *m.*
sponge /spʌnʒ/ svamp *m;* **~-cake** sukkerbrød *n;* **~r** snyltegjest *m.*
sponsor /'spɒnsə/ fadder *m;* garantist *m.*
sponsor *verb* støtte; garantere.
spontaneous /spɒn'teɪnjəs/ spontan; umiddelbar.
spook /spuːk/ spøkelse *n;* **~y** nifs.
spool /spuːl/ spole *m;* filmrull *m.*
spool *verb* spole.
spoon /spuːn/ skje *m/f.*
sport /spɔːt/ atspredelse *m;* lek *m;* moro *m/f;* idrett *m.*
sport *verb* leke; drive sport; **~sground** idrettsplass *m;* **~sman** sportsmann *m;* **~swear** sportsklær *flertall.*
spot /spɒt/ flekk *m;* sted *n;* bit *m,* smule *m.*

spot *verb* oppdage; **~less** uten flekker; lytefri; **~light** prosjektør *m;* søkelys *n;* **~ test** stikkprøve *m/f*; **~ted** flekkete; prikkete.
sprain /spreɪn/ forstuing *m/f.*
sprain *verb* forstue; **~ed** forstuet; vrikket.
sprat /spræt/ brisling *m.*
sprawl /sprɔːl/ ligge henslengt; bre seg.
spray /spreɪ/ kvist *m;* sprøyt *m;* sprøytevæske *m/f.*
spray *verb* (over)sprøyte; spre (utover); bre (utover); dekke (bordet); spre seg; **~ can** sprayboks *m*; **~-gun** sprøytepistol *m*; **~-paint** sprutlakkere.
spread /spred/ utstrekning *m;* omfang *n;* utbredelse *m*; **~sheet** *(edb)* regneark *n.*
spree /spriː/ rangel *m;* moro *m/f;* **go on a ~** rangle; more seg.
sprig kvist *m;* kvast *m.*
spring /sprɪŋ/ vår *m;* kilde *m;* hopp *n;* (driv)fjær *m/f.*
spring *verb* springe; sprette; bryte frem; oppstå (**from** av); **in ~** om våren; **~board** springbrett *n;* **~ dive** sviktstup *n*; **~ mattress** springmadrass *m;* **~-tide** springflo *m/f;* **~y** fjærende; spenstig.
sprinkle /'sprɪŋkl/ stenke; skvette; **~r** spreder *m.*
sprout /spraʊt/ spire *m/f;* skudd *n.*
sprout *verb* spire; **Brussels ~s** rosenkål *m.*
spruce /spruːs/ fjong, fin; gran *m/f.*
spry /spraɪ/ kvikk; livlig.
spur /spɜː/ spore *m.*
spur *verb* (an)spore.
spurn /spɜːn/ avvise med forakt.
spurt /spɜːt/ spurt *m.*
spurt *verb* spurte; sprute.
sputter /'spʌtə/ frese; sprute; snakke fort og usammenhengende.
spy /spaɪ/ spion *m.*
spy *verb* spionere; **~glass** liten kikkert *m;* **~hole** kikkhull *n.*
squabble /'skwɒbl/ kjekl *n.*
squabble *verb* kjekle.
squad /skwɒd/ lag *n;* patrulje *m;* **~ron** skvadron *m;* eskadron *m.*
squalid /'skwɒlɪd/ skitten; ussel.
squall /skwɔːl/ skrål *n;* vindstøt *n,* byge *m.*
squalor /'skwɔːlə/ skitt *m.*
squander /'skwɒndə/ ødsle bort; spre(s).
square /skweə/ firkantet;

kvadratisk; rettvinklet; ærlig; real; kvitt, skuls; oppgjort (om mellomværende); firkant *m;* kvadrat *n;* åpen plass *m.*
square *verb* gjøre opp, ordne; *(slang)* bestikke; **~ with** stemme med; **~-built** firskåren; **~ mile** kvadratmil *f;* **~-shouldered** bredskuldret.
squash /skwɒʃ/ squash *m;* fruktsaft *m/f;* gresskar *n.*
squash *verb* kryste; presse.
squat /skwɒt/ liten; undersetsig; sitte på huk; ta opphold uten tillatelse; **~ter** husokkupant *m;* **~ting** husokkupasjon *m.*
squeak /skwiːk/ pip *n.*
squeak *verb* pipe.
squeal /skwiːl/ hvin *n.*
squeal *verb* hvine.
squeamish /ˈskwiːmɪʃ/ (litt) kvalm; pysete.
squeegee /ˈskwiːdʒiː/ nal *m.*
squeeze /skwiːz/ klem *m;* trykk *n;* press *n.*
squeeze *verb* klemme; trykke; presse.
squint /skwɪnt/ skjele; myse; **~-eyed** skjeløyd.
squire /ˈskwaɪə/ godseier *m.*
squirm /skwɜːm/ vri seg.
squirrel /ˈskwɪrəl/ ekorn *n.*
squirt /skwɜːt/ sprut *m.*
squirt *verb* sprute (på).
S.S. *fork for* **steamship.**
St. *fork for* **Saint; Street.**
stab /stæb/ stikke; dolke; **~bing** knivstikking *m/f.*
stabil|ity /stəˈbɪlətɪ/ fasthet *m;* stabilitet *m;* **-zation** stabilisering *m/f;* **-ze** stabilisere; **-zer** stabilisator *m.*
stable /ˈsteɪbl/ stabil; fast; varig; trygg; stall *m.*
stack /stæk/ stabel *m;* (korn-, høy-)stakk *m.*
stack *verb* stable; stakke (høy).
stadium /ˈsteɪdjəm/ stadion *n.*
staff /stɑːf/ stab *m;* personale *n;* stang *m/f;* stokk *m;* **on the ~** (fast) ansatt.
stag /stæg/ (kron)hjort *m;* **~-party** utdrikkingslag *n.*
stage /steɪdʒ/ plattform *m;* stillas *n;* skueplass *m;* *(teater)* scene *m;* stadium *n.*
stage *verb* sette i scene; oppføre; arrangere; **~-director** regissør *m;* **~craft** sceneteknikk *m;* **~ fright** lampefeber *m;* **~-hand** scenearbeider *m;* **~-manager** inspisient *m.*
stagger /ˈstægə/ raving *m/f.*
stagger *verb* rave; forbløffe.
stag|nant /ˈstægnənt/ stillestående; **-nate** stagnere.
stain /steɪn/ flekk *m;* skam *m.*

stain *verb* flekke; vanære; farge; **~less** plettfri; rustfri; **~ remover** flekkfjerner *m.*
stair /steə/ trapp(etrinn) *m/f (n);* **~case** trapp *m/f;* trappegang *m.*
stake /steɪk/ stake *m;* påle *m;* innsats *m.*
stake *verb* våge, sette på spill; **at ~** på spill.
stale /steɪl/ bedervet; flau; doven (om øl); gammelt (brød); fortersket; **~mate** matt (i sjakk); fastlåst situasjon *m.*
stalk /stɔːk/ stengel *m;* stilk *m.*
stall /stɔːl/ bås *m;* spiltau *n;* markedsbu *f; (teater)* parkett *m.*
stall *verb* sette i bås; stoppe; *(overført)* vinne tid, oppholde.
stallion /'stæljən/ hingst *m.*
stamina /'stæmɪnə/ utholdenhet *m.*
stammer /'stæmə/ stamme.
stamp /stæmp/ stempel *n;* preg *n;* avtrykk *n;* frimerke *n;* karakter *m;* stamping *m/f.*
stamp *verb* stemple; frankere; stampe; **~ dealer** frimerkehandler *m.*
stampede /stæm'piːd/ panikk *m;* stormløp *n.*
stand /stænd/ stans *m;* bod *m;* (utstillings)stand *m;* standpunkt *n;* tribune *m.*
stand *verb* stå; ligge (om bygning); bestå; være; tåle; **make a ~ against** gjøre motstand mot; **~ by** stå ved; holde seg klar; **~ off** holde seg på avstand; **~ one's ground** holde stand; **~ up for** gå i bresjen for.
standard /'stændəd/ normal-; fane *f;* flagg *n;* norm *m;* standard *m;* målestokk *m;* myntfot *m;* **~ of living** levestandard *m;* **~ize** standardisere.
standing /'stændɪŋ/ stående; fast; stilling *m/f;* rang *m.*
standpoint /'stændpɒɪnt/ standpunkt *n;* synspunkt *n.*
standstill /'stæn(d)stɪl/ stans *m;* stillstand *m.*
stanza /'stænzə/ vers *n;* strofe *m.*
staple /'steɪpl/ stapel (i tekstil) *m;* stift *m* (til maskin); **~r** stiftemaskin *m.*
star /stɑː/ stjerne *m/f.*
star *verb* opptre i hovedrolle; **~lit** stjerneklar(t).
starboard /'stɑːbəd/ styrbord.
starch /stɑːtʃ/ stivelse *m.*
starch *verb* stive.
stare /steə/ stirring *m/f.*
stare *verb* stirre.
starfish /'stɑːfɪʃ/ sjøstjerne *m/f.*
stark /stɑːk/ stiv; ren(t); fullstendig.

starling /'stɑːlɪŋ/ stær *m.*
start /stɑːt/ begynnelse *m;* start *m;* støkk *n,* rykk *n.*
start *verb* begynne; sette i gang; fare opp, få et støkk; **give a ~** sette et støkk i; **~ off, ~ out** dra av sted.
starter /stɑːtə/ starter *m; (eng)* forrett *m.*
starting-point /'stɑːtɪŋpɔɪnt/ utgangspunkt *n.*
startle /'stɑːtl/ skremme; overraske.
starv|ation /stɑː'veɪʃn/ sult *m;* hungersnød *m;* **-e** sulte.
stash /stæʃ/ *(amr)* mustasje *m;* **~ away** gjemme unna.
state /steɪt/ tilstand *m;* stilling *m/f;* stand *m;* stat *m.*
state *verb* erklære; fremsette; **the State Department** *(amr)* Utenriksdepartementet; **~ of emergency** unntakstilstand *m.*
stately /'steɪtlɪ/ verdig; prektig.
statement /'steɪtmənt/ beretning *m;* erklæring *m/f;* fremstilling *m/f;* **bank ~** kontoutskrift *m/f;* **~ of account** avregning *m.*
statesman /'steɪtsmən/ statsmann *m.*
station /steɪʃn/ stasjon *m;* (samfunns)stilling *m/f.*
station *verb* anbringe; stasjonere; **~ary** stasjonær; fast.
stationer /'steɪʃənə/ papirhandler *m;* **~y** skrivesaker *flertall.*
statistic|al /stə'tɪstɪkl/ statistisk; **-s** statistikk *m.*
statue /'stætjuː/ statue *m.*
stature /'stætʃə/ legemshøyde *m;* ry *n.*
status /'steɪtəs/ status *m;* posisjon *m.*
statut|e /'stætjuːt/ lov *m;* vedtekt *m/f;* **-ory** lovfestet.
staunch /stɔːntʃ/ pålitelig; trofast.
stave /steɪv/ (tønne)stav *m;* strofe *m;* **~ off** avverge; forhale.
stay /steɪ/ opphold *n;* stag *n;* bardun *m.*
stay *verb* oppholde seg; stanse; (for)bli; bo; **~ away** holde seg borte; **~ put** bli hvor man er.
stead /sted/ sted *n;* **in his ~** i hans sted; **in~ of** istedenfor.
steadfast /'stedfɑːst/ fast; lojal.
steady /'stedɪ/ stø, fast; regelmessig; rolig; vedholdende.
steady *verb* berolige; bli roligere; **go ~** *(hverdagslig)* ha fast følge; **~ on!** vær forsiktig!
steak /steɪk/ biff *m.*

steal /stiːl/ stjele; liste seg.
stealthily /ˈstelθɪlɪ/ i smug.
steam /stiːm/ damp *m.*
steam *verb* dampe; **let off ~** avreagere; **~boiler** dampkjele *m;* **~ed** dampet; **~er, ~ship** dampskip *n;* **~ iron** dampjern *n.*
steel /stiːl/ stål *n.*
steep /stiːp/ steil; bratt; stiv (om pris); skrent *m;* stup *n;* **~en** bli brattere; gjøre brattere.
steeple /ˈstiːpl/ spisst (kirke)tårn *n;* **~chase** hinderløp *n.*
steer /ˈstɪə/ (ung) okse *m.*
steer *verb* styre; **~age** styring *m/f.*
steering /ˈstiːrɪŋ/ styring *m/f;* **~-column** (i bil) rattstang *m/f;* **~-lock** rattlås *m;* **~-wheel** ratt *n.*
stem stilk *m;* stett *m;* forstavn *m.*
stem *verb* demme opp; stamme (**from** fra).
stench /stentʃ/ stank *m.*
stenograph|er /steˈnɒgrəfə/ stenograf *m;* **-y** stenografi *m.*
step skritt *n;* (fot)trinn *n;* trappetrinn *n.*
step *verb* skritte; trå (**on** på); **~father** stefar *m;* **~mother** stemor *m/f.*
sterling /ˈstɜːlɪŋ/ ekte; gedigen; **a pound ~** (mynt) et pund sterling.
stern /stɜːn/ hard; streng; akterstevn *m.*
stevedore /ˈstiːvədɔː/ stuer *m.*
stew /stjuː/ stuing *m/f;* lapskaus *m.*
stew *verb* småkoke.
steward /ˈstjuːəd/ forvalter *m;* intendant *m;* stuert *m;* flyvert *m;* **~ess** flyvertinne *m/f.*
stewed /stjuːd/ stuet.
stick /stɪk/ stokk *m;* kjepp *m;* kølle *f;* stang *m/f;* **~ around** holde seg i nærheten; **~ to** holde fast ved.
sticker /ˈstɪkə/ klistremerke *n.*
sticking /ˈstɪkɪŋ/, **~ plaster** heftplaster *n.*
sticky /ˈstɪkɪ/ klebrig; seig; vanskelig; lummer.
stiff stiv; stri; støl; vrien; **~en** stivne; gjøre stiv, stive; **~ness** stølhet *m.*
stifle /ˈstaɪfl/ kvele; undertrykke; **~d** halvkvalt.
still ennå; enda; likevel; stille; rolig; uten kullsyre (om drikke).
still *verb* berolige; stagge.
still|birth /ˈstɪlbɜːθ/ dødfødsel *m;* **-born** dødfødt.
stilt stylte *m/f;* **~ed** oppstyltet.
stimul|ant /ˈstɪmjʊlənt/ stimulerende middel *n;* oppstiver *m,* stimulans *m;* **-ate** stimulere; **-ating**

stimulerende; **-ation** stimulering *m/f.*
sting /stɪŋ/ brodd *m;* nag *n;* stikk *n.*
sting *verb* stikke; svi, smerte; **~ing-nettle** brennesle *m/f.*
stingy /ˈstɪndʒɪ/ gjerrig.
stink /stɪŋk/ stank *m.*
stink *verb* stinke (**of** av).
stir /stɜː/ røre *n;* oppstuss *n;* bevegelse *m.*
stir *verb* røre (på); bevege (seg); rote opp i; **~ up** hisse opp.
stirrup /ˈstɪrəp/ stigbøyle *m.*
stitch /stɪtʃ/ sting *n;* maske *m.*
stitch *verb* sy; hefte sammen.
stock /stɒk/ lager *n;* beholdning *m;* bestand *m;* besetning *m;* ætt *f;* skjefte *n;* bedding *m/f;* kapital *m;* statsobligasjon *m;* aksje *m;* suppekraft *m/f.*
stock *verb* ha på lager; føre; **take ~** holde vareopptelling *m/f*; **~ up** fylle lageret.
stockbreeder /ˈstɒkbriːdə/ kvegoppdretter *m.*
stock/broker /ˈstɒkbroʊkə/ aksjemekler *m;* **- car** olabil *m*; **Stock Exchange, -holder** aksjonær *m;* **- market** (fonds)børs *m.*
stocking /ˈstɒkɪŋ/ strømpe *m/f.*
stocky /ˈstɒkɪ/ tettvokst.
stodgy /ˈstɒdʒɪ/ (om mat) tungt fordøyelig; kjedelig.
stoke /stoʊk/ fyre opp; **~r** fyrbøter *m.*
stole /stoʊl/ stola *m.*
stolid /ˈstɒlɪd/ tung; sløv; passiv.
stomach /ˈstʌmək/ mage(sekk) *m.*
stomach *verb* finne seg i; **~-ache** mageknip *n*; vondt i magen.
stone /stoʊn/ stein *m;* (vekt) = 14 eng. pund.
stone *verb* steine; **~d** sterkt påvirket (av alkohol *eller* narkotika).
stony /ˈstoʊnɪ/ steinhard; steinete.
stool /stuːl/ krakk *m;* taburett *m;* **~s** *flertall* avføring *m/f.*
stoop /stuːp/ bøye seg; lute.
stop /stɒp/ opphør *n;* stans *m;* avbrytelse *m;* hindring *m/f;* skilletegn *n; (mus)* klaff *m; (mus)* register *n.*
stop *verb* stanse; (til)stoppe; hindre; fylle; plombere; sperre; innstille (sine betalinger); slå seg til ro; oppholde seg.
stopgap /ˈstɒpgæp/ midlertidig; nødhjelp *m/f.*
stoppage /ˈstɒpɪdʒ/ stans *m;* tilstopping *m/f;* hindring *m/f.*

stopping /'stɒpɪŋ/ fylling *m/f;* plombe *m.*
storage /'stɔːrɪdʒ/ lagring *m/f;* lagerrom *n;* lagringsavgift *m/f.*
store /stɔː/ forråd *n;* lager *n;* *(amr)* forretning *m.*
store *verb* lagre; oppbevare; **department ~** varemagasin *n*; **~house** lagerbygning *m;* magasin *n*; **~keeper** lagerformann *m; (amr)* kjøpmann *m.*
storey /'stɔːrɪ/ etasje *m.*
stork /stɔːk/ stork *m.*
storm /stɔːm/ (sterk) storm *m;* uvær *n.*
storm *verb* storme; **~y** stormfull.
story /'stɔːrɪ/ historie *m;* fortelling *m/f;* skrøne *m/f;* **short ~** novelle *m.*
stout /staʊt/ kraftig; traust; tapper; kjekk; korpulent; sterkt øl; **~ness** styrke *m;* kjekkhet *m;* korpulens *m.*
stove /stoʊv/ ovn *m;* komfyr *m.*
stow /stoʊ/ *verb* stue; **~age** stuing *m/f;* **~away** blindpassasjer *m.*
straddle /'strædl/ skreve; sitte over skrevs.
straggler /'stræglə/ etternøler *m.*
straight /streɪt/ rett; strak; like; grei; **put ~** ordne; **~ forward** likefrem; redelig; **~ on** rett frem.
straighten /'streɪtən/ rette (på); **~ out** rette ut; **~ up** rette seg opp; rydde (opp).
strain /streɪn/ belastning *m/f;* påkjenning *m/f*; sort *m;* *(medisin)* forstrekkelse *m,* forstuing *m/f.*
strain *verb* anspenne; anstrenge (seg); forstrekke; forstue; sile; **~ed** tvungen, anstrengt.
strainer /'streɪnə/ sil *m.*
strait /streɪt/ sund *n,* strede *n.*
strait-jacket /'streɪtdʒækɪt/ tvangstrøye *m/f.*
strand /strænd/ strand *m/f.*
strand *verb* strande.
strange /streɪndʒ/ fremmed; merkelig; **~r** fremmed *m.*
strangle /'stræŋgl/ kvele; **~hold** kvelertak *n.*
strap /stræp/ stropp *m;* rem *m/f.*
strap *verb* spenne fast; slå (med rem).
straw /strɔː/ strå *n;* halm *m.*
strawberry /'strɔːbərɪ/ jordbær *n.*
stray /streɪ/ bortkommen; tilfeldig; **go a~** forville seg; komme bort.
streak /striːk/ strek *m;* stripe *m/f;* trekk *n;* snev *m*; **~y** stripete.
stream /striːm/ strøm *m;* elv *m/f;* bekk *m.*

stream *verb* strømme.
streamer /ˈstriːmə/ vimpel *m;* **paper ~s** serpentiner *m, flertall.*
street /striːt/ gate *m/f;* **~car** *(amr)* trikk *m.*
strength /streŋθ/ styrke *m;* **~en** (be)styrke; bli sterkere.
strenuous /ˈstrenjʊəs/ iherdig; energisk; anstrengende.
stress (etter)trykk *n;* spenning *m/f;* betoning *m/f.*
stress *verb* betone.
stretch /stretʃ/ strekning *m;* tidsrom *n.*
stretch *verb* strekke (seg); tøye; **at a ~** i ett strekk.
stretcher /ˈstretʃə/ (syke)båre *m.*
strew /struː/ (be)strø; spre.
strict /strɪkt/ streng; nøye; **~ly speaking** strengt tatt.
stride /straɪd/ langt skritt *n.*
stride *verb* skride; **great ~s** stort fremskritt *n.*
strident /straɪdnt/ skingrende.
strife /straɪf/ strid *m.*
strike /straɪk/ streik *m.*
strike *verb* slå; treffe; støte på; slå *(om klokke m);* stryke (flagg *n,* seil *n);* gjøre inntrykk; avslutte (handel); ta fyr, tenne på (fyrstikk); slå ned (lyn); streike; **be (go) on ~** streike; **~ out** slette ut; **~ up** spille opp.
striking /ˈstraɪkɪŋ/ påfallende; slående; treffende.
string /strɪŋ/ snor *m/f;* hyssing *m;* streng *m;* bånd *n.*
string *verb* forsyne med strenger; *(mus)* stemme; stramme; **~ orchestra** strykeorkester *n.*
stringent /ˈstrɪndʒənt/ streng; stringent.
stringy /ˈstrɪŋɪ/ trevlete.
strip strimmel *m.*
strip *verb* trekke av; kle av (seg); *(tekn)* ta fra hverandre; **comic ~** tegneserie *m;* **~ down** demontere; **~ of** frata.
stripe /straɪp/ stripe *f.*
stripe *verb* lage stripe i; **~d** stripete.
strive /straɪv/ streve; kjempe (**against** mot).
stroke /stroʊk/ *(medisin)* slag *n;* klapp *n;* trekk *n;* støt *n;* (pensel)strøk *n; (medisin)* hjerneslag *n;* **~ of luck** lykketreff *n.*
stroll /stroʊl/ spasertur *m.*
stroll *verb* spasere.
stroller /ˈstroʊlə/ *(amr)* sportsvogn *m/f.*
strong /strɒŋ/ sterk; kraftig; **~hold** (høy)borg *m.*
structur|al /ˈstrʌktʃərəl/ struktur-; bygningsmessig;

-e struktur *m;* oppbygning *m;* byggverk *n.*
struggle /'strʌgl/ kamp *m;* strev *n.*
struggle *verb* kjempe; stri.
strum /strʌm/ klimpring *m/f.*
strum *verb* klimpre.
strut /strʌt/ spankulere; støtte.
stub /stʌb/ stump *m;* talong *m;* **~ble** skjeggstubb *m.*
stubborn /'stʌbən/ stri; hårdnakket; stivsinnet; sta.
stuck /stʌk/, **be ~** sitte fast; **~-up** hoven, hovmodig.
stud /stʌd/ stift *m;* pigg *m;* stutteri *n;* **wheel ~** hjulbolt *m;* **~ded tyre** piggdekk *n.*
student /'stju:dənt/ student *m.*
studied /'stʌdɪd/ overlagt; uttenkt; tilsiktet.
studio /'stju:dɪoʊ/ atelier *n;* studio *n.*
studious /'stju:djəs/ flittig; ivrig; omhyggelig.
study /'stʌdɪ/ studium *n;* arbeidsværelse *n.*
study *verb* studere.
stuff /stʌf/ (rå)stoff *n;* emne *n;* skrap *n,* juks *n.*
stuff *verb* stoppe (ut); fylle; proppe; stappe; **~ed** fylt.
stuffing /'stʌfɪŋ/ farse *m,* fyll *m/n;* stopp *m;* polstring *m/f.*
stuffy /'stʌfɪ/ innelukket; trykkende; prippen.
stumble /'stʌmbl/ snuble.
stump /stʌmp/ stump *m;* stubbe *m;* **~y** firskåren; stubbete.
stun /stʌn/ svimeslå; overvelde; **~-gun** elektrosjokkvåpen *n;* **~ning** fantastisk; overveldende.
stunt /stʌnt/ kunststykke *n;* knep *n.*
stunt *verb* gjøre kunststykker *flertall*; hemme; **~ed** forkrøplet; avstumpet.
stupefaction /stju:pɪ'fækʃn/ forbløffelse *m;* **-fy** forbløffe; bedøve.
stupendous /stju:'pendəs/ veldig; overveldende.
stupid /'stju:pɪd/ dum; sløv; **~ity** dumhet *m.*
stupor /'stju:pə/ sløvhetstilstand *m.*
sturdy /'stɜ:dɪ/ robust; kraftig; traust.
stutter /'stʌtə/ stamme.
sty /staɪ/ svinesti *m, (medisin)* sti *m* (på øyet).
style /staɪl/ stil *m; (bot)* griffel *m.*
stylle *verb* titulere; benevne; **-ish** stilig; flott.
styptic /'stɪptɪk/ blodstillende (middel *n*).
suave /swɑ:v/ beleven; urban.
sub /sʌb/ under-.
subconscious /sʌb'kɒnʃəs/ underbevisst.

subdivi|de /sʌbdɪ'vaɪd/ underinndele; **-sion** underavdeling *m/f.*
subdue /səb'djuː/ undertrykke; dempe; **~d** dempet; stillferdig.
subhuman /sʌb'hjuːmən/ laverestående.
subject /'sʌbdʒɪkt/ statsborger *m;* gjenstand *m;* emne *n;* sak *m/f;* (studie)fag *n;* **~ to** med forbehold om; underlagt; utsatt for.
subject *verb* /səb'dʒekt/ **~ to** underkaste; utsette (for); **~ion** underkastelse *m.*
subjugate /'sʌbdʒʊgeɪt/ undertvinge.
sublet /'sʌblet/ fremleie *m/f.*
sublet *verb* /-'let/ fremleie.
sublime /sə'blaɪm/ opphøyet.
submarine /'sʌbməriːn/ undersjøisk; undervanns(båt *m).*
submerge /səb'mɜːdʒ/ dukke (ned); senke under vann.
submissive /sʌb'mɪsɪv/ underdanig; spak.
submit /səb'mɪt/ underkaste *(seg); forelegge* (**to** for).
subordinate /sə'bɔːdɪnɪt/ underordnet.
subordinate *verb* /-eɪt/ underordne.
subscribe /səb'skraɪb/ skrive under; subskribere; abonnere (**to** på); tegne (et bidrag); **~r** abonnent *m;* bidragsyter *m.*
subscription /səb'skrɪpʃn/ undertegning *m* (**to** av); abonnement *n;* tegning *m/f* av bidrag.
subsequent /'sʌbsɪkwənt/ påfølgende; **~ly** siden; etterpå.
subservient /sʌb'sɜːvɪənt/ underdanig; servil.
subside /səb'saɪd/ synke; avta.
subsidiary /səb'sɪdjərɪ/ hjelpe-; side-; **~ company** datterselskap *n.*
subsid|ize /'sʌbsɪdaɪz/ subsidiere; **-y** statsstøtte *m/f; flertall* **-ies** subsidier *flertall.*
subsistence /səb'sɪstəns/ eksistens *m.*
substance /'sʌbstəns/ substans *m;* stoff *n;* kjerne *m.*
substantial /səb'stænʃəl/ betydelig; solid.
substitute /'sʌbstɪtjuːt/ stedfortredende; stedfortreder *m;* vikar *m;* erstatning *m.*
substitute *verb* sette istedenfor; vikariere (**for** for).
subtenant /sʌb'tenənt/ en som bor på fremleie.
subtitle /'sʌbtaɪtl/ undertittel *m;* undertekst *m/f* på film.
subtle /'sʌtl/ fin; subtil; skarp(sindig); **~ty** finesse *m;* subtilitet *m.*

subtotal /sʌb'toʊtl/ delsum *m.*
subtract /səb'trækt/ trekke fra.
suburb /'sʌbɜːb/ forstad *m;* **~an** forstads-.
subversive /səb'vɜːsɪv/ samfunnsnedbrytende.
subway /'sʌbweɪ/ fotgjengerundergang *m; (amr)* T-bane *m.*
succeed /sək'siːd/ følge etter; etterfølge; lykkes; **~ to** arve.
success /sək'ses/ hell *n;* suksess *m;* **~ful** heldig; vellykket; fremgangsrik.
success|ion /sək'seʃən/ arvefølge *n;* rekke(følge) *m/f (m);* **-ive** som følger etter hverandre; på rad; **-or** etterfølger *m.*
succinct /sək'sɪŋkt/ kort; fyndig.
succulent /'sʌkjʊlənt/ saftig.
succumb /sə'kʌm/ bukke under; ligge under (**to** for).
such /sʌtʃ/ sånn; slik; **~ and ~** den og den; en viss.
suck /sʌk/ suge; die; **~er** en som suger; *(amr,) (hverdagslig)* grønnskolling *m;* **~le** die; gi bryst.
suction /'sʌkʃn/ suging *m/f.*
sudden /'sʌdn/ plutselig; brå; **all of a ~** med ett.
suds /sʌdz/ *flertall* såpeskum *n.*
sue /s(j)uː/ anklage; saksøke; be, bønnfalle.
suet /'s(j)ʊɪt/ talg *m/f.*
suffer /'sʌfə/ lide (**from** av); tåle; tillate; **~er** lidende *m;* **~ing** lidelse *m.*
suffice /sə'faɪs/ strekke til; være nok.
sufficien|cy /sə'fɪʃənsɪ/ tilstrekkelig mengde *m;* **-t** tilstrekkelig.
suffocate /'sʌfəkeɪt/ kvele(s).
suffrage /'sʌfrɪdʒ/ stemmerett *m;* **universal ~** alminnelig stemmerett *m.*
sugar /'ʃʊgə/ sukker *n.*
sugar *verb* sukre; **~ bowl** sukkerskål *m.*
suggest /sə'dʒest/ foreslå; antyde; **~ed price** veiledende pris *m;* **~ion** antydning *m;* forslag *n;* suggesjon *m;* **~ive** tankevekkende; suggestiv.
suicide /'s(j)uːɪsaɪd/ selvmord *n;* **commit ~** begå selvmord.
suit /s(j)uːt/ drakt *m/f;* dress *m; (kortspill)* farge *m;* søksmål *n;* rettssak *m;* begjæring *m/f.*
suit *verb* passe; kle; tilfredsstille; **~able** skikket; passende (**to, for** for).
suitcase /'s(j)uːtkeɪs/ koffert *m.*
suite /swiːt/ følge *n;* sett *n;* suite *m.*
suited /'s(j)uːtɪd/ (vel)egnet.
suitor /'s(j)uːtə/ frier *m; (jur)* saksøker *m.*

sulky /'sʌlkɪ/ furten; tverr.
sullen /'sʌlən/ mutt; tverr.
sulphur /'sʌlfə/ svovel *m/n.*
sult|riness /'sʌltrɪnɪs/ lummerhet *m;* **-ry** lummer; trykkende; sensuell.
sum /sʌm/ (penge)sum *m;* ~ **up** oppsummere.
summar|ize /'sʌməraɪz/ sammenfatte; resymere; **-y** kortfattet; resymé *n;* utdrag *n.*
summer /'sʌmə/ sommer *m;* **in** ~ om sommeren.
summit /'sʌmɪt/ topp *m.*
summon /'sʌmən/ stevne; innkalle; **~s** *flertall* stevning *m.*
sumptuous /'sʌmtjʊəs/ overdådig; praktfull.
sun /sʌn/ sol *m/f;* **~bathe** sole (seg); **~beam** solstråle *m.*
sunburn /'sʌnbɜːn/ solbrenthet *m;* **~t** solbrent.
Sunday /'sʌndɪ/ søndag *m.*
sun|dial solur *n;* **-down** solnedgang *m.*
sundr|ies /'sʌndrɪz/ *flertall* diverse (utgifter); **-y** diverse.
sun-|glasses *flertall* solbriller *m, flertall;* **-helmet** tropehjelm *m.*
sun|rash soleksem *m;* **-rise** soloppgang *m;* **-set** solnedgang *m;* **-shade** parasoll *m;* **-shine** solskinn *n;* **-stroke** solstikk *n.*
sun-tan /'sʌntæn/ brunfarge (av solen); ~ **oil** sololje *m/f;* ~ **cream** solkrem *m.*
superb /suː'pɜːb/ prektig; storartet.
supercilious /suːpə'sɪlɪəs/ overlegen.
superficial /suːpə'fɪʃəl/ overfladisk.
superfluous /sʊ'pɜːflʊəs/ overflødig.
superintend /sʊpərɪn'tend/ lede; overvåke; **~ent** inspektør *m;* leder *m.*
superior /suː'pɪərɪə/ over-; høyere; overlegen; utmerket; overordnet; foresatt; **~ity** overlegenhet *m.*
superlative /suː'pɜːlətɪv/ fremragende; av høyeste grad; superlativ *m.*
superman /'suːpəmæn/ overmenneske *n.*
supernatural /suːpə'nætʃərəl/ overnaturlig.
supersede /suːpə'siːd/ fortrenge; erstatte.
supersonic /suːpə'sɒnɪk/ overlyds-.
superstiti|on /suːpə'stɪʃn/ overtro *m;* **-ous** overtroisk.
supervis|e /suːpə'vaɪz/ føre oppsyn med; **-ion** tilsyn *n;* kontroll *m;* **-or** inspektør *m.*

supper /'sʌpə/ kveldsmat *m;* supé *m.*
supple /'sʌpl/ myk; smidig.
supplement /'sʌplɪment/ tillegg *n;* (avis) bilag *n;* supplement *n.*
supplement *verb* supplere; **~ary** supplerende; tilleggs-.
suppl|ier /sə'plaɪə/ leverandør *m;* **-y** tilførsel *m;* levering *m/f;* forsyning *m/f;* forråd *n;* tilbud *n.*
supply /sə'plaɪ/ *verb* skaffe; levere; forsyne.
support /sə'pɔːt/ støtte *m/f;* understøttelse *m.*
support *verb* støtte; underholde; forsørge; tåle; **~er** tilhenger *m;* en som støtter noe(n).
suppos|e /sə'poʊz/ anta; formode; **-ition** antakelse *m;* **-itory** stikkpille *m/f.*
suppress /sə'pres/ undertrykke; avskaffe; **~ion** undertrykkelse *m.*
suprem|acy /s(j)ʊ'preməsɪ/ overhøyhet *m;* overlegenhet *m;* **-e** høyest; øverst.
sure /ʃʊə/ sikker; trygg; viss; tilforlatelig; **make ~ (that)** forvisse seg om (at); **~ly** sikkert; **~ty** sikkerhet *m;* kausjon(ist) *m (m).*
surf /sɜːf/ brenning *m/f*; *(edb)* surfing *m/f.*
surf *verb* surfe.
surface /'sɜːfɪs/ (over)flate *m/f;* (vei)dekke *n.*
surface *verb* komme til overflaten; legge dekke på.
surf|board surfebrett *n*; **-rider** surfer *m/f*; **-riding** surfing *m/f.*
surge /sɜːdʒ/ brottsjø *m;* stor bølge *m/f.*
surge *verb* bruse; strømme.
surge|on /'sɜːdʒən/ kirurg *m;* **-ry** kirurgi *m;* legekontor *n.*
surmise /'sɜːmaɪz/ antakelse *m.*
surmise *verb* /sə'maɪz/ anta.
surmount /sɜː'maʊnt/ overvinne; komme over.
surname /'sɜːneɪm/ etternavn *n.*
surpass /sɜː'pɑːs/ overtreffe; overgå.
surplus /'sɜːpləs/ overskudd *n.*
surprise /sə'praɪz/ overraskelse *m.*
surprise *verb* overraske.
surrender /sə'rendə/ overgivelse *m.*
surrender *verb* overgi (seg); oppgi.
surround /sə'raʊnd/ omgi; omringe; **~ings** *flertall* omgivelser *m, flertall.*
surveillance /sə'veɪləns/ overvåking *m/f.*
survey /'sɜːveɪ/ overblikk *n.*
survey *verb* /sɜː'veɪ/ se over; besiktige; måle opp;

~or takstmann *m;* landmåler *m.*
surviv|e /sə'vaɪv/ overleve; **-al** det å overleve; (fortids)levning *m;* **-or** overlevende *m.*
susceptible /sə'septəbl/ mottakelig; lettpåvirkelig.
suspect /'ʌspekt/ mistenkelig; mistenkt *m.*
suspect *verb* /sə'spekt/ mistenke; ane.
suspend /sə'spend/ henge (opp); la avbryte; stanse; suspendere.
suspender /sə'spendə/ sokkeholder *m;* strømpeholder *m;* **~s** *flertall, (amr)* bukseseler *m, flertall.*
suspense /sə'spens/ uvisshet *m;* spenning *m/f.*
suspension /sə'spenʃn/ (på bil) oppheng *n,* fjæring *m/f;* utsettelse *m;* stans *m/f;* suspensjon *m;* **~ bridge** hengebro *m.*
suspensive /sə'spensɪv/ utsettende.
suspici|on /sə'spiːʃn/ mistanke *m;* **-ous** mistenksom; mistenkelig.
sustain /sə'steɪn/ støtte; tåle; lide (tap); **~ed** langvarig; vedvarende; **~ing** nærende.
sustenance /'sʌstənəns/ næring *m/f;* livsopphold *n.*
swagger /'swægə/ skryte; spankulere, sprade.
swallow /'swɒloʊ/ svale *m/f;* slurk *m.*
swallow *verb* svelge.
swamp /swɒmp/ myr *f;* sump *m;* **~y** myrlendt.
swan /swɒn/ svane *m.*
swap /swɒp/ bytte; utveksle.
swarm /swɔːm/ sverm *m.*
swarm *verb* sverme; yre; kry.
sway /sweɪ/ svaiing *m/f;* gynging *m/f;* makt *m/f,* innflytelse *m* (**over** over).
sway *verb* svaie; påvirke; **~-backed** svairygget.
swear /sweə/ sverge; banne.
sweat /swet/ svette *m.*
sweat *verb* svette; **~er** (ull)genser *m.*
swede /swiːd/ kålrot *m/f.*
sweep /swiːp/ feie; sope; **make a clean ~** gjøre rent bord; **(chimney) ~** (skorsteins)feier *m;* **~er** gatefeier *m;* feiemaskin *m;* **~ing** feiende; omfattende; gjennomgripende.
sweepstake /'swiːpsteɪk/ totalisatorspill *n.*
sweet /swiːt/ søt; yndig; blid; dessert *m;* **~s** *flertall* sukkertøy *n;* godteri *n;* **~corn** mais *m.*
sweeten /'swiːtn/ sukre, gjøre

søt; blidgjøre; **~er** søtningsmiddel *n.*
sweet|heart /'swi:thɑ:t/ kjæreste *m*; **~potato** søtpotet *m/f.*
swell /swel/ flott; elegant; svulming *m/f;* dønning *m.*
swell *verb* hovne opp; svulme; stige; vokse; **~ing** svulmende; hevelse *m.*
swelter /'sweltə/ gispe av varme.
swerve /swɜ:v/ dreie av; svinge (brått) til siden.
swift hurtig; rask; *(zool)* tårnsvale *m/f.*
swim svømmetur *m.*
swim *verb* svømme; **~ming pool** svømmebasseng *n*; **~wear** badetøy *n.*
swindle /'swɪndl/ svindel *m.*
swindle *verb* svindle; bedra; **~r** svindler *m;* bedrager *m.*
swine /swaɪn/ svin *n.*
swing sving(ing) *m (m/f);* huske *m/f*; rytme *m;* spillerom *n;* swing *m* (dans).
swing *verb* svinge; huske; dingle.
swirl /swɜ:l/ virvel *m.*
swirl *verb* virvle.
swiss roll /swɪs roʊl/ rullekake *m/f.*
switch /swɪtʃ/ *(elektr)* (strøm)bryter *m;* kjepp *m;* pisk *m;* pens *m.*
switch *verb* skifte; pense; slå; **~ off/on** slå av/på.
switchboard /'swɪtʃbɔ:d/ strømtavle *m/f; (tlf)* sentralbord *n.*
swollen /'swɒlən/ *(medisin)* hoven.
swoon /swu:n/ besvimelse *m.*
swoon *verb* besvime.
swoop /swu:p/ nedslag *n*; razzia *m*; **~ down on** slå ned på; **~ on** slå til mot.
sword /sɔ:d/ sverd *n;* kårde *m;* sabel *m;* **~sman** fekter *m.*
syllable /'sɪləbl/ stavelse *m.*
syllabus /'sɪləbəs/ pensum *n;* leseplan *m.*
symbol /'sɪmbəl/ symbol *n;* **~ic(al)** symbolsk.
sympath|etic /sɪmpə'θetɪk/ sympatisk; deltakende, medfølende; **-ize** sympatisere, ha medfølelse (**with** med); **-y** sympati *m.*
symphony /'sɪmfənɪ/ symfoni *m;* **~ orchestra** symfoniorkester *n.*
synchronize /'sɪŋkrənaɪz/ synkronisere; samordne.
synopsis /sɪ'nɒpsɪs/ oversikt *m;* utdrag *n.*
synthes|is /'sɪnθəsɪs/ syntese *m;* **-ize** *(tekn)* syntetisere; fremstille kunstig.
syphilis /'sɪfɪlɪs/ syfilis *m.*

syringe /ˈsɪrɪndʒ/ *(medisin)* sprøyte *m/f.*
syringe *verb* sprøyte (inn).
syrup /ˈsɪrəp/ sukkerholdig (frukt)saft *m/f*; sirup *m.*
system /ˈsɪstəm/ system *n;* **~atic(ally)** systematisk; **~atize** systematisere.
systems| analysis /ˈsɪstəmz əˈnælɪsɪs/ *(edb)* systemanalyse *m/f*; **- analyst** systemanalytiker *m.*

T

tab /tæb/ merkelapp *m;* hempe *m/f; fork for* **tabulator**.
table /ˈteɪbl/ bord *n;* tabell *m*; **clear the ~** ta av bordet; **lay the ~** dekke på bordet.
table|cloth bordduk *m;* **-spoon** spiseskje *m/f;* **-tennis** bordtennis *m.*
tacit /ˈtæsɪt/ stilltiende; taus; **~urn** fåmælt.
tack /tæk/ stift *m;* tråklesting *n.*
tack *verb* feste; hefte med stifter; tråkle; *(sjøfart)* baute.
tackle /ˈtækl/ redskap *n,* utstyr *n*; talje *m.*
tackle *verb* ta seg av; takle.
tacky /ˈtækɪ/ klebrig.
tact */tækt/ takt m;* finfølelse *m;* **~ful** taktfull; **~ical** taktisk; **~ics** taktikk *m;* **~less** taktløs.
tadpole /ˈtædpoʊl/ rumpetroll *n.*
tag /tæg/ merkelapp *m;* omkved *n;* sisten (lek); **play ~** leke sisten.
tag *verb* feste (**on** på); **~ along with** følge i hælene på.
tail /teɪl/ hale *m;* bakende *m;* **~s** *flertall, (hverdagslig)* kjole og hvitt; snippkjole *m;* mynt(side); **coat ~** frakkeskjøt *m*; **~-coat** kjole og hvitt.
tailor /ˈteɪlə/ skredder *m.*
tailor *verb* sy; tilpasse; **~-made** skreddersydd.
taint /teɪnt/ plett *m;* flekk *m.*
take /teɪk/ ta; gripe; innta; fange; arrestere; ta med; anta; gjøre; utføre; fenge (om ild); **~ after** ta etter, ligne på; **~ for** anse for; **~ in** ta inn; ta imot, motta; abonnere på; oppfatte; lure; **~ off** ta av seg (klær); slå av på, forminske; starte, gå opp (om fly); **~ on** påta seg; ansette; **~ out** ta ut; trekke ut; **~ place** finne sted; **~ to** like; ha sympati for; **~ up** ta opp; slå seg på.

take-over /'teɪkoʊvə/ *(handel)* overtakelse *m* (ved aksjemajoritet); *(sport)* veksling *m/f*.
talc /tælk/, **talcum powder** talkum *n*.
tale /teɪl/ fortelling *m/f;* oppspinn *n*; **tell ~s** sladre; **fairy ~** eventyr *n*.
talented /'tæləntɪd/ talentfull; evnerik.
talk /tɔːk/ snakk *n;* samtale *m;* kåseri *n*.
talk *verb* snakke; **~ative** snakkesalig.
tall /tɔːl/ høy; stor; utrolig; **~boy** høy kommode *m*.
tallow /'tæloʊ/ talg *m/f*.
tally /'tælɪ/ karvestokk *m;* regnskap *n*.
tally *verb* føre regnskap; stemme (**with** med).
tame /teɪm/ tam; kjedelig.
tame *verb* temme.
tamper /'tæmpə/, **~ with** klusse med.
tan /tæn/ garvebark *m;* brunfarge *m*.
tan *verb* garve; bli brun (av solen).
tangerine /tændʒə'riːn/ mandarin *m*.
tangible /'tændʒəbl/ håndgripelig.
tangle /'tæŋgl/ floke *m*.
tangle *verb* floke seg.
tank /tæŋk/ beholder *m;* tank *m;* **~ up** fylle bensin, tanke.
tankard /'tæŋkəd/ ølkrus *n;* seidel *m*.
tanker /'tæŋkə/ tankskip *n*.
tanner /'tænə/ garver *m*.
tannic /'tænɪk/, **~ acid** garvesyre *m/f*.
tantalize /'tæntəlaɪz/ pine, erte.
tap /tæp/ kran *m;* (tønne)tapp *m;* lett slag *n*.
tap *verb* banke lett; tappe; avlytte; **on ~** på fat; lett tilgjengelig.
tap-dance /'tæpdɑːns/ steppe.
tape /teɪp/ (lyd)bånd *n;* limbånd *n*.
tape *verb* feste med limbånd; ta opp på (lyd)bånd; **adhesive ~** limbånd *n;* **~-measure** målebånd *n;* **~-recorder** båndspiller *m*.
taper /'teɪpə/ (tynt voks)lys *n*.
taper *verb* smalne av; minke, avta.
tapestry /'tæpəstrɪ/ billedvev *m;* billedteppe *n*.
tar /tɑː/ tjære *m/f*.
tar *verb* tjærebre.
tardy /'tɑːdɪ/ sen; treg.
target /'tɑːgɪt/ (skyte)skive *m/f,* mål *n*.
tariff /'tærɪf/ tariff *m;* takst *m;* prisliste *m/f*.

tarmac /'tɑːmæk/ asfaltdekke *n*; rullebane *m*.
tarnish /'tɑːnɪʃ/ ta glansen av; anløpe(s).
tarragon /'tærəgən/ estragon (krydder) *m*.
tart /tɑːt/ besk; terte *m/f;* tøs *f*.
tartan /'tɑːtən/ tartan *m*, skotskrutet tøy *n*.
task /tɑːsk/ oppgave *m/f;* plikt *m/f;* verv *n;* lekse *m/f*.
tassel /'tæsl/ kvast *m*, dusk *m*.
taste /teɪst/ smak *m*.
tast|e *verb* smake (på); **~ful** smakfull; **~less** smakløs; **-y** som smaker godt; lekker.
tatter /'tætə/ fille *f*; **in ~s** i filler.
taunt /tɔːnt/ spydighet *m*; hån *m*.
taunt *verb* håne.
Taurus /'tɔːrəs/ *(astrologi)* Tyren.
taut /tɔːt/ stram; *(sjøfart)* tott *m*.
tavern /'tævən/ vertshus *n*.
tawdry /'tɔːdrɪ/ prangende; glorete.
tawny /'tɔːnɪ/ gulbrun.
tax /tæks/ skatt *m*.
tax *verb beskatte; bebyrde;* **~-deductible** fradragsberettiget; **~ evasion** skatteunndragelse *m*; **~able** skattbar; **~ation** beskatning *m;* **~payer** skattebetaler *m*.
taxi /'tæksɪ/ drosje *m/f*.
TB /tiː biː/ *fork for* tuberculosis.
tea /tiː/ te *m;* **~-caddy** teboks *m*; **~ cosy** tevarmer *m*; **~pot** tekanne *m/f*; **~set** teservice *n*; **~spoon** teskje *m/f*; **~-towel** oppvaskhåndkle *n*.
teach /tiːtʃ/ lære (fra seg); undervise; **~er** lærer *m*.
teaching /'tiːtʃɪŋ/ lære *m/f*, undervisning *m/f*.
team /tiːm/ lag *n*; gruppe *m/f*; spann *n;* kobbel *n;* **~ spirit** lagånd *m;* **~ up** slå seg sammen.
tear /teə/ rift *m/f*.
tear *verb* rive (i stykker); få rift i; slite i; /tɪə/ tåre *m*; **burst into ~s** briste i gråt; **~-duct** tårekanal *m*; **~-gas** tåregass *m*.
tease /tiːz/ erte; plage.
technic|al /'teknɪkl/ teknisk; **~ity** teknisk detalj *m*, formalitet *m*; **-ian** tekniker *m*.
technique /tek'niːk/ teknikk *m*.
technolog|ical /teknə'lɒdʒɪkl/ teknologisk; **-y** teknologi *m*.
tedious /'tiːdɪəs/ trettende; langtekkelig; kjedelig.
tee /tiː/ (i golf) tee *m* (underlag for kulen).
tee *verb* (i golf) gjøre det første slaget; **~ up** legge kulen på tee'en.
teem /tiːm/, **~ with** vrimle, myldre.

teenager /'tiːneɪdʒə/ tenåring *m.*
teetotaller /tiː'toʊtlə/ avholdsmann *m.*
telegram /'telɪgræm/ = **telemessage** telegram *n.*
telegraph /'telɪgrɑːf/ telegraf *m.*
telepathic /telɪ'pæθɪk/ telepatisk.
telephone /'telɪfoʊn/ telefon *m.*
telephone *verb* telefonere; **push-button ~** tastafon *m*; **~ directory** telefonkatalog *m.*
telephoto /'telɪfoʊtoʊ/, **~ lens** telelinse *m/f.*
teleprinter /'telɪprɪntə/ fjernskriver *m;* teleks *m.*
telescope /'telɪskoʊp/ teleskop *n.*
teletext /'telɪtekst/ tekst-TV *m.*
televis|e /'telɪvaɪz/ sende (på fjernsyn); **~ live** sende direkte; ***-ion*** fjernsyn *n;* TV *m.*
telex /teleks/ teleks *m.*
tell fortelle; si (til); be; fastslå; skjelne; **~ on** slite på; sladre på.
telling-off /telɪŋ'ɒf/ skrape *m/f*, utskjelling *m/f.*
telltale /'telteɪl/ sladderhank *m.*
temper /'tempə/ lynne *n;* humør *n.*
temper *verb* herde; mildne; dempe; modifisere (ved tilsetning); blande (i riktig forhold); **lose one's ~** miste beherskelsen; bli sint.
temperance /'tempərəns/ avholds-; måtehold *n;* edruelighet *m.*
temperature /'temprɪtʃə/ temperatur *m.*
tempest /'tempɪst/ storm *m.*
temple /'templ/ tempel *n;* tinning *m.*
temporal /'tempərəl/ tids-; timelig; verdslig.
temporary /'temp(ə)rərɪ/ midlertidig.
temporize /'tempəraɪz/ forsøke å vinne tid.
tempt friste; forlede; **~ation** fristelse *m.*
ten ti.
tenacious /tɪ'neɪʃəs/ hårdnakket; seig; fast.
tenan|cy /'tenənsɪ/ leietid *m/f*; **-t** leieboer *m;* **-t farmer** forpakter *m.*
tend pleie; **~ to** ha tendens til; tendere mot; **~ency** retning *m/f;* tendens *m;* **~entious** tendensiøs.
tender /'tendə/ øm; følsom; mør (om kjøtt); tilbud *n;* anbud *n.*
tender *verb* tilby; **~ness** ømhet *m.*
tenderize /'tendəraɪz/ gjøre mørt (om kjøtt); **~r** mørsalt *n.*
tenderloin /'tendəlɒɪn/ mørbrad *m.*

tendon /ˈtendən/ *(anatomi)* sene *m/f*; **~itis** senebetennelse *m.*
tenet /ˈtenɪt/ tros-, læresetning *m/f.*
tenfold /ˈtenfoʊld/ tidobbelt.
tennis /ˈtenɪs/, **~ court** tennisbane *m.*
tenor /ˈtenə/ (hoved)innhold *n; (mus)* tenor *m.*
tenosinovitis /tenoʊsɪnoʊˈvaɪtɪs/ seneskjedebetennelse *m.*
tens|e /tens/ (an)spent; stram; *(gram)* tid *m/f;* **-ile** strekkbar; **-ion** spenning *m/f;* stramming *m/f.*
tent telt *n.*
tent *verb* ligge i telt; **~ canvas** teltduk *m*; **~-peg** teltplugg *m*; **~ pole** teltstang *m/f.*
tentatively /ˈtentətɪvlɪ/ prøvende; forsøksvis.
tenth /tenθ/ tiende(del) *(m).*
tepid /ˈtepɪd/ lunken.
term /tɜːm/ termin *m;* (tids)grense *m/f;* periode *m;* semester *n;* uttrykk *n;* **~s** *flertall* betingelser.
term *verb* benevne, kalle; **be on good/bad ~s with** *stå på* god/dårlig fot med; **come to ~s with** komme til enighet med; **in ~s of** når det gjelder.
terminal /ˈtɜːmɪnl/ ende-; slutt-; endestasjon *m;* terminal *m.*
terminat|e /ˈtɜːmɪneɪt/ (av)slutte; **-ion** ende(lse) *m;* (av)slutning *m.*
terrace /ˈterəs/ terrasse *m.*
terrestrial /təˈrestrɪəl/ jordisk.
terrible /ˈterəbl/ skrekkelig; forferdelig.
terrific /təˈrɪfɪk/ veldig; kjempefint.
terrif|ied /ˈterɪfaɪd/ vettskremt; **-y** skremme; forferde.
territory /ˈterɪt(ə)rɪ/ (land)område *n;* territorium *n.*
terror /ˈterə/ skrekk *m;* redsel *m;* **~ize** terrorisere.
terry /ˈterɪ/ frottéstoff *n.*
terse /tɜːs/ kort, konsis.
test prøve-; prøve *m/f.*
test *verb* prøve.
testicle /ˈtestɪkl/ testikkel *m.*
testify /ˈtestɪfaɪ/ (be)vitne.
testimon|ial /testɪˈmoʊnjəl/ vitnemål *n;* attest *m;* **-y** vitnemål *n;* vitneutsagn *n.*
testy /ˈtestɪ/ gretten; amper.
tetanus /ˈtetənəs/ stivkrampe *m/f.*
tether /ˈteðə/ tjor *n.*
tether *verb* tjore; **be at the end of one's ~** ikke orke mer.
text /tekst/ tekst *m;* skriftsted *n;* **~book** lærebok *m/f.*
textile /ˈtekstaɪl/ tekstil-; vevd (stoff *n*); **~s** *flertall* tekstilvarer *m, flertall.*

texture /'tekstʃə/ vev *m;* tekstur *m; (overført)* struktur *m.*
than /ðæn/ enn.
thank /θæŋk/ takke; **~s** *flertall* takk; **no, ~ you!** nei takk! **~ you very much!** mange takk! **~ful** takknemlig; **~s to** takket være.
Thanksgiving /θæŋks'gɪvɪŋ/, **~ Day** *(amr)* høsttakkefest *m* (siste torsdag i november).
that /ðæt/ den, det; den (*eller* det) der; *flertall* **those** de der; som; så at, for at.
thatch /θætʃ/ halmtak *n;* takhalm *m.*
thatch *verb* tekke.
thaw /θɔː/ tøvær *n.*
thaw *verb* smelte; tø.
the /foran konsonant ðə, med sterk betoning ðiː foran vokallyd ðɪ/ den, det, de; **the – the** jo – desto.
theatr|e /'θɪətə/ teater *n;* auditorium *n;* (operasjons)sal *m;* **~ critic** teateranmelder *m;* **-ical** teater-; teatralsk.
theft /θeft/ tyveri *n.*
their /ðeə/ deres; sin(e), sitt; **~s** deres; sin(e).
them /ðem, ubetont ð(ə)m/ dem; (etter *prep*) seg; **~selves** seg (selv).
theme /θiːm/ tema *n.*
then /ðen/ da; den gang; deretter; så; derfor; daværende.
theolog|ian /θɪə'loudʒɪən/ teolog *m;* **-y** teologi *m.*
theor|etical /θɪə'retɪkl/ teoretisk; **-y** teori *m.*
there /ðeə/ der, dit; **~ is, ~ are** det er, det finnes; **~ you are!** der kan du se! vær så god! **~about(s)** deromkring; **~after** deretter; **~by** derved; **~fore** derfor; følgelig; **~upon** derpå; så.
thermal /'θɜːml/ varme-.
thermometer /θə'mɒmɪtə/ termometer *n.*
thermos /'θɜːməs/, **~ flask** termos *m.*
these /ðiːz/ (*flertall* av **this**) disse.
thesis /'θiːsɪs/ tese *m;* avhandling *m/f.*
they /ðeɪ/ de; folk; man.
thick /θɪk/ tykk; tett; uklar; grumset; **~ with** full av; **~en** gjøre tykkere; bli tykkere; **~ening** jevning *m/f.*
thicket /'θɪkɪt/ kratt *n;* kjerr *n.*
thickness /'θɪknəs/ tykkelse *m.*
thief /θiːf/, *flertall* **thieves** tyv *m.*
thiev|e /θiːv/ stjele; **-ish** tyvaktig.
thigh /θaɪ/ lår *n;* **~ bone** lårben *n.*
thimble /'θɪmbl/ fingerbøll *n.*

thin /θɪn/ tynn; mager.
thin *verb* tynne(s) ut; fortynne.
thing /θɪŋ/ ting *n;* vesen *n;* **~s** *flertall* saker *m, flertall.*
think /θɪŋk/ tenke; mene; tro; synes; **~ about** tenke over; tenke på; **~ of** tenke på; huske på; **~ing** tenkende; tenkning *m.*
thinner /'θɪnə/ tynner *m.*
third /θɜːd/ tredje(del) *m*; **~ly** for det tredje.
thirst /θɜːst/ tørst *m;* **~ after** *eller* **for** tørste etter; **~y** tørst.
thir|teen /'θɜːtiːn/ tretten; **-teenth** trettende; **-tieth** trettiende; **-ty** tretti.
this /ðɪs/, *flertall* **these** denne, dette, disse; **~ morning** i morges, i formiddag; **like ~** slik; **~ spring** i våres.
thistle /'θɪsl/ tistel *m.*
thorn /θɔːn/ torn *m;* **~y** tornete.
thorough /'θʌrə/ grundig; inngående; fullstendig.
thoroughfare /'θʌrəfeə/ hovedvei *m/f.*
those */ðoʊz/ de (der); dem* (*flertall* av **that**).
though /ðoʊ/ skjønt; enda; likevel; **as ~** som om; **even ~** selv om.
thought /θɔːt/ tanke *m;* idé *m*; tankegang *m;* tenkning *m;* **~ful** tankefull; omtenksom; **~less** tankeløs; ubekymret.
thousand /'θaʊzənd/ tusen; **~th** tusende.
thrash /θræʃ/ jule, denge.
thread /θred/ tråd *m;* garn *n;* (skrue)gjenge *m.*
thread *verb* træ i en nål; træ på; **~bare** loslitt.
threat /θret/ trussel *m* (*to* mot); **~en** true.
three /θriː/ tre; **~fold** tredobbel; **~-ply** tretrådet.
thresh /θreʃ/ treske (korn); **~ing machine** treskemaskin *m.*
threshold /'θreʃhoʊld/ (dør)terskel *m.*
thrice /θraɪs/ tre ganger.
thrift /θrɪft/ sparsommelighet *m;* **~less** ødsel; **~y** sparsommelig.
thrill /θrɪl/ sitring *m/f;* skjelving *m;* velbehagelig gys *n;* spenning *m.*
thrill *verb* sitre; grøsse; begeistre; **~ing** spennende.
thrive /θraɪv/ trives; blomstre.
throat /θroʊt/ svelg *n;* strupe *m;* hals *m;* **have a sore ~** ha vondt i halsen; **~ lozenges** halstabletter *flertall.*
throb /θrɒb/ banking *m/f;* slag *n.*
throb *verb* banke, slå, pulsere; dunke.
throne /θroʊn/ trone *m.*

throng /θrɒŋ/ trengsel *m;* mengde *m.*
throng *verb* stimle sammen.
through /θruː/ (i)gjennom; på grunn av; ferdig; gjennomgangs-; **get ~** komme igjennom; **right ~** tvers igjennom; **~out** over hele; gjennom hele.
throw /θroʊ/ kast *n.*
throw *verb* kaste; **~ away** kaste bort; sløse (med); kvitte seg med; **~ out** kaste ut; avvise; **~ up** kaste opp.
thrush /θrʌʃ/ trost *m.*
thrust /θrʌst/ støt *n;* skubb *n;* fremstøt *n.*
thrust *verb* støte; stikke; skubbe.
thud /θʌd/ dunk *n.*
thud *verb* dunke.
thumb /θʌm/ tommelfinger *m.*
thumb *verb* fingre med; bla i.
thunder /'θʌndə/ torden *m.*
thunder *verb* tordne; **~bolt** lynglimt *n* (med torden); **~storm** tordenvær *n.*
Thursday /'θɜːzdɪ/ torsdag *m.*
thus /ðʌs/ så(ledes); derfor.
thwart /θwɔːt/ på tvers; tofte *m/f.*
thwart *verb* motarbeide; hindre.
thyme /taɪm/ timian *m.*
thyroid /'θaɪrɒɪd/ skjoldbrusk-; **~ gland** skjoldbruskkjertel *m.*
tick /tɪk/ tikking *m/f.*
tick *verb* tikke; merke av; **~ off** skjenne på.
ticket /'tɪkɪt/ billett *m;* adgangstegn *n;* (lodd)seddel *m;* **~-collector** billett-kontrollør *m;* **return ~** tur/retur-billett *m;* **single ~** enkeltbillett *m;* **transfer ~** overgangsbillett *m.*
tick|le /'tɪkl/ kile; **-ish** kilen; ømtålig.
tidal /taɪdl/ tidevanns-.
tide /taɪd/ tidevann *n;* strøm *m;* retning *m;* **low ~** lavvann; fjære *f;* **high ~** høyvann; flo *m.*
tidings /'taɪdɪŋz/ *flertall* nyheter *m, flertall.*
tidy /'taɪdɪ/ ryddig; nett; pen; **~ up** rydde opp.
tie /taɪ/ bånd *n;* slips *n.*
tie *verb* binde; knytte; forbinde; **~ pin** slipsnål *m/f.*
tier /'tɪə/ rekke *m/f;* rad *m.*
tiger /'taɪgə/ tiger *m.*
tight /taɪt/ tett; fast; stram; trang; (av drikke) pussa; **~s** *flertall* strømpebukse *m, flertall*; **~en** stramme(s).
tigress /'taɪgrɪs/ hunntiger *m.*
tile /taɪl/ tegl(stein) *n (m);* takstein *m;* (golv)flis *m/f.*
tile *verb* flislegge; legge takstein på.
till (inn)til; kasseapparat *n;* **not ~** ikke før; først.

tiller /'tɪlə/ *(sjøfart)* rorkult *m;* *(bot)* skudd *n* (fra jordstengel).
tilt helling *m/f.*
tilt *verb* vippe.
timber /'tɪmbə/ tømmer *n.*
time /taɪm/ på tide; tid *m/f;* klokkeslett *n;* *(mus)* takt *m/f.*
time *verb* avpasse; ta tiden; beregne; gange; **~ after ~** gang på gang; **at ~s** av og til; undertiden; **at the same ~** samtidig; **by that ~** innen den tid; **for the ~ being** foreløpig; inntil videre; **have a good ~** ha det hyggelig; **in ~** i tide; tidsnok; **what ~ is it?** hva er klokka? **~ly** i rett tid.
timetable /'taɪmteɪbl/ timeplan *m;* rutetabell *m.*
timid /'tɪmɪd/ engstelig; sky.
tin tinn *n;* (blikk)boks *m;* (hvit)blikk *n;* **~ opener** bokseåpner *m.*
tincture /'tɪŋktʃə/ skjær *n;* anstrøk *n.*
tinge /tɪndʒ/ fargeskjær *n;* anstrøk *n;* snev *m.*
tingle /'tɪŋgl/ krible; prikke.
tinkle /'tɪŋkl/ klirre; ringle.
tint (farge)tone *m;* sjattering *m/f.*
tint *verb* farge; gi et anstrøk.
tiny /'taɪnɪ/ ørliten.
tip spiss *m;* tipp *m;* tupp *m;* avfallsplass *m;* driks, drikkepenger; vink *n.*
tip *verb* slå lett på; vippe; tippe; gi drikkepenger *eller* et vink; **~ off** tipse.
tipsy /'tɪpsɪ/ pussa; beruset.
tire /'taɪə/ *(amr)* sykkel- *eller* bildekk *n.*
tire *verb* gjøre *eller* bli trett; **~d** trett; **~some** kjedelig; **-ing** anstrengende.
tissue /'tɪʃuː/ vev *n;* papirlommetørklær *flertall;* **face ~** ansiktsserviett *m;* **~ paper** silkepapir *n* (til innpakking).
tit(mouse) /'tɪt(maʊs)/ meis *m.*
titbit /'tɪtbɪt/ lekkerbisken *m.*
titillate /'tɪtɪleɪt/ pirre.
title /'taɪtl/ tittel *m;* *(jur)* hjemmel *m;* skjøte *n.*
title *verb* titulere; **~d** adelig.
titter /'tɪtə/ fnis(ing) *m/n* *(m/f).*
titter *verb* fnise.
tittle-tattle /'tɪtltætl/ sladder *m;* snakk *n.*
to /tʊ, tə/ til; for; (for) å.
toad /toʊd/ padde *m/f.*
toadstool /'toʊdstuːl/ giftig sopp *m.*
toady /'toʊdɪ/ spyttslikker *m.*
toast /toʊst/ ristet brød *n;* skål(tale *m)* *m.*
toast *verb* riste; skåle.
tobacco /tə'bækoʊ/ tobakk *m;*

~ **pouch** tobakkspung *m*;
~**nist** tobakkshandler *m*.
toboggan /tə'bɒgən/ kjelke *m*.
today /tə'deɪ/ i dag.
toddler /'tɒdlə/ smårolling *m*; pjokk *m*.
toe /toʊ/ tå *m/f;* spiss *m*;
~ **the line** lystre ordre;
~ **dance** tåspissdans *m*.
toffee /'tɒfɪ/ fløtekaramell *m*.
together /tə'geðə/ sammen.
toil /tɒɪl/ slit *n*.
toil *verb* slite; streve.
toilet /'tɒɪlɪt/ toalett *n;* antrekk *n;* påkledning *m;* ~**ries** *flertall* toalettartikler *m, flertall*.
token /'toʊkn/ tegn *n;* merke *n;* erindring *m*.
tolera|ble /'tɒlərəbl/ tålelig; utholdelig; **-nce** toleranse *m;* **-nt** tolerant; **-te** tåle; finne seg *i;* tolerere; **-tion** toleranse *m*.
toll /toʊl/ vei-, bropenger *m, flertall*.
toll *verb* ringe; klemte; ~**-gate** veibom *m*; ~**-road** bomvei *m*.
tomato /tə'mɑːtoʊ/, *flertall* ~**es** tomat *m*.
tomb /tuːm/ grav(kammer) *m (n);* ~**stone** gravstein *m*.
tomboy /'tɒmbɒɪ/ vilter jente *f*.
tomcat /'tɒmkæt/ hannkatt *m*.
tome /toʊm/ bind *n* (av bok).
tomorrow /tə'mɒroʊ/ i morgen.
Tom Thumb Tommeliten.
ton /tɒn/ tonn *n*.
tone /toʊn/ tone *m;* klang *m;* tonefall *n*.
tongs /tɒŋz/ *flertall*, **(a pair of)** ~ tang *m/f*.
tongue /tʌŋ/ tunge *m/f;* språk *n*; ~**-in-cheek** ironisk; ~**-tied** taus, stum.
tonic /'tɒnɪk/ styrkemedisin *m*; **skin** ~ hudvann *n*.
tonight /tə'naɪt/ i kveld; i natt.
tonnage /'tʌnɪdʒ/ tonnasje *m*.
tonsil /'tɒnsl/ *(anatomi)* mandel *m;* ~**litis** betennelse *m* i mandlene.
too /tuː/ også; (alt)for.
tool /tuːl/ verktøy *n;* redskap *n;* ~**-box** verktøykasse *f*.
tooth /tuːθ/, *flertall* **teeth** /tiːθ/ tann *m/f;* ~**ache** tannpine *m/f;* ~**brush** tannbørste *m;* ~***paste*** *tannkrem m;* ~**pick** tannpirker *m*.
top /tɒp/ topp, prima; topp *m;* øverste del; overside *m/f;* spiss *m; (sjøfart)* mers *n;* snurrebass *m*.
top *verb* overgå; toppe; ~ **hat** flosshatt *m;* ~ **off** avrunde; ~ **up** fylle opp.
topic /'tɒpɪk/ emne *n;* tema *n;* ~**al** aktuell.
torch /tɔːtʃ/ fakkel *m;* lommelykt *m/f*.

torment /'tɔːmənt/ kval *m;* pinsel *m.*
torment *verb* /tɔː'ment/ pine; plage.
torpid /'tɔːpɪd/ sløv; treg.
torrent /'tɒrənt/ strøm *m;* striregn *n.*
torrid /'tɒrɪd/ brennende het.
tortoise /'tɔːtəs/ skilpadde *m/f.*
tortuous /'tɔːtjʊəs/ krokete; buktete.
torture /'tɔːtʃə/ tortur *m.*
torture *verb* torturere.
Tory /'tɔːrɪ/ konservativ.
toss /tɒs/ kast *n.*
toss *verb* kaste; **~ a coin** kaste mynt og krone.
total /'toʊtl/ hel; total; samlet sum *m;* **~ up to** beløpe seg til; **~ity** helhet *m;* **~ly** fullstendig.
totter /'tɒtə/ vakle; stavre.
touch /tʌtʃ/ berøring *m;* anstrøk *n.*
touch *verb* (be)røre; ta på; føle på; **get in ~ with** komme i forbindelse med; **~ up** friske opp; **~ing** rørende; angående; **~y** *ømfintlig; nærtakende.*
tough /tʌf/ seig; vanskelig; vrien; barsk; **~en** gjøre hard; gjøre seig; **~ness** seighet *m.*
tour /tʊə/ rundreise *m/f;* tur *m;* turné *m.*
tour *verb* reise (omkring).
tourist /'tʊərɪst/ turist *m;* **~ class** turistklasse *m;* **~ office** turistkontor *n.*
tow /toʊ/ buksering *m/f;* stry *n.*
tow *verb* slepe; taue; buksere; **in ~** på slep; **~ing hook** slepekrok *m.*
toward(s) /tə'wɔːd(z)/ mot; i retning av; (hen)imot.
towel /'taʊəl/ håndkle *n;* **tea-~** oppvaskhåndkle *n.*
tower /'taʊə/ tårn *n.*
tower *verb* heve seg; kneise; **~ing** kjempehøy.
town /taʊn/ by *m;* **~ council** bystyre *n;* **~ hall** rådhus *n.*
toxic /'tɒksɪk/ giftig.
toy /tɒɪ/ leketøy *n.*
trace /treɪs/ spor *n;* merke *n.*
trace *verb* (etter)spore; oppspore; streke opp; **~able** påviselig.
trachea /trə'kiːə/ luftrør *n.*
track /træk/ spor *n;* fotspor *n;* vei *m;* sti *m; (jernb)* skinne *m/f; (sport)* bane *m.*
track *verb* følge spor etter; **~ and field** friidretts-; **~ *down*** spore opp; **~ suit** treningsoverall *m.*
tract /trækt/ område *n*; (lite) skrift *n;* **digestive ~** fordøyelseskanal *m.*
tractable /'træktəbl/ medgjørlig.

traction /'trækʃn/ trekking *m/f;* trekk *n.*
tractor /'træktə/ traktor *m.*
trade /treɪd/ handel *m;* bransje *m;* næring *m/f;* (frakt)fart *m.*
trade *verb* handle; **~ mark** varemerke *n;* **~r** næringsdrivende *m;* handelsskip *n;* **~(s) union** fagforening *m.*
tradition /trə'dɪʃn/ overlevering *m/f;* tradisjon *m.*
traffic /'træfɪk/ trafikk *m;* ferdsel *m;* handel *m.*
traffic *verb* trafikkere; handle; **~ jam** trafikkork *m;* **~ lane** kjørefelt *n*; kjørefil *m/f*; **~ sign** trafikkskilt *n*; **~ warden** parkeringsvakt *m/f.*
trag|edy /'trædʒədɪ/ tragedie *m;* **-ic(al)** tragisk.
trail /treɪl/ slep *n;* hale *m;* løype *f;* sti *m;* spor *n.*
trail *verb* slepe; (opp)spore; **~er** (bil)tilhenger *m; (amr)* campingvogn *m/f; (amr)* trailer *m*; *(fjernsyn, film)* forfilm *m.*
train /treɪn/ tog *n;* slep *n;* rekke *m/f*; **through ~** direktetog *n*; **~ connection** togforbindelse *m*; **~ delay** togforsinkelse *m.*
train *verb* utdanne (seg); trene; **~ee** læregutt *m;* **~ing** trening *m/f.*
trait /treɪt/ (karakter)trekk *n.*
traitor /'treɪtə/ forræder *m;* **~ous** forrædersk.
tram /træm/ sporvogn *m/f;* trikk *m;* **~way** trikkeskinne *m/f.*
tramp /træmp/ trampbåt *m;* landstryker *m;* **~le** tråkke (**on** på).
tranquil /'træŋkwɪl/ rolig; **~lizer** beroligende middel *n.*
transact /træn'zækt/ utføre; **~ion** forretning *m.*
transcend /træn'send/ overgå; overskride.
transcribe /træn'skraɪb/ skrive ut; transkribere.
transcript /'trænskrɪpt/ gjenpart *m;* kopi *m;* **~ion** transkripsjon *m.*
transfer /'trænsfɜː/ overføring *m/f;* forflytting *m/f.*
transfer *verb* /-'fɜː/ overføre; forflytte; **~ ticket** overgangsbillett *m;* **~able** som kan overføres; **~ence** overføring *m/f.*
transfigure /træns'fɪgə/ forvandle.
transform /træns'fɔːm/ omdanne; omforme; forvandle; **~ation** omforming *m/f;* forvandling *m/f;* **~er** transformator *m.*
transfus|e /træns'fjuːz/ overføre (blod); **-ion** (blod)overføring *m/f.*

transgress /træns'gres/ overskride; overtre; **~ion** overtredelse *m.*
transient /'trænzɪənt/ flyktig; forbigående.
transit /'trænzɪt/ transitt *m;* gjennomreise *m/f;* **in ~** på gjennomreise *m*; **~ permit** gjennomreise-tillatelse *m*; **~ visa** transittvisum *n.*
transition /træn'zɪʃn/ overgang *m; ~***al** overgangs-.
transitory /'trænsɪtərɪ/ flyktig; forbigående.
translat|**e** /træns'leɪt/ oversette; **-ion** oversettelse *m;* **-or** oversetter *m.*
translucent /træns'lu:zənt/ gjennomskinnelig.
transmission /trænz'mɪʃn/ overføring *m/f;* **automatic ~** automatgir *n.*
transmit /trænz'mɪt/ (over)sende; overføre; **~ter** *(radio, tv)* sender *m.*
transparent /træns'pærənt/ gjennomsiktig; åpenbar.
transpire */træn'spaɪə/ svette;* sive ut.
transplant /'trænsplɑ:nt/ transplantasjon *m;* transplantat *n.*
transplant *verb* /træns'plɑ:nt/ omplante; transplantere; **~ation** omplanting *m/f*; transplantasjon *m.*
transport /'trænspɔ:t/ transport *m.*
transport *verb* /træn'spɔ:t/ transportere.
transverse /'trænsvɜ:s/ tverrstilt.
trap /træp/ felle *m/f.*
trap *verb* fange i felle; besnære; **~door** falldør *m/f;* lem *m*; **~per** pelsjeger *m;* **~pings** *flertall* pynt *m*; utstyr *n.*
trash /træʃ/ skrap *n;* søppel *m/f/ n;* **~can** søppelbøtte *m/f*; **~y** verdiløs; unyttig.
travel /'trævl/ reise *m/f.*
travel *verb* reise; være på reise; **~ agency** reisebyrå *n*; **~ folder** reisebrosjyre *m/f*; **~ insurance** reiseforsikring *m/f*; **~-sickness** reisesyke *m.*
traveller /'trævlə/ reisende *m;* passasjer *m;* **~'s cheque** reisesjekk *m.*
travelling /'trævlɪŋ/ det å reise; **~ companion** reisefølge *n*; **~ expenses** *flertall* reiseutgifter *m, flertall.*
trawl /trɔ:l/ trål *m.*
trawl *verb* tråle; fiske med trål.
tray /treɪ/ brett *n;* **serving ~** serveringsbrett *n.*
treacher|**ous** /'tretʃərəs/ forrædersk; **-y** forræderi *n.*

treacle /'triːkl/ sirup *m.*
tread /tred/ trinn *n;* gange *m;* (på (bil)dekk) slitebane *m.*
tread *verb* tre; tråkke.
treadle /'tredl/ pedal *m.*
treason /'triːzn/ (høy)forræderi *n.*
treasure /'treʒə/ skatt *m;* klenodie *n.*
treasur|e *verb* gjemme (på); verdsette; **~r** kasserer *m.*
treasury /'treʒərɪ/ skattkammer *n;* **the Treasury**, *(amr)* **the Treasury Department** finansdepartementet; **Treasury Secretary** *(amr)* finansminister *m.*
treat /triːt/ traktement *n;* nytelse *m.*
treat *verb* behandle; traktere; **~ sby to sth** spandere noe på en; **~ment** behandling *m/f.*
treatise /'triːtɪz/ avhandling *m/f.*
treaty /'triːtɪ/ traktat *m.*
treble /trebl/ tredobbelt; diskant.
tree /triː/ tre *n;* **~ trunk** trestamme *m.*
tremble /'trembl/ skjelve.
tremendous /trɪ'mendəs/ veldig; enorm.
tremulous /'tremjʊləs/ skjelvende.
trench /trentʃ/ grøft *f;* skyttergrav *m.*
trench *verb* lage en grøft; grøfte; **~ coat** (vanntett) ytterfrakk *m;* **~ant** skarp; bitende; **~er** fjøl *f.*
trend retning *m/f;* tendens *m.*
trespass /'trespəs/ gå *eller* trenge seg inn på en annens eiendom; **no ~ing!** adgang forbudt for uvedkommende! **~er** uvedkommende.
tress (hår)lokk *m;* flette *m/f.*
trial /'traɪəl/ prøve-; prøvelse *m;* forsøk *n;* rettergang *m;* sak *m/f;* **~s** *flertall* konkurranse *m;* **~ and error** prøve og feile-metoden; **on ~** på prøve; *(jur)* for retten.
triangle /'traɪæŋgl/ trekant *m.*
trib|al /'traɪbl/ stamme-; **-e** stamme *m;* slekt *m/f.*
trick /trɪk/ knep *n;* kunststykke *n; (kortspill)* stikk *n.*
trick *verb* lure; narre; **~ question** spørsmål med en felle i.
trickle /'trɪkl/ risle; piple.
tricky /'trɪkɪ/ lur; kinkig.
trifle /'traɪfl/ bagatell *m;* fruktterte *m/f.*
trifl|e *verb* tøyse; **-ing** ubetydelig; tøysete.
trigger /'trɪgə/ avtrekker *m* (på skytevåpen); **pull the ~** trykke på avtrekkeren.
trill trille *m/f.*

trill *verb* slå triller.
trim nett; fiks; velordnet; pynt *m.*
trim *verb* trimme; bringe i orden; klippe; stusse; beskjære; **in ~** i fin form; **~ming** besetning *m,* pynt *m;* **~mings** *flertall* tilbehør *n;* garnering *m/f.*
trinity /'trɪnətɪ/ treenighet *m.*
trinket /'trɪŋkɪt/ smykke *n.*
trip utflukt *m/f;* tur *m;* kortere reise *m/f.*
trip *verb* trippe; snuble.
tripe /traɪp/ innmat *m;* vrøvl *n;* **~s** *flertall* innvoller *m, flertall.*
triple /'trɪpl/ tredobbelt; **~ jump** *(sport)* tresteg.
trite /traɪt/ forslitt; banal.
triumph /'traɪəmf/ triumf *m.*
triumph *verb* triumfere (**over** over); **~ant** triumferende.
trivial /'trɪvɪəl/ hverdagslig; triviell; ubetydelig.
trolley /'trɒlɪ/ tralle *m/f;* **~ bus** trolleybuss *m.*
trombone /trɒm'boʊn/ basun *m;* **slide ~** trekkbasun *m.*
troop /truːp/ tropp *m;* flokk *m;* **~s** *flertall, (mil)* tropper *m, flertall.*
troop *verb* samle seg; marsjere.
trophy /'troʊfɪ/ trofé *n;* seierstegn *n.*
tropic|al /'trɒpɪkl/ tropisk; **the ~s** tropene.
trot /trɒt/ trav *n.*
trot *verb* trave; **jog ~** luntetrav *n;* **~ter** travhest *m;* **(pig's) ~ters** *flertall* (mat) griselabber *m, flertall.*
trouble /'trʌbl/ bekymring *m/f;* besvær *n;* plage *m;* bry *n.*
trouble *verb* forstyrre; bekymre; bry; plage; **~d** bekymret; urolig; **~some** besværlig; brysom; plagsom.
trough /trɒf/ trau *n.*
trousers /'traʊzəz/ *flertall* bukse(r) *m, flertall.*
trousseau /'truːsoʊ/ brudeutstyr *n.*
trout /traʊt/ aure *m,* ørret *m.*
truant /'truːənt/ skulker *m;* **play ~** skulke, skofte.
truce /truːs/ våpenstillstand *m.*
truck /trʌk/ tralle *m/f;* transportvogn *m;* godsvogn *m/f; (amr)* lastebil *m.*
trudge /trʌdʒ/ traske.
true /truː/ sann; riktig; ekte; **come ~** gå i oppfyllelse; **~ to** tro mot.
truffle /'trʌfl/ trøffel *m.*
truly /'truːlɪ/ i sannhet; oppriktig; **yours ~** vennlig hilsen; ærbødigst (foran underskriften i et brev).
trump /trʌmp/ *(kortspill)* trumf *m.*

trump *verb* trumfe; ~ **up** dikte opp.
trumpet /'trʌmpɪt/ trompet *m.*
trunk /trʌŋk/ (tre)stamme *m;* snabel *m;* (stor) koffert *m; (amr)* bagasjerom *n* (i bil); **~s** *flertall* badebukse(r) *m/f flertall*; **~-call** rikstelefonsamtale *m;* **~-line** hovedlinje *m/f;* **~-road** hovedvei *m.*
trust /trʌst/ tillit *m*; *(handel)* trust *m;* betrodde midler *n, flertall.*
trust *verb* stole på; ha tillit til; **~ee** tillitsmann *m; (jur)* bobestyrer *m;* **~ful, ~ing** tillitsfull.
trustworthliness /'trʌstwɜːðɪnɪs/ pålitelighet *m;* **-y** pålitelig.
truth /truːθ/ sannhet *m;* **~ful** sannferdig.
try /traɪ/ forsøke; prøve; sette på prøve; ~ **on** prøve på seg (klær); **~ing** anstrengende; vanskelig; irriterende.
tub /tʌb/ balje *f;* kar *n;* **bath~** badekar *n.*
tubby /'tʌbɪ/ lubben.
tube /tjuːb/ rør *n;* tube *m; (amr)* (radio)rør *n;* undergrunnsbane *m; anat* eggleder *m*; (i bildekk) slange *m*; **~less tyre** slangeløst dekk *n.*
tuberculosis /tjuːbɜːkjʊ'loʊsɪs/ tuberkulose *m.*
tubular /'tjuːbjʊlə/ rørformete.
TUC /tiː juː siː/ *fork for* **the Trades Union Congress**.
tuck /tʌk/ legg *n* (på klær).
tuck *verb* sy i legg; stikke; folde; ~ **in** (om mat) kaste seg over; legge sengeklærne godt rundt en; ~ **up** brette opp.
Tuesday /'tjuːzdɪ/ tirsdag *m.*
tug /tʌg/ rykk *n*; napp *n.*
tug *verb* slepe, taue; hale; **~boat** slepebåt *m*; **~ of war** tautrekking *m/f.*
tuition /tjʊ(:)'ɪʃn/ undervisning *m/f;* betaling *m/f* for undervisning.
tulip /'tjuːlɪp/ tulipan *m.*
tumble /'tʌmbl/ tumle; rulle; ramle ned; **~-drier** tørketrommel *m.*
tumbledown /'tʌmbldaʊn/ falleferdig.
tumbler /'tʌmblə/ øl- *eller* vannglass *n;* akrobat *m.*
tumour /'tjuːmə/ svulst *m.*
tumult /'tjuːmʌlt/ tumult *m;* forvirring *m/f;* **~uous** stormende; urolig.
tun /tʌn/ vinfat *n*; ølfat *n.*
tuna /'tjuːnə/ tunfisk *m.*
tune /tjuːn/ melodi *m; (mus)* harmoni *m.*
tune *verb* stemme; **out of ~** ustemt; ~ **in (to)** *(radio)* stille inn (på).

turbot /'tɜːbət/ piggvar *m.*
turbulent /'tɜːbjʊlənt/ urolig; opprørt; stormende.
tureen /tjʊ'riːn/ terrin *m.*
turf /tɜːf/ gress(torv) *n (m/f);* veddeløp(sbane) *n (m)*; **~ed roof** torvtak *n.*
turkey /'tɜːkɪ/ kalkun *m.*
turmeric /'tɜːmərɪk/ gurkemeie *m/f.*
turmoil /'tɜːmɒɪl/ uro *m/f.*
turn /tɜːn/ omdreining *m;* vending *m/f;* sving *m*; omslag *n;* forandring *m/f;* tur *m,* omgang *m.*
turn *verb* dreie (rundt); vende; snu (seg); svinge; omvende; bøye av; bli; (om mat/drikke) surne, skilles; **by ~s** *flertall* vekselvis; **in ~** i sin tur; **out of ~** utenfor tur; i utide; **~ down** brette ned; senke (lyd *o.l.*); avslå; **~ off** skru av; **~ on** skru på (vannkran *o.l.*); **~ sby on** vekke ens interesse; **~ out** kaste ut; vise seg å være; produsere (varer); **~ over** snu om; vende seg; overlevere; **~ to** vende seg til; ta fatt på; **~ up** skru opp; dukke opp, vise seg uventet.
turning /'tɜːnɪŋ/ sving *m*; **~-point** vendepunkt *n.*
turnip /'tɜːnɪp/ nepe *m/f;* **swedish ~** kålrot *m/f.*
turnpike, ~ road /'tɜːnpaɪk roʊd/ *(amr)* avgiftsbelagt motorvei *m.*
turnstile /'tɜːnstaɪl/ korsbom *m*; telleapparat *n* (ved inngang).
turntable /'tɜːnteɪbl/ dreieskive *m/f*; platetallerken *m.*
turtle /'tɜːtl/ skilpadde *m/f;* **~-dove** turteldue *m/f;* **turn ~** velte; kantre.
tusk /tʌsk/ støttann *m/f*; brosme *m.*
tussle /'tʌsl/ dyst *m*; strid *m.*
tutor /'tjuːtə/ (privat)lærer *m;* studieveileder *m.*
tuxedo /tʌk'siːdoʊ/ *(amr)* smoking *m.*
tweezers /'twiːzəz/ pinsett *m.*
twelfth /twelfθ/ tolvte.
twelve /twelv/ tolv; **~fold** tolvdobbelt.
twentieth /'twentɪɪθ/ tjuende.
twenty /'twentɪ/ tjue; **~fold** tjuedobbelt.
twice /twaɪs/ to ganger.
twig kvist *m;* **~gy** grenete; radmager.
twilight /'twaɪlaɪt/ tusmørke *n;* grålysning *m/f;* skumring *m/f.*
twin tvilling *m;* **~ beds** *flertall* to enkeltsenger *flertall*; **~ town** vennskapsby *m.*
twine /twaɪn/ snor *m/f;* hyssing *m.*

twine *verb* tvinne.
twinge /twɪnʒ/ stikk *n.*
twinkle /'twɪŋkl/ blinking *m/f.*
twinkle *verb* blinke; glitre; funkle.
twirl /twɜːl/ virvle; snurre.
twist vridning *m;* dreining *m;* pussegarn *n,* tvist *m.*
twist *verb* vri; tvinne; **a ~ of chewing tobacco** en rull skråtobakk; **~ed** vridd; fordreid; **~er** svindler *m;* **~ing** forvridning *m.*
twitch /twɪtʃ/ napp *n;* rykk *n.*
twitch *verb* nappe; rykke.
twitter /'twɪtə/ kvitter *n.*
twitter *verb* kvitre.
two /tuː/ to; **~fold** dobbelt; **~pence** to pence; **~-stroke** to-takts-.
type /taɪp/ type *m;* slag *n;* skrift *m/f; (typografi)* sats *m.*
type *verb* skrive på maskin.
typhoid fever /'taɪfoɪd fiːvə/ tyfus *m.*
typhoon /taɪ'fuːn/ tyfon *m.*
typhus /'taɪfəs/ tyfus *m.*
typical /'tɪpɪkl/ typisk (**of** for).
tyran|nize /'tɪrənaɪz/ tyrannisere; **-ny** tyranni *n;* **-t** tyrann *m.*
tyre /taɪə/, *(amr)* **tire,** bil- *eller* sykkeldekk *n;* **cross-ply ~** diagonaldekk *n;* **flat ~** punktering *m/f;* **studded ~** piggdekk *n;* **tubed ~** dekk med slange; **tubeless ~** slangeløst dekk *n;* **~ pressure** lufttrykk *n.*

U

ubiquitous /jʊ'bɪkwɪtəs/ allestedsnærværende.
udder /'ʌdə/ jur *n.*
UFO /juː ef oʊ/ *fork for* **Unidentified Flying Object**.
ugly /'ʌglɪ/ stygg, heslig.
UK /juː keɪ/ *fork for* **United Kingdom**: England, Wales, Skottland og Nord-Irland.
ulcer /'ʌlsə/ (kronisk) sår *n;* **gastric ~** magesår *n;* **~ation** sårdannelse *m.*
ultimate /'ʌltɪmɪt/ sist; endelig.
umbilical /ʌm'bɪlɪkl/ navle-.
umbrella /ʌm'brelə/ paraply *m.*
umpire /'ʌmpaɪə/ *(sport)* oppmann *m;* dommer *m.*
UN /juː en/ *fork for* **United Nations.**
un- /ʌn/ forstavelse: u-.

unable /ʌn'eɪbl/ ute av stand (**to** til).
unabridged /ʌn'əbrɪdʒd/ uforkortet.
unaccountable /ʌnə'kaʊntəbl/ uforklarlig.
unaccustomed /ʌnə'kəstəmd/ uvanlig; uvant; ~ **to** uvant med.
unacquainted /ʌnə'kweɪntɪd/, **be ~ with** være ukjent med.
unaffected /ʌnə'fektɪd/ oppriktig; upåvirket; uforandret.
unaltered /ʌn'ɒltəd/ uforandret.
unambiguous /ʌnəm'bɪgjʊəs/ utvetydig; klar.
unanim|ity /juːnə'nɪmətɪ/ enstemmighet *m;* **-ous** enstemmig.
unarmed /ʌn'ɑːmd/ ubevæpnet.
unassailable /ʌnə'seɪləbl/ uangripelig.
unassuming /ʌnə'sjuːmɪŋ/ beskjeden; upretensiøs.
unattended /ʌnə'tendɪd/ uten *tilsyn; forlatt.*
unavailable /ʌnə'veɪləbl/ utilgjengelig; ikke for hånden.
unavoidable /ʌnə'vɒɪdəbl/ uunngåelig.
unaware /ʌnə'weə/, ~ **of** uvitende om; **~s** av vanvare; uforvarende.
unbalanced /ʌn'bælənst/ ubalansert.
unbearable /ʌn'beərəbl/ uutholdelig.
unbecoming /ʌnbɪ'kəmɪŋ/ ukledelig.
unbelievable /ʌnbɪ'liːvəbl/ utrolig.
unbias(s)ed /ʌn'baɪəst/ upartisk; fordomsfri.
unbroken /ʌn'broʊkn/ ubrutt.
uncertain /ʌn'sɜːtən/ usikker.
unchecked /ʌn'tʃekt/ uhemmet; uhindret.
uncle /'ʌŋkl/ onkel *m.*
uncomfortable /ʌn'kəmfətəbl/ ubehagelig; ubekvem.
uncommon /ʌn'kɒmən/ uvanlig; **~ly** ualminnelig; usedvanlig.
unconcerned /ʌnkɒn'sɜːnd/ ubekymret; likegyldig.
unconditional /ʌnkən'dɪʃənl/ betingelsesløs; ubetinget.
unconscious /ʌn'kɒnʃəs/ bevisstløs; ubevisst.
uncontested /ʌnkɒn'testɪd/ ubestridt.
uncooperative /ʌnkoʊ'ɒpərətɪv/ lite samarbeidsvillig.
uncork /ʌn'kɔːk/, ~ **a bottle** trekke opp en flaske.

uncouple /ʌn'kəp(ə)l/ kople fra.
uncouth /ʌn'ku:θ/ klossete; grov.
uncover /ʌn'kʌvə/ avdekke.
undecided /ʌndɪ'saɪdɪd/ uavgjort.
undeniable /ʌndɪ'naɪəbl/ unektelig.
under /'ʌndə/ under-; under; **~ age** umyndig.
undercover /ʌndə'kʌvə/ spanings-; **~ agent** spaner *m.*
undercut /ʌndə'kʌt/ selge til lavere pris; skjære bort nedre del av noe; *(sport)* lage underslag.
underdone /ʌndə'dʌn/ lite stekt; halvrå.
underestimate /ʌndər'estɪmeɪt/ undervurdere.
underexpose /ʌndərɪks'poʊz/ *(fotogr)* undereksponere.
underfed /ʌndə'fed/ underernært.
undergo /ʌndə'goʊ/ gjennomgå.
undergraduate /ʌndə'grædjʊɪt/ student *m.*
underground /'ʌndəgraʊnd/ undergrunn(sbane) *m;* T-bane *m.*
underhand /ʌndə'hænd/ hemmelig; uærlig.
underline /ʌndə'laɪn/ understreke.
undermine /ʌndə'maɪn/ undergrave.
underneath /ʌndə'ni:θ/ under; nedenfor; *(overført)* på bunnen.
underpants /'ʌndəpænts/ *flertall* underbukse(r) *m/f, flertall.*
underrate /ʌndə'reɪt/ undervurdere.
understand /ʌndə'stænd/ forstå; begripe; **~ably** forståelig nok; **~ing** forståelsesfull; forståelse *m.*
understatement /ʌndə'steɪtmənt/ et for svakt uttrykk.
understudy /'ʌndəstʌdɪ/ *(teater)* stedfortreder *m.*
undertake /ʌndə'teɪk/ foreta; påta seg; **~r** innehaver *m* av et begravelsesbyrå; **-ing** foretak *n.*
underwear /'ʌndəweə/ undertøy *n.*
undeserved /ʌndɪ'zɜ:vd/ ufortjent.
undesirable /ʌndɪ'zaɪərəbl/ uønsket.
undeveloped /ʌndɪ'veləpt/ uutviklet; ikke bebygd.
undisturbed /ʌndɪ'stɜ:bd/ uforstyrret.
undo /ʌn'du:/ knyte opp; kneppe opp; sprette opp; **~ne** ugjort.

undoubted(ly) /ʌn'daʊtɪd(lɪ)/ utvilsom(t).
undress /ʌn'dres/ kle av (seg).
undue /ʌn'djuː/ utilbørlig; ikke forfalt.
unearth /ʌn'ɜːθ/ grave opp; **-ly** overnaturlig.
uneasy /ʌn'iːzɪ/ urolig; engstelig.
uneatable /ʌn'iːtəbl/ uspiselig.
unemployed /ʌnɪm'plɒɪd/ arbeidsledig; **-ment** arbeidsledighet *m*; **-ment benefit** arbeidsledighetstrygd *m/f*.
unequal /ʌn'iːkwəl/ ulik; **-led** uten like; uovertruffen.
unequivocal /ʌnɪ'kwɪvəkl/ utvetydig; klar.
unerring /ʌn'ɜːrɪŋ/ usvikelig; sikker.
unessential /ʌnə'senʃəl/ uvesentlig.
uneven /ʌn'iːvən/ ujevn.
unexpected /ʌnɪks'pektɪd/ uventet.
unfailing /ʌn'feɪlɪŋ/ ufeilbarlig; *sikker.*
unfair /ʌn'feə/ urimelig; urettferdig.
unfaithful /ʌn'feɪθfʊl/ utro (**to** mot).
unfaltering /ʌn'fɔːltərɪŋ/ fast; uten vakling.
unfasten /ʌn'fɑːsən/ løse opp; kneppe opp.
unfavourable /ʌn'feɪvərəbl/ ugunstig.
unfit /ʌn'fɪt/ uegnet (**for**, til).
unfold /ʌn'foʊld/ brette ut; folde ut.
unforeseen /ʌnfɔː'siːn/ uforutsett.
unforgettable /ʌnfə'getəbl/ uforglemmelig.
unfortunate /ʌn'fɔːtʃənɪt/ beklagelig; uheldig; **-ly** dessverre.
unfurnished /ʌn'fɜːnɪʃt/ umøblert.
ungrateful /ʌn'greɪtfʊl/ utakknemlig.
unhappy /ʌn'hæpɪ/ ulykkelig.
unhealthy /ʌn'helθɪ/ usunn.
uniflication /juːnɪfɪ'keɪʃn/ forening *m/f*; samling *m/f*; **-y** forene; samle.
uniform /'juːnɪfɔːm/ ensartet; uniform *m/f*.
uniform *verb* uniformere.
unimaginative /ʌnɪ'mædʒɪnətɪv/ fantasiløs.
unimpaired /ʌnɪm'peəd/ usvekket.
uninhibited /ʌnɪn'hɪbɪtɪd/ uhemmet.
unintelligible /ʌnɪn'telɪdʒɪbl/ uforståelig.

unintentional /ʌnɪn'tenʃənl/ utilsiktet.
union /'juːnjən/ forening *m/f;* forbund *n*; forbindelse *m*; union *m*; **trade ~** fagforening *m/f*.
unique /jʊ'niːk/ enestående.
unison /'juːnɪsən/, **in ~** unisont.
unit /'juːnɪt/ enhet *m;* seksjon *m*; komponent *m*.
unite /jʊ'naɪt/ forene (seg); **the United Kingdom** kongeriket Storbritannia og (Nord-)Irland; **the United States of America** Amerikas forente stater.
unity /'jʊnɪtɪ/ enhet *m;* enighet *m*.
universal /juːnɪ'vɜːsəl/ universell; altomfattende; allmenn.
universe /'juːnɪvɜːs/ univers *n*.
university /jʊnɪ'vɜːsɪtɪ/ universitet *n;* **~ degree** universitetseksamen *m*.
unjust /ʌn'dʒʌst/ urettferdig.
unkind /ʌn'kaɪnd/ uvennlig.
unknown /ʌn'noʊn/ ukjent.
unlawful /ʌn'lɔːfʊl/ ulovlig.
unleaded /ʌn'ledɪd/ blyfri.
unless /ʌn'les/ med mindre; hvis ikke.
unlike /ʌn'laɪk/ ulik; motsatt; **~ly** usannsynlig.
unlimited /ʌn'lɪmɪtɪd/ ubegrenset.
unload /ʌn'loʊd/ losse; lesse av.
unlock /ʌn'lɒk/ låse opp.
unlucky /ʌn'lʌkɪ/ uheldig.
unmistakable /ʌnmɪs'teɪkəbl/ umiskjennelig.
unmitigated /ʌn'mɪtɪgeɪtɪd/ absolutt; fullstendig.
unmoved /ʌn'muːvd/ uberørt; uanfektet.
unnatural /ʌn'nætʃrəl/ unaturlig.
unnecessary /ʌn'nesəsərɪ/ unødvendig.
unnoticed /ʌn'noʊtɪst/ ubemerket.
unobtrusive /ʌnɒb'truːsɪv/ lite iøynefallende; beskjeden.
unpack /ʌn'pæk/ pakke ut.
unpalatable /ʌn'pælətəbl/ usmakelig.
unparalleled /ʌn'pærəleld/ uten sidestykke *n*.
unperturbed /ʌnpə'tɜːbd/ uaffisert (**by** av).
unpleasant /ʌn'plezənt/ ubehagelig.
unpopular /ʌn'pɒpjʊlə/ upopulær.
unprecedented /ʌn'presɪdentɪd/ som savner sidestykke; enestående.
unprejudiced /ʌn'predʒʊdɪst/ fordomsfri; upartisk.
unprepared /ʌnprɪ'peəd/ uforberedt.

unpretentious /ʌnprɪ'tenʃəs/ beskjeden; upretensiøs.
unprofitable /ʌn'prɒfɪtəbl/ ulønnsom.
unqualified /ʌn'kwɒlɪfaɪd/ ukvalifisert; absolutt; ubetinget.
unquestionable /ʌn'kwestʃənəbl/ ubestridelig; utvilsom.
unravel /ʌn'rævəl/ løse (opp); greie ut.
unreasonable /ʌn'riːznəbl/ urimelig; ufornuftig.
unrecognisable /ʌnrekəg'naɪzəbl/ ugjenkjennelig.
unreliable /ʌnrɪ'laɪəbl/ upålitelig.
unreserved /ʌnrɪ'zɜːvd/ åpen; uforbeholden.
unrivalled /ʌn'raɪvəld/ uten like, uovertruffet.
unruly /ʌn'ruːlɪ/ uregjerlig; ustyrlig.
unsaturated /ʌn'sætʃəreɪtɪd/ *(kjemi)* umettet.
unsavoury /ʌn'seɪvərɪ/ usmakelig.
unscrupulous /ʌn'skruːpjʊləs/ hensynsløs; samvittighetsløs.
unseen /ʌn'siːn/ usett.
unsettle /ʌn'setl/ rokke ved; bringe ut av fatning; **~d** ustadig, usikker; ubetalt.
unshrink|able /ʌn'ʃrɪŋkəbl/ krympefri; **-ing** uten å nøle.
unskilled /ʌn'skɪld/ ufaglært.
unsociable /ʌn'soʊʃəbl/ usosial; uselskapelig.
unsophisticated /ʌnsə'fɪstɪkeɪtɪd/ enkel, naturlig.
unsound /ʌn'saʊnd/ dårlig; usunn; uholdbar.
unspeakable /ʌn'spiːkəbl/ som ikke kan sies høyt.
unspecified /ʌn'spesɪfaɪd/ uspesifisert.
unstable /ʌn'steɪbl/ ustabil; ustø; ujevn.
unsteady /ʌn'stedɪ/ ustø; vaklevoren.
unsuitable /ʌn'suːtəbl/ upassende.
unsurpassed /ʌnsə'pɑːst/ uovertruffen.
unthinkable /ʌn'θɪŋkəbl/ utenkelig; ufattelig.
untidy /ʌn'taɪdɪ/ uordentlig; rotete.
untie /ʌn'taɪ/ knyte opp; løse.
until /ʌn'tɪl/ (inn)til.
untiring /ʌn'taɪərɪŋ/ utrettelig.
untouched /ʌn'tʌtʃt/ urørt; uberørt.
untrue /ʌn'truː/ usann; utro (**to** mot).
unusual /ʌn'juːʒʊəl/ ualminnelig; usedvanlig.

unvarying /ʌn'veərɪŋ/ uforanderlig.
unveil /ʌn'veɪl/ avsløre.
unverified /ʌn'verɪfaɪd/ ubekreftet.
unwarranted /ʌn'wɒrəntɪd/ uberettiget.
unwavering /ʌn'weɪvərɪŋ/ fast; urokkelig.
unwell /ʌn'wel/ uvel.
unwilling(ly) /ʌn'wɪlɪŋ(lɪ)/ uvillig.
unwise /ʌn'waɪz/ uklok.
unwittingly /ʌn'wɪtɪŋlɪ/ uforvarende.
unworthy /ʌn'wɜːðɪ/ uverdig.
unwrap /ʌn'ræp/ pakke opp, pakke ut.
up /ʌp/ oppe; opp; oppover; opp i; oppe på; **be hard ~** ha det vanskelig (økonomisk); **be ~ to** drive med; **time is ~** tiden er omme; **what's ~?** hva skjer?
upbringing /'ʌpbrɪŋɪŋ/ oppdragelse *m.*
update /ʌpdeɪt/ oppdatering *m/f.*
update *verb* oppdatere.
upheaval /ʌp'hiːvəl/ omveltning *m/f.*
uphill /ʌp'hɪl/ oppover bakke.
uphold /ʌp'hoʊld/ vedlikeholde; opprettholde.
upholster /ʌp'hoʊlstə/ stoppe; polstre; trekke (møbler); **~y** møbelstopping *m/f.*
upkeep /'ʌpkiːp/ vedlikehold *n.*
upon /ə'pɒn/ (op)på; **once ~ a time...** det var en gang...
upper /'ʌpə/ over-; øvre; **~s** overlær *n;* **~most** øverst.
upright /'ʌpraɪt/ opprettstående; rettskaffen.
uprising /'ʌpraɪzɪŋ/ oppstand *m.*
uproar /'ʌprɔː/ oppstyr *n.*
upset /ʌp'set/ urolig; oppskaket.
upset *verb* velte; kantre; bringe ut av likevekt; **stomach ~** magebesvær *n.*
upshot /'ʌpʃɒt/ resultat *n.*
upside /'ʌpsaɪd/, **~ down** opp ned; endevendt.
upstairs /'ʌp'steəz/ ovenpå.
upstart /'ʌpstɑːt/ oppkomling *m/f.*
up-to-date /'ʌptə'deɪt/ à jour; moderne.
upward(s) /'ʌpwəd(z)/ oppover; oppadgående.
uranium /jʊ'reɪnɪəm/ uran *n.*
urban /'ɜːbən/ by-; bymessig.
urchin /'ɜːtʃɪn/ sjøpinnsvin *n;* gategutt *m.*
urethr|a /jʊ'riːθrə/ urinrør *n;* **-itis** urinrørsbetennelse *m.*
urge /ɜːdʒ/ sterk innskytelse *m.*
urge *verb* drive; tilskynde; be inntrengende; **~ncy** press

n; tvingende nødvendighet *m;* **~nt** påtrengende nødvendig; presserende; som haster.
urinal /'jʊəraɪnl/ uringlass *n;* pissoir *n.*
urinary /'jʊərɪnərɪ/ urin-; **~ bladder** urinblære *m/f;* **~ tract infection** urinveisinfeksjon *m.*
urn /ɜːn/ urne *m/f.*
us /ʌs/ oss.
U.S.A. /juː es eɪ/ *fork for* **United States of America.**
usage /'juːzɪdʒ/ behandling *m/f;* sedvane *m;* språkbruk *m.*
use /juːs/ bruk *m;* bruk *m;* vane *m;* nytte *m/f.*
use *verb* /juːz/ bruke; **~d to** pleide å; **be (get) ~d to** være (bli) vant til; **be of ~** være til nytte; **~ful** nyttig; brukbar; **~less** unyttig; ubrukelig; **~r** bruker *m.*
usher /'ʌʃə/ dørvakt *m/f; (jur)* rettstjener *m.*
usher *verb* føre inn; vise inn; **~ in** innlede; innvarsle.
usual /'juːʒʊəl/ vanlig; **as ~** som vanlig; **~ly** vanligvis.
usur|er /'juːʒərə/ ågerkar *m;* **-y** åger *m.*
utensil /jʊ'tensɪl/ redskap *m/n;* **kitchen ~s** *flertall* kjøkkenutstyr *n.*
uter|ine /'juːtəraɪn/ livmor-; **-itis** livmorbetennelse *m;* **-us** livmor *m/f.*
utili|ty /jʊ'tɪlɪtɪ/ nytte *m/f;* **-ze** bruke; nyttiggjøre (seg); utnytte.
utmost /'ʌtmoʊst/ ytterst(e).
utter /'ʌtə/ fullstendig, absolutt.
utter *verb* ytre; uttale; **~ance** ytring *m/f;* uttalelse *m;* **~ly** fullstendig; **~most** ytterst.
uvula /'juːvjʊlə/ drøvel *m.*

V

vacan|cy /'veɪkənsɪ/ tomrom *n;* ledig stilling *m;* **-t** tom; ledig; ubesatt.
vacation /və'keɪʃn/ *(amr)* ferie *m.*
vaccinate /'væksɪneɪt/ vaksinere.
vacillat|e /'væsɪleɪt/ vakle; **-ion** slingring *m/f;* vakling *m/f.*
vacuum /'vækjʊəm/, **~ cleaner** støvsuger *m.*
vagina /və'dʒaɪnə/ skjede *m.*
vague /veɪg/ vag; ubestemt.

vain /veɪn/ forgjeves; forfengelig; tom; **in ~** forgjeves.
valiant /'vælɪənt/ tapper.
valid /'vælɪd/ gyldig; **~ity** gyldighet *m.*
valise /və'liːz/ reiseveske *m/f.*
valley /'vælɪ/ dal *m.*
valour /'vælə/ tapperhet *m.*
valuable /'væljʊəbl/ verdifull; **~s** *flertall* verdisaker *m, flertall.*
value /'væljʊ/ verdi *m;* valør *m;* valuta *m.*
value *verb* vurdere; verdsette; **~ added tax** *fork* **VAT** merverdiavgift *m/f.*
valve /vælv/ ventil *m;* klaff *m;* *(radio)* rør *n.*
van /væn/ flyttevogn *m/f;* varevogn *m/f; (jernb)* godsvogn *m/f.*
vanilla /və'nɪlə/ vanilje *m;* **~ pod** vaniljestang *m/f.*
vanish /'vænɪʃ/ forsvinne.
vanity /'vænətɪ/ forfengelighet *m;* tomhet *m;* **~ bag, ~ case** kosmetikkveske *m/f.*
vari|able /'veərɪəbl/ foranderlig; ustadig; **-ant** varierende; **-ation** forandring *m/f;* forskjell *m;* variasjon *m.*
varicos|ity /værɪ'kɒsɪtɪ/ *(medisin)* åreknute *m/f;* **-e veins** åreknuter *flertall.*
varied /'veərɪd/ avvekslende; variert.
variety /və'raɪətɪ/ avveksling *m/f;* forandring *m/f;* mangfoldighet *m;* avart *m;* **~ show** varietéforestilling *m/f.*
various /'veərɪəs/ forskjellig(e); diverse; foranderlig.
varnish /'vɑːnɪʃ/ lakk *m;* ferniss *m.*
varnish *verb* lakkere; fernissere.
vary /'veərɪ/ forandre (seg); variere; veksle; **~ing** varierende; vekslende.
vase /vɑːz/ vase *m.*
vast /vɑːst/ uhyre; veldig; umåtelig; **~ness** vidstrakthet *m.*
VAT /viː eɪ tiː/ *fork for* **Value Added Tax.**
vault /vɔːlt/ hvelv(ing) *n (m/f);* sprang *n,* hopp *n.*
vault *verb* hvelve (seg); hoppe; **pole-~** stavsprang *n.*
veal /viːl/ kalvekjøtt *n;* **roast ~** kalvestek *m.*
VD *fork for* **Venereal Disease.**
vegeburger /'vedʒɪbɜːgə/ *eller* **veggie burger** vegetarburger *m.*
vegetable /'vedʒətəbl/ plante-, vegetabilsk; **~s** *flertall* grønnsaker *flertall;* **~ stock** grønnsakskraft *m/f.*

vegetarian /vedʒəˈteərɪən/ vegetar-; vegetarisk; vegetarianer *m;* **~ dish** vegetarisk rett *m.*
vegetation /vedʒəˈteɪʃn/ vegetasjon *m.*
vehemen|ce /ˈviːəməns/ heftighet *m;* voldsomhet *m;* **-t** heftig; voldsom.
vehicle /ˈviːəkl/ kjøretøy *n;* redskap *n.*
veil /veɪl/ slør *n.*
veil *verb* (til)sløre; tilhylle.
vein /veɪn/ vene *m;* (blod)åre *m/f;* stemning *m.*
velocity /vɪˈlɒsətɪ/ hastighet *m.*
velvet /ˈvelvɪt/ fløyel *m;* **~een** bomullsfløyel *m.*
venal /ˈviːnl/ bestikkelig.
vending machine /ˈvendɪŋ məˈʃiːn/ salgsautomat *m.*
vendor /ˈvendə/ selger *m.*
veneer /vəˈnɪə/ finér *m;* ferniss *m.*
veneer *verb* dekke med ferniss.
venerable /ˈvenərəbl/ ærverdig.
venerat|e /ˈvenəreɪt/ høyakte; holde i ære; **-ion** ærbødighet *m;* ærefrykt *m.*
venereal /vəˈnɪərɪəl/, **~ disease** venerisk sykdom *m;* kjønnssykdom *m.*
Venetian /vəˈniːʃn/, **~ blind** persienne *m.*
vengeance /ˈvendʒəns/ hevn *m.*
venison /ˈven(ɪ)zn/ vilt *n;* dyrekjøtt *n;* **roast ~** dyrestek *m.*
venom /ˈvenəm/ gift *m/f.*
vent lufthull *n;* trekkhull *n;* fritt løp *n.*
vent *verb* lage (luft)hull; **give ~ to** *(overført)* gi utløp for.
ventilat|e /ˈventɪleɪt/ ventilere; lufte; drøfte; **-ion** ventilasjon *m;* **-or** ventilator *m.*
ventriloquist /venˈtrɪləkwɪst/ buktaler *m.*
venture /ˈventʃə/ vågestykke *n;* spekulasjon *m;* risiko *m.*
venture *verb* våge; løpe en risiko; **~ capital** risikovillig kapital *m.*
veraci|ous /vəˈreɪʃəs/ sannferdig; **-ty** sannferdighet *m.*
verb /vɜːb/ verb *n;* **~al** muntlig; ord-.
verbose /vɜːˈbəʊs/ ordrik; vidløftig.
verdict /ˈvɜːdɪkt/ *(jur)* kjennelse *m;* dom *m.*
verge /vɜːdʒ/ rand *m/f;* kant *m.*
veri|fy /ˈverɪfaɪ/ bevise; bekrefte; etterprøve; **-ly** sannelig.
verit|able /ˈverɪtəbl/ sann; virkelig; **-y** sannhet *m.*
vermicide /ˈvɜːmɪsaɪd/ middel *n* mot (innvolls)mark.
vermin /ˈvɜːmɪn/ skadedyr *n.*
vernacular /vəˈnækjʊlə/ dialekt *m.*

verse /vɜːs/ vers *n;* verselinje *m/f;* **in ~** på vers; **be ~d in** være kyndig i.
version /vɜːʃn/ oversettelse *m;* versjon *m,* gjengivelse *m.*
vertebra /'vɜːtəbrə/ (rygg)virvel *m;* **~l** (rygg)virvel-.
vertigo /'vɜːtɪgoʊ/ svimmelhet *m.*
verve /vɜːv/ liv *n;* kraft *m/f.*
very /'verɪ/ meget; **in the ~ act** på fersk gjerning *m;* **the ~ best** det aller beste; **the ~ same** selvsamme.
vessel /'vesl/ kar *n;* skip *n.*
vest undertrøye *m/f;* vest *m.*
vestibule /'vestɪbjuːl/ (for)hall *m;* entré *m;* vestibyle *m.*
vestige /'vestɪdʒ/ spor *n.*
vestry /'vestrɪ/ sakristi *n.*
vet /vet/ *fork for* **veterinary surgeon** veterinær *m;* dyrlege *m;* **~erinary** veterinær-; veterinær *m.*
vex /veks/ ergre; irritere; **~ation** ergrelse *m;* **~atious** ergerlig; irriterende.
viable /'vaɪəbl/ levedyktig; gjennomførbar.
vial /'vaɪəl/ medisinglass *n.*
vibrat|e /vaɪ'breɪt/ vibrere; **-ion** vibrasjon *m;* svingning *m;* dirring *m/f.*
vicar /'vɪkə/ sogneprest *m.*
vice /vaɪs/ vise-; last *m/f;* uvane *m;* skruestikke *m/f.*
vice versa /'vaɪsɪ 'vɜːsə/ omvendt.
vicinity /vɪ'sɪnətɪ/ nærhet *m;* naboskap *n.*
vicious /'vɪʃəs/ lastefull; slett; ondskapsfull.
victim /'vɪktɪm/ offer *n;* **~ize** gjøre til offer; bedra; narre.
victor /'vɪktə/ seierherre *m;* **~ious** seierrik; **~y** seier *m.*
video /'vɪdɪoʊ/ video-; **~ cassette** videokassett *m;* **~ recorder** videospiller *m;* **~tape** videobånd *n.*
videotape /'vɪdɪoʊteɪp/ *verb* ta opp på video.
view /vjuː/ syn *n;* blikk *n;* utsikt *m;* mening *m/f.*
view *verb* bese; se på; betrakte; **in ~ of** i betraktning av; **in my ~** i mine øyne; **point of ~** synspunkt *n;* **with a ~ to** *i den hensikt* å.
viewdata /'vjuːdeɪtə/ teledata *m.*
viewer /'vjuːə/ *(edb)* visningsprogram *n;* fjernsynsseer *m.*
viewfinder /'vjuːfaɪndə/ *(fotogr)* søker *m.*
vigil /'vɪdʒɪl/ (natte)våking *m/f;* **~ant** vaktsom; årvåken.
vigorous /'vɪgərəs/ kraftig; sprek; sterk.
vigour /'vɪgə/ kraft *m/f;* energi *m.*
vile /vaɪl/ sjofel; ussel.

vilify /ˈvɪlɪfaɪ/ bakvaske.
village /ˈvɪlɪdʒ/ landsby *m;* **~r** landsbyboer *m.*
villain /ˈvɪlən/ kjeltring *m;* skurk *m;* **~y** skurkestrek *m.*
vindication /vɪndɪˈkeɪʃn/ rettferdiggjøring *m/f;* godtgjørelse *m;* hevdelse *m;* forsvar *n.*
vindictive /vɪnˈdɪktɪv/ hevngjerrig.
vine /vaɪn/ vinranke *m;* vinstokk *m.*
vinegar /ˈvɪnɪgə/ eddik *m.*
vintage /ˈvɪntɪdʒ/ vinhøst *m;* årgang *m.*
vineyard /ˈvɪnjəd/ vingård *m.*
viola /vɪˈoʊlə/ bratsj *m.*
violat|e /ˈvaɪəleɪt/ krenke; overtre; bryte; **-ion** overtredelse *m;* krenkelse *m.*
violen|ce /ˈvaɪələns/ vold(somhet) *m;* **-t** voldsom.
violet /ˈvaɪələt/ fiol *m.*
violin /vaɪəˈlɪn/ fiolin *m.*
VIP /viː aɪ piː/ *fork for* **Very Important Person.**
viper /ˈvaɪpə/ hoggorm *m.*
viral /ˈvaɪrəl/ virus-; **~ *infection*** virusinfeksjon *m.*
virgin /ˈvɜːdʒɪn/ jomfru *m/f.*
Virgo /ˈvɜːgəʊ/ *(astrologi)* Jomfruen.
virtual /ˈvɜːtʃʊəl/ virkelig; faktisk; **~ reality** konstruert virkelighet *m;* **~ly** faktisk; praktisk talt.
virtu|e /ˈvɜːtʃʊ/ dyd *m;* **by ~ of** i kraft av; **-ous** dydig.
virulent /ˈvɪrʊlənt/ sterk; kraftig; bitter; *(medisin)* ondartet.
viscount /ˈvaɪkaʊnt/ vicomte *m.*
visa /ˈviːzə/ visum *n.*
visib|ility /vɪzɪˈbɪlətɪ/ synlighet *m;* siktbarhet *m;* **-le** synlig.
vision /ˈvɪʒən/ syn *n;* synsevne *m;* visjon *m.*
visit /ˈvɪzɪt/ besøk *n.*
visit *verb* besøke; **~ing hours** besøkstid *m/f;* **~or** besøkende *m;* **~ors' book** gjestebok *m/f.*
visual /ˈvɪʒʊəl/ syns-; synlig.
vital /ˈvaɪtl/ livs-; livsviktig; **~ity** livskraft *m/f.*
vitamin /ˈvɪtəmɪn/ vitamin *m;* **~ deficiency** vitaminmangel *m.*
vivacious /vɪˈveɪʃəs/ livfull; livlig.
vivid livlig; levende.
viz. /vɪz; ˈneɪmlɪ/ *fork for* **videlicit** nemlig.
vocabulary /vəˈkæbjʊlərɪ/ ordliste *m/f;* ordforråd *n.*
vocal /ˈvoʊkl/ *stemme-;* vokal-; sang-; **~ chord** stemmebånd *n;* **~ pitch** stemmeleie *n.*
vocation /vəˈkeɪʃn/ kall *n;* yrke *n;* **~al** yrkesrettet.
vociferous /vəˈsɪfərəs/ høyrøstet.

vogue /voʊg/ mote *m.*
voice /vɒɪs/ stemme *m.*
void /vɒɪd/ tom; *(jur)* ugyldig; *(kortspill)* renons *m*; tomrom *n;* lakune *m;* ~ **of** fri for; blottet for; *(kortspill)* renons i.
volatile /ˈvɒlətaɪl/ flyktig; ustadig.
volcano /vɒlˈkeɪnoʊ/ vulkan *m.*
volition /vəˈlɪʃn/ vilje *m.*
volley /ˈvɒlɪ/ salve *m/f; tennis* fluktslag *n.*
voluble /ˈvɒljʊbl/ ordrik; munnrapp.
volumle /ˈvɒljʊm/ bind *n;* bok *m/f;* volum *n;* innhold *n;* omfang *n;* **-inous** omfangsrik.
voluntary /ˈvɒləntərɪ/ frivillig.
volunteer /vɒlənˈtɪə/ frivillig.
volunteer *verb* påta seg frivillig.
voluptuous /vəˈlʌptjʊəs/ vellystig; sensuell.
vomit /ˈvɒmɪt/ oppkast *n.*
vomit *verb* kaste opp; spy.
voracious /vəˈreɪʃəs/ grådig; glupsk.
vote /voʊt/ (valg)stemme *m;* avstemning *m.*
vote *verb* avlegge stemme; votere, vedta; **~r** stemmeberettiget *m;* velger *m.*
vouch /vaʊtʃ/, ~ **for** gå god for; **~er** kupong *m.*
vow /vaʊ/ (høytidelig) løfte *n.*
vow *verb* love (høytidelig).
vowel /ˈvaʊəl/ vokal *m.*
voyage /ˈvɒɪɪdʒ/ (lengre) reise *m/f* (til sjøs).
VSOP /viː es oʊ piː/ *fork for* **Very Special Old Pale.**
vulgar /ˈvʌlgə/ simpel; tarvelig; rå; vulgær; **~ity** plumphet *m;* simpelhet *m;* **~ize** forsimple.
vulnerable /ˈvʌlnərəbl/ sårbar; *(kortspill)* i faresonen.
vulture /ˈvʌltʃə/ gribb *m.*

W

wacky /ˈwækɪ/ *(hverdagslig)* sprø; gal.
wad /wɒd/ dott *m;* klump *m;* seddelbunt *m.*
wad *verb* stoppe; fôre med vatt; **~ding** vattering *m/f;* vatt *m.*
waddle *verb* /ˈwɒdl/ vralte.
wade /weɪd/ vade; vasse; **~r** vadefugl *m;* **~rs** *flertall* vadestøvler *m, flertall.*
wafer /ˈweɪfə/ (tynn) kjeks *m.*

waffle /ˈwɒfl/ vaffel *m;* **~-iron** vaffeljern *n.*
wag /wæg/ skøyer *m.*
wag *verb* svinge; dingle; logre.
wage(s) /ˈweɪdʒ(ɪz)/ (*flertall*) lønn *m/f.*
wager /ˈweɪdʒə/ veddemål *n.*
wager *verb* vedde.
wag(g)on /ˈwægən/ lastevogn *m/f.*
wail /weɪl/ jammer *m;* klage *m.*
wail *verb* jamre seg; klage.
waist /weɪst/ liv *n;* midje *m/f;* **~band** linning *m/f;* **~coat** vest *m.*
wait /weɪt/ vente; **keep ~ing** la vente; **~ for** vente på; **~ on** oppvarte; **~er** kelner *m;* **~ing-room** venteværelse *n;* **~ress** serveringsdame *m/f.*
waive /weɪv/ oppgi; gi avkall på.
wake /weɪk/ likvake *m;* kjølvann *n.*
wake *verb* vekke; våkne; **~ up** våkne; vekke; **~ful** våken; søvnløs; **~n** våkne; vekke.
walk /wɔːk/ spasertur *m;* gange *m.*
walk *verb* spasere; gå; vandre; **go for a ~** gå en tur; **~er, ~ing frame** gåstol *m;* **~ing stick** spaserstokk *m.*
wall /wɔːl/ mur *m;* vegg *m.*
wall *verb* omgi med en mur; befeste; **~ bars** *flertall* ribbevegg *m;* **~ up** mure igjen.
wallet /ˈwɒlɪt/ lommebok *m/f.*
wallop /ˈwɒləp/ kraftig slag *n.*
wallop *verb* pryle; denge; **~ing** juling *m/f.*
wallow /ˈwɒloʊ/ velte seg.
wallpaper /ˈwɔːlpeɪpə/ tapet *m.*
walnut /ˈwɔːlnʌt/ valnøtt *m/f.*
walrus /ˈwɔːlrəs/ hvalross *m.*
waltz /wɔːls/ vals *m.*
waltz *verb* danse vals.
wander /ˈwɒndə/ vandre; gå seg bort; snakke over seg; **~er** vandrer *m;* **~ing** vandrende; flakkende.
wane /weɪn/ avta; blekne; **on the ~** dalende.
wangle /ˈwæŋgl/ fikse; bruke knep.
want /wɒnt/ mangel *m* (**of** på); nød *m.*
want *verb* mangle; ønske; trenge; ville (ha); **~ed** ettersøkt.
wanton /ˈwɒntən/ meningsløs; løssluppen; vilter.
war /wɔː/ krig *m.*
warble /ˈwɔːbl/ trille; synge; **~r** sangfugl *m.*
ward /wɔːd/ vakthold *n;* formynderskap *n;* vern *n;* myndling *m;* avdeling *m/f,* sal *m* (ved sykehus); **~en** bestyrer *m;* oppsynsmann *m.*

wardrobe /ˈwɔːdroʊb/ garderobe *m;* klesskap *n.*
warehouse /ˈweərhaʊs/ lagerbygning *m.*
wares /weəz/ varer *m, flertall.*
war|fare krigføring *m/f*; **-head** stridshode *n.*
warm /wɔːm/ varm.
warm *verb* varme (seg); **~-up** *(sport)* oppvarming *m/f*; **~th** varme *m.*
warn /wɔːn/ advare (**against** mot); varsle; **~ing** varsel-; (ad)varsel *m;* formaning *m/f*; **~ing light** varsellys *n.*
warp /wɔːp/ varp *n*; (på fiskegarn) innhalingsline *m/f*; (i vev) renning *m/f*, rennegarn *n.*
warp *verb* varpe; forvri; (om trevirke) slå seg; **~ed** (for)vridd; vindskjev.
warrant /ˈwɒrənt/ bemyndigelse *m;* garanti *m;* sikkerhet *m;* hjemmel *m.*
warrant *verb* bemyndige; garantere; **issue a ~ for sby's arrest** utstede arrestordre mot en.
warrior /ˈwɒrɪə/ kriger *m.*
wart /wɔːt/ vorte *m/f.*
wary /ˈweərɪ/ forsiktig.
wash /wɒʃ/ vask *m.*
wash *verb* vaske (seg); skylle over; **~ down** skylle ned; **~ out** vaske av; **~ up** vaske opp; **~able** vaskbar.
washbasin /ˈwɒʃbeɪsn/ håndvask *m.*
washer /ˈwɒʃə/ vaskemaskin *m;* oppvaskmaskin *m.*
washing /ˈwɒʃɪŋ/ (kles)vask *m;* **~-powder** vaskepulver *n.*
washing-up /ˈwɒʃɪŋ ʌp/ oppvask *m*; **do the ~** ta oppvasken; vaske opp; **~ liquid** oppvaskmiddel *n.*
wasp /wɒsp/ veps *m;* **~ish** irritabel.
waste /weɪst/ øde; udyrket; ubrukt; avfalls-; avfall *n*; ødeleggelse *m;* ødselhet *m;* sløsing *m/f;* tap *n.*
waste *verb* ødelegge; sløse med; kaste bort; (gå til) spille; **~d** bortkastet.
wastepaper /ˈweɪstpeɪpə/, **~-basket** papirkurv *m.*
watch /wɒtʃ/ vakt(hold) *m/f (n);* armbånds-, lommeur *n.*
watch *verb* våke; se på; iaktta; passe på.
watchful /ˈwɒtʃfʊl/ vaktsom; påpasselig.
watchmaker /ˈwɒtʃmeɪkə/ urmaker *m.*
watchman /ˈwɒtʃmən/ vaktmann *m.*
watchword /ˈwɒtʃwɜːd/ løsen *n*; stikkord *n.*

water /'wɔːtə/ vann *n.*
water *verb* vanne; **~s** *flertall* farvann *n;* **make one's mouth ~** få tennene til å løpe i vann; **~ down** spe ut (med vann); utvanne.
water-colour /'wɔːtəkʌlə/ vannfarge *m;* akvarell *m.*
watercress /'wɔːtəkres/ brønnkarse *m.*
waterfall /'wɔːtəfɔːl/ foss *m.*
waterfront /'wɔːtəfrɒnt/ sjøside *m/f;* strandpromenade *m.*
waterproof /'wɔːtəpruːf/, **watertight** vanntett.
watershed /'wɔːtəʃed/ vannskille *n.*
water-ski /'wɔːtəskɪ/ vannski *m/f.*
water-ski *verb* stå på vannski.
watery /'wɔːtə'rɪ/ vandig; vassen.
wave /weɪv/ bølge *m/f.*
wave *verb* vifte; vinke; vaie; lage fall i (håret); **~length** bølgelengde *m.*
waver /weɪvə/ være usikker; vakle.
wax /wæks/ voks *m.*
wax *verb* vokse; øke; tilta (om månen).
way /weɪ/ vei(stykke) *m (n);* retning *m;* kurs *m;* måte *m; (sjøfart)* fart *m;* **by the ~** forresten; **by ~ of** gjennom; via; **give ~** vike; **have one's ~** få sin vilje; **well under ~** i full gang.
waylay /'weɪleɪ/ ligge på lur etter.
wayside /'weɪsaɪd/ veikant *m.*
wayward /'weɪwəd/ egensindig.
we /wɪ(:)/ vi.
weak /wiːk/ svak.
weaken /'wiːkən/ svekke(s); **~ed** svekket; **~ing** svekkelse *m.*
weakness /'wiːknəs/ svakhet *m.*
wealth /welθ/ velstand *m;* rikdom *m;* **~y** velstående.
wean /wiːn/ avvenne.
weapon /'wepən/ våpen *n.*
wear /weə/ bruk *m;* slit(asje) *n (m);* holdbarhet *m.*
wear *verb* bære; ha på (seg); slite(s); være holdbar.
wearliness /'wɪərɪnɪs/ tretthet *m;* **-y** trett.
weasel /'wiːzl/ beltebil *m.*
weather /'weðə/ vær *n; (sjøfart)* lo.
weather *verb* forvitre; klare seg gjennom; **~-beaten** værbitt; **~ forecast** værvarsel *n.*
weavle /wiːv/ veve; **-ing** veving *m/f.*
web, the ~ *fork for* **World Wide Web** *(edb)* Internett *n;* **~ bank** nettbank *m;* **~ page** nettside *m/f;* **~ shop** nettbutikk *m;* **~ site** nettsted *n.*

web (spindel)vev *n*; svømmehud *m*; .
wed gifte seg med.
wedding /'wedɪŋ/ bryllup *n;* ~ **dress** brudekjole *m;* ~ **ring** giftering *m*.
wedge /wedʒ/ kile *m*.
wedge *verb* kile fast.
wedlock /'wedlɒk/ ekteskap *n*.
Wednesday /'wenzdɪ/ onsdag *m*.
weed /wiːd/ ugress *n;* ukrutt *n*.
weed *verb* luke; renske; **~-killer** ugressmiddel *n*.
week /wiːk/ uke *m/f;* **~day** hverdag *m;* **~end** helg *m*.
weep /wiːp/ gråte.
weigh /weɪ/ veie; ~ **down** tynge; presse ned; ~ **on** tynge.
weight /weɪt/ vekt *m/f;* byrde *m;* **put on** ~ legge på seg; **~y** vektig; tung.
welcome /'welkəm/ velkommen; velkomst(hilsen) *m*.
welcome *verb* ønske velkommen.
weld sveise (sammen); **~ing** sveising *m/f*.
welfare /'welfeə/ velferd *m*.
well brønn *m;* kilde *m;* sjakt *m/f;* ~ **out** strømme ut.
well godt; vel; riktig; frisk; **as ~ as** så vel som; så godt som; **I'm not** ~ jeg er ikke frisk; **oh, well** nåja; **~-adjusted** veltilpasset; **~-being** trivsel *m*; **~-bred** veloppdragen; **~-deserved** velfortjent; **~-intentioned** velmenende; **~-known** velkjent; **~-managed** velskjøttet; ~ **off** velstående; **~-read** belest.
wellies /'welɪz/ = **wellingtons** *flertall* gummistøvler *m, flertall*.
Welsh /welʃ/ walisisk; **~man** waliser *m*.
welter /'weltə/ rot *n;* virvar *n*.
welter *verb* rulle; velte seg.
werewolf /'wɪəwʊlf/ varulv *m*.
west vestlig; vest-; vestre; vest *m*; **~bound** som går vestover; **~ern** vestlig; **~wards** vestover; mot vest.
wet våt; fuktig; regnfull; rå; væte *m;* fuktighet *m*.
wet *verb* gjøre våt; fukte; ~ **oneself** tisse på seg; ~ **through** gjennomvåt.
wet-nurse /'wetnɜːs/ amme *m/f*.
whack /wæk/ klask *n;* (an)del *m*.
whack *verb* dra til; slå.
whalle /weɪl/ hval *m;* **~r** hvalfanger *m;* fangstskip *n*; **-ing** hvalfangst *m*.
wharf /wɔːf/ brygge *f;* kai *m/f*.
what /wɒt/ hva; hva for en; hvilken; det som; ~ **about...?** hva med...?; **~ever** hva – enn; hva i all verden.

wheat /wiːt/ hvete *m;* ~ **flour** hvetemel *n.*
wheel /wiːl/ hjul *n;* ratt *n.*
wheel *verb* kjøre; trille; rulle.
wheelbarrow /ˈwiːlbærəʊ/ trillebår *m/f.*
wheelchair /ˈwiːltʃeə/ rullestol *m.*
wheeze /wiːz/ hvese.
when /wen/ når; da; **since ~** hvor lenge; **~ever** når; hver gang når.
where /weə/ hvor; hvorhen; **~abouts** oppholdssted *n;* **~as** mens derimot; **~by** hvorved; ifølge hvilken; **~upon** hvoretter; **~ver** hvor som helst; hvor enn; hvor i all verden.
whet /wet/ kvesse; slipe; skjerpe.
whether /ˈweðə/ om (hvorvidt); **~ – or** enten – eller.
which /wɪtʃ/ hvilken; hvem; som; (hva) som.
while /waɪl/ mens; selv om; så lenge som; tid *m/f,* stund *m;* **~ away the time** fordrive tiden.
whilst /waɪlst/ mens.
whim /wɪm/ lune *n;* nykke *m/n;* innfall *n.*
whimper /ˈwɪmpə/ klynk *n.*
whimper *verb* klynke.
whimsical /ˈwɪmzɪkl/ lunefull; snurrig; underlig.
whine /ˈwaɪn/ klynk *n.*
whine *verb* klynke; sutre; klage.
whip /wɪp/ pisk *m;* svepe *m/f; (politikk)* innpisker *m.*
whip *verb* piske; slå.
whiplash /ˈwɪplæʃ/, **~ injury** nakkesleng *m.*
whirl /wɜːl/ virvel *m;* snurring *m.*
whirl *verb* virvle, snurre.
whisk /wɪsk/ visp *m;* støvkost *m.*
whisk *verb* feie; sope; daske; piske (egg, fløte). **~ers** *flertall* kinnskjegg *n*; **~ey** amerikansk/irsk whisky *m.*
whisper /ˈwɪspə/ hvisking *m/f.*
whisper *verb* hviske.
whistle /ˈwɪsl/ plystring *m/f;* fløyte *m/f.*
whistle *verb* plystre.
white /waɪt/ hvit; blek; hvite *m;* **~ lie** nødløgn *m/f;* **~-hot** hvitglødende; **~n** gjøre hvit; bleke(s); **~ness** hvithet *m.*
whitewash /ˈwaɪtwɒʃ/ hvitkalking *m/f*; hvitmaling *m/f*; renvasking *m.*
whitewash *verb* hvitte; kalke; renvaske.
whiting /ˈwaɪtɪŋ/ hvitting *m.*
Whit /wɪt/, **~ Monday** 2. pinsedag; **~ Sunday** 1. pinsedag; **~sun Eve**

pinseaften *m*; **~sun(tide)** pinse *m/f*.
whittle /'wɪtl/ spikke.
whizz /wɪz/ suse; visle.
who /huː/ hvem (som); som; den som; **~ever** hvem som enn; enhver som; hvem i all verden.
whole /hoʊl/ hel; helhet *m;* **on the ~** i det hele tatt; stort sett; **~-heartedly** helhjertet; **~some** sunn; gagnlig.
whoop /huːp/ hyl *n*.
whoop *verb* hyle; huie; gispe; **~ing cough** kikhoste *m*.
whore /hɔː/ hore *f*.
whose /huːz/ hvis.
why /waɪ/ hvorfor; hva! åh!
wick veke *m*.
wicked /'wɪkɪd/ ond; slem; skøyeraktig.
wicker /'wɪkə/; **~ basket** flettet kurv *m*; **~ chair** kurvstol *m;* **~work** kurvfletting *m/f*.
wide /waɪd/ vid; vidstrakt; stor; bred; **~ly** vidt; bredt; **~n** utvide (seg).
widow /'wɪdoʊ/ enke *m/f;* **~er** enkemann *m*.
width /wɪdθ/ vidde *m/f;* bredde *m*.
wife /waɪf/, *flertall* **wives** hustru *m/f;* kone *f*.
wig parykk *m*.
wild /waɪld/ vill; vilter; ustyrlig; forrykt; villmark *m/f;* **~erness** villmark *m/f;* villnis *n*.
wilful /'wɪlfʊl/ egensindig.
will vilje *m*.
will *verb* ville; **at ~** etter ønske; **(last) ~** testament *n*; **make a ~** opprette et testament.
willing /'wɪlɪŋ/ villig; **~ly** gjerne.
willow /'wɪloʊ/ pil(etre) *m (n)*.
willpower /'wɪlpaʊə/ viljestyrke *m*.
win vinne; seire.
wince /wɪns/ krympe seg; rykke til.
wind /wɪnd/ vind *m;* luft *m/f* (i magen); pust *m*; /waɪnd/ bøyning *m*, slyng *m*.
wind *verb* /waɪnd/ slynge seg; bukte seg; vikle; **~ down** trappe ned; falle til ro; **~ up** trekke opp; sveive opp; nøste opp; avslutte, avvikle (forretning); **it's ~y** det blåser.
windbag /'wɪndbæg/ pratmaker *m*.
winder /'waɪndə/ fremtrekker *m*.
windfall /'wɪndfɔːl/ nedfallsfrukt *m/f*; uventet hell *n*.
winding /'waɪndɪŋ/ buktet; svingete; omdreining *m;* sving *m;* bøyning *m;* **~-up** avvikling *m/f;* **~-sheet** liksvøp *n*.

windlass /ˈwɪndləs/ vinsj *m.*
window /ˈwɪndoʊ/ vindu *n;* **~ cleaner** vinduspusser *m;* **~-dresser** vindusdekoratør *m;* **~-pane** vindusrute *m/f;* **~screen** frontrute *m/f* (i bil); **~-sill** vinduskarm *m.*
windpipe /ˈwɪndpaɪp/ luftrør *n.*
wind|screen /ˈwɪndskriːn/, *(amr)* **-shield** frontrute *m/f;* **~ wash** spylevæske *m/f;* **~ washer** vindusspyler *m;* **~ wiper** vindusvisker *m.*
windsurf|er /ˈwɪndsɜːfə/ brettseiler *m;* seilbrett *n;* **-ing** brettseiling *m/f.*
wine /waɪn/ vin *m;* **~ list** vinkart *n.*
wing /wɪŋ/ vinge *m;* fløy *m/f;* (på bil) skjerm *m;* **~s** *flertall, (teater)* kulisser *m, flertall;* **~-chair** ørelappstol *m.*
wink blinking *m/f;* blunk *n.*
wink *verb* blinke; plire; **~ at** blunke til; lukke øynene for.
winner /ˈwɪnə/ vinner *m.*
Winnie-the-Pooh Ole Brumm.
***winter** /ˈwɪntə/ vinter m.*
winter *verb* overvintre; **in ~** om vinteren; **~ resort** vintersportssted *n.*
wipe /waɪp/ tørke (av); **~ off** tørke bort; **~ out** stryke ut; utslette.
wire /ˈwaɪə/ metalltråd *m;* ledning *m;* streng *m.*
wire *verb* feste med (stål)tråd; telegrafere; **barbed ~** piggtråd *m.*
wireless /ˈwaɪələs/ trådløs; radio *m;* **~ operator** radiotelegrafist *m.*
wiring /ˈwaɪərɪŋ/ (i bil) ledningsnett *n;* elektrisk opplegg *n;* **~ box** koblingsboks *m.*
wiry /ˈwaɪrɪ/ ståltråd-; seig.
wisdom /ˈwɪzdəm/ visdom *m.*
wise /waɪz/ vis; klok; **~-** -messig.
wisecrack /ˈwaɪzkræk/ morsomhet *m.*
wisecrack *verb* fortelle morsomheter.
wish /wɪʃ/ ønske *n.*
wish *verb* ønske; **~ful thinking** ønsketenkning *m.*
wisp dott *m;* **~y** pistrete.
wit vidd *n;* vett *n;* forstand *m;* **~ty** vittig.
witch /wɪtʃ/ heks *m/f;* **~craft** heksekunst *m.*
with /wɪð/ med; sammen med; hos; av; til.
withdraw /wɪðˈdrɔː/ trekke (seg) tilbake (**from** fra); ta tilbake; ta ut (av banken); **~al** tilbakekalling *m/f;* uttak *n* (av en bank); **~n** tilbakeholden; reservert.

wither /'wɪðə/ visne.
withhold /wɪð'hoʊld/ holde tilbake; nekte (samtykke).
within /wɪ'ðɪn/ innenfor; innvendig; inne i; innen.
without /wɪ'ðaʊt/ uten; **do ~** klare seg uten.
withstand /wɪð'stænd/ motstå.
witness /'wɪtnɪs/ vitne *n*; vitnesbyrd *n*.
witness *verb* bevitne; være vitne til; se.
wittingly /'wɪtɪŋlɪ/ med vilje; bevisst.
wizard /'wɪzəd/ trollmann *m*.
wobble /'wɒbl/ slingre; være ustø; rave.
woe /woʊ/ smerte *m*; sorg *m*; **~ful** sørgelig.
wolf /wʊlf/, *flertall* **wolves** ulv *m*.
woman /'wʊmən/, *flertall* **women** /'wɪmɪn/ kvinne *m/f*; kone *f*; **~hood** kvinnelighet *m*.
womb /wu:m/ livmor *m/f*; skjød *n*.
wonder /'wʌndə/ (for)undring *m*; (vid)under *n*.
wonder *verb* undre seg; **~ful** vidunderlig.
woo /wu:/ beile til.
wood /wʊd/ skog *m*; tre *n*; ved *m*; trevirke *n*; **touch ~!** bank i bordet!
woodcarving /'wʊdkɑ:vɪŋ/ treskjæring *m/f*.
woodcut /'wʊdkʌt/ tresnitt *n*.
wooded /'wʊdɪd/ skogvokst; **-en** tre-; av tre.
woodgrouse /'wʊdgraʊs/ tiur *m*.
woodpecker /'wʊdpekə/ hakkespett *m*.
woodwind /'wʊdwɪnd/ treblåseinstrument *n*.
woodwork /'wʊdwɜ:k/ treverk *n*; trearbeid *n*.
wool /wʊl/ ull *m/f*; garn *n*; **~ waste** polergarn *n*; **~len** ull-; av ull.
word /wɔ:d/ ord *n*; løfte *n*; beskjed *m*.
word *verb* uttrykke; formulere; **by ~ of mouth** muntlig; **~ing** ordlyd *m*; **~ processing** tekstbehandling *m/f*; **~ processor** pc *m*; tekstbehandlingsprogram *n*.
work /wɜ:k/ arbeid *n*; verk *n*; gjerning *m/f*.
work *verb* arbeide; fungere; drive; *(maskin)* gå; *(maskin)* betjene; **~s** *flertall* verk *n*; fabrikk *m*; **at ~** i arbeid; **~ out** utarbeide; løse (problem); trene; **~ out well** få et godt resultat; **~ up** opparbeide; bearbeide.
worker /'wɜ:kə/ arbeider *m*.
working /'wɜ:kɪŋ/ arbeids-;

arbeid *n*; drift *m/f*; **in ~ order** i brukbar stand.
workman /ˈwɜːkmən/ arbeider *m;* **~like** fagmessig; **~ship** fagkyndighet *m;* (fagmessig) utførelse *m.*
workout /ˈwɜːkaʊt/ trening *m/f.*
workshop /ˈwɜːkʃɒp/ verksted *n.*
world /wɜːld/ verdens-; verden *m;* **~ly** verdslig; jordisk.
worldwide /ˈwɜːldwaɪd/ verdensomfattende.
World Wide Web /wɜːldwaɪdweb/ Internett *n.*
worm /wɜːm/ (innvolls)orm *m;* mark *m*; **~eaten** markspist.
worn-out /ˈwɔːnˈaʊt/ utslitt.
worry /ˈwʌrɪ/ engstelse *m;* bekymring *m/f;* plage *m/f.*
worry *verb* plage; engste (seg); bry; **~ing** bekymringsfull; foruroligende.
worse /wɜːs/ verre; dårligere.
worship /ˈwɜːʃɪp/ (guds)dyrkelse *m;* tilbedelse *m.*
worship *verb* tilbe; dyrke.
worst /wɜːst/ verst; dårligst.
worsted /ˈwɜːstɪd/ kamgarn *n.*
worth /wɜːθ/ *verd(t); verdi m;* **~less** verdiløs; **~while** være umaken verdt; lønne seg; **~y** verdig; aktverdig.
would /wʊd/ ville; ble; ville gjerne; pleide; **~-be** som utgir seg for å være.
wound /wuːnd/ sår *n.*
wound *verb* såre.
wrangle /ˈræŋgl/ krangling *m/f.*
wrangle *verb* krangle; **~r** kranglefant *m; (amr)* cowboy *m.*
wrap /ræp/ sjal *n.*
wrap *verb* vikle; svøpe; **~ (up)** pakke inn.
wrapper /ˈræpə/ omslag *n;* emballasje *m;* overtrekk *n;* morgenkjole *m.*
wrapping /ˈræpɪŋ/ innpakning *m;* **~ paper** innpakningspapir *n.*
wrath /rɒθ/ vrede *m.*
wreath /riːθ/ krans *m;* **~e** (be)kranse.
wreck /rek/ ødeleggelse *m;* skibbrudd *n;* vrak *n.*
wreck *verb* tilintetgjøre; forlise.
wren /ren/ gjerdesmutt *m.*
wrench /ren(t)ʃ/ vri; rykke.
wrestlle /ˈresl/, **~ with** bryte (med); kjempe med; **-ing** bryting *m/f*; **~r** bryter *m.*
wretched /ˈretʃɪd/ elendig.
wriggle /ˈrɪgl/ vrikke; vri seg; sno seg.
wring /rɪŋ/ vri (opp).
wrinkle /ˈrɪŋkl/ rynke *m/f.*
wrinkle *verb* rynke; krølle; **~d** rynkete; skrukkete.
wrist /rɪst/ håndledd *n;* **~-watch** armbåndsur *n.*

write /raɪt/ skrive; **~r** skribent *m;* forfatter *m.*
writing /'raɪtɪŋ/ skrivning *m;* (hånd)skrift *m/f;* innskrift *m/f;* **in ~** skriftlig; **~-desk** skrivebord *n.*
wrong /rɒŋ/ urett; feil; vrang; gal; urett *m.*
wrong *verb* forurette; **be ~** ta feil; **go ~** gå galt; mislykkes; **~ly** galt.
wrought /rɔːt/ smidd; **~ iron** smijerns-.
wry /raɪ/ skjev; **~ face** stygg grimase; **~ly** skjevt.
wt. *fork for* **weight**.

X

xenophobia /zenə'foʊbɪə/ fremmedhat *n.*
Xmas = **Christmas**.
x-ray /'eksreɪ/ røntgenstråle *m;* røntgenbilde *n.*
x-ray *verb* røntgenfotografere.

Y

yacht /jɒt/ yacht *m;* lystbåt *m;* **~ing** seiling *m/f.*
Yankee /'jæŋkɪ/ innbygger i USA; *(amr)* innbygger i New England.
yap /jæp/ bjeffe.
yap *verb* bjeffe; gneldre.
yard /jɑːd/ yard *m* (eng. lengdemål: 0,914 m), *fork* **yd**; *(sjøfart)* rå *m/f;* gård(splass) *m.*
yarn /jɑːn/ garn *n;* skrøne *m/f;* **~ reel** garnvinde *m/f.*
yawn /jɔːn/ gjesp *n.*
yawn *verb* gjespe.
year /jɪə/ år *n;* **~ly** årlig.
yearn /jɜːn/ lengte (**for** etter); **~ing** lengsel *m.*
yeast /jiːst/ gjær *m.*
yell /jel/ hyl *n.*
yell *verb* hyle.
yellow /'jeloʊ/ gul; gulfarge *m;* **~ish** gulaktig.
yelp /jelp/ bjeff *n.*
yelp *verb* bjeffe.
yeoman /'joʊmən/, **~ of the guard** medlem av den engelske livgarde.

yes /jes/ ja.
yesterday /ˈjestədɪ/ i går; **~ morning** i går morges.
yet /jet/ enda; ennå; dog; likevel; **as ~** ennå.
yew /juː/ barlind(tre) *m (n).*
yield /jiːld/ utbytte *n;* ytelse *m.*
yield *verb* yte; gi; kaste av seg; gi etter; gi seg; **~ to** vike for (i trafikken); bøye av for.
YMCA /waɪ em siː eɪ/ *fork for* **Young Men's Christian Association** KFUM.
yoke /joʊk/ åk *n;* forspann *n.*
yolk /joʊk/ eggeplomme *m/f.*
you /juː/ du, deg; De, Dem; dere; man.
young /jʌŋ/ ung; liten; **the ~** ungdommen; **~ster** ung gutt *m.*
your /jɔːə/ din; ditt; dine; deres; Deres, **~s** *(substantivisk)* din; Deres; **~self** du (selv), De (selv); **~selves** *flertall* dere (selv), Dem (selv).
youth /juːθ/ ungdom *m;* **~ hostel** vandrerhjem *n.*
YWCA /waɪ ˈdʌbljʊ siː eɪ/ *fork for* **Young Women's Christian Association** KFUK.

Z

zeal /ziːl/ iver *m.*
zealot /ˈzelət/ svermer *m;* fanatiker *m.*
zealous /ˈzeləs/ ivrig; nidkjær.
zebra /ˈziːbrə/ sebra *m;* **~ crossing** fotgjengerovergang *m* (med striper).
zero /ˈzɪəroʊ/ null(punkt) *n.*
zest lyst *m/f;* glede *m* (**for** ved); behag *n;* krydder *n.*
zip /zɪp/ glidelås *m;* **~ code** *(amr)* postnummer *n.*
zither /ˈzɪðə/ *(mus)* sitar *m.*
zodiac /ˈzoʊdɪæk/, **the ~** dyrekretsen.
zone /zoʊn/ sone *m/f.*
zoo /zuː/ *(hverdagslig)* zoologisk hage *m.*
zoologist /zoʊˈɒlədʒɪst/ zoolog *m;* **-y** zoologi *m.*

MIDTSIDENE – *THE CENTRE PAGES*

Side

FACTS ABOUT NORWAY

386 958 km^2
4 503 000 inhabitants (2001)
Name Kingdom of Norway
Constitution Parliamentary monarchy
King and queen King Harald 5 and Queen Sonja
Capital Oslo
Language Norwegian
Religion Protestant Christianity
National Day May 17th

FAKTA OM STORBRITANNIA

244 177 km^2
59 647 800 innbyggere (2001)
Navn Det forente kongedømmet Storbritannia og Nord-Irland
Styreform Konstitusjonelt monarki
Dronning Elizabeth 2
Hovedstad London
Språk Engelsk
Religion Protestantisk (anglikansk) kristendom
Nasjonaldag i juni (varierer)

FAKTA OM USA

9 372 614 km²
284 797 000 innbyggere (2001)
Navn Amerikas forente stater
Styreform Forbundsrepublikk i Nord-Amerika
Hovedstad Washington
Språk Amerikansk
Religion Protestantisk og romersk-katolsk kristendom
Nasjonaldag 4. juli

FAKTA OM AUSTRALIA

7 682 300 km²
19 357 600 innbyggere (2001)
Navn Commonwealth of Australia
Styreform Forbundsstat i Oseania
Hovedstad Canberra
Språk Engelsk
Religion Kristendom
Nasjonaldag 26. januar

HELLIGDAGER OG HØYTIDER – *PUBLIC HOLIDAYS*

Britiske helligdager og høytider

1. januar	Første nyttårsdag.
Mars/april	Påske. Langfredag: Man spiser bolle med et kors på til minne om Jesu korsfestelse. 1. påskedag: Man spiser påskeegg.
Mai/juni	1. pinsedag, 2. pinsedag.
31. oktober	Halloween (se *amerikanske nedenfor*).
5. november	Guy Fawkes Day. På den dagen, i 1605, prøvde Guy Fawkes å sprenge parlamentet i luften. Han ble dømt og henrettet. Man brenner bål og vanligvis en Guy Fawkes-figur. Barn ber om «a penny for the guy».
25. desember	Første juledag. Barn får gaver om morgenen. Tradisjonell middag er kalkun og Christmas pudding.
26. desember	Boxing Day. De rike gav penger eller gaver til sine tjenere, eller postmannen, melkemannen o.a. den dagen. De fikk sine bokser fylt – derav navnet.

Amerikanske helligdager og høytider

1. januar	Første nyttårsdag.
3. mandag i januar	Martin Luther King Day. Til minne om den svarte presten som sloss for like rettigheter for svarte og hvite. Han ble myrdet i 1968.
14. februar	Valentine's Day. Valentine døde som kristen martyr. Denne dagen sender man kort eller gir gaver til venner.
3. mandag i februar	President's Day. Opprinnelig feiring av George Washingtons fødselsdag, USAs første president. I dag feires alle USAs tidligere presidenter.
4. mandag i mai	Memorial Day. Til minne om dem som døde i borgerkrigen (1861–65) og andre kriger.
4. juli	Independence Day. USA erklærte seg uavhengig av Storbritannia, og erklæringen ble underskrevet denne dagen i 1776.
1. mandag i september	Labor Day. Arbeiderforeninger arrangerer parader.
2. mandag i oktober	Columbus Day. Til minne om Christofer Columbus som oppdaget Amerika 12. oktober 1492.
9. oktober	Leif Erikson Day. Til ære for vikingen som reiste til Amerika for 1000 år siden.
31. oktober	Halloween. Barn kler seg ut, banker på dører i nabolaget og roper «Trick or Treat». Vanligvis får de frukt og søtsaker. Men får de ingenting,

	kan de straffe vedkommende ved f.eks. å såpe inn vinduer, kutte tørkesnora o.l. Egentlig betydning er All Saint's Day, en katolsk feiring av helgenene; Halloween feires kvelden før.
11. november	Veteran's Day. Egentlig for å ære veteranene fra første verdenskrig (1914–18), nå veteraner fra alle krigene som amerikanske soldater har vært involvert i.
4. torsdag i november	Thanksgiving Day. Til minne om de første immigrantene som kom til Amerika, the Pilgrims. De kom på skipet «Mayflower» og slo seg ned på østkysten i 1620. Halvparten døde den første vinteren. I dag en familiesamling om et tradisjonelt måltid.
25. desember	Christmas Day. Dagen man gir gaver. Familiene har en tradisjonell julemiddag.

Australske nasjonale helligdager og høytider

1. januar	Første nyttårsdag.
26. januar	Australia Day.
Mars/april	Påske – langfredag til 2. påskedag.
25. april	Anzac Day (Anzac: forkortelse for Australian and New Zealand Army Corps; til minne om ilandstigningen i Gallipoli 1915.
2. mandag i juni (unntatt Western Australia)	Dronningens fødselsdag.
Siste mandag i september (Western Australia)	Dronningens fødselsdag.
25. desember	Første juledag.
26. desember	Boxing Day.

Norwegian public holidays

1 January	New Year's Day.
March/April	Easter – Maundy Thursday to Easter Monday.
May	Ascension Day, Thursday in the sixth week after Easter.
1 May	Labour Day.
17 May	National Day.
May/June	Whitsun holidays – the day before Whitsun, Whit Sunday, Whit Monday.
25 December	Christmas holidays – Christmas Eve, Christmas Day, Boxing Day.

MYNT – *COINAGE*

Britisk mynt

1 pound (£1) = 100 pence (100p)

Skillemynt

½ p	– a halfpenny
1 p	– a penny
2 p	– two pence, twopence
5 p	– a five pence piece
10 p	– a ten pence piece
20 p	– a twenty pence piece
50 p	– a fifty pence piece

Sedler

£1	– a pound note, a quid
£5	– a five pound note, a fiver, five quid
£10	– a ten pound note, a tenner, ten quid
£20	– a twenty pound note

Amerikansk mynt

1 dollar ($1) = 100 cents (c)

Skillemynt

1 c	– a penny
5 c	– a nickel
10 c	– a dime
25 c	– a quarter
50 c	– a half-dollar

Sedler

Greenbacks:	$1	– a dollar bill, a buck
	$5	– a five dollar bill
	$10	– a ten dollar bill
	$20	– a twenty dollar bill
Større sedler:	$50, $100, $500, $1000, $10 000	

Australsk mynt
1 dollar (A$1) = 100 cents

Skillemynt
5 c, 10 c, 20 c, 50 c, $1, $2

Sedler
$5, $10, $20, $50, $100

Europeisk mynt
1 euro (E1) = 100 cents

MÅL – *MEASURES*

Lengdemål

1 inch = 2,54 cm
1 foot = 12 inches = 30,48 cm
1 yard = 3 feet = 0,9144 m
1 mile = 1760 yards = 1609,3 m
1 nautical mile = 1/60 degree = 1 minute = 1852 m

Flatemål

1 square inch = 6,45 cm^2
1 square foot = 0,093 m^2
1 square yard = 0,836 m^2
1 acre = 4840 square yards = 4046,86 m^2
1 square mile = 640 acres = 2,59 km

Hastighet

1 mile/hour = 1,609 km/t
1 mile/gallon = 0,354 km/liter

Rommål

1 cubic inch = 16,39 cm^3
1 pint = 0,568 litre
1 quart (GB) = 1,136 litre
1 quart (US) = 0,946 litre
1 gallon (GB) = 4 quarts = 4,546 litre
1 gallon (US) = 4 quarts = 3,785 litre

1 bushel (GB)	=	8 gallons = 36,37 litre
1 bushel (US)	=	8 gallons = 35,24 litre
1 cubic foot	=	0,0283 m^3
1 cubic yard	=	0,7646 m^3
1 barrel (oil)	=	159 litre
6,29 barrels	=	1 m^3
1 cup	=	2,4 dl

VEKT – *WEIGHT*

1 ounce	=	28 g
1 pound	=	454 g
1 stone	=	14 pounds = 6,35 kg
1 cwt	=	1 hundredweight = 112 pounds = 50,8 kg
1 short ton	=	907,2 kg
1 long ton	=	1016 kg

SLIK REGNER DU OM – *HOW TO CONVERT*:

Når du kjenner *When you know*	**ganger du med** *you multiply by*	**for å få** *to get*
millimetres	0.04	inches
centimetres	0.39	inches
metres	3.28	feet
metres	1.09	yards
kilometres	0.62	miles
litres	0.22	gallons (GB)
litres	0.26	gallons (US)
litres	1.76	pints (GB)
litres	2.12	pints (US)
grams	0.035	ounces
kilograms	2.21	pounds
hectares	2.47	acres

Når du kjenner *When you know*	**ganger du med** *you multiply by*	**for å få** *to get*
inches	2.54	centimetres
feet	30.48	centimetres
yards	0.91	metres
miles	1.61	kilometres
pints (GB)	0.56	litres
pints (US)	0.47	litres
gallons (GB)	4.50	litres
gallons (US)	3.79	litres
ounces	28.35	grams
pounds	0.45	kilograms
acres	0.40	hectares

TALL – *NUMBERS*

0 nought, zero	19 nineteen
1 one	20 twenty
2 two	21 twenty-one
3 three	22 twenty-two
4 four	30 thirty
5 five	40 forty
6 six	50 fifty
7 seven	60 sixty
8 eight	70 seventy
9 nine	80 eighty
10 ten	90 ninety
11 eleven	100 a/one hundred
12 twelve	101 a/one hundred and one
13 thirteen	1000 one thousand
14 fourteen	10 000 ten thousand
15 fifteen	100 000 a/one hundred thousand
16 sixteen	1000 000 a/one million
17 seventeen	1000 000 000 a/one billion (= 1 milliard)
18 eighteen	

1. first	1st	17. seventeenth	17th
2. second	2nd	18. eighteenth	18th
3. third	3rd	19. nineteenth	19th
4. fourth	4th	20. twentieth	20th
5. fifth	5th	21. twenty-first	21st
6. sixth	6th	22. twenty-second	22nd
7. seventh	7th	30. thirtieth	30th
8. eighth	8th	40. fortieth	40th
9. ninth	9th	50. fiftieth	50th
10. tenth	10th	60. sixtieth	60th
11. eleventh	11th	70. seventieth	70th
12. twelfth	12th	80. eightieth	80th
13. thirteenth	13th	90. ninetieth	90th
14. fourteenth	14th	100. a/one hundredth	100th
15. fifteenth	15th	101. hundred and first	101st
16. sixteenth	16th	1000. a/one thousandth	1000th

KLOKKEN – *THE TIME*

Hva er klokken? *What time is it?*
Unnskyld, vet du hva klokken er? *Excuse me, could you tell me the time, please?*

Klokken er ... *It's ...*

to two o'clock
fem over to five past two
ti over to ten past two
kvart over to a quarter past two
ti på halv tre twenty past two
fem på halv tre twenty-five past two
halv tre half past two
fem over halv tre twenty-five to three
ti over halv tre twenty to three
kvart på tre a quarter to three
ti på tre ten to three
fem på tre five to three

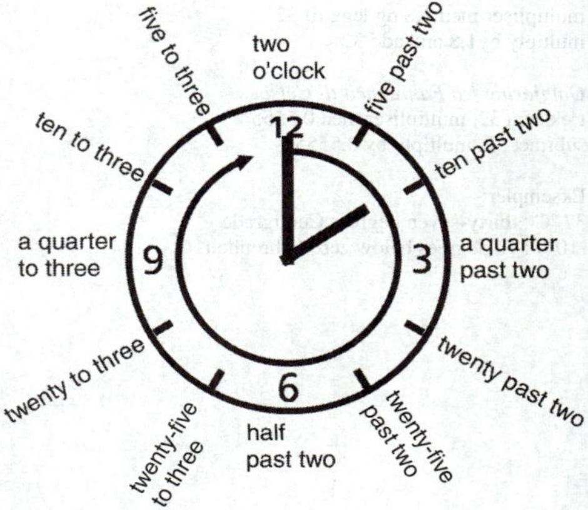

two
o'clock
five past two
ten past two
a quarter
past two
twenty past two
twenty-five
past two
half
past two
twenty-five
to three
twenty to three
a quarter
to three
ten to three
five to three
12
3
6
9

TEMPERATUR – *TEMPERATURE*

Omgjøring fra Celsius til Fahrenheit:
multipliser med 1,8 og legg til 32
multiply by1.8 and add 32

Omgjøring fra Fahrenheit til Celsius:
trekk fra 32, multipliser med 0,5555
subtract 32, multiply by 0.5555

Eksempler:
37 °C : thirty-seven degrees Centigrade
-10 °F: 10 degrees below zero Fahrenheit

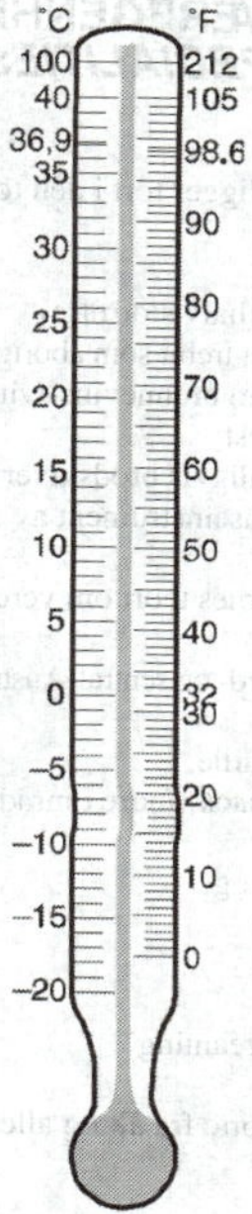
°C
100
40
36,9
35
30
25
20
15
10
5
0
–5
–10
–15
–20
°F
212
105
98.6
90
80
70
60
50
40
32
30
20
10
0

AUSTRALSKE SÆREGENHETER – *AUSTRALIAN SPECIALITIES*

bikies motorsyklister
billabong vannhull som ligger tørt i den tørre årstiden
billy vannkjele til et bål
bloke mann
boogie board surfebrett (halv størrelse)
boomerang en flat, vinklet trebit som aboriginerne bruker til jakt
bottle shop (= off-licence) brennevins-/vinbutikk
corroboree aboriginsk fest
cut lunch matpakke (vanligvis brødskiver)
didgeridoo sylindrisk blåseinstrument av aboriginsk opprinnelse
the Dreaming aboriginernes teori om verdens opprinnelse og energien rundt oss
the dry tørkeperioden i nord- og sentral-Australia (mai–november)
dunny toalett utendørs
freshie ferskvannskrokodille
the never-never the outback (indre områder av nord- og sentral-Australia)
road train et langt vogntog
salty saltvannskrokodille
schooner et stort glass øl
sheila woman
story en historie i *'the Dreaming'*
tinny 375 ml ølkanne
walkabout flere dager borte fra alt og alle
the wet regntiden i nord

UREGELMESSIGE NORSKE VERB – *NORWEGIAN IRREGULAR VERBS*

Infinitiv *Infinitive*	*Presens* *Present tense*	*Preteritum* *Past tense*	*Perfektum* *Perfect tense*	
anta	antar	antok	antatt	*take it, assume*
be	ber	ba	bedt	*ask, beg, pray, invite*
binde	binder	bandt	bundet	*bind*
bite	biter	bet	bitt	*bite*
bli	blir	ble	blitt	*be, become*
brenne	brenner	brant	brent	*burn*
bringe	bringer	brakte	brakt	*carry, take, bring*
by	byr	bød	budt	*order, bid*
bære	bærer	bar	båret	*carry, wear*
dra	drar	drog	dratt	*draw, pull, leave*
drikke	drikker	drakk	drukket	*drink*
drive	driver	drev	drevet	*carry on, run, drift*
ete	eter	åt	ett	*eat*
falle	faller	falt	falt	*fall*
finne	finner	fant	funnet	*finne*
fly	flyr	fløy	fløyet	*fly*
forstå	forstår	forstod	forstått	*understand*
forsvinne	forsvinner	forsvant	forsvunnet	*disappear*
fortelle	forteller	fortalte	fortalt	*tell*
fryse	fryser	frøs	frosset	*freeze, feel cold*
følge	følger	fulgte	fulgt	*follow*
få	får	fikk	fått	*get*
gi	gir	gav	gitt	*give*
gjelde	gjelder	gjaldt	gjeldt	*apply (to)*
gjøre	gjør	gjorde	gjort	*do*

gli	glir	gled	glidd	*slide, skid*
gripe	griper	grep	grepet	*catch, grab*
gråte	gråter	gråt	grått	*cry*
gå	går	gikk	gått	*walk, go*
ha	har	hadde	hatt	*have*
henge	henger	hang	hengt	*hang*
hete	heter	het	hett	*be called*
hjelpe	hjelper	hjalp	hjulpet	*help, assist*
holde	holder	holdt	holdt	*hold*
klype	klyper	kløp	kløpet	*pinch*
komme	kommer	kom	kommet	*come*
krype	kryper	krøp	krøpet	*creep*
kunne	kan	kunne	kunnet	*can*
la	lar	lot	latt	*let*
le	ler	lo	ledd	*laugh*
legge	legger	la	lagt	*lay*
lide	lider	led	lidd	*suffer*
ligge	ligger	lå	ligget	*lie*
lyde	lyder	lød	lydd	*sound*
lyve, lyge	lyver	løy	løyet	*lie*
løpe	løper	løp	løpt	*run*
måtte	må	måtte	måttet	*must*
nyse	nyser	nøs	nyst	*sneeze*
nyte	nyter	nøt	nytt	*enjoy*
rekke	rekker	rakk	rukket	*reach, give*
ri	rir	red	ridd	*ride*
rive	river	rev	revet	*tear*
se	ser	så	sett	*see*
selge	selger	solgte	solgt	*sell*
sette	setter	satte	satt	*place*

si	sier	sa	sagt	*say*
sitte	sitter	satt	sittet	*sit*
skjære	skjærer	skar	skåret	*cut*
skrike	skriker	skrek	skreket	*cry, call*
skrive	skriver	skrev	skrevet	*write*
skulle	skal	skulle	skullet	*shall/will*
skyte	skyter	skjøt	skutt	*shoot*
skyve	skyver	skjøv	skjøvet	*push*
slippe	slipper	slapp	sluppet	*let go of, drop*
slå	slår	slo	slått	*beat, hit*
slåss	slåss	sloss	slåss	*fight*
smelle	smeller	smalt	smelt	*crack, bang*
smøre	smører	smurte	smurt	*oil, smear*
sove	sover	sov	sovet	*sleep*
springe	springer	sprang	sprunget	*run*
spørre	spør	spurte	spurt	*ask*
stige	stiger	steg	steget	*mount, increase*
stikke	stikker	stakk	stukket	*sting*
stjele	stjeler	stjal	stjålet	*steal*
strekke	strekker	strakk	strukket	*stretch*
stryke	stryker	strøk	strøket	*delete, iron*
stå	står	stod	stått	*stand*
svi	svir	sved	svidd	*burn, scorch*
svike	sviker	svek	sveket	*deceive*
synge	synger	sang	sunget	*sing*
ta	tar	tok	tatt	*take*
telle	teller	talte	talt	*count*
tigge	tigger	tagg	tigget	*beg (for)*
treffe	treffer	traff	truffet	*hit*
trekke	trekker	trakk	trukket	*pull, draw*

tvinge	tvinger	tvang	tvunget	*force, compel*
velge	velger	valgte	valgt	*choose*
ville	vil	ville	villet	*want to, will/shall*
vinne	vinner	vant	vunnet	*win*
vite	vet	visste	visst	*know*
vri	vrir	vred	vridd	*twist, wring*
være	er	var	vært	*be*

UREGELMESSIGE ENGELSKE VERB – *ENGLISH IRREGULAR VERBS*

Listen inneholder noen uregelmessige verb i engelsk. En del, f.eks. *dream*, *spoil*, har to former i preteritum og perfektum partisipp: *dreamt*, *spoilt* er vanligst i britisk, mens *dreamed*, *spoiled* er vanligst i amerikansk.

Infinitiv *Infinitive*	*Preteritum* *Past tense*	*Perfektum* *Perfect tense*	
be	was/were	been	*være*
beat	beat	beaten	*slå*
become	became	become	*bli*
begin	began	begun	*begynne*
bid	bid, bade	bid, bidden	*by*
bite	bit	bitten	*bite*
bleed	bled	bled	*blø*
blow	blew	blown	*blåse*
break	broke	broken	*bryte*
build	built	built	*bygge*
burn	burnt, burned	burnt, burned	*brenne*
buy	bought	bought	*kjøpe*
catch	caught	caught	*fange*
choose	chose	chosen	*velge*
come	came	come	*komme*
cut	cut	cut	*kutte*
deal	dealt	dealt	*handle*
dig	dug	dug	*grave*
do	did	done	*gjøre*
draw	drew	drawn	*dra, tegne*

dream	dreamt, dreamed	dreamt, dreamed	*drømme*
drink	drank	drunk	*drikke*
drive	drove	driven	*kjøre*
eat	ate	eaten	*spise*
fall	fell	fallen	*falle*
feel	felt	felt	*føle*
fight	fought	fought	*slåss*
find	found	found	*finne*
fly	flew	flown	*fly*
forbid	forbade	forbidden	*forby*
forget	forgot	forgotten	*glemme*
freeze	froze	frozen	*fryse*
get	got	got, gotten	*få*
give	gave	given	*gi*
go	went	gone	*gå*
grow	grew	grown	*vokse*
hang	hung	hung	*henge*
hang	hanged	hanged	*henge (ved dødsstraff)*
have	had	had	*ha*
hear	heard	heard	*høre*
hide	hid	hidden	*gjemme*
hit	hit	hit	*slå*
hold	held	held	*holde*
keep	kept	kept	*(be)holde*
know	knew	known	*vite, kjenne*
lay	laid	laid	*legge*
learn	learnt, learned	learnt, learned	*lære seg*
leave	left	left	*forlate*
lend	lent	lent	*låne ut*

let	let	let	*la*
lie	lay	lain	*ligge*
lie	lied	lied	*lyve*
light	lit, lighted	lit, lighted	*tenne, lyse*
lose	lost	lost	*miste*
make	made	made	*gjøre*
mean	meant	meant	*mene, bety*
meet	met	met	*møte*
pay	paid	paid	*betale*
read	read	read	*lese*
ride	rode	ridden	*ri*
rise	rose	risen	*stå opp*
run	ran	run	*løpe*
say	said	said	*si*
see	saw	seen	*se*
sell	sold	sold	*selge*
send	sent	sent	*sende*
show	showed	shown, showed	*vise*
shut	shut	shut	*lukke*
sing	sang	sung	*synge*
sit	sat	sat	*sitte*
sleep	slept	slept	*sove*
smell	smelt, smelled	smelt, smelled	*lukte*
speak	spoke	spoken	*snakke*
spell	spelt, spelled	spelt, spelled	*stave*
spend	spent	spent	*bruke tid/penger*
spill	spilt, spilled	spilt, spilled	*søle*
spoil	spoilt, spoiled	spoilt, spoiled	*ødelegge*
stand	stood	stood	*stå*
steal	stole	stolen	*stjele*

sting	stung	stung	*stikke*
swim	swam	swum	*svømme*
swing	swung	swung	*svinge*
take	took	taken	*ta*
teach	taught	taught	*lære bort*
tear	tore	torn	*rive i stykker*
tell	told	told	*fortelle*
think	thought	thought	*tenke, synes*
throw	threw	thrown	*kaste*
understand	understood	understood	*forstå*
wake	woke, waked	woken, waked	*våkne*
wear	wore	worn	*ha på seg*
win	won	won	*vinne*
write	wrote	written	*skrive*

EGNE NOTATER

EGNE NOTATER

EGNE NOTATER

EGNE NOTATER

A

abbed abbot; **~isse** abbess.
abbor perch.
abc-bok primer, ABC (book).
abdi|kasjon abdication; **-sere** abdicate.
abnorm abnormal; **~itet** abnormity.
abonne|ment subscription; season ticket; **-nt** subscriber; **-re** subscribe (**på** to).
abort abortion, miscarriage; **ta ~** have an abortion; **~ere** abort, miscarry.
absolutt absolute; **~ gehør** *(mus)* perfect pitch.
absorbere absorb.
abstrakt abstract.
absurd absurd; **~itet** absurdity.
AD *fork for* **Anno Domini** e.Kr. (etter Kristus); art director.
add|ere add (up); **-isjon** addition.
adel nobility; **~ig** noble; titled.
adgang *(tillatelse)* admittance; admission; *(mulighet for)* access to; *(vei til)* approach, access; **~ forbudt** no admittance.
adjektiv adjective.
adlyde obey.
administr|asjon administration; management; **-ativ** administrative; **-ator** administrator, manager, executive; **-ere** manage; administer.
adop|sjon adoption; **-tere** adopt; **-tivbarn** adopted child.
adresse address; **~re** address.
advare warn (**mot** against; **om** of).
advarsel warning; *(sport)* caution.
adverb adverb.
advokat lawyer; *(høyesteretts~)* barrister; *(juridisk rådgiver)* solicitor, *(amr)* attorney; **~fullmektig** assistant lawyer.
aerobic aerobics.

affektert affected.
affære affair.
Afrika Africa.
afrikan|er African; **-sk** African.
afroamerikaner Afro-American.
agat agate.
agent agent; **~ur** agency.
agere act, play; sham.
aggres|jon aggression; **-siv** aggressive.
agit|asjon agitation; **-ere** agitate.
agn bait; *(på korn)* chaff, husk; **~e** bait.
agronom agronomist.
agurk cucumber.
aha-opplevelse eye-opener, revelation.
aids *fork for* **Acquired Immuno-Deficiency Syndrome (AIDS)**; **~smittet** aids-infected.
à jour up to date; **ajourføre** bring up to date.
akademi academy; **~ker** academic, university graduate; **~sk** academic(al).
ake *verb* sledge, *(amr)* sled; **~bane** bob-run, toboggan slide; **~brett** toboggan, *(amr)* sled, sledding board; **~r** (person) bobsledder, slider.
akevitt aquavit.
akillessene Achilles' tendon.
akklimatiser|e acclimatize; **~ seg** adapt oneself; **-ing** acclimatization, adaption.
akkompagn|atør accompanist; **-ement** accompaniment; **-ere** accompany.
akkord *(mus)* chord; *arbeid* piecework contract; *(handel, jur)* debt settlement, composition, arrangement; **~avtale** deed of arrangement; **~forhandling** composition proceedings.
akkurat *adj* exact, accurate; precise.
akkurat *adv (nettopp)* exactly; just.
a konto on account.
akrobat acrobat.
akryl acrylic.
aks ear (of corn); *(bot)* spike.
akse axis.
aksel *(på hjul)* axle; *(maskin)* shaft; *(skulder)* shoulder.
akselerasjon acceleration; **~sfelt** acceleration lane.
aksent accent.
aksept *(handel)* acceptance; **betinget ~** conditional acceptance; **delvis ~** partial acceptance.
aksept|abel acceptable; **-ere** accept; *(handel)* accept, honour.
aksje share, *(amr)* stock;

~brev share certificate, *(amr)* stock certificate; **~eier** shareholder, *(amr)* stockholder; **~fond** unit trust (fund), *(amr)* mutual fund; **~gevinst** share premium, *(amr)* capital surplus; **~handel** share trading; stock trading; **~kapital** share capital, *(amr)* stock capital; **~kurs** share price, *(amr)* stock price.

aksjeleilighet shared ownership flat, *(amr)* joint-ownership apartment.

aksje|marked stock market, stock exchange; **-megler** (stock)broker; **-omsetning** equity trading; **-plassering** equity investment, investments in shares; **-portefølje** share portfolio, *(amr)* stock portfolio; **-post** shareholding, block of shares, *(amr)* block of stocks; **-selskap** limited (liability) company (AS = Ltd.), *(amr)* (stock) corporation (AS = Inc.).

aksje|sparer unit trust investor, *(amr)* mutual fund investor; **-sparing** share savings, *(amr)* stock savings.

aksje|tegning subscription of shares, *(amr)* stock subscription; **-utbytte** (share) dividend, *(amr)* (stock) dividend.

aksjon action; **gå til ~** take action; **~ere** demonstrate; **~ist** demonstrator.

aksjonær shareholder, *(amr)* stockholder.

akt act; *(om maleri)* nude; **gi ~!** attention!

aktelse respect; regard; esteem.

akter aft; astern; **~dekk** after deck; **~ende** stern.

aktiv active.

aktiva *flertall* assets; **~ og passiva** assets and liabilities.

aktiv|isere activate; keep busy; **-ist** activist; **-itet** activity; **-itør** assistant occupational therapist.

akt|maleri, **-modell**, **-studie** nude.

aktor *(jur)* counsel for the prosecution; prosecutor; **~at** prosecution.

aktu|alisere bring up to date; **-alitet** current interest; topicality; **-ell** current; present; topical.

akupunktur acupuncture.

akusti|kk acoustics *flertall;* **-sk** acoustic.

akutt acute; **-avdeling** casualty ward, *(amr)* emergency room (ER).

akvarell watercolour.
akvarium aquarium.
à la carte à la carte.
alarm alarm; **~anlegg** alarm system; **~beredskap** alert; **~ere** alarm, alert; **~sentral** alarm centre, *(amr)* alarm center.
albaner Albanian.
Albania Albania.
albansk Albanian.
albatross albatross.
albino albino.
albue elbow.
album album.
aldeles quite; perfectly; **~ ikke** certainly not, nothing of the kind.
alder age; **~dom** (old) age.
alders|bevis ID-card; **-bolig** housing for the elderly; **-grense** age limit; **-hjem** old people's home; **-pensjon** old-age pension.
aldri never.
alene alone; by oneself; **~forelder** single parent; **~forsørger** single provider, sole provider.
alfabet alphabet; **~isk** alphabetical(ly).
alfablokker *(medisin)* alpha-blocker.
alge *(bot)* alga; *(tang)* seaweed; **~middel** algicide.
alias alias, assumed name.
alibi alibi.
alkis wino, boozer, *(amr)* lush.
alkohol alcohol; **~forbud** ban on alcohol; **~fritt drikke** non-alcoholic drinks; soft drinks; **~holdig** alcoholic; **~holdig drikke** spirits, *(amr)* liquor; **~iker** alcoholic; **~isme** alcoholism; **~misbruk** alcohol abuse.
alkotest breathalyser.
all all.
alle everyone; everybody; all; *(hvem som helst)* anybody; **~ sammen** all of us (you, them); everybody; **~ slags** all kinds of.
allé avenue.
allehånde allspice.
allemannsrett public right of access.
aller, **~ best** best of all; the very best; **~ først** the very first; **~ mest** most of all.
allerede already; as early as.
allergen *(medisin)* allergen.
allergi allergy; **~sk** allergic.
allestedsnærværende omnipresent.
alli|anse alliance; **-ere, -ert** ally; **de allierte** the Allies.
alligator alligator.
allikevel still; yet; all the same.

all|makt omnipotence; **-mektig** almighty.
allmenn public; general; common; ordinary; **~dannelse** general education; **~fag** general studies.
allmennpraktiker *(lege)* general practitioner (GP).
allsang singsong, *(amr)* singalong.
allsidig versatile; all-round; **~het** versatility.
allslags all sorts/kinds of.
alltid always.
allting everything.
allvitende omniscient; allknowing.
alm elm; **~esyke** Dutch elm disease.
almanakk almanac.
alpelue beret.
Alpene the Alps.
alpin alpine; **~anlegg** alpine skiing facilities; **~ist** alpine skier, downhill skier; **~senter** alpine skiing resort, alpine ski centre; **~utstyr** alpine equipment.
alt everything, all; **~ annet enn** everything but; **~ etter som** depending on (whether); *se allerede*; *(mus)* (contr)alto.
alter altar; **~gang** Holy Communion; **~ring** altar rail; **~skap** triptych.
alternativ alternative; **~t** alternatively.
alternere alternate (**med** with).
altetende omnivorous.
altfor too; much too, far too.
altså therefore; consequently; so.
aluminium aluminium, *(amr)* aluminum; **~folie** tinfoil, *(amr)* aluminum foil.
alv elf; fairy.
alvor seriousness; earnestness; gravity; **for ~** in earnest; **~lig** serious; earnest; grave.
a.m. *fork for* **ante meridiem** før klokken tolv (fra kl 0100 til kl 1200).
amalgam amalgam.
amatør amateur.
ambassad|e embassy; **-ør** ambassador.
ambisjon ambition.
ambolt anvil; *(del av øret)* incus, anvil.
ambulanse ambulance.
A-menneske early riser, early bird.
Amerika America.
amerikan|er American; **-sk** American.
amfetamin amphetamine, *(hverdagslig)* speed.

amfiteater amphitheatre.
amme *subst* wet nurse.
amme *verb* breast-feed.
ammoniakk ammonia.
ammunisjon ammunition.
amnesti amnesty.
a-moll A minor.
amortiser|e amortize; **-ing** amortization.
ampel hanging lamp; hanging flower pot.
amput|asjon amputation; **-ere** amputate.
amulett amulet; charm.
anabole steroider anabolic steroids.
anal anal.
analfabet illiterate.
analyse analysis (*flertall* analyses); **~re** analyse, *(amr)* analyze.
ananas pineapple.
anarki anarchy; **~st** anarchist.
anatomi anatomy.
anbefal|e recommend; **-ing** recommendation.
anbud tender, *(amr)* bid; **(på** for).
anbuds|dokumenter tender documents; **~frist** closing date for submission of tenders; **~garanti** tender bond, *(amr)* bid bond; **~giver** tenderer, *(amr)* bidder; **~konkurranse** competitive tendering, *(amr)* competitive bidding; **~pris** tender price, *(amr)* bidding price.
and duck.
andakt *(kort gudstjeneste)* prayers, devotions.
andel share; quota; **~shaver** co-owner; **~slag** co-operative society; **~sleilighet** co-op flat, *(amr)* co-op apartment.
andpusten out of breath.
andre others; other people.
and|rik drake; **-unge** duckling.
ane *verb* suspect; guess; **jeg ~r ikke** I have no idea.
aner *flertall* ancestors; ancestry.
anerkjenne acknowledge; recognize; **~lse** acknowledg(e)ment; recognition; approval.
anfall assault; attack; *(medisin)* fit; **~e** attack; assault.
anførselstegn *flertall* inverted commas; quotation marks.
angel hook.
angi inform against (*eller* on); *(vise)* indicate; *(nevne)* state; **~ver** informer.
angre regret; repent **(på** about); **~funksjon** *(edb)* undo function.
angrep attack, assault; charge;

~sspiller *(sport)* attacker, forward.
angripe attack, assault; *(tære)* corrode; **~r** aggressor, attacker.
angst fear, dread; anxiety.
angå concern; regard; bear on; **~ende** concerning; as regards.
anheng pendant.
animlasjon animation; **~sfilm** cartoon, animated film; **~atør** cartoonist, animator; **-ere** animate.
anke *subst* complaint; *(jur)* appeal.
anke *verb (jur)* appeal.
ankel ankle; **~beskytter** ankle cup.
anker anchor; **~kjetting** cable; **~spill** windlass.
anklage *subst* accusation; *(jur)* charge.
anklage *verb* accuse (**for** of); *(jur)* charge (**for** with); **~r** *(jur)* prosecutor, *(amr)* prosecuting attorney.
ankomme arrive (**til** at, in).
ankomst arrival; **~dato** date of arrival; **~tid** time of arrival.
ankre anchor.
anledning *(gang; festlig ~)* occasion; *(sjanse)* opportunity; **i den ~** on that occasion.
anlegg *(byggeplass)* construction site; *(fabrikk)* works; plant; *(elektr)* installation; *(evner)* talent, turn; **~e** construct; lay out; *((sak) jur)* bring an action against.
anløpe *(metall)* tarnish; *sjøfart* touch at; call at.
anmelde *(til politiet)* report, notify; *(bok)* review; **~lse** report, notification; **~r** reviewer.
anmerkle note; put down; **-ning** comment; note; remark.
anneks annex.
annen other; *(numerisk)* second; **~klasses** second-class; **~steds** elsewhere; somewhere else.
annerledes different; otherwise.
annonse advertisement; **~re** advertise.
annullerle cancel, annul; **-ing** cancellation.
anonym anonymous; **~itet** anonymity.
anorakk anorak.
anoreklsi anorexia; **-tiker** anorectic.
ansatt *subst* employee.
ansatt employed.
ansel for regard as; consider; **-else** reputation; **-tt** distinguished; of good repute.

ansette employ; engage; appoint; **~lse** employment; engagement; appointment.
ansiennitet seniority.
ansikt face; **~sfarge** complexion; **~krem** face cream; **~sløftning** facelift; **~smaske** face pack; **~strekk** feature; **~svann** skin tonic.
ansjos anchovy.
anslag *(mus)* touch; *(vurdering)* estimate.
anslå estimate (**til** at); *(mus)* strike.
anspent (in)tense.
anstalt institution.
anstand chaperon.
anstendig decent; proper.
anstreng|e seg *(for å)* endeavour (to); exert oneself (to); **-else** effort; exertion; **-ende** tiring; strenuous; **-t** strained; intense.
ansvar responsibility; **~lig** responsible (**for** for; **overfor** to); **~sforsikring** liability insurance; **~sløs** irresponsible.
anta suppose; take it; *(godkjenne)* approve; accept; *(gå over til)* embrace; adopt; *(en form o.l.)* assume; *(sannsynligvis)* probably.
antall number.
antarktisk antarctic.
antenne *subst (radio, tv)* aerial; *(zool)* antenna *(flertall* antennae); **~uttak** aerial socket.
antenne *verb* light, set fire to; **~lig** inflammable.
anti|biotika *(medisin) flertall* antibiotics; **-depressiva** *(medisin)* antidepressants; **-histaminer** *(medisin)* antihistamin drugs.
antikk antique.
antikvar second-hand bookseller; **~iat** second-hand bookshop.
antilope antelope.
antiluftskyts anti-aircraft guns.
antipati antipathy.
antipersonellmine anti-personnel (land)mine.
anti|septisk antiseptic; **-statisk** anti-static; **-stoff** *(medisin)* antibody.
antrekk dress; attire.
antropolog anthropologist; **~i** anthropology.
antyd|e *(angi)* indicate; *(la forstå)* suggest, hint; **-ning** indication; suggestion; *(spor)* trace.
anvis|e *(vise)* show; *(tildele)* assign; *(handel)* pass for payment; *(på bank)* draw on a bank; **-ning** *(veiledning)*

directions; instructions; *(penge-)* order; cheque.
aparte odd; queer.
apati apathy; **~sk** apathetic.
ape *subst* monkey; ape.
ape *verb* mimic; ape.
aperitiff aperitif.
A-post first class mail.
apostel apostle.
apotek chemist's; pharmacy, *(amr)* drugstore; **~er** dispensing chemist; druggist.
apparat apparatus; device; *(radio, tv)* set.
appartementshotell apartment hotel.
appell appeal; **~ere** appeal.
appelsin orange.
appetitt appetite; **~lig** appetizing; **~vekker** appetizer.
applau|dere applaud; **-s** applause.
aprikos apricot.
april April; **~snarr** April fool.
apropos by the way.
araber Arab.
arbeid work, *(slit)* labour, *(amr)* labor; **~e** work; labour, *(amr)* labor.
arbeider worker; labourer, *(amr)* laborer; **~klasse** working class.
Arbeiderpartiet Labour Party.
arbeids|avtale contract of employment; **-besparende** labour-saving, *(amr)* labor-saving; **-dag** working day; **-dyktig** fit for work.
arbeidsgiver employer; **~avgift** employers' contribution; **~forening** employer's association.
arbeidskontor employment agency; job centre.
arbeidsledig unemployed, out of work; **~het** unemployment; **~hetstrygd** unemployment benefit, dole money.
Arbeids- og administrasjonsdepartementet Ministry of Labour and Government Administration.
arbeids- og administrasjonsminister Minister of Labour and Government Administration.
arbeids|plass place of work; **-rom** study; **-taker** employee; **-tid** working hours; **-tillatelse** work permit.
arbitrasje arbitrage.
areal area.
arena arena, stadium.
Argentina Argentina.
argentin|er Argentinian; **-sk** Argentinian.
argument argument; **~asjon** argumentation; **~ere** argue.
arie aria.

aristokrat aristocrat; **~i** aristocracy; **~isk** aristocratic.
aritmetikk arithmetic.
ark *(papir)* sheet; *(på bygning)* dormer.
arkeolog archaeologist; **~i** archaeology.
arkitekt architect; **~ur** architecture.
arkiv archives *flertall; (handel)* file, record; **~ar** archivist; keeper of the records; **~ere** file; **~skap** filing cabinet.
arktisk arctic.
arm arm.
armatur fittings.
armbånd bracelet; **~sur** (wrist) watch.
armé army.
armhevning press-up, *(amr)* push-up.
arm|hule armpit; **-ring** bangle, bracelet.
aroma aroma; **~terapeut** aroma therapist; **~terapi** aromatherapy; **~tisk** aromatic.
arr scar; *(bot)* stigma.
arrang|ement arrangement; **-ere** arrange; organize; **-ør** organizer.
arrest arrest; *(fengsling)* custody; detention; **~ere** arrest; **~ordre** warrant.
arrogan|se arrogance; **-t** arrogant; haughty.
arsenikk arsenic.
art *(vesen)* nature; *(slags)* sort, kind; *biol* species.
arterie artery.
artig funny.
artik|kel article; **-ulere** articulate.
artilleri artillery.
artisjokk artichoke.
artium university qualifying examination, *omtrent* General Certificate of Education (GCE), Advanced Level (A-levels) (GCEA), *(amr)* high school diploma/ certificate; **ta ~** take one's A-levels, *(amr)* graduate from high school.
arv inheritance.
arve inherit; **~avgift** inheritance tax; **~følge** order of succession; **~lig** heritable; hereditary; **~løs** disinherited; **~rett** right to inherit; **~smykke** heirloom.
arving heir(ess) *m (f)*.
AS *fork for* **aksjeselskap** Ltd. (Limited Company), *(amr)* Inc. (Incorporated).
asbest asbestos.
asfalt(ere) asphalt.
Asia Asia.
asiat Asian; **~isk** Asian.

asjett side plate, small plate.
ask *(bot)* ash.
aske ashes *flertall;* **~beger** ashtray.
Askepott *(eventyrfigur)* Cinderella.
askelse asceticism; **-t, -tisk** ascetic.
asp aspen.
asparges asparagus.
aspirlant aspirant; candidate; **-ere til** aspire to.
assistlanse assistance; **-ent** assistant; **-ere** assist.
assortere assort.
assurlanse insurance; **-ere** insure.
astma asthma; **~tiker, ~tisk** asthmatic.
astrolog astrologer; **~i** astrology.
astronom astronomer; **~i** astronomy.
asurblå azure.
asyl asylum; **~mottak** centre for asylum seekers, *(amr)* refugee reception center; **~søker** asylum seeker; **~søknad** application for political asylum.
at that.
ateislme atheism; **-t** atheist.
atelier studio.
atferd behaviour, *(amr)* behavior; conduct; **~sforstyrrelse** behaviour disorder; **~sterapi** behaviour therapy, *(amr)* behavior therapy.
atlet athlete; **~isk** athletic.
atmosfærle atmosphere; **-isk** atmospheric; **-iske forstyrrelser** *flertall* atmospherics.
atom atom; **~avfall** nuclear waste, atomic waste; **~bombe** atom(ic) bomb; **~drevet** nuclear- *eller* atomic-powered; **~kraftverk** atomic power plant; nuclear power station; **~krig** nuclear war; **~reaktor** nuclear reactor, atomic reactor; **~våpen** nuclear weapon, atomic weapon.
atonal atonal.
atskille part; separate; segregate; **~lse** separation.
atskillig *adv* considerably; a good deal; **~e** several; quite a few.
atskilt separate.
attentat (attempted) assassination; **~forsøk** attempted assassination; **~mann** assassin.
attest certificate; testimonial; reference; **~ere** certify; **~kopi** copy of certificate.
attføring rehabilitation;

~sstønad rehabilitation (benefit).
au oh, ouch.
aubergine aubergine, eggplant.
audi|ens audiens; **-torium** lecture room.
august August.
auksjon auction; public sale; **~arius** auctioneer; **~ere** auction; **~sforretning** auctioneering firm; **~skatalog** sales catalogue.
Australia Australia.
austral|ier Australian, *(hverdagslig)* Aussie; **-sk** Australian.
autentisk authentic.
autist autist.
autograf autograph.
autokorrektur *(edb)* autocorrection.
automat slot *(eller* vending) machine; **~gir** automatic transmission; **~isk** automatic; **~sikring** *(elektr)* circuit breaker; **~våpen** automatic weapon.
autonom autonomous.
autori|sasjon authorization; **-sere** authorize; **-sert** authorized; licensed; **~ revisor** chartered accountant.
autoritet authority.
autovern crash barrier.
av *preposisjon* of; by; from.
av *adv* off; **~ og til** now and then; **~ sted** away; off.
avanse *(handel)* profit; **~ment** promotion; **~re** *(rykke frem)* advance; *(forfremmes)* be promoted; **~rt** advanced.
avantgarde vanguard, van.
avbalansere balance.
avbestill|e cancel; **~ time** cancel an appointment; **-ing** cancellation.
avbetal|e pay by instalments/ *(amr)* installments; pay off; **-ing** *(avdrag)* partial payment; instalment, *(amr)* installment; **på -ing** on hire-purchase, *(amr)* on installments.
avbitertang (pair of) cutting nippers, wire cutter.
avblåse call off, cancel.
av|brudd interruption, break; **-bryte** interrupt, break (off); **-brytelse** interruption; break.
avbud, melde ~ send one's regrets.
avdekke uncover; *(statue)* unveil.
avdeling department; section; *(mil)* unit; detachment; *(filial)* branch; **~sleder** department manager; **~slege** consultant physician, *(amr)* attending physician;

~ssykepleier (ward) sister, *(amr)* head nurse.
avdrag part payment; instalment, *(amr)* installment; **~sfri** interest-only; **~stid** repayment period; **~svis** in instalments.
avdrift deviation; *sjøfart* drift.
avdød deceased; late.
avertlere advertise (**etter** for); **-issement** ad(vertisement).
avfall refuse; waste; *(søppel)* rubbish, *(amr)* trash, garbage; **~sbøtte** (rubbish) bin, *(amr)* garbage can; **~sdynge** refuse heap; **~skvern** waste disposal unit; **~ssjakt** rubbish chute, *(amr)* garbage chute. **~sstoffer** *flertall* refuse; waste.
avfolkle depopulate; **-ning** depopulation.
avføring motion; evacuation; *(medisin)* stools; **~smiddel** laxative.
avgass waste gas.
avgang departure; **~stid** time of departure.
avgift *(skatt)* tax; *(toll)* duty; *(gebyr)* fee; **~sfri** free of duty; **~spliktig** liable to duty.
avgjøre *(ordne)* settle; *(bestemme)* decide, determine; **~lse** settlement; decision; **~nde** decisive; *(endelig)* final.
avgrensle bound; limit; **-ning** (line of) demarcation.
avgrunn abyss; gulf.
avgud idol; **~sbilde** idol; **~sdyrkelse** idolatry.
avgå depart, leave, sail (**til** for); **~ ved døden** pass away.
avhandling treatise; thesis; dissertation.
avhengle av depend on; **-ig** dependent (**av** on); **-ighet** dependence.
avhold abstinence; **~e seg fra** abstain from; **~smann** teetotaller; total abstainer; **~t** popular.
avhopper defector.
avis (news)paper; **~kiosk** newsstand; *(større)* bookstall; **~artikkel** (newspaper) article.
A-vitamin vitamin A.
avkalke decalcify; *(vann)* soften.
avkall renunciation; **gi ~ på** give up; relinquish.
avkastning yield; profit(s).
avkjølle cool; refrigerate; **-ing** cooling; **-t** chilled.
avkjøring exit (road).
avklare clarify.
avkobling relaxation.
avkom offspring; *(jur)* issue.
avkrok out-of-the-way place.
avl culture; growing; *(avling)*

crop, produce; *(oppdrett)* breeding.
avlang oblong.
avlaste relieve (**for** of).
avlat indulgence.
avle grow; raise; *(om dyr)* breed.
avled|e *(utlede av)* derive from; *(lede bort)* divert; **-ning** derivation; diversion.
avlegge *(besøk)* pay; *(ed)* take an oath; *(regnskap)* render; *(eksamen)* pass; **~r** *(bot)* cutting.
avleggs antiquated; out of date; obsolete.
avleir|e deposit; **-ing** *(lag)* deposit; *(lagdannelse)* stratification.
avlesse unload; discharge.
avlever|e deliver; **-ing** delivery.
avling crop.
avlive put to death; kill.
avlys|e cancel, call off; **-ning** cancellation.
avløp outlet; drainage; **~sledning** *(kloakk)* sewer; *(maskin)* exhaust piping; **~srør** drain pipe.
avløs|e *(vakt)* relieve; *(følge etter)* succeed; **-ning** relief; replacement.
av|makt impotence; *(besvimelse)* faint; **-mektig** powerless; impotent.
avmelding *(kortspill)* negative response.
avpasse adapt (**etter** to).
avregning statement of accounts; *(oppgjør)* settlement of accounts.
avreise *subst* departure; **~dato** date of departure.
avrime defrost.
avrunde round (off).
avsats *(i fjell)* ledge; *(trappe-)* landing.
avse spare.
avsende dispatch; **~r** sender; *(av varer også)* consignor; shipper.
avsetning sale.
avsette *(fra embete)* remove; dismiss; *(konge)* dethrone; *(selge)* sell; **-telse** removal; dismissal; dethronement.
avsi dom give judgement.
avsides remote; out of the way.
avsilt strained.
avskaffe abolish; **~lse** abolition.
avskalling peeling, shedding.
avskilte remove the number plates, *(amr)* remove the license plates.
avskjed leave; *(tvungen)* dismissal; *(frivillig)* retirement; **få ~** be dismissed, *(hverdagslig)* be sacked *eller*

fired; ~**ige** dismiss; discharge; *(hverdagslig)* sack, fire; ~**sbesøk** farewell visit; ~**ssøknad** resignation.
avskrift copy.
avskriv|e *(handel)* write off; -**ning** copying; -**ningsbeløp** write-off.
avsky *subst* disgust, aversion.
avsky *verb* detest, abhor; ~**elig** detestable; abominable.
avslag rejection; refusal; *(handel)* reduction; allowance.
avslap|ning relaxation; -**pet** relaxed.
avslut|ning close; conclusion; -**te** finish; close; conclude.
avslør|e *(røpe)* reveal; *(avduke)* unveil; ~**nde** revealing, eye-opening; -**ing** disclosure.
avslå turn down; refuse; reject.
avsmak distaste; dislike; **få ~ for** take a dislike to.
avsnitt paragraph; *(utdrag)* passage, section.
avspark kick-off.
avspasering time off in lieu (of wages).
avspenning relaxation; *(politikk)* détente.
avspiller play-back unit.
avspore derail.
avstamning descent; genealogy.
avstand distance; ~**småler** rangefinder.
avstemning voting, vote; harmonization.
avstengning shutting off; ~**skran** shut-off cock.
avstigning dismounting; alighting.
avstive brace, stiffen.
avstøpning cast.
avstå renounce; *(overlate til)* give up; ~ **fra** abstain from; desist from; *(land)* cede; ~**else** *(land)* cession.
avta fall off; decrease; decline; ~**kbar** removable.
avtale *subst (overenskomst)* agreement; *(et møte)* appointment.
avtale *verb* arrange; agree on; make an appointment.
avtale|brudd breach of contract; -**feste** regulate by contract; -**giro** fixed-term giro; -**frihet** contractual freedom; -**vilkår** terms of agreement.
avtalt agreed (upon), arranged.
avtjene, ~ verneplikten do one's military service.
avtrekk vent, outlet; ~**er** trigger; ~**svifte** extractor fan.
avtrykk print; copy; *(opptrykk)* impression.
avveie balance; weigh.
avveier, på ~ astray.

avveksling change; variation.
avvenn|e wean; **~ing** weaning; **~ingsklinikk** *(for rusmisbrukere)* detoxification centre; **~ingsprogram** diversion program.
avvente await; wait for.
avverge ward off; avert.
avvik deviation; **~e** differ (**fra** from); **~ende** deviant.
avvikle settle; finish; *(forretning)* wind up.
avvis|e turn (*eller* send) away; *(forslag)* refuse, reject; *(beskyldning)* repudiate; **-ning** dismissal; refusal; rejection; repudiation.
avvæpn|e disarm; **-ing** disarmament.

B

bable jabber, babble.
babord port.
baby baby, *(austr slang)* bub; **~bag** carrycot, *(amr)* car bed; **~mais** baby corn; **~pose** baby sleeping bag; **~sele** baby reins.
bad bathroom, *(amr)* bath.
bade *(i kar)* take (*eller* have) a bath; *(ute)* go bathing, go for a swim, bathe; **~bukse** (swimming) trunks; **~drakt** swimsuit, *(amr)* bathing suit; **~hette** bathing cap; **~kar** (bath)tub; **~kåpe** bathrobe; **~strand** beach; **~vekt** bathroom scales.
badstue sauna; **~bad** steam bath.
bagasje luggage, *(amr)* baggage; **~brett** *(på sykkel)* carrier; **~nett** rack; **~oppbevaring** left-luggage office, *(amr)* checkroom; **~rom** *(på bil)* boot, *(amr)* trunk; **~tralle** luggage trolley, *(amr)* baggage trolley; **~utlevering** luggage reclaim, *(amr)* baggage claim.
bagatell trifle.
bagett baguette.
baggerslag *(sport)* forearm pass.
baisse|marked *(handel)* bear marked; **-spekulant** bear.
bak *preposisjon, adv, subst* behind; **~ frem** back to front.
bakaksel rear axle.
bakben hind leg.
bakbinde pinion.

bakbrems rear brake.
bake bake; **~papir** baking paper; **~pulver** baking powder; **~r** baker; **~ri** bakery.
bakerst *adj* hindmost.
bakerst *adv* at the back.
bakfra from behind.
bakgate back street.
bakgrunn background.
bakhjul rear wheel; **~sdrift** rear wheel (drive).
bakhold(sangrep) ambush.
bakhånd *(kortspill)* fourth hand; **i ~** *(overført)* in reserve.
bakke *subst* hill, slope.
bakke *verb* reverse; back; **~ ut** back out.
bakke|mannskap ground personnel; **~rekord** jump record; **~start** uphill start; **~styrke** ground forces.
baklengs backwards.
baklomme hip pocket.
baklys rear (*eller* tail) light.
bakover backwards; **få ~sveis** be flabbergasted.
bakpart back (part).
bakrus hangover.
baksete back seat.
bakside back.
bakskjerm rear wing, *(amr)* rear fender.
baksmell set-back, backlash.
bak|snakke slander; **-speil** rear-view mirror.
baktanke secret thought; ulterior motive.
bakteri|e bacterium (*flertall* bakteria); germ; **-olog** bacteriologist.
baktropp rear party.
bakvendt the wrong way; upside down.
balanse balance; **~re** poise; balance.
bale toil; struggle.
balje tub.
balkong balcony; *(teater)* dress circle.
ball ball.
ballade *(dikt)* ballad; *(ståhei)* row.
balle *(vare-)* bale; *(tå-)* ball.
ballett ballet.
ballong balloon; *(flaske)* demijohn; **~dekk** balloon tyre.
balltre bat.
Baltikum the Baltic States.
baltisk Baltic.
balsam balsam, balm; **~ere** embalm.
bambus bamboo.
banal commonplace; trivial.
banan banana; **~stikker** banana plug.
bandasje bandage; **~re** bandage.
band|e band; gang; **-itt** bandit; gangster.

bane *(sport)* course; track; ground; *(astronomi)* orbit; ~ **vei** clear the way.
bank bank; *(juling)* a thrashing; *(mini-)* cash dispenser, cashpoint, *(amr)* automated teller machine (ATM); ~**bok** bank book; passbook.
banke *verb* knock; *(slå)* beat, thrash.
bankerott bankruptcy; **gå ~** go bankrupt.
bankett banquet.
bankfilial branch of a bank; **-giro** bank giro; **-ier** bankier; **-innskudd** bank deposit; **-konto** bank account; **-kort** bank ID card; **-sjef** bank manager.
bann ban; excommunication.
banne curse, swear.
bannlyse *(lyse i bann)* excommunicate, ban; *(forvise)* banish.
bar *adj* bare; *(drink uten is)* neat; *subst* bar.
barbar barbarian; ~**i** barbarism; barbarity; ~**isk** *(grusom)* barbarous.
barbecue *(kjøttrett, sammenkomst)* barbecue.
barber barber; *(salong)* men's hairdresser; ~**blad** razor blade; ~**e (seg)** shave; ~**høvel** safety razor; ~**kost** shaving brush; ~**krem** shaving cream; ~**maskin** (electric) shaver *eller* razor; ~**saker** shaving tackle.
bare *adv* only; just; but.
bare *adj* mere.
barfrost black frost.
bark bark.
bar|lind yew tree; **-skog** conifer forest; **-tre** conifer.
barmhjertig merciful; ~**het** mercy; compassion.
barn child *(flertall* children); ~**dom** childhood.
barne|barn grandchild; **-begrensning** birth control; family planning; **-bidrag** child maintenance, *(amr)* child support; **-billett** children's fare; **-dåp** christening; **-forestilling** children's performance; **-hage** nursery school; kindergarten; **-hjem** orphanage; **-lege** paediatrician, *(amr)* pediatrician; **-mat** baby food; *(overført)* child's play.
Barne- og familie-departementet Ministry of Children and Family Affairs; **barne- og familieminister** Minister of Children and Family Affairs.
barne|park (supervised)

playground; **-parkering** nursery; **-pass** child minding; **-pike, -pleier** nurse; **-seng** cot, *(amr)* crib; **-sete** children's safety seat; **-sikring** children's lock; **-skole** primary school, *(amr)* elementary school; **-sykdom** children's disease; **-tekke** way with children; **-tog** children's parade; **-trygd** child benefit; **-TV** children's television; **-vogn** pram, *(amr)* baby carriage; (åpen) push chair, *(amr)* stroller; **-vakt** baby-sitter; **-vennlig** child-friendly; **-vern** child welfare.

barn|løs childless; **-slig** childish.

barokk grotesque; *subst* baroque.

barometer barometer.

baron baron; **~esse** baroness.

barre bar; ingot.

barrière barrier.

barrikade(re) barricade.

barsel childbirth; confinement; **~avdeling** post-natal ward; **~feber** childbed fever; **~permisjon** maternity leave.

barsk harsh; stern; rough; *(klima)* severe.

barskog coniferous forest.

bart moustache.

baryton barytone.

basar baza(a)r.

base base; **~ball** baseball; **~hopper** base jumper; **~re** base; found.

basilik|a basilica; **-um** basil.

basill bacillus (*flertall* bacilli); germ.

basis basis.

baskerlue beret.

bass bass.

basseng reservoir; *(havne-)* basin; *(svømme-)* swimming pool.

bassnøkkel *musikk* bass clef.

bast bast; bass.

bastard bastard; hybrid, mongrel.

basun trombone.

bataljon battalion.

batikk batik (work).

batteri battery; *musikk* drum set; **~drevet** battery operated; **~lader** battery charger.

baufil hacksaw.

baug bow.

bavian baboon.

BC *fork for* **Before Christ** f.Kr. (før Kristus).

be ask (**om** for); *(innstendig)* beg; *(til Gud)* pray.

bearbeide *(materiale)* work (up); *(bok)* revise; *(teater)* adapt.

bebo *(sted)* inhabit; *(hus)*

occupy; **~elig** habitable; **~er** *(sted)* inhabitant, resident; *(hus)* occupant.
bebyggelse buildings; settlement; built-up area.
bedding (building) slip.
bedehus chapel.
bedekke cover.
bedra deceive; *(for penger)* cheat; defraud; swindle.
bedrager deceiver; swindler; **~i** deceit; fraud, swindle; **~sk** deceitful.
bedre *adj* better.
bedre *verb* better; improve.
bedrift *(bragd)* achievement; exploit; *(handel)* company, firm, business, enterprise.
bedrifts|forsamling corporate assembly; **-idrett** company sports; **-leder** business manager; **-rådgiver** management consultant; **-økonom** business economist; **-økonomi** business administration.
bedøve *(ved slag; overført)* stun, stupefy; *(medisin)* anaesthetize, narcotize; *(forgifte)* drug; **~lsesmiddel** anaesthetic; narcotic.
befal officers; **~e** command; order; **~ing** command; order(s); **~sskole** officer's training school.
befinne seg be; find oneself.
befolk|e populate; people; **-ning** population.
befrakte freight; charter; **~r** charterer.
befri (set) free, release; liberate; **~else** release, liberation; *(overført)* relief; **~er** liberator.
befrukt|e *biol* fertilize; **-ning** fertilization; **kunstig -ning** artificial insemination.
beføle feel; finger; paw.
begeistr|et *adj* enthusiastic (**for** about); **-ing** enthusiasm.
beger cup, beaker.
begge both; either.
begivenhet event; incident; occurrence.
begjær desire; lust; **~e** desire; covet; **~ing** request; demand; **~lig** *adj* desirous (**etter** of); greedy (**etter** of, for).
begrave bury.
begravelse funeral, burial; **~sagent** undertaker; **~sbyrå** firm of undertakers.
begrens|e limit; restrict; **-ning** limitation; restriction.
begrep notion, idea (**om** of).
begripe understand, comprehend, grasp.
begrunne state the reason for; **~lse** ground.
begynne begin, start;

commence; **~lse** beginning, start, outset, commencement.
begynner beginner, novice; **~kurs** elementary course; **~lønn** starting salary; **~vansker** initial difficulties.
begå commit; make.
behag pleasure, satisfaction; **~e** please; **~elig** agreeable, pleasant.
behandl|e treat, handle; **-ing** treatment, handling; **-ingstilbud** kinds of treatment.
beherske master, control.
behold, **i ~** safe; intact.
behold|e keep, retain; **~r** container; **-ning** stock, *(amr)* inventory; *(handel)* cash balance.
behov need, requirement; **~sprøvd** means-tested.
behøve need, want, require.
behå bra, brassiere.
beige beige.
beis stain; **~e** stain.
beite *subst* pasture; *(fiskeagn)* bait.
beite *verb* graze.
bekjempe fight, oppose.
bekjenne confess; **~lse** confession.
bekjent acquaintance; **~gjøre** announce.
bekjentskap acquaintance; **~skrets** circle of acquaintances.
bekk brook.
bekkasin snipe.
bekken *(for syke)* bedpan; *(mus)* cymbal; *(anatomi)* pelvis; **~ben** *flertall* bones of the pelvis; **~brudd** pelvic fracture; **~bunn** pelvic floor; **~løsning** pelvic pain.
beklage regret, deplore; **~ seg over** complain of *eller* about; **~lig** regrettable, deplorable; **~ligvis** unfortunately; **~lse** regret.
bekost|e pay the cost of; **-ning; på min -ning** at my expense.
bekranse wreathe.
bekrefte *(stadfeste)* confirm; *(erkjenne)* acknowledge; *(bevitne)* attest, certify; **~lse** confirmation; acknowledgement; attestation; **~nde** (in the) affirmative.
bekvem convenient; **~melighet** convenience; comfort; **~melighetsflagg** flag of convenience.
bekymr|e worry; trouble; **~ seg for** be concerned (*eller* worried) about; **~ seg om** care about; **~t** worried; concerned; anxious; **-ing** worry; care; concern; anxiety.

belast|e strain, load; *(handel)* charge, debit.
belastning strain, load; debit(ing); **~sskade** strain injury.
belegg coat(ing); *(på tunga)* fur.
beleilig convenient.
beleir|e besiege; **-ing** siege.
belg *(bot)* shell, pod; *(blåse-)* bellows; **~frukt** legume.
Belgia Belgium.
belgi|er Belgian; **-sk** Belgian.
beliggen|de lying; situated; **-het** situation, site; *(geografisk)* position.
belte belt; girdle; **~bil** weasel; **~dyr** armadillo; **~spenne** (belt) buckle.
belys|e light (up), illuminate; *(overført)* elucidate; **-ning** lightning, illumination; *(fotogr)* exposure.
belønn|e reward; **-ing** reward.
beløp amount; **~e seg til** amount to.
bemann|e man; **-ing** crew, staff.
bemerk|e *(si)* remark; observe. **~lsesverdig** remarkable; **-ning** remark; comment.
ben *(i skjelettet)* bone; *(lem)* leg; **~brudd** fracture; **~bygning** bone structure.
bendelorm tapeworm.
benekte deny; **~nde** (in the) negative.
benete bony.
benflørte footsie.
benfri boned.
benk bench; *(på kjøkken)* work top, *(amr)* counter; **~press** bench press.
benmarg bone marrow.
benprotese artificial leg.
bensin petrol, *(amr)* gas(oline); **~kanne** petrol can, *(amr)* gas can; **~måler** fuel gauge, *(amr)* gas gauge; **~pumpe** fuel pump; *(på bensinstasjonen)* petrol pump, *(amr)* gas pump; **~stasjon** petrol *(eller* service) station, *(amr)* gas station; **~tank** fuel tank, *(amr)* gas tank.
benskinne *(av lær)* pad; *(medisin)* splint.
benskjørhet brittle-bone disease.
benåd|e pardon; **-ning** pardon.
beordre order, direct.
beplante plant.
bereder tank, (water) heater.
beredskap state of readiness; *(mil)* on the alert.
beregn|e calculate; **~ seg** charge; **~nde** calculating, scheming; **-ing** calculation.

berettige entitle; *(rettferdiggjøre)* justify; **~t** legitimate; **~t til** entitled to.
berg mountain; **~art** species of rock.
berg|e save; rescue; **-ing** rescue.
bergverk mine; **~sdrift** mining.
berme dregs *flertall*; *(bunnfall)* lees *flertall*.
berolige soothe, calm down; **~nde** reassuring; comforting; **~nde middel** sedative; tranquillizer, *(amr)* tranquilizer.
berte *(slang)* babe, chick.
beruse intoxicate; inebriate; **~lse** intoxication; **~t** intoxicated, inebriated; drunk; tipsy.
beryktet disreputable, of bad repute, notorious.
berøm|me praise; **~lse** fame, celebrity; *(ros)* praise; **-t** famous, celebrated.
berør|e touch; *(overført)* touch on; *(ramme)* affect; **-ingspunkt** point of contact.
besatt possessed; *(av fienden)* occupied.
beseire vanquish, conquer.
beset|ning *(fe)* livestock; *(på klær)* trimming; *(mil)* garrison; *sjøfart* crew; **-te** *(land)* occupy.
besjelet animated.
besk bitter, acrid.
beskat|ning taxation; **-te** tax.
beskjed *(svar)* answer; *(bud)* message.
beskjeden modest; **~het** modesty.
beskjeftigelse occupation, employment.
beskjære trim; *(tre)* prune; *(overført)* curtail, reduce.
beskrive describe; **~nde** descriptive; **~lse** description, account.
beskyld|e for accuse of; charge with; **-ning** accusation.
beskytte protect; safeguard; **~lse** protection; safeguard; **~lsesbriller** safety goggles; **~nde** protective; **~r** protector; **~t** protected.
beslag *(av metall)* fittings *flertall*; **~legge** confiscate; seize; **~leggelse** confiscation; seizure.
beslektet related (**med** to).
beslut|ning *(vedtak)* resolution; *(avgjørelse)* decision; **-te** decide, resolve, make up one's mind; **-tsom** resolute.
bespare|lse saving; economy; **~nde** economical.
bespottelse blasphemy.
best *adv* best.
best *subst* beast, brute.

bestand *(dyr)* stock; **~del** component, ingredient.
bestandig *adv* constantly, always.
beste|far grandfather; **-foreldre** *flertall* grandparents.
bestemme *(beslutte)* decide; resolve; *(fastsette)* fix; **~lse** decision; *(påbud)* regulation; **~lsessted** destination.
bestemor grandmother.
bestemt *(fastsatt)* appointed, fixed; *(nøyaktig)* definite; *(karaktertrekk)* determined; *(av skjebnen)* destined.
bestemt *adv* definitely.
bestevenn best friend, bosom friend.
bestige *(hest)* mount; *(trone)* ascend; *(fjell)* climb.
bestikk *(spise-)* cutlery.
bestikke bribe; **~lig** corrupt(ible); **~lse** bribery.
bestill|e *(varer)* order; *(billett, rom)* book, *(amr)* reserve; **-ing** order; booking, *(amr)* reservation.
bestyre manage, be in charge of; **~r** manager; director; *(skole-)* headmaster.
bestå exist; *(vare)* continue, endure; *(eksamen)* pass; **~ av** consist of; **~ende** existing; **~tt** passed.
besvime faint, swoon.
besøk visit, call; **~e** visit; call on (a person), call at (a place); **~ende** visitor; **~stid** *(på sykehus)* visiting hours.
bet *(kortspill)* undertrick; **bli ~** go down.
betablokker beta blocker.
betalbar payable.
betale pay; **~ avdragsvis** pay by instalments; **~ kontant** pay cash; **~ seg** pay.
betaling payment; **~sevne** solvency; **~plan** payments schedule; **~svilkår** terms of payment.
betal-TV pay television.
betegne signify, mark; **~lse** designation, term; **~nde** significant; characteristic.
betenkning hesitation.
beten|nelse inflammation; **~shemmende** anti-inflammatory; **-t** infected; inflamed.
betingel|se condition; terms *flertall;* **-t** conditional.
betjen|e *(ekspedere)* serve; *(maskin)* operate; **-ing** service; operation; *(personale)* staff.
betone accentuate; stress, emphasize.
betong concrete.
betoning accentuation; emphasis.

betrakt|e look at, regard; **~lig** considerable; **-ning** consideration.
betro, **~ en noe** confide sth to sby; **~ seg til** confide in; **~dd** trusted; **~else** confidence.
betryggende reassuring.
bety mean; signify; **~delig** *adj* considerable.
betydelig *adv* considerably.
betydning meaning; *(viktighet)* significance, importance; **~sfull** important; **~sløs** insignificant.
beundr|e admire; **~r** admirer; **-ing** admiration; **-ingsverdig** admirable.
bevar|e keep, preserve; **-ing** keeping; preservation; **-ingsmiddel** preservative.
beveg|e (seg) move, stir; **-elig** movable; **-else** movement; **-et** moved; **-grunn** motive.
bever beaver.
bevertning entertainment; *(mat og drikke)* refreshments *flertall.*
bevilg|e grant; **-ning** grant.
bevilling licence, *(amr)* license.
bevis proof; *(jur)* evidence (**på, for** of); **~e** prove.
bevisst conscious; **~gjøring** consciousness-raising; **~het** consciousness; **~løs** unconscious.
bevitne testify to, certify.
bevæpne arm; **~t** armed.
biapparat extension telephone.
biavl beekeeping.
bibel Bible; **~sk** biblical.
bibetydning connotation.
bibliotek library; **~ar** librarian; **~kort** library card.
bidé bidet.
bidra contribute; **~g** contribution.
bie bee.
bielv tributary.
bifall applause; acclamation.
biff steak.
bifil bisexual.
bifokal bifocal; **~e briller** *flertall* bifocals.
bifortjeneste extra profit.
bihule sinus; **~betennelse** sinusitis.
bigami bigamy.
bi|kake honeycomb; **-kube** beehive.
bil (motor) car, *(amr)* auto(mobile); **~alarm** car alarm; **~belte** seat belt.
bilde picture; **~bok** picture book.
bil|dekk tyre, *(amr)* tire; **-forhandler** car dealer; **-forsikring** car insurance; **-fri** car-free; **-fører** driver; **-godtgjørelse** car allowance.

bilinje *(tlf)* extension line.
bilist motorist.
biljard billiards; **~kule** billiard ball; **~kø** billiard cue.
bil|jekk car jack; **~kontroll** car control; **-lakkerer** car painter.
bille beetle.
billed|hogger sculptor; **-lig** figurative.
billett ticket; *(enkel)* single ticket, *(amr)* one-way ticket; *(retur)* return ticket, *(amr)* round-trip ticket; **~automat** ticket machine; **~kontor** *(teater)* box-office; *(jernb)* booking-office, *(amr)* ticket office; **~pris** fare; admission fee; **~ør** ticket collector; conductor.
billig cheap, inexpensive; **~salg** sale.
bil|lys headlight; **-mekaniker** (motor) mechanic; **-merke** make (of car); **-oppretting** panel beating; **-rekvisita** car accessories; **-skilt** number plate, *(amr)* license plate; **-syk** car-sick; **-utleie** car hire service, car rental; **-verksted** garage; car repair shop.
bilyd *(medisin)* (heart) murmur.
bind *(forbinding)* bandage; *(menstruasjonsbind)* sanitary towel, *(amr)* sanitary napkin; *(bok)* volume; **~e** tie (up); bind.
binders paper clip.
bindestrek hyphen.
bindings|tid *(handel)* lock-in period; **-verkshus** half-timbered house.
binge bin; *(grise-)* (pig)sty.
binyre adrenal gland.
binæring subsidiary income.
bio|dynamisk biodynamic; **-energi** bioenergy; **-fysikk** biophysics.
biografi biography; **~sk** biographic(al).
bio|kjemi biochemistry; **-logi** biology; **-logisk** biological.
biopsi biopsy.
biprodukt by-product.
birolle supportive role.
birøkter beekeeper.
bisam|rotte muskrat; **-skinn** muskrat fur.
biseksuell bisexual; *(slang)* AC/DC.
bisette bury; **~lse** funeral service.
biskjoldbruskkjertel parathyroid (gland).
biskop bishop.
bisonokse bison.
bisp bishop; **~edømme** bishopric, diocese; **~elue** mitre; **~estav** crozier; **~evisitas** episcopal visitation.

bissel bridle.
bistand assistance, aid; **~sadvokat** *(jur)* counsel (for the aggrieved party); **~spolitikk** international aid policy.
bit bit, morsel.
bite bite; **~nde** biting; *(overført)* sarcastic.
bitte liten tiny; puny.
bitter bitter.
bivirkning side effect.
bjeffe yelp, bark (**til** at).
bjelle little bell; **~klang** jingle; **~ku** bell-cow.
bjørk birch.
bjørn bear; **~ebær** blackberry.
bla turn over the leaves.
blad leaf (*flertall* leaves); *(kniv)* blade; *(tidsskrift)* magazine; **~salat** lettuce.
blaffe *(lys)* flicker; *(seil)* flap.
blakk *(pengelens)* broke.
blande mix, mingle; *(kvaliteter)* blend; *(kortspill)* shuffle; **~batteri** mixer tap; **~t** mixed; miscellaneous.
blanding mixture; blend; **~srase** cross-breed.
blank shining; bright; *(ubeskrevet)* blank; *(glatt)* glossy.
blankett form, *(amr)* blank.
blanko blank.
blant among; **~ andre** among others; **~ annet** among other things.
blasfemi blasphemy; **~sk** blasphemous.
bleie nappy, *(amr)* diaper; **papir~** disposable nappy (diaper); **~utslett** nappy (diaper) rash.
blek pale.
bleke bleach; **~middel** bleach.
blekk ink; **~skriver** ink printer.
blekksprut octopus; squid.
blemme blister.
blende dazzle; **~nde** blinding, dazzling.
blender *(fotogr)* diaphragm; **~åpning** aperture.
bli be; *(forbli)* stay, remain.
blid mild, gentle; **~gjøre** mollify.
blikk look, glance; *(metall)* sheet iron.
blikkenslager tinsmith.
blind blind.
blinde *verb* blind; **~alfabet** Braille; **~bukk** blindman's buff; **~mann** *(kortspill)* dummy; **~skrift** Braille (writing).
blind|passasjer stowaway; **-spor** dead end; **-vei** blind alley, cul-de-sac, *(amr)* dead-end (road).
blindtarm appendix; **~betennelse** appendicitis.

blingse squint.
blink glimpse; *(av lyn)* flash; *(med øynene)* twinkle; **~e** twinkle; glimmer; *(trær)* mark, blaze; **~lys** direction indicator; **~skudd** bull's eye; hit.
blitz *(fotogr)* flash lamp; **~pære** flash bulb.
blod blood; **~bad** massacre; **~fattig** anaemic; **~forgiftning** blood poisoning; **~giver** blood donor; **~ig** bloody; **~kar** blood vessel; **~kreft** leukemia; **~mangel** anaemia; **~overføring** blood transfusion; **~plate** thrombocyte; **~propp** blood clot; *(medisin)* thrombus; **~prøve** blood test; **~rensende middel** depurative; **~senkning** (blood) sedimentation; **~stillende middel** styptic; **~styrtning** violent hemorrhage; **~sukker** blood sugar; **~trykk** blood pressure; **~trykksmåler** blood-pressure gauge; **~åre** vein.
blokade blockade.
blokk *(bolig-)* block; *(skrive-)* pad; **~bokstav** block letter.
blokker|e blockade; *(sperre)* block (up); jam; **-ing** blocking; blockade; **-ingsfrie bremser** *m, flertall* anti-lock brakes.
blokkfløyte recorder.
blomkål cauliflower.
blomst flower; *(på frukttrær)* blossom; *(blomstring)* bloom; **~re** flower; bloom.
blomster|bukett bunch of flowers; **-forretning** florist's (shop); **-løk** flower bulb; **-medisin** flower remedy; **-potte** flowerpot.
blond blond, fair.
blonde lace.
blott|e (lay) bare; **~r** *(hverdagslig)* flasher; **-ing** flashing; *(jur)* indecent exposure.
blunk twinkle; **~e** twinkle; wink, blink (**til** at).
bluse blouse.
blusse opp flare (up); blaze up.
bly lead; **med bly** leaded; **uten bly** unleaded.
blyant pencil; **~spisser** pencil sharpener.
blære *(luft-)* bubble; *(vable)* blister; *(urin-)* bladder; **~katarr** catarrh of the bladder.
blø bleed; **~der** haemophiliac; **~dersykdom** haemophilia; **~dning** bleeding.
bløt soft; **~e (opp)** soak; **~legge** put in soak.
bløtdyr mollusc.

blå blue.
blå|bær bilberry; blueberry; whortleberry; **-merke** bruise.
blåse blow; **~belg** bellows; **~instrument** wind instrument.
blå|skjell common mussel; **-veis** blue anemone; *(medisin)* black eye.
bo *subst (jur)* estate.
bo *verb* live; *(midlertidig)* stay.
boble bubble; **~bad** jacuzzi.
bobsleigh bobsleigh, *(amr)* bobsled; **~bane** bobsleigh run, *(amr)* bobsled run.
boccia bocce, boccia.
bod *(salgs-)* stall, booth.
boflate living area.
bog *(kjøtt)* shoulder.
boikott boycott.
bok book; **~anmeldelse** (book) review; **~bind** (book)cover; **~fink** chaffinch; **~føre** enter, book; **~føring** bookkeeping; **~handel** bookshop, *(amr)* bookstore; **~holder** bookkeeper; accountant; **~hylle** bookcase.
bokollektiv shared house; shared flat, *(amr)* shared apartment.
boks tin, *(amr)* can.
bokse box; **~hanske** boxing glove; **~kamp** boxing match.
boksemat tinned food, *(amr)* canned food.
bokstav letter; **~elig** literal; **~ere** spell.
boksåpner tin opener, *(amr)* can opener.
bolig|byggelag housing cooperative; **-lån** house loan; **-marked** house market; **-område** residential area; **-politikk** housing policy.
bolle *(kar)* bowl, basin; *(hvete-)* bun.
bolt bolt.
bom bar; *(vei-)* turnpike; *(gymnastikk, vev)* beam; *(feilskudd)* miss; **~ stille** stock still.
bombardere bomb, shell.
bombe bomb; **~fly** bomber; **~kaster** mortar; **~rom** bomb shelter; **~trussel** bomb threat.
bomme miss; **~rt** blunder.
bompenge|r toll; **-ring** toll ring.
bomull cotton; **~sfløyel** velveteen; **~sstoff** cotton fabric.
bonde peasant, farmer; *(i sjakk)* pawn; **~gård** farm.
bone wax, polish; **~middel** polish.
boplikt residential obligation.
bor drill; **~syre** boric acid.

bord table; *(kant)* border, trimming; *sjøfart* board; *(fjøl)* board; **~bønn** grace; **~kort** place card; **~plassering** seating arrangement; **~setning** sitting.
bordtennis table tennis.
bordell brothel.
bore bore; *(i metall og stein)* drill; **~plattform** drilling platform.
borettslag housing cooperative, *(amr)* community association.
borg castle.
borger citizen; **~mester** mayor; **~rettigheter** *m, flertall* civil rights.
borrelås velcro.
bort away, off; **reise ~** go away; **ta ~** remove; **vise ~** dismiss.
borte away; absent; gone; **~kamp** away match; **~nfor** beyond; **~st** furthermost.
bort|falle be dropped; **~føre** abduct; kidnap; **~gjemt** hidden away; remote.
bortimot toward; approximately.
bort|kastet wasted, in vain; **-kommet** lost.
bort|over along; **-reist** away (from home); **-sett fra** apart from; **-skjemt** spoilt.
bosted place of residence.
bostøtte rent allowance.
bot *(jur)* fine; *(handling)* penance.
botani|ker botanist; **-kk** botany; **-sk hage** botanical garden.
botemiddel remedy.
botsfengsel penitentiary.
boysenbær boisenberry.
B-post Economy letter/parcel.
bra *adj* good.
bra *adv* well.
brak crash; *(torden)* peal.
brakk *(vann)* brackish; *(jord)* fallow.
brakke hut; barracks.
brann fire; conflagration; **~alarm** fire alarm; **~bil** fire engine; **~farlig** inflammable; **~mann** fireman; **~salve** ointment for burns; **~sikker** fireproof; **~slange** fire hose; **~slukkingsapparat** fire extinguisher; **~stasjon** fire station; **~stifter** arsonist; **~stige** fire escape; **~sår** burn; **~tau** rescue rope; **~vegg** fire wall; **~vesen** fire brigade, *(amr)* fire department.
Brasil Brasil.
brasilian|er Brasilian; **-sk** Brasilian.
bransje trade; line (of business).

bratsj viola, tenor violin.
bratt steep, precipitous.
bre *subst* glacier.
bre *verb* spread.
breakdans break dancing.
bred broad, wide.
bredbånd broadband; **~skabel** broadband cable.
bredd *(elv)* bank; *(sjø)* shore.
bredde breadth, width; **~grad** latitude.
bregne fern, bracken.
breke bleat.
brekke break; fracture; **~ seg** vomit.
brekk|jern wrecking bar; **-middel** emetic.
brem *(på hatt)* brim.
brems brake; **blokkeringsfrie ~er** non-locking brakes; **fot-** pedal brake; **servo-** power brake.
bremse brake; **~lengde** braking distance; **~kloss** brake block; **~skive** brake disc; **~svikt** brake failure; **~trommel** brake drum; **~væske** brake fluid.
brennbar inflammable.
brenne burn; **~nde** burning; *(sviende)* scorching.
brennesle (stinging-)nettle.
brennevin spirits, *(amr)* liquor(s).
brenning surf, breakers.
brennkopper *(medisin)* impetigo.
brennpunkt focus.
brensel fuel.
bresje breach.
brett board; *(serverings-)* tray; *(fold)* crease; **~e** fold (up).
brett|seiler windsurfer, boardsailer; **-seiling** windsurfing, boardsailing.
brev letter; note; **~kort** postcard; **~papir** notepaper.
brikke *(underlag)* mat; *(i spill)* man, piece; *(edb)* chip.
brille|r *flertall* spectacles, glasses; **-innfatning** spectacle frame.
brilleslange cobra.
bringe bring; take; carry.
bringebær raspberry.
bris breeze; **~en** tipsy, drunk.
brisling brisling.
bristepunkt breaking point.
brit|e Briton; **-isk** British.
bro bridge; **~legge** pave; **~legning** paving; pavement.
broder|e embroider; **-garn** embroidery cotton; **-i** embroidery; **-iforretning** needlework shop.
brokete multi-coloured, *(amr)* multi-colored, variegated.
brokk hernia; **~belte** hernial belt; **~bind** hernial bandage.

brokkoli broccoli.
bronkiler *flertall (anatomi)* bronchia; **-tt** bronchitis.
bronse bronze.
bror brother; **~datter** niece; **~sønn** nephew.
brosje brooch.
brosjyre brochure, leaflet, pamphlet.
brostein paving stone.
brottsjø breaker.
browse *(edb)* browse; **~r** browser.
bru bridge.
brud bride.
brudd break; rupture; *(medisin)* fracture.
brude|bukett bridal bouquet; **-kjole** wedding dress; **-pike** bridesmaid; **-slør** bridal veil.
brudgom bridegroom.
bruk use; *(skikk)* practice, custom; **~bar** usable, fit for use; **~e** use, employ; *(tid, penger)* spend.
bruker *(edb)* user; **~grensesnitt** user interface; **~lisens** user licence, *(amr)* user license; **~navn** user name; **~støtte** user support; **~vennlig** easy-to-use.
bruksanvisning directions for use.
brukskonto current account, *(amr)* checking account.
brukskunst applied *(eller* decorative) art.
bruktbil used car, second-hand car; **~forhandler** used car dealer, second-hand car dealer.
brukthandel second-hand store.
brumme growl; *(overført)* grumble.
brun brown.
brunst *(hunndyr)* heat; *(hanndyr)* rut; **~ig** in heat; rutting.
brus *(lyd)* rushing sound, roar; *(drikk)* mineral water, soft drink, *(amr)* soda (pop); *(limonade)* (fizzy) lemonade.
bruse *(lyd)* roar; *(skumme)* foam.
brusk gristle.
brutal brutal.
brutto gross; **-inntekt** gross earnings; **-vekt** gross weight.
bry trouble; *(plage)* bother; **~dd** embarrassed.
brygg brew.
brygge *subst* wharf, quay.
brygge *verb* brew.
bryggeri brewery.
bryllup wedding; **~sreise** honeymoon.
bryn (eye)brow.
bryst breast; *(-kasse)* chest; **~holder** bra(ssiere);

~svømming breast stroke; **~vorte** nipple.
bryte break; *(lys)* refract; *(sport)* wrestle.
bryter *(sport)* wrestler; *(elektr)* switch.
brød bread; *(et ~)* a loaf (of bread); **~rister** toaster; **~skive** slice of bread; **~skorpe** bread crust; **~smule** bread crumb.
brøk fraction; **~del** fraction; **~regning** fractions; **~strek** fraction line.
brøl roar, bellow; **~e** roar, bellow.
brønn well.
brøyte clear the road; **~bil** snowplough, *(amr)* snowplow; **~kant** bank of snow.
brå abrupt, sudden.
bråk *(mas)* fuss; *(larm)* noise; **~e** fuss; make a noise; **~ete** noisy; **~maker** troublemaker.
B-språk subsidiary language.
bud *(ærend)* message; *(sendebud)* messenger; *(tilbud)* offer; *(auksjon)* bid; *(astronomi)* commandment.
buddhi|sme Buddhism; **-st** Buddhist.
budrunde round of bids.
budsjett budget.
bue bow; *(hvelving)* arch; *(linje)* curve; **~gang** arcade; **~skytter** archer; **~t** curved; arched.
buffer buffer.
buffet *(i restaurant)* buffet.
buk *(anatomi)* abdomen.
bukett bouquet; bunch.
bukhinne *(anatomi)* peritoneum; **~betennelse** *(medisin)* peritonitis.
bukhule *(anatomi)* abdominal cavity.
bukk *(hilsen)* bow; *(geit)* he-goat; *(tre)* horse, trestle; **hoppe ~** (play) leapfrog.
bukke bow; **~styre** ram's horn handlebars.
bukse|klype trouser clip; **-r** *flertall* trousers, *(amr)* pants; *(korte)* breeches; shorts; **-seler** braces, *(amr)* suspenders; **-smekk** fly.
bukspyttkjertel pancreas.
bukt *(hav-)* gulf; bay.
buktaler ventriloquist.
bukte seg wind; meander.
buld|er din; rumble; **-re** rumble.
bule *(kul)* bump; bulge; *(kneipe)* dive.
bulgarer Bulgarian.
Bulgaria Bulgaria.
bulgarsk Bulgarian.
bulimi bulimia.
buljong broth, bouillon, stock;

consommé; **~terning** stock cube.
bulk dent; **~e** collide; **~ete** dented.
bulle bull; **~tin** bulletin.
bunad national costume.
bunke heap, pile.
bunn bottom; **~fall** sediment, deposit; *(i flaske)* dregs, lees.
bunt bundle, bunch.
buntmaker furrier.
bur cage; **i ~** caged.
burde ought to, should.
burgunder burgundy.
busk bush, shrub; **~as** thicket, brush.
buss bus; *(tur-)* coach; **~felt** bus lane; **~forbindelse** bus service; **~lomme** bus lay-by; **~rute** bus route; **~sjåfør** bus driver.
bustete dishevelled, untidy.
butikk shop, *(amr)* store; **~ekspeditør** shop assistant; **~sjef** shop manager; **~tyv** shoplifter.
butt blunt.
butterdeig puff paste.
by town; city.
by på make an offer for; bid for.
by|del (urban) district; **-fornyelse** urban renewal.
bygd rural district, parish; **~esamfunn** rural community.
byge *(regn-)* shower; *(vind-)* squall; *(torden-)* thunderstorm.
bygg *(korn)* barley; *(bygning)* building; **~e** build, construct.
bygning building; **~ssnekker** carpenter; **~svern** building preservation.
by|kjerne town centre; **-kommune** county borough.
byll boil, abscess.
byområde urban area.
bypass-operasjon by-pass surgery.
byplanlegging town planning.
byrett city court; **~sdommer** city court judge, *(amr)* municipal court judge.
byrå office; bureau; agency.
byråkrat bureaucrat; **~i** bureaucracy; red tape.
bysse galley; *verb* lull.
byste bust.
bystyre city council, town council.
bytte *subst* exchange; *(dyrs)* prey.
bytte *verb* (ex)change.
bær berry, *flertall* berries.
bære carry; *(overført)* bear; *(holde oppe)* support; *(ha på seg)* wear; **~meis** back frame; **~pose** bag; **~r** porter.
bæsj *(hverdagslig)* doo-doo, *(amr)* poop.
bøddel hangman, executioner.

bøffel buffalo.
bøk beech.
bølge wave; sea; **~blikk** corrugated iron; **~bryter** breakwater; **~energi** wave energy.
bøling flock; herd.
bølle bully, hooligan; **~te** bullying.
bønn *(til Gud)* prayer; *(anmodning)* request; **~falle** entreat, implore; **~høre** grant.
bønne bean, *flertall* beans.
bør *(av* **burde** *)* ought to, should; *subst* burden, charge.
børs (stock) exchange; **~mekler** stockbroker; **~notering** stock exchange listing; **~spekulant** speculator.
børse gun.
børst booze.
børste brush.
bøsse *(salt-, pepper-)* castor, *(amr)* shaker.
bøtelegge fine.
bøtte bucket; pail; **~kott** cleaning cupboard.
bøye *(sjømerke)* buoy; lifebuoy; *verb* bend, bow; **~lig** flexible.
bøylehest pommel horse.
både – og both – and.
bål (bon)fire.
bånd band; tape; *(pynt)* ribbon; *(overført)* bond, tie; **~spiller** tape recorder; **~stasjon** *(edb)* tape station; **~tvang** leash law.
båre *(lik-)* bier; *(syke-)* stretcher; **~bukett** funeral flowers.
båt boat; **~byggeri** boat builder's yard; **~førerprøve** boatman's test; **~utleie** boat hire service.

C

ca. *fork for* **cirka** approx. (approximately), about.
calling intercom.
camping|plass camping ground, camping site; **-vogn** caravan, *(amr)* trailer.
Canada Canada.
cd *fork for* **Compact Disc**; **~-brenner** CD burner; **~-spiller** CD player.
celle cell; **~gift** cytotoxin; **~terapi** celleterapi; **~vev** cell(ular) tissue.
cel|list *(mus)* cellist; **-o** cello.

cellulose *(tremasse)* chemical pulp.
Celsius centigrade.
centimeter centimetre, *(amr)* centimeter.
cerebral parese cerebral palsy.
certeparti charter-party.
cess *(mus)* C flat.
chart|er charter flight; **~reise** charter tour; **-re** charter.
chips *(potetgull)* crisps, *(amr)* chips; *(pommes frites)* chips, *(amr)* French fries.
Chile Chile.
chilen|er Chilean; **-sk** Chilean.
cif *(handel) fork for* **cost, insurance, freight**.
cisterne cistern, tank.
clinch *(sport)* clinch.
c-nøkkel *(mus)* C-clef.
Colombia Colombia.
cup cup; **~finale** cup final; **~mesterskap** cup championship.
curling curling; **~bane** curling rink; **~spiller** curler.
cruise cruise; **~ missil** cruise missile; **~skip** cruise ship.
CV *fork for* **Curriculum Vitae**.
cyanid cyanide.
cymbal cymbal; **~stativ** cymbal stand.
cyste cyst.
cøliaki coeliac disease, *(amr)* celiac disease.

D

D|-dur D major; **-moll** D minor; **-streng** D string.
da *adv* then.
da *tidskonj* when; *årsakskonj* as.
dabbe av die out.
daddel *(bot)* date.
daff lazy, sluggish.
dag day; **~bok** diary; journal; **~bøter** day fines; **~driver** idler; **~drøm** daydream; **~evis** for days; **~gry** dawn, daybreak; **~hjem** day nursery, *(amr)* daycare; **~krem** day cream.
daglig daily; **~dags** everyday; **~stue** lounge, sitting room; living room; **~vareforretning** grocery shop, *(amr)* grocery store.
dag|mamma child-minder, *(amr)* day-care giver; **-pasient** outpatient; **-penger** *(trygd)* unemployment benefit; daily allowance.

dags|avis daily paper; **-kurs** *(valuta)* current rate of exchange; **-lys** daylight; **-lån** *(Norges Bank)* overnight loan; **-orden** agenda; **-rente** overnight (interest) rate.
dal valley; **~e** sink; go down.
dam *(spill)* draughts, *(amr)* checkers; *(vann)* pond; pool; *(demning)* dam; **~brett** draught-board, *(amr)* checkerboard; **~brikke** draughtsman, *(amr)* checker.
dame lady; *(kortspill)* queen; **~frisør** ladies' hairdresser; **~garderobe** ladies' cloakroom; **~klær** womenswear; **~kor** women's choir; **~skredder** ladies' tailor; **~sykkel** ladies bike; **~toalett** ladies room, *(amr)* restroom.
damp *(vann-)* steam; vapour, *(amr)* vapor; **~bad** steam-bath; **~e** steam; **~et** steamed; **~koker** pressure cooker; **~maskin** steam engine; **~strykejern** steam iron.
danne form; **~t** cultured.
Danmark Denmark.
dans dance; **~e** dance; **~eband** dance band; **~er** dancer; **~etrinn** step.
dansk Danish; **-e** Danish.
data data; **~anlegg** computer system; **~base** database; **~behandling** data processing; **~maskin** personal computer (*fork* **pc**); **~program** computer program; **~skjerm** display unit; **~språk** programming language; **~utskrift** printout; **~virus** computer virus.
datere date.
dato date; **~parkering** *omtrent* no parking on even/odd days.
datter daughter; **~datter** granddaughter.
daværende at that time, then.
de *pers pron* they; *demonstrativt pron* those.
debatt debate; **~ant** debater; **~ere** debate, discuss; **~program** discussion programme.
deb|et debit; **-itere** debit; **-itor** debtor.
debut debut; **~ere** make one's debut; **~konsert** first concert.
dedikasjon dedication.
defekt *adj* defective; *subst* defect.
defin|ere define; **-isjon** definition; **-itiv** definite, final.
defragmentering defragmentation.
deg you; yourself.
degenerert degenerated.
degge fuss, pamper.
dehydrering dehydration.

deig dough; *(butter-)* paste.
deilig lovely; *(om smak)* delicious.
deisme deism.
dekantere decant.
dekk *sjøfart* deck; *(bil-)* tyre, *(amr)* tire; **~beis** stain.
dekke *subst* cover(ing); *(lag)* layer; *(vei-)* surface.
dekke *verb* cover; *(bord)* lay the table, *(amr)* set the table.
dekken horsecloth.
dekkmønster tread.
deklamasjon declamation, recitation.
dekning *(handel)* payment, settlement, cover; *(reportasje)* coverage.
dekoder decoder.
dekor|asjon decoration; **-ativ** ornamental; **-atør** decorator; *(vindus-)* window dresser; **-ere** decorate; *(et vindu)* dress.
dekret decree.
deksel cover, lid; **~lager** cover bearing.
del part; portion; section; *(andel)* share.
delaktig involved.
dele divide; share.
deleg|asjon delegation; **-ert** delegated.
deleier part-owner.
delelig divisible.
delevare *(edb)* shareware.
delfin dolphin.
delikat *(lekker)* delicious; dainty; *(fintfølende eller kinkig)* delicate; **~esse** delicacy; delicatessen (shop).
deling division; partition.
dels in part; partly.
delta *subst* delta; **~ i** take part in; participate in; **~kelse** participation; *(medfølelse)* sympathy; **~ker** participant; *(handel)* partner.
deltid part-time; **~sarbeid** part-time employment.
delvis partly; partial.
dem them.
dement|ere deny, disclaim; **-i** denial.
dem|me dam; **-ning** dam; barrage.
demokrat democrat; **~i** democracy; **~isere** democratize; **~isk** democratic.
demon demon; **~isk** demoniac.
demonstr|ant demonstrator; **-asjon** demonstration; **-ere** demonstrate.
demonter|bar removable; demountable; **-e** disassemble; strip down.
demoralisere demoralize.
dempe *(lyd)* deaden, muffle;

(forminske) subdue; *(mus)* mute; **~r** damper; *(lys-)* dimmer; *(for støt)* shock absorber.
demr|e dawn; **-ing** dawn; twilight.
den it; that, the; **~gang** then; at that time.
denge thrash; beat.
denne this.
denslags that sort of thing.
deodorant deodorant.
departement department; ministry, *(amr)* department.
depo|nere deposit, lodge; **-situm** depositum; **-t** depot.
deppe sulk, grump.
depres|jon depression; **-siv** depressive.
deprimert depressed.
deput|asjon deputation; **-ert** deputy.
der there.
derby derby.
dere you; **~s** their(s); your(s).
der|etter then, afterwards, subsequently; **-for** therefore, so; **-fra** from there; **-iblant** including; among them; **-imot** on the other hand; **-på** then, next; **-som** if, in case; **-ved** thereby; by that means; **-værende** local.
desennium decennium, decade.
desember December.
desert|ere desert; **-ør** deserter.
desibel decibel.
desimal decimal.
desin|feksjon disinfection; **-feksjonsmiddel** disinfectant; **-fisere** disinfect.
desinformere misinform.
desk desk.
desorientert disoriented, confused.
despera|sjon desperation; **-t** desperate.
despot despot; **~i** despotism.
dess *(mus)* D flat.
dessert sweet, afters, *(amr)* dessert.
dessuten besides, moreover.
dessverre unfortunately.
destill|asjon distillation; **-atør** distiller; **-ere** distil.
desto the; **~ bedre** all *(eller* so much) the better; **~ verre** the more's the pity.
destruksjon destruction; **~sanlegg** *(for atomavfall)* decommissioning plant; *(for husholdsavfall)* refuse disposal unit.
det it; that; the; there.
detalj detail; particular; *(handel)* retail; **~ist** retail dealer; **~studie** detailed study.
detektiv detective; **~serie** detective series.
determinisme determinism.

detonere detonate, blow up.
dette this.
devaluer|e devaluate; **-ing** devaluation.
diabetiker diabetic.
diafragma diaphragm.
diagnose diagnosis.
diagram chart, diagram.
diakon male nurse.
dialekt dialect.
dialog dialogue.
diamant diamond; **~sliper** diamond cutter.
diametral diametrical.
diaré diarrhoea.
dias diapositive, slide.
die breastfeed.
diesel diesel; **~motor** diesel engine.
diett *(mat)* diet; *(penger) flertall* allowances.
differanse difference, balance.
differensial differential.
diffus diffuse, vague.
difteri diphtheria.
diger huge.
digg|bar cool; **-e** dig, fancy.
digital digital.
digresjon digression.
dike dike.
dikke *(barnespråk)* tickle.
dikt poem.
diktat dictation; *(påbud)* dictate; **~or** dictator; **~ur** dictatorship.
dikt|e *(oppdikte)* invent; *(skrive dikt)* write poetry; **~r** poet; **~re** dictate; **-ning** poetry.
dilemma dilemma.
dill *(bot)* dill; *(tull)* nonsense, gibberish.
dille *subst* delirium tremens; *(iver)* be crazy about sth.
dille *verb* play around, mess about; **~te** foolish, silly.
dimbryter dipswitch.
dimensjon dimension.
dimittere dismiss.
dimme *(dempe lys)* dim; *((dimitteres), hverdagslig)* demob.
din your; yours.
dingle dangle.
diplom diploma.
diplomat diplomat(ist); **~i** diplomacy; **~isk** diplomatic.
direksjon board of directors; *(mus)* conductorship.
direkte direct; **~overføring** live coverage.
direktiv direction.
direktorat directorate.
direktør manager, *(amr)* president; *(for offentlig institusjon)* director.
dirig|ent *(mus)* conductor; **-ere** *(trafikk)* direct; *(mus)* conduct.
dirk picklock; **~e** pick; **~efri** unpickable.

dirre quiver; vibrate.
dis *(tåke)* haze; **~ig** hazy.
disiplin discipline; *(fag)* branch of knowledge; **~ert** disciplined.
disippel disciple.
disk counter.
diskant treble.
diskett *(edb)* floppy disc, *(amr)* floppy disk; diskette; **~stasjon** disc drive.
disko disco.
diskont|ere discount; **-o** discount rate(s).
diskos discus; **~kaster** discus-thrower.
diskre|sjon discretion; **-t** discreet.
diskriminer|e discriminate (against); **-ing** discrimination.
disku|sjon discussion; **-tere** discuss; **-tabel** debatable.
diskvalifisere disqualify.
dispensasjon exemption.
disponent manager.
dispo|nere over have at one's disposal; **-nibel** available; **-sisjon** disposition; *(utkast)* outline; *(rådighet)* disposal.
disput|as presentation of a thesis; **-ere** present a thesis.
diss *(mus)* D sharp.
disse these.
dissek|ere dissect; **-sjon** dissection.
dissen|s dissent; **-ter** dissenter, nonconformist; **-tere** *verb* dissent.
dissonans dissonance, discord.
distanse distance; **~re** outdistance.
distra|here distract, disturb; **-ksjon** absence of mind; preoccupation.
distré absent-minded.
distribusjon distribution; **~snettverk** distribution network.
distrikt district, area; **~slege** local medical officer; **~splanlegging** regional planning; **~spolitikk** regional policy; **~sprogram** local program.
dit there.
divan couch, divan.
diverse sundry; various.
divi|dend(e) dividend; **-dere** divide; **-sjon** division.
djerv bold, brave; fearless.
djevel devil; **~sk** devilish, diabolical; **~unge** *(hverdagslig)* imp.
do lavatory, *(hverdagslig)* loo, privy, *(amr)* john.
dobbelt double, twofold; dual; **~ så mange** twice as many; **~rom** double room; **~spent** double-breasted; **~spill**

double-dealing; **~stemme** casting vote; **~støpsel** two-way plug; **~værelse** double room.
doble double.
dogg dew; **~ete** dewy.
dogmatisk dogmatic.
dokk dock.
doktor doctor; *(lege)* physician; **~grad** doctor's degree.
dokument document; **~ere** document; **~mappe** briefcase.
dolk dagger.
dom sentence; judgment.
domene *(edb)* domain; **~navn** domain name.
dominere dominate.
domkirke cathedral.
dommer judge, justice; *(fotball)* referee, *(amr)* umpire.
dompap bullfinch.
domstol court (of justice); lawcourt.
dongeri denim.
dop drug, dope; **~ing** doping.
dorg trolling line.
dorsk sluggish, indolent.
dose dose.
dosent senior lecturer, *(amr)* associate professor.
dott *(i ørene)* tuft, dot; *(svak person)* nincompoop.
dov|en lazy; idle; **-ne seg** idle, laze; **-ne av** go numb.
dra *(trekke)* draw, pull; *(bevege seg)* go, move; **~ til** hit sby.
drabantby satellite town, suburb; **~boer** commuter.
drag pull, tug; *(av sigarett)* whiff, puff.
dragsug *(overført)* backsweep, backwash.
drake dragon; *(leke)* kite.
drakt dress, costume.
dram nip, drink.
drama drama; **~tiker** dramatist; playwright; **~tisk** dramatic; **~turg** dramatic adviser.
dranker drunkard, heavy drinker.
drap manslaughter, homicide; murder.
drastisk drastic.
dregg anchor.
dreibar revolving.
dreile turn; **~benk** lathe; **~r** turner; **-ning** turn(ing); rotation.
drenere drain.
drepe kill; **~nde** *(kjedelig)* dead boring.
dress suit.
dress|ere train; **-ur** training.
drible dribble.
drift running, working, operation(s); *biol* instinct.

driftig enterprising.
drifts|kapital working capital; **-omkostninger** working expenses; **-sikker** reliable.
drikke drink; **~varer** drinks, beverages.
driks tip.
drill drill.
dristig bold, daring.
dritings pissed.
dritt *(hverdagslig)* crap; shit; **~prat** bull shit, crap; **~sekk** bastard, asshole; **~unge** *nedsettende* brat.
drivaksel axle shaft.
drive *(jage)* drive; *(forretning o.l.)* run; *(maskin)* drive, operate, work; *(gå)* lounge, saunter; *sjøfart* drift, be adrift.
driv|fjær mainspring; **-garn** drift net; **-hjul** driving wheel.
drivhus hothouse; greenhouse; **~effekt** greenhouse effect.
drivis drift ice.
driv|kraft motive power; **-reim** driving belt; **-stoff** fuel.
drodle doodle.
drone drone.
dronning queen.
droplete piebald.
droppe drop; **~ ut** drop out.
drops sweet, *(amr)* hard candy; **fylte ~** soft-centred sweet, *(amr)* soft-centered candy.
drosje taxi, cab; **~holdeplass** taxi (*eller* cab) rank, *(amr)* cabstand; **~sjåfør** taxidriver, cabdriver.
drue grape; **~klase** cluster of grapes; **~sukker** glucose.
drukne drown.
drypp drip; **~e** drip; **~fri** non-drip.
drysse *(strø)* sprinkle; *(falle)* fall.
drøft|e discuss; talk over; **-ing** discussion, talk.
drøm dream; **~me** dream; **~metydning** dream reading.
drønn boom, bang.
drøv cud; **~el** uvula; **~tygge** chew the cud, ruminate.
drøy *(lang)* demanding, tough; *(grov)* coarse, crude.
dråpe drop.
du you.
dubbe dub.
dublé filled gold.
dublett duplicate.
due pigeon; *(overført)* dove.
duell duel; **~ere** (fight a) duel.
duett duet.
duft fragrance, odour, scent.
duge be good; *(gjøre nytte)* be helpful.
dugg dew.
dugnad voluntary work.

duk cloth; *(bord-)* tablecloth.
dukke *subst* doll; *(marionett)* puppet.
dukke *verb* duck, plunge; dive; ~ **opp** turn up.
dulle med pamper.
dum *(uklok)* silly, foolish; *(lite intelligent)* stupid; **~dristig** foolhardy; **~het** stupidity; foolishness.
dump *adj* dull; *(lyd)* muffled; *subst* depression; *(lyd)* thud.
dumpe *(falle)* plump; *(stryke)* fail; *(handel)* dump.
dumrian fool, blockhead.
dun down.
dundler banging, roar, thunder; **-re** bang, roar; **-rende** thundering.
dundyne eiderdown (quilt).
dunjakke down jacket.
dunk *subst, m* keg; tin; *n* thump, knock; **~e** knock, bang.
dunste reek; ~ **bort** evaporate.
dur *(mus)* major; *(lyd)* drone; *(sterk lyd)* roar; **~e** drone; roar.
dusin dozen.
dusj shower (bath); **~e** take a shower; **~kabinett** shower booth.
dusk tuft; tassel; **~regn** drizzle.
dust fool; **~ete** foolish, stupid.
dusør reward.
dvale *(om dyr)* hibernation; *(sløvhet)* lethargy, torpor; **ligge i ~** hibernate.
DVD *fork for* **Digital Versatile Disc**; **DVD-spiller** DVD player.
dverg dwarf.
dvs *fork for* **det vil si** i.e., that is (to say).
dybde depth; *(overført)* profundity.
dyd virtue; **~ig** virtuous.
dykke dive; **~r** diver.
dyktig capable, competent.
dynamisk dynamic.
dynamitt dynamite.
dynamo dynamo, *(amr)* generator.
dynasti dynasty.
dyne *(klitt)* dune, down; *(i seng)* featherbed, eiderdown; quilt; **~jakke** duvet jacket; **~trekk** duvet cover.
dynge *subst, verb* heap, pile.
dynke sprinkle.
dyp *adj* deep; *(dypsindig)* profound; *subst* deep.
dypfryse deep-freeze; **~r** freezer.
dyppe dip.
dypt deeply; profoundly.
dyr *adj* dear; expensive.
dyr *subst* animal; beast.
dyrelart species of animals; **-bar** dear; precious.

Dyrebeskyttelsen Royal Society for the Prevention of Cruelty to Animals (RSPCA), *(amr)* Society for the Prevention of Cruelty to Animals (SPCA).
dyre|hage zoological garden(s), *(hverdagslig)* zoo; **-mishandling** cruelty to animals; **-stek** roast venison; **-vern** prevention of cruelty to animals.
dyrisk *(brutal)* brutish, bestial.
dyrk|bar arable; **-e** *(jorden)* cultivate, till; *(korn o.l.)* grow; *(religion)* worship.
dyrlege veterinary; *(hverdagslig)* vet.
dysse ned hush up.
dyster sombre, gloomy.
dytte nudge, prod, push.
dø die.
død *adj* dead.
død *subst* death, *(jur)* decease; **~drukken** dead drunk; *(hverdagslig)* smashed; **~elig** lethal, deadly.
dødfødt stillborn.
døds|bra wicked, awesome; **-dømt** sentenced to death; **-ens** (as good as) dead; **-hjelp** mercy killing; **-lei** *(hverdagslig)* dead tired; **-leie** deathbed; **-straff** capital punishment; **-årsak** cause of death.
døende dying.
døgn day and night, 24 hours; **~linse** continuous wear contact lense; **~vill** jet-lagged.
dømme judge; *(jur)* sentence, convict.
dønn completely.
dønning breaker.
døpe baptize, christen; **~navn** Christian name, *(amr)* first (*eller* given) name.
dør door; **~håndtak** door handle; **~karm** door frame; **~selger** door-to-door salesman; **~skilt** door plate.
dørslag sieve, colander.
dør|stokk threshold; **-vakt** doorman; **-åpning** doorway.
døs|e doze, drowse; **-ig** drowsy.
døv deaf; **~stum** deaf-and-dumb.
dåd deed, achievement, act.
då|dyr fallow deer; **-hjort** fallow buck.
dåne faint.
dåp baptism, christening.
dåre fool; **~lokk** kiss-curl, *(amr)* spit curl.
dårlig bad, poor; *(syk)* ill, unwell; **~ere** worse; poorer; **~st** worst, poorest.

E

e-bok *(edb)* e-book.
ebbe *subst* ebb(-tide), low tide.
ecstasy ecstasy.
ed oath; **falsk ~** perjury; **avlegge ~ (på)** take an oath (on).
EDB EDP (Electronic Data Processing).
edderkopp spider.
eddik vinegar.
edel|gran true fir; **-sten** gem, precious stone.
ederdun eiderdown.
edru sober; **~elig** sober.
EEG *fork for* **Electroencephalogram.**
efemeride *(astronomi)* ephemeris.
effekt effect; **~full** effective; **~iv** effective; *(dyktig)* efficient.
EFTA *fork for* **European Free Trade Association.**
eføy ivy.
egen own; *(karakteristisk)* peculiar (**for** to); *(særegen)* particular; *(underlig)* odd, singular.
egenart peculiarity.
egenhånd, på ~ singlehanded(ly).
egenkapital equity.
egennavn proper name.
egenskap characteristic, quality; **i ~ av** in the capacity of.
egentlig proper, real.
egentlig *adv* really; *(strengt sagt)* strictly speaking.
egg egg; *(på kniv)* edge.
egge incite; urge on.
egge|glass egg cup; **-hvite** white of an egg; **-plomme** yolk of an egg.
egg|leder fallopian tube, oviduct; **-løsning** ovulation; **-stokk** ovary; **-stokkbetennelse** ovaritis.
eglete quarrelsome.
egne| seg *(for, til)* be suited (to *eller* for), be suitable (*eller* fit) (for); **-t** fit, proper, suitable.
egois|me selfishness, egotism, egoism; **-t** ego(t)ist; **-tisk** ego(t)istic(al).
egosentrisk egocentric.
e-handel *(edb)* e-commerce.
eie *subst* possession.

eie *verb* own, possess; **~ndeler** belongings; property.
eiendom property; *(jord)* estate.
eiendomsmekler estate agent, *(amr)* realtor, real estate agent.
eier owner, proprietor; **~leilighet** freehold flat, *(amr)* condo(minium).
eik oak.
eike *(i hjul)* spoke; **~nøtt** acorn.
eine|bær juniper berry; **-r** juniper.
einstøing hermit, lone wolf.
ejakulasjon ejaculation.
EKG ECG (Electrocardiogram).
ekkel disgusting, nasty.
ekko echo; **~lodd** echo sounder.
ekling jerk.
ekorn squirrel.
eksamen examination, *(hverdagslig)* exam; **ta ~** pass an examination; **~skarakter** (examination) mark; **~svitnemål** certificate, diploma.
eksaminere examine; question.
eksem eczema.
eksempel example, instance; **for ~** for example *eller* instance, e.g. (exempli gratia).
eksemplar specimen; *(bok o.l.)* copy; **~isk** exemplary.
eksentrisk eccentric.
ekser|sere drill; **-erplass** drillground; **-is** drill.
ekshibisjonist exhibitionist.
eksil exile; **~politiker** politician in exile; **~regjering** exile government.
eksiste|ns existence; **-re** exist.
eksklu|dere exclude; **-siv** exclusive; **-sive** exclusive of, excluding, excluded; **-sjon** exclusion, expulsion.
ekskrementer excrement; faeces.
ekskursjon excursion.
eksos exhaust; **~potte** exhaust box, *(amr)* muffler; **~rør** exhaust pipe; **~system** exhaust (system).
eksotisk exotic.
ekspedere *(sende)* dispatch, forward; *(gjøre av med)* dispatch, dispose of; *(betjene)* attend to, serve.
ekspedisjon *(kontor)* office; *(reise)* expedition.
ekspeditør shop assistant, *(amr)* sales clerk.
eksperiment experiment; **~ere** experiment.

ekspert expert; **~ise** expertise; **~uttalelse** expert opinion.
eksplo|dere explode, blow up, burst; **-siv** explosive.
eksplosjon explosion; **~sfarlig** explosive.
eksponent exponent.
eksponer|e expose; **-ing** exposure.
eksport export (trade); *(varer)* exports; **~ere** export; **~ør** exporter.
ekspropri|asjon expropriation; **-ere** expropriate.
ekstase ecstasy.
ekstra extra; **~nummer** *(avis)* special issue; *(dacapo)* encore; **~omgang** *(sport)* extra time; **~utstyr** accessories.
ekstrakt extract.
ekstrem extreme.
ekte genuine, real; *(gull o.l.)* pure; *(ektefødt)* legitimate.
ekteskap matrimony, marriage; **papirløst ~** common-law marriage; **~sbrudd** adultery; **~smekling** *(jur)* matrimonial conciliation.
ekvator equator.
elastis|itet elasticity; **-k** elastic.
eldre older; elder; **~omsorg** geriatric care; **~senter** service center for the elderly.
eldst oldest; eldest.
elefant elephant.
elegant elegant, fashionable.
elektriker electrician.
elektrisitet electricity; **~sforbruk** electricity consumption; **~sforsyning** electricity supply; **~småler** electric meter; **~sverk** electricity board.
elektrisk electric(al).
elektron electron; **~ikk** electronics; **~isk** electronic.
elektrosjokkvåpen stun gun.
element element; **~ær** elementary.
elendig wretched, miserable; **~het** wretchedness, misery.
elev pupil; *(voksen)* student; **~råd** student council.
elfenben ivory.
elg elk, *(amr)* moose; **~stek** roasted elk.
elimin|asjon elimination; **-ere** eliminate.
elite élite; pick.
eller or.
ellers or else, otherwise; *(vanligvis)* usually, generally.
ellev|e eleven; **-te** eleventh.
elske love; **~lig** lovable; **~r** lover.
elskverdig amiable, kind.
elv river; **~ebredd** bank; **~eleie** riverbed; **~emunning** mouth of a river; estuary.

emalje enamel.
emballasje packing (material).
embetle office; **-smann** government official, civil servant; **-seksamen** university degree.
emigrlant emigrant; **-ere** emigrate.
emne subject, topic; *(materiale)* material.
EMU *fork for* **European Monetary Union**.
en *art* a, an; *num pron* one; **~bruker** *(edb)* single user.
enda *(foran komparativ)* still, even; *se ennå*.
ende end, finish.
endelig *adj* final, definite.
endelig *adv* at last, finally.
endestasjon terminus.
endetarm rectum; **~såpning** anus.
endivie endive.
endrle change, alter; **-ing** change, alteration.
ene *(og alene)* solely; **~barn** only child; **~boer** hermit, recluse; **~bolig** one-family house; **~celle** solitary cell; **~forelder** single parent; **~forhandler** sole distributor.
enegget identical; *(kniv)* single-bladed.
ener number one.
enerett monopoly, sole right.
energi energy; **~behov** energy demand(s); **~forsyning** energy supply; **~kilde** energy source.
energisk energetic.
energisparing energy-saving.
enerådende universal.
eneste only.
enestående unique.
enetasjes one-storey(ed).
eneveldle dictatorship, autocracy; **-ig** absolute, autocratic.
enfoldig simple(-minded).
eng meadow.
engang, en gang once; **ikke ~** not even.
engangs disposable; **~beløp** lump sum.
engasjelment engagement; **-re** engage; **-rende** absorbing.
engel angel.
engelsk English; **på ~** in English; **~mann** Englishman.
engkarse cuckoo flower.
England England.
en gros wholesale.
engstelig anxious, troubled.
enhet unity; unit.
enhver *subst* everybody.
enhver *adj* every, any.
enig, bli ~ come to an agreement; **være ~** agree; **~het** agreement.
enke widow.

enkel simple, plain; *(lett)* easy.
enkelt *adv* simply, plainly.
enkelt *adj* single; *(lett)* simple; **hver ~** each one.
enkelte some, a few.
enkelt|knappet single-breasted; **-rom** single room; **-sporet** single-track.
enkemann widower.
enmanns|bedrift one-person business; **-show** one-man show.
enn than; but.
ennå still, yet; **ikke ~** not yet.
enorm enormous, huge.
ens identical; alike; **~artet** uniform; **~farget** one-coloured, *(amr)* one-colored; **~formig** monotonous.
ensidig one-sided, biased.
enslig single, solitary.
ensom lonely; **~het** loneliness, solitude.
ensporet one-track.
enstemmig unanimous; *(mus)* unison.
enstrøken *(mus)* one-line.
entall singular.
enten *konj* whether; **~ – eller** either – or.
entoms one-inch.
entré hall; *(betaling)* admission (fee).
entrepr|enør contractor; **-ise** contract.

E-nummer E-number.
enveis|billett single (ticket), *(amr)* one-way ticket; **-gate** one-way street; **-kjøring** one-way traffic.
epidemi epidemic.
epidural epidural.
epilep|si epilepsy; **-tiker, -tisk** epileptic.
epilog epilogue.
episod|e incident; episode; **-isk** episodic.
eple apple.
epoke epoch.
e-post e-mail; **~adresse** e-mail address.
ereksjon erection; **få ~** have an erection.
eremitt hermit; **~kreps** hermit crab.
erfar|e experience; **~n** experienced; **-ing** experience.
ergerlig *(kjedelig)* annoying, vexatious.
ergometersykkel exercise bike.
ergre annoy, vex; **~lse** annoyance, vexation.
erigert erect.
erindr|e remember, recollect; **-ing** remembrance.
erke- arch-.
erkjenne acknowledge, admit, recognize; **~lse** acknowledgment, recognition, admission.

erklær|e declare; state; **-ing** declaration; statement.
erme sleeve.
ernæring nourishment, nutrition; **mangelfull ~** malnutrition.
erobr|e conquer; **~r** conqueror; **-ing** conquest.
erosjon erosion.
eroti|kk eroticism; **-sk** erotic.
erstatning compensation; *(surrogat)* substitute; **~sansvar** liability (for compensation); **~skrav** claim for compensation.
erstatte replace; *(gi erstatning)* compensate; **~lig** replaceable.
erte tease (**med** about).
erts ore.
ese *(gjære)* ferment; *(heve seg)* rise.
esel donkey; ass; **~øre** *(i bok)* dog-ear.
eske box, carton.
eskimo Eskimo.
eskorte escort.
espresso espresso; **~maskin** espresso machine.
ess *(kortspill)* ace; *(mus)* E flat.
esteti|ker aesthete; **-kk** aesthetics; **-sk** aesthetic.
estisk Estonian.
Estland Estonia.
estlender Estonian.
estragon tarragon.
etablere establish.
etappe stage; **~vis** by stages.
etasje storey, floor; **annen ~** first floor, *(amr)* second floor; **første ~** groundfloor, *(amr)* first floor; **fire-~s** four-storeyed.
etat department, service.
ete eat.
eter ether.
etikett label; tag; sticker; **~e** etiquette.
eti|kk ethics; **-sk** ethical.
Etiopia Ethiopian.
etiopi|er Ethiopian; **-sk** Ethiopian.
etnisk ethnic.
etno|grafi ethnography; **-musikk** ethnic music.
etse corrode; **~nde** corrosive.
etter *preposisjon* after; *(bak)* behind; *(ifølge)* according to.
etter *adv* after(wards).
etterbyrd afterbirth.
etterdønning reverberation.
etterforsk|e investigate, inquire into; **-ning** investigation.
etterfylle refill.
etterfølge follow; succeed; **~r** successor.
ettergi remit, pardon.
etter hvert gradually.

etterkomme comply with; **~r** descendant.
etterkrigs- post-war.
etterlate leave (behind).
etterlengtet long-awaited.
etterlign|e imitate; **-ing** imitation.
etterlys|e look for; **-ning** wanted notice; **-t** wanted.
ettermiddag afternoon; **om ~en** in the afternoon.
etternavn surname, family name, last name.
etterpå afterwards; **~klokskap** hindsight.
etterretning information, news; **~stjeneste** intelligence service.
etter|se inspect; overhaul; **-sende** forward; **-skrift** postscript (PS).
etterskudd, på ~ in arrears.
ettersom as, since.
etter|spill consequences; **-spurt** in demand; **-spørsel** demand.
etterutdanning supplementary education, follow-up studies.
etui case.
EU *fork for* **European Union**.
Europa Europe; **~rådet** European Council.
euro euro.
europe|er European; **-isk** European.
evakuere evacuate.
evaluere evaluate.
evangeli|sk evangelic(al); **-um** gospel.
eventu|alitet contingency; **-ell** possible; (if) any; **-elt** *adv* possibly, if necessary.
eventyr *(opplevelse)* adventure; *(fortelling)* fairy tale; **~er** adventurer; **~lig** fabulous, fantastic.
evig eternal; *(uforgjengelig)* immortal; *adv* eternally, for ever; **~het** eternity; **~varende** everlasting.
evne ability, capacity; **~veik** mentally retarded.
EØS EEA (European Economic Area); **~kontroll** *(på bil)* roadworthiness check.

F

fab|el fable; **~aktig** fabulous; **-le** fable.
fabrik|ant manufacturer; **-asjon** manufacture; **-asjonsfeil** defect; **-at** make, product.
fabrikk factory, mill; **~arbeider** factory worker; **~ere** manufacture, make; **~merke** trademark; **~utsalg** factory outlet.
fadder godfather; godmother.
Fadervår the Lord's Prayer.
fadese blunder.
fag *(skole)* subject; *(område)* line, profession; *(håndverk)* trade; **~arbeider** skilled worker; **~bevegelse** trade union movement; **~forening** trade(s) union; **~krets** range of subjects; **~lig** professional; **~litteratur** specialist literature; **~messig** skilled; **~organisert** organized.
fagott bassoon.
fajanse faience.
fakkel torch.
faks fax; fax machine; **~e** fax.
fakta facts.
faktisk *adj* actual, real.
faktisk *adv* as a matter of fact, actually.
faktor factor.
faktur|a invoice (**over, på** for); **-ere** invoice, bill.
fakultet faculty.
falk falcon.
fall fall; **i ~** in case; **i hvert ~** at any rate; **i verste ~** at worst.
falle fall, drop; **~ferdig** tumbledown.
fallskjerm parachute; **~hopper** parachutist; **~tropp** paratroop.
falme fade.
falsett falsetto.
falsk false; *(forfalsket)* forged; **~myntner** counterfeiter, coiner; **~neri** forgery.
familie family; **~gjenforening** family reunion; **~planlegging** family planning; **~rådgivning** family counselling.
familiær familiar.
famle grope, fumble (**etter** for); **~nde** fumbling; hesitant.
fan fan, supporter.
fanati|ker fanatic; **-sk** fanatic.
fanden the devil; Old Nick; **fy ~** damn! **~ivoldsk** reckless.
fane banner, standard.

fanfare fanfare, flourish.
fang lap.
fange *subst* prisoner, captive; *(politikk)* detainee.
fange *verb* catch, capture; **~leir** prison camp; **~nskap** captivity; **~vokter** warder, prison guard.
fangst *(bytte)* capture; catch *(fisk også)*; **~kvote** catch quota.
fantasere rave.
fantasi *(innbilningsevne)* imagination; *(innfall)* fancy, fantasy; **~full** imaginative.
fantast visionary; **~isk** fantastic.
fantomsmerte phantom limb pain.
far father.
farbar passable.
fare *subst* danger, peril; **~skilt** warning sign; **~truende** perilous.
farfar (paternal) grandfather.
farge *subst* colour, *(amr)* color; *(stoff)* dye; *(maling)* paint; *(kortspill)* suit.
farge *verb* dye; colour, *(amr)* color.
farge|ekte colour proof; **-blind** colour blind; **~handel** paint shop; **~legge** colour; **-nyanse** colour nuance.
farin granulated sugar.
farlig dangerous, perilous.
farmas|i pharmacy; **-øyt** pharmacist.
farmor (paternal) grandmother.
farsdag Father's Day.
farse *(kjøtt-)* forcemeat, mince; *(komedie)* farce.
farsott epidemic.
fart speed, rate; **~sdump** speed bump; **~sgrense** speed limit; **~skontroll** speed control.
far|tøy vessel, craft; **-vann** waters.
farvel goodbye.
fasade front, façade; **med ~ mot** facing.
fasan pheasant.
fascis|me Fascism; **-t, -tisk** Fascist.
fase phase, stage.
fasit key; answer book.
fasong shape, cut; **~sydd** shaped; fitted.
fast firm; solid.
faste *subst, verb* fast; **~lavn** Shrovetide; **~tid** *(religion)* Lent.
fast|het firmness; solidity; **-holde** stick to, insist on, maintain; **-klemt** stuck; **-land** continent.
fastlege *omtrent* family doctor.

fast|låst deadlocked; **-sette** appoint, fix; **-slå** *(konstatere)* ascertain; *(bevise)* establish; **-spent** strapped down.
fat dish; *(tønne)* cask, barrel.
fatle sling.
fatning composure.
fatt, **få ~ i** get (*eller* catch) hold of.
fatte *(begripe)* comprehend, understand; *(beslutning)* make (a decision); **~t** composed, collected.
fattig poor; **~dom** poverty.
fatøl draught beer.
favn *(mål)* fathom; **~tak** embrace, hug.
favoritt favourite, *(amr)* favorite.
fav|orisere favour, *(amr)* favor; **-ør** advantage; favour, *(amr)* favor.
fe fairy; *(dyr)* cattle.
feber fever; **få ~** run a temperature; **~aktig** feverish; **~nedsettende middel** antipyretic; febrifuge.
febrilsk feverish.
februar February.
fedme fatness, obesity.
fedreland (native) country; **~ssang** national anthem.
fedrift cattle breeding.
feie sweep; **~brett** dustpan; **~r** chimney-sweep.
feig cowardly; **~het** cowardice; **~ing** coward.
feil *adj* wrong, incorrect.
feil *adv* amiss, wrong(ly).
feil *subst* mistake, error; *(mangel)* defect, fault; *(skyld)* fault; **~aktig** faulty; **~beregne** miscalculate.
feile err, make mistakes; **hva ~r det deg?** what's the matter with you?
feil|ernæring malnutrition; **-fri** faultless; **-melding** *(edb)* error message; **-parkering** illegal parking; **-takelse** mistake; **-tolkning** misinterpretation; **-vurdere** misjudge.
feir|e celebrate; **-ing** celebration.
f.eks. *fork for* **for eksempel** e.g.
fekt|e fence; **-ing** fencing.
fele fiddle; **~spiller** fiddler.
felg rim; **fast ~** integral rim; **på -en** on one's beam-ends.
felle *subst* trap.
felle *verb (trær)* fell; *(drepe)* slay; *(tårer)* shed.
felles common, joint; **~areal** common area; **~eie** joint property; **~marked** common market; **~rom** common room; **~skap** community; **~start** *(sport)* mass start.

fellingstillatelse hunting licence.
felt *(område)* field; sphere; **~arbeid** field work; **~seng** campbed.
fem *(numerisk)* five; **~te** fifth; **~ten** fifteen; **~ti** fifty.
fenghette percussion cap.
fengs|el prison, jail; **-le** imprison; *(overført)* captivate, fascinate; **-lende** absorbing; **~sstraff** imprisonment.
fennikel (sweet) fennel.
fenomen phenomenon *(pl* phenomena); **~al** phenomenal.
ferd, være i ~ med be about; be in the process of.
ferdig *(klar)* ready; *(fullendt)* finished, done; **~het** skill; **~hus** prefabricated house; **~mat** ready-made food.
ferge ferry; **~leie** ferry landing.
ferie holiday(s), *(amr)* vacation; **~penger** holiday money; **~re** be on (a) holiday, *(amr)* be on a vacation; **~vikar** holiday *substitute.*
ferist cattle grid.
ferniss varnish.
fersk fresh.
fersken peach.
ferskvann fresh water.
fest *(privat)* celebration, party; *(offentlig)* festival; *(måltid)* feast, banquet; **holde ~** celebrate.
feste *subst* hold; grip.
feste *verb* fasten, fix.
fest|forestilling gala performance; **-lig** festive; *(morsom)* amusing.
festning fort, fortress.
fet fat.
fetisj fetish.
fett fat; *(til smøring)* grease.
fetter (male) cousin.
fett|flekk grease stain; **-løselig** fat-soluble; **-suging** liposuction.
fiasko failure, fiasco; *(hverdagslig)* flop.
fiber fibre; **~rik** rich in fibre.
fibromyalgi fibrositis.
fiend|e enemy; **-skap** enmity; **-tlig** hostile; **-tlighet** hostility.
figur figure, shape; **~lig** figurative.
fiken fig; **~blad** fig leaf.
fiks smart; **~e** *verb* fix.
fikser|e fix; **~væske** fixative.
fil *file; (kjørefelt)* lane.
filantropi philanthrophy.
filateli philately.
file file.
filet fillet.
filial branch.
filigran filigree.

filipens pimple.
fille rag; **~dukke** rag doll; **~rye** rug.
film film, picture, *(amr)* movie; *(for lysbilder)* colour-slide film; **~anmeldelse** film review; **~anmelder** film critic; **~stjerne** film star, *(amr)* movie star.
filodeig filo pastry.
filolog philologist; **~i** philology; **~isk** philological.
filosof philosopher; **~i** philosophy.
filt felt.
filt|er filter, strainer; **~kaffe** perk coffee, drip coffee; **-rere** filter, strain.
fin fine.
finale *(sport)* final(s); *(mus)* finale.
Finansdepartementet Ministry of Finance; *(i England)* the Treasury, *(amr)* the Treasury Department.
finans|er *flertall* finances; **-iell** financial; **-iere** finance; **-minister** Minister of Finance; *(i England)* Chancellor of the Exchequer, *(amr)* Secretary of the Treasury.
finer veneer; **kryss~** plywood.
finger finger; **~avtrykk** fingerprint; **~bøl** thimble; **~ferdighet** dexterity; **~ledd** *(anatomi)* finger joint; **~nem** handy.
fingert faked, feigned.
fink finch.
Finland Finland.
fin|ne Finn; **-sk** Finnish.
finne *subst* fin.
finne *verb* find; **~ sted** take place; **~rlønn** reward.
finmalt fine-ground.
fintfølende sensitive.
fiol violet; **~ett** violet.
fiolin violin; **~ist** violinist.
fire *(numerisk)* four; *verb (overført)* yield; **~del** quarter; **~hjulstrekk** four wheel drive.
fir|fisle lizard; **-kant** square; **-kløver** four-leaved clover; **-linger** quadruplets.
firma firm, company; **~merke** trade mark.
fis *(slang)* fart, wind; **~e** fart, break wind.
fisk fish; **~e** *subst* fishing.
fiske *verb* fish; **~handler** fishmonger; **~kort** fishing licence; **~krok** fish hook.
Fiskene *astrologi* Pisces.
fiske|oppdrett fish farming; **~r** fisherman; **-redskap** fishing tackle.
fiskeri fishery.
Fiskeridepartementet Ministry of Fisheries.

fiskeri|grense fishing limit; **-minister** Minister of Fisheries.
fiske|snøre fishing line; **-suppe** fish soup; **-stang** fishing rod; **-tur** fishing trip.
fjas foolery, nonsense.
fjel board.
fjell mountain; rock; **~kjede** range of mountains; **~klatrer** mountaineer, alpinist; **~overgang** mountain pass; **~sikringstjeneste** mountain rescue service; **~sprekk** crevice; **~stue** mountain lodge; **~topp** mountain peak; **~tur** mountain hike; **~vann** mountain lake; **~vidde** mountain plateau.
fjerde fourth.
fjern far(-off), distant, remote; **~e** remove; **~kontroll** remote control, zapper; **~lys** *(på bil)* main lights, *(amr)* high beam.
fjernsyn television, TV; *(hverdagslig)* telly; **~sapparat** television set; **~sskjerm** television screen.
fjern|valg (international) direct dialling, *(amr)* direct distance-dialling; **-varme** long-distance heating.
fjol|lete silly, foolish; **-s** fool, idiot.
fjord fjord; fiord; *(Skottland)* firth.
fjorten fourteen; **~ dager** a fortnight.
fjortis teenie-bopper.
fjær feather; *(stål-)* spring; **~e** ebb; **~fe** poultry; **~ing** *(maskin)* suspension; **~lett** feathery.
fjøs cowshed.
flagg flag; colours; **~e** fly the flag; **~ermus** bat; **~stang** flagstaff, *(amr)* flagpole.
flagre flutter, flicker.
flak flake; *(is-)* floe.
flakong flacon.
flaks, ha ~ be in luck, be lucky.
flakse flap, flutter.
flambere flame.
flamme *subst, verb* flame, blaze; **~post** *(edb)* flame mail; **~sikker** non-flammable.
flanell flannel.
flaske bottle; **~hals** bottleneck; **~pant** bottle deposit.
flass dandruff; **~e** *(hud)* peel off; *(maling)* flake off.
flat flat; **~einnhold** area; **~lus** crab-louse.
flau *(skamfull)* ashamed; *(pinlig)* embarrassing; *(smak)* insipid; **~ vind** light wind.
flause blunder, flop.
fleip joke, wisecrack; **~e** kid, joke; **~ete** flippant, cheeky.
flekk stain, spot; **~ete** stained;

~fjerningsmiddel stain remover.
flekse work flexible hours.
fleksib|el flexible; **-ilitet** flexibility.
flenge *subst, verb* slash, tear.
flerbruker *(edb)* multiaccess.
flere *(enn)* more (than); *(atskillige)* several; *(forskjellige)* various.
flerreisekort pass.
flertall *gram* the plural; *(de fleste)* the majority.
flertydig ambiguous.
flerumettet polyunsaturated.
flesk pork; bacon.
flest most.
flette *(hår) subst, verb* plait, *(amr)* braid.
flikke *(sko)* cobble.
flimre flicker.
flink clever; good.
flint flint; **~skallet** completely bald; **~stek** thinly sliced tenderloin.
flippe ut freak out.
flipperspill pinball.
flire grin.
flis *(tre-)* chip, splinter; *(golv-, vegg-)* tile; **~elagt** tiled.
flittig diligent, industrious.
flo flood(-tide), high tide.
flod|bølge tidal wave; **-hest** hippopotamus, *(hverdagslig)* hippo.
flokk *(mennesker)* crowd, party; *(fe)* herd; *(sau)* flock; *(ulv)* pack; *(fugl)* flight, flock; **~e seg** gather, crowd.
flom flood; **~me (over)** overflow.
flora flora.
floskel empty phrase.
flosshatt top hat, silk hat.
flott *(flytende)* afloat; *(fin)* smart, stylish; **~e seg** be lavish.
flue fly; **~fiske** fly-fishing; **~smekker** flyswatter; **~stang** fly rod; **~vekt** *(sport)* flyweight.
flukt escape; **~stol** deck chair.
flunkende, ~ ny brand new.
fluor fluoride; **~tablett** fluoride tablet.
fly *subst* (aero)plane; aircraft, *(amr)* airplane.
fly *verb* fly; **~avgift** airport tax; **~billett** plane ticket; **~forbindelse** connecting flight.
flygel grand piano.
flyger pilot.
flykapr|er hijacker; **-ing** hijacking.
flykte run away, fly, flee; *(unnslippe)* escape.
flyktig passing, inconstant.
flyktning fugitive, refugee; **~leir** refugee camp.

flyndre flounder.
fly|selskap airline; **-sertifikat** pilot's licence; **-skrekk** fear of flying; **-vert(inne)** steward(ess).
flyte flow, run; *(på vannet)* float; **~dokk** floating dock; **~nde** liquid; *(tale)* fluent.
flytt|e move; **~bil** removal van, *(amr)* moving van; **~folk** *flertall* removers, *(amr)* movers; **-ing** removal, *(amr)* moving.
fly|vert steward; **-vertinne** stewardess; **-våpen** air force.
flørt flirtation; *(om person)* flirt; **~e** flirt.
fløte *subst* cream.
fløte *verb* float.
fløy wing.
fløyel velvet.
fløyte *subst, verb* whistle; *(mus)* flute; **~spiller** flutist.
flå flay, skin; *(overført)* flay, fleece; **~sete** flippant.
flåte fleet; marine; *(mil)* navy; *(tømmer-)* float, raft; **~ritt** rafting.
FN UN (United Nations).
fnatt, **få ~** go nuts.
fnise giggle.
fnugg *(støv-)* speck of dust; *(snø-)* flake.
fnyse snort.
foajé lobby.
fokus focus.
fold fold; crease; **~e** fold.
folk people, *(amr)* folk(s).
folke|avstemning popular vote; referendum; **-dans** folk dance; **-drakt** native costume; **-lig** popular.
folke|museum national heritage museum; **-telling** census; **-tetthet** population density; **-trygd** national insurance; **-vise** ballad, folk song.
folklore traditional customs.
follekniv jackknife.
fomle fumble; **~te** clumsy.
fond fund; **~sforvalter** fund manager.
fonn *(snø-)* snowdrift.
font font.
fontene fountain.
for *preposisjon* for, to, at, of, etc.
for *adv (altfor)* too; **~ at** (so) that, in order that; **~ å** (in order) to.
for *konj* for.
fôr *(i klær)* lining; *(til dyr)* fodder; forage.
forakt contempt, scorn; **~e** dispise, disdain; **~elig** contemptible, despicable; *(som viser forakt)* contemptuous.
foran *preposisjon, adv* before, in front of, ahead of.

forandr|e change, alter; **-ing** change, alteration.
forarge scandalize; offend; **~lse** scandal, offence.
forbanne curse; **~lse** curse; **~t** angry; *(kraftig)* damned.
forbause surprise, amaze, astonish; **~lse** surprise, amazement, astonishment.
forbedr|e better, improve; **~ seg** improve; **-ing** improvement.
forbehold reservation, reserve; **~e seg** reserve.
forberede prepare; **~lse** preparation; **~nde** preparatory.
forbi *preposisjon, adv* by, past; **~gåelse** passing over, neglect.
forbikjøring overtaking, *(amr)* passing; **~ forbudt** no overtaking, *(amr)* no passing.
forbind|e connect, link; *(sår)* dress, bandage; **-ing** dressing, bandage; **~lse** connection; relation(s); touch; *(samferdsel)* communication.
forbipasserende passer-by.
forbli remain, stay.
forblø bleed to death.
forbløffe amaze, bewilder; **~lse** amazement, bewilderment.
forbokstav initial (letter).
forbrenne burn.
forbrenning burning; *(kjemi)* combustion; **~sanlegg** refuse disposal plant, *(amr)* garbage disposal plant; **~smotor** internal-combustion engine.
forbruk consumption; **~e** consume; **~er** consumer.
forbrytel|se crime; **-r** criminal.
forbud prohibition; **~sskilt** prohibition sign.
forbund association; league; **~sfelle** ally.
forby forbid; *(ved lov)* prohibit, ban.
forbønn, gå i ~ for intercede for.
fordampe evaporate.
fordel advantage; **~aktig** advantageous.
fordele distribute, divide.
fordeler *(i motor)* ignition distributor; **~kabel** distributor lead.
fordeling distribution.
fordi because.
fordoble double; *(overført)* redouble.
fordom prejudice; **~sfri** unprejudiced; **~sfull** prejudiced, biased.
fordra stand, bear, endure.
fordreie distort, twist.
fordring claim, demand; **~sfull** exacting, pretentious; **~sløs** unpretentious.
fordrive drive away; *(tiden)* while away.

fordrukken drunken; sottish.
fordømme condemn; **~lse** condemnation.
fordøye digest; **~lig** digestible; **~lse** digestion; **~lsesbesvær** indigestion.
forebygge prevent; **~nde** preventive.
foredl|e refine; **-ing** refinement; improvement.
forefallende arbeid odd jobs.
foredrag lecture, talk; **~sholder** lecturer.
foregripe anticipate.
foregå take place; **~ende** previous, preceding.
forekom|me occur; *(synes)* seem, appear; **~nde** obliging; **-st** occurrence, existence.
foreldet obsolete, out of date; *(krav)* (statute-)barred, *(amr)* time-barred.
foreldre parents; **~løs** orphan; **~myndighet** custody.
forelegg fine.
foreles|e lecture; **~r** lecturer; **-ning** lecture.
foreligge be, exist.
forelske| seg fall in love; **-t** *in love* (**i** with).
foreløpig preliminary, temporary, for the time being.
foren|e unite, combine; **-ing** union, association, society, club.
forenkl|e simplify; **-ing** simplification.
fore|satt authority, superior; **-slå** propose, suggest.
forespør|re inquire; **-sel** inquiry.
forestill|e introduce (**for** to); represent; **~ seg** imagine; **-ing** *(teater)* performance; *(begrep)* idea.
foreta undertake, make; **~k** undertaking, enterprise; **~ksom** enterprising.
foretrekke prefer (**for** to).
forfall decay; *(overført)* decline; *(jur)* excuse; *(handel) (ved ~)* when due; **~e** decay; *(handel)* fall due; **~ent** dilapidated; **~sdag** *(handel)* due date.
forfalsk|e falsify; forge; **-ning** falsification; forgery.
forfatning *(tilstand)* state, condition; *(stats-)* constitution.
forfatter author, writer.
forfedre forefathers, ancestors.
forfengelig vain; **~het** vanity.
forferdelig appalling, terrible, dreadful.
forfjamset confused.
forfjor, **i ~** the year before last.
forfra *(fra forsiden)* from the front; *(om igjen)* from the beginning.

forfremme advance, promote; **~lse** promotion.
forfriskning refreshment.
forfrysning frostbite.
forfølge pursue; *(for å skade)* persecute; **~lse** pursuit; persecution; **~r** pursuer; persecutor.
forføre seduce; **~nde** seductive; **~r** seducer.
forgasser carburettor, *(amr)* carburetor.
forgiftning poisoning.
forgjenger predecessor.
forgjeves *adj* vain.
forglem|megei forget-me-not; **-melse** oversight.
for|gude idolize; **-gylle** gild; **-gå** perish.
forgårs, i ~ the day before yesterday.
forhalingstaktikk stalling tactics.
forhandl|e negotiate, *(handel)* deal in, sell; **-ing** negotiation; distribution, sale.
for|hastet hurried, hasty; **-hekse** bewitch.
forheng curtain.
forhenværende former.
forhindre prevent.
forhjul front wheel; **~sdrift** front wheel drive; **~sstilling** (front) alignment.
forhold *(proporsjon)* proportion; *(forbindelse)* relation(s), connection; *(omstendighet)* fact, circumstances; *(matematikk)* ratio; **~smessig** proportional; **~sregel** measure; **~svis** relatively, comparatively.
forhud foreskin.
forhør examination; inquiry; **~e** examine; **~e seg** inquire.; **~er** interrogator.
forhøyning rise.
forhånd *(kortspill)* lead; **på ~** in advance, beforehand.
forhåpentlig hopefully.
forkalkning calcification.
forkaste reject, turn down; **~lig** objectionable.
forkjemper champion, advocate.
forkjærlighet predilection, preference.
forkjøle| seg catch a cold; **-lse** cold; **-lsessår** cold sore, herpes.
forkjøpsrett option.
forkjørs|rett right of way, priority; **-vei** main road.
forklar|e explain; **-ing** explanation.
forkle *subst* apron.
forkledning disguise.
forknytt timid.
forkorte shorten, abridge; *(ord)* abbreviate; **~lse** shortening, abbreviation.

forkynne announce; *(jur)* serve; *(religion)* preach; **~lse** announcement; preaching.
forlag publishing firm, publishing house.
forlange demand, ask (for), claim.
forlate leave; *(oppgi)* abandon.
forlatt abandoned, deserted.
forlegen embarrassed; **~het** embarrassment.
forlegge mislay; *(utgi)* publish; **~r** publisher.
forlenge lengthen, prolong, extend; **~lse** lengthening, prolongation, extension.
forlengs forwards.
for lengst long ago.
forlik agreement, compromise; **~e** reconcile; **~sråd** conciliation board.
forlis (ship)wreck; **~e** be lost *eller* wrecked.
forlove| **seg** become engaged (**med** to); **-de (hans, hennes)** his fiancée, her fiancé; **-r** maid of honour; *(brudgommens)* best man.
forlystelse entertainment, amusement.
forløp lapse; *(gang)* course; **~e** elapse; **~er** forerunner.
form form, shape; *(støpe-)* mould, *(amr)* mold.
formalitet formality.
formann *(i styre)* chairman, *(amr)* president; *(i forening)* president; *(arbeids-)* foreman.
format size.
forme form, shape.
formel formula.
formell formal.
former|e seg breed, multiply, propagate; **-ing** breeding, multiplication, propagation.
formiddag morning.
formildende omstendighet extenuating circumstance.
forminske reduce, decrease, diminish.
formløs formless, irregular.
formodning, **mot ~** contrary to expectation.
formue fortune; *(eiendom)* property; **~nde** wealthy, well off; **~sskatt** net wealth tax.
formul|ar form; **-ere** formulate; word; **-ering** formulation.
formynder guardian.
formørke darken; *(astronomi)* eclipse; **-lse** *(sol, måne)* eclipse.
formål aim, purpose, object.
fornavn Christian name, first name.
fornekte deny.
fornem distinguished.

fornminne antiquity, relic.
fornuft reason; **sunn ~** common sense; **~ig** reasonable, sensible.
fornye renew; **~lse** renewal.
fornærme offend, insult; **~lse** insult; **~t** offended.
fornøyd satisfied, pleased, content(ed).
fornøyelse pleasure; (forlystelse) entertainment, amusement; **~spark** amusement park.
forord preface, foreword.
forordning ordinance, decree.
forover forward, ahead.
forpakte farm, rent; **~r** tenant (farmer).
forplant|e (seg) propagate; **-ning** propagation.
forplikte| (seg) engage (oneself), bind (oneself); **-lse** obligation, engagement; **-nde** binding; **-t** obliged, bound.
forpost outpost.
forpurre frustrate, foil.
forrente pay interest on.
forresten *(apropos)* by the way; *(dessuten)* besides.
forretning business; *(butikk)* shop; **~sbrev** business *(eller* commercial) letter; **~sforbindelse** business connection; **~skvinne** business woman; **~slokale(r)** business premises; **~smann** business man; **~smessig** businesslike; **~sreise** business trip.
forrett *(mat)* starter, *(amr)* appetizer.
forrette *(religion)* officiate.
forrige last; previous.
forryk|ende tremendous; **-t** crazy.
forræder traitor (**mot** to); **~i** treachery; *(lands-)* treason; **~sk** treacherous.
forråde betray.
forråtnelse putrefaction.
forsagt timid, diffident.
forsalg *(billetter)* advance booking.
forsamling assembly.
for|seelse offence; **-segle** seal (up).
forsendelse forwarding; *(vareparti)* consignment.
forsere force.
forsete front seat.
forsett purpose; **~lig** intentional.
forside front; *(mynt o.l.)* face.
forsikre assure; *(assurere)* insure.
forsikring assurance; insurance; **~spolise** insurance policy; **~spremie** insurance premium; **~sselskap** insurance company.

forsiktig *(varsom)* careful; *(ved fare)* cautious.
forsinkel|se delay; **-t** delayed, late.
forskans|e entrench, barricade; **-ning** entrenchment, barricade.
forsk|e research; **-er** researcher, research worker; **-ning** research.
forskjell difference; distinction; **~ig** different; *(atskillige)* various; **~sbehandle** discriminate against.
forskrekke frighten; **~lse** fright.
forskrudd eccentric.
forskudd advance; **~svis** in advance.
forskyv|e displace, shift; **-ning** displacement, shifting.
forslag proposal, suggestion; motion.
for|slitt hackneyed; **-slått** bruised; battered.
forsnakke seg make a slip of the tongue.
forsommer early summer.
forson|e *reconcile, conciliate;* **-ing** reconciliation.
forsove seg oversleep.
forspill prelude; **~e** forfeit; throw away.
forspise seg overeat.
forsprang lead.
forstad suburb; **~s-** suburban; **~stog** commuter train.
forstand *(fornuft)* reason, sense; **~er** principal, director; **~ig** sensible.
for|stavelse prefix; **-stavn** stem, prow; **-steining** petrifaction.
forsterk|e strengthen, fortify; reinforce; **~r** *(radio)* amplifier; **-ning** strengthening; reinforcement.
forstilling *(på bil)* front suspension; **justere ~** adjust the front wheels.
forstmann forester.
for|stoppelse *(medisin)* constipation.
forstu|e *verb* sprain; **-ing** sprain.
forstyrre disturb; *(bry)* trouble; **~lse** disturbance, trouble.
forstørre magnify; *(fotogr)* enlarge; **~lse** magnification; enlargement; **~lsesglass** magnifying glass.
forstå understand; see; **~else, ~elsesfull** understanding.
forsvar defence, *(amr)* defense; **~e** defend; **~er** *(jur)* *counsel for* the defence; **~lig** *(berettiget)* justifiable; *(sikker)* secure.
Forsvarsdepartementet Ministry of Defence, *(amr)* Department of Defense.
forsvars|løs defenceless;

-minister Minister of Defence, *(amr)* Secretary of Defense.
for|svinne disappear, vanish; **-svunnet** gone; missing.
forsyn|e supply, provide; **~ seg** help oneself (**med** to); **-ing** supply.
forsøk attempt (**på** at); *(prøve)* test, trial; **~e** try, attempt.
forsømme neglect.
forsørge provide for, support; **~r** supporter.
fort *subst* fort.
fort *adv* quickly, fast; **~ deg!** hurry up!
fortann front tooth.
fortau pavement, *(amr)* sidewalk; **~skant** kerb, *(amr)* curb.
fortegnelse list, catalogue, record.
fortell|e tell; **~r** narrator; **-ing** story.
fortid past; **~sminne** antiquity.
fortjen|e deserve; **~ste** profit; merit; **-t** worthy (**til** of).
fortløpende consecutive.
fortolle pay duty on, clear; declare.
fortrenge supplant, supersede; *(psyk)* repress.
fortrinnsvis preferably, by preference.
fortrolig confidential; **~het** confidence.
fortropp van(guard).
fortryllelse charm, fascination.
fortsette continue, go on, carry on; **~lse** continuation.
fortvil|else despair; **-t** desperate; in despair.
fortynne dilute.
fortøy|e moor, make fast; **-ning** mooring.
for|ulempe molest; *(plage)* annoy; **-ulykke** be lost, perish; be wrecked.
forund|erlig strange, odd; **-re** surprise; **-ring** surprise.
forurens|e pollute; **-ning** pollution.
forut in advance, ahead; *sjøfart* forward; **~anelse** presentiment; **~bestemt** predetermined; predestined.
foruten besides.
forutinntatt predisposed, prejudiced.
forutsatt at provided (that).
forutse foresee.
forutset|ning condition, understanding; **-te** assume, (pre)suppose, take for granted; **-si** foretell, predict.
forvalt|e administer, manage; **~r** steward, manager; **-ning** administration, management.
forvandl|e transform, change; **-ing** transformation.
for|vanske distort,

misrepresent; **-varing** keeping, custody; charge.
forveien, i ~ beforehand, in advance.
forveksl|e mistake (**med** for); **-ing** confusion, mistake.
forvelle blanch, parboil.
forventning expectation, anticipation.
forvikling complication.
forvirr|e confuse; **-ing** confusion.
forvis|e banish, exile; **-ning** banishment; exile.
forvisse seg om make sure of; ascertain.
forvitr|e disintegrate, weather; **-ing** disintegration.
forvreng|e distort, twist; **-ning** distortion.
forvrid|d distorted; **-ning** sprain.
forværelse waiting room, ante-room.
forårsake cause, occasion.
fos|fat phosphate; **-for** phosphorus.
foss waterfall, cataract; **~e** gush.
fossil fossil.
fost|er fetus; embryo; **~fordrivende** abortive; **~foreldre** foster parents; **-re** rear; *(overført)* breed.
fot foot; *(bord)* leg; *(glass)* stem; *(mast)* heel; **på stående ~** offhand; **stå på god ~ med** be on good terms with.
fotball football, *(amr)* soccer; **~bane** football ground, *(amr)* soccer field; **~forbund** football association; **~kamp** football match, *(amr)* soccer game.
fotfeste footing.
fotgjenger pedestrian; **~bro** footbridge; **~overgang** pedestrian crossing, *(amr)* crosswalk; **~undergang** (pedestrian) subway.
fotnote footnote.
foto photo; **~apparat** camera; **~forretning** camera shop.
fotograf photographer; **~ere** photograph; **~i** photo(graph).
fot|pleie pedicure; **-sopp** *(medisin)* athlete's foot.
fotspor footprint.
fottur hike, walking tour; **~ist** hiker.
fottøy footwear.
fra from.
frabe seg deprecate, decline.
fradrag deduction; **~sberettiget** deductible.
fra|dømme deprive of; **-falle** give up; **-flytte** leave.
frakk (over)coat; **~eskjøt** coat-tail.

fraksjon section, wing.
frakt *(avgift båt, fly)* freight; *(jernb, bil)* carriage; *(varer båt)* cargo; **~brev** *sjøfart* bill of lading; *(jernb)* consignment note, *(amr)* freight bill; **~e** carry, freight.
fram forward, on; *(se ellers* **frem-** *)*.
frankere stamp.
Frankrike France.
fransk French; **~mann** Frenchman.
fraråde advise against, dissuade.
frase set phrase; empty phrase.
fra|si seg renounce, resign; **-støtende** repulsive.
fra|ta deprive of; **-tre** retire from.
fravike deviate from.
fravær absence; **~ende** absent.
fred peace.
fredag Friday.
frede preserve, protect; **~lig** peaceful.
fredløs outlaw.
freds|avtale peace agreement; **-bevarende** peacekeeping; **-forskning** peace research.
fredsommelig peaceable.
fregatt frigate.
fregne freckle.
freidig bold, cheeky.
frekk impudent, cheeky; **~het** impudence.
frekvens frequency.
frelse *subst* rescue; *(religion)* salvation.
frelse *verb* save, rescue; **~r** saviour, *(amr)* savior; rescuer; *(religion)* Saviour; **~sarméen** the Salvation Army.
frem forward, on.
fremdeles still.
fremfor before; in preference to; **~ alt** above all.
fremkalle *(teater)* call before the curtain; *(forårsake)* cause, bring about; *(fotogr)* develop; **~rvæske** developing liquid.
fremkom|melig passable; open; **-stmiddel** conveyance.
fremlegge present, produce.
fremleie *subst* subletting; *verb* sublet.
fremgang progress; **~småte** procedure, course.
fremgå appear (**av** from).
frem|heve stress, emphasize; **-holde** point out.
fremme further, promote, advance.
fremmed *adj* strange; *(utenlandsk)* foreign.
fremmed *subst* stranger; foreigner; *(jur)* alien; **~arbeider** foreign worker; **~hat** xenophobia.

fremmelig forward.
fremmøte attendance; **personlig ~** apply in person.
fremlover forward, ahead; **-på** in front.
fremragende prominent, eminent.
fremlsette put forward; **-skritt** progress; **-skynde** hasten, expedite.
fremst *adj* front; foremost.
fremst *adv* in front; **først og ~** primarily, first of all.
fremstille *(lage)* produce, make; *(avbilde)* represent; *(rolle)* personate; *(skildre)* describe.
fremstilling *(fabrikasjon)* production; *(rolle)* impersonation; *(redegjørelse)* account.
fremstøt drive, push.
fremstående prominent.
fremtid future.
fremtredende prominent, outstanding.
fremviser projector.
fres speed; **~e** *(sprake)* crackle; *(sprute)* sputter; *(visle)* hiss.
fresko fresco.
fri *adj* free.
fri *verb* propose (*til* to); **i det ~** in the open; **~areal** recreational area.
fribryting free-style wrestling.
fridag day off.
frier suitor; **~i** proposal.
frifinne acquit (**for** of); **~lse** acquittal.
frigi release.
frilgjort emancipated; **-gjøre** set free; release; liberate; **-gjøring** liberation; emancipation.
frihet freedom, liberty.
friidrett athletics; **~sutøver** athlete.
frikjenne acquit (**for** of).
frikvarter break, *(amr)* recess.
friluftslliv outdoor life; **-menneske** outdoor person; **-restaurant** open-air restaurant; **-teater** open-air theatre.
frimerke (postage) stamp.
frimurer freemason; **~losje** masonic lodge; **~orden** masonic order.
frisk *(fersk, ny)* fresh; *(sunn)* healthy, in good health, well; **~e opp** refresh; *(kunnskaper)* brush up; **~ne til** recover; *(om vind)* freshen.
frispark free kick.
frist time limit, deadline.
friste tempt; **~lse** temptation; **~nde** tempting.
fristil *(sport)* freestyle.
frisvømming free-style swimming.

fris|yre hairstyle; **-ør** hairdresser.
fritatt exempt.
friteknikk free technique.
fritekstsøk *(edb)* free text search.
fritid leisure (time), spare time; **~santrekk** leisure wear; **~sklubb** youth club; **~sordning** after school programme.
fritt *adv* freely; *(gratis)* free (of charge); **~gående** free-range; **~stående** detached.
frityrstekt deep-fried.
frivillig voluntary; *subst* volunteer.
frodig luxuriant; **~het** luxuriance.
frokost breakfast; **spise ~** have breakfast; **-blanding** cereal.
from pious; mild.
fromasj *omtrent* mousse.
front front; **~lys** headlight; **~rute** windscreen, *(amr)* windshield.
frosk frog; **~elår** frogleg; **~emann** frogman.
frossen frozen.
frost frost; **~knute** chillblain; **~skade** frost injury; **~væske** antifreeze (solution).
frotté terry; **~håndkle** terry towel; **~re** rub (sby) down.
fru Mrs.
frukt fruit; **~avl** fruit growing.
fruktbar fertile; **~het** fertility.
frukt|hage orchard; **-handler** fruiterer.
frustr|asjon frustration; **-ert** frustrated.
fryd joy, delight.
frykt fear, dread; **~e** fear, dread, be afraid of; **~elig** fearful, dreadful; **~inngytende** terrifying.
frynse fringe; **~gode** fringe benefit.
fryse freeze; *(om person)* be cold, freeze; **~ ut** ostracize.
fryse|disk refrigerated counter; **-folie** freezer wrap; **-pose** freezer bag; **-punkt** freezing point; **-r** freezer.
frø seed.
frøken Miss, Ms.
fråde froth, foam.
fråtse gormandize; **~ i** *(overført)* revel in; **~ri** gluttony.
fugl bird; *(fjærfe)* fowl, poultry; **~eskremsel** scarecrow.
fukt|e wet, moisten; **-ig** damp, moist; **-ighet** dampness, moisture; humidity; **-ighetskrem** moisturizing cream.
full full (up); *(beruset)* drunk; **drikke seg ~** get drunk.
fullblods full-blooded, thoroughbred.

full|byrde accomplish; *(voldtekt)* consummate; **-føre** carry through, complete.
fullkommen perfect; **~het** perfection.
full|makt authority; **-måne** full moon.
fullstendig complete.
fullt fully, quite.
fulltegnet fully booked (up).
fundament foundation, basis; **~al** fundamental.
fungere function; **~nde** acting.
funksjon function; **~shemmet** functionally disabled; **~ær** employee.
funn find, discovery.
fure *subst agr* furrow; *(rynke)* wrinkle.
fure *verb* furrow; line.
furte sulk; **~n** sulky.
furu pine; *(materialet)* deal.
fusjon *(handel)* merger.
fusk cheating; **~e** cheat; **~epels** fake fur.
futteral case, cover.
fy! fie! ugh!
fyke *(snø, sand)* drift.
fyldig *(om person)* plump; rich; *(om vin)* full-bodied.
fylke county.
fyll *(i mat)* stuffing; *(drikking)* drinking; **~e** fill; stuff; **~e ut** fill in.
fylle|bøtte boozer; wino; **-kjøring** drink-driving, *(amr)* drunken-driving; **-syk** hung-over.
fylt *(mat)* stuffed.
fyr *(person)* fellow, chap; *(ild)* fire; *(lys)* light; **~e** fire, heat.
fyrste prince; **~dømme** principality.
fyrstikk match; **~eske** matchbox.
fyrstinne princess.
fyrtårn lighthouse.
fyrverkeri fireworks.
fysi|ker physicist; **-kk** physics; *(kroppstilstand)* physique.
fysioterap|eut physiotherapist, *(amr)* physical therapist; **-i** physiotherapy.
fysisk physical.
fysj! yuk!
fæl horrible, hideous, awful.
færre fewer; **~st** fewest.
fø feed.
føde *verb* bear; give birth to; **~sted** place of birth; **~stue** delivery room.
fødsel birth; **~sattest** birth certificate; **~sdag** birthday; **~permisjon** *(for kvinne)* maternity leave, *(for mann)* paternity leave; **~sår** year of birth.
født born.
føflekk mole, birthmark.
føl|bar tangible; **-e (seg)** feel;

-ehorn feelers, antenna; **-ehår** tactile hair.

følelse feeling; *(fornemmelse)* sensation; *(sinnsbevegelse)* emotion; *(sansen)* touch; **~sløs** unfeeling, callous; **~smessig** emotional.

følge *subst (rekke-)* succession; *(resultat)* result, consequence; *(selskap)* company.

følge *verb (~ etter)* follow; *(etter-)* succeed; *(ledsage)* accompany.

følge|lig consequently, accordingly; **~nde** the following.

følgeseddel advice note.

føling touch; *(lavt blodsukker)* hypoglycaemia.

føljetong serial, series.

føll foal; *(hingst)* colt; *(hoppe)* filly.

følsom sensitive.

føne blow-dry.

før *preposisjon* before, prior to.

før *adv* before, previously.

før *konj* before.

føre *subst* road conditions.

føre *verb* carry; *(lede)* lead, conduct; *(en vare)* stock, keep, *(amr)* carry.

føremelding report on road conditions.

fører leader; *(veiviser)* guide; *(bil-)* driver; *(fly)* pilot.

fører|kort driving licence, *(amr)* driver's license; **-prøve** driving test, *(amr)* driver's test.

førskolelærer pre-school teacher, nursery school teacher.

først first; **~ og fremst** primarily.

første first; **~divisjon** first division; **~hjelp** first aid; **~klasses** first-class.

først|kommende next; **-nevnte** the first mentioned; *(av to)* the former.

førti forty.

førtidspensjon early retirement pension.

føye humour, *(amr)* humor; please; **~ sammen** join, unite; **~ til** add; **~lig** compliant.

få *adj* few.

få *verb* get, receive, obtain; have; **~fengt** futile, vain.

fåre|hund shepherd's dog; (skotsk) collie; **-kjøtt** mutton; **-pølse** cured mutton sausage; **~sopp** bracket fungus; **-stek** roast mutton.

fåtall minority; **~ig** few in number.

G

g-nøkkel G-clef.
gaffel fork.
gagne benefit, be of advantage to.
gal mad, crazy; *(feil)* wrong; **bli ~** go mad.
galant polite; gallant.
gale crow.
galge gallows *entall*.
galla full dress.
galle gall, bile; **~blære** gall bladder.
galleri gallery.
gallesten gallstone.
gallionsfigur figure-head.
gallupundersøkelse Gallup poll, public opinion poll.
galopp gallop; **~ere** gallop.
galskap madness.
galvanisere galvanize.
gamasjer gaiters; leggings.
gamlehjem old people's home.
gammastråle gamma ray.
gamme turf hut.
gammel old; ancient; **~dags** old-fashioned.
gane palate.
gang *(gjentakelse)* time; *(forløp)* course; *(korridor)* corridor; **~bar** current; **~bro** foot bridge; **~e** walk; **~sti** (foot)path.
ganske quite; fairly; pretty; **~ visst** certainly.
gap gap; opening.
gape yawn, gape; **~stokk** pillory.
garantiere guarantee; **-i** guarantee.
garasje garage; **~port** garage door; **~salg** garage sale, yard sale.
garde guard(s); **~re** (safe)guard.
garderobe cloakroom, *(amr)* checkroom; *(klær)* wardrobe; **~vakt** cloakroom attendant.
gardin curtain; **~trapp** stepladder.
garn yarn, thread; *(bomulls-)* cotton; *(fiske-)* net; *(strikke-)* knitting wool.
garnere *(mat)* garnish.
gartner gardener; **~i** *(hagebruk)* nursery; *(hagebruksanlegg)* market garden, *(amr)* truck garden.
garveri tannery.
gas(bind) gauze.

gasje salary.
gass gas; **~komfyr** gas stove; **~maske** gas mask; **~pedal** accelerator, *(amr)* gas pedal; **~kraftverk** gasworks.
gast seaman.
gate street; *(blind-)* blind alley, *(amr)* dead end.
gateavis tabloid (paper).
gatekjøkkenmat takeaway food, *(amr)* fast food.
gate|kryss street crossing, *(amr)* intersection; **-selger** street vendor.
gaule howl.
gave gift; donation; present; **~kort** gift token, *(amr)* gift certificate; **~papir** gift wrap.
gavmild generous; liberal.
gebiss (set of) artificial teeth; dentures.
gebyr fee, charge; **~fri** free of charge.
gehør (musical) ear.
geip grimace.
geistlig clerical, ecclesiastical; **~het** clergy.
geit goat; **~ost** goat's cheese.
gelé jelly.
geledd, på ~ lined up.
gelender banisters *flertall*, railing.
gemytt temper, disposition; **~lig** pleasant; (con)genial.
gen *biol* gene.
general general; **~direktør** director-general; **~forsamling** general meeting.
generaliser|e generalize; **-ing** generalization.
general|konsul consul-general; **-sekretær** secretary-general.
generasjon generation; **~kløft** generation gap.
generell general.
genetisk genetic.
geni genius; **~al** of genius; brilliant.
gen|manipulering genetic engineering; **-materiale** genetic material; **-modifisere** genetically modify.
genre style, manner.
genser sweater, pullover.
gen|teknologi gene technology; **-terapi** gene therapy.
geo|grafi geography; **-logi** geology; **-metri** geometry.
ger|iatrisk geriatric; **-ontologisk** gerontologic.
gesims cornice.
geskjeftig fussy, interfering.
gess *(mus)* G flat.
gest gesture; **~ikulere** gesticulate.
getto ghetto.
gevinst profit, gains; *(i lotteri)* prize; *(i spill)* winnings.
gevir antlers.

gevær *(jakt-)* gun; *(militær-)* rifle; **-kule** bullet.
gi give; *(kortspill)* deal.
gidde be bothered; **jeg gidder ikke** I can't be bothered.
gift *adj* married (**med** to).
gift *subst* poison.
gifte seg get married; marry.
gift|fri non-toxic; **-ig** poisonous; toxic.
gigant giant; **~isk** gigantic.
gikt rheumatism; **~feber** rheumatic fever; **~isk** rheumatic.
gips gypsum; *(brent)* plaster; **~e** plaster.
gir gear; **~e** gear.
girere *(overføre)* transfer; endorse.
gir|kasse gear box; **-spak** gear lever.
giro giro; **~blankett** giro form.
gispe gasp.
giss *(mus)* G sharp.
gissel hostage; **~drama** hostage situation.
gitar guitar; **~ist** guitar player.
gitter grating; *(i fengsel)* bars *flertall*; *(radio)* grid.
gjedde *(zool)* pike.
gjel gully, ravine.
gjeld debt.
gjelde *(angå)* apply to, concern; *(være gyldig)* be valid, apply; *(kastrere)* geld, castrate.
gjeldende *(jur)* in force; **gjøre ~** maintain; advance.
gjelds|brev IOU; *(obligasjon)* bond; **-forsikring** credit life insurance; **-krise** debt crisis; **-sanering** debt rescheduling.
gjelle *(fiske-)* gill.
gjem|me hide, conceal; **~sted** hiding place; **-sel** *(lek)* hide-and-seek.
gjenboer opposite neighbour.
gjenbruk recycling; **~e** recycle.
gjen|drive refute; **-ferd** apparition, ghost; **-forene** reunite; **-fortelle** retell.
gjeng gang; *(klikk)* set.
gjenganger ghost.
gjenge *(på skrue)* thread, groove; *(lås-)* ward; *(gang)* course, progress.
gjengi render; **~velse** *(redegjørelse)* account; *(oversettelse)* rendering.
gjengjeld return; **~e** return, repay; **~else** retribution, retaliation.
gjengs current; prevalent.
gjenkjenne recognize; **~lse** recognition.
gjen|klang echo; **-levende** surviving; survivor; **-lyde** echo.
gjennom *preposisjon* through.
gjennom|bore pierce; **-brudd**

breakthrough; **-føre** carry through, accomplish.
gjennomgang passage, thoroughfare; **~sbillett** through ticket; **~sfigur** recurring figure; **~smelodi** theme music; **~stema** recurring theme; **~strafikk** through traffic.
gjennomgripende thorough, radical.
gjennomgå go through; examine; **~ende** *adv* generally.
gjennomkjøring passage; **~ forbudt** no thoroughfare.
gjennomreise journey through; transit; **på ~** passing through.
gjennom|siktig transparent; **-skue** see through.
gjennomslag, få ~ for get a breakthrough for *sth.*
gjennomsnitt average; **~lig** average.
gjennomsnittlig *adv* on an average.
gjennom|stekt (well) done; **-syn** inspection; **-trekk** draught, *(amr)* draft; **-trengende** penetrating; piercing; **-våt** wet through, drenched, soaked.
gjenoppbygge rebuild.
gjenoppliv|e revive; **-ningsforsøk** resuscitation, revival.
gjenopp|rette re-establish; restore; **-ta** resume.
gjenpart copy, duplicate.
gjen|sidig mutual, reciprocal; **-skinn** reflection; **-speile** reflect, mirror; **-stand** object; thing; *(emne)* subject, **-stridig** refractory; obstinate, stubborn; **-stå** remain.
gjensyn, på ~! see you later!
gjenta repeat; **~kelse** repetition; **~tte ganger** repeatedly.
gjen|velge re-elect; **-vinne** regain, recover; recycle; **-visitt** return visit.
gjerde fence.
gjerne willingly, gladly; **jeg vil ~** I should like to.
gjerning deed, act, action; **~smann** culprit, perpetrator.
gjerrig mean, stingy, *(amr)* cheap.
gjesp yawn; **~e** yawn.
gjest guest; visitor; **~ebok** visitor's book; **~erom** spare bedroom; **~espill** guest performers.
gjestfri hospitable; **~het** hospitality.
gjestgivergård country inn.
gjete herd, tend; **~r** herdsman; *(saue-)* shepherd.

gjett|e guess (**på** at); **~konkurranse** quiz; **-ing** guess(work).
gjær yeast; **~e** *(om væske)* ferment; *(om deig)* rise.
gjø bark, bay.
gjøds|el manure; *(kunst-)* fertilizer; **-le** manure; fertilize.
gjøgler juggler.
gjøk cuckoo; *(tosk)* idiot.
gjøn fun; **drive ~ med** make fun of.
gjøre do; make; **~mål** business, duties.
gjørme mud, mire; **~te** muddy.
glad glad, happy, pleased.
glane stare, gape (**på** at).
glans splendour, *(amr)* splendor; lustre, *(amr)* luster; gloss; *(politur)* polish; **~papir** glazed paper; **~vask** hair rinse.
glasere glaze.
glass glass; *(syltetøy-)* jar; **~fiber** fibreglass, *(amr)* fiberglass; **~håndkle** tea towel, *(amr)* dishtowel; **~maleri** stained glass; **~manet** jellyfish; **~mester** glazier; **~rute** pane of glass.
glasur glaze.
glatt smooth; *(som man glir på)* slippery; **~barbert** clean-shaven; **~håret** straight-haired.
glede *subst* joy, delight, pleasure.
glede *verb* please, gladden; **~ seg til** look forward to; **~lig** pleasant, gratifying; **~lig jul!** Merry Christmas! **~sdreper** kill-joy.
glem|me forget; *(igjen)* leave; **-sel** oblivion.
glemsom forgetful.
gli, **få på ~** set going; *verb* slip; glide; *(rutsje* slide.
glide|flukt volplane; **-fly** glider.
glidelås zip, *(amr)* zipper; **~kjøring** merging.
glideskala sliding scale.
glimrende brilliant; splendid.
glimt gleam; *(flyktig blikk)* glimpse; *(lyn)* flash; **~e** gleam; flash; **~vis** in glimpses.
glinse glisten, shine.
glipp slip (up); **gå ~ av** miss, lose; **~e** slip; fail; *(med øynene)* blink, wink.
glis grin; **~e** grin.
glitre glitter.
glo *subst* live coal; embers *flertall*.
glo *verb* stare, gape (**på** at).
g|obal global; **~isering** globalization.
globulin globulin.
globus globe.
glorete gaudy.
glorie glory, halo.

glugge peephole; **~r** peepers.
glup smart, bright.
glupsk voracious; greedy.
gluten gluten; **~fri** gluten-free.
gløđ *(overført)* glow, ardour, *(amr)* ardor.
gløde glow; **~nde** red-hot; glowing; *(overført)* ardent; **~lampe** incandescent lamp.
gløgg shrewd, bright, smart; *(drikke)* mulled wine.
gløtt peep, gleam; **på ~** ajar.
gnage gnaw; **~r** rodent.
gnagsår blister, gall.
gni rub; **~ing** rubbing, friction.
gnier miser; **~aktig** niggardly, stingy.
gnisse rub.
gnist spark; **~rende** flashing, sparkling.
g-nøkkel *(mus)* G clef.
gnål *(mas)* nagging; **~e** nag, fret.
god good; *(snill)* kind; **vær så ~** (if you) please; *(tilbydende)* here you are; please, help yourself.
god|artet *(om sykdom)* benign; **~bit** titbit.
gode *subst* good, benefit; **til -e** due.
godhet goodness; kindness.
godkjenne sanction, approve (of); **~lse** approval.
godmodig good-natured.
gods *(varer)* goods; *(jord)* estate.
gods|eier landowner, landed proprietor; **~ekspedisjon** goods office, *(amr)* freight office.
god|skrive credit; **-snakke med** coax.
gods|tog goods train, *(amr)* freight train; **-vogn** *(jernb)* goods wagon, *(amr)* freight car; *(åpen)* truck; *(lukket)* van.
godt *adv* well.
godta accept.
godteri sweet(s), *(amr)* candy.
godtgjøre *(erstatte)* compensate, make good; **~lse** compensation; allowance.
god|troende credulous; **-troenhet** credulity; **-vilje** goodwill.
gold barren, sterile.
golf *(bukt)* gulf; *(spill)* golf; **~ball** golf ball; **~bane** golf course, golf links; **~kølle** golf club.
Golfstrømmen the Gulf Stream.
gom gum; **~le på noe** munch sth.
gondol gondola.
gongong gong.
gonoré gonorrhea.

gorilla gorilla.
gotisk Gothic.
grad degree; *(rang)* rank, grade; **~vis** gradual(ly).
grafi|kk prints, graphic art; **-sk** graphic(al).
grafse, ~ til seg grab.
gram gram(me).
grammati|kk grammar; **-sk** grammatical.
gran spruce; **~bar** spruce branches.
granat *(mil)* shell; *(hånd-)* (hand)grenade; *(edelsten)* garnet.
grand|nevø grand-nephew; **-niese** grand-niece; **-onkel** grand-uncle; **-tante** great-aunt.
granitt granite.
grankongle fir cone.
gransk|e inquire into, scrutinize; **-ning** inquiry, scrutiny.
grasrota *(overført)* grassroots *flertall*
grasiøs graceful.
grass grass.
gratiale gratuity, bonus.
gratis free (of charge), gratuitous; **~program** *(edb)* shareware.
gratul|asjon congratulation; **-ere** congratulate (**med** on).
grav pit; *(for døde)* grave, tomb; *(festnings-)* moat.
grave dig; **~ ned** bury; **~ ut** unearth.
grave|maskin excavator; **-r** sexton.
gravere engrave.
graverende grave; serious.
gravhaug grave mound; barrow.
gravid pregnant; **~itet** pregnancy; **~itetstest** pregnancy test.
gravitasjon gravitation.
gravlaks cured salmon.
grav|legge entomb, bury; **-lund** cemetery, graveyard; **-skrift** epitaph; **-støtte** tombstone.
gravør engraver.
grei *(tydelig)* clear, plain; *(lett)* easy.
greie *(klare)* manage, succeed in; *(kjemme)* comb; *(ordne)* arrange; put straight.
greip (dung) fork.
greker Greek.
grell garish, glaring; gaudy.
gremme|seg grieve; **-lse** grief, vexation.
gren branch; *(større, på tre)* bough.
grense *subst* frontier, border; *(overført)* limit.
grense, ~ til *verb* border on; **~land** borderland; **~løs** boundless.

grensesetting intervention.
grensesnitt *(edb)* interface.
grensetilfelle *(overført)* borderline case.
grep grasp, grip, hold.
gresk Greek.
gress|bane *(fotball)* grass pitch; *(tennis)* grass court; **-e** graze.
gressenke grass widow; **~mann** grass widower.
gress|hoppe grasshopper; **-kar** pumpkin; **-klipper** lawn mower; **~løk** chives.
gretten cross, peevish.
grev|e count; earl; **-inne** countess.
grevling badger.
grevskap county.
gribb vulture.
grill *(på bil)* grille; *(rist)* grill.
grille *subst* caprice, whim.
grille *verb* grill.
grill|kull grilling charcoal; **-spyd** skewer; **-vott** barbecue mitt(en).
griljer|e bread and fry; **-mel** breading flour, *(amr)* bread crumbs.
grimase grimace.
grind gate.
grine *(gråte)* weep, cry; *(være gretten)* grumble, fret; **~te** cross, grumpy.
gripe catch, seize; grasp; *(overført)* grip; **~ an** go about; **~nde** touching, moving.
gris pig.
grise til foul.
grise|binge pigsty; **-labb** pig trotter; **-ri** filth; **-te** dirty; filthy; **-tro** pig trough.
grisk greedy (**etter** for, of).
grisunge piglet.
gro grow; **~bunn** soil.
grop cavity, hollow.
gross gross; **~ist** wholesaler, merchant; **~istpris** wholesale price.
grotesk grotesque.
grotte grotto; cave.
grov coarse; rough; gross; *(uhøflig)* rude.
grov|brød dark bread; **-kjøkken** scullery; **-kornet** coarse-grained.
grovsmed blacksmith.
gruble ponder, brood.
grue *subst* hearth, fireplace.
grue for dread.
grums dregs; **~ete** muddy, thick.
grundig thorough.
grunn *adj* shallow; *(fornufts-)* reason (**til** for); *(årsak)* cause (**til** of); *(bunn)* ground, bottom; **på ~ av** owing to, because of.
grunne *subst* bank, shoal.
grunneier landowner.

grunn|fjell bedrock; **-flate** base.
grunn|ing *(maling)* priming; **-lag** basis, foundation.
grunnlegge found, establish; **~nde** fundamental; basic; **~r** founder.
grunn|lov constitution; **-lønn** basic salary; **-mur** foundation wall; **-sten** foundation stone; **-stoff** element; **-støte** run aground; **-tone** keynote; **-vann** ground water.
gruppe group; **~billett** group ticket; **~reise** group travel.
grus gravel; **~bane** *(fotball)* gravel field; *(tennis)* clay court; **~gang** gravel path.
grusom cruel; **~het** cruelty.
grus|tak gravel-pit; **-vei** gravel road.
grut grounds *flertall.*
gruve mine; **~arbeider** miner; **~drift** mining; **~sjakt** mine shaft, pit.
gry *subst, verb* dawn.
gryn grain; *(havre-)* groats *flertall.*
grynt grunt; **~e** grunt.
gryte *pot*; pan; **~lapp** pot holder; **~rett** casserole; **~stek** pot roast.
grøft ditch; **~ekant** edge of a ditch.
Grønland Greenland.
grønn green.
grønnsak|er *flertall* vegetables; **-handler** greengrocer.
grønnsåpe soft soap.
grønske *(flekk)* grass stain.
grøsse shudder, thrill; **~r** thriller.
grøt porridge; **~ete** husky; **~omslag** poultice.
grå grey, *(amr)* gray.
grådig greedy, voracious; **~het** greed.
grål|ne turn grey/*(amr)* gray; **-sone** grey area; **-sprengt** grizzled.
gråt weeping; **~e** cry, weep.
GSM *fork for* **Global System for Mobile Communications.**
g-streng G-string.
gubbe old man.
gud God; **~barn** godchild; **~dom** deity, divinity; **~dommelig** divine; **~ebilde** idol.
gud|far godfather; **-fryktig** godly, pious.
gudskjelov! thank God! thank goodness!
guds|bespottelse blasphemy; **-jammerlig** wretched; **-tjeneste** (divine) service.
guffe disgusting mixture; **~n** nasty, yucky.

gufs gust.
guide guide, handbook.
gul yellow.
gulasj goulash.
gull gold; **~alder** golden age; **~bryllup** golden wedding; **~dublé** filled gold; **~gruve** goldmine; **~medalje** gold medal; **~smed** jeweller, goldsmith.
gulne turn yellow.
gulrot carrot.
gulsott hepatitis.
gulv floor; **~teppe** carpet; **~ur** grandfather clock.
gulrot carrot.
gummi rubber; *(lim)* gum; **~hanske** rubber glove; **~strikk** rubber (*eller* elastic) band; **~støvler** wellies (wellingtons).
gunst favour, *(amr)* favor; **-ig** favourable, *(amr)* favorable.
gurgle gargle; **~vann** mouthwash.
gurkemeie turmeric.
gutt boy, lad; *(lære-)* apprentice; **~aktig** boyish.
guvernante governess.
guvernør governor.
gyldig valid; **~het** validity.
gyllen golden.
gymnastikk gym(nastics); physical exercises.
gynekolog gynaecologist.
gynge swing; **~hest** rocking horse; **~stol** rocking chair.
gys *shudder*; **~e** shudder; **~elig** dreadful, horrible; **~er** horror film.
gyte *(fisk)* spawn.
gytjebad mudbath.
gærning lunatic.
gøy fun.
gå go; *(spasere)* walk; *(avgå)* leave; *(maskin)* run, work; **~ an** do; **~ etter** *(hente)* go for; *(rette seg etter)* go by; **~ fra** leave; **~ fra hverandre** separate; break up; **~ igjen** reappear, haunt; **~ ned** *(astronomi)* set; **~ opp** *(astronomi, teater, handel)* rise; **~ over** *(krysse)* cross; **~ på** go ahead; **~ varm** overheat.
gågate pedestrian precinct.
gård *(på landet)* farm; *(i byen)* house; *(gårdsplass)* (court)yard.
gård|bruker farmer; **-eier** *(vert)* landlord; **-svei** farm road.
gås goose (*flertall* geese); **~unge** gosling; *(bot)* pussy willows *flertall*.
gåsehud gooseflesh.
gåsøyne, i ~ *(anførselstegn)* quotation marks.
gåte riddle, puzzle; **~full** enigmatic; puzzling.

H

ha have.
habil competent.
hacker *(edb)* hacker.
hage garden; *(frukt-)* orchard; **~bruk** gardening.
hagl hail; *(et)* hailstone; *(til skyting)* shot; **~byge** hailstorm.
haglbørse shotgun, fowling-piece.
hagtorn hawthorne.
hai shark.
haik lift; **~e** hitch-hike; **~er** hitch-hiker.
hake *(krok)* hook; *(overført)* drawback (**ved** to); *(del av ansikt)* chin.
hake|kors swastika; **-parentes** square brackets *flertall*.
hakke *subst* pick(axe), hoe.
hakke *verb* pick, hack, hoe; *(kjøtt)* chop, mince; *(om fugler)* peck (**på** at).
hakkespett woodpecker.
hale *subst* tail.
hale *verb* haul, pull.
hale|ben coccyx; **-virvel** *(anatomi)* caudal vertebra.
hall hall; *(hotell)* lounge, lobby.
hallik pimp, ponce.
hallo hello.
hallusin|asjon hallucination; **-ere** hallucinate.
halm|(strå) straw; **-tak** thatched roof.
halogenlampe tungsten-halogen lamp.
hals neck; *(strupe)* throat; **~betennelse** sore throat, inflammation of the throat; **~brann** heartburn; **~brekkende** breakneck; **~bånd** necklace; *(hund-)* collar; **~hugge** behead, decapitate; **~ringning** neckline; **~tabletter** *flertall* throat lozenges; **~tørkle** scarf.
halt lame; **~e** limp; *(overført)* halt.
halv half; **~annen** one and a half; **~del** half *(flertall* halves*)*; **~ere** divide in half.
halv|kule hemisphere; **-liter** *(om øl) omtrent* pint; **-note** *(mus)* minim; **-part** half; **-pensjon** half board (*eller* -pension); **-sirkel** semicircle; **-veis** halfway; **-øy** peninsula.

hamburger hamburger.
hammer hammer.
hamp hemp.
hamre hammer.
hamstre hoard.
han he.
handel trade, commerce; bargain.
handels|avtale trade agreement; **-brev** trading licence, *(amr)* business license; **-flåte** mercantile marine; **-forbindelse** trade relations; business connection; **-forbud** embargo; **-høyskole** business school; **-reisende** sales representative; **-skole** commercial school; **-traktat** commercial treaty.
handikap handicap; **~pet** handicapped.
handle act; *(drive handel)* trade, deal; *(gjøre innkjøp)* shop; **~frihet** freedom of action; **~kraftig** energetic; **~måte** procedure.
handling action, act; **~slammet** incapable of acting; **~smettet** action-packed.
hane cock, *(amr)* rooster.
hangar hangar; **~skip** aircraft carrier.
hank handle, ear.
hankjønn male sex; *gram* masculine gender.
hann male; he.
hans his.
hanske glove; **~rom** *(i bil)* glove compartment.
hard hard; *(streng)* severe; **~disk** hard disc; **~før** hardy; **~hendt** rough; **~hjertet** hard-hearted; **~hudet** callous; **~kokt** hard-boiled; **~nakket** obstinate, persistent; **~ware** hardware.
hare hare.
harem harem.
hareskår cleft lip.
harke hawk.
harmløs harmless, inoffensive.
harmon|ere harmonize; **-i** harmony; **-ika** harmonica; **-isk** harmonious.
harpe harp; **~spiller** harpist.
harpiks resin.
harpun harpoon.
harselere poke fun at; mock.
harsk rancid.
harv harrow.
hasardspill gambling.
hasj(isj) hash(ish).
haspe *(vindus-)* catch.
hassel hazel; **~nøtt** hazelnut.
haste hasten, hurry; **det ~r** it's urgent.
hast|ighet speed, rate, velocity; **-verk** hurry, haste.
hat hatred, hate; **~e** hate.
hatt hat; **~ebutikk** hat shop; milliner's shop.

haug *(bakke)* hill; *(dynge)* heap, pile.
hauk hawk.
hausse boom.
hav sea; ocean.
havar|ere *(bli skadd)* be damaged; *(totalt)* be wrecked; **-i** *(skade)* damage; *(skibbrudd)* (ship)wreck; *(jur)* average.
hav|fiske deep-sea fishing; **-frue** mermaid.
havn harbour, *(amr)* harbor; (sea)port; **~earbeider** docker; **~ebasseng** dock basin; **~eby** port; **~evesenet** the port authorities.
havre oats *flertall;* **~gryn** groats; **~kjeks** oatcake, *(amr)* oatmeal cookie; **~kli** oatbran; **~mel** oatmeal.
hav|rett law of the sea; **-salt** sea salt.
HB-apparat illicit distiller.
hebraisk Hebrew.
heder honour, *(amr)* honor; glory; **~lig** honourable, *(amr)* honorable; honest.
heders|bevisning mark of respect; **-gjest** guest of honour.
hedning heathen, pagan.
hedre honour, *(amr)* honor.
hefte *subst* pamphlet, brochure, booklet.
hefte *verb (oppholde)* delay, detain; *(feste)* fix, fasten; attach; *(bok)* stitch; **~maskin** stapler.
heftig vehement, violent; *(smerte)* acute, intense.
heftplaster sticking-plaster; adhesive plaster.
hegg *(bot)* bird cherry.
hegre *(zool)* heron.
hei hello! *(amr)* hi!
hei *subst* heath; moor.
heis lift, *(amr)* elevator; **~e** hoist; *(flagg)* run up; **~ekran** crane; **~montør** lift installer, *(amr)* elevator installer.
hekk hedge; *(sport)* hurdle; **~e** nest; **~eløp** hurdles *flertall.*
hekle *verb* crochet; **~nål** crochet hook.
heks witch; hag; **~egryte** witches' cauldron; **~ekunst** witchcraft; **~eskudd** lumbago.
hekte *substantiv, verb* hook; **være ~t på** *(overført)* be hooked on.
hektisk hectic.
hekto|gram hectogram; **-liter** hectolitre.
hel whole, all, entire; **~t** *adv* quite, totally, entirely, completely; **~automatisk** fully automatic.
helbredelse cure, healing.
heldig fortunate; successful;

(slump) lucky; **~vis** luckily, fortunately.
hele *subst* whole.
hele *verb* heal; *(ta imot tyvegods)* receive stolen goods; **~r** receiver of stolen goods; **~ri** receiving stolen goods.
helg weekend.
helgen saint.
helhet whole, totality; entirety; **~sinntrykk** general impression.
helikopter helicopter.
helkornbrød wholegrain bread.
hell *(flaks)* luck; fortune; success.
Hellas Greece.
helle *subst* flagstone.
helle *verb (skråne)* slant, slope; *(øse)* pour.
hellefisk halibut.
helleristning rock carving (*eller* engraving).
heller rather, sooner; **~ ikke** nor.
hellig holy, sacred; **~dag** holiday; **~e** hallow; consecrate; **~holde** observe.
helse health; **~attest** health certificate; **~bringende** healthful.
Helsedepartementet Ministry of Health.
helsefarlig dangerous to one's health.
helsekost health food(s); **~forretning** health food store.
helse|minister Minister of Health; **-senter** health centre, *(amr)* medical center; **-skadelig** injurious to one's health; **-søster** health visitor, *(amr)* public health nurse; **-vesen** national health service.
helst preferably.
helt *subst* hero, *(kvinne)* heroine; **~edåd** heroic deed; **~emodig** heroic.
heltid full time; **~sjobb** full-time job.
helvete hell; **~sild** *(medisin)* shingles.
hemme hamper, check.
hemmelig secret; **~het** secret; **~hetsfull** mysterious; *(om person)* secretive.
hemme|nde restraining, restrictive; **-t** inhibited.
hemning *(medisin)* inhibition; **~sløs** uninhibited.
hemoglobin haemoglobin, *(amr)* hemoglobin.
hemorroider haemorrhoids, *(amr)* hemorrhoids.
hempe loop.
henblikk, **med ~ på** with a view to.
hende happen, occur; **~lse**

occurrence; *(episode)* incident; *(begivenhet)* event.
hendig handy; deft, dexterous.
henfallen; **~ til** addicted to.
henført entranced.
henge hang; **~bjørk** weeping birch; **~bru** suspension bridge.
hengeglider hang-glider.
hengelkøye hammock; **-lås** padlock; **-myr** quagmire.
henger hanger.
hengil seg til indulge in; devote oneself to; **-venhet** affection, devotion.
hengslel hinge; **-lete** lanky.
henhold, **i ~ til** with reference to; **~svis** respectively.
henimot towards; approximately.
henlede, **~ oppmerksomheten på** draw attention to.
henlegge *(overført)* shelve; *(jur)* drop; dismiss.
henne her; **~s** her(s).
henrette execute; **~lse** execution.
henrivende charming, fascinating.
henrykt *delighted* (**over** *at*, with).
hensikt intention, purpose; **~smessig** suitable, adequate.
henslengt, **ligge ~** sprawl; **en ~ bemerkning** a casual remark.
henstand respite.
henstille request.
hensyn regard; consideration; **~sfull** considerate; **~sløs** inconsiderate.
hente fetch, go for; bring; collect.
hentydle allude (**til** to), hint (**til** at); **-ning** allusion, hint.
henvende address, direct; **~ seg til** *(for opplysninger o.l.)* apply to (for); **~lse** application; *(forespørsel)* inquiry.
henvisle refer; **-ning** reference.
her here.
herberge inn; hostel.
herde harden; *(stål)* temper.
herletter from now on; **-fra** from here.
herje ravage, harry.
herlig glorious, magnificent; delicious.
herme mimic.
hermelin ermine.
hermetikk tinned food(s), *(amr)* canned food(s); **~boks** *tin, can;* ***~fabrikk*** cannery; **~åpner** tin opener.
hermetislere can; *(frukt)* preserve; **-k** hermetic(ally); *(hermetisert)* canned; *(frukt)* preserved.
herover over here.

herr Mr.; *flertall* Messrs; **~e** lord; master; gentleman.
herre|dømme rule, dominion; **-gud!** good God! **-gård** manor; **-klær** menswear; **-toalett** gents, men's room.
herse, **~ med en** bully sby.
herske rule; reign; *(være rådende)* prevail; **~r** sovereign; ruler; **~syk** domineering.
hertug duke; **~inne** duchess.
herved hereby.
hes hoarse.
hesje *subst* haydrying rack.
heslig ugly.
hest horse.
heste|avl horse-breeding; **-dekken** horse blanket; **-handel** horse dealing; **-hov** *(bot)* coltsfoot; **-kraft** horsepower; **-kur** rough remedy; **-sport** equestrianism; **-veddeløp** horse race.
het hot.
hete *subst* heat.
hete *verb* be called *eller* named.
heteroseksuell heterosexual.
hete|slag heatstroke; **-utslett** heat rash.
hetse agitate; *(plage)* bully.
hetta, **få ~** *(slang)* be at a loss.
hette hood.
hevd *(sedvane)* custom; *(jur)* prescriptive right; **holde i ~** maintain; **~e** maintain, assert.
heve raise; remove; *(oppheve)* lift; *(få utbetalt)* draw; *(sjekk)* cash; *(møte)* dissolve, adjourn; **~ seg** *(om deig)* rise.
hevelse swelling.
hevn revenge; **~e** revenge; **~gjerrig** vindictive; revengeful.
hi lair; **gå i ~** hibernate.
hige etter aspire to; yearn for.
hikke hiccough, hiccup.
hikst pant; **~e** catch one's breath, pant.
hilse greet; **~n** greeting, compliments, regards; **vennlig ~n** yours sincerely; with kind regards.
himmel *(synlig)* sky; *(overført)* heaven; **~seng** four-poster; **~sk** heavenly, celestial; **~strøk** zone.
hind hind.
hinder hindrance, obstacle; **~løp** steeplechase.
hindr|e hinder, obstruct; **-ing** hindrance, obstacle.
hindu Hindu; **~isme** Hinduism.
hingst stallion.
hinke limp; *(hoppe)* hop.
hinne membrane; *(tynn)* film.

hinsides beyond.
hiphop hip hop.
hippen på keen on.
hiss|e excite; agitate; work up; **-ig** hot-headed, quick-tempered.
histori|e history; *(fortelling)* story; *(sak)* affair; **-ker** historian; **-sk** historic(al).
hit here; **~til** so far, (up) till now.
hittegods lost property; **~kontor** lost property office.
hiv *fork for* **Human Immunodeficiency Virus**; **~smittet** HIV-infected.
hive *(hale)* heave; *(kaste)* throw, fling; *(etter pust)* gasp (for breath).
hjelm helmet.
hjelp help; assistance, aid.
hjelpe help, aid, assist; **~aksjon** relief action; **~arbeid** relief work; **~løs** helpless; **~mannskap** emergency squad; **~middel** remedy, aid; **~pleier** auxiliary nurse; **~r** assistant.
hjelpsom helpful.
hjem home; **~by** native town, *(amr)* home town; **~komst** return; homecoming; **~land** native country; **~lengsel** homesickness; **~lig** domestic; *(hyggelig)* homelike; **~løs** homeless; *slang, flertall* bag people.
hjemme at home; **~bakt** home-made; **~brent** illegally distilled spirits; **~fra** away from home; **~fødsel** home confinement; **~hørende** native of; resident in.
hjemmel *(jur)* legal authority.
hjemme|laget home-made; **-seier** home win.
hjem|over homeward(s); **-reise** journey home; **-stedsadresse** home address.
hjerne brain; **~betennelse** brain fever; **~blødning** cerebral haemorrhage; **~hinnebetennelse** meningitis; **~rystelse** concussion (of the brain); **~skade** brain damage; **~slag** stroke; **~svulst** brain tumor; **~vaske** brainwash.
hjerte heart; **~anfall** heart attack; **~bank** palpitation (of the heart); **~flimmer** heart flicker; **~infarkt** infarct of the heart, heart attack; **~krampe** angina (pectoris); **~lammelse** paralysis of the heart.
hjertelig hearty, cordial; **~het** cordiality.
hjerteløs heartless.
hjerter *(kortspill)* hearts *flertall*.

hjerte|skjærende heartrending; **-slag** heartbeat; *(medisin)* heart failure; **-spesialist** cardiologist; **-sykdom** heart disease; **-transplantasjon** heart transplant.
hjort deer *(flertall* deer); *(kron-)* stag; **~eskinn** buckskin.
hjul wheel; **~aksel** (wheel) axle; **~bent** bow-legged; **~drev** *(maskin)* pinion; **~kapsel** hub cap; **~oppheng** wheel suspension; **~spor** rut, wheel track.
hjørne corner; **~spark** corner; **~sten** corner-stone; **~tann** canine tooth.
hockey *(land-)* hockey, *(amr)* field hockey; *(is-)* ice hockey, *(amr)* hockey.
hode head; **~kulls** headlong; **~kål** cabbage; **~pine** headache; **~pinetabletter** aspirin; **~pute** pillow; **~salat** head lettuce.
hoff court; **~narr** court jester *eller* fool.
hofte hip; **~ben** hip bone; **~holder** girdle; **~ledd** hip joint; **~skål** hip socket; **~vidde** hip measurement.
hogge cut; *(smått)* chop; *(tømmer)* fell; **~stabbe** chopping block.
hogg|orm viper, adder; **~tann** fang; *(stor)* tusk.
hogst felling, *(amr)* cutting.
hold *(tak)* hold, grasp; *(smerte)* pain, stitch; *(avstand)* range, distance; *(kant)* quarter.
holdbar *(om gjenstand)* durable, lasting; *(om mat)* that keeps well; *(om påstand)* tenable; *(overført)* valid; **~het** durability; keeping quality; tenability; validity; **~hetsdato** use-by date.
holde hold; *(beholde)* keep; **~ seg** keep; *(vare)* last; **~plass** stop, halt; taxi rank, *(amr)* taxi stand; **~punkt** basis.
holdning *(innstilling)* attitude; *(kroppsføring)* bearing; carriage; **~sløs** weak, vacillating, spineless.
holme islet, holm.
holt grove.
homofil homosexual, gay; *(kvinnelig)* lesbian.
homogen homogeneous.
homoseksualitet homosexuality.
homse *(hverdagslig)* pansy, queer, fairy.
homøopat homeopath; **~i** homeopathy.

honning honey.
honnør honour, *(amr)* honor; **~billett** concessionary ticket; **~rabatt** concessionary discount.
honor|ar fee; **-ere** pay; *(veksel)* honour, *(amr)* honor.
hop crowd; **~e seg opp** pile up.
hopp jump; leap; **-bakke** jumping hill.
hoppe *(hest)* mare; *verb* jump; hop; **~ av** defect; **~ bukk** leap-frog; **~ over** *(overført)* skip; **~strikk** Chinese jump rope; **~ski** jumping ski; **~ tau** skip rope.
hor adultery.
hore whore; prostitute; **~bukk** lecher; **~kunde** prostitute's client; **~strøk** red-light district.
horisont horizon.
hormon hormone; **~behandling** hormone treatment; **~elle forstyrrelser** hormone disturbances; **~preparat** *hormonal product.*
horn horn; *(bakverk)* crescent.
hornhinne cornea; **~betennelse** inflammation of the cornea.
horn|orkester brass band; **-signal** bugle call.
horoskop horoscope.
hos with, at.
hospital hospital.
hospits hospice.
hoste *subst, verb* cough; **~medisin** cough medicine.
hotell hotel; **~bestilling** hotel booking, *(amr)* hotel reservation; **~betjening** hotel staff; **~direktør** hotel manager; **~værelse** hotel room.
hov *(på hest)* hoof.
hoved|arving principal heir; **-bestanddel** main ingredient; main component; **-bygning** main building; **-gate** main street; **-inngang** main entrance; **-kontor** head office; **-kvarter** headquarters; **-lager** *(maskin)* crankshaft; **-ledning** main pipe; **-nøkkel** master key; **-regel** principal rule; **-rett** main course; **-rolle** principle (*eller* leading) part; **-sakelig** mainly, chiefly; **-stad** capital.
hoven swollen; *(overført)* arrogant.
hovere gloat; *(triumfere)* exult.
hovmester headwaiter.
hovmod arrogance; pride.
hovne opp swell.
html *(edb) fork for* **Hypertext Markup Language**.

http *(edb) fork for* **Hypertext Transfer Protocol.**
hud skin; **~krem** skin cream; **~vann** skin tonic.
huff! ugh!, ouch!
huk, **sitte på ~** squat; **~e seg ned** crouch.
hukommelse memory; **~stap** loss of memory, amnesia.
hul hollow.
hulder fairy.
hule *subst* cave, cavern; **~ ut** hollow.
hulhet hollowness.
hulke sob.
hull hole; *(i tann)* cavity; **~ete** full of holes; **~sleiv** skimmer.
hulmål measure of capacity.
hulter til bulter pell-mell, helter-skelter.
human humane; **~isme** humanism; **~ist** humanist.
humle *(zool)* bumblebee; *(bot)* hop.
hummer lobster; **~teine** lobster-pot.
humor humour, *(amr)* humor; **~istisk** humorous.
hump bump; **~e** hobble, limp; bump.
humør mood; spirits; **godt/dårlig ~** high/low spirits; **~syk** moody.
hun she.
hund dog; *(jakt-)* hound.
hunde|dager dogdays; **-halsbånd** dog collar; **-hus** kennel; **-koppel** pack of hounds; **-valp** pup(py); **-veddeløp** dog racing.
hundre a hundred; **~del** hundredth; **~årsjubileum** centenary.
hundse bully.
hunger hunger; **~sdød** death by starvation; **~snød** famine, starvation.
hunkjønn female sex; *gram* feminine gender.
hunn she, female.
hurra hurra(h); **~rop** cheer.
hurtig quick, rapid, fast; **~gående** fast; high-speed; **~het** quickness, speed, rapidity; **~løp** *(skøyter)* speed skating; **~mat** fast food; **~meny** *(edb)* menu; **~mikser** mixer; **~tast** *(edb)* short-cut key; **~tog** fast train; express (train).
hus house; building; **~arbeid** housework; **~dyr** domestic animal; **~e** house; **~flid** handicraft(s), home crafts; **~hjelp** domestic help; maid.
husholdning housekeeping; *(husstand)* household; **~sartikler** household goods; domestic appliances.
huske *subst* swing.

huske *verb* remember, recollect; *(gynge)* swing, seesaw.
hus|leie rent; **-lig** domestic; **-mannsplass** smallholding; **-mor** housewife; **-vill** homeless.
hutre shiver.
hva what; **~ som helst** anything.
hval whale; **~biff** whale steak; **~fanger** whaler; **~fangst** whaling; **~ross** walrus; **~unge** whale calf.
hvelving arch, vault.
hvem who; whom; **~ som helst** anybody.
hver every; each; **~ gang** every time; **~andre** each other, one another.
hverdag weekday; **~sklær** everyday clothes; **~slig** everyday; ordinary.
hvese hiss.
hvete wheat; **~brødsdager** honeymoon.
hvile rest; **~dag** day of rest; **~løs** restless; **~puls** resting pulse; **~rom** rest room; **~sted** *resting place;* ***~stol*** easy chair; **~stilling** state of rest.
hvilken which; what; **~ som helst** any.
hvin shriek; squeal; **~e** shriek, squeal.
hvis if, in case; *gen* whose; **~ ikke** unless; if not.
hviske whisper.
hvit white.
hviteruss|er Belorussian; **-isk** Belorussian.
Hviterussland Belarus.
hvitevarer *(elektr)* white goods; *(tekstiler)* linen.
hvitvin white wine; **~seddik** white wine vinegar.
hvor *(sted)* where; how; **~dan** how; **~for** why; **~fra** from where; **~hen** where.
hybel room(s); lodgings; *(hverdagslig)* digs; **~kanin** dust bunny; **~leilighet** studio flat, *(amr)* studio apartment.
hydrauli|kk hydraulics; **-sk** hydraulic.
hydrogen hydrogen.
hyene hyena.
hygge *subst* comfort; cosiness; **~ seg** make oneself comfortable; have a good time; **~lig** cosy; nice; *(behagelig)* pleasant, comfortable.
hygien|e hygiene; **-isk** hygienic.
hykle feign, simulate; **~r** hypocrite; **~rsk** hypocritical.
hyl howl, yell; **~e** howl, yell.
hylle *subst* shelf; rack; *(i fjellet)* ledge; *(bok-)* bookcase.

hylle *verb (gi hyllest)* applaud; pay homage to.
hyllebær elderberry.
hyllest homage.
hyls|e case, casing; **-ter** case, cover; *(pistol-)* holster.
hyper|aktiv hyper(active); **-ventilere** hyperventilate.
hypno|se hypnosis; **-tisere** hypnotize; **-tisk** hypnotic.
hypokonder hypochondriac.
hypotek mortgage.
hypote|se hypothesis; **-tisk** hypothetical.
hyppe earth up.
hyppig frequent; **~het** frequency.
hyre *subst (lønn)* wages.
hyre *verb* engage, sign on; **~kontrakt** articles of agreement.
hyse *(fisk)* haddock.
hyssing string.
hysteri hysterics; **~sk** hysterical.
hytte hut, cottage, cabin.
hæ eh.
hæl heel.
hær army; **~skare** host; **~verk** vandalism.
høflig polite, civil, courteous; **~het** politeness, civility, courtesy.
hølje pour, rain cats and dogs.
høn|e hen, fowl; **-s** *flertall* fowl, poultry.
hønse|gård poultry yard; **-hus** hen-house; **-ri** poultry farm.
hørbar audible.
høre hear; *(høre etter)* listen; **~apparat** hearing aid; **~rør** *tlf* receiver; **~spill** radio drama; **~telefoner** headphones; **innen ~vidde** within earshot.
høring hearing; **~srunde** consultative round; **~suttalelse** consultative statement.
hørsel hearing; **~shemmet** with impaired hearing; **~sskade** hearing impairment; **~svern** hearing protection.
høst *(årstid)* autumn, *(amr)* fall; *(innhøsting)* harvest; *(grøde)* crop; **~e** harvest, reap; **~jevndøgn** autumnal equinox.
høvding chief, chieftain.
høv|el plane; **~benk** carpenter's bench; **~flis** shavings; **-le** plane.
høy *subst* hay.
høy *adj* high; *(person, tre)* tall; *(lyd)* loud.
høyde height; *(nivå)* level; *(vekst)* stature; *(over havet)* elevation; *(lyd)* loudness; *(mus)* pitch; *(geologi, astronomi)* altitude; **~forskjell** difference in altitude; **~hopp** high jump; **~punkt** peak, climax;

~**skrekk** fear of heights; ~**sprang** high jump; ~**trening** altitude training.

høyest highest; ~**erett** Supreme Court; ~**erettsdommer** Justice of the Supreme Court.

høyfjell (high) mountain; ~**shotell** mountain hotel.

høy|forræderi high treason; -**frekvens** high frequency; -**gaffel** pitchfork; **på -kant** on edge; -**konjunktur** boom; -**lytt** *adj* loud.

høylytt *adv* aloud, loudly.

høymesse morning service; *(katolsk)* high mass.

høyne raise, enhance.

høy|oktanbensin high-octane petrol, *(amr)* high-octane gas; premium grade (motor petrol); -**onn** haymaking.

Høyre *(politikk)* the Conservative Party.

høyre right; ~**justere** *(edb)* right-justify; ~**klikke** *(edb)* right-click; ~**kjøring** right hand traffic.

høy|rentekonto high rate *(savings)* account; -**rød** scarlet; -**røstet** loud, vociferous; -**sesong** peak season; -**skole** *(handels-)* commercial college; *(teknisk)* technical university; -**snue** hay fever; -**spenning** high tension.

høyst most, highly; *(maksimalt)* at the most.

høy|stakk haystack; -**statusyrke** profession with high status.

høystbydende the highest bidder.

høyteknologi high tech(nology).

høytid festival; ~**elig** solemn; ~**elighet** ceremony; ~**sdag** holiday; ~**sfull** solemn.

høytrykk high pressure; ~**sspyling** water jetting.

høyt|stående high, superior; -**taler** loudspeaker; -**travende** highflown.

høyvann high water, high tide.

hå *subst (fisk)* spiny dogfish.

hålkeføre icy roads.

hån scorn, disdain.

hånd hand; ~**arbeid** *(sytøy)* needlework; *(motsatt maskinarbeid)* handwork; ~**bagasje** hand luggage, *(amr)* hand baggage; ~**ball** handball; ~**bevegelse** gesture; ~**bok** manual, handbook; ~**brems** hand brake; ~**flate** palm; ~**grep** grip; ~**heve** maintain; ~**hilse** shake hands; ~**jern** handcuffs *flertall;* ~**kle** towel; ~**laget** handmade; ~**ledd** wrist; ~**skrift** handwriting.

hånds|opprekning show of

hands; **-rekning** a (helping) hand.
hånd|stående handstand; **-tak** handle; **-tere** handle, manage; **-trykk** handshake.
håndverk trade, craft; **~er** craftsman; artisan.
hånd|veske handbag; **-våpen** hand weapon.
hån|e scorn, mock, deride; **-latter** scornful laughter; **-lig** contemptuous, scornful.
håp hope; **~e** hope; **~efull** hopeful, promising; **~løs** hopeless.
hår hair; **~balsam** hair conditioner; **~børste** hairbrush; **~bånd** hairband; **~fargemiddel** hair dye; **~fjerner** hair remover; **~fjerningskrem** hair removal cream; **~gelé** hair gel; **~klipp** haircut; **~lakk** hairspray; **~nett** hair net; **~nål** hairpin; **~reisende** hair-raising; horrific; **~sjampo** shampoo; **~skum** styling mousse; **~spenne** hair clip; **~strikk** hair elastic; **~sår** *(også overført)* touchy; **~toningsmiddel** hair rinse; **~tørrer** hairdryer; **~vann** hair lotion.
håv landing net.

I

i in, at; *(tids lengde)* for.
iaktta observe; watch; **~kelse** observation; **~takelsesevne** powers of observation; **~ker** observer.
iallfall in any case, at all events, at any rate.
iberegnet included.
iblant occasionally; now and then.
i dag today.
ICE-tog *fork for* **Intercity Express Train** ICE (train).
idé idea.
ideal ideal; **~ist** idealist; **~istisk** idealistic.
idébank idea bank.
ideell ideal.
identifi|kasjon identification; **-sere** identify.
identisk identical.
identitet identity; **~skort** identity card.
idet *konj* as.
idiot idiot; **~isk** idiotic.
idrett sport(s); *(fri-)* athletics,

track and field; **~sanlegg** sports grounds; **~sforbund** sports federation; **~sforening** sports club; **~sgren** (athletic) discipline; **~shall** sports hall; **~shøyskole** physical education college.

idyll idyll; **~isk** idyllic.

idømme sentence.

i|fall if, in case; **- fjor** last year; **- forfjor** the year before last; **- forgårs** the day before yesterday; **- formiddag** this morning.

ifølge according to, in accordance with.

igjen again; *(lukket)* shut; *(til overs)* left; **gi ~** give back.

igjennom *preposisjon* through; **helt ~** thoroughly.

igle leech.

i går yesterday.

ihendehaver holder, bearer; **~obligasjon** bearer bond.

iherdig energetic, persevering.

i hjel dead, to death.

ikke not; no; **aldeles ~** not at all; **~ noe(n)** *adj* no, not any; *subst nothing, nobody, not* anybody; **~-** non-.

ikke|angrepspakt non-aggression pact; **-røyker** non-smoker.

ikon *edb også* icon.

i kveld tonight, this evening.

ilbud express message; *(person)* express messenger.

ild fire; **~er** ferret; **~fast** fireproof; oven-proof; **~flue** firefly; **~full** fiery; **~prøve** ordeal; **~raker** poker; **~rød** fiery red; **~sfarlig** combustible, inflammable; **~spåsettelse** arson; **~sted** fireplace.

ile *verb* hasten, hurry.

ilgods express goods; **~ekspedisjon** express office.

ilegge fine.

iligne assess.

i like måte likewise; *(svar)* the same to you.

ilke bunion; *(hudfortykkelse)* callus.

ille bad(ly); **~befinnende** indisposition.

illeg|al illegal; **-itim** illegitimate.

illevarslende ominous.

illojal disloyal; *(om konkurranse)* unfair; **~itet** disloyalty.

illus|jon illusion; **-orisk** illusory.

illustr|asjon illustration; **-ere** illustrate; **-erende** illustrative.

ilter angry.

imaginær imaginary.

imellom, en gang ~ once in a while; *se mellom.*

imens *konj* while.
imens *adv* in the meantime, meanwhile.
imidlertid however.
imit|asjon imitation; **-ere** *(etterligne)* imitate; *(parodiere)* mimic.
immatrikulere enrol, *(amr)* enroll; matriculate.
immigra|nt immigrant; **-sjon** immigration.
immun immune (**mot** from); **~forsvar** immune response; **~itet** immunity; **~svikt** immune deficiency.
i| morgen tomorrow; **-morges** this morning.
imot against; **ha ~** dislike; **si ~** contradict; **tvert ~** on the contrary.
imperium empire.
implantat implant.
implis|ere involve, implicate; **-itt** implied; implicit.
imponere impress; **~nde** impressive; *(veldig)* imposing.
import import(ation); *(varene)* imports *flertall*; **~ere** import; **~tillatelse** import permission; **~ør** importer.
impoten|s impotence; **-t** impotent.
impregner|e *(tøy)* impregnate; **-ing** impregnation.
impresario impresario, manager.
improvis|asjon improvisation; **-ere** improvise.
impuls impulse; **~iv** impulsive; **~kjøp** impulse buy.
imøte|gå *(motsette seg)* oppose; *(gjendrive)* refute; **-komme** meet, accommodate; **-kommende** obliging; forthcoming; **-se** look forward to, await, anticipate.
i natt *(som var)* last night; *(som er el kommer)* tonight, this night.
incest incest.
indeks index; **~regulert** index-linked.
India India.
indianer Indian.
indisk Indian
indign|asjon indignation; **-ert** indignant (**over** at).
indikasjon indication.
in|direkte indirect; **-disium** indication; *(jur)* circumstantial evidence.
individ individual; **~ualist** individualist; **~ualistisk** individualistic.
indre *adj* inner, interior, internal.
indre *subst* interior; internal; **~ bane** *(sport)* inside lane; **~filet** tenderloin, fillet steak.
industri industry; **~arbeider** industrial worker; **~ell** industrial.

infam infamous; nasty.
infanteri infantry, foot.
infeksjon infection; **~ssykdom** infectious disease.
infarkt *(medisin)* infarct.
infeksjon infection.
infiltr|asjon infiltration; **-ere** infiltrate.
infisere infect.
in|flasjon inflation; **-fluensa** influenza; *(hverdagslig)* flu; **-fluere** influence; affect.
inform|asjon information; **-atikk** *(edb)* information science; **-ere** inform; **~skapsel** *(edb)* cookie.
ingefær ginger; **~kake** gingerbread; **~øl** ginger ale.
ingen *adj* no.
ingen *subst* no one, nobody; *(om to)* neither; none; **~ som helst** no; none *eller* no one whatever.
ingeniør engineer.
ingen|steds nowhere; **-ting** nothing.
ingrediens ingredient.
inhabil disqualified; **gjøre ~** *disqualify.*
inhal|ere inhale; **-ator** inhaler.
initialer *flertall* initials.
initiativ initiative; **~taker** initiator.
injurie *(skriftlig)* libel; *(muntlig)* slander; **~re** libel.
inkarnasjon incarnation.
inkasso debt collection; **~byrå** debt-collection agency.
inklu|dere include; **-sive** inclusive of, including.
in|kompatibel incompatible; **-kompetent** incompetent; **-konsekvent** inconsistent; **-kontinent** incontinent.
inn in; **~ i** into.
innadvendt introverted.
innarbeide work in; incorporate; **godt ~t** well established.
innbetaling payment; **~skort** giro.
innbil|le make (one) believe; **-ning** imagination, fancy.
innbilsk conceited.
inn|binding binding; **bli -blandet i** be mixed up with, be involved in; **-blanding** intervention; *(utidig)* interference; **-blikk** insight; **-bo** furniture.
innbringe yield, bring in, fetch; **~nde** lucrative.
innbrudd burglary; **~sforsikring** burglary insurance; **~ssikker** theft-proof; **~styv** burglar.
innby invite; **~delse** invitation; **~dende** inviting.
innbygger inhabitant.
innbyrdes mutual.

innbytter substitute.
inndata *(edb)* input data.
inndel|e divide; classify; **-ing** division; classification.
inn|dra *(konfiskere)* confiscate; **-drive** *(innkassere)* collect.
inne in; **~bære** involve, imply; **~ha** hold; **~haver** *(eier)* possessor; *(lisens o.l.)* holder; **~holde** contain, hold; **~miljø** indoor environment.
innen *(et tidsrom)* within; *(et tidspunkt)* by; **~bys** within the town; local; **~dørs** indoor.
innen|dørs *adv* indoors; **-for** within; **-fra** from within.
innenriks| flyrute domestic flight; **-politikk** domestic politics; **-terminal** domestic terminal.
innerst inmost, innermost.
innerst *adv* farthest in.
innersving inside curve.
innesluttet reserved.
innesperr|e shut up, imprison; **-ing** confinement.
innestengt shut up, confined.
innestå answer (*eller* vouch) for.
inneværende present, current.
inn|fall *(tanke)* fancy, whim; **-fatning** mounting; setting; *(brille-)* rim, *(amr)* frame; **-finne seg** appear; turn (*eller* show) up.
innflytelse influence; **ha ~ på** influence; **~srik** influential.
innfri *(veksel)* meet, honour, *(amr)* honor; *(løfte)* fulfil, *(amr)* fulfill.
innfødt native.
innfør|e import; *(noe nytt)* introduce; **-ing** introduction; **-sel** importation; *(varene)* imports; **-selstillatelse** import permission.
inngang entrance; **~sbillett** admission ticket; **~smeny** *(edb)* entry menu; **~spenger** entrance fee.
inn|gifte intermarriage; **-gjerde** fence in, enclose; **-gravere** engrave.
inn|grep encroachment; *(medisin)* operation; **-grodd** inveterate, deeply rooted.
inngå *(avtale o.l.)* enter into, make; **~ende** thorough.
inn|hegning enclosure; **-hente** *(ta igjen)* catch up with, overtake.
innhold contents *flertall*; **~sfortegnelse** table of contents.
innhøsting harvest.
inni inside, within; **~mellom** in between.

innkall|e call in; summon; **-ing** summons.
innkassere pocket; *(handel)* collect.
innkjøp purchase; **~spris** buying price; **~ssjef** (chief) buyer.
innkjørling, **~ forbudt** no entry; **-sel** entrance; *(oppkjørsel)* drive.
innkvartering accommodation; *(mil)* quartering.
innled|e open; **~nde** introductory; **-ning** opening, introduction.
innlegg *(i brev)* enclosure; *(i debatt)* contribution; *(jur)* plea; **~ssåler** *flertall* insoles.
inn|lemme incorporate; **-levere** hand in; **-lysende** evident, obvious; **-løse** *(få utbetalt)* cash.
innmat entrails; *(av slakt)* pluck.
innmelding entry; **~sblankett** application form; entry form; **~sgebyr** entrance fee.
innover *adv inward(s).*
innpakking packing (up), wrapping (up); **~spapir** wrapping paper.
innpisker whip.
innpust intake of breath.
innpåsliten pushing.
innred|e fit up, furnish; **-ning** interior decoration.
innreise entry; **~tillatelse** entry permit.
innret|ning *(apparat)* contrivance, device; **-te** arrange; adjust.
innrykk influx.
innrømme *(gi)* allow, grant; *(vedgå)* admit; **~lse** allowance; admission, concession.
innsamling collection; **~saksjon** fund-raising campaign.
innsats *(anstrengelse)* effort; *(i spill)* stake(s); *(kortspill)* ante.
inn|se realize; **-side** inside; **-sidehandel** insider dealing; **-sigelse** objection; **-sikt** insight; **-sjekking** check-in; **-sjø** lake.
inn|skjerping enforcement; **-skrenke** restrict; limit; **-skrumpet** shrunken.
innskudd contribution; *(i leilighet)* share; *(i bank)* deposit.
inn|skytelse impulse; **-slag** element; **-smigrende** ingratiating; **-snitt** incision; **-spill** *(forslag)* contribution; **-stendig** urgent, pressing.
innstill|e *(til embete)* nominate;

(maskin) adjust; *(fotogr)* focus; *(stanse)* stop; *(avlyse)* cancel; **-ing** nomination; adjustment; (fra komité) report; *(fotogr)* focus.

inn|studere rehearse; **-svinget** waisted; **-synsrett** right of access.

innta *(måltid)* have; *(erobre)* take.

inntekt income; *(offentlig)* revenue; **~sskatt** income tax.

inntil till, until, up to.

inn|trengende urgent; **-trenger** intruder; **-trykk** impression.

innunder below, under; *(tid)* near *eller* just before.

innvandr|e immigrate; **~r** immigrant; **-erbutikk** ethnic food store; **-ing** immigration; **-ingsmyndigheter** immigration authorities.

innvend|e object (**imot** to); **-ig** internal, inside; **-ing** objection.

innvie *(åpne)* inaugurate; *(i en hemmelighet)* initiate (in); **~lse** inauguration; initiation; **~lsesfest** housewarming (party).

inn|viklet complicated, intricate, complex; **-vilge** grant; **-virke på** influence; **-voller** entrails, bowels; **-vortes** *adj* internal.

insekt insect; **~drepende middel** insecticide; **~stikk** insect bite.

insinu|asjon insinuation; **-ere** insinuate.

insistere insist (**på** upon).

insolven|s insolvency; **-t** insolvent.

inspek|sjon inspection; **-tør** inspector.

inspir|asjon inspiration; **-ere** inspire.

inspis|ere inspect; **-ient** stage manager.

install|asjon installation; **-atør** electrician; **-ere** install.

instans authority.

instinkt instinct; **~ivt** instinctively.

institu|sjon institution; **-tt** institute.

instru|ere instruct; **-ks** *flertall* instructions; **-ktør** *instructor*; *(teater)* director.

instrument instrument.

insulin insulin; **~penn** insulin pen.

intakt intact.

integrer|e integrate; **-ing** integration.

intellektuell intellectual.

intelligen|s intelligence; **-t** intelligent.

intens intense; **~itet** intensity.

intensiv intensive; **~avdeling**

intensive care unit; **~kurs** crash course.
intercitytog intercity train.
interess|ant interesting; **-e** interest; **-ere** interest; **-ert** interested.
interimsstyre interim board.
interiør interior; **~arkitekt** interior decorator.
internasjonal international.
internat hall of residence, *(amr)* dormitory; **~skole** boarding school.
interner|e intern; **-ing** internment.
Internett (the) Internet, (the) Web.
internett|adresse Internet address; **-kafé** Internet café.
internminne *(edb)* internal memory.
interpell|asjon question; **-ere** put a question to, interpellate.
interrail interrail, *(amr)* eurail; **~billett** interrail pass, *(amr)* eurail pass; **~er** interrailer, *(amr)* eurailer.
intervall *interval;* ***~trening*** interval training.
interven|ere intervene; **-sjon** intervention.
intervju interview; **~e** interview; **~er** interviewer; **~objekt** interviewee.
intet no; none; *(ingenting)* nothing; **~kjønn** the neuter (gender); **~anende** unsuspecting; **~sigende** insignificant.
intim intimate; **~itet** intimacy.
intoleran|se intolerance; **-t** intolerant (**overfor** of).
intranett *(edb)* intranet.
intravenøs intravenous.
intrige intrigue, plot; **~maker** schemer; **~re** intrigue, plot.
introdu|ksjon introduction; **-sere** introduce.
intui|sjon intuition; **-tiv** intuitive.
invalid *adj* disabled.
invalid *subst* disabled person; **~itet** disablement.
invasjon invasion.
inventar *(møbler)* furniture; *(fast tilbehør)* fixtures *flertall; (løst)* fittings *flertall;* **~fortegnelse** inventory.
investerl|e invest; **-ing** investment; **-ingsavgift** investment tax; **-ingsselskap** investment company.
investor investor.
involvere involve.
ionisere ionize.
i overmorgen the day after tomorrow.
irettesette rebuke, reprimand; **~lse** rebuke, reprimand.

IP-adresse IP address.
Irak Iraq.
irak|er Iraqi; **-isk** Iraqi.
Iran Iran.
iran|er Iranian; **-sk** Iranian.
IRC *fork for* **Internet Relay Chat** samtale på Internett.
Irland Ireland.
ir|lender Irishman; **-sk** Irish.
ironi irony; **~sere** speak ironically; **~sk** ironic(al).
irr verdigris; **~e** rust.
irrelevant irrelevant.
irrit|abel irritable; **-asjon** irritation; **-ere** irritate.
is ice; *(-krem)* ice cream; **~bar** ice-cream parlour, *(amr)* ice-cream parlor; **~bjørn** polar bear; **~bre** glacier; **~brodd** crampon; **~bryter** ice-breaker.
iscenesette produce, stage; **~r** producer; *(av film)* director.
ISDN *fork for* **Integrated Services Digital Network**.
ise ice; **~te** icy.
is|fjell iceberg; **-flak** ice floe; **-hakke** ice pick; **-hall** ice drome, *(amr)* ice hall.
isjias sciatica; **-nerve** sciatic nerve.
islam Islam; **~sk** islamic.
Island Iceland.
is|landsk Icelandic; **-lender** Icelander.
isol|asjon isolation; *(tekn)* insulation; **-at** solitary confinement; **-ere** isolate; *(tekn)* insulate; **-ert** isolated; solitary.
ISP *fork for* **Internet Service Provider**.
ispose ice bag.
Israel Israel.
israel|er Israeli; **-sk** Israeli.
isse crown, top.
is|skrape ice scraper; **-tapp** icicle.
istedenfor instead of.
i stedet instead.
istiden the glacial age.
i stykker, gå ~ go to pieces; break.
isvann ice water.
især particularly, especially.
IT *(edb) fork for* **Information Technology**; **~-ansvarlig** IT manager; ***~-konsulent*** IT consultant.
Italia Italy.
italien|er Italian; **-sk** Italian.
ivareta take care of.
iver eagerness.
iverksette execute; implement; **~lse** realization; implementation.
ivrig eager, anxious, keen.
ørefallende catchy.
iøynefallende conspicuous.
i år this year.

J

ja yes; well; indeed.
jacquardvevnad jacquard weave.
jafs gulp; mouthful; **~e i seg** gobble down.
jag rush, hurry; **~e** *(fordrive)* chase; *(jakte)* hunt; *(forfølge)* hunt down; **~e av sted** hurry, rush.
jager *sjøfart* destroyer; *(fly)* fighter.
jaguar jaguar.
jakke jacket, coat.
jakt hunting; chase, shooting; **~e** hunt (**på** for); **~felt** hunting ground; **~horn** bugle; **~hund** hound; **~kort** game licence.
jammen *(sannelig)* indeed.
jam|mer lamentation, wailing; *(elendighet)* misery; **-re** wail; complain.
jamsides side by side.
januar *January.*
Japan Japan.
japan|er Japanese; **-sk** Japanese.
japp yap, yuppie.
jare selvage.
jarl earl.
jaså indeed.
jatte| med play (*eller* go) along with; **-te** compliant.
javel very well, ok.
javisst certainly.
jeans jeans.
jeg I; *subst* ego, self; **~ selv** myself.
jeger hunter.
jekk jack; *(kortspill)* check; **~e opp** jack up; **~feste** jack point.
jeksel molar.
jenke seg adapt oneself (**etter** to).
jentle girl; **~gal** girl-crazy; **-unge** little girl.
jern iron; **~alder** iron age.
jernbane railway, *(amr)* railroad; **~bom** level crossing gate; **~bro** railway bridge, *(amr)* trestle; **~linje** railway line; **~overgang** level crossing, *(amr)* grade crossing; **~skinne** rail; **~spor** railway track; **~stasjon** railway station; **~tog** train; **~vogn** railway carriage, *(amr)* railroad car.
jern|beslag iron fittings; **-blikk** sheet iron; **-fattig** poor in iron;

-holdig iron bearing; **-malm** iron ore; **-mangel** iron deficiency; **-stang** iron bar; **-teppe** iron curtain; **-vare** ironware, hardware; **-verk** ironworks.
jerv glutton, *(amr)* wolverine.
jesuitt Jesuit.
jet|fly jet plane; **-jager** jet fighter; **ha -lag** være døgnvill; **-ski** miniski.
jevn even, level; smooth; **~aldrende** of the same age; **~døgn** equinox; **~e** level; *(overført)* smooth, adjust; *(suppe)* thicken; **~føre** compare; **~gammel** of the same age; **~god** equal; **~lig** regular.
jihad jihad.
jingle jingle.
jo yes; **~ mer, ~ bedre** the more, the better; **~ visst** certainly.
jobb job; **~e** *(arbeide)* work.
jod iodine; **~holdig** iodic.
jodle yodel.
jogge jog; go jogging; **~dress** track suit; **~sko** track shoes.
johannesbrødtre carob tree.
jolle dinghy.
jomfru virgin; maid(en); **~dom** virginity; **~elig** virgin(al).
Jomfruen *astrologi* Virgo.
jonsok Midsummer Day.
jord earth; *(overflaten)* ground; *(-bunn)* soil; *(-egods)* land; landed property.
jordbruk agriculture; farming; **~er** farmer; **~sskole** agricultural school, farm institute, *(amr)* college of agriculture.
jordbær strawberry; **~syltetøy** strawberry jam.
jorde *subst* field; *verb* bury; *(elektr)* earth.
jorden rundt-reise round-the-world trip.
jordingskontakt earth connection, *(amr)* ground connection.
jordomseil|er circumnavigator; **-ing** sailing around the world.
jordisk earthly; terrestrial.
jordklode globe.
jordmor midwife.
jordrotte water vole.
jord|skjelv earthquake; **-skorpe** earth's crust; **-slag** *(flekk)* mildew.
journal journal; *sjøfart* log-book.
journalist journalist.
jo visst certainly.
jub|el jubilation; rejoicing(s); **-år** jubilee (year); **-ilere** celebrate a jubilee; **-ileum** jubilee; **-le** be jubilant; shout with joy.

jugl gimcrack.
Jugoslavia Yugoslavia.
jugoslav Yugoslav(ian); **~isk** Yugoslav(ian).
juice juice.
juks *(skrap)* trash; *(fusk)* cheating; **~e** cheat; **~elapp** cheat sheet.
jul Christmas; **~aften** Christmas Eve.
jule|dag Christmas Day; **-ferie** Christmas holidays, *(amr)* Christmas vacation; **-gave** Christmas present (*eller* gift); **-glede** *(bot)* Christmas begonia; **-hilsen** Christmas greeting; **-kort** Christmas card; **-messe** Christmas market; **-nek** Christmas sheaf; **-nisse** Father Christmas, *(amr)* Santa Claus; **-sang** Christmas carol.
juli July.
juling thrashing; beating.
jumbojet jumbo jet.
jumpe jump, leap.
jumper jumper.
jungel *jungle*; **~*telegraf*** grapevine.
juni June.
junior junior.
junta junta.
jur udder.
jur|idisk legal, juridical; **-ist** lawyer; *(student)* law student; **-y** jury.
jus law.
juster|bar adjustable; **-e** adjust; **-ing** adjustment; tuning.
Justisdepartementet Ministry of Justice, *(amr)* Department of Justice.
justis|minister Minister of Justice, *(amr)* Attorney General; **-mord** judicial murder.
jute jute.
juv gorge, *(amr)* canyon.
juvél jewel, gem; **~besatt** jewelled; **~er** jeweller.
jypling whippersnapper.
jærtegn sign, omen.
jævla *(vulgært)* bloody, damn.
jævlig *(vulgært)* like hell, devilish.
jød|e Jew; **~hat** anti-Semitism; **-isk** Jewish.
jøkel glacier.
jålete vain; conceited.

K

kabal patience, *(amr)* solitaire; **legge ~** play patience; **~en går opp** the patience comes out.
kabaret *(show)* cabaret; *(mat)* in aspic.
kabel cable; **~lås** wire lock; **~modem** cable modem; **~-TV** cable TV.
kabinett cabinet; **stille ~spørsmål** demand a vote of confidence.
kadaver corpse; carcass.
kafé café, coffee house.
kafeteria cafeteria.
kaffe coffee; *(filtermalt)* finely ground coffee; *(koffeinfri)* decaf(feinated) coffee; *(pulver-)* instant coffee; **~bønne** coffee bean; **~dokter** laced coffee; **~filter** coffee filter; **~grut** coffee grounds; **~kanne** coffee pot; **~kvern** coffee grinder; **~service** coffee set; **~trakter** coffee machine.
kagge keg.
kahytt cabin.
kai quay, wharf.
kajakk kayak; **~padler** kayaker; **~padling** kayaking.
kajennepepper cayenne pepper.
kakao cocoa.
kake cake; pastry; **~deig** pastry; paste; **~fat** cake dish; **~form** baking tin.
kakerlakk cockroach.
kakespade cake server.
kaki khaki.
kaktus cactus.
kald cold; frigid; **~blodig** cold-blooded; *(rolig)* cool.
kaldblodig *adv* in cold blood; coolly.
kaldnålsradering drypoint etching.
kaldsvette be in a cold sweat.
kalender calendar.
kalesje collapsible hood, *(amr)* folding top.
kaliber calibre.
kalk *(kjemi)* calcium; *(jordart)* lime; *(pussekalk)* plaster; **~e** whitewash; plaster; **~holdig jord** calcareous earth.
kalk|fattig low in calcium; **-mangel** *(medisin)* calcium deficiency; **-tablett** calcium pill.
kalkul|asjon calculation; **-ator** calculator; **-ere** calculate.

kalkun turkey.
kalkyle calculation.
kalle call.
kalori calorie; **~bombe** calorie bomb; **~fattig** low in calories; **~innhold** caloric content; **~rik** with a high caloric value; **~tabell** calorie card.
kalosjer galoshes, *(amr)* rubbers.
kalv calf; **~beint** knock-kneed; **~e** calve; **~ekjøtt** veal; **~estek** roast veal.
kam comb; *(hane-, bakke-)* crest; **~aksel** camshaft.
kamé cameo.
kamel camel; **~eon** chameleon; **~hår** camel-hair.
kamera camera; **~overvåking** camera surveillance.
kamerat companion, friend; comrade; pal; **~skap** companionship; **~slig** comradely; friendly.
kamfer camphor; **~dråper** camphorated spirits; **~olje** camphorated oil; **~tre** *(materiale)* camphor wood.
kamille *camomile.*
kamin fireplace; **~hylle** mantelpiece.
kammer chamber; room; **~musikk** chamber music; **~orkester** chamber orchestra.
kamp fight; combat; struggle.
kampanje campaign.
kamp|dyktig in fighting condition; **-ere** camping; **-handling** action; **-sport** combat sport, martial arts; **-ånd** morale; fighting spirit.
kamskjell scallop.
kamufl|asje camouflage; **-ere** camouflage.
kanadi|er Canadian; **-sk** Canadian.
kanal *(gravd)* canal; *(naturlig)* channel; **~isere** canalize; *(overført)* channel.
kanapé canapé.
Kanariøyene Canary Islands.
kandidat *(ansøker)* candidate; applicant; **~ur** candidature.
kanefart sleigh ride.
kanel cinnamon.
kanin rabbit; **~bur** rabbit hutch.
kanne *(kaffe, te)* pot; *(metall)* can.
kano canoe.
kanon gun; *(gammeldags)* cannon; *(full)* dead-drunk; pissed; **~båt** gunboat; **~kule** cannonball; **~salutt** gun salute.
kanopadler canoeist.
kanskje perhaps; maybe.
kansler chancellor.
kant *(rand)* edge; border; rim; *(egn)* part, region; *(retning)* direction; *(hold)* quarter.
kantarell chanterelle.

kantate cantata.
kante border; edge; trim; **~bånd** edging, trimming; **~te** angular.
kantine canteen.
kantre capsize.
kantstein kerbstone, *(amr)* curbstone.
kanyle canula; *(hverdagslig)* needle.
kao|s chaos; **-tisk** chaotic.
kapasitet capacity; ability.
kapell chapel; **~an** curate; **~mester** conductor.
kapital capital; **~behov** capital needs; **~isme** capitalism; **~ist** capitalist; **~istisk** capitalistic; **~krevende** capital demanding.
kapittel chapter.
kapitul|asjon capitulation; **-ere** capitulate; surrender.
kapp (forberg) cape; **om ~** in competition; **løpe om ~** race.
kappe *subst* cloak, mantle; *(frakk)* coat; *(maskin)* jacket.
kappe *verb* cut; **~strid** competition.
kapp|gang walking race; **-løp** (running) race; **-roing** boat race; **-rusting** armaments race; **-sag** cross-cut saw; **-seilas** sailing race; regatta.
kapre seize, capture; **~r** *(fly)* hijacker.
kapsel capsule.
kaptein captain.
kaputt wrecked; done for.
kar vessel; *(mann)* man; fellow; chap.
karabin carbine.
karaffel decanter; carafe.
karakter character; *(på skolen)* mark, *(amr)* grade; **~fast** firm.
karakteris|ere characterize; **-tikk** characterization; **-tisk** characteristic (**for** of).
karakter|løs lacking in character; **-styrke** strength of character; **-trekk** trait of character.
karamell caramel; **~pudding** crème caramel.
karantene quarantine; **~bestemmelse** quarantine provision.
karaoke karaoke.
karat carat.
karbohydrater *flertall* carbohydrates.
kardang|aksel propeller shaft; **-kobling** universal joint.
kardemomme cardamom.
kardi|algi heartburn; cardialgia; **-ogram** cardiogram.
kardinal cardinal.
karensdag waiting day (before sick-pay is given).
Karibiske hav Caribbean.

karik|atur caricature; cartoon; **~tegner** caricaturist; cartoonist; **-ere** caricature.
karisma charisma; **~tisk** carismatic.
Karlsvognen the Plough, *(amr)* the Big Dipper.
karm frame; case.
karnapp oriel; **~vindu** bay oriel.
karneval carnival; *(maskeball)* fancy-dress ball.
karosseri body.
karpe carp.
karri curry.
karriere career.
karse cress.
karsykdom vascular disease; **hjerte- og ~mer** cardiovascular diseases.
kart map; *sjøfart* chart.
kartell cartel.
kartong *(eske)* carton; *(papp)* cardboard.
kartotek card index.
karusell merry-go-round; roundabout.
karve *(bot)* cumin; caraway; ***~t blad*** *shredded tobacco.*
kaserne barracks.
kasino casino.
kaskoforsikring *(bil)* comprehensive motor insurance.
kassa|apparat cash register; **-beholdning** cash in hand; **-kreditt** bank overdraft; **-lapp** slip; check; **-rabatt** cash discount.
kasse *(av tre)* case; *(mindre)* box; **~re** discard; scrap; **~rer** cashier; *(i forening)* treasurer.
kasserolle saucepan.
kassett cassette; **~spiller** tape recorder.
kast throw, cast; *(vind)* gust; *(not-)* sweep.
kastanje chestnut; **~tter** *flertall* castanets.
kaste *subst* caste; *verb* throw, cast; toss; **~sluk** spoon bait; **~spyd** javelin.
kastr|at eunuch; *(om hest)* gelding; **-ere** castrate.
kasus case.
katakombe catacomb.
katalog catalogue; **~isere** catalogue.
katalysator catalyst.
katarr catarrh.
katastrof|al catastrophic; disastrous; **-e** catastrophe, disaster; **-eområde** emergency area.
katedral cathedral.
kategori category; **~sk** categorical.
kateter *(på skole)* (teacher's) desk.

katol|ikk Catholic; **-isisme** Catholicism; **-sk** Catholic.
katt cat; **~aktig** feline; **~unge** kitten; **~øye** *(på kjøretøy)* reflector.
kausjon security, surety; *(ved løslatelse)* bail; **~ere (for)** stand security (for); go bail (for).
kautsjuk crude rubber; caoutchouc.
kaval|ér gentleman; *(i dans)* partner.
kavalkade cavalcade.
kave scramble; *(slite)* struggle; *(ha det travelt)* bustle about.
kaviar caviar.
kavring rusk.
keiser emperor; **~dømme** empire; **~inne** empress; **~lig** imperial; **~snitt** Caesarean *(section)*.
keitete awkward, clumsy.
keivhendt left-handed.
kelner waiter.
kemner town treasurer.
kenguru kangaroo.
kennel kennel.
keramik|er potter; **-k** ceramics; pottery.
kidnapp|e kidnap, abduct; **~r** kidnapper, abductor; **-ing** abduction.
kikert chickpea, *(amr)* garbanzo (bean).
kikhoste whooping cough.
kikke peep; peer; **~r** Peeping Tom.
kikkert binoculars *flertall*; field glasses *flertall*; *(teater)* opera glasses *flertall*.
kikkhull peephole; **~skirurgi** keyhole surgery.
kilde source; **~angivelse** reference; **~vann** spring water.
kile *subst* wedge; *(i tøy)* gore.
kile *verb* tickle; **~n** ticklish.
kilo kilo; **~gram** kilogram(me); **~kalori** kilo calorie.
kilometer kilometre, *(amr)* kilometer; **~avgift** mileage; **~stand** mileage; **~teller** milometer, *(amr)* odometer.
kim *subst* germ; embryo.
Kina China.
kinaputt firecracker.
kines|er Chinese; **-isk** Chinese.
kingelvev cobweb; spiderweb.
kinin quinine.
kink crick; **~ig** ticklish; delicate.
kinn cheek; **~skjegg** whiskers, *(amr)* sideburns *flertall*; **~tann** back tooth.
kino cinema; **gå på ~** go to the cinema/the pictures, *(amr)* go to the movies.

kiosk kiosk; *(avis-)* newsstand; bookstall.
kirke church; *(dissenter-)* chapel; **~asyl** church asylum; **~asylsøker** church asylum seeker; **~gård** graveyard; cemetery; *(ved kirken)* churchyard; **~skip** nave; **~tjener** sexton; **~tårn** steeple.
kiropraktor chiropractor.
kirsebær cherry; **~likør** cherry brandy.
kirurg surgeon; **~i** surgery.
kiste chest; *(lik-)* coffin.
kitt putty.
kjake jaw.
kjapp quick; fast; **~e seg** hurry up.
kje kid.
kjede *subst* chain; *(hals-)* necklace; **~ seg** be bored; **~kollisjon** pile-up; **~lig** tiresome, tedious; boring, dull; *(ergerlig)* annoying; **~røyker** chain-smoker.
kjeft jaw; **få ~** get a scolding; **hold ~!** shut up! **~e** scold; *nag.*
kjegle *(matematikk)* cone; **~formet** conical.
kjekk *(tiltalende)* nice, likable; **~e seg** show off.
kjekl argument, quarrel; **~e** quarrel; wrangle.
kjeks biscuit, cracker, *(søt kjeks) (amr)* cookie; *(til iskrem)* cone, cornet; *(edb)* cookie.
kjele kettle; *(damp-)* boiler; **~dress** boiler suit, *(amr)* coveralls.
kjelke sledge; toboggan; *(overført)* hitch.
kjeller *(etasje)* basement; *(rom)* cellar.
kjeltring scoundrel, rascal.
kjemi chemistry; **~kalier** *flertall* chemicals; **~ker** chemist; **~sk** chemical.
kjemoterapi chemotherapy.
kjempe *subst* giant.
kjempe *verb* fight; struggle; **~flott** excellent; **~messig** gigantic.
kjenne know; **~lse** decision; *(av jury)* verdict; **~merke** (distinctive) mark, feature; *(bil)* registration number.
kjennetegn mark, sign (**på** of); **~e** characterize; distinguish.
kjensgjerning fact.
kjent *well-known*; familiar.
kjepp stick; **~hest** hobby-horse.
kjerne *(i nøtt og overført)* kernel; *(frukt)* seed; pip; *(celle)* nucleus; *(overført)* core; essence; heart; **~boring** coring.

kjerne|fysikk nuclear physics; **-kraft** nuclear power; **-kraftverk** nuclear power station; **-krig** nuclear war; **-reaktor** (nuclear) reactor; **-våpen** nuclear weapon.
kjerre cart.
kjerring old woman; **~rokk** horsetail; **~råd** home remedy.
kjertel gland; **~feber** glandular fever.
kjetter heretic.
kjetting chain.
kjeve jaw; **~ben** jaw bone; **~bensbrudd** fracture of the jaw; **~ledd** jaw joint.
kjevle *subst* rolling pin.
kjevle *verb* roll (out).
kjole dress; frock; *(preste-)* gown; *(herre)* dress coat; **~liv** bodice; **~stoff** dress material.
kjæle fondle; caress; **~dyr** pet; **~n** cuddly; **~navn** pet name.
kjær dear.
kjæremål appeal.
kjær|este boyfriend, girlfriend; **~kommen** welcome; **~lig** fond; loving, affectionate.
kjærlighet love, affection; *(neste-)* charity; **~sforhold** love affair; **~sliv** love life, sex life; **~sroman** romantic novel; **~ssorg** broken heart.
kjærtegne caress.
kjøkken kitchen; **~avfall** kitchen waste; **~benk** work top, *(amr)* kitchen counter; **~hage** kitchen *(eller* vegetable) garden; **~maskin** food processor; **~redskap** kitchen utensils; **~skap** cupboard; **~vekt** kitchen scales.
kjøl keel.
kjøle|bag cooling bag; **-element** cooling coil; **-r** cooler; **-skap** fridge, *(amr)* cooler; **-system** cooling system; **-væske** antifreeze.
kjøl|ig cool; *(ubehagelig)* chilly; **-ne** cool.
kjønn sex; *gram* gender; **~sdiskriminering** sexual discrimination; **~sobjekt** sex object; **~sorganer** genitals; **~srolle** sex role, gender role; **~ssykdom** venereal disease (VD), sexually transmitted disease (STD).
kjøp purchase; buying; *(godt ~)* bargain.
kjøpe buy, purchase (**av** from); **~r** buyer, purchaser; **~senter** shopping centre, *(amr)* mall; **~sum** purchase price.
kjøpmann *(detalj-)* shopkeeper; *(grossist)* merchant.
kjøre drive; run; ride; **~bane**

roadway, carriageway, *(amr)* pavement; **~felt** (traffic) lane; **~forbud** driving ban; **~hastighet** driving speed; **~kort** driving licence, *(amr)* driver's license; **~prøve** driving test, *(amr)* driver's test; **~retning** traffic direction; **~skole** driving school; **~time** driving lesson.

kjørvel chervil.

kjøter cur, mongrel.

kjøtt flesh; *(mat)* meat; *(malt)* minced meat, *(amr)* ground meat; **~deig** minced meat, *(amr)* ground meat; **~etende** carnivorous; **~forretning** butcher's shop; **~kvern** mincer, *(amr)* meat grinder; **~meis** great tit; **~pudding** meat loaf; **~pålegg** *(amr)* cold cuts; **~sår** flesh wound; **~øks** chopper.

klabb og babb commotion, muddle.

kladdeføre sticky snow.

klaff leaf, flap; *(ventil)* valve; **~e** tally; work out; **~ebord** folding table.

klage *subst* complaint.

klage *verb* complain (**over** of); **~frist** deadline for submitting complaints; **~nemnd** complaints commission; **~sang** elegy.

klam clammy, damp.

klammer *(parentes)* brackets.

klamre seg til cling to.

klang sound, ring; **~fylde** sonority.

klapp *(lett slag)* tap, rap, pat; *(bifall)* applause, clapping of hands.

klappe clap, applaud; *(kjærtegne)* pat, stroke; **~ til** give sby a wallop.

klapperslange rattlesnake.

klapp|sete flap-up seat; **-stol** folding chair.

klapre rattle; *(om tenner)* chatter.

klaps slap.

klar clear; bright; *(tydelig)* plain, evident; **~e** manage; **~emiddel** clarifying angel.

klarer|e clear; **-ing** *(handel)* clearance.

klargjøre get ready; *(gjøre forståelig)* clarify, explain.

klarhet clearness; clarity.

klarinett clarinet.

klarne clear up.

klase cluster, bunch.

klask smack.

klasse class; *(skole-)* form, class, *(amr)* grade; **~skille** class distinction.

klassifiser|e classify; **-ing** classification.

klassi|ker classic; **-sk** classic(al).

klatre climb; **~r** climber; **~stativ** climbing frame.
klatt *(blekk)* blot; *(klump)* lump; **~vis** in blots.
klaustrofobi claustrophobia.
klausul clause.
klavér piano; **~konsert** *(stykke)* piano concerto.
klaviatur keyboard.
kle *(passe)* become, suit; **~ av seg** undress; **~ på seg** dress (oneself); **~ seg** dress; **~ seg om** change.
klebrig sticky; adhesive.
kledelig becoming.
klegg gadfly, horsefly.
klekke hatch; **~lig** substantial.
klem *(omfavnelse)* hug, squeeze; **på ~** ajar.
klementin clementine.
klemme *subst* clip; clamp.
klemme *verb* squeeze; pinch; *(omfavne)* hug, squeeze.
klenge cling; stick; **~navn** nickname; **~te** clinging.
kleptoman kleptomaniac.
kles|børste clothes-brush; **~henger** coat hanger; **~klype** clothes peg, *(amr)* clothespin; **~kott** closet; **~plagg** garment; **-poker** strip poker; **~skap** wardrobe; **-vask** laundering.
kli bran; **~brød** bran bread.
klient client; **~ell** clientele.
klikk click; *(gruppe)* set, clique; **~bar** clickable; **~e** click; *(slå feil)* fail, misfire.
klima climate; **~anlegg** air-conditioning; **~forandring** climatic change.
Klimakonvensjonen Convention on Climatic Change.
klimak|s climax; **-terium** menopause.
klimautslipp greenhouse emission.
klimpre plink, pluck.
kline *(smøre)* smear, smudge; *(gi kjærtegn)* neck, *(amr)* make out; **~ til** wallop sby; **~te** sticky, messy.
klinge *subst* blade.
klinge *verb* sound, ring; **~nde mynt** hard cash.
klini|kk clinic; **-sk** clinical.
klinke *subst* rivet; *(på dør)* latch; **~kuler** marbles.
klipp cut; clip; **~e** *subst* rock; *verb* cut; clip; *(sauer)* shear; **~fisk** split cod.
klips clip.
klirre clink; jingle; rattle.
klisjé cliché.
kliss sticky mass; stickiness; **~ete** smeary; sticky; **~våt** drenched; soaked.
klist|er paste; *(sport)* soft ski wax; **-re** paste; **-remerke** sticker.

klitoris clitoris; **~omskjæring** clitoridectomy.
klo claw; *(rovfugl)* talon; **slå ~a i** get one's hands on.
kloakk *(ledning)* sewer; *(massen)* sewage; **~anlegg** sewerage; **~renseanlegg** sewage works; sewage plant; **~rør** sewer pipe; **~utslipp** discharge of sewage; **~vann** sewage.
klode planet, globe.
klok wise.
klokke *(til å ringe med)* bell; *(vegg-)* clock; *(armbåndsur)* watch; **~radio** clock radio; **~rem** watchstrap, *(amr)* watchband; **~r** sexton; **~slett** hour.
klokskap wisdom, sense.
klor chlorine.
klore scratch.
kloroform(ere) chloroform.
klorvann chlorine water.
klosett water-closet, w.c.
kloss *subst* block; **~ete** clumsy.
kloster monastery; *(nonne-)* convent; nunnery.
klovn clown.
klubb club.
klubbe *subst* mallet; club.
klubbe *verb* club.
klubb|hus clubhouse; **-mesterskap** club championship.
klukk|e cluck; **-latter** chuckle.
klump lump; *(jord-)* clod; **~ete** lumpy; *(person)* dumpy; **~fot** clubfoot.
klumsete clumsy.
klunke *(på instrument)* strum.
kluss trouble; fuss; **~e med** tamper with.
klut cloth; rag; *(støv-)* duster.
klynge *subst* cluster; group.
klynge *verb* cling to.
klynke whimper; whine.
klype *subst* clip; *(liten mengde)* pinch.
klype *verb* pinch.
klyse gob; **~te** slimy.
klyster enema; **få ~** have an enema.
klær clothes; clothing.
klø itch; **~ seg** scratch.
kløft cleft; *(overført)* cleavage.
kløne bungler; **~te** awkward; clumsy.
kløpper expert, whiz(z).
kløver *(kortspill)* clubs; *(bot)* clover.
kløyve split; cleave.
klå finger; **~fingret** have itchy fingers.
kna knead; **~bbe** grab, nick.
knagg peg.
knake creak.
knakkpølse knackwurst.
knall bang, crack; **~bra** excellent.

knapp *subst* button.
knappe button; ~ **igjen** button up; ~ **opp** unbutton; **~nål** pin.
knapp|het scarcity; shortage; **-hull** buttonhole.
knapt *(neppe)* hardly; barely; scarcely.
knark *(hverdagslig)* dope, drug.
knase crackle.
knaske crunch, munch.
knaus crag; rock.
kne knee; **~beskytter** knee pad; **~hase** hollow of the knee; **~skål** kneecap.
kneble gag.
knebukse breeches, *(amr)* knickers.
knegge neigh, whinny.
kneipe pub; dive.
kneise strut.
knekk crack; *(overført)* blow; shock; **~e** break; crack.
knekkebrød crispbread.
knekt *(kortspill)* knave.
knele kneel.
knep trick; *(håndlag)* knack; **~en** narrow.
knepp click; snap.
kne|skade knee injury; **-strømper** knee-length socks.
knip pinch; **mage~** stomachache.
knipe *subst, verb* pinch; **~tang** pincers.
knipling lace.
knippe bunch; bundle.
knipse snap.
knirke creak; squeak.
knis giggle; titter; **~e** giggle.
knitre crackle.
kniv knife (*flertall* knives); **~stikke** stab.
knoke knuckle; *(kjøttben)* (soup) bone.
knok|kel bone; **-lete** bony.
knoll *(bot)* tuber.
knop knot.
knopp bud; **~skyting** budding; gemmation.
knote speak affectedly.
knott knob; *(zool)* gnat.
knudrete rugged; rough.
knuffe push.
knuge press, squeeze; *(tynge)* oppress; **~nde** oppressive.
knulle *(vulgært)* fuck.
knurre growl; snarl; *(overført)* grumble.
knuse crush, smash; break; **~nde** crushing.
knusk tinder; **~tørr** bone-dry.
knuslete niggardly; stingy.
knute knot; **~punkt** junction.
kny *subst* slightest sound.
kny *verb* breathe a word.
knytte *subst* bundle.
knytt|e *verb* tie; knot; *(overført)* attach; tie; **-neve** fist.

koa|gulere coagulate; **-lisjon** coalition.
kobbe seal.
kobbel *(to)* couple; *(tre)* leash.
kobber copper; **~stikk** copperplate print.
kob|le couple; *(elektr)* connect; **~ av** relax; **~ fra** uncouple; **-ling** coupling; *(bil)* clutch.
kobolt cobalt.
kod|e code; **-ifisere** codify.
koffein caffein(e); **~fri** decaffeinated, decaf(f).
koffert *(hånd-)* suitcase; *(stor)* trunk.
kofte sweater.
koie shanty.
kokain cocaine.
koke boil; *(lage mat)* cook; *(kaffe)* make; **~bok** cookery book, *(amr)* cookbook; **~punkt** boiling point.
kokk cook.
kokos|makron coconut macaroon; **-masse** desiccated coconut; **-nøtt** coconut.
koks coke.
kolbe *(gevær-)* butt; *(kjemi)* flask.
koldbrann gangrene.
koldtbord buffet.
kolera cholera.
kolesterol cholesterol.
kolibri colibri; hummingbird.
kolikk colic.
kolje haddock.
kollbøtte somersault; **slå ~** turn somersaults.
kollega colleague.
kollek|sjon collection; **-t** collection.
kollektiv commune; **~trafikk** public transport, *(amr)* public transportation.
kolli parcel; piece (of luggage); *(handel)* package(s).
kolli|dere collide; clash; **-sjon** collision; clashing; **-sjonspute** airbag.
kolombi|aner Colombian; **-sk** Colombian.
kolon colon; **~i** colony; **~isere** colonize.
kolonne column.
koloss colossus; **~al** colossal; staggering.
koma coma.
kombin|asjon combination; **-ere** combine; **-ert** combined.
komedie comedy.
komet comet.
komfort comfort(s); **~abel** comfortable.
komfyr cooker, *(amr)* stove.
komi|ker comedian; **-sk** comical, funny.
komité committee.
komma comma.
kommandere order; command; **-o** command.

komme *verb* come; **~nde** coming, next.
komment|ar *(bemerkning)* comment; *(til tekst)* commentary; **-ator** commentator; **-ere** comment on.
kommersiell commercial.
kommisjon commission; *(nemnd)* board; **~ær** commission agent.
kommissær commissary.
kommode chest of drawers, *(amr)* bureau, dresser.
kommunal local; *(i by)* municipal.
Kommunal- og regionaldepartementet Ministry of Local Government and Regional Development.
kommunal- og regionalminister Minister of Local Government and Regional Development.
kommune local government, municipality, *(amr)* township; **~skatt** local taxes, *(amr)* rates; **~styre** local council, county council; *(i by)* county borough council.
kommunikasjon communication; **~smiddel** means of communication.
kommuniké communiqué.
kommunis|me communism; **-t** communist.
kompan|i company; **-jong** partner.
kompass compass.
kompatibel compatible.
kompens|asjon compensation; **-ere** compensate.
kompet|anse competence; **-ent** competent.
kompis mate.
kompleks *subst/adj* complex.
komplett complete.
komplikasjon complication.
kompliment compliment; **~ere** compliment (**for** on).
komplisere complicate.
komplott conspiracy, plot.
kompo|nere compose; **-nist** composer; **-sisjon** composition.
kompost compost; **~jord** compost soil; **~kvern** shredder.
kompott compote; stewed fruit.
kompress compress.
kompromiss compromise; **~løs** implacable.
kompromittere compromise.
kondens condensator; **~ator** condenser; **~fjerner** water remover.
kondis(jon) condition.

konditor confectioner; **~i** confectioner's, pastry shop; **~varer** *flertall* confectionery.
kondol|anse condolence; **-ere** offer one's condolences.
kondom condom, *(slang)* rubber.
kondor condor.
konduktør *(tog)* guard; *(buss, trikk)* conductor.
kone *(hustru)* wife; *(kvinne)* woman; **~mishandling** wife-battering.
konfeksjon ready-to-wear clothes; ready-made clothes.
konfekt chocolates, *(amr)* candy.
konferans|e conference; *(samtale)* interview; **-ier** master of ceremonies.
konfesjon confession, creed.
konfidensiell confidential.
konfirm|ant candidate for confirmation, confirmand; **-asjon** confirmation; **-ere** confirm.
konfiskere confiscate, seize.
konflikt conflict.
konge king; **~dømme** monarchy; **~lig** royal.
kongle cone.
kongress congress; *(USAs lovgivende forsamling)* Congress.
konjakk brandy; *(ekte)* cognac.
konjunktur state of the market.
konk *(hverdagslig)* broke.
konklu|dere conclude; **-sjon** conclusion.
konkret concrete.
konkurr|anse competition; **-ent** competitor; **-ere** compete.
konkurs *adj* bankrupt.
konkurs *subst* failure, bankruptcy; **gå ~** fail, go into bankruptcy.
konse think.
konsekven|s consistency; consequence; **-t** consistent.
konsent|rasjon concentration; **~sleir** concentration camp; **-rere (seg)** concentrate.
konsept (rough) draft; **~kunst** conceptual art.
konsern group; concern.
konsert concert; *(stykke)* concerto; **~hus** concert hall.
konservativ conservative.
konservator keeper; curator.
konserver|e keep, preserve; **-ing** preservation; **-ingsmiddel** preserving agent.
konsesjon concession; licence, *(amr)* license.
konsis concise.
konsistens consistency.
konsolidere consolidate.
konspirere conspire, plot.
konstant constant; invariable.

konstatere ascertain; state.
konstitusjon constitution.
konstrulere construct; **-ert virkelighet** virtual reality.
konstruklsjon construction; **-tiv** constructive; **-tør** constructor.
konsul consul; **~at** consulate.
konsullent adviser, consultant; **-tasjon** consultation; **-tere** consult.
konsum consumption; **~ent** consumer; **~ere** consume; **~pris** retail price.
kontakt contact; touch; *(elektr)* switch; **dobbel~** *(elektr)* two-way adapter; **~linse** contact lens; **~spalte** personal column.
kontant, betale ~ pay in cash; **~er** cash.
kontinent continent.
Kontinentalsokkelen the Continental Shelf.
kontingent subscription; *(kvote)* quota.
konto account; **spare-** deposit account, *(amr)* savings account; **~utskrift** bank statement.
kontor office; **~tid** office hours.
kontra versus; **~bass** doublebass.
kontrahelnt contractor; **-re** contract.
kontrakt contract.
kontrast contrast.
kontroll control; check; **~ere** control; check; **~panel** control panel; **~tast** *(edb)* control key; **~ør** inspector.
konvensjon convention.
konverslasjon conversation; **-ere** converse; entertain.
konvoi convoy.
konvolutt envelope.
kolоperativ co-operative; **-ordinere** co-ordinate.
kopi copy; *(fotogr)* print; *(edb)* back-up; **~ere** copy; **~maskin** photocopier, Xerox.
kopp cup.
kopper *(medisin)* smallpox; *(metall)* copper.
kor chorus; *(sangerne)* choir.
korall coral; **~rev** coral reef.
kordfløyel corduroy.
koreograf choreographer; **~i** choreography.
korg basket.
koriander coriander.
korint currant.
kork cork; *(skru-)* screw cap; *(trafikk-)* jam; **~etrekker** corkscrew.
korn grain; *(på marken)* corn; *(sikte-)* sight; *(til frokost)* cereal; **~ete** granular, grainy.
kornett cornet.

korporal corporal.
korps corps, body; *(mus)* band.
korrekt correct; **~ur** proof.
korrespond|anse correspondence; **-ent** correspondent; **-ere** correspond.
korridor corridor.
korrigere correct.
korrosjon corrosion; **~sbestandig** corrosion resistant.
korrup|sjon corruption; **-t** corrupt.
kors cross.
korsett corset, stays.
korsfeste crucify; **~lse** crucifixion.
korsrygg small of the back.
korsvei crossroads.
kort *adj* short.
kort *subst* card; **~ sagt** in short; **~automat** cashpoint, cash dispenser, *(amr)* automated teller machine.
korthet, **i ~** briefly.
kort|klipt close-cropped; **-siktig** short-term; **-slutning** short circuit.
kort|spill cards *flertall*; **i ~** at cards; **-stokk** pack of cards, *(amr)* deck of cards; **-telefon** cardphone.
korttidsparkering short-term parking.
kortvarig short-lived.
kose make oneself cosy; **~lig** cosy, *(amr)* cozy; snug; nice.
kosmet|ikk cosmetics *flertall;* **-isk** cosmetic.
kost *(mat)* food; fare; *(kost og losji)* board and lodging; *(feie-)* broom; *(maler-)* brush; **~bar** precious, valuable; *(dyr)* expensive.
koste sweep; *(penger)* cost; **~skaft** broomstick.
kostyme costume; **~ball** fancy-dress ball.
kotelett chop; cutlet.
kott closet.
krabbe *subst* crab.
krabbe *verb* crawl; **~felt** slow lane.
kraft strength; power; force; **~anstrengelse** effort; **~forsyning** power supply; **~ig** strong, vigorous; *(om mat)* heavy; **~verk** power plant; power station.
krage collar; *(tekn)* collet; **~ben** collar bone.
krakk stool; *(krise)* crash, collapse.
krampaktig convulsive.
krampe *(krok)* cramp; *(-trekning)* spasm; convulsions; cramp; **~latter** hysteric laughter.
kran *(heise-)* crane; *(vann-)*

tap, cock; **~bil** breakdown lorry.
krang|el quarrel; **-le** quarrel.
krani|ebrudd fracture of the scull; **-um** skull.
krans *(blomster)* wreath, garland; **~ebinder** wreath-maker.
krater crater.
kratt thicket, scrub.
krav demand; *(jur)* claim.
kreativ creative.
kredit credit; **~ere** credit; **~or** creditor.
kreditt credit; **~kort** credit card.
kreft cancer; **~fremkallende** carcinogenic; **~svulst** cancerous tumour.
krem cream; *(pisket fløte)* whipped cream.
krem|asjon cremation; **-ere** cremate.
kremle russula.
kremte clear one's throat.
krenge careen, heel.
krenke violate; *(en person)* hurt; offend; **~lse** violation; injury; **~nde** insulting.
krepp crape.
kreps crawfish; crayfish.
Krepsen *astrologi* Cancer.
kresen fastidious, particular; discriminating.
krets circle; ring; *(distrikt)* district; **~e** circle.
kreve demand; require; *(fordre)* claim.
krible itch, tingle.
krig war; **~ersk** martial, warlike; **~føring** warfare; **~sfly** military aircraft; **~shumør** on the warpath; **~sskip** battleship.
kriminal|domstol criminal court; **-film** thriller; **-roman** crime novel; **-sak** criminal case.
kriminell criminal.
krimskrams bric-a-brac.
kringkast|e broadcast; **-ing** broadcasting.
krise crisis, *flertall* crises.
krist|en Christian; **-torn** holly; **-us** Christ.
kriterium criterion (*flertall* criteria).
kriti|ker critic; *(anmelder)* reviewer; **-kk** criticism; **-sere** criticize; **-sk** critical.
kritt chalk.
kro inn, pub; *(hos fugl)* crop, craw.
kroat Croatian.
Kroatia Croatia.
kroatisk Croatian.
krok *(hjørne)* corner; *(jern-, fiske-)* hook; **~ete** crooked, bent.
krokket *(spill)* croquet; **~kølle** croquet mallet.

krokodille crocodile.
krone crown.
kronikk chronicle; feature article.
kroning coronation.
kronologi chronology; **~sk** chronological.
kronprins Crown Prince; *(i England)* Prince of Wales.
kronglete crooked, twisted.
kropp body; **~slig** physical; bodily.
krukke pitcher, jar.
krum curved, crooked; **~me** bend, bow; **~ming** bend, curve; **~tapp** crank.
krus mug; *(øl-)* tankard; *(stas)* fuss; **~ete** curly.
krusifiks crucifix.
krusning *(på vannet)* ripple.
kruspersille curled parsley.
krutt (gun)powder; **~lappistol** cap pistol.
kry *adj* proud.
kry *verb* swarm.
krybbe manger, crib; **~biter** crib-biter; **~død** cot death, *(amr)* crib death.
kryd/der spice, seasoning; **-dernellik** clove; **-derurt** herb; **-ret** spiced, seasoned.
krykke crutch; **gå med ~r** walk on crutches.
krympe shrink; **~fri** shrinkproof.
krypdyr reptile.
krype creep; *(kravle)* crawl; ~ **for** *(overført)* fawn on sby, cringe before sby.
krypskytter poacher.
krysning cross(ing).
kryss cross; *(vei-)* crossroads, intersection; **~e** cross; crossbreed; **~er** cruiser; **~finér** plywood; **~forhør** cross-examination; **~ild** crossfire; **~koble** cross-connect; **~ordoppgave** crossword puzzle.
krystall crystal.
krøkkete clumsy.
krøll curl; *(om papir, klær)* crease, crumple; **~alfa** *(edb)* at; **~ete** curly; creased, crumpled; **~fri** creaseproof; **~tang** curling iron.
krønike chronicle, annals.
krøpling cripple.
kråke crow; **~bolle** sea urchin.
krås *(på fugl)* gizzard.
ku cow.
kubbe log.
kube hive; cube.
kubein crowbar.
kubikkmeter cubic metre.
kue subdue, cow.
kujon coward.
kul bump.
kulde cold; **~grad** degree of frost; **~gysning** cold shiver.

kule ball; globe; *(matematikk)* sphere; *(gevær-)* bullet.
kule|kjøring mogul skiing; **-lager** ball-bearing; **-lyn** ball lightning; **~penn** ballpoint pen; **~støt** putting the shot.
kulinarisk culinary.
kuling breeze; **sterk ~** gale; **~varsel** gale warning.
kulisse scene, wing.
kull *(fugler)* brood, hatch; *(pattedyr)* litter; *(tre-)* charcoal; *(stein-)* coal; **~boks** coal-scuttle; **~gruve** coal mine; **~stoff** carbon; **~svart** jet black.
kullsyre carbonic acid; *om drikke:* **med ~** fizzy, *(amr)* sparkling; **uten ~** still, *(amr)* plain.
kulminere culminate.
kultivere cultivate.
kultur civilization; culture; **~ell** cultural.
Kultur- og kirkedepartementet Ministry of Culture and Church Affairs.
kultur- og kirkeminister Minister of Culture and Church Affairs.
kultus cult.
kum tank.
kumulere cumulate.
kunde customer; client.
kunn|e be able to; know; **-gjøre** make known; announce; **-skap** knowledge.
kunst art; **~fiber** synthetic fibre; **~håndverk** crafts; **~ig** artificial; **~løp** figure skating; **~maler** artist, painter; **~ner** artist; **~stoff** synthetic material; **~utstilling** art exhibition; **~verk** work of art.
kupé *(jernb)* compartment; *(bil)* coupé.
kupert rough; rolling.
kupong coupon.
kupp coup; scoop; *(fangst)* haul.
kuppel dome; *(lampe-)* globe; **~hue** hangover.
kur cure, treatment; **~bad** spa.
kurér courier.
kurere cure, heal.
kurs course; *(handel)* quotation; *(valuta-)* rate (of exchange); quotation.
kursiv italics.
kurs|notering exchange quotation; **-tap** loss on exchange; **-verdi** market value.
kurv basket; **~ball** basketball.
kurve curve.
kurv|fletning wickerwork; **-stol** wicker chair.
kusine cousin.
kusk coachman, driver.

kusma *(medisin)* mumps.
kutt cut.
kuvert cover.
kuvøse incubator.
kvadrat square; **~meter** square metre; **~rot** square root.
kvae *(bot)* resin.
kvakksalver quack.
kval agony, anguish.
kvalifi|kasjon qualification; **-sere** qualify.
kvalitet quality.
kvalm sick, nauseated; **~e** sickness, nausea; **~ende** nauseating.
kvant|efysikk quantum physics; **-itet** quantity; **-umsrabatt** quantity discount.
kvart quarter; *(mus)* fourth.
kvartal *(tid)* quarter; *(hus)* block.
kvarter quarter (of an hour).
kvartett quartet.
kvarts quartz.
kvasi- quasi-, pseudo-.
kvast tuft.
kveg cattle; **~avl** cattle breeding.
kveile coil (up).
kveite *(fisk)* halibut.
kveker quaker.
kveld evening; **i ~** this evening, tonight; **~smat** supper.
kvele strangle; choke; *(motoren)* stall.
kveler strangler; **~slange** boa constrictor; **~tak** stranglehold.
kvern grinder, mill.
kverke finish sby off.
kvesse whet, sharpen.
kvige heifer.
kvikk lively, quick; **~sand** quicksand; **~sølv** quicksilver, mercury.
kvikne til revive, recover.
kvinne woman (*flertall* women); **~lig** female; feminine; **~klinikk** maternity hospital.
kvintett quintet.
kvise pimple, acne.
kvist twig, sprig; *(i bord)* knot.
kvitre chirp, twitter.
kvitt quits; **bli ~** get rid of; **~e seg med** dispose of.
kvitter|e (give a) receipt; **~ for** sign for; **-ing** receipt.
kvote quota.
kylling chicken; *(liten)* spring chicken; *(stor)* broiler; **~lår** chicken leg.
kyndig skilled; competent.
kynisk cynic.
kyss kiss; **~e** kiss; **~esyke** glandular fever.
kyst coast; **~linje** coast line.
kyt bragging, boasting.
kø queue, *(amr)* line; (biljard) cue; **stille seg i ~** queue up, *(amr)* line up.
kødde *(vulgært)* pull sbys leg.

kølle club, cudgel; *(politi-)* baton.
køye *subst* berth; *(henge-)* hammock; *(fast)* bunk.
kål cabbage; **~rabi, ~rot** swede, Swedish turnip, *(amr)* rutabaga.
kåpe coat.
kårde rapier, sword.
kåre choose, elect.
kåt horny, randy.

L

la let; *(tillate)* let, allow.
labb paw.
labil unstable.
laboratorium laboratory.
labyrint labyrinth; *(hageanlegg)* maze.
lade *(våpen)* load; *(elektr)* charge; **~ opp igjen** recharge.
ladning *(last)* load; *sjøfart* cargo; *(krutt)* charge.
lag *(jord- o.l.)* layer, stratum; *(maling)* coat(ing); *(sport)* team.
lage make; *(mat)* cook.
lager *(maskin)* bearing; *(lokale)* storeroom; warehouse; *(beholdning)* stock; **på ~** in stock; **ikke på ~** out of stock.
lagre store; *(forbedre kvaliteten)* season, mature.
lagune lagoon.
lake pickle; *(salt-)* brine; **legge i ~** pickle.
laken sheet; **~pose** sheet bag.
lakk *(ferniss)* lacquer, varnish; *(emalje-, bil-)* enamel; *(negle-)* nail varnish, *(amr)* nail polish; *(segl-)* sealing wax.
lakke seal; **~re** *(sprøyte-)* spray; lacquer; varnish; enamel.
lakris liquorice, *(amr)* licorice.
laks salmon; **grav~** gravlax; **røke~** smoked salmon.
lakser|middel laxative; **-olje** castor oil.
laktoseintoleranse lactose intolerance.
lakune lacuna.
lam *adj* paralysed.
lam *subst* lamb.
lama llama.
lamell *(elektr)* lamella; *(kløtsj-)* disc; **~kobling** multiple-disc clutch.
lamin|at lamina; **-ere** laminate.
lamme *(gjøre lam)* paralyse;

(få lam) lamb; **~kjøtt** lamb; **~lse** paralysis; **~stek** roast lamb, *(amr)* lamb roast; **~ull** lamb's wool.
lampe lamp; **~feber** stage fright; **~holder** lamp socket; **~kuppel** lamp globe; **~olje** lamp oil; **~skjerm** lamp shade; **~tt** bracket lamp.
lamslått paralysed, *(amr)* paralyzed.
land country; *(mots sjø)* land.
landbruk agriculture.
Landbruksdepartementet Ministry of Agriculture, *(amr)* Department of Agriculture.
landbruks|minister Minister of Agriculture, *(amr)* Secretary of Agriculture; **-skole** agricultural college.
lande land.
lande|plage scourge; **-sorg** national mourning; **-vei** country road.
landflyktighet, **i ~** in exile.
land|gang landing; gangway; **-krabbe** landlubber; **-måler** surveyor; **-område** territory.
landsby village.
landsfor|ræder traitor; **-ræderi** treason; **-vist** exiled.
landskamp international match.
landskap scenery; *(maleri)* landscape.
lands|lag national team; **-mann** countryman; **-møte** national congress.
Landsorganisasjonen (LO) Trades Union Congress (TUC).
lang long.
Langbein *(tegneseriefigur)* Goofy.
langdistanserakett long-distance missile.
lange *(fisk)* ling; **~r** drug-dealer, pusher.
lang|finger middle finger; **-fredag** Good Friday; **-kost** broom; **-panne** *(i stekeovn)* roasting tin; **-renn** cross-country skiing.
langs *preposisjon* along; **på ~** lengthwise; **~gående** longitudinal; **~iktig** long-term.
lang|som slow; **-støvler** *flertall* wellingtons, *(hverdagslig)* wellies; **-synt** long-sighted.
langtidsparkering long-term parking.
langt far; **~rekkende** far-reaching.
lang|varig of long duration, long; **-viser** minute hand.
lanse lance; **~re** launch, introduce.
lanterne lantern.
lapp patch; *(papir)* scrap.

lappe patch; mend; **~saker** repair outfit; **~teppe** patchwork quilt.
lapsus slip (of the tongue, of the pen).
larve caterpillar, larva.
lasaron tramp.
laserstråle laser beam.
lass load.
last *(skips-)* cargo.
laste load; **~ ned** *(edb)* download; **~bil** lorry, *(amr)* truck; **~båt** cargo boat; **~rom** hold.
lat lazy.
late som pretend.
latin Latin.
latter laughter; laugh; **~lig** ridiculous.
Latvia Latvia.
latvi|er Latvian; **-sk** Latvian.
laurbær *(bot)* laurel; *(overført)* laurels; **~blad** bay leaf; **~krans** laurel wreath.
lav *adj* low.
lav *subst, bot* lichen; **~a** lava.
lavblokk low-rise building.
lavendel lavender.
laverestående inferior, lower.
lav|land lowland; **-vann** *(ebbe)* low tide.
le *subst* shelter; *sjøfart* lee(ward).
le *verb* laugh.
ledd joint; *(av kjede)* link; *(slekts-)* generation; **~betennelse** arthritis; **~buss** articulated bus, *(amr)* jointed bus; **~bånd** ligament; **~gikt** arthritis.
lede lead; *(bestyre)* manage, conduct; *(vei-)* guide; *(fysikk)* conduct; **~lse** direction, management; guidance; **~nde** leading; **~r** leader; *(handel)* manager, executive; *(fysikk)* conductor; *(i avis)* leader, *(amr)* editorial.
ledig *(stilling, leilighet)* vacant; *(ikke opptatt)* free, available.
ledning *tlf* line; *(rør)* pipe; *(elektr)* wire; *(kabel)* cable.
lee move.
legal legal; **~isere** legalize.
legal|sjon legation; **-t** legacy.
lege *subst* doctor, physician; *(allmennpraktiker)* general practitioner (GP); **~attest** medical certificate.
legeme body.
legemiddel remedy; medicine, drug.
legend|arisk legendary; **-e** legend.
leger|e, -ing alloy.
lege|senter medical centre; **-undersøkelse** medical check-up; **-vakt** casualty clinic, *(amr)* emergency ward.

legg *n* fold, plait; *m* calf; **~beskytter** pad.
legge put, lay, place; **~ seg** lie down; *(gå til sengs)* go to bed.
legg|sår leg ulcer; **-varmer** leg warmer.
legitim legitimate; **~asjonskort** identity card; **~asjonspapir** identification paper; **~ere seg** prove one's identity.
legning predisposition, tendency.
lei *adj* sorry (**for** about *eller* for); sick, tired (**av** of); *(ubehagelig)* awkward, embarrassing.
leider ladder.
leie *subst (betaling)* rent, hire.
leie *verb* hire; rent; *(føre ved hånden)* lead; **~ ut** let; **~bil** hired car, *(amr)* rented car; **~boer** tenant; *(losjerende)* lodger; **~gård** block of flats, *(amr)* apartment house; **~kontrakt** tenancy agreement; **~tid** (period of) tenancy; **~tropper** *flertall* mercenaries.
leikarring *group of folk* dancers.
leilighet *(beleilig tid)* opportunity; *(anledning)* occasion; *(bolig)* flat, *(amr)* apartment.
leir camp.
leire clay.
leir|plass camping ground; **-varer** *flertall* earthenware; pottery.
lek game, play.
leke *subst* toy.
leke *verb* play; **~kamerat** playmate; **~plass** playground; **~tøy** toy(s).
lekke leak.
lekker dainty; delicious.
lekse lesson; *(hjemarbeid)* homework, *(amr)* assignment.
leksikon encyclopaedia.
lektor *(universitets-)* lecturer.
lem trapdoor; *(vindus-)* shutter; member; *(arm el bein)* limb.
lemen lemming.
lempe *(flytte)* lift.
lemster stiff.
lene lean; **~stol** armchair, easy chair.
lengde length; *(geologi)* longitude; **i ~n** *(overført)* in the long run; **~grad** degree of longitude.
lengdeløp speed-skating race; **~sskøyter** racing skates.
lenge long; (for) a long time.
lengsel longing, yearning; **~sfull** longing.
leng|st longest; **-te** long (**etter** for).
lenke chain; fetter; *(edb)* link.

lens empty; *sjøfart* free (from water); **~e** *sjøfart* run before the wind; *(tømme)* empty; *(øse)* bale.
leopard leopard.
leppe lip; **~pomade** lip balm; **~stift** lipstick.
lerke *(zool)* lark; *(lomme-)* (pocket-)flask.
lerret linen; *(seilduk)* canvas; *(film)* screen.
lesbisk lesbian.
lese read; **~bok** reader; **~hode** *(edb)* read(ing) head; **~lig** legible; **~r** scanner; *(person)* reader; **~stoff** reading.
leskedrikk soft drink.
lespe lisp.
lesse load; **~ av** unload.
lete look, search (**etter** for).
letne lighten; *(om tåke)* lift.
lett *(mots tung)* light; *(mots vanskelig)* easy; **~antennelig** combustible; inflammable; **~bevegelig** mobile; easily moved.
lette *(om vekt)* lighten; *(gjøre mindre vanskelig)* facilitate; *(løfte)* lift; *(om fly)* take off; **~ anker** weigh anchor; **~lse** relief; *(trøst)* comfort.
lett|fordøyelig digestible; **-het** ease; **-mat** low-fat food; **-sindig** frivolous; **-skyet** partly cloudy; **-vegg** lining wall; **-vekt** lightweight; **-vint** handy; practical.
leukemi leukaemia, *(amr)* leukemia.
leve live; be alive; **~ av** live by; *(spise)* live on; **~brød** livelihood; **~dyktig** viable; **~kostnad** cost of living.
leven noise, uproar; **holde ~ med** tease; frolic about with.
levende living; alive; *(overført)* lively.
lever liver.
leveran|dør supplier; **-se** delivery; supply.
leverbetennelse hepatitis.
lever|e hand over; deliver; supply; **-ing** delivery; supply.
leverpostei liver paste, liver paté.
leve|standard standard of living; **-vilkår** living conditions.
levre seg coagulate, clot.
li hillside.
liberal liberal.
lide suffer; **~ av** suffer from; **~lse** suffering.
lidenskap passion; **~elig** passionate.
liga league.
ligge lie; be situated; **~sete** reclining seat; **~stol** deck chair; **~sår** bedsore; **~underlag** ground pad; **~vogn** couchette.

ligne resemble; *(skatt)* assess; **~nde** similar.
ligning *(skatt)* assessment; *(matematikk)* equation; **~smyndighetene** tax authorities, *(amr)* Internal Revenue Service.
lik *adj* like; similar; equal.
lik *subst* corpse, dead body.
like *adj* equal; *(tall)* even.
like *adv* straight; *(nøyaktig)* just.
like *verb* like; fancy; enjoy; **uten ~** unique; **~ etter** immediately after; **~ overfor** (just) opposite; **~ ved** close by; **~frem** straightforward; **~gyldig** indifferent; **~ledes** likewise; **~stilling** equality; **~strøm** direct current; **~så** likewise; **~vekt** equilibrium; **~vel** still, yet, all the same; after all; **~verdig** equal.
likhet likeness, resemblance; similarity; *(i rettigheter)* equality; **~stegn** sign of equation; **~strekk** similarity.
lik|kjeller mortuary; **-kiste** coffin.
liksom *like*; as; *(som om)* as if; *(så å si)* as it were.
likså equally; as.
liktorn corn; **~splaster** corn pad.
likvid liquid; **~e midler** liquid resources; **~ere** liquidate; **~itet** liquidity.
likør liqueur; *(konjakk-)* liqueur brandy.
lilje lily; **~konvall** lily of the valley.
lilla lilac, mauve.
lillefinger little finger.
lim glue; **~bånd** adhesive tape; **~e** glue.
limonade lemonade.
lin *(bot)* flax; *(tøy)* linen.
lindr|e relieve, ease, soothe; **-ing** relief, ease.
line rope; *(fiske-)* line; **~danser** tightrope walker.
linerle wagtail.
linfrøolje linseed oil.
linjal ruler.
linje line; **~re** rule, line; **~skift** *(edb)* line feed.
linoleum linoleum; **~strykk** linocut.
linolje linseed oil.
linse lens; *(bot)* lentil.
lisens licence, *(amr)* license; **gi ~** license.
list *(kant-)* list; **~e** *subst* list; ***~e seg*** move gently, steal; **~ig** cunning, sly.
Litauen Lithuania.
litau|er Lithuanian; **-isk** Lithuanian.
lite *adj/adv* little.
liten *(ikke stor)* small; *(ikke*

voksen) little; *(kortvarig)* short.
liter litre, *(amr)* liter; **~mål** litre measure, *(amr)* liter measure.
litografi lithography.
litt a little; some.
litter|atur literature; **-ær** literary.
liv life; *(kjole-)* bodice; *(midje)* waist; **~aktig** lifelike; **~belte** lifebelt, *(amr)* life preserver; **~båt** lifeboat; **~lig** lively, gay.
livmor womb, uterus; **~betennelse** uteritis; **~fremfall** prolapse of the uterus; **~hals** *(anatomi)* cervix; **~halskreft** cervical cancer; **~kreft** uterine cancer.
liv|rente annuity; **-rett** favourite dish; **-vakt** bodyguard.
livs|fare mortal danger; **-farlig** perilous; **-forsikring** life insurance; **-stil** lifestyle; **-stilssykdom** lifestyle related illness; **-syn** view on life; **-varig** for life.
livvidde waist measurement.
lo *(på tøy)* nap; *(på gulvteppe)* pile.
lodd *(i lotteri)* lottery ticket; *(utlodning)* raffle ticket; *(på vekt)* weight.
lodde *subst (fisk)* capelin.
lodde *verb (måle havdyp)* sound; *(overført)* plumb; *(metall)* solder; **~ ut** raffle; **~bolt** soldering iron; **~lampe** soldering lamp.
lodden shaggy.
loddrett perpendicular, vertical.
lodd|seddel lottery ticket; raffle ticket; **-trekning** drawing (of) lots; *(på basar)* raffle; *(sport)* toss-up.
loff white bread.
loffe *sjøfart* luff; *(drive omkring)* loaf around.
lofilter lint filter.
loft loft; **~sleilighet** penthouse.
logaritme logarithm; **~tabell** table of logarithms.
logg log; **~bok** logbook; **~e inn** *(edb)* log in, log on.
logi|kk logic; **-sk** logical.
logoped speech therapist.
logre wag the tail.
lojal loyal; **~itet** loyalty.
lokal local; **~bedøvelse** local anaesthetic.
lokale(r) premises *flertall*; room.
lokal|isere localize; **-takst** local rate; **-trafikk** local traffic.
lokk cover, lid; *(hår)* lock.
lokke allure, tempt; *(fugl)* call;

~due decoy, stool pigeon; **~mat** bait.
lokomotiv locomotive, engine; **~fører** engine driver, *(amr)* engineer.
lomme pocket; **~bok** wallet, *(amr)* billfold; **~lerke** (hip-)flask; **~lykt** (electric) torch, *(amr)* flashlight; **~tyv** pickpocket; **~tørkle** (pocket) handkerchief; **~ur** watch.
longs tights, *(amr)* pantyhose.
loppe flea; **~bitt** flea bite; **~marked** flea market; jumble sale.
lort dirt, filth.
los pilot.
losje *(teater)* box; *(frimurer-)* lodge.
losj|ere lodge; **~nde** lodger; **~i** lodging(s).
loslitt threadbare.
losse unload, discharge.
lott share; *(på fiske)* lay; **~eri** lottery.
lov *(tillatelse)* leave, permission; *(jur)* law; *(en enkelt)* statute, act; **~brudd** violation of the law.
love *(prise)* praise; *(gi et løfte)* promise; **~nde** promising.
lovforslag bill.
lovgivning legislation.
lov|lig lawful, legal; **-lydig** law-abiding; **-prise** praise; **-sang** hymn; **-stridig** illegal; **-tale** eulogy.
lubben plump; chubby.
ludder whore.
lue *(hodeplagg)* cap.
luffe flipper.
luft air; **i fri~** in the open (air); **~e** air; **~eluke** air vent; **~fart** aviation; **~filter** air filter; **~fjæring** pneumatic suspension; **~forsvar** air force; **~forurensning** air pollution; **~fukter** humidifier; **~havn** airport.
luftig airy.
luftmadrass air bed, *(amr)* air mattress.
luft|post airmail; **-putebåt** hovercraft; **-rør** windpipe, trachea; **-rørskatarr** tracheal catarrh; **-speiling** mirage; **-trykk** atmospheric *(eller* air) pressure.
luftvei *(anatomi)* respiratory passage; **~sinfeksjon** infection of the respiratory passage.
lugar cabin; **~tjener** steward.
lugg *forelock*; **~e** pull (by) the hair.
luke *subst (lem)* trapdoor; *(billett-)* wicket; *sjøfart* hatch.
luke *verb* weed.
lukke *verb* shut; close; **~r** *(fotogr)* shutter.

lukningstid closing time.
luksu|riøs luxurious; **-s** luxury.
lukt smell; scent; odour, *(amr)* odor; **~e** smell.
lummer close; *(også overført)* sultry.
lumpen mean.
lumsk insidious; sly.
lun *(i le)* sheltered; *(varm)* mild.
lund grove.
lunefull capricious.
lunge lung; **~betennelse** pneumonia; **~kreft** lung cancer.
lunken tepid, lukewarm.
lunsj lunch.
lunte *subst* fuse.
lupe magnifying glass.
lur *adj* cunning, sly.
lur *subst (kort søvn)* nap, doze; *(instrument)* lure.
lur|e *(bedra)* trick, fool; **-ing** sneaky person.
lus louse *(flertall* lice); **~en** *(overført)* miserable; rotten; **~ing** box on the ear.
luske sneak, slink.
lute soak in lye; *(bøye seg)* stoop, bend; **~fisk** cod soaked in lye and boiled.
luthersk Lutheran.
ly shelter, cover.
lyd sound; **~bok** audiobook; **~bølge** sound wave.
lydbånd recording tape; **~opptaker** tape recorder.
lyddemper silencer, *(amr)* muffler.
lyde sound; *(om tekst)* read.
lydig obedient.
lyd|kort *(edb)* sound card; **-løs** noiseless; **-mur** sound barrier; **-potte** silencer; **-skrift** phonetic writing; **-tett** soundproof.
lykke *(hell)* (good) fortune, luck; *(-følelse)* happiness; **~lig** happy; **~s** succeed.
lykkønske congratulate (**med** on).
lykt lantern; *(gate-)* streetlamp; *(lomme-)* torch, *(amr)* flashlight; **~estolpe** lamppost.
lymfe lymph; **~kjertel** lymph gland; **~knute** lymphatic node; **~kreft** lymph cancer; **~vev** lymph tissue.
lyn lightning; *(-glimt)* flash; **~avleder** lightning conductor, *(amr)* lightning rod.
lyng heather.
lynrask quick as a flash.
lynsje lynch.
lyri|ker lyric poet; **-kk** lyric poetry; **-sk** lyric(al).
lys *adj* light, bright; *(hår, hud)* fair.
lys *subst* light; *(stearin-)* candle; **~bilde** slide.

lyse light, shine; **~nde** luminous, shining, bright; **~krone** chandelier.
lyskaster searchlight; *(på bil)* headlights *flertall.*
lyske *(anatomi)* groin; **-brokk** inguinal hernia; **-strekk** stretch of the groin muscle.
lysmåler *(fotogr)* light meter.
lysn|e lighten; *(bli dag)* dawn; **-ing** *(til ekteskap)* banns *flertall; (i skogen)* glade.
lys|punkt bright spot; **-pære** light bulb; **-stoffrør** fluorescent lamp.
lyst delight, pleasure; *(tilbøyelighet)* inclination; liking; lust; **ha ~ på** want; **ha ~ til** feel like; **~gass** laughing gas; **~hus** arbour, *(amr)* arbor, summer house.
lystig merry, gay.
lystmorder sex murderer.
lystre obey; *(fiske)* spear.
lystspill comedy.
lysømfintlig light sensitive.
lyte blemish, flaw, defect.
lytte listen; **~r** listener.
lyve lie, tell a lie.
lær leather.
lære *subst* theory; *(håndverks-)* apprenticeship.
lære *verb (andre)* teach; *(selv)* learn; **~bok** textbook; **~gutt** apprentice; **~penge** lesson.
lærer teacher, master; **~skole** teachers college.
lærling apprentice; **~kontrakt** apprenticeship contract.
løft lift; *(overført)* big effort.
løfte *verb* lift, raise; *(overført)* elevate.
løfte *subst* promise; *(høytidelig)* vow; **~brudd** breach of promise.
løgn lie, falsehood; **~er** liar.
løk onion; *(blomster-)* bulb.
løkke *(renne-)* loop, noose.
lømmel lout; scamp.
lønn wages, pay; *(gasje)* salary; *(belønning)* reward; *(bot)* maple; **~e** pay; *(belønne)* reward; **~e seg** pay.
lønns|avtale wage agreement; **-konflikt** wage dispute; **-konto** salary account.
lønnsom profitable.
lønns|stopp wage freeze; **-økning** wage increase, rise, *(amr)* raise (in salary).
løp run, course; *(elv)* course; *(børse)* barrel; *(kanon)* bore; **i ~et av** in the course of, during.
løpe run; **~r** runner; *(sjakk)* bishop; *(fotball)* forward.
løpeseddel leaflet.
løpetid *(dyrs)* rutting time; *handel (veksel)* currency; *(lån)* term.

løpsk, **hesten løp** ~ the horse bolted.
lørdag Saturday.
løs loose; *(slapp)* slack; **~t snakk** idle talk; **~arbeid** casual work.
løse unfasten, loosen; *(løslate)* let loose; *(løse opp)* untie; *(en oppgave)* solve; **~middel** solvent; **~penger** ransom.
løs|gjenger tramp, vagrant; **-late** release, set free.
løsne loosen; ~ **et skudd** fire a shot.
løsning solution.
løsrive, ~ **seg** break free, tear oneself away.
løsøre movables *flertall.*
løv leaf (*flertall* leaves).
løve lion.
Løven *astrologi* Leo.
løvetann *(bot)* dandelion.
løype *(ski-)* piste, ski track.
lån loan; **~e (av)** borrow (from); **~e ut** lend, *(amr)* loan.
låne|marked loan market; **-rente** interest on a loan; **-søknad** application for a loan; **-takst** mortgage assessment.
lår thigh; *(mat: -stykke, på okse)* round of beef; round steak; *(lam, fugl)* leg.
lår|ben thighbone; **-hals** neck of the femur; **-halsbrudd** fracture of the neck of the femur.
lås lock; **~e** lock.
låt sound; *(melodi)* tune; **~e** sound.
låve barn.

M

madrass mattress.
magasin *(blad; i gevær)* magazine; *(lager)* warehouse.
mage stomach, *(hverdagslig)* tummy; *(buk)* abdomen; belly; **~dans** belly dance; **~katarr** gastric catarrh; **~knip** stomachache.
mager lean; *(overført)* meagre.
mage|syre stomach acid; **-sår** gastric ulcer.
magi magic; **~ker** magician; **~sk** magic(al).
magnet magnet; **~isk** magnetic.
mahogni mahogany.
mai May.
mais *(til å spise)* sweet corn;

(fôr) maize, *(amr)* corn; **~enna** maizena; **~kolbe** (corn) cob.
majones mayonnaise.
major major; **~itet** majority.
mak, i ro og ~ at one's leisure.
makaber macabre.
makaroni macaroni.
makelig *adj* easy, comfortable; *(om person)* indolent, easygoing.
make|lig *adv* at one's ease; **-løs** matchless, unique.
make-up make-up; **legge ~** put on make-up.
makedoner Macedonian.
Makedonia Macedonia.
makedonsk Macedonian.
makker partner.
makrell mackerel.
makro macro.
maks|(imal) max(imum); **-imere** maximize.
makt power; *(kraft)* force; **ha ~en** be in power; **med ~** by force; **~e** manage; be able to; **~esløs** powerless; impotent; **~misbruk** abuse of power.
malaria malaria.
mal|e paint; *(på kvern)* grind; *(om katt)* purr; **-ing** painting; *(farge)* paint; **~r** painter; *(kunst-, også)* artist.
maleri painting, picture.
maler|kost paintbrush; **-pensel** paintbrush; **-skrin** paintbox.
malm ore.
malplassert out of place; ill-timed.
malt malt; **~ekstrakt** malt extract.
malurt wormwood; **~beger** cup of bitterness.
mamma mamma, ma(mmy), mum(my); **~dalt** mammy's darling; sissy.
mammografi mammography.
mammut mammoth.
man *ubest pron* one; people, we, you, they.
man *subst* mane.
mandag Monday.
mandarin mandarin (orange); tangerine.
mandat *(fullmakt)* authority; *(oppdrag)* commission.
mandel *(bot)* almond; *(anatomi)* tonsil; **betente mandler** *flertall* inflamed tonsils; **~betennelse** tonsillitis; **~dråper** almond extract.
mandig manful, manly.
mandolin mandolin.
mane conjure; **~ bort** exorcise; **~ frem** conjure up.
manér manner; **dårlige ~er** bad manners; bad form.
manesje ring.

manet jellyfish.
mange many, a great many, a lot of, plenty of; **~ takk!** thank you very much!
mangel want, lack; *(knapphet)* shortage, scarcity; *(feil)* defect, flaw; **~full** defective, faulty.
mange|millionær multimillionaire; **-sidet** many-sided.
mangfoldig manifold; **~e** ever so many; **~gjøre** multiply; *(kopiere)* duplicate; **~het** multiplicity; variety.
mangle *(ikke ha)* want, lack; *(ikke finnes)* be wanting, be missing; *(ikke ha nok)* be short of; **~nde** missing.
mango mango.
mani mania, craze.
manifest manifesto.
manikyre manicure.
manipul|asjon manipulation; **-ere** manipulate.
manisk manic; maniacal; **~-depressiv** manic-depressive.
manke mane.
manko deficiency, deficit.
mann man; *(ekte-)* husband; **~dom** manhood.
mannekeng mannequin.
mannlig male, masculine.
mann|skap personnel; *(skip, fly)* crew; **-tall** census.
mansjett cuff; **~knapp** cuff-link.
manuell manual.
manufaktur textiles, fabrics.
manuskript manuscript.
manøvre manoeuvre, *(amr)* maneuver; **~re** manoeuvre.
mappe folder, file; *(dokument-)* briefcase.
maraton marathon.
mareritt nightmare.
marengs meringue.
marg *(i bok)* margin; *(anatomi)* marrow; *(bot)* medulla.
margarin margarine.
margben marrow bone.
margin margin; **~al** marginal.
marihuana marijuana.
marinade marinade.
marine navy; **~re** marinate; **~soldat** marine.
marionett puppet.
maritim maritime.
mark maggot, worm; *(åker)* field; land.
markant marked, distinctive.
mark|blomst wild flower; **-drivende middel** vermicide.
marked fair; *økon* market.
markeds|bod stall; **-føre** put on the market; **-føring** marketing; **-orientert** market-oriented; **-plass** marketplace; **-undersøkelse** market survey.
markering marking, indication;

~sbehov need to assert oneself.
mark|jordbær wild strawberry; **-mus** field-mouse; **-stukken** worm eaten.
markør marker; *(edb)* cursor.
marmelade marmalade.
marmor marble; **~ere** marble.
mars March.
marsipan marzipan.
marsj march; **~ere** march.
marsvin guinea-pig.
martyr martyr.
mas trouble, bother; **~e** fuss, bother, nag; **~ekopp** nuisance.
maske *(i nett)* mesh; *(strikking)* stitch; *(ansikts-)* mask.
masker|ade fancy-dress ball; **-e** mask, disguise.
maskin machine; engine; **~eri** machinery; **~gevær** machine gun; **~ingeniør** mechanical engineer; **~ist** engineer; **~lære** mechanical engineering; **~olje** lubricating oil; **~rom** engine room; **~skade** breakdown; *(liten)* engine trouble; **~vare** *(edb)* hardware.
maskot mascot.
maskulin masculine.
massakre massacre; **~re** massacre.
massasje massage.
masse mass; **en ~ av** a lot of, lots of, heaps of; **~media** mass media; **~mord** mass murders, serial killings; **~morder** mass murder, serial killer.
massere massage.
massiv massive; (ikke hul) solid.
mast mast.
masturbere masturbate.
mat food; **~e** feed; **~ebuss** shuttle bus.
matemati|ker mathematician; **-kk** mathematics, maths, *(amr)* math; **-sk** mathematical.
materia|le material; **-isme** materialism; **-istisk** materialistic.
materie matter, substance; *(i sår)* matter, pus; **~ll** *adj, subst* material.
mat|fett cooking fat; *(baking)* shortening; **-forgiftning** food poisoning; **-intoleranse** food intolerance; **-laging** cooking; **-lei** without ppetite; **-lyst** appetite; **-olje** cooking oil; **-pakke** packed lunch; **-rester** *flertall* leftovers.
matrik|kel land register, *(amr)* public record; **-ulere** register.

matrise matrix.
matros seaman.
matt *(glansløs)* dull, dim; *(svak)* faint; *(i sjakk)* mate.
matte *subst* mat.
matvare|butikk grocery store, supermarket; **-r** *flertall* foods.
maur ant; **~tue** anthill.
med *preposisjon* with; by; **~ mindre** unless.
medalje medal; **~vinner** medallist, *(amr)* medalist.
medaljong medallion; *(smykke)* locket.
medarbeider collaborator, co-worker.
meddele inform, state, report; communicate; advise; **~lse** communication, advice; information.
med|eier joint owner, co-owner; **-født** inborn; congenital; **-følelse** sympathy; **-føre** involve; **-gang** prosperity, success; **-gi** admit; **-gift** dowry; **-gjørlig** amenable; **-hjelper** assistant; **-hold** support.
media media *(flertall)*; **~tek** multimedia room.
medisin medicine; **~sk** medical.
medlem member; **~skap** membership; **søke ~skap** apply for membership.
med|lidenhet compassion, pity, sympathy; **-menneske** fellow being; ; **-regnet** including, included, counting; **-skyldig** *adj* accessory (**i** to); *subst* accomplice (**i** in).
med|tatt *(utslitt)* worn out; **-vind** fair wind; **-virke** co-operate, contribute.
meg me; **~ selv** myself.
megabyte megabyte (Mb).
meie *(på kjelke)* runner.
meie mow (down).
meieri dairy; **~produkter** dairy produce; **~smør** dairy butter.
meis *(fugl)* tit; *(jentespeider)* girl scout, *(amr)* bluebird.
meisle chisel.
meitemark (earth)worm.
mekani|ker mechanic(ian); **-kk** mechanics; **-sk** mechanic(al), automatic; **-sme** mechanism.
mekke tinker, fiddle.
mekl|e mediate; *(ved arbeidskonflikt)* arbitrate; *(fred)* negotiate; **~r** mediator; *(handel)* broker; **-ing** mediation, arbitration; **-ingsforsøk** attempt at mediation.
mekre bleat.
mektig mighty, powerful; *(om mat)* rich.

mel *(siktet)* flour; *(grovmalt)* meal.

melankoli melancholy; **-sk** melancholy.

meld|e report, notify; announce; *(kortspill)* declare, bid; **-ing** report; notification; announcement; statement; *SMS* message.

meldugg mildew.

melk milk; **H-** whole milk; **lett~** semi-skimmed milk, *(amr)* half-fat milk; **skummet ~** skimmed milk; **sur~** cultured milk.

melke *verb* milk; **~feber** milk fever; **~produksjon** dairy farming; **~spreng** milk engorgement; **~syre** lactic acid; **~tann** milk tooth; **~utslett** *(hos spedbarn)* cradle cap.

mellom between; *(blant)* among; **~aksel** *(maskin)* propeller shaft; **~distanserakett** intermediate-range ballistic missile; **~folkelig** international; **~fornøyd** not very pleased; **~gulv** midriff, diaphragm; ***~komst*** intervention; **~landing** intermediate landing; **~mann** intermediary; **~måltid** snack; **~rom** space; *(tid)* interval; **~spill** interlude; **~størrelse** medium size; **~ting** something between; **~vekt** *(bryting og boksing)* middleweight; **~værende** account; *(strid)* difference.

mellomøre *(anatomi)* middle ear; **~betennelse** *(medisin)* inflammation of the middle ear.

melodi tune; melody; **~sk** melodious.

melodrama melodrama; **~tisk** melodramatic.

melon melon.

membran membrane.

memo|arer *flertall* memoirs; **-rere** memorize.

men *konj* but.

mene *(ville ha sagt)* mean; *(synes)* think; *(være av den mening at)* be of (the) opinion that, think that.

mened perjury.

mengde number; quantity; *(av mennesker)* crowd.

menge mix, mingle.

menig *(soldat)* common soldier, private; **~het** *(i kirken)* congregation; *(sogn)* parish; *(sognefolk)* parishioners; **~mann** the man in the street.

mening *(oppfatning)* opinion, view; *(betydning)* meaning, sense; *(hensikt)* intention.

menings|forskjell difference of opinion; **-full** meaningful;

-løs absurd; **-måling** (public) opinion poll; **-ytring** expression of opinion.
menisk meniscus.
menneske man, human being; **~heten** mankind; **~lig** human; **~rett** human right; **~verd** human integrity.
mens while, whilst; **~ derimot** whereas.
menstruasjon period, menstruation; **~ssmerter** period pains.
mental mental; **~itet** mentality.
mente, en i ~ carry one; **ha i ~** bear in mind.
menuett minuet.
meny menu, bill of fare; **dagens ~** menu of the day; **~linje** *(edb)* menu bar.
mer more.
merian *(bot)* marjoram.
merkantil mercantile.
merkbar noticeable, perceptible.
merke *subst (tegn)* mark; *(emblem)* badge; *(fabrikat)* brand, make.
merke *verb* mark; *(legge merke til)* notice; *(kjenne)* perceive.
merkelapp tag; *(etikett)* label.
merkelig remarkable; *(underlig)* strange, odd.
merkeverksted specialist workshop.
merknad remark, comment.
merr mare.
merverdiavgift value added tax (VAT).
mesén patron.
meslinger *flertall (medisin)* measles.
messe *(vare-)* fair; *(høymesse o.l.)* mass; *(spisested)* mess(room); *verb* chant; **~hakel** chasuble; **~skjorte** surplice; *(katolsk)* alb.
Messias Messiah.
messing brass; **~blåseinstrument** brass instrument.
mest most; **~eparten** the bulk, the greater part.
mester master; *(sport)* champion; **~lig** masterly; **~skap** *(dyktighet)* mastership; *(sport)* championship; **~verk** masterpiece.
mestre master; manage; cope.
metafysikk metaphysics.
metall metal; **~isk** metallic.
metanol methanol.
meteor meteor; **~olog** meteorologist; **~ologi** meteorology; **~ologisk institutt** meteorological institute.
meter metre, *(amr)* meter; **~mål** *(målebånd)* tape measure.

metningspunkt saturation point.
metod|e method; **-isk** methodical.
metodist Methodist.
metrisk metrical.
mett, **jeg er ~** I have had enough, I am full (up).
mette fill; *(skaffe mat)* feed; *(kjemi)* saturate; **~nde** substantial; filling.
middag *(tidspunkt)* noon, midday; *(måltid)* dinner; **~shvil** after-dinner nap; **~sservise** dinner service, *(amr)* dinner set.
middel means; *(offentlige midler)* public funds; *(egne midler)* own contribution.
middelalder|en the Middle Ages; **-lig** medi(a)eval.
middelmådig mediocre.
middels middling, average, medium.
middeltemperatur mean temperature.
middelvei middle course; **den gyldne ~** the golden mean.
midje waist.
midlertidig temporary, provisional.
midnatt midnight; **~ssol** midnight sun.
midt| i in the middle of; **- iblant** in the midst of; **-erst** middle, central.
midt|gang gangway; **-punkt** centre, *(amr)* center; **-rabatt** *(på motorvei)* central reserve, *(amr)* median strip; **-side** central spread, *(amr)* center spread; **-skips** midships; **-sommer** midsummer; **-veis** halfway, midway.
Midtøsten the Middle East.
migrasjon migration.
migrene migraine.
Mikkel Rev *(eventyrfigur)* Reynard the Fox.
Mikke Mus *(tegneseriefigur)* Mickey Mouse.
mikro- micro-.
mikrobølge microwave; **~ovn** microwave oven.
mikro|fon microphone; *(hverdagslig)* mike; **-prosessor** microprocessor; **-skop** microscope.
mikstur mixture.
mil mile.
mild mild; gentle; **~het** mildness; gentleness; **~ne** mitigate, alleviate.
milepæl milestone.
militaris|me militarism; **-t, -tisk** militarist.
milits militia.
militær *adj* military; **~nekter** conscientious objector; **~tjeneste** military service.

miljø environment, surroundings; **~vern** environmental protection.
Miljøverndepartementet Ministry of the Environment.
miljøvernminister Minister of the Environment.
milliard milliard, *(amr)* billion.
million million; **~ær** millionaire.
milt milt, spleen.
mimi|kk facial expression(s); **-sk** mimic.
mimre *(minnes)* reminisce.
min *(foran substantiv)* my; *(alene)* mine.
mindre *(om størrelse)* smaller; *(om mengde eller grad)* less.
mindretall minority; **~sregjering** minority government.
mindreverdig inferior; **~hetskompleks** inferiority complex.
mindreårig under age, minor.
mine *(uttrykk)* air, look; *(gruve, sjø-)* mine; **~felt** mine field; **~legge** mine.
mineral mineral; **~vann** mineral water.
miniatyr miniature; **~maler** miniature painter.
minibank cash dispenser, *(amr)* automatic teller machine (ATM); **~kort** cash card.
mini|mal minimal; **-mere** minimize; **-mum** minimum.
minister secretary of state; *(statsråd)* cabinet minister, *(amr)* minister, secretary; **~ium** ministry; *(regjering)* cabinet, *(amr)* department; **~råd** *(i EU)* Council of Ministers.
mink mink.
minke decrease; dwindle.
minne *subst* memory; *(gjenstand)* souvenir, keepsake.
minne *verb* remind (**om** of).
minnelig, i ~het *(jur)* out of court.
minnes *(huske)* remember, recollect; *(feire minnet om)* commemorate; **~merke** monument, memorial.
minne|stein memorial, monument; **-tale** commemorative speech.
minneverdig memorable.
minoritet minority.
minske diminish; lessen, reduce.
minst *(mots mest)* least; *(mots størst)* smallest; **i det ~e** at least.
minstelønn minimum wage.
minus minus; less; **~grad** degree below zero.
minutt minute; **~viser** minute hand.

mirakel miracle.
misantrop misanthrope.
misbruk abuse; misuse; **~e** abuse; misuse; **~er** abuser, addict.
misdannelse deformity.
mis|forhold disproportion; **-fornøyd** displeased, dissatisfied; *(stadig)* discontented.
misforstå misunderstand; **~else** misunderstanding.
mishandl|e ill-treat, maltreat; maul; **-ing** ill-treatment, maltreatment.
misjon mission; **~ere** evangelize; **~ær** missionary.
miskreditt discredit.
misligholdelse *(av kontrakt)* breach of contract; *(av veksel)* non-payment.
mis|like dislike; **-lykkes** be unsuccessful, fail; **-lykket** unsuccessful; **-modig** despondent, downhearted; **-nøye** dissatisfaction, discontent.
missil missile.
mistanke suspicion.
miste lose.
misteltein mistletoe.
mistenke suspect (**for** of); **~lig** suspicious.
mistenk|som suspicious; **~het** suspicion; **-t** suspect.
mistillit lack of confidence; **~svotum** vote of no confidence.
mistroisk suspicious.
misunne envy, grudge; **~lig** envious, jealous; **~lse** envy, jealousy; **~lsesverdig** enviable.
misvisende misleading.
mjød mead.
mo *(lyngmo)* heath.
mobb|e bully; **~offer** victim of bullying; **~r** bully; **~ing** bullying.
mobiliser|e mobilize; **-ing** mobilization.
modell model; design; **~ere** model.
modem *(edb)* modem.
moden ripe; *(overført)* mature; **~het** ripeness; maturity.
moder|asjon *(måtehold)* moderation; *(avslag i pris)* reduction, discount; **-at, -ere** moderate.
modern|e fashionable; up-to-date; *(nåværende)* modern, contemporate; **-isere** modernize.
modifi|kasjon modification; qualification; **-sere** modify; qualify.
modig courageous, brave.
modne ripen; *(overført)* mature.
modul module.

mokasin moccasin.
moldvarp mole.
Moldova Moldova.
moldov|er Moldovan; **-sk** Moldovan.
molekyl molecule.
moll *(mus)* minor.
molo mole, pier.
molte cloudberry.
moment *(faktor)* point, item, factor; **~an** momentary.
monn *(grad)* degree; **~e** *(gjøre virkning)* help.
monogam monogamous; **~i** monogamy.
monokkel monocle.
monolitt monolith.
monolog monologue, soliloquy.
mononukleose glandular fever.
monopol monopoly (**på** of); **~isere** monopolize.
monoton monotonous.
monstrum monster.
monsun monsoon.
monter showcase; **~e** mount, erect; install; *(sette sammen)* assemble; *(sette på)* fit (up).
montør fitter; *(elektr)* electrician.
monument monument, memorial; **~al** monumental.
moped moped; **~ist** moped rider.
mor mother.
moral morals *flertall*; *(kampmoral)* morale; *(i en historie o.l.)* moral; **~sk** moral.
moralis|ere moralize; **-ering** moralization; **-t** moralist.
mord murder; **~anklage** murder charge; **~brann** arson; **~er** murderer, assassin; **~erisk** murderous; **~forsøk** attempted murder.
more amuse, divert, entertain; **~ seg** enjoy oneself.
morell cherry.
morene moraine.
morfar maternal grandfather.
morfin morphia, morphine; **~ist** morphine addict.
morgen morning; **i ~** tomorrow; **~fugl** early riser; **~kåpe** dressing-gown, *(amr)* robe.
morges, **i ~** this morning.
morild phosphorescence.
morkake placenta, afterbirth.
morkel morel.
mork|en decayed, rotten; *(skjør)* brittle; **-ne** decay.
mormor maternal grandmother.
morn good morning; hello; *amr også* hi; **~'a** bye; see you; cheerio.
moro amusement, fun.

morsdag Mother's Day.
morsealfabet Morse code.
morselskap parent company.
morsinstinkt maternal instinct.
morsk fierce, grim.
morsmål native tongue.
morsom amusing, entertaining; *(pussig)* funny.
morstrygd single parent benefit.
mort *(fisk)* roach.
mortensmesse Martinmas.
morter mortar.
mortifi|kasjon annulment, cancellation; **-sere** declare null and void; cancel.
mosaikk mosaic.
mose moss; *verb* mash; **~grodd** moss-covered.
mosjon exercise; **~ere** take exercise.
moské mosque.
moskito mosquito.
moskus musk; **~okse** musk ox.
most *(eple-)* apple juice.
mot *preposisjon* against; *(henimot)* towards; *(sport, jur)* versus; *subst* courage.
mot|angrep counter-attack; **-arbeide** oppose, counteract; **-bevise** disprove; **-bydelig** disgusting; obnoxious; **møte -bør** be opposed.
mote fashion, style; **~blad** fashion magazine; **~hus** fashion house; **~oppvisning** fashion show; **~tegner** fashion designer.
mot|forestillinger *flertall* remonstrances; **-forslag** counterproposal; **-gang** adversity, hardship(s); **-gift** antidote.
motiv motive; **~ere** motivate; justify; **~ering** motivation.
motkandidat opponent, rival.
motlys *(fotogr)* backlight; **~blender** lens hood.
motløs downhearted.
motor engine; motor; **~kasse** engine compartment; **~klipper** motor mower; **~olje** engine oil; **~sag** chain saw; **~stopp** engine trouble, breakdown.
motorsykkel motorcycle; *(hverdagslig)* motorbike; **~løp** speedway racing.
motor|varmer engine heater; **-vei** motorway, *(amr)* highway, freeway; **-vognavgift** vehicle licence, car licence.
motpart opponent.
motsatt opposite; contrary; *(omvendt)* reverse.
motset|ning opposition, contrast; **i ~ til** as opposed to; **-te seg** oppose; resist.

motsi contradict; **~gelse** contradiction; **~gende** contradictory.
motspiller opponent, adversary.
motstand resistance, opposition; **~er** opponent, adversary; **~sdyktig** resistant (**overfor** to); **~sevne** resistibility.
mot|strebende reluctant; **-stridende** contradictory, conflicting; **-stå** resist, withstand; **-svare** correspond to.
motta receive; *(anta)* accept; **~kelig** susceptible (**for** to); **~kelighet** susceptibility; **~kelse** receipt; *(av person)* reception; **~ker** receiver; recipient; **~kerland** receiving country.
mottiltak countermove.
motto motto.
mot|trekk countermove; **-vekt** counterbalance; **sette seg til -verge** offer resistance; put up a fight; **-vilje** reluctance; **-villig** reluctant; **-virke** counteract.
mousse mousse.
mudder mud, mire; **~maskin** dredge.
muffe muff; *(på rør)* socket.
mug|g mould, *amr* mold; **~e** jug *(stor)* pitcher; **~en** musty, mouldy, *(amr)* moldy; *(mutt)* grumpy, sulky; **-ne** go mouldy, mould.
mulatt mulatto.
muldyr mule.
muldvarp mole.
mule muzzle.
mulig possible; **~ens** possibly; **~gjøre** make possible; **~het** possibility.
mulkt fine.
multe cloudberry.
multimedia multimedia.
multiplisere multiply (**with** by).
mumie mummy.
mumle mutter, mumble.
munk monk.
munke|kappe cowl; **-kloster** monastery; **-orden** monastic order.
munn mouth; **bruke ~** scold; **~bind** (face) mask; **~full** mouthful; **~hoggeri** wrangling; bickering; **~hule** mouth cavity.
munning *(elve-)* mouth, *(stor)* estuary; *(på skytevåpen)* muzzle.
munnkurv muzzle; **sette ~ på** muzzle.
munn- og klovsyke foot-and-mouth disease.
munnsex oral sex.

munn|spill mouth organ; **-stykke** *(til sigarett)* holder; *(på blåseinstrument)* mouthpiece; **-sår** mouth ulcer.
munn-til-munn mouth-to-mouth resuscitation.
munn|vann mouthwash; **-vik** corner of the mouth.
munter gay, merry.
muntlig oral, verbal.
muntre opp cheer up.
mur wall; **~e** build with bricks; **~er** bricklayer; mason.
murmeldyr marmot.
mur|mester master bricklayer; **-skje** trowel; **-stein** brick.
mus mouse; **~e** Muse; **~efelle** mousetrap; **~esyke** repetitive strain injury (RSI).
museum museum.
musik|al musical; **-alsk** musical; **-ant, -er** musician.
musikk music; **~høyskole** academy of music; **~korps** brass band.
muskat nutmeg; **malt ~** ground nutmeg; **~blomme** mace.
muskel muscle; **~brist** a torn muscle; **~feste** muscular attachment; **~skade** muscle strain; **~svinn** muscular atrophy; **~vev** muscular tissue.
musketer musketeer.
muskul|atur musculature; **-øs** muscular.
muslim(sk) Muslim, Moslem.
musling *(blåskjell)* mussel; clam; **~skall** shell.
musserende fizzy, *(amr)* sparkling.
mustasje moustache.
mutt sulky.
myalgi myalgia.
mye very; *(meget)* much, plenty (of), a great *(eller* good) deal (of).
mygg mosquito, gnat; **~estikk** mosquito bite; **~netting** mosquito net; **~olje** mosquito repellant; **~spiral** mosquito coil; **~stift** mosquito repellant stick.
myk *(bløt)* soft; *(smidig)* supple; *(bøyelig)* pliable; **~e opp** soften; make pliable; **~ne** soften; become pliable.
mykporno(grafi) soft-core porn(ography).
myld|er throng, multitude; **-re** swarm, teem.
mynde greyhound.
myndig *(bydende)* authoritative; *(jur)* of age; **~het** authority; **~hetsalder** *(jur)* age of majority.
mynt coin; **~e** *(bot)* mint.
mynt|enhet monetary unit; **-fot** monetary standard; **-samler** collector of coins.
myr bog; *(sump)* marsh.
myrde murder.

myr|lendt boggy, swampy; **-ull** cotton grass.
myse *subst* whey.
myse *verb* peer, squint.
myst|erium mystery; **-isk** mysterious.
myt|e *subst* myth; **-isk** mythical; **-ologi** mythology; **-ologisk** mythological.
mytteri, gjøre ~ mutiny.
møbel piece of furniture; *flertall* furniture; **~handler** furniture dealer; **~snekker** cabinetmaker; **~stoff** upholstery (material).
møble|ment suite; **-re** furnish.
møkk dung, muck; **~-kjerre** dung-cart.
mølje jam, jumble, hotchpotch.
møll moth.
mølle mill; **~r** miller.
møllspist moth-eaten.
møne ridge of a roof.
mønje red lead, minium.
mønster pattern, design; **~beskyttet** (of) registered design.
mønstret patterned.
mør *(om kjøtt)* tender.
mørbanke *(rundjule)* beat black and blue.
mørbrad (tender)loin, undercut; *(får)* loin; *(okse)* undercut of sirloin.
mørdeig shortcrust.
mørk dark; *(dyster)* gloomy; **~e** dark; darkness; **~ne** darken.
mørtel mortar.
møte *subst* meeting.
møte *verb* meet; *(støte på)* meet with; **~s** meet; **~sted** meeting place.
måfå, på ~ at random.
måke *subst* (sea-)gull.
måke *verb* clear away, shovel.
mål *(enhet)* measure; *(omfang)* dimension; *(hensikt)* aim, goal, object(ive).
mål|bevisst purposeful; **-bånd** measuring tape.
måle measure; *(land)* survey; **~r** meter; **~stokk** standard; *(på kart)* scale.
mål|mann goalkeeper; **-setting** aim, purpose; **-stang** goalpost; **-strek** finishing line; **-tid** meal; **-trost** song thrush.
måne moon; *(på hodet)* bald spot; *(avtakende)* waning moon; *(tiltakende)* waxing moon.
måned month; **~lig** monthly; **~skort** season ticket.
måne|fase phase of the moon; **-formørkelse** eclipse of the moon; **-lyst** moonlit, moonlight.
måpe gape.

mår marten.
måte way, manner; fashion.
måtehold moderation; *(i nytelser)* temperance; **~en** moderate, temperate.
måtelig mediocre; indifferent.

N

nabo neighbour, *(amr)* neighbor; **~lag** neighbourhood, *(amr)* neighborhood; vicinity.
nafta naphtha; **~lin** naphthalene.
nag grudge, resentment; **bære ~ til** bear a grudge against; **~e** gnaw, rankle.
nagle rivet.
naiv naive; **~itet** naiveté.
naken naked; *(i kunst)* nude.
nakke nape, back of the head; **~sleng** whiplash; **~støtte** *(i bil)* headrest.
nam-nam yum-yum.
napp *(av fisk)* nibble.
naprapat naprapath.
narkoman drug addict, *(amr)* dope addict; *(hverdagslig)* junkie; **~i** drug addiction.
narkose narcosis.
narkotika narcotics, drugs *flertall*; **~misbruk** drug abuse; **~misbruker** drug addict; **~omsetning** drug pushing; **~selger** drug pusher.
narr fool; **~aktig** foolish.
narre trick, fool; **~smokk** dummy, *(amr)* pacifier; **~streker** pranks, foolery.
nasjon nation; **de forente nasjoner** the United Nations (UN).
nasjonal national; **~drakt** national costume; **~forsamling** national assembly.
nasjonalisere nationalize.
nasjonalis|me nationalism; **-t** nationalist; **-tisk** nationalistic.
nasjonalitet nationality.
nasjonal|park national park; **brutto -produkt** gross national output (GNP); **-sang** national anthem.
naske pinch; **~ri** pinching.
natrium sodium.
natron soda; *(til baking)* baking soda.
natt night; **~bord** bedside table; **~drakt** night wear.
natterangler night bird.
nattergal nightingale.

nattevakt night watchman; security officer.
natt|kjole nightgown; **-klubb** night club; **-lig** nightly; **-mat** midnight snack.
natur nature; *(landskap)* scenery; **av** ~ by nature, naturally.
naturalier, **betale i** ~ pay in kind.
naturalistisk naturalistic.
natur|fag natural science; **-fiber** natural fibre; **-fredet område** nature reserve; **-gass** natural gas; **-gjødsel** manure, dung.
naturlig natural; **~vis** naturally, of course.
natur|medisin herbal medicine; **-park** nature reserve; **-ressurser** *flertall* natural resources; **-ris** unpolished rice; **-silke** real silk; **-sti** nature trail; **-stridig** contrary to nature.
naturvern nature conservation; **~er** conservationist.
naturvite|nskap natural science; **~elig** scientific(ally); **-r** scientist.
nautisk nautical.
nav nave; *(hjul-)* hub.
navig|asjon navigation; **-atør** navigator; **-ere** navigate.
navle navel; **~streng** umbilical cord.
navn name.
navne|dag name day; **-opprop** roll call; **-skilt** nameplate; **-trekk** signature.
navn|gi name, mention by name; **-løs** nameless; anonymous.
nazis|me Nazism; **-t**, **-tisk** Nazi.
ne wane; **i** ~ on the wane.
nebb beak, bill; **~tang** pliers *flertall.*
nebbete *(overført)* saucy, cheeky.
ned down; **~e** down.
ned|bemanning staff reduction, downsizing; **-betale** pay off; **-brutt** broken (down).
nedbryt|bar decomposable; **-ende** destructive; subversive; **-ning** destruction; disintegration; *(oppløsning, forråtnelse)* decomposition; *(i organismen)* catabolism.
nedbør precipitation, rainfall.
neden|for *preposisjon, adv* below; **-fra** from below; **-under** beneath, underneath; downstairs.
nederlag defeat.
Nederland Netherlands.
neder|landsk Dutch; **-lender** Dutchman.

nederst lowest; *adv* at the bottom.
nedfall *(radioaktivt)* fall-out; **~en livmor** prolapse of the womb; **~sfrukt** windfall(s).
nedfor down; *(overført)* dejected.
nedgang *(vei ned)* way down, descent; *(overført)* decline, falling off; **~stid** recession, depression.
nedkom|me be delivered (**med** of), give birth to; **-st** delivery.
nedlate, ~ seg til condescend to, stoop to; **~nde** condescending.
nedlegge *(forretning, skole o.l.)* close (down), shut down; *(arbeidet)* stop, cease; *(hermetisere)* tin, can, pack; *(frukt)* preserve.
nedover *adv* down, downwards.
nedover *preposisjon* down; **~bakke** downhill.
nedrakking running down.
nedre lower.
ned|ringet low-cut, *décolletée*; **-rivning** demolition.
nedrust|e disarm; **-ning** disarmament; **-ningsavtale** disarmament agreement.
nedsatt *(pris)* reduced.
nedsette *(pris)* reduce; *(en komité)* appoint, set up; **~lse** reduction; appointment; **~nde** disparaging, depreciatory.
nedskjæring reduction, cut, cut-back.
nedskriv|e *(valuta)* devalue; *(redusere)* reduce; **-ing** reduction; *(av valuta)* devaluation.
nedslå|ende disheartening; **-tt** dejected, downcast.
nedstemt dejected.
ned|telling countdown; **-trapping** stepping down, de-escalation; **-trykt** depressed; **-tur** comedown; downer.
nedverdige degrade, debase; **~nde** degrading.
nedvurder|e depreciate; pull down; **-ing** depreciation.
negativ negative.
negl nail; **~ebånd** cuticle; **~efil** nail file; **~elakk** nail varnish, *(amr)* nail polish.
neglisjé négligé.
neglisjere ignore, neglect.
nei no.
neie curtsey.
nek sheaf; *(person)* fool.
nekrolog obituary.
nektar nectar; **~in** nectarine.
nekte refuse, deny.
nellik pink; *(krydder)* clove; **~spiker** whole clove.

nemlig *dvs* namely, viz.; *(fordi)* because, for.
nemnd committee, board.
nepe turnip.
neppe hardly, scarcely.
nerve nerve; **~pirrende** nerve-racking; **~sammenbrudd** nervous breakdown; **~smerter** neuralgia; **~system** nervous system.
nervøs nervous; **~itet** nervousness.
nes headland.
nese nose; **~blod** nosebleed; **~bor** nostril; **~dråper** nose drops; **være ~forkjølet** have a cold in the head; **~grus** prostrate; **~hule** nasal cavity; **~vis** saucy, impertinent, cheeky.
neshorn rhinoceros; *(hverdagslig)* rhino.
nesle nettle; **~feber** nettle rash.
nest next; **~ best** second best; **~ etter** next to; **~ sist** last but one.
neste next; *subst* neighbour, *(amr)* neighbor; **~kjærlighet** charity.
nesten almost, nearly; **~ulykke** close call.
nest|formann deputy chairman, vice-president; **-kommanderende** second in command.
nett *adj* neat.
nett *subst* net; *(edb)* (the) Internet; **bære~** string bag.
nett|avis online newspaper; **-bank** web bank; **-bruker** netizen; **-butikk** web shop; **-leser** browser; **-sted** web site.
nett|hendt handy; **~hinne** retina.
netting wire, netting.
netto net; **~beløp** net amount; **~fortjeneste** net profit.
nettopp just, precisely.
netto|pris net price; **-utbytte** net proceeds; **-vekt** net weight.
nettverk network; **~skort** *(edb)* network interface card.
neve fist; hand; **~nyttig** handy.
never birch bark.
nevne mention; **~r** denominator; **~verdig** worth mentioning.
nevro|log neurologist; **-se** neurosis; **-tiker, -tisk** neurotic.
nevø nephew.
NHO Confederation of Norwegian Business and Industry.
ni nine.
nidkjær zealous.

niende(del) ninth.
niese niece.
nifs creepy, frightening.
nihilis|me nihilism; **-t** nihilist.
nikke nod; **~dukke** yes-man; puppet.
nikkel nickel.
nikkers (knee) breeches, *(amr)* knickers.
nikotin nicotine.
nippe sip; **på ~t** a near miss; a close thing.
nipsgjenstand knick-knack; a piece of bric-à-brac.
nise porpoise.
nisje niche.
nisse *subst* leprechaun; *(ondskapsfull)* hobgoblin, gremlin.
nitr|at nitrate; **-itt** nitrite.
nitro|gen nitrogen; **-glyserin** nitro-glycerine.
nitt|en nineteen; **-i** ninety.
nivå level.
nobel noble.
noe *(et eller annet)* something; *(noe som helst)* anything.
noe *adv* somewhat; **ikke ~** nothing.
noen *adj/subst* some; any; *(en eller annen)* somebody; *(noen som helst)* anybody; **~lunde** tolerably, fairly; **~sinne** ever; **~steds** anywhere; *(et eller annet sted)* somewhere.
nok *adj* enough, sufficient.
nok *adv* enough, sufficiently; **~så** fairly, pretty; *(temmelig)* rather.
nomade nomad; **~folk** nomadic people.
nomin|asjon nomination; **-ere** nominate.
nonne nun; **~kloster** nunnery, convent.
nord north; **~enfor** *adj* (to the) north of; **~gående** northbound.
nordisk Nordic.
nordlig northern.
nordlys northern lights, aurora borealis.
nordmann Norwegian.
nordover northward.
Nordpolen the North Pole.
Norge Norway.
norm norm; standard.
normal normal; *(tilregnelig)* sane; **~isere** normalize; standardize.
norsk Norwegian.
nostalgisk nostalgic.
not seine.
nota *(regning)* bill; *(handel)* statement.
notabene please note that; mind (you).
notat note.
note note; **~r** *flertall (mus)* sheet music; **~ark** sheet of music.

noter|e note; *(pris)* quote; **-ing** *(pris-)* quotation.
noteringsoverføring reverse charges, *(amr)* call collect.
note|stativ music stand; **-system** notation.
notis note; notice; *(i avis)* paragraph; **~bok** notebook.
notorisk notorious.
novelle short story.
november November.
novise novice.
nudist nudist.
null nil; *(tegn)* nought, naught; *(om person)* nonentity; nobody; **~meridian** prime meridian; **~punkt** zero.
numerisk numerical.
nummen numb.
nummer number; *(størrelse i klær)* size; *(i program)* item; *(utgave)* issue; *(eksemplar av blad)* copy; **~ere** number; **~ert plass** reserved seat.
nummerskilt *(på bil)* number plate, *(amr)* license plate.
nupereller tatting.
ny *(mots gammel)* new; *(ytterligere)* fresh, further; *(månefase)* new moon; **på ~tt** anew, afresh.
nyanse shade; nuance; **~re** shade (off), vary; **~rt** nuanced.
nybegynner beginner.
nydelig nice, pretty, lovely.
nyhet a piece of news; **~er** *flertall* news.
nykke *subst* whim.
nykke *verb* tug.
nykomling newcomer.
nylig recently, lately; of late.
nymalt freshly painted.
nymfe nymph.
nymåne new moon.
nynazist neo-Nazi.
nynne hum.
nype *(bot)* hip; **~rose** dogrose.
nyre kidney.
nyre|bekken renal pelvis; **-belte** lap belt; **~betennelse** inflammation of the renal pelvis.
nyre|betennelse inflammation of the kidneys; **-grus, -stein** kidney stone, renal calculus; **-svikt** renal failure.
nys sneeze; **~e** sneeze.
nysgjerrig curious; **~het** curiosity.
nysølv German silver.
nyte enjoy; **~ godt av** benefit from, profit by; **~lse** enjoyment, pleasure; **~lsesmiddel** stimulant.
nytte *subst* use; *(fordel)* benefit, advantage.
nytte *verb (ha fordel av)* be of use, help; *(bruke)* use; **~løs** useless; **~verdi** utility value.

nyttig useful, helpful; **~gjøre seg** make use of.
nyttår New Year; **~saften** New Year's Eve; **~sdag** New Year's Day.
nær *adj* near; *(overført)* close, intimate; *preposisjon* near.
nærbilde close-up; **~butikk** local shop, *(amr)* local store.
nære nourish, feed; *(en følelse)* entertain, cherish; **~nde** nourishing; nutritious.
nærgående aggressive.
nærhet nearness; *(område)* neighbourhood, *(amr)* neighborhood; **i ~en av** near.
næring *(føde)* nourishment, food; nutriment; *(levevei)* trade, industry.
nærings|drivende in business, in trade; **-liv** economic life, business; **-middel** article of food, nutrient.
Nærings- og handelsdepartementet Ministry of Trade and Industry, *(amr)* Department of Commerce.
nærings- og handelsminister Minister of Trade and Industry, *(amr)* Secretary of Commerce.
nærings|stoff nutrient; **-vei** industry, business, trade; **-verdi** nutritional value.
nær|kamp close combat; *(sport)* in-fighting; **-liggende** adjacent, neighbouring, *(amr)* neighboring; **-lys** *(på bil)* dipped headlights.
nærme seg approach.
nær|miljø local environment; **-synt** short-sighted; myopic; **-tagende** touchy; sensitive.
nærvær presence; **~ende** present.
nød need, want, distress; **til ~** in an emergency; **i ~sfall** in case of need; **~t til** obliged (*eller* forced, compelled) to.
nødbrems emergency brake.
nøde *(overtale)* urge, press.
nød|havn port of refuge; **-hjelp** aid; relief.
nødig reluctantly.
nød|landing forced landing; **-lidende** needy, destitute; **-løgn** white lie; **-rop** cry of distress; **-signal** *sjøfart* distress signal; **-utgang** emergency exit.
nødvendig necessary; **~gjøre** necessitate; **~het** necessity; **~vis** necessarily.
nødverge self-defence.
nøff oink.
nøkkel key; *(mus)* clef; *(til gåte)* clue; **~hull** keyhole; **~ord** key word; **~ring** keyring.

nøkleknippe bunch of keys.
nøktern sober; **~het** sobriety.
nøle hesitate; **~nde** hesitating(ly).
nøre opp light a fire.
nøste *subst* ball.
nøste *verb* wind up.
nøtt nut.
nøtteknekker nutcracker.
nøyaktig exact, accurate; precise; **~het** exactness, accuracy; precision.
nøye *adj* close; *(streng)* strict; *(omhyggelig)* careful, scrupulous; *(kresen)* particular; **~ seg med** be content to.
nøysom easily satisfied; *(med mat og drikke)* frugal; **~het** moderation; *(fordringsløshet)* modesty.
nøytral neutral; **~isere** neutralize; **~itet** neutrality.
nå *adv* now.
nå *verb* reach; *(tog o.l.)* catch.
nåde grace; *(barmhjertighet)* mercy; **~gave** gift of grace; **~løs** merciless, ruthless; **~støt** death blow.
nådig gracious; merciful.
någjeldende current.
nål needle; *(knappe-)* pin.
nåle|pute pin cushion; **-tre** conifer.
nålevende contemporary, living.
når when; **~ som helst** whenever; (at) any time.
nåtildags nowadays.
nåvel well (then).
nåværende present; current.

O

oase oasis.
obdu|ksjon autopsy; **-sere** perform an autopsy.
oberst colonel.
objekt object.
objektiv *adj* objective; unbiased.
objektiv *subst* lens, objective; **~itet** objectivity; **~lokk** *(fotogr)* lens cap.
oblat wafer.
obligasjon bond; **~seier** bond holder.
obligatorisk compulsory; obligatory.
obo oboe; **~ist** oboist.
observ|ant observant; perceptive; **-asjon** observation; **-atør** observer; **-ere** observe.

oddetall uneven (*eller* odd) number.
ode ode.
odel allodial possession; **~sbonde** allodialist; **~sgård** allodium; **~srett** allodial privilege.
offensiv offensive.
offentlig public; **~gjøre** publish; **~gjøring** publication; **~het** publicity.
offer sacrifice; *(for ulykke)* victim; **~gave** offering; **~villig** self-sacrificing.
offiser officer.
offisiell official.
offline *(edb)* off-line, disconnected.
ofre sacrifice.
ofte often; frequently.
og and.
også also; too; as well.
oi oops.
oker ochre.
okkultisme occultism.
okkup|asjon occupation; **-ere** occupy.
okse bull; *(trekk-)* ox; **~kjøtt** beef; **~stek** roast beef.
oksid oxide; **~ere** oxidize; **~ering** oxidation.
oktan octane.
oktav *(mus)* octave.
oktober October.
olabil stock car; **~løp** stock car race.
olabukser jeans.
olde|far great-grandfather; **-mor** great-grandmother.
old|ing very old man; **-tid** antiquity.
Ole Brumm Winnie the Pooh.
Ole, Dole og Doffen *(tegneseriefigurer)* Huey, Dewey and Louie.
oliven olive; **fylt ~** stuffed olive; **~olje** olive oil.
olje oil; **~boring** drilling for oil; **~boringsplattform** drilling platform; **~embargo** oil embargo; **~felt** oilfield; **~forekomst** oil deposit; **~grus** oil gravel; **~hyre** oilskins *flertall*; **~ledning** pipeline; **~lerret** oilcloth; **~maleri** oil painting; **~måler** oil gauge; **~pinne** dipstick.
Olje- og energidepartementet Ministry of Petroleum and Energy.
olje- og energiminister Minister of Petroleum and Energy.
olje|raffineri oil refinery; **-søl** oil spill.
oljetrykkmåler oil pressure gauge.
olm furious, mad.

olympiade Olympic Games *flertall.*
om *konj* whether, if; *(dersom)* if; *(selv om)* even if, even though.
om *preposisjon* about; of; on.
om *adv* **~ bord** on board; **~ igjen** (over) again, once more.
om|adressere redirect; **-arbeide** revise; **-bestemme seg** change one's mind; **-bordstigning** boarding; **-budsmann** ombudsman; **-bygd** converted.
omdanne transform, convert; **~lse** transformation, conversion.
om|dreining turn, revolution; rotation; **-dømme** judgment; reputation.
omega-3-fettsyre omega-3 fatty acid.
omegn surroundings.
omelett omelette, *(amr)* omelet.
omfang *(utstrekning)* extent; *(størrelse)* volume; **~srik** extensive.
omfatte *(innbefatte)* comprise, include; **~nde** comprehensive, extensive.
omfavne embrace, hug; **~lse** embrace, hug.
omforme transform.
omgang *(omdreining)* rotation; *(sosial kontakt)* intercourse; *(i konkurranse)* round; *(i strikking)* row; *(fotball)* half-time; **~skrets** (circle of) acquaintances; circle.
omgi surround; **~velser** *flertall* surroundings; *(miljø)* environment.
omgjengelig sociable.
omgå evade; **~else** evasion; **~ende** *(per ~)* by return (of post); **~s** hang out; associate with.
om|hu care; **-hyggelig** careful; **-kamp** *(sport)* play-off; **-kjøring** diversion, *(amr)* detour; **-komme** die, perish; **-kostninger** *flertall* cost(s); *(avgifter)* charge(s); expense(s); **-krets** circumference.
omkring (a)round, about; *(omtrent)* about.
om|lyd mutation; **-løp** circulation.
omme over, at an end; **tiden er ~** time is up.
om|organisere reorganize; **-planting** replanting; **-plassering** relocation; **-prioritering** a change in priorities; **-reisende** travelling, *(amr)* traveling;

-ringe surround; encircle; **-riss** outline.
område territory, area; *(overført)* field.
omsetning *(handel)* turnover, sales; **~savgift** purchase tax, *(amr)* sales tax.
omsette sell; realize; **~lig** negotiable.
omsider eventually, at length.
omskape transform.
omskjær|e circumcise; **-ing** circumcision.
om|skolere re-educate; **-skrive, -skrivning** paraphrase; **-slag** *(til bok)* cover; *(medisin)* compress; *(i været)* change.
omsorg care; **~sarbeider** social worker; **~sbolig** care home; **~sfull** caring, considerate.
omstarte *(edb)* restart.
omstend|elig *adj* circumstantial, detailed; **-ighet** circumstance.
omstigning change.
omstille readjust, rearrange; **~ seg** adapt oneself.
om|streifer vagrant, tramp; ***-stridt*** *disputed*; controversial; **-støte** *(oppheve)* set aside, annul; *(gjendrive)* refute; **-svermet** much-courted; **-sydd** altered.
om|tale mention; **-tanke** thoughtfulness; **-tenksom** thoughtful.
omtrent about, approximately.
om|valg re-election; **-vei** detour; roundabout way; **-veltning** upheaval.
omvend|e *(religion)* convert; **~lse** conversion; **-t** reverse; **en -t** a convert.
omverden outside world.
omvis|er guide; **-ning** guided tour; conducted tour.
onanere masturbate.
ond evil, wicked; **~artet** ill-natured; *(sykdom)* malignant; **~e** evil; **~sinnet** evil-minded; **~skapsfull** malicious.
onkel uncle; **~ Skrue** *(tegneseriefigur)* Uncle Scrooge.
online *(edb)* on-line, connected.
onsdag Wednesday.
opera opera.
oper|asjon operation; **-ativsystem** *(edb)* DOS (Disc Operating System); **-atør** operator; **-ere** operate (on).
operette light opera.
opinion public opinion; **~sundersøkelse** (public) opinion poll.
opp up; **~ ned** wrong way up; **vende ~ ned** turn upside down.

opparbeide work up; develop.
oppbevar|e keep; *(lagre)* store; **-ing** keeping; *(lagring)* storage; *(jernb)* left-luggage office; **-ingsboks** (left-luggage) locker.
opp|blåsbar inflatable; **-brett** turn-up; **-brudd** breaking up, departure; **-brukt** *(beholdning)* exhausted; *(penger)* spent; **-byggelig** edifying.
oppdage discover; **~lse** discovery; **~lsesreisende** explorer.
oppdater|e update; **-ing** update.
oppdra bring up; educate; **~g** commission; task; **~gelse** upbringing; manners *flertall*.
oppdrett breeding, rearing; **~er** breeder; **~sfisk** farmed fish.
oppdrift buoyancy; *(overført)* ambition.
oppe up; *(åpen)* open; **~gående** on one's feet; *(intelligent)* well informed.
opp|fange *(oppsnappe)* intercept; **-farende** hot-tempered, fiery.
oppfat|ning *(forståelse)* comprehension; *(mening)* opinion, view; **~sevne** (faculty of) perception; **-te** *(forstå)* understand; *(få tak i)* catch.
oppfinn|e invent; **~lse** invention; **~r** *inventor*; **-som** inventive.
oppfordr|e invite, call upon; **-ing** invitation, request.
oppfriske freshen up; *(kunnskaper)* brush up; *(bekjentskap)* renew.
oppfylle fulfil; **~lse** fulfilment.
oppfør|e *(bygge)* construct, erect; *(teater)* perform; *(i regnskap)* enter; **~ seg** behave (oneself); **~lse** erection; *(teater)* performance; **-sel** behaviour, *(amr)* behavior; conduct.
oppgang rise; *(i hus)* staircase; **~stid** boom.
opp|gave *(fortegnelse)* statement; *(arbeid)* task, job; *(eksamens-)* paper, test; **-gi** give up; abandon; *(meddele)* state; **-gitt** dejected; resigned; **-gjør** settlement.
oppgradere upgrade.
opphav origin; source; **~smann** originator, author.
oppheve *(avskaffe)* lift, abolish; *(lov)* repeal; **~lse** lifting, abolition, repeal.
opphisse|lse excitement; **-t** excited.
opphold stay; *(stans)* break;

~e *(forsinke)* delay; **~e seg** *(midlertidig)* stay; *(fast)* live; **~ssted** (place of) residence; **~stillatelse** residence permit.
opphør cessation, discontinuance; **~e** cease, stop, end, discontinue; **~ssalg** clearance sale.
opphøye raise, elevate; **~t** elevated; *(overført)* sublime.
oppjaget harassed; *(om vilt)* flushed.
opp|kalle name, call; **-kast** vomit; **-kavet** flurried; **-kjøper** buyer; **-kjørsel** drive; **-klare** clear up; **-knappet** unbuttoned; **-koblet** *(edb)* online; **-kok** parboiling; *(overført)* rehash; **-komling** upstart, parvenu; **-komme** spring; well; **-komst** origin, rise.
oppkrav, **sende mot ~** send c.o.d. (cash on delivery); **~ssending** c.o.d. parcel (*eller* packet).
oppkreve collect; **~r** collector.
oppkvikker stimulant.
opplag *(av bok)* impression; *(av avis)* circulation; *(av varer)* stock; *skip i ~* laid-up ships.
opplagt *(være i stemning)* feel fit, be in a good mood; *(selvfølgelig)* obvious, evident.
opp|lesning reading (aloud); **-leve, -levelse** experience; **-livningsforsøk** attempt at resuscitation.
opplys|e light up, illuminate; *(meddele)* inform, state; **-ning** (piece of) information *(bare entall)*; **-t** *(om belysning)* illuminated, lit up; *(om kunnskaper)* educated.
opplær|ing training; **-t** trained.
oppløp disturbance, riot; **i ~et** at the finish.
oppløs|e dissolve; decompose; disintegrate; **~lig** soluble; decomposable; **-ning** dissolution; disintegration; *(kjemi)* solution.
oppmann *(jur)* arbitrator; *(sport)* umpire.
oppmerksom attentive; **være ~ på** be aware of; **~het** attention.
oppmuntr|e *(tilskynde)* encourage; *(gjøre glad)* cheer up; **-ing** encouragement.
oppmåling survey.
opp|navn nickname; **-nevne** appoint; **-nå** obtain, achieve, attain, gain.
oppofre sacrifice; **~nde** self-sacrificing; devoted.
oppon|ent opponent; **-ere** object, raise objections.
opportunist opportunist.

opposisjon opposition.
oppover up, upward(s).
opp|pakning pack; **-pussing** renovation, redecoration.
oppregning enumeration.
oppreis|ning reparation; *(æres-)* satisfaction; **-t** erect.
opprett|e found; establish; **~lse** foundation; establishment; **-holde** maintain.
oppriktig sincere; **~het** sincerity.
oppringning call.
opprinnel|ig original; **-se** origin.
opp|rivende harrowing; **-rop** proclamation; *(navne-)* roll-call; **-rulling** clear-up; **-rustning** rearmament; **-rydding** clearance; **-rykk** advancement, promotion; **-rømt** elated, in high spirits.
opprør rebellion, revolt; **~e** *(vekke avsky)* revolt; **~ende** shocking, outrageous; **~er** rebel; **~sk** rebellious; **~t** (hav) rough; *(overført)* shocked.
opprådd at a loss.
opp|samling accumulation; **-satt på** bent (*eller* keen) on.
oppsigel|ig terminable; *(obligasjon)* redeemable; *(funksjonær)* removable; **-se** notice; *(kontrakt)* termination; *(lån)* calling in; **-sestid** term of notice.
oppsikt attention; sensation; **~svekkende** sensational.
opp|skaket upset; **-skjært** sliced (up); **-skjørtet** bustling; **-skremt** alarmed, startled; **-skrift** recipe; **-skrytt** overpraised.
oppslag *(på erme)* cuff; *(plakat)* bill, notice; **~sbok** reference book; **~stavle** notice board, *(amr)* bulletin board.
opp|snappe *(overført)* catch; intercept; **-spedd** diluted, thinned; **-spilt** *(overført)* keyed up; **-spinn** fabrication; **-spore** trace.
oppstand insurrection, rising; **~else** *(fra de døde)* resurrection; *(røre)* excitement, stir.
oppstart start-up.
oppstemt in high spirits.
oppstig|ende ascending; **-ning** ascent.
oppstill|e set up; *(ordne)* arrange; **-ing** setting up; arrangement.
opp|stiver pick-me-up; **-stoppernese** snub-nose; **-strammer** *(tiltale)* talking-to; **-stykket** split up; **-styltet** stilted; **-styr** stir, commotion; **-støt** belch; **-stå** *overført* arise; **-suge** absorb.

oppsummer|e sum up; **-ing** summary.
opp|sving *(handel)* boom, upswing; progress; **-svulmet** swollen.
oppsyn supervision; control; **~sfartøy** fishery protection vessel; **~smann** inspector, supervisor.
oppsøke go and see, look up.
oppta take up, occupy; *(som partner o.l.)* admit; *(bestilling)* take an order; **~k** admission; *(lydbånd o.l.)* recording; **~ksprøve** entrance examination; **~tt** engaged, *(amr)* busy; *(plass o.l. også)* taken.
opp|tegnelse record; **-tog** procession; **-trapping** escalation, stepping-up.
opptre *(teater)* appear; *(handle)* act; **~den** appearance; *(handling)* action; *(oppførsel)* conduct.
opp|trekker bottle opener; **-trinn** scene; **-trykk** reprint; **-tøyer** *flertall* riot(s).
opp|vakt bright, intelligent; **-varming** heating; **-varte** wait (up)on.
oppvask washing-up; *konkr* dishes; **~håndkle** dish towel; **~klut** dishcloth; **~kum** sink; **~maskin** dishwasher; **~middel** washing-up liquid; **~stativ** dish draining rack.
opp|veie counterbalance; *(erstatte)* make up for; **-vekst** adolescence.
oppvis|e show; exhibit; **-ning** display, show.
oppøve train.
oppå on top of.
opsjon option; **~sinnehaver** option holder.
optiker optician.
optimal optimum.
optimis|me optimism; **-t** optimist; **-tisk** optimistic.
orakel oracle.
oransje orange.
ord word; *(løfte)* promise; **~blind** dyslexic; **~bok** dictionary.
orden order; **~stall** ordinal number; **~tlig** *(i orden)* orderly, tidy; *(riktig)* proper, regular; *(anstendig)* decent.
ord|forråd vocabulary; **-fører** chairman.
ordin|asjon ordination; **-ere** ordain; *(medisin)* prescribe; **-ær** ordinary; *(simpel)* common.
ord|klasse part of speech; **-kløveri** quibbling.
ordn|e arrange, fix; **~ med** attend to; **~ opp** put things right; **-ing** arrangement.

ordonnans orderly.
ordre order.
ord|rett literal, verbatim; **-spill** pun; **-språk** proverb; **-stilling** word order; **-styrer** chairman.
oregano oregano.
organ organ.
organis|asjon organization; **-ator** organizer; **-ere** organize.
organ|isk organic; **-isme** organism; **-ist** organist.
orgasme orgasm.
orgel organ.
orgie orgy.
orientalsk oriental.
orienter|e inform, brief; **~ en om noe** fill sby in on sth; **~ seg** take one's bearings; **-ing** *(rettledning)* briefing, information; *(sport)* orienteering; **-ingsevne** sense of direction.
original original.
ork effort, strain.
orkan hurricane.
orke *(greie)* manage; *(holde ut)* bear.
orkester orchestra, band.
orkidé orchid.
orm worm; *(slange)* snake, serpent; **~egress** fern.
ornament ornament.
ornat vestment(s).
ornitolog ornithologist; **~i** ornithology.
orrfugl black grouse.
ortodoks orthodox.
ortografi orthography; **~sk** orthographic.
ortopedi orthopedics; **~sk** orthopedic; surgical.
os *(røyk)* smoke; *(elve-)* mouth, outlet; **~e** smoke; *(overført)* reek.
OSS *fork for* **Ofte Stilte Spørsmål** FAQ (Frequently Asked Questions).
oss us.
ost cheese.
osteoporose osteoporosis.
osv etc; and so on; and so forth.
oter otter.
oval *adj/subst* oval.
oven|for *adv/preposisjon* above; **-nevnt, -stående** above(-mentioned); **-på** *(i etasjen over)* upstairs.
over over; *(høyere oppe enn)* above; *(tvers -)* across; **~alt** everywhere; **~ bord** overboard; **~ styr** *(sette ~ styr)* squander.
overall overalls *flertall*.
overanstreng|e seg over-exert (*eller* overstrain) oneself; **-else** over-exertion; **-t** overworked.
overarm upper arm.
over|befolket over-populated; **-belastet** overloaded.

overbevis|e convince (**om** of); **-ning** conviction.
over|blikk general view; **-bringe** deliver; **-by** outbid.
overbæren|de indulgent (**med** to); **-het** indulgence.
over|del upper part; *(klær)* top; **-dose** overdose; **-dra** transfer; *(myndighet)* delegate; **-drevet** exaggerated.
overdrive exaggerate; **~lse** exaggeration.
over|døve drown; **-dådig** luxurious.
overens, **komme/stemme ~** agree; **~komst** agreement; **~stemmelse** accordance, agreement.
overfall assault; **~e** assault; **~smann** assaulter, attacker.
over|fart crossing, passage; **-fladisk** superficial, shallow; **-flate** surface; **-flod** abundance; **-flødig** superfluous.
overfor *preposisjon, adv* opposite; *preposisjon, overført* in (the) face of.
over|fylt overcrowded; **-følsom** hypersensitive, *(amr)* oversensitive.
overfør|e transfer; *(tv, radio)* transmit; **-ing** transfer; *(tv, radio)* transmission; **-t** *(om betydning)* figurative.
overgang crossing; *(overført)* transition; *(fjell-)* pass; **~salder** climacteric; menopause; **~sbillett** transfer (ticket).
overgi hand over; **~ seg**, **~velse** surrender.
over|grep encroachment, infringement; **-grodd** overgrown; **-gå** exceed, surpass.
over|haling overhaul; **-hengende** *(om fare)* imminent, impending; **-herredømme** supremacy; **-hode** head; **-hodet** on the whole; **-holde** observe; keep.
Overhuset the House of Lords.
over|høre ignore; *(ikke høre)* miss; **-høvle** *(overført)* rebuke sharply; **ta -hånd** get out of control; *(bli utbredt)* become rampant.
overilt rash, hasty.
over|kjeve upper jaw; **bli -kjørt** get run over; **-klasse** the upper classes; **-kommando** chief command; **-kommelig** *(pris)* reasonable.
over|lagt premeditated; wilful, *(amr)* willful; **lide -last** suffer wrong; **-late** hand over; leave; **-lege** chief physician; **-legen** superior; *(i vesen)* haughty, supercilious; **med -legg** deliberately; **-leppe**

upper lip; **-leve** survive; **-levere** *deliver*; **-liste** outwit; **-lær** upper vamp; **-løper** deserter, defector.

over|makt superiority; **-manne** overpower; **-menneske** superman; **-moden** overripe; **i -morgen** the day after tomorrow; **til -mål** excessively.

over|natte stay overnight, spend the night; **-naturlig** supernatural.

over|oppsyn supervision; **-ordentlig** extraordinary; **-ordnet** superior.

overpris, **betale ~** be overcharged.

over|raske surprise; **-raskelse** surprise; **-rekke** present; **-rumple** take by surprise.

overs, **til ~** left(over); **ha til ~ for** have a liking for.

overse disregard; *(ikke se)* overlook, miss.

oversette translate; **~lse** translation; **~r** translator.

over|sikt survey; **-sjøisk** oversea(s); **-skride** exceed; **-skrift** heading; *(i avis)* headline; **-skudd** surplus; *(fortjeneste)* profit; **-skyet** overcast; **-slag** estimate; **-stige** surpass; **-strykning** crossing out, deletion; **-strømmende** effusive, profuse; **-stått** over and done with.

oversvømme overflow, flood; *(overført)* overrun; **~lse** flood, inundation.

overta take over; **ha ~ket** have the upper hand.

overtale persuade.

over|tid overtime; **-trekke** *(konto)* overdraw; **-trekkstøy** overall(s).

overtro superstition; **~isk** superstitious.

overveie consider, think over; **~lse** consideration, deliberation; **~nde** *adj* predominant.

overveiende *adv* mainly, chiefly.

over|vekt overweight; excess luggage; *(overført)* preponderance; predominance; **-velde** overwhelm; **-vinne** conquer, defeat; *(vanskelighet)* overcome; **-vurdere** overestimate; **-være** attend.

overvåk|e watch (over), supervise; **-ing** surveillance.

overøse med shower upon.

ovn stove; *(steke-)* oven; *(mikrobølge-)* microwave (oven); *(smelte-)* furnace; *(varmlufts-)* fanned oven; *(elektr)* heater; **~sstekt** roasted.

ozonlag ozon layer.

P

pacemaker pacemaker.
padde toad; **~flat** flat as a pancake.
padl|e paddle; **~r** paddler; **-ing** paddling.
paff *(overrasket)* speechless.
pakk *(pøbel)* riff-raff.
pakke *subst* parcel; *(fabrikkpakket)* packet.
pakke *verb* pack; **~ inn** wrap up; **~ opp** unpack; unwrap.
pakke|løsning package deal; **-post** parcel post; **-tur** package tour.
pakning *(tetningsmiddel)* packing; *(om vannkran)* washer; *(skive)* gasket.
pakt pact, treaty; **i ~ med** in keeping with.
palass palace.
palett palette.
palme palm; **~søndag** Palm Sunday.
panel *(på vegg)* wainscot; *(tv, radio)* panel; **~ovn** heater.
panert breaded.
pani|kk panic; **få ~** panic; **-sk** panic.
panne *(steke-)* frying-pan; *(ansiktsdel)* forehead; **~bånd** headband.
pannekake pancake; **~røre** (pancake) batter.
pannelugg fringe, *(amr)* bang.
pans|er armour, *(amr)* armor; *(på bil)* bonnet, *(amr)* hood; **~vernrakett** anti-tank missile; **-re** armour, *(amr)* armor.
pant pledge; *(hånd-)* pawn; *(i fast eiendom)* mortgage; *(for flaske)* deposit.
pante pledge; *(i fast eiendom)* mortgage; **~gjeld** mortgage; **~lån** mortgage loan; **~låner** pawnbroker.
panter panther.
pantobligasjon mortgage bond.
papegøye parrot.
papir paper; **~forretning** stationer's (shop); **~kniv** paperknife, *(amr)* letter opener; **~kurv** wastepaper basket, *(edb)* recycle bin; **~masse** (paper) pulp; **~pose** paper bag.
papp *(limt)* pasteboard; *(kartong)* cardboard; **~eske** cardboard box.

paprika *(grønn)* green pepper; **~pulver** paprika.
parabolantenne dish aerial.
parade(re) parade.
paradis paradise; **hoppe ~** play hopscotch.
paradoks paradox; **~al** paradoxical.
parafin paraffin, *(amr)* kerosene.
parafrase paraphrase.
paragraf paragraph; *(i lov)* section; **~tegn** section mark.
parallell parallel; **~stag** *(i bil)* track rod.
paranøtt Brazil nut.
paraply umbrella; **slå opp/slå ned en ~** put up/close an umbrella.
parapsykologi parapsychology; **~sk** parapsychological.
para|sitt parasite; **-soll** parasol.
parat ready.
parentes parenthesis, *flertall* -ses; brackets *flertall*; **hake~** square brackets *flertall*.
parere parry.
parfyme perfume; **~butikk** perfumery.
pari par; **i ~** at par; **over ~** above par; **under ~** below par.
paringstid mating season.
park park.
parker|e park; **-ing** parking; **-ing forbudt** no parking.
parkerings|avgift parking fee; **-bot** parking ticket; **-fil, -lomme** lay-by, *(amr)* roadside parking spot; **-lys** parking light; **-plass** parkingplace; *(større)* car-park, *(amr)* parking lot; **-vakt** traffic warden.
parkett *(gulv)* parquet; *(teater)* stalls, *(amr)* orchestra.
parkometer parking meter; **~vakt** parking-meter attendant.
parlament parliament; **~arisk** parliamentary; **~smedlem** Member of Parliament (MP).
parlør phrase book.
parodi parody; **~sk** parodic.
parsell lot; *(-hage)* allotment (garden); **~ere** parcel out.
part part, share; *(jur)* party; **~ere** cut up.
parterre *(teater)* pit, rear stalls, *(amr)* parterre.
parti *(politikk)* party; *(vare-)* consignment, shipment; *(giftermål)* match; *(mus)* part; **~formann** party leader; **~løs** independent; **~politikk** party politics; **~program** platform, party programme; **~sk** partial, biased.
partitur *(mus)* score.
partnerskap partnership;

~slov Act on Registered Partnership.
partsinnlegg *(jur)* plea; biased presentation.
parykk wig.
pasient patient.
pasifist pacifist; **~isk** pacifist.
pasjon passion; **~sfrukt** passion fruit.
pasning *(i fotball)* pass.
pass passport; *(kortsp, fjell-)* pass; *(tilsyn)* attention, care; *(pleie)* nursing.
passasje passage; **~r** passenger.
passat trade wind.
passe *(være beleilig)* suit; *(ha rett form)* fit; *(ta seg av)* look after; **~nde** suitable, fit; appropriate.
passere pass (by).
passiva *(handel)* liabilities *flertall*.
passord password.
pasta pasta; paste.
pastell pastel.
pastill pastille, lozenge.
patent patent; **~ert** patented.
pat|etisk pathetic; **-os** pathos.
patologi pathology.
patriot patriot; **~isk** patriotic.
patron cartridge; *(beskytter)* patron.
patrulje patrol; **~re** patrol.
patte suck; **~dyr** mammal.
pauke *(mus)* kettledrum; timpani; **~slager** timpanist.
pause pause, stop; break, *(amr)* recess; *teat o.l.* interval, *(amr)* intermission; *(mus)* rest.
pave pope.
paviljong pavilion.
pc *fork for* **personal computer**; **bærbar ~** laptop computer.
pedagogisk educational.
pedal pedal.
peil|e take a bearing; **-ing** bearing; **ta -ing på** aim at.
peis fireplace; **~hylle** mantelpiece.
pek, **gjøre noen et ~** play a trick on sby.
peke point (**på** at, *(overført)* to); **~finger** forefinger.
peke|r *(edb)* pointer; **-stokk** pointer.
pels fur; **~handler** furrier; **~kåpe** fur coat.
pen nice, handsome, pretty.
pend|el pendulum; **~trafikk** shuttle service; **-le** *(svinge)* waver; *(reise)* commute; **-ler** commuter.
penge|forbruk spending, expenditure; **-plassering** investment; **-pung** purse; **~r** *flertall* money; **-seddel** banknote, *(amr)* bill; **-skap** safe; **-utpressing** blackmail.

penicillin penicillin.
penis penis.
penn pen; **~al** pencil case.
pens *(jernb)* points, *(amr)* switch; **~e** shunt, *(amr)* switch.
pensel brush.
pensjon pension.
pensjonat boarding house, guest house.
pensjon|ist old-age pensioner (OAP); **-salder** pensionable age, *(amr)* retirement age; **-skasse** pension fund.
pensum syllabus; curriculum.
peon peony.
pep|per pepper; **~bøsse** pepper pot, *(amr)* pepper shaker; **~kake** *omtrent* ginger snap; **~mynte** peppermint; **~rot** horseradish; **-re** pepper.
per, **~ stykk** a piece; **~ dag** per (*eller* a) day; **~ post** by post.
perfekt perfect.
periferi periphery.
period|e period; **~dranker** dipsomaniac; **~vis** periodic(al); at times; **-isk** periodic.
periskop periscope.
perle pearl; *(glass)* bead; **~fisker** pearl diver; **~kjede** pearl necklace; **~høne** guinea-hen; **~mor** mother-of-pearl.
perm folder; *(bok)* cover.
permanent perm(anent).
permi|sjon leave (of absence); **svangerskaps~** maternity leave; **-ttere** *(gi permisjon)* grant leave; *(sende bort)* dismiss.
perpleks taken aback, nonplussed.
perrong platform.
persianer *(skinn)* Persian lamb.
persienne venetian blind.
persille parsley.
person person; *(teater)* character.
personale personnel, staff.
personifi|kasjon personification; **-sere** personify.
personlig personal, in person; **~het** personality.
personnummer National Insurance number, *(amr)* Social Security number.
perspektiv perspective.
pervers perverted.
pese pant.
pessimis|me pessimism; **-t** pessimist; **-tisk** pessimistic.
pest plague, pestilence; **~byll** bubo.
petroleum kerosene, paraffin oil; *(jordolje)* petroleum.
pga. *fork for* **på grunn av** because of.

pH-verdi pH level.
pian|ist pianist; **-o** piano.
pietisme pietism.
piffe opp perk up.
pigg spike; *(på piggtråd)* barb; **~dekk** studded tyre; **~sko** spiked shoe; **~sopp** tooth fungus; **~tråd** barbed wire.
piggvar turbot.
pikant piquant, racy.
pike girl; **~navn** *(etternavn)* maiden name; **~speider** girlguide.
pikkolo *(hotellgutt)* page, *(amr)* bellboy; **~fløyte** piccolo.
pil *(bot)* willow; *(til bue)* arrow; *(kaste-)* dart.
pilegrim pilgrim; **~sferd** pilgrimage.
pilk jig.
pilkasting *(spill)* darts *flertall*.
pilke jig.
pille *subst* pill.
pille *verb* pick; **~misbruk** medication abuse.
pimpe guzzle.
pine pain, torture; **~benk** rack.
pingvin penguin.
PIN-kode *fork for* **Personal Identification Number**, PIN code.
pinlig awkward, painful, embarrassing.
pinne stick; *(vagle)* perch; *(strikke-)* knitting needle.
pinnsvin hedgehog; *(hule-)* porcupine.
pinse|bevegelse Pentecostal Church; **-lilje** white narcissus.
pinsett tweezers.
pionér pioneer.
pip squeak.
pipe *subst* pipe; *(på bygning)* chimney; *(mus)* fife.
pipe *verb* whistle; squeak; **~ ut** boo; **~konsert** catcalls; **~løk** Welsh onion; **~renser** pipe cleaner.
piple trickle, ooze.
pir *(fisk)* young mackerel; *(brygge)* pier; *(mindre)* jetty.
pirk *(-arbeid)* fiddling work; **~ete** pedantic; finicky.
pirre irritate; stimulate.
pisk whip; *(pryl)* flogging; **~e** whip, flog; *(egg)* beat; **~et fløte** whipped cream.
piss piss, urine; **~e** piss, urinate; **~oar** urinal.
pistasj pistachio.
pistrete stringy.
pistol pistol; gun.
pjokk toddler.
pjolter whisky and soda, *(amr)* highball.
plag|e *subst, verb* trouble, bother, worry; **-som** troublesome.

plagg garment.
plagi|at plagiarism; **-ere** plagiarize.
plakat bill, poster.
plan *adj* plane.
plan *subst (prosjekt)* plan, scheme; *(utkast)* design; *(nivå)* level; **~ere** level; smoothe.
planet planet; **~system** planetary system.
planke plank; deal; **~gjerde** board fence, hoarding.
plan|legge plan; **-messig** systematic; **-overgang** *(jernb)* level crossing, *(amr)* grade crossing.
plansje *(bilde)* plate; *(kart)* chart.
plante *subst, verb* plant; **~etende** herbivorous; **~skole** nursery; **~vernmiddel** pesticide.
plapre chatter away; gabble.
plask splash; **~e** splash; **~regn** pelting rain, downpour.
plass *(rom)* room, space; *(sted)* place; *(torg o.l.)* square; *(sitte-)* seat.
plass|billett seat reservation.
plassere place; *(handel)* invest.
plast plastic.
plaster plaster.
plastflaske plastic bottle.
plastisk plastic.
plate plate; *(bord-)* top; *(stein-)* slab; *(metall-, glass-)* sheet; *(grammofon-)* record; *(elektr)* hotplate; **~prater** disc jockey; **~spiller** record player.
platina platinum.
platonic platonic.
platt flat; vulgar; **~form** platform; **~fot** flat foot.
platå plateau.
pledd blanket.
pleie *subst* nursing, care.
pleie *verb (ha for vane)* usually do sth; *(passe)* nurse, look after; **~barn** foster child; **~forelder** foster parent; **~hjem** nursing home; **~r** nurse.
plen lawn.
pleuritt pleurisy.
plikt duty; **~ig** obliged, bound; **~oppfyllende** conscientious.
plissé pleating.
plog plough; **~fure** furrow.
plombe *(i tann)* filling; *(bly-)* (lead) seal; **~re** *(tann)* fill, stop; *(forsegle)* seal.
plomme *(i egg)* yolk; *(frukt)* plum.
pludre jabber; prattle.
plugg peg; plug; **tenn~** spark(ing) plug.
plukke pick; gather; *(en fugl)* pluck.

plump *adj* coarse, vulgar; **~e** plump; flop.
pluss plus.
plutselig *adj* sudden.
plutselig *adv* suddenly.
plyndr|e plunder, pillage; rob; **-ing** pillage, plundering.
plysj plush.
plystre whistle.
pløse swelling; *(i sko)* tongue; **~te** baggy; bloated.
pløye plough, *(amr)* plow; **~ gjennom** *(overført)* wade through.
p.m. *fork for* **post meridiem** fra klokken 12 på dagen til klokken 12 på kvelden.
podagra gout.
pode *subst* offspring; *verb* graft.
poeng point; **~stilling** score; **~sum** total.
poengter|e emphasize; **-t** *adv* pointedly.
poe|si poetry; **-t** poet; **-tisk** poetic(al).
pokal cup.
pokker the deuce, the devil; **~ også!** damn!
pol pol; **~ar** polar.
polakk Pole.
polari|sere polarize; **-tet** polarity.
polarsirkel polar circle; *den nordlige* ~ the Arctic Circle.
polemi|kk controversy; **-sk** controversial, polemic.
Polen Poland.
poler|e polish; **-garn** wool waste; **-ingsmiddel** polish.
poliklinikk policlinic; out-patients' clinic.
polio polio(myelitis); **~vaksine** polio shot.
polise policy.
politi police; *(ridende)* mounted police.
politi|ker politician; **-kk** *(virksomhet)* politics; *(linje, fremgangsmåte)* policy.
politi|kvinne, -mann police officer, police(wo)man; *(hverdagslig)* bobby, *(amr)* copper; **-mester** chief constable, *(amr)* chief of police.
politisk political.
politistasjon police station.
pollen pollen; **~allergi** hay fever; **~varsel** pollen forecast.
polsk Polish.
polstr|e upholster; pad; **-ing** padding.
polygami polygamy.
polypp *(zool)* polyp; *(medisin)* polyp(us); *(i nesen)* adenoids *flertall*.
pommes frites chips, *(amr)* french fries.

pomp, **~ og prakt** pomp and circumstance; **~ong** pompon; **~øs** pompous, stately.
ponni pony.
poppel poplar.
populari|sere popularize; **-tet** popularity.
populær popular; **~vitenskap(elig)** popular science.
pore pore.
pornografi porn(ography); **~sk** pornographic.
porselen china, porcelain.
porsjon portion, share; *(om mat)* helping.
port gate.
portal portal.
portforbud curfew.
portefølje portfolio.
portier porter; **~e** curtain, portiére.
portner doorman.
porto postage; **~fritt** post-paid, post-free; **~tillegg** surcharge.
portrett portrait; **~ere** portray.
Portugal Portugal.
portugis|er Portuguese; **-isk** Portuguese.
portvin port.
porøs porous.
pose bag; **~re** pose; **~te** baggy.
posisjon position.
positiv positive.
positur pose.
posjer|e *(egg, frukt)* poach; **-ingspanne** poacher.
post *(brev o.l.)* post, mail; *(på program, i regnskap)* item.
post|anvisning postal order, *(amr)* money order; **-boks** post-office box (PO Box); **-bud** postman, *(amr)* mailman; **-e** post, mail; **-e restante** poste restante, *(amr)* general delivery.
postei pâté, paste.
poster|e post; **-ing** posting; *(også i regnskap)* item, entry; **-ingsfeil** misentry.
post|girokonto giro account; **-hus** post office; **-kasse** postbox, *(amr)* mailbox; **-kort** postcard; **-nummer** postcode, *(amr)* zip code; **-oppkrav** *(sende mot ~)* send c.o.d. (cash on delivery); **-pakke** postal parcel; **-stempel** postmark.
pote paw.
potens power; *(kjønnskraft også)* potency.
potet potato; **~gull** crisps, *(amr)* chips; **~mel** *omtrent* corn flour, *(amr)* corn starch.
potte pot; **~makeri** pottery; **~plante** pot(ted) plant.
p-pille contraceptive pill.
pragmatisk pragmatic.
praie hail.

praksis practise, *(amr)* practice; *(erfaring)* experience.
prakt splendour, *(amr)* splendor; **~full** splendid.
praktilkant trainee; **-sere** practise, *(amr)* practice; **-sk** practical.
pram *(lekter)* lighter, barge.
prangende resplendent.
prat chat; **~e** chat; **~som** talkative.
predikant preacher.
preferanse preference; **~aksje** preference share.
preg impress, stamp; **~e** stamp; characterize.
preke preach; **~n** sermon; **~stol** pulpit.
prektig splendid; excellent.
prekær precarious.
prelle av glance off.
preludium prelude.
premie *(forsikrings-)* premium; *(belønning)* reward; *(pris)* prize; **~obligasjon** premium bond.
première first night, first performance.
premisser *flertall* terms, *premises.*
preparlat preparation; **-ere** prepare.
preposisjon preposition.
presang present, gift; **~kort** gift voucher, gift token.
presenning *(bil-)* car cover; *sjøfart* tarpaulin.
presentlabel presentable; **-asjon** *(av person)* introduction; *(av veksel)* presentation; **-ere** *(person)* introduce (**for** to); *(regning, veksel)* present.
presidlent president; **-ere** preside.
presils precise, punctual; *(på klokkeslettet)* sharp; **~ere** define precisely; **-sjon** precision.
press pressure; *(påkjenning)* strain.
presse *subst, verb* press; **~byrå** press agency, news agency; **~frihet** freedom of the press; **~konferanse** press conference; **~melding** press release.
presserende urgent.
pressgruppe pressure group.
prest clergyman; parson; *(katolsk)* priest; *(sogne-)* rector, vicar; *(kapellan)* curate; *(skips-, felt- etc)* chaplain; *(Skottland og dissenter-)* minister.
prestasjon achievement.
prestelkjole cassock; **-krage** *(bot)* ox-eye daisy.
prestlere perform, achieve; **-isje** prestige.

pretensiøs pretentious.
preven|sjon contraception; **-tiv** *adj* preventive; **-tive midler** *flertall* contraceptives.
prikk dot; *(flekk)* spot; **~ete** dotted.
prima first-class.
primitiv primitive.
primus primus (stove).
primær primary.
prins prince; **~esse** princess.
prinsip|iell fundamental, in principle; **-p** principle.
prioritere give preference (*eller* priority) to.
prioritet priority; *(jur)* mortgage; **~saksje** preference share; **~slån** mortgage loan.
prippen prim, prudish.
pris price; *(premie)* prize; **~antydning** estimate; quotation; **~avslag** reduction, discount; **~e** *(fastsette prisen på)* price; *(rose)* praise; **~fall** fall in price(s); **~indeks** price index; **~klasse** price range; **~lapp** price tag; **~liste** price list.
prisme prism; *(i lysekrone)* drop.
pris|nedsettelse price reduction; **-notering** quotation; **-overslag** estimate; **-stigning** rise in prices; **-stopp** price freeze; **-verdig** praiseworthy.
privat private; **~praktiserende lege** doctor in private practice; **~isere** privatize.
privilegium privilege.
problem problem.
produ|ksjon production; **-kt** product; **-ktiv** productive; **-sent** producer; **-sere** produce.
profan profane.
profesjon profession; *(håndverk)* trade; **~ell** professional.
professor professor.
profet prophet; **~i** prophecy.
proff pro; **~tilbud** pro offer.
profil profile; **~ere seg** sell oneself.
profitt profit; **~ere** profit (**av** by).
prognose prognosis.
program program(me); **~ere** *(edb)* program(me); **~merer** programmer; **~tillegg** *(edb)* plug-in; **~vare** *(edb)* software.
progressiv progressive.
proklam|asjon proclamation; **-ere** proclaim.
prolaps prolapse.
proletar proletarian.
prolog prologue.

promenade promenade.
promille per thousand; **~kjøring** drink-driving, *(amr)* drunk-driving.
prompe break wind, fart.
pronomen pronoun.
propan butane, *(amr)* propane; **~apparat** gas stove.
propell propeller; screw.
proporsjon proportion; **~al** proportional.
propp stopper; plug; **~e** *(fylle)* cram; **~e seg** gorge (oneself); **~full** chock-full, crammed.
prosa prose; **~isk** prosaic.
prosed|ere *(jur)* plead; **-yre** *(fremgangsmåte)* procedure.
prosent per cent; **~sats** percentage.
prosesjon procession.
prosess *(jur)* (law)suit, action; *(utvikling)* process; **sentral ~eringsenhet** *(edb)* CPU (Central Processing Unit); **~fullmektig** *(advokat)* counsel.
prosjekt project, scheme; **~il** projectile; missile; **~ør** floodlight; *(teater)* spotlight; *(til film)* projector.
prospektkort (picture) postcard.
prostata prostate; *(medisin)* prostatitis.
prostitu|ert prostitute; *amr* *også* hooker; **-sjon** prostitution.
protein protein; **~fattig** low in protein; **~rik** rich in protein.
protest protest; **~ant** Protestant; **~ere** protest.
protokoll protocol; *(regnskap)* ledger; *(møte-)* book of minutes; **~ere** register, record.
proviant provisions, supplies; **~ere** stock up; take in supplies.
provins province; **~iell** provincial.
provisjon commission.
provisorisk provisional, temporary.
provo|kasjon provocation; **-sere** provoke.
prute haggle, bargain; **~ ned** beat down.
pryd ornament; **~e** adorn, decorate.
pryl thrashing, beating; **~e** thrash, beat (up).
prærie prairie.
prøve *subst* trial, test; *(vare-)* sample; *(teater)* rehearsal.
prøve *verb* try; test; *(teater)* rehearse; **~boring** trial drilling; **~kjøre** test-drive; **~lse** trial; ordeal; **~rom** *(i butikk)* fitting-room; **~rørsbarn** test-tube baby.

prøvesprengning *(av atomvåpen)* nuclear testing; **-stans** test ban.
prøvetur trial trip.
pseudonym pseudonym, pen-name.
psoriasis psoriasis.
psykiat|er psychiatrist; **-ri** psychiatry.
psykisk psychic(al); **~ lidelse** mental disorder.
psykoanalyse psychoanalysis.
psykolog psychologist; **~i** psychology; **~isk** psychological.
psykopat psychopath.
psyko|se psychosis; **-tisk** psychotic.
pubertet puberty.
publi|kasjon publication; **-kum** the public; *(teater)* audience; **-sere** publish.
pudder powder; **~dåse** compact; **~kvast** powder puff.
pudding pudding.
pudre powder.
puffe push.
pugge cram; swot (up).
pukkel hump; hunch; **~rygget** hunchbacked.
pule *(vulgært)* fuck.
pulje *(sport)* division, group; *(i spill)* pool.
pull *(på hatt)* crown.
puls pulse; **~ere** pulsate; **~åre** artery.
pult desk.
pulver powder; **~kaffe** instant coffee.
pumpe *subst, verb* pump.
pund pound; **~seddel** pound note.
pung *(penge-)* purse; *(anatomi)* scrotum; *(zool)* pouch; **~dyr** marsupial.
punkt point; *(prikk)* dot; **~ering** puncture; **~lig** punctual; **~um** full stop, *(amr)* period.
punsj punch.
pupill pupil.
pupp *(bryst)* tit.
puppe *(zool)* pupa; **~hylster** cocoon.
pur *(ren, skjær)* pure.
puritan|er Puritan; **-sk** puritanical.
purke sow.
purpur purple.
purre *subst* leek.
purre *verb (vekke)* call; rouse; *sjøfart* turn out; *(minne om)* remind of, press for.
pus pussy.
pusle *(små-)* fiddle, potter; **~spill** (jig-saw) puzzle; **~te** weak, puny.
puss *(materie)* pus; *(mur)* plaster; *(påfunn)* trick.

pusse *(gjøre blank)* clean; *(rense)* polish; **~garn** cotton waste; **~middel** polish.
pussig odd, queer, funny.
pust breath; *(vind-)* puff; **~e** breathe; **~erom** breathing space.
pute *(sofa-)* cushion; *(hode-)* pillow; *(skulder-)* pad; **~var** pillowcase, pillowslip.
putre *(småkoke)* simmer.
pyjamas pyjamas, *(amr)* pajamas.
pynt ornament; *(besetning)* trimmings; *(odde)* point; **~e** decorate; trim; **~e seg** dress up.
pyramide pyramid.
pyroman pyromaniac.
pyse sissy; drip; **~te** squeamish.
pytonslange python.
pytt *subst* puddle; **~, pytt** *(uttrykk)* never mind.
pæl pole; stake.
pære pear; *(elektr)* bulb.
pøbel hooligan; **~aktig** boorish.
pøl pool, puddle.
pølse sausage; **~bu** hot dog stand.
pøns(k)e, ~ på be up to; **~ ut** devise, think out.
pøse pour.
på *preposisjon* on, upon.
pålberope seg plead; **-budsskilt** mandatory sign; **-by** order; **-bygg** extension; **-driver** pusher; **-fallende** striking; **-fugl** peacock; **-funn** invention; **-følgende** following.
pålgang influx; **-gripe** *(jur)* arrest; **-gående** pushing; **-hengsmotor** outboard motor.
pålkalle *(oppmerksomhet)* attract; **-kjenning** strain, stress; **-kledd** dressed; **-kledning** dress.
påle pole, stake.
pålegg *(forhøyelse)* increase; rise, *(amr)* raise; *(kjøtt-)* meat, *(amr)* cold cuts; *(til å smøre på)* sandwich spread.
pållegge *(skatt o.l.)* impose; **-litelig** reliable; **-lydende** *subst* face value; **-løpne renter** accrued interest.
pålmelding registration; **-minnelse** reminder; **-passelig** attentive, careful; **-peke** point out; **-rørende** relative.
påse at see to it that, take care that.
påskelilje daffodil.
pålskjønne *(belønne)* reward; **-skrift** *(på veksel o.l.)* endorsement; *(underskrift)*

signature; **-skudd** pretext, excuse; **-skynde** hasten; **-stand** assertion.
påstå assert, maintain; **~elig** assertive, stubborn.
påtale *subst* censure; *(jur)* prosecution.
påtale *verb* criticize; **~myndighet** prosecuting authority.
påta seg assume, undertake.
på|tegne endorse; *(underskrive)* sign; **-trengende** obtrusive; **-troppende** next; **-trykk** pressure; **-tvinge** force upon.
på|vente, i ~ av in anticipation of; pending; **-virket** under the influence; **-virkning** influence; **-vise** point out, show; *(bevise)* prove; **-viselig** apparent.

R

rabalder noise, uproar; *(hverdagslig)* hullabaloo.
rabatt *(handel)* discount; *(bed)* border; **midt~** *(på motorvei)* central reserve, *(amr)* median strip.
rable scribble, doodle; **~ ned** jot down.
rad row; *(rekke)* rank.
radarkontroll radar control.
radering *(grafisk teknikk)* etching.
radiator radiator.
radikal radical.
radio radio, wireless; **~aktiv** radioactive; **~bil** *(i fornøyelsespark)* bumper car.
radium radium.
radius radius.
rage *(frem)* project; *(opp)* rise, tower.
rak straight.
rake *(angå)* concern; *(med rive)* rake.
rakett rocket; *(mil)* missile.
rakke ned på abuse, run down.
rakne come undone; *(om strømpe)* ladder; **~fri** ladderproof.
rakrygget erect, upright.
rally|cross rally cross; **-kjører** rally driver.
ram *(om smak)* pungent, acrid, rank.
ramaskrik outcry.
ramle *(falle)* tumble; *(skramle)* rumble, rattle.
ramme *subst* frame.

ramme *verb* hit, strike.
ramp hooligan.
rampelys footlights; *(overført)* limelight.
rams, på ~ by rote; **~e opp** reel off.
ran robbery, raid, hold-up; **~e** rob; **~er** robber.
rand *(kant)* edge; *(på glass)* brim; *(overført)* brink, verge.
rang rank; *(for-)* precedence.
rangel spree, booze, revel.
rangle *subst* rattle.
rangle *verb (rasle)* rattle; *(ture)* go on the booze (*eller* spree, revel).
rangere rank.
rank straight, erect; **~ingliste** ranking list.
ransake search.
ransel knapsack; *(skole-)* satchel.
rape belch.
rapp *adj* quick, swift; **~e seg** hurry.
rapport report; **~ere** report.
raps *(oljeplante)* rape.
raptus fit, seizure.
rar queer, strange; **~ing** odd type; **~itet** curiosity.
ras landslide, landslip; *(snø-)* avalanche.
rase *subst* race; *(dyre-)* breed.
rase *verb (ut)* slide; *(være rasende)* rage, rave; storm; **~diskriminering** racial discrimination; **~hat** racial hatred; **~nde** furious; **~opptøyer** *flertall* race riots; **~re** raze; **~ri** fury, rage.
rasis|me racism; **-t** racist.
rasjon ration; **~alisere** rationalize; **~ere** ration; **~ering** rationing.
rask *adj* quick; rapid, fast; **~e med seg** grab.
rasle rattle; *(om blader o.l.)* rustle; clank.
raspe rasp; *(med rivjern)* grate.
rast rest; **~e** rest.
raster raster; *(fotogr)* screen.
rastløs restless.
rate instalment, *(amr)* installment; *(frakt-, vekst-)* rate; **~vis** by instalments.
ratt steering wheel; **~lås** steering lock; **~stang** steering column.
raute low.
rav *subst* amber.
rave stagger, reel.
ravn raven.
razzia raid.
re, ~ en seng make a bed.
reagensglass test tube.
reagere react (**på** to).
reaksjon reaction; **~ær** reactionary.
real honest; straight; *(virkelig)* real; **~fag** science.

realis|asjon realization; *(utsalg)* clearance sale; **-ere** realize.
reali|sme realism; *(lærer i realfag)* science teacher; **-tet** reality.
reallønn real wages.
rebel|l rebel; **-sk** rebellious.
redak|sjon *(kontor)* editorial office; *(stab)* editorial staff; **-tør** editor.
redd afraid, scared, frightened.
redde save; *(befri)* rescue.
rede *subst* nest.
redegjøre give an account (**for** of); **~lse** account, statement.
redelig honest.
reder shipowner; **~i** shipping company.
redigere *(avis)* edit; *(formulere)* draft.
redning saving; rescue.
rednings|belte lifebelt, *(amr)* life preserver; **-båt** lifeboat; **-tjeneste** breakdown service, rescue service; **-vest** life jacket.
redsel horror, terror; **~full** horrible, terrible, dreadful.
redskap tool, implement.
redu|ksjon reduction; **-sere** reduce.
reell real.
refer|anse reference; **-at** report, account; *(fra møte)* minutes; **-ent** reporter; **-ere** refer (**til** to); *(et møte)* report.
reflek|s reflex; **~brikke** reflector; **~bånd** luminous strip; **-tere** reflect (**over** on).
reform reform; **~ere** reform.
refreng refrain.
refse punish; **~lse** punishment, reprimand.
refu|ndere refund; **-sjon** refund.
regatta regatta.
regel rule; **~messig** regular.
regent ruler, regent.
regi *teat (instruksjon)* stage management; *(iscenesettelse og oppføring)* production; *(film)* direction.
regime regime; **~nt** regiment.
region region; **~sykehus** regional hospital; **~al** regional.
regissør stage manager; producer; *(film)* director.
regist|er index, register; *(alfabetisk)* index; **-rere** register, record.
regjer|e govern, rule; **-ing** government.
regle jingle; **~ment** regulations.
regn rain; **~bue** rainbow; **~buehinne** iris; **~byge** shower.
regne rain; *(telle)* count;

~ **med** include; *(overført)* count on; **~feil** miscalculation.
regnfrakk raincoat.
regning *(fag)* arithmetic; *(regnskap)* account; *(for varer)* bill; *(på restaurant)* bill, *(amr)* check.
regnskap accounts *flertall*; **~sbilag** voucher; **~sfører** accountant; **~slære** accountancy.
regn|skur shower; **-vær** rainy weather.
regulativ *(lønns-)* (wage) scale.
regul|erbar adjustable; **-ere** regulate; *(justere)* adjust; **-ering** regulation, adjustment.
rehabilitere rehabilitate.
reim strap.
rein reindeer, *(amr)* caribou; **~sdyrstek** venison.
reip rope.
reir nest.
reise *subst* journey; *sjøfart* voyage; passage.
reise *verb (fra ett sted til et annet)* go; *(~ avsted)* leave, depart (**til** for); *(være på ~)* travel; *(kort ~)* trip.
reise|byrå travel agency; **-gods** luggage, *(amr)* baggage; **-leder** tour conductor, guide; **-mål** destination; **-nde** traveller, *(amr)* traveler; **-rute** itinerary; **-sjekk** traveller's cheque; **-syke** travel sickness.
reisning erection; *(holdning)* carriage.
reke *subst* shrimp; *(større)* prawn.
reke *verb (drive)* stray, roam.
rekke *subst* row, range, series; *(mil)* rank; *sjøfart* rail.
rekke *verb* reach; *(levere)* hand; pass; **~følge** order, sequence; **~hus** terraced house, *(amr)* row house; **~vidde** reach; scope.
rekkverk rail(ing); *(i trapp)* banisters *flertall*.
reklamasjon complaint; *(krav)* claim.
reklame advertising; **~byrå** advertising agency; **~re** *(klage)* complain, claim; *(drive reklame)* advertise.
re|kommandert brev registered letter; **-konvalesens** convalescence.
rekord record.
rekruttere recruit.
rektor head(master *m*, -mistress *f*); *(ved fagskole)* principal; *(universitet)* rector.
rekviem requiem.
rekvi|rere order; **-sisjon** requisition; **-sitt** prop.

rekyl recoil.
relat|ere relate (*til* to); **-iv** relative; **~ivitetsteorien** the theory of relativity.
relé relay; *(strømbryter)* circuit.
relevant relevant, pertinent.
relieff relief.
religi|on religion; **-øs** religious.
relikvie relic.
remisse remittance.
remse *(strimmel)* strip.
ren *adj* clean; *(ublandet)* pure.
renessanse renaissance.
renhold cleaning.
renn run; *(sport)* race, run.
renne *subst (tak-)* gutter; *(grøft)* drain; *(fordypning)* groove.
renne *verb* run; flow; **~garn** warp; **~løkke** noose; **~nde nese** runny nose; **~stein** gutter.
renning warp.
renovasjon waste disposal, *(amr)* garbage collection.
rense clean; *(kjemi)* dry-clean; **~anlegg** purifier plant; **~krem** cleansing cream; **~ri** (dry) cleaner's.
rente interest; **~forhøyelse** increase in interest; **~fot** rate of interest; **~nedsettelse** reduction in rate of interest; **~nist** rentier; **~srente** compound interest.
repar|asjon repair; **-ere** repair.
repertoar repertory.
repet|ere revise; **-isjon** revision.
repli|kk rejoinder; *(teater)* speech; **-sere** reply.
reportasje report; *(radio)* (running) commentary.
represalier reprisals.
represent|ant representative; **-asjon** representation; *(bevertning)* entertainment; **-ere** represent.
reprise rerun.
reprodu|ksjon reproduction; **-sere** reproduce.
republik|aner republican; **-k** republic.
resepsjon *(hotell)* reception desk; **~ist** reception clerk, *(amr)* desk clerk.
resept prescription.
reserv|asjon reservation; **-ere** reserve.
reservat reserve, *(amr)* reservation.
reserve reserve; **~dekk** spare tyre; **~del** spare part; **~hjul** spare wheel; **~rt** reserved; booked.
reservoar reservoir.
residens residence.
resirkuler|e recycle; **-ing** recycling.

resolu|sjon resolution; **-tt** resolute(ly), determined.
resonans resonance.
resonne|ment reasoning; **-re** reason.
respekt respect, regards; **~abel** respectable; **~ere** respect; **~løs** disrespectful.
ressurser resources.
rest remainder; rest; *(matrester)* leftovers; **~anse** arrears *flertall.*
restaur|ant restaurant; **-atør** restaurant keeper; **-ere** restore.
restbeløp balance.
restriksjon restriction.
result|at result; **-ere i** result in, lead to.
resym|é summary, résumé; **-ere** sum up, summarize.
retning direction; **~snummer** *tlf* dialling code, *(amr)* area code; **~sviser** *(på bil)* direction indicator.
retorikk rhetoric.
rett *adj, adv* right; *(direkte)* straight.
rett *subst (mat)* dish, course; *(mots urett)* right; *(jur)* lawcourt; **ha ~** be right.
rette *subst* the right side.
rette *verb (henvende)* direct; *(korrigere)* correct; *(gjøre rett)* straighten; *(justere)* adjust; **~lse** correction.
rettergang process.
rettferdig just; **~gjøre** justify; **~het** justice.
rettighet right, privilege.
rett|ledning guidance; **-skrivning** spelling.
retts|lig legal; **-løs** without legal rights; **-sak** case, (law)suit.
rettvinklet right-angled.
retur return; **~billett** return (ticket), *(amr)* round trip ticket; **~nere** return; **~tast** *(edb)* return key.
rev *sjøfart* reef; *(zool)* fox.
re|vansj revenge; **-velje** reveille; **-vers** reverse.
revi|dere revise; *(som revisor)* audit; **-sjon** revision; *(av regnskap)* audit(ing); **-sor** auditor; *(statsautorisert)* chartered accountant.
revmat|isk rheumatic; **-isme** rheumatism.
revne *subst (sprekk)* crack; *(flenge)* rent.
revne *verb (briste)* crack; *(sprekke)* tear.
revolusjon revolution; **~ær** revolutionary.
revolver revolver.
revy *(mønstring)* review; *(teater)* show, revue.
ri *subst* fit, spell; *(smerte)* contraction, pain.

ri *verb* ride.
ribbe *subst* rib; *(sport)* wall bars; *(mat)* pork ribs.
ribbe *verb* pluck.
ribben rib.
ribbevegg wall bars, *(amr)* stall bars.
ridder knight; **~lig** chivalrous.
ride|bukser riding breeches; **-hest** saddle horse; **-hjelm** riding helmet; **-pisk** horsewhip; **-sal** riding saddle; **-tur** ride.
rifle *(gevær)* rifle.
rift tear; *(i huden)* scratch; *(etterspørsel)* rush, demand.
rigg *subst* rigging.
rigge rig; **~e til** prepare.
rik rich, wealthy; **~dom** riches; wealth; **~elig** plentiful, abundant.
riksadvokat *omtrent* Director of Public Prosecution, *(amr)* Attorney General.
Rikshospitalet the National Hospital of Norway.
Riksmeklingsmannen National Arbitration Tribunal, *(amr, omtrent)* National Labor Arbitrator.
Riksrevisjonen *omtrent* Office of the Auditor General.
Riksteateret the Norwegian Touring Theatre.
rikstelefon *(fjernvalg)* (international) direct dialling (IDD).
Rikstrygdeverket *omtrent* National Insurance Administration, *(amr)* Health Care Financing Administration.
riktig *adj* right, correct; *adv* *(ganske)* quite; **~nok... (men)** it is true... (but).
rille groove.
rim rime; *(-frost)* hoar frost; *(vers)* rhyme; **~e** rhyme.
rimelig reasonable.
ring ring; *(bil-)* tyre, *(amr)* tire.
ringe *verb* ring.
ringe|apparat bell; **-klokke** *(vekkerur)* alarm clock; *(på sykkel)* bicycle bell; **-signal** calling signal.
ringfinger third finger.
ringvirkning extended effect.
ripe scratch; *(båt-)* gunwale.
ripe *verb* scratch.
rippe opp i rip open.
rips *(bot)* red currant.
ris *(kvister)* twigs; *(til straff)* rod; *(bjørke-)* birch; *(korn)* rice.
rise *(med ris)* birch, flog; *(med hånd)* spank.
risik|abel risky; **-ere** risk.
risiko risk; **~avfall** risk waste; **~fylt** risky.
riske milk cap.

risle ripple, run.
risp scratch.
riss *(utkast)* sketch, draft.
risse scratch; ~ **opp** draft, sketch, outline.
rist *(jern-)* grate, grating; *(på fot)* instep.
riste shake; *(steke)* grill; *(brød)* toast.
ritual ritual.
rival rival; ~**isere** rival.
rive *subst* rake.
rive *verb (flenge, rykke)* tear; *(snappe)* snatch; **i ~nde fart** at a furious pace.
Rivieraen the Riviera.
ro *subst* rest; *(stillhet)* quiet.
ro *verb* row, pull.
robber *(kortspill)* rubber.
robåt rowing boat, *(amr)* rowboat.
rogn *(i fisk)* roe; *(bot)* rowan.
rojalistisk royalist.
rokk spinning wheel.
rokke *subst* (fisk) ray.
rokke *verb (vugge)* rock; *(flytte)* budge; *(svekke)* shake.
rolig quiet, calm.
rolle part, role; ~**besetning** cast; ~**modell** role model; ~**spill** role play.
rom *(værelse)* room; *(plass også)* space; *(drikk)* rum.
roman novel; ~**forfatter** novelist.
Romania Rumania.
romanti|kk romance; **-sk** romantic.
romertall Roman numeral.
romfar|er astronaut; **-t** space travel; **-tssenter** space centre.
rom|formidling accommodation service; **-innhold** volume.
romme contain, hold; *(ha plass til)* accommodate; ~**lig** spacious, roomy.
romservice *(på hotell)* room service.
rom|skip spacecraft, spaceship; **-virkning** spatial effect.
rope call, cry, shout; ~**rt** megaphone.
ror helm; *(blad)* rudder; ~**bu** fisherman's shack.
ros praise.
rosa pink.
rose *subst* rose.
rose *verb* praise; ~**maling** do rosemaling.
rosenkrans *(katolsk)* rosary.
rosmarin *(bot)* rosemary.
rot root; *(uorden)* mess.
rotasjon rotation.
rote *(lage rot)* make a mess; *(gjennom-)* rummage; ~**re** rotate, revolve; ~**te** messy.
rot|frukt root vegetable; **-fylle** do a root filling; **-løs** rootless.

rotte rat; **~felle** rattrap; **~gift** rodenticide.
rov prey; **~dyr** beast of prey.
ru rough, coarse.
rubin ruby.
rubrikk *(spalte)* column; *(til utfylling)* space, blank.
rug rye.
rugde woodcock.
ruge brood; **~ ut** hatch; **~kasse** sitting box; **~maskin** incubator.
ruin ruin; **~ere** ruin.
ruke cowpat.
rulade roulade.
rulett roulette.
rull roll; *(valse)* roller; *(spole)* reel.
rulle *subst (kles-)* mangle.
rulle *verb (tøy)* mangle; *(edb)* scroll; **~bane** *(for fly)* runway; **~blad** record; **~brett** skateboard.
rullegardin blind, *(amr)* shade; **~meny** *(edb)* roll-down menu.
rulle|skøyte rollerskate; **-stol** wheelchair; **-tekst** rolling titles; **-trapp** escalator.
rumen|er Rumanian; **-sk** Rumanian.
rumle rumble.
rumpe buttocks *flertall*; behind, bottom; **~taske** bumbag.
rund *adj, adv* round.
runde round; *(sport)* lap; **~tid** lap time.
rund|håndet generous, openhanded; **-jule** thrash; **-kjøring** roundabout; **-reise** round trip; **-skriv** circular.
rune rune; **~alfabet** runic alphabet.
runge ring.
runke *(vulgært)* wank, toss off.
rus intoxication; **~drikk** intoxicant.
ruse fish trap; *(~ motoren)* race the engine.
rushtid peak (*eller* rush) hours.
rusk *subst (støvgrann)* mote; *(svær kar)* hulk.
rusk *adj* crazy.
ruske pull; shake; **~vær** rough weather.
rusle loiter, potter.
russ student in the final year of secondary school/*(amr)* high school; **-etid** period (May/June) of celebrating leaving secondary school/ high school *(amr)*.
russ|er Russian; **-isk** Russian.
Russland Russia.
rust rust; **~behandling** anti-rust treatment; **~e** rust; corrode; *(mil)* arm; *(utstyre)* fit out; **~en** rusty, corroded.

rust|fjerner rust remover; **-flekk** rust stain; **-fri** non-corrosive; stainless; **-hindrende** anti-corrosive.

rustning armour, *(amr)* armor.

rute *(vei)* route; *(forbindelse)* service; *(-plan)* time table, *(amr)* schedule; *(glass-)* pane; *(firkant)* square; **~r** *(kortspill)* diamonds; *(edb)* router; **~te** chequered, *(amr)* checkered.

rutefly a scheduled flight.

rutine routine; *(erfaring)* experience, practice; **~rt** experienced.

rutsje glide, slide; **~bane** slide.

ruve tower (up), bulk.

ry renown, fame.

ryd|de clear; **-dig** tidy, orderly; **-ning** clearing.

rye rug.

rygg back; *(fjell-)* ridge; **~e** step back; back, reverse; **~elys** reversing lamp.

ryggmarg spinal cord; **~sbedøvelse** spinal anaesthesia; **~sprøve** spinal puncture, *(amr)* spinal tap.

rygg|rad spine; *(overført)* backbone; **-sekk** rucksack; **-svømming** back stroke.

ryggsøyle *(anatomi)* spinal cord.

ryggvirvel dorsal vertebra; **~forskyvning** slipped disc.

ryke *(gå i stykker)* burst, snap; *(sende ut røyk)* smoke; *(ulme)* smoulder.

rykk tug, jerk; **~e** pull, jerk; **~vis** by jerks.

rykte report, rumour, *(amr)* rumor; *(omdømme)* reputation.

rynke *subst, verb* wrinkle; *(~ pannen)* frown; **~krem** anti-wrinkle cream.

rype grouse; *(fjell-)* ptarmigan.

ryste shake; *(forferde)* shock; **~lse** concussion, tremor; **~nde** appalling; **~t** shaken.

rytm|e rhythm; **-isk** rhythmic.

rytter horseman, rider.

ræv *(vulgært)* arse, *(amr)* ass; **~a** shit, rotten.

rød red; **høy~** crimson; **rust~** rust; **vin~** purple.

røde hunder *(medisin)* German measles.

Røde Kors Red Cross.

Rødhette *(eventyrfigur)* Little Red Riding Hood.

rødkål red cabbage.

rødme *subst, verb* blush.

rød|musset ruddy; **-spette** plaice.

rødvin red wine; *(bordeaux, i England)* claret.

røff rough.

røkelse incense; **~skar** censer.
røkt *(om mat)* smoked, cured.
rølpete crude, loutish.
rømme *subst* sour cream.
rømme *verb* run away; *(om fange)* escape; *(fjerne seg fra)* vacate, evacuate.
rømning flight; escape.
rønne shack, hovel.
røntgen *(-bilde, -fotografere)* x-ray.
røpe betray, give away.
rør nonsense; *(ledning)* pipe; *(mindre)* tube.
røre *(vaffel- o.l.)* batter; *(oppstyr)* commotion, stir; *(rot)* muddle.
røre *verb* move, stir; *(berøre)* touch; *(våse)* talk nonsense; **~nde** touching, moving.
rør|ledning pipeline; **-legger** plumber; **-lig** movable; **-sukker** cane sugar.
røve rob; *(plyndre)* plunder; **~r** robber; **~rkjøp** bargain.
røyk smoke; **~e** smoke; **~ekupé** smoker, smoking compartment; **~elov** smoking law; **~er** smoker; **~esug** nicotine craving; **~et** *(om mat)* smoked; **~varsler** smoke detector.
røyskatt stoat, ermine.
rå *(grov)* coarse; rude; vulgar; *(ukokt)* raw; *(om biff)* rare; *(uraffinert)* crude; *(luft)* damp.
råd advice; **et** ~ a piece of advice; *(utvei)* means; *(forsamling)* council.
råde advise; *(herske)* rule; **~nde** existing, prevailing.
rådføre seg consult.
rådgiv|er adviser; **-ning** counselling, *(amr)* counseling.
råd|hus town hall, city hall; **-løs** perplexed; **-mann** alderman; **-spørre** consult; **-vill** perplexed, at a loss.
rådyr roe deer; *(kjøtt)* venison.
råflaks extreme luck.
råflott lavish, extravagant; *(flott å se på)* gorgeous, stunning.
råk *(is)* lane.
råkjøre scorch; drive recklessly; **~r** reckless driver.
råkost fresh, raw vegetables and fruit.
råmateriale raw material.
råne boar.
rå|olje crude oil; **-silke** raw silk; **-skinn** lout, hooligan; **-stoff** raw material.
råte rot; decay; **tørr~** dry rot.
råt|ne rot, decay; **-ten** rotten, decayed; **-tenskap** rottenness, corruption.
råvareindustri primary industry.

S

sabbat sabbath; **~sår** sabbatical *year.*
sabel sword; sabre.
sabla *(hverdagslig)* extremely.
sabotlasje sabotage; **-ere** sabotage.
sadel saddle.
sadist sadist; **~isk** sadistic, cruel.
safir sapphire.
safran saffron.
saft juice; *(bot)* sap; **~ig** juicy; **~presse** juice extractor.
sag saw.
saga saga.
sagle saw; **-flis** sawdust.
sagn legend, tradition.
sak *(anliggende)* matter; *(emne)* subject; *(idé)* cause; *(jur)* case.
sake *(japansk risbrennevin)* sake, *(amr)* saki.
sakfører lawyer; solicitor, *(amr)* attorney.
saklkunnskap expert knowledge, know-how; **-kyndig** expert.
saklig unbiased; objective; **~het** objectivity.
saksliste agenda; **-omkostninger** *flertall* costs.
sakrlament sacrament; **-isti** vestry, sacristy.
saks scissors *flertall.*
saksofon saxophone, *(hverdagslig)* sax.
saksøkle bring an action against; sue; **~r** plaintiff; **-te** defendant.
sakte slow.
saktne *(på farten)* slow down; slacken.
sal hall; *(heste-)* saddle.
salat *(bot)* lettuce; *(matrett)* salad.
saldlere balance; **-o** saldo.
sale saddle.
salg sale; **til ~s** for (*eller* on) sale; **~savdeling** sales department; **~ssjef** sales manager; **~sverdi** market value.
salig blessed; **~het** salvation.
salme hymn; **~bok** hymn book.
salmiakk ammonium chloride.
salong drawing-room; *(hotell, skip)* lounge; **~bord** coffee table; **~gevær** saloon rifle.
salpeter salpetre, nitre; **~syre** nitric acid.
salt *subst, adj* salt; **~bøsse**

salt sprinkler, *(amr)* salt shaker; **~e** salt; **~holdig** saline; **~lake** brine, pickle.
saltomortale somersault.
salutt salute.
salve *(smurning)* ointment; *(gevær-)* volley.
samarbeid co-operation, collaboration; **~e** co-operate.
samboe|r live-in partner, cohabitant; **-nde** cohabiting; **~skap** cohabitation.
sameie joint ownership.
samferdsel communication, transport.
Samferdselsdepartementet Ministry of Transport and Communications.
samferdsels|smiddel means of communication; **-minister** Minister of Transport and Communications.
samfunn society, community; **~sforhold** social conditions; **~slære** sociology; **~svitenskap** sociology.
sam|hold concord; **-hørighet** solidarity.
saml|e collect, gather; **~bånd** assembly line; **~r** collector; **-ing** collection; *(mennesker)* assembly.
samleie coitus, sexual intercourse.
samliv life together; **~sbrudd** breakdown of a relationship, separation.
samme the same.
sammen together; **~bitt** clenched; **~blanding** mixture; *(forveksling)* confusion; **~brudd** collapse, breakdown; **~drag** summary, précis; **~fatte** sum up; **~flettet** intertwined; **~føyning** joining, junction; **~heng** connection; context; **~kalle** summon; **~komst** meeting; **~krøpet** crouching.
sammenlign|e compare; **-ing** comparison.
sammensatt *(innviklet)* complex; **~ av** composed of.
sammen|setning composition; **-slutning** union; *økon* amalgamation, merger; **-smeltning** fusion; **-støt** collision; **-surium** hotchpotch; **-sveise** weld together.
sammensverge| seg conspire; **-lse** conspiracy.
sammen|treff coincidence; **-trekning** contraction; **-trengt** concentrated; **-trykt** compressed.
samordne co-ordinate.
sam|stemmig unanimous; **-stemt** in harmony; **-svarende** corresponding.

samt together with.
samtale *subst* conversation; talk.
samtale *verb* converse talk; **~avgift** charge for a call.
samtidig *adj* contemporary; *(som inntreffer ~)* simultaneous.
samtidig *adv* at the same time.
samtykke *subst, verb* consent.
samvittighet conscience; **~sfull** conscientious; **~skval** pangs of conscience; **~sløs** unscrupulous.
sanatorium sanatorium.
sand sand; **~al** sandal; **~kasse** sand box; **~papir** sandpaper.
sanere *(bebyggelse)* clear slums; *(handel)* restore; reorganize.
sang song; singing; **~bok** sangbook; **~er** singer; **~kor** choir.
sangria sangria.
sanitet *(mil)* medical corps; **~sbind** sanitary towel, *(amr)* sanitary napkin.
sanitær sanitary; **~anlegg** plumbing.
sanksjon sanction; **~ere** sanction.
sankt Saint, *fork* St.; **~hansaften** Midsummer Eve; **~hansorm** glow worm.
sann true; **~elig** indeed; **~ferdig** truthful; veracious; **~het** truth.
sannsynlig probable, likely; **~het** probability, likelihood; **~vis** probably, most likely.
sans sense; **~e** perceive, notice; **~elig** sensuous; *(sensuell)* sensual; **~eløs** senseless.
sardin pilchard, *hermetisert småfisk* sardine.
sarkofag sarcophagus.
sart delicate, tender.
satellitt satellite.
sateng satin; *(imitert)* sateen.
satirle satire; **-isk** satiric(al).
sats *(takst)* rate; *(typografi)* type; *(mus)* movement; *(ved sprang)* take-off; **~e på** take on.
sau sheep; **~ebukk** ram, **~ekjøtt** mutton.
saus sauce; *(kjøttsaft)* gravy; **~nebb** sauce boat, gravy boat.
sauterpanne sauté pan.
savn want; **~e** *(lengte etter)* miss; *(mangle)* want, be missing; **~et** missing.
scene scene; *(teater)* stage.
se see; *(se på)* look.
sebra zebra.
sed custom, usage.
seddel slip of paper; *(penge-)* banknote.

sedelighetsforbryter sex criminal.
sedvan|e custom, usage; **~rett** customary law; *(i England)* common law; **-lig** customary, usual.
seer viewer; prophet; **~tall** ratings.
seg *pron (i forb med verb)* oneself; herself, himself, itself; themselves; *(med prep)* one; her, him, it; them.
segl seal; **~lakk** sealing-wax.
segne om sink down, drop.
sei *(zool)* coalfish.
seidel tankard.
seier victory; **~herre** victor, conqueror; **~rik** victorious; triumphant; **~sikker** confident of victory.
seig *(klissete)* sticky; *(kjøtt)* tough.
seil sail; **~as** sailing; **~båt** sailing-boat; **~duk** canvas; **~e** sail.
seire conquer, win.
sekk sack; *(mindre)* bag; **~epipe** bagpipe.
sekre|sjon secretion; **-t** secretion.
sekret|ariat secretariat; **-ær** secretary.
seks six.
seksjon section; unit.
sekst|en sixteen; **~de** sixteenth; **-ti** sixty.
seksu|aldrift sexual instinct; **-alundervisning** sex education; **-alitet** sexuality; **-alliv** sexual life; **-ell** sexual.
sekt sect; **~or** sector.
sekund second.
sekund|ant second; **-ere** second.
sekundviser second hand.
sekundær secondary.
sel seal.
sele *subst, verb* harness; **~r** *(barne-)* reins; *(bukse-)* braces, *(amr)* suspenders; **~tøy** harness.
selfangst sealing.
selge sell; **~r** seller; *(yrke)* sales person.
selje sallow.
selleri celery.
selskap company; *(sammenkomst)* party; *(forening)* society; *(aksje- o.l.)* company.
selskapelig social; *(anlagt)* sociable.
selskaps|antrekk evening dress; **-reise** conducted tour.
selters seltzer (water).
selv *pron* myself (,yourself osv.).
selv *adv* even; **~ om** even if; even though.

selv|aktelse self-respect; **-angivelse** income tax return; **-bebreidelse** self-reproach; **-bedrag** self-delusion; **-beherskelse** self-command; **-betjening** self-service; **-bevisst** self-confident; **-biografi** autobiography.
selv|eier freeholder; **-forsvar** self-defence, *(amr)* self-defense.
selvfølge matter of course; **~lig** *adj* natural; obvious; matter-of-course.
selvfølgelig *adv* of course, naturally.
selv|gjort self-made; **-god** conceited; **-hjulpen** self-supporting; **-ironisk** self-ironical.
selvisk selfish.
selv|kritikk self-criticism; **-lysende** phosphorescent; **-medlidenhet** self-pity; **-mord** suicide; **-motsigelse** self-contradiction; **-mål** own goal.
selv|oppofrelse self-sacrifice; **-portrett** self-portrait; **-rådig** willful.
selv|sikker self-confident; **-starter** self-starter.
selvstendig independent; **~het** independence.
selv|styre self-government, autonomy; **-syn** personal inspection; **-tilfreds** self-satisfied; **-tillit** self-confidence, self-reliance; **-trekkende** self-winding.
sement cement.
semester term, *(amr)* semester; **~avgift** tuition.
semifinale semifinal.
seminar seminar.
semsket *(skinn)* chamois leather; *(sko)* suede shoes.
semulegryn semolina.
sen *(langsom)* slow; *(tid)* late.
senat senate; **~or** senator.
send|e send; *(rekke)* pass; *(radio)* transmit; **~r** *radio* transmitter; **-ing** *(vare-)* consignment, shipment; *(radio)* transmission, broadcasting.
sene sinew, tendon; **~betennelse** inflammation of a tendon; **~knute** ganglion; **~skjedebetennelse** *(medisin)* tenosynovitis; **~strekk** sprain.
senere later.
seng bed; *(ekstra-)* spare bed; **~eforlegger** (bedside) rug; **~ekant** bedside; **~eteppe** bedspread; **~etid** bedtime; **~etøy** bedclothes.
senil senile.
senior senior.

senit zenith.
senke lower; *(redusere)* reduce; ~ **ned** *(i vann)* submerge.
senkning *(medisin)* blood sedimentation.
sennep mustard; ~**skrukke** mustard pot.
sensasjon sensation; ~**ell** sensational.
sensibel sensitive.
sens|or *(film- o.l.)* censor; *(ved eksamen)* external examiner; -**ur** censorship; *(ved eksamen)* marking; -**urere** censor; give marks, *(amr)* give grades.
sent late.
senter centre, *(amr)* center.
sentimental sentimental.
sentral *adj* central; ~**bord** switchboard; ~**bordoperatør** switchboard operator; ~**fyring** central heating; ~**isering** centralization.
sentral|lås central locking; -**nervesystem** central nervous system; -**oppvarming** central heating; -**stasjon** central station; -**sykehus** district general hospital.
sentrifuge *(til klær)* spin-dryer.
sentrum centre, *(amr)* center.
separ|asjon separation.
separat separate; -**utstilling** solo exhibition.
separert separated.
september September.
septer sceptre.
septiktank septic tank.
serb|er Serbian; -**isk** Serbian.
seremoni ceremony.
serenade serenade.
serie series; ~**kamp** *(sport)* league match.
seriøs serious.
sersjant sergeant.
sertifikat certificate; *(førerkort)* driving licence, *(amr)* driver's license.
server *(edb)* server; ~**e** serve; ~**ing** service.
servicebil breakdown lorry, *(amr)* tow truck.
serviett napkin, serviette.
servise service, set; **kaffe**~ coffee set; **middags**~ dinner set.
servitør waiter *m*, waitress *f*.
servo|brems servo-brake, power brake; -**styring** servo control, power steering.
sesjon session.
sesong season; ~**arbeider** seasonal worker.
sete seat; *(bakende)* buttocks.
seter mountain farm; ~**rømme** sour cream.
setning sentence; *(ledd-)* clause; ~**skade** settling damage.

sett *(sammenhørende ting)* set; ~ **at** suppose.
sette place, put, set; *(typografi)* compose, set; ~ **seg** sit down; ~**maskin** typesetting machine; ~**potet** seed potato; ~**r** *(zool)* setter; *(typografi)* compositor; ~**ri** composing room.
severdig worth seeing; ~**het** sight.
sevje sap.
sex sex; ~**press** sex pressure; ~**y** sexy.
SFO *fork for* **skolefritidsordning**; after-school programme.
sfær|e sphere; **-isk** spherical.
sharia sharia.
shoppingsenter shopping centre, *(amr)* mall.
si say, tell; ~ **fra** let know; ~ **opp** give notice.
sid long.
side side; *(på dyr)* flank; *(bok-)* page; *(av en sak)* aspect; ~**gate** side street, by-street; ~**leie** *(medisin)* lateral position; ~**lengs** sideways; ~**mann** neighbour, *(amr)* neighbor.
siden *preposisjon, konj, adv* since; *(senere)* later, afterwards; *(derpå)* then.
sider cider.
side|speil side-view mirror; **-stykke** parallel, counterpart; **-vei** by-road, side road.
siffer figure; *(skrift)* cipher.
sigar cigar.
sigarett cigarette; ~**etui** cigarette case; ~**munnstykke** cigarette holder; ~**stump** cigarette end; ~**tenner** lighter.
sigar|etui cigar case; **-kasse** cigar box; **-spiss** cigar tip; **-stump** cigar end.
sigd sickle.
sige *(gli)* glide; *(gi etter)* sag.
signal signal; ~**ement** description; ~**ere** signal.
sign|atur signature; **-ere** sign.
sigøyner gipsy.
sikker *(viss)* sure, certain; *(trygg)* safe.
sikkerhet *(trygghet)* safety, security; *(visshet)* certainty; ~**sbelte** seat *(eller* safety) belt; ~**kopiering** *(edb)* back-up; ~**snål** safety pin.
Sikkerhetsrådet the Security Council.
sikkerhetsventil safety valve.
sikkert *adv (trygt)* safely; certainly.
sikksakk zigzag.
sikle drool, slobber.
sikori chicory.
sikre secure, ensure.

sikring securing; *(på våpen)* safety catch; *(jur)* preventive detention; *(elektr)* fuse; **~sboks** fuse box; **~smekanisme** safety mechanism; **~stiltak** precautionary measure.
sikt sight; *(sil)* sieve; strainer; **~barhet** visibility.
sikte *subst* (mål) aim; (synlighet) sight, view.
sikte *verb* aim (**på, til** at); charge (**for** with); *(mel)* sift; **~lse** *(jur)* charge.
sil sieve; strainer; *(te-)* tea strainer.
sild herring.
sildre trickle.
silduk straining cloth.
sile strain, filter.
silhuett silhouette.
silikon silicon.
silke silk; **~aktig** silky; **~fløyel** silk velvet; **~papir** tissue paper; **~stoff** silk fabric.
silregn pouring rain.
simle female reindeer.
simpel *(tarvelig)* mean, poor; *(udannet)* common; vulgar.
simpelthen simply.
simplifisere simplify.
simulere simulate, feign.
sindig *(rolig)* steady, cool.
singel gravel, shingle.
sink zinc.
sinke *subst* latecomer.
sinke *verb* retard, delay.
sinkholdig zinciferous.
sinn mind; **~e** temper, anger; **~elag** disposition; **~rik** ingenious.
sinnsforvirret distracted, mentally deranged.
sinnsro peace of mind.
sinnssyk insane; **~dom** mental disease, insanity; **~ehus** mental hospital.
sinnstilstand state of mind.
sint angry (**på** with); cross.
sionisme Zionism.
sippete whining.
sirene siren; *(fabrikk-)* hooter.
sirkel circle; **~formet** circular; **~sag** circular saw.
sirkul|asjon circulation; **-ere** circulate; **-ære** circular.
sirkus circus.
sirup syrup.
sist last; **~e** last; *(nyeste)* latest; **leke ~n** play tag.
sistnevnte last-mentioned; *(av to)* the latter.
sit|at quotation; **-ere** quote.
sitron lemon; *(limett-)* lime; **~presse** lemon-squeezer; **revet ~skall** grated lemon rind.
sitte sit; **~ fast** be stuck; **~ inne** *(være i fengsel)* be in prison; **~plass** seat; **~underlag** seating pad; **~vogn** carriage.

situasjon situation; **~sbestemt** situational; **~skomedie** situation comedy.
siv rush, reed.
sive ooze; filter; *(overført)* leak out.
sivil civil; civilian; **~ ulydighet** civil disobedience; **~befolkning** civilian population; **~forsvar** civil defence (CD); **~ingeniør** graduate engineer; **~ombudsmann** ombudsman.
sjaber shabby.
sjakal jackal.
sjakett morning coat, *(amr)* cutaway.
sjakk chess; **holde i ~** keep in check; **~brett** chessboard; **~brikke** chessman; **~matt** checkmate; **~parti** game of chess.
sjakt shaft, pit.
sjal shawl.
sjalte switch; **~ ut** switch off, cut out.
sjalu jealous (**på** of); **~si** jealousy.
sjampanje champagne.
sjampinjong mushroom.
sjampo shampoo.
sjangle reel, stagger.
sjanse chance (**for** of); **~spill** *(overført)* gamble.
sjargong jargon, slang.
sjarm charm; **~ere** charm; **~ør** ladies' man.
sjattering shade.
sjau *(slit)* drudgery; **~e** toil.
sjef *(arbeidsgiver)* employer; manager, head; *(hverdagslig)* boss, chief; **~redaktør** chief editor.
sjeik sheik; **~dømme** sheikdom.
sjekk cheque (**på** for), *(amr)* check; **~hefte** cheque book, *(amr)* checkbook; **~-konto** cheque account, *(amr)* checking account.
sjel soul.
sjelden *adj* rare, scarce.
sjelden *adv* seldom, rarely; **~het** rarity.
sjelel|ig mental, psychical; **-messe** requiem; **-sørger** spiritual adviser.
sjener|e *(hindre)* hamper, *(plage)* trouble, bother; annoy; **~ende** embarrassing, troublesome; **-t** shy.
sjenerøs generous.
sjikane insults; spite.
sjiraff giraffe.
sjofel mean.
sjokk shock; **~ere** shock.
sjokolade chocolate; *(drikk)* hot chocolate.
sjongl|ere juggle; **-ør** juggler.

sju seven; **~åring** seven-year-old.
sjy gravy.
sjø *(inn-)* lake; *(hav)* sea, ocean; **~fart** navigation, shipping; **~gang** heavy sea; **~kart** chart; **~mann** sailor; **~mil** nautical mile; **~orm** sea serpent.
sjøredningstjeneste Sea Rescue Service.
sjø|reise voyage; **~røver** pirate; **~sette** launch; **~stjerne** starfish; **~syk** seasick; **~syke** seasickness; **~tunge** sole.
sjåfør driver; *(privat-)* chauffeur.
skabb *(medisin)* scabies; *(på dyr)* scab; mange.
skade *subst (person-)* injury, hurt; *(materiell)* damage; *(ulempe)* harm.
skade *verb (såre)* hurt, injure, harm; *(beskadige)* damage.
skade|dyr vermin; **-fro** malicious; **-fryd** malice; **-lig** injurious, harmful; detrimental; **-meldingsskjema** claim form.
skades|erstatning indemnity, compensation; *(jur)* damages; **holde -løs** indemnify.
skadet injured.
skaffe obtain, get; *(forsyne med)* supply (*eller* provide) with.
skafott scaffold.
skakk crooked.
skaft handle; shaft.
skala scale.
skalk *(av brød)* first cut, *(amr)* heel; *(hatt)* bowler.
skall shell; *(av frukt)* peel; **~dyr** shellfish.
skalle *subst* skull.
skalle *verb* **~ av** peel (off); **~ til noen** butt sby; **~t** bald.
skalp scalp; **~ell** scalpel; **~ere** scalp.
skam shame, disgrace; **for ~s skyld** in common decency; **~full** ashamed; **~løs** shameless; **~me seg** be ashamed.
skammel (foot)stool.
skam|melig shameful, disgraceful; **-plett** stain.
skandal|e scandal; **-øs** scandalous.
Skandinavia Scandinavia.
skandinavisk Scandinavian.
skap *(kles-)* wardrobe; cabinet, *(amr)* closet; *(mat-)* cupboard; *(lite)* locker; *(penge-)* safe; **~dranker** person who drinks on the sly.
skap|e create; **~lse** creation; **~nde** creative; **~r** creator; **-ning** *(vesen)* creature.

skapsprenger safe-breaker.
skar *(i fjell)* gap.
skare *(på snø)* crust.
skarp sharp, keen; **~retter** executioner; **~sindig** keen, acute; **~skytter** sharpshooter; **~synt** keen-sighted.
skarv *(zool)* cormorant.
skatt *(kostbarhet)* treasure; *(til stat)* tax; *(til kommune)* rate; **~bar** taxable.
skatte pay taxes; **~betaler** taxpayer.
Skattedirektoratet *omtrent* Department of Inland Revenue, *(amr)* Department of Internal Revenue.
skatte|fradrag deduction; tax allowance; **-inntekter** *flertall* tax revenues; **-ligning** assessment (of taxes); **-pliktig** taxable; liable to tax; **-politikk** fiscal policy; **-snyteri** tax evasion.
skattlegge tax.
skaut headscarf.
skavank fault, defect.
skavl snowdrift.
skep|sis scepticism; **-tiker** sceptic; **-tisk** sceptical.
ski ski; **gå på ~** ski, go skiing; **~boks** ski box.
skifer slate.
skift shift; *(klær)* change; **~tillegg** shift bonus.
skifte *subst* change; *(jur)* division.
skifte *verb* change; replace; *(dele)* divide; **~nde** changing, varying; **~nøkkel** (monkey) wrench; **~rett** probate court.
ski|føre skiing conditions; **-heis** ski lift.
skikk custom; **~elig** decent; **~else** form, shape, figure; **~et** fit, suitable.
skildr|e describe, portray; **-ing** description, portrayal.
skill *(i håret)* parting, *(amr)* part.
skille distinction; *(vei-)* crossroads.
skille *verb* separate, part; **~s** part; *(ektepar)* be divorced; **~mynt** (small) change; **~tegn** punctuation mark; **~vegg** partition.
skilpadde tortoise; *(hav-)* turtle.
skilsmisse divorce; **begjære ~** start divorce proceedings.
skilt *adj (fra-)* divorced.
skilt *subst* sign; badge; *(veiviser)* signpost; *(bil-)* number plate, *(amr)* license plate; **~e med** display, show off.
ski|løper skier; **-løype** ski track.
skingrende shrill.

skinke ham.
skinn *(av dyr)* skin; *(lær)* leather; *(pels)* fur; *(lys)* light; **~død** *adj* apparently dead.
skinne *(jernb)* rail; *verb* shine; **~ben** shin-bone; tibia; **~bensbrudd** fracture of the tibia; **~gang** track.
skinn|hanske leather glove; **-hellig** hypocritical; **-kåpe** fur coat.
skip ship; *(kirke)* nave.
skipper captain.
Skipper'n *(tegneseriefigur)* Popeye (the Sailor).
skips|byggeri *(verft)* shipyard; **-fart** shipping; *(seilas)* navigation; **-mekler** shipbroker; **-reder** shipowner; **-register** ship's register.
ski|renn skiing competition; **-senter** ski centre; **-smøring** ski wax; **-spor** ski track.
skisse sketch, outline.
ski|sport skiing; **-stav** ski stick, *(amr)* ski pole.
skitt dirt, filth; *(overført)* trash, rubbish; **~en** dirty, soiled; **~entøy** dirty clothes; dirty linen.
skive disc, disk; *(skyte-)* target; *(brød-, kjøtt-)* slice; *(tlf, ur-)* dial; **~brems** disc brake; **~prolaps** slipped disc; **~sopp** gill fungi.
skje *subst* spoon; *(om mengde)* spoonful.
skje *verb* happen, occur.
skjebne fate, destiny; **~svanger** fateful (**for** to); *(ødeleggende)* fatal.
skjede *(anatomi)* vagina.
skjegg beard.
skjele squint; **~ til** look askance at.
skjelett skeleton.
skjell shell; *(fiske-)* scale.
skjell|e ut abuse; **-sord** invective, word of abuse.
skjelm rogue; **~sk** roguish.
skjelne distinguish, discern.
skjelve tremble, shiver; **~n** trembling.
skjema form; **fylle ut et ~** fill in a form; **~tisk** schematic.
skjemme disfigure; mar; **~ bort** spoil; **~ seg ut** disgrace oneself.
skjemte jest, joke.
skjenk *(møbel)* sideboard.
skjenke *(gi)* present, give; *(helle)* pour (out); **~rett** licence.
skjenn scolding; **~e** scold.
skjerf scarf; muffler.
skjerm screen; *(lampe-)* shade; *(på bil)* mudguard; **~brett** folding screen; **~e** screen, shield.
skjermbilde x-ray;

~**undersøkelse** screen examination.
skjerm|oppløsning *(edb)* screen resolution; **-sparer** screen saver.
skjerpe *(gjøre skarp)* sharpen; *(appetitten)* whet; *(gjøre strengere)* tighten up; **~ seg** pull oneself together; **~nde** aggravating.
skjev crooked; **~het** crookedness.
skjold shield; **~bruskkjertel** thyroid gland; **~ete** stained; discoloured, *(amr)* discolored.
skjorte shirt; **~bryst** shirt front; **~erme** shirt sleeve; **~flak** shirt tail.
skjul|e hide, conceal; **-t** hidden; latent.
skjær *(lys)* gleam; *(farge)* tinge; *(i sjøen)* rock.
skjære *subst* magpie.
skjære *verb* cut; **~nde** *(om lyd)* shrill.
skjæring cutting; **~spunkt** (point of) intersection.
skjærsild purgatory.
skjød lap; **~ehund** *lap dog;* **~esløs** careless.
skjønn *adj* beautiful.
skjønn *subst* judgement; *(overslag)* estimate; **~e** understand; see; **~er** connoisseur.
skjønnhet beauty; **~skonkurranse** beauty contest; **~ssalong** beauty parlour, *(amr)* beauty parlor.
skjønnlitteratur fiction.
skjønt *konj* (al)though.
skjør brittle; fragile.
skjørbuk *(medisin)* scurvy.
skjørhet brittleness; fragility.
skjørt skirt.
skjøt *(frakke-)* tail; *(sammenføyning)* joint.
skjøte *(jur)* deed (of conveyance).
skjøt|e *verb (på)* lengthen; **~sel** care; **~te** take care of.
skli slide; *(om hjul)* skid; **~e** slide.
sko shoe.
skofte shirk, cut work.
skog forest; *(mindre)* wood; **~bruk** forestry; **~due** stock dove; **~planting** forestation; **~vokter** forest ranger.
skokrem shoe polish.
skole school; **~ferie** (school) holidays, *(amr)* vacation; **~gård** schoolyard; **~penger** *flertall* school fees, *(amr)* tuition; **~styrer** head(master); **~veske** school bag, satchel.
sko|lisse shoelace, *(amr)* shoestring; **-maker** shoemaker; **-pusser** shoeblack, *(amr)* shoeshine; **-tøy** footwear.

skorpe crust; *(sår)* scab; *(oste-)* rind.
skorpion scorpion.
Skorpionen *astrologi* Scorpio.
skorstein chimney; *sjøfart* funnel.
skotte Scot.
Skottland Scotland.
skotsk Scottish.
skral poor; *(syk)* poorly.
skramle clatter, rattle.
skramme scratch.
skrangle rattle.
skranke *(sperring)* barrier; *(i bank o.l.)* counter; *(jur)* bar.
skrante be in poor health; **~n** ailing.
skrap rubbish, trash; *(avfall)* refuse; **~e** *subst (irettesettelse)* reprimand.
skrap|e *verb* scrape; **-handel** junk shop; **-jern** scrap iron.
skravle chatter, jabber; **~bøtte** chatterbox; **~te** talkative.
skred *(snø-)* avalanche; *(jord-)* landslide.
skredder tailor; **~sydd** tailored, tailor-made.
skrei cod.
skrekk terror, fright; **~elig** terrible, dreadful; **~slagen** terrified.
skrell *(skall)* peel; *(eple-)* rind; **~e** peel.
skremme frighten, scare; startle.
skrent steep, slope.
skrev|e *(ta lange steg)* stride; *(sprike)* spread.
skride stride.
skrift *(hånd-)* (hand)writing; *(typografi)* type, letter; *(brosjyre)* pamphlet.
skrifte *verb* confess; **~mål** confession.
skrift|lig written, in writing; **-språk** written language; **-tegn** character.
skrike cry; *(sterkere)* scream, shriek; **~nde** screaming; *(grell)* glaring.
skrin box; casket; **~legge** shelve.
skritt pace, step; *(anatomi)* crotch, fork; *(lyske)* groin; **~e** pace; **~vis** step by step.
skriv letter; **~e** write; type; **~ebok** exercise book; **~ebord** writing table, desk; **~er** *(maskin)* printer.
skrog *(skip)* hull; *(bil)* chassis.
skrot *(skrap)* scrap, junk.
skrott *(kjernehus)* core.
skrubb scrub; **~e** scrub; **~sulten** ravenous; **~sår** graze.
skru|e screw; **-is** pack ice; **-jern** screwdriver.
skrukke *subst, verb* wrinkle; **~te** wrinkled.

skrukork screw cap.
skrumple *(inn, sammen)* shrink, shrivel up; **-lever** cirrhosis of the liver.
skrunøkkel wrench, spanner.
skryt brag, boast; **~e** brag, boast; **~epave** braggart, boaster.
skrøne *subst, verb* fib, lie.
skrøpelig frail; ramshackle.
skrå *adj* sloping, slanting.
skrå *subst* quid (of tobacco); **~bånd** bias binding.
skrål bawl, roar, shout; **~e** bawl, roar.
skråning slope, slant.
skråplan inclined plane; *(overført)* downward path; **-sikker** cocksure; **-stilt** tilted, angular; **-strek** slash; **-tak** sloping roof; **-tobakk** chewing tobacco.
skubbe push.
skudd shot; *(bot)* shoot, sprout; **~hold** range; **~sikker** bulletproof; **~år** leap year.
skuespill play; **~er** actor *m*, actress *f*; **~forfatter** *playwright; dramatist.*
skuff drawer.
skuffe *subst, verb* shovel.
skuffe *verb (ikke svare til forventninger)* disappoint; **~lse** disappointment; **~t** disappointed.
skulder shoulder; **~blad** shoulderblade; **~bredde** shoulder width; **~pute** shouldered pad; **~veske** shoulder bag.
skule scowl (**på** at).
skulke shirk; *(skolen)* play truant; shirk school.
skulle have to; will; shall.
skulptur sculpture; **-ør** sculptor.
skuls, **være** ~ call it quits.
skum *subst* foam; *(såpe-)* lather; *(øl)* head, froth; **~gummi** foam rubber.
skumme foam; skim; *(øl)* froth; *(såpe)* lather.
skummel gloomy, sinister, dismal.
skumring twilight, dusk.
skur shed; *(regn-)* shower.
skure scrub, scour; **~fille** floor cloth; **~pulver** scouring powder.
skurk scoundrel, villain; **~estrek** dirty trick.
skuronn harvesting.
skurre jar, grate.
skute vessel, ship, craft.
skvallerkål *(bot)* ground elder; goutweed.
skvalpe splash.
skvett splash; *(liten slant)* dash, drop.
skvette splash; sprinkle; *(fare*

sammen) start; **~n** jumpy, skittish.

skvett|lapp mudflap, *(amr)* splash guard; **-skjerm** mudguard, wing, *(amr)* fender.

skvip dishwater, hogwash.

skvulpe ripple, splash.

sky *adj* shy.

sky *subst* cloud.

sky *verb* shun, avoid; **~brudd** cloudburst; **~ete** cloudy.

skygge shade; *(-bilde)* shadow; *(på lue)* brim; **~legge** shade; **~lue** cap.

sky|høy sky-high; **-lapper** *flertall* blinkers, *(amr)* blinders.

skyld *(feil)* fault; *(ansvar)* blame; *(jur)* guilt; **~bevisst** guilty; **~e** owe; **~es** is due to; **~ig** guilty; (**i** of); *(som skyldes)* owing, due; **~ner** debtor.

skylle rinse; *(om sjø)* wash; **~bøtte** *(overført)* scolding; **~dunk** rubbish bin, *(amr)* garbage pail; **~middel** fabric softener.

skynde seg hurry, hasten.

sky|pumpe waterspout; **-skraper** skyscraper.

skyss, **få ~** get a lift, *(amr)* get a ride.

skyte shoot; **~bane** rifle range; **~skive** target; **~våpen** firearms.

skyts guns, artillery.

skytshelgen patron saint.

Skytten *astrologi* Sagittarius.

skytter marksman, shot; **~grav** trench; **~lag** rifle club.

skyve push, shove; **~dør** sliding door.

skøy fun; **~er** rogue; **~erstrek** practical joke, trick.

skøyte *sjøfart* smack; *(sport)* skate; **~bane** skating rink; **~løp** skating; skating competition; **~løper** skater.

skøyting skating; *(i langrenn)* ski skating.

skål *(bolle)* bowl; *(til kopp)* saucer; *(som utbringes)* toast; **~!** (to) your health! *(uformelt)* cheers! **~e for** drink the health of; **~tale** toast.

skåne spare.

skår *(potte-)* sherd, *(amr)* shard; *(hakk)* cut.

slabbedask slob.

slad|der gossip; **~historie** piece of gossip; **-re** gossip; **-re om** tell on; **-respalte** gossip column.

slag blow, hit; *(mil)* battle; *(maskin- o.l.)* stroke; *(rytmisk)* beat; *(på jakke)* lapel; *(medisin)* stroke,

apoplexy; *(sort)* kind, sort; **~anfall** (apoplectic) stroke.
slager hit.
slagferdig quick-witted.
slagg slag; *(av koks)* cinders.
slag|mark battlefield; **-ord** catchword, slogan.
slags sort, kind; **~mål** fight, brawl.
slagverk percussion.
slakk slack; **~e** slacken.
slakte kill, slaughter; **~r** butcher; **~ri** slaughterhouse.
slalåm slalom; **stå ~** ski slalom; **~bakke** slalom slope; **~kjører** slalom runner; **~port** slalom gate; **~renn** slalom race.
slam mud, sludge.
slamp scamp, lout.
slange snake; *(gummi-)* tube; *(større vann-)* hose.
slank slim; **~e seg** slim; diet; **være på ~ekur** be dieting.
slapp slack, loose; **~e av** relax.
slaps sludge, slush; **~ete** sludgy, slushy.
slave slave; **~*handel*** *slave* trade; **~ri** slavery.
slede sledge, sleigh, *(amr)* sled.
slegge sledgehammer; *(sport)* hammer; **~kaster** hammer thrower.
sleip slippery; *overført (også)* sly, cunning.
sleiv *(øse)* ladle; **~ete** careless.
slekt family; **~ning** relative, relation; kin; **~sforskning** genealogy; **~shistorie** genealogy; **~skap** relationship; kinship; **~sledd** generation; **~stavle** genealogical table.
slem bad; *(uskikkelig)* naughty; *(kort)* slam.
slendrian carelessness.
sleng|bemerkning casual remark; **-bukser** flared trousers.
slenge *(kaste)* fling; *(dingle)* dangle; *(gå og ~)* idle, loaf.
slengkyss blown kiss.
slentre saunter, stroll.
slep *(på kjole)* train; **ha på ~** have in tow.
slepe drag; *sjøfart* tow, tug; **~båt** tug(boat); **~krok** towing hook; **~not** trawl.
slepphendt butterfingered.
slesk *adj* sleazy, slick.
slesk *subst* toady, *(amr)* sleazebag; **~e for noen** butter sby up.
slett *(dårlig)* bad; *(jevn)* level, flat; **~ ikke** not at all.
slette *subst* plain.
slette *verb (fjerne)* delete, erase; *(jevne ut)* smooth.

slibrig *(overført)* indecent, obscene, smutty; **~het** obscenity.
slik such; like that.
slikke lick; **~pot** rubber spatula; **~rier** *flertall* sweets, *(amr)* candy.
slim slime; *(anatomi)* phlegm, mucus; **~ete** slimey; **~hinne** mucous membrane.
slingre sway; *(hjul o.l.)* wobble.
slipe grind; *(glass)* cut; **~stein** grindstone.
slippe *(løsne taket)* let go; *(la falle)* drop; *(unngå)* avoid; **~ opp for** run out of.
slips tie; **~nål** tiepin.
slire sheath.
slit *(strev)* toil, drudgery; **~asje** wear; **~e** *(hale)* pull, tear; *(klær)* wear; *(arbeide hardt)* toil; **~en** tired; **~som** tiring; **~t** worn.
slott palace, castle.
slovak Slovak(ian).
Slovakia Slovakia.
slovakisk Slovak(ian).
slovener Slovene, Slovenian.
Slovenia Slovenia.
slovensk Slovene, Slovenian.
slu sly, cunning, crafty.
sludd sleet.
sludder nonsense, rubbish.
sluk *(fiske-)* spoon (bait); *(avgrunn)* abyss; *(kloakk)* gully; **~e** swallow, devour; **~hals** glutton.
slukke extinguish, put out; *(tørst)* quench.
slukkøret crestfallen.
slukne go out.
slum slum.
slump *(rest)* remainder; *(tilfeldighet)* chance; *(mengde)* lot; **på ~** at random.
slumre slumber, doze; **~nde** dormant.
slunken *(mager)* lean.
slure *(hjul)* skid; *(kløtsj)* slip; **~brems** *(sportsfiske)* drag.
slurk gulp, swallow.
slurpe (i seg) imbibe noisily; slurp.
slurv carelessness, negligence; **~ete** careless.
sluse sluice; *(i kanal)* lock.
slusk tramp, bum.
slutning conclusion.
slutt close, end; *(endt)* finished; **~e** close, finish, end, stop, conclude; **~e seg sammen** unite; *økon* merge; **~e seg til** join.
slynge *subst* sling.
slynge *verb (kaste)* fling, hurl, sling; *(sno)* wind, twine.
slyngel rascal, scoundrel.
slyngplante creeper, climber.

slør veil; **~ete** *(i stemmen)* husky.
sløse waste; **~ri** waste; **~te** wasteful, extravagant.
sløv blunt; *(overført)* dull.
sløyd woodwork.
sløye gut.
sløyfe *subst (bundet)* bow; *(linje)* loop.
sløyfe *verb (utelate)* leave out, omit.
slå beat; *(lett slag)* strike, hit; *(hjerte)* beat, throb; *(klokke, lyn)* strike; *(gress)* mow; *(beseire)* beat, defeat; **~ av** *(bryter)* turn (*eller* switch) off; *(lyset)* turn out; **~ på** *(bryter)* turn (*eller* switch) on; **~ seg** hurt oneself; **~ seg løs** *(more seg)* enjoy oneself.
slål**brok** dressing-gown, *(amr)* robe; **-maskin** reaper.
slåss fight; **~kjempe** bully, fighter.
slått *landbruk* mowing, haymaking; *(mus)* tune, air.
smadre smash.
smak taste; **~e** taste; **~ebit** taste, sample; **~full** tasteful; **~løs** tasteless; **~ssak** matter of taste.
smal narrow; **smalehovud** burnt, smoked and boiled sheep's head.
smalfilm narrow-gauge film.
smaragd emerald.
smatte smack (one's lips).
smed smith; *(grov-)* blacksmith; **~edikt** lampoon.
smekk *(smell)* click; *(i bukse)* fly.
smekke *subst* bib.
smekkl**e** *verb* click; **~lås** latch.
smektende languishing.
smell crack; bang; **~e** crack; bang.
smelte melt; *(malm)* smelt.
smerte *subst* pain.
smerte *verb* hurt; pain, grieve; **~full, ~lig** painful; **~stillende middel** painkiller.
smi forge.
smidig *(myk)* supple; *(bøyelig)* flexible.
smil**e** forge, smithy; **-jern** wrought iron.
smigl**er** flattery; **-re** flatter.
smil smile; **~e** smile; **~ehull** dimple.
sminkl**e** *subst, verb* paint, rouge, make-up; **~veske** beauty bag, make-up case; **-ør** make-up artist.
smiske for fawn on, wheedle.
smitte *subst* infection.
smitte *verb* infect; **bli ~t** catch the infection; **~ av på** rub off on; **-som** contagious, infectious, catching.

smoking dinner-jacket, *(amr)* tuxedo.
SMS *edb, fork for* **Short Message Service**.
smug alley, lane; **i** ~ secretly; on the sly.
smugle smuggle; **~r** smuggler.
smuldre crumble.
smule *subst* particle, bit; *(brød-)* crumb.
smule *verb* crumble.
smult *subst* lard.
smurning grease, lubricant; *(bestikkelse)* bribe.
smuss filth, dirt; **~litteratur** smut.
smutt|e slip; **-hull** *(overført)* loophole.
smyge steal, creep.
smykke *subst* trinket; ornament; *(juvel)* jewel.
smykke *verb* adorn, decorate; **~skrin** jewel box.
smør butter; **~blomst** buttercup; **~brød** sandwich.
smøre *(smør)* butter; *(fett)* grease; *(olje)* oil, lubricate; *(bestikke)* bribe.
smøre|anvisning lubrication instructions; **~kanne** oil can; **~middel** lubricant; **~olje** lubricating oil; **~ost** cheese spread; **~system** lubrication system.
smør|papir greaseproof paper; **-skål** butter dish.
små small, little; **~bruk** small farm; **~jobber** *flertall* odd jobs; **~lig** *(gjerrig)* mean, stingy; **~penger** *flertall* (small) change; **~rolling** toddler; **~spising** nibbling; **~stein** pebble.
snabel trunk.
snadde pipe.
snakk talk; **~e** chat, talk, speak; **~esalig** talkative.
snappe snap, snatch.
snaps shot; spirits, aquavit.
snar *adj* quick; **~est** as soon as possible; **~lig** early; **~t** *adv* soon, shortly, presently.
snarvei shortcut.
snau *(bar)* bare; *(knapp)* scant(y).
snegle snail; **~hus** snail shell.
snekker *(møbel-)* cabinetmaker; *(bygnings-)* joiner; **~bukse** overalls.
snelle reel; *(spole også)* bobbin, spool.
snerk skin.
snerpete prudish.
snerre snarl, growl.
snerten smart, classy.
snes score.
snev *(antydning)* touch.
snever narrow, restricted; **~synt** narrow-minded.
snik|e sneak; **-mord** assassination; **-morder**

assassin; **-myrde** assassinate; **-skytter** sniper.
snill kind, good.
snipp collar; **~kjole** dresscoat, tail coat.
snitt cut, incision; **~e** cut.
sno *subst* biting, icy wind.
sno seg twist, twine.
snobb snob; **~eri** snobbery; **~ete** snobbish.
snodig funny, queer, odd.
snor *(tynn)* string; *(tykk)* cord.
snorke snore.
snu (seg) turn; turn back.
snuble stumble, trip.
snue headcold.
snurre spin; **~bass** *(leketøy)* top.
snus snuff; **~dåse** snuffbox; **~e** *(med nesen)* sniff; *(-tobakk)* snuff; *(overført)* pry; **~hane** snooper.
snute muzzle, snout.
snylter parasite.
snyte *(bedra)* cheat; *(nesen)* blow.
snø *subst, verb* snow; **~ball** snowball; **~brett** snowboard; ***~fonn*** *snowdrift*; ***~freser*** snowblower.
Snøhvit, ~ og de sju dverger *(eventyrfigurer)* Snow White and the Seven Dwarfs.
snølklokke *(bot)* snowdrop; **-måking** snow shovelling; **-plog** snowplough, *(amr)* snowplow.
snøre *subst (fiske-)* line.
snøre *verb* lace (up); **~ opp** unlace.
snørr snot; **~ete** snotty.
snøskred avalanche; **-scooter** snow scooter; **-skuffe** snow shovel.
snøvle snuffle, slur; **~te** snuffling, slurred.
snål queer, droll, odd; **~ing** character, oddball.
sofa sofa, settee, couch; **~gruppe** lounge suite.
sogn parish; **~eprest** rector, vicar.
sokk sock; **~eholder** suspender, *(amr)* garter.
sokkel pedestal, base.
sokne drag (**etter** for).
sol sun; **~badolje** suntan oil; **~brent** sunburnt; **~brun** tanned; **~briller** sun-glasses.
solbær black currant.
soldat soldier.
solle seg sunbathe; **-eksem** sun rash; **-energi** solar energy; **-formørkelse** eclipse of the sun.
solhatt *(plante) omtrent* coneflower; **rød ~** *naturmedisin* echinacea extract.
solid solid; strong; *(måltid)* substantial.

solid|aritet solidarity; **-itet** solidity.
solist soloist.
sol|moden sun-ripe; **-nedgang** sunset; **-oppgang** sunrise; **-sikke** sunflower; **-skinn** sunshine; **-stikk** sunstroke; **-tak** *(bil)* sun roof; **-ur** sundial; **-verv** solstice.
som *pron* who, which, that.
som *konj* as; like; ~ **om** as if, as though.
som|le dawdle; ~ **bort** *(tid)* waste; *(noe)* mislay; **~pave** dawdler; **-mel** dawdling.
sommer summer; **~fugl** butterfly.
sonate sonata.
sonde probe; *(i atmosfæren)* sound; **~re** probe; sound.
sondre *(skjelne)* distinguish.
sone *subst* zone.
sone *verb (straff)* serve.
soning *(av straff)* serving.
sope sweep; **~lime** broom.
sopp fungus (*flertall* fungi); *(spiselig)* mushroom; *(i hus)* dry-rot; **~drepende** *(bot)* fungicidal; **~forgiftning** mushroom poisoning, mycotoxicosis; **~gift** mycotoxin.
sopran soprano.
sordin mute, sordine.
sorg sorrow, grief; **~full** sorrowful; **~løs** careless; **~tung** grief-stricken.
sort *subst* sort, kind.
sort *adj* black.
sorter|e sort, assort, grade; **-ing** sorting, grading.
sosial social; **~arbeider** social worker; **~demokratisk** social democratic.
Sosialdepartementet Ministry of Health and Social Affairs, *(amr)* Department of Health and Human Services.
sosialis|ere socialize; **-me** socialism; **-t** socialist.
sosial|kurator welfare officer; **-minister** Minister of Social Affairs, *(amr)* Secretary of Health and Human Services; **-økonomi** economics.
sosiologi sociology.
sosionom social worker.
sot soot; **~ete** sooty.
sove sleep; be asleep; **~plass** *(på båt, tog)* berth; **~sal** dormitory; **~tabletter** sleeping pills; **~vogn** sleeping car, sleeper; **~værelse** bedroom.
Sovjetunionen the Soviet Union.
sovne fall asleep.
spa spade; **~de** spade.
spak *subst* lever, handle; *(gir-)* gear lever; *(på fly)* (control) column.

spak *adj* quiet, meek; **~ne** *(om vind)* subside.
spalte *subst* split, cleft; *(typografi)* column.
spalte *verb* split.
spamme *(edb)* spam.
Spania Spain.
spanier Spaniard.
spann bucket, pail; *(trekkdyr)* team.
spansk Spanish.
spar *(kortspill)* spades; **~dame** queen of spades.
spare save; *(skåne)* spare; **~bank** savings bank; **~bøsse** savings box; **~gris** piggy-bank; **~konto** savings account; **~penger** *flertall* savings.
spark kicksled.
sparke kick; **~bukse** romper suit.
sparsom sparse, scanty; **~melig** thrifty, economical.
spartansk austere.
spaserle walk; **-stokk** walking stick, cane; **-tur** walk.
spastisk spastic.
spe *verb* dilute, thin.
sped *adj* slender, delicate.
spedalsk leprous; *subst* leper.
spedbarn baby, infant; **~skolikk** infantile colic.
spedilsjon forwarding; **~sfirma** forwarding agents; **-tør** forwarding agent.
speed amfetamin, *(slang)* speed.
speider scout; *(gutte~)* boy scout; *(pike~)* girl guide.
speil mirror; looking-glass; **~bilde** reflection; **~blank** glassy; **~e** reflect, mirror; **~egg** fried egg.
speilreflekskamera reflex camera.
speilvendt inverted.
spekelkjøtt cured meat; **-sild** salted (*eller* pickled) herring; **-skinke** gammon, cured ham.
spekk lard.
spekullant speculator; **-asjon** speculation; **-ere** speculate.
spenn *(bru)* span; *(spark)* kick.
spenne *subst* buckle.
spennle *verb (stramme)* stretch, tighten; *(over)* span; *(sparke)* kick; **~nde** exciting, thrilling; **~ing** tension; excitement; *(usikkerhet)* suspense; *(elektr)* voltage.
spenstig elastic; *(overført)* buoyant.
spent tense; *(nysgjerrig)* curious, anxious.
sperma *biol* sperm, semen.
sperre *subst* barrier, bar.
sperre *verb* block, bar, obstruct.
spesialilsere seg specialize; **-st** specialist; **-tet** speciality.

spesiel|l special, particular; **-t** *(især)* especially, particularly; *(særskilt)* specially.
spesifi|kasjon specification; itemization; **-kk** specific; **-sere** specify, itemize.
spetakkel *(bråk)* uproar, row; *(støy)* noise.
spett bar, crowbar.
spidd spit; **~e** pierce, spit.
spik|er nail; **-re** nail.
spikke whittle.
spile *subst* lath; *(i paraply)* rib.
spill play; *(lek)* game; *(teater)* playing, acting.
spille play; *(teater)* act, perform; *(søle)* spill; *(ødsle bort)* waste; **~automat** gambling machine; **~dåse** musical box, *(amr)* music box; **~mann** *(mus)* folk musician.
spiller player.
spinat spinach.
spindelvev cobweb, spider's web.
spinkel slender, thin.
spinne spin.
spion spy; **~asje** espionage; **~ere** spy.
spir spire.
spiral spiral; *(medisin)* intra-uterine device (IUD); coil.
spire *subst* germ, sprout.
spire *verb* sprout, germinate.
spiritis|me spiritism, spiritualism; **-t** spiritist, spiritualist.
spirituell witty.
spirituosa spirits, liquor, *(amr)* hard liquor.
spise eat; **~bestikk** cutlery, *(amr)* flatware; **~bord** dining table; **~brikke** place mat; **~kart** menu, bill of fare; **~lig** eatable, edible; **~pinner** *flertall* chopsticks; **~rør** gullet; **~sal** dining room; **~skje** tablespoon; **~vogn** dining car.
spiskammer larder, pantry.
spiss *adj* pointed, sharp.
spiss *subst* point, tip.
spisse sharpen.
spiss|findig subtle, hair-splitting; **løpe ~rot** run the gauntlet; **-mus** shrew; **~vinklet** acute-angled.
spjeld damper.
spjelke splint.
spleise splice; *(skyte sammen)* club together, go Dutch; **~lag** Dutch treat.
splint *(stykke)* splinter; **~res** shatter.
splitt split; **~e** divide; split; **~else** *(uenighet)* discord; cleavage; *(oppdeling)* split-up, disruption.

splitter ny brand new.
spole *subst, verb* spool, reel; **~re** spoil, ruin.
spon chips; *(høvel-)* shavings; *(fil-)* filings; **~plate** chipboard.
spons|e sponsor; **-ing** sponsoring; **-oravtale** sponsorship.
spontan spontaneous; **~abort** miscarriage.
spor *(fot-)* footprint; *(jakt)* track, trail; *(hjul)* track, rut; *(jernb)* tracks, rails; *(overført)* track, trace.
sporadisk sporadic.
spore *subst* spur; *(overført)* stimulus, incentive; *(bot)* spore.
spore *verb* trace, track; *(an-)* spur, urge.
spor|løst without leaving a trace; **-sans** *(hos hund)* ability to track.
sport sport(s); **~sartikler** sporting goods; **~sfisker** angler; **~sgymnastikk** rhythmics; **~sklær** sportswear; **~sutøver** athlete; **~svogn** pushchair, *(amr)* stroller; **~sånd** sportsmanship.
spor|vei tramway; **-vogn** tram(car), *(amr)* streetcar.
spot|kurs spot price; **-lys** spotlight; **-marked** spot market; **-pris** spot price.
spotsk mocking, derisive.
spott mockery, derision; **~e** scoff at, deride, mock.
spraglete mottled; *(glorete)* gaudy.
sprake crackle.
sprang leap, jump.
spray|boks spray can; **-e** spray.
spre spread; scatter; **~der** sprinkler; **~dning** scattering; spread.
sprek vigorous, fit; *(slang)* cool.
sprekk *(brist)* crack; *(åpning)* crevice, chink; **~e** crack, burst.
sprelle kick about; *(fisk)* flop; **~mann** jumping jack.
sprenge burst, break.
spreng|kulde freezing cold; **-ladning** explosive charge; **-stoff** explosive.
sprengt *mat* lightly salted.
sprette bound; bounce; **~ av** rip off; **~ opp** rip open, unstitch; **~n** frisky; **~rt** catapult.
sprike spread out.
spring (water)tap, *(amr)* faucet; **~brett** springboard; *(overført)* stepping stone.
springe *(løpe)* run; *(briste)*

burst; **~nde punkt** salient point; **~r** *(sjakk)* knight.
springkniv flick knife, *(amr)* switchblade.
sprinklel bar; **~seng** *(til baby)* cot, *(amr)* crib; **-leranlegg** sprinkler (system).
sprint sprint; short distance; **~er** sprinter.
sprit spirit(s).
sprudle bubble, sparkle; **~nde** sparkling.
sprut spurt; **~e** sprut.
sprø *(om mat)* crisp; *(skjør)* brittle.
sprøyte *subst (medisin)* syringe; *(brann-)* fire engine; *(innsprøytning)* shot; hypodermic.
sprøyte *verb* spray; *(sprute)* spurt, squirt; **~ inn** *(medisin)* inject; **~narkoman** junkie; **~spiss** (hypodermic) needle.
språk language; **~forsker** linguist.
spurt spurt, sprint; **~e** spurt.
spurv sparrow.
spy *subst* vomit.
spy *verb* vomit; *(hverdagslig)* throw up, puke.
spyd spear; *(kaste-)* javelin.
spydig sarcastic; **~het** sarcasm.
spydkaster javelin thrower.
spyle wash, flush; **~væske** windscreen wash.
spytt spit, saliva; **~e** spit; **~kjertel** salivary gland.
spøk jest, joke.
spøke *(gå igjen)* haunt; **~full** playful, jocose; **~lse** ghost.
spørre ask; inquire; **~ ut** question; **~konkurranse** quiz; **~skjema** questionnaire; **~undersøkelse** survey.
spørsmål question; **~stegn** question mark.
spå prophesy, predict; **~dom** prophecy; **~kone, ~mann** fortune teller; **~telefon** psychic (telephone) line.
squash *(sport)* squash; *mat* courgette, *(amr)* zucchini.
sta obstinate, stubborn.
stab staff.
stabbur storehouse (on pillars).
stabel pile, stack; **~avløpning** launch(ing).
stabil stable; *(om person)* steady; **~isere** stabilize.
stable pile, stack.
stadfeste confirm; **~lse** confirmation.
stadig steady, constant; *adv* constantly.
stadilon stadium; **-um** phase, stage.
stafett *(sport)* relay; **-pinne** baton.
staffeli easel.
stagge curb, check.

stagn|asjon stagnation; **-ere** stagnate.
stake *subst* stake; *(lang)* pole; *(lyse-)* candlestick; *(sjøfart)* sparbuoy.
stake *verb* pole, stake.
stakittgjerde picket fence; *(jern-)* railing.
stakk (hay)stack, rick.
stakkar poor creature, poor devil; **~s deg!** you poor thing!
stall stable; **~kar** groom.
stamme *subst (tre-)* stem, trunk; *(folk)* tribe.
stamme *verb* stammer, stotter; *(fra)* stem from, date from; *(ned-)* descend (*eller* be descended) from.
stamgjest regular (customer).
stampe *(gå tungt)* tramp; *(pantsette)* pawn.
stam|sted hang-out; **-tavle** pedigree; genealogical table; **-tre** pedigree, genealogical tree.
stand, **i ~** in working order; **være i ~ til** be able to.
standard standard; **~utstyr** standard *equipment.*
stand|haftig firm, steadfast; **-plass** stand; **-punkt** standpoint, point of view; **-punktkarakter** final assessment; **-smessig** fitting one's position; *(flott)* elegant.
stang *(stake)* pole; *(fiske-)* rod; *(metall-)* bar; *(flagg-)* staff, *(amr)* pole; **~e** butt.
stank stench, stink.
stans break, pause; stop; **~e** stop, cease.
stappe *subst* mash.
stapp|e *verb* stuff, cram; **-full** crammed; **-mett** full up.
start start; **~e** start; **~kabel** jump lead, *(amr)* jumper cable; **~kapital** start-up capital; **~side** portal.
stas finery; show; **~elig** fine, splendid.
stasjon station; **~svogn** estate car, *(amr)* station wagon; **~ær** stationary.
stat state; **~isk** static; stagnant.
statist *(film)* extra; *(teater)* walk-on.
statisti|kk statistics; **-sk** statistical.
stativ stand, rack.
stats|advokat public prosecutor; **-autorisert revisor** chartered accountant; **-borger** citizen, subject; **-budsjett** government *budget*; **-eiendom** public property; **-forvaltning** public administration; **-funksjonær** civil servant; **-gjeld** national debt; **-kasse** the Treasury, the Exchequer; **-kirke** state church; **-kraft** state-owned electricity;

-kupp *coup* d'état; **-mann** statesman; **-minister** prime minister; **-råd** cabinet meeting; *(person)* cabinet minister; **-tjenestemann** civil servant; **-vitenskap** political science.
statue statue.
status status; *(handel)* balance sheet; **~symbol** status symbol.
statutter *flertall* statutes, rules.
staude perennial.
stav staff, stick; **~e** spell; **~else** syllable.
stavhopp pole-vault(ing).
stavkirke stave church.
stavn *(for-)* stem; prow; *(bak-)* stern.
ste- step-.
sted place, spot; **finne ~** take place; **~fortreder** deputy, substitute; **~sans** sense of locality.
steil *(bratt)* steep; *(sta)* stubborn; **~e** *(bli forbløffet)* be staggered; *(om hest)* rear up.
stein stone; **~alder** Stone Age; **~bed** rock garden; **~brudd** stone quarry.
Steinbukken *astrologi* Capricorn.
steinle stone; **~te** stony, rocky; **-hogger** stonecutter; **-kast** stone's throw; **-sopp** cep; **-tøy** crockery.
stek roast; *(hele stykket)* joint; **~e** roast; *(i panne)* fry; **~eovn** oven; **~epanne** frying pan; **~etermometer** meat thermometer.
stelle *(pleie)* nurse, care for; **~bord** bathinette; **~rom** baby care room.
stemme *subst* voice; *(politikk)* vote.
stemme *verb* vote; *(mus)* tune; *(være riktig)* be right; **~berettiget** qualified to vote; **~bånd** vocal chord; **~rett** right to vote; *(politikk)* franchise; **~seddel** ballot paper.
stemning atmosphere; *(sinns-)* mood, temper.
stempel stamp; *(maskin)* piston; *(på varer)* mark, brand; **~avgift** stamp duty.
stemplle stamp, brand; mark; **-ing** stamping; **-ingsur** time clock.
steng *(fangst)* catch; seine-full; *(kortspill)* stopper.
stenge *(sperre)* block; *(lukke)* shut, close; **~tid** closing time.
stengel stem; *(stilk)* stalk.
stengsel bar, barrier.
stenograf shorthand typist; **~ere** write shorthand; **~i** shorthand, stenography.

steppe *subst* steppe, prairie.
steppl|e *verb* tap dance; **-ing** tapdancing.
stereo stereo; **~anlegg** hi-fi.
steril sterile; **~isere** sterilize.
sterk strong; *(om lyd)* loud.
stetoskop stethoscope.
stett stem.
stev short, improvised folk verse.
stevn *(sjøfart)* bow.
stevne *subst* rally; meeting.
stevne *verb (styre)* steer, head; *(innkalle)* summon; *(for retten)* take sby to court; **~møte** date.
sti path; *(på øyet)* sty.
stift pin, tack; *(til grammofon)* needle.
stifte *(feste)* staple; *(grunnlegge)* found, establish; *(gjeld)* contract; **~lse** foundation, establishment; **~maskin** stapler.
stifttann pivot tooth.
stig|brett footstep; *(bil)* running-board; **~bøyle** stirrup.
stige *subst* ladder.
stig|e *verb* rise, mount, go up; *(øke)* increase; **-ning** rise, increase; *(på vei)* gradient, incline.
stikk *(av insekt)* sting, bite; *(nåle-)* pin-prick; *(kniv o.l.)* stab; *(kortspill)* trick; **~bekken** bedpan.
stikke *(med noe spisst)* stick; *(med nål)* prick; *(insekt)* sting; *(putte)* put.
stikkelsbær gooseberry.
stikkontakt socket, outlet; *(støpsel)* plug.
stikk|ord *(mil)* password; *(oppslagsord)* entry; *(teater)* cue; **-pille** suppository; **-prøve** spot test.
stikling cutting.
stil style; *(skole-)* essay, *(amr også)* paper, report; **~e til** address to; **~ig** stylish, smart.
stiliser|e conventionalize; **-t** conventional.
stilist stylist; **~isk** stylistic.
stilk stem, stalk.
stillas scaffold(ing).
stillbar adjustable.
stille *adj* still, quiet.
stille *verb (anbringe)* put, place, set; *(lindre)* ease; *(tilfredsstille)* satisfy; *(klokka)* set; **~ krav** make demands (*til* on); **~ ut** exhibit, display.
stilleben still life.
stille|sittende sedentary; **-stående** stationary.
still|ferdig quiet, gentle; **-het** stillness, calm, quietness; **-ing** position; *(ansettelse også)* post, situation, job; *(holdning)* attitude; **-stand**

standstill, stagnation; **-tiende** tacit.
stillongs tights; long johns.
stim *(fisk)* shoal; *(stimmel)* crowd; **~le sammen** crowd, throng.
stimul|ans stimulant, stimulus; **-ere** stimulate.
sting stitch.
stink|dyr skunk; **-e** stink.
stinn loaded; *(oppblåst)* distended.
stipend scholarship; **~iat** scholarship holder.
stiplet dotted.
stirre stare, gaze.
stiv stiff, rigid; **~e** starch; **~else** starch; **~krampe** tetanus; **~ne** stiffen; **~pisket** whipped; *(om væske)* coagulate.
stjele steal.
stjerne star; **~bilde** constellation; **~frukt** carambola, starfruit; **~skrutrekker** cross-headed screwdriver; **~skudd** shooting star; **~tåke** nebula.
stoff *(tøy)* material, fabric; *(substans)* matter, substance; *(narkotika)* stuff, drug, dope; **~misbruker** drug addict, junkie; **~skifte** metabolism.
stokk *(spaser-)* stick, cane; **~ døv** stone-deaf; **~rose** hollyhock.
stol chair.
stola stole.
stole på rely *(eller* depend) (up)on; trust.
stol|heis chair lift.
stolpe post; pole.
stol|rygg back of a chair.
stolt proud; **~het** pride.
stopp stop; *(i pute)* padding, stuffing.
stoppe stop, halt; *(fylle)* fill, cram, stuff; *(reparere hull)* darn.
stoppe|garn darning wool; **-klokke** stop watch; **-kran** stopcock; **-nål** darning needle; **-plikt** obligatory stop; **-sted** stop.
stor great; big; large; *(høy)* tall; **~artet** grand, splendid; **~band** big band; **~finans** high finance; **~industri** heavy industry.
Storbritannia Great Britain.
stork stork.
storm gale; *(med uvær)* storm.
stormagasin department store.
stormannsgalskap megalomania.
storslalåm giant slalom.
Stortinget the Norwegian Parliament.
strabas|er *flertall* hardships; **-iøs** fatiguing.

straff punishment; *(jur)* penalty; **~arbeid** penal servitude; **~bar** punishable; *(jur)* indictable; **~e** punish.
straffe|felt *(sport)* penalty area; **-lov** criminal law; **-porto** (postal) surcharge; **-register** criminal record; **-sak** criminal case; **-spark** penalty (kick); **-toll** punitive duty.
strak straight.
straks at once, immediately.
stram *(ikke løs)* tight; *(rank)* erect; **~me** tighten; **~tsittende** tight-fitting.
strand shore; *(sand-)* beach; **~e** run aground, strand; *(overført)* fail; **~hogg** raid.
strateg strategist; **~i** strategy; **~isk** strategic(al).
strebe strive; **~r** (social) climber.
streif *(av lys)* gleam; *(berøring)* graze; **~e** *(berøre lett)* graze; *(overført)* touch on; **~e om** roam; **~skudd** grazing shot; **~tog** raid.
streik strike; **~e** go on strike; **~bryter** strike-breaker; **~vakt** picket.
strek line; **~e under** underline.
strekk stretch; **~e seg** stretch; **~e til** be enough, suffice.
strekkode bar code.
strekkmerke stretch mark.
strekning stretch, distance.
strekspiller *(sport)* central line player.
streng *adj* strict; *(hard)* severe.
streng *subst* string.
stress stress, strain; **~ende** stressful; **~et** stressed.
stri *(av sinn)* obstinate; *(streng)* rigorous; *(strøm)* rapid.
strid dispute, fight; **~e** fight, struggle; **~ende** *(mil)* combatant.
strie sacking; **~tapet** burlap texture wallpaper.
strikk rubber band, elastic (band).
strikke knit; **~oppskrift** knitting pattern; **~pinne** knitting needle; **~tøy** knitting.
strikkhopping bungee jumping.
strimmel strip, ribbon.
stripe stripe, streak; **~te** striped.
stripp|e strip; **~r** stripper; **-ing** stripping.
striregne pour down.
stritte bristle; **~ imot** resist; **~nde** on end.
strofe stanza.

stropp strap.
struktur structure; **~behandling** wave; **~tapet** textured wallpaper.
struma goitre, *(amr)* goiter.
strupe *subst* throat.
strupe *verb* strangle; **~hode** larynx; **~tak** stranglehold.
struts ostrich.
strutte burst; **~skjørt** tutu.
stryk *(i elv)* rapid.
stryke *(over)* cross out; delete; *(tøy)* iron; *(til eksamen)* fail; **~brett** ironing board; **~fri** non-iron; **~instrument** bow instrument; **~jern** iron.
strø scatter, strew.
strøk *(egn)* part, district; region; *(penne-)* stroke.
strøken, en ~ teskje a level teaspoonful.
strøm *(elektr)* current; *(noe som strømmer)* stream; **~brudd** power failure; **~bryter** switch; **~førende** live; **~krets** circuit; **~leder** conductor; **~me** stream, pour; **~måler** electricity meter.
strømpe stocking; **~bukser** tights; **~bånd** garter; **~stropp** (stocking) suspender.
strå straw; **~gul** flaxen.
stråle *subst* ray, beam; *(vann)* jet.
strålle *verb* shine, radiate, beam; **~behandling** radiation therapy; **~nde** splendid, brilliant; **~ovn** electric heater; **-ing** radiation.
strålmann intermediary; **-selskap** nominee company, *(amr)* cover; **-tak** thatched roof.
stubbe stump.
studlent student; **-ere** study; **-ie** study; **-ium** study; **-ieretning** line of study.
studio studio.
stue *subst (daglig-)* living room; *(hytte)* cottage.
stue *verb* stow.
stuert steward.
stuing *(mat)* stew.
stukkatur stucco (work).
stum mute, dumb; **~film** silent film.
stump *adj* blunt.
stump *subst (sigarett-, lys- o.l.)* stub; *(av arm, ben)* stump.
stund while.
stup cliff; *(hopp)* dive; **~bratt** precipitous.
stupe *(hoppe)* dive; *(falle)* pitch.
stusse *(klippe)* trim; *(undres)* wonder.
stut bullock; **~teri** stud.
stygg ugly; *(dårlig)* nasty, bad.

stykke *subst* piece, bit; *(teater)* play.
stykke *verb (opp)* split up, divide; *(ut)* parcel out.
stylte stilt.
styr, **holde ~ på** keep in check; **~bord** starboard.
styre *subst (sykkel-)* handlebar; *(ledelse)* management; *(stats-)* government, rule; *(direksjon)* board of directors; *(i forening)* (executive) committee.
styre *verb* steer; *(lede)* manage, direct; *(regjere)* govern, rule.
styre|formann chairman; **-protokoll** book of minutes; **-rom** committee room.
styring control.
styrke *subst* strength; force.
styrke *verb* strengthen; **~medisin** tonic.
styrmann mate, officer; *(sport)* cox.
styrt|e fall down, tumble down; *(om fly)* crash; *(av sted)* rush, dash; *(om-)* overthrow; **~hjelm** crash helmet; **~regn** *pouring rain.*
stær *(zool)* starling; *(medisin) (grå)* cataract; *(grønn)* glaucoma.
stø *adj* steady.
støkk start, shock; **~e** *(skremme)* startle.
stølhet stiffness.
stønad aid; *(trygd)* benefit.
stønn moan, groan; **~e** moan, groan.
støp|e *(metaller)* cast; *(forme)* mould, *(amr)* mold; **~form** mould, *(amr)* mold; **~jern** cast iron; **~ri** foundry; **-ning** casting, founding.
støpsel plug.
størje tunny.
størkne *(sement o.l.)* harden, set; *(væske)* coagulate.
størrelse size; *(omfang)* extent; **~sorden** magnitude; *(matematikk)* quantity.
størstedelen the greater part.
støt *(skubb)* push; *(slag)* blow; *(dolke-)* stab; *(elektr)* shock; *(trompet-)* blast; **~demper** shock absorber.
støte push; *(dunke)* bump; *(fornærme)* offend, hurt; **~nde** *(overført)* offensive.
støt|fanger bumper; **-pute** buffer; **-sikker** shockproof.
støtt always, constantly.
støtte *subst* support; backing; *(monument)* statue.
støtte *verb* support; *overført også* back; **~apparat** support network; **~bandasje** elastic bandage; **~kontakt** support person.
støv dust; **~ete** dusty.

støvel boot.
støv|klut duster; **-suger** vacuum cleaner.
støy noise; **~e** make a noise; **~ende** noisy.
stå stand.
stål steel; **~tråd** (steel) wire; **~ull** wire wool.
ståplass standing room; **~billett** standing ticket.
subjekt subject; **~iv** subjective.
sublim sublime.
subsidier *flertall* subsidies; **~e** subsidize.
substantiv noun.
subtil subtle.
subtrahere subtract.
suff|ere prompt; **-ør** prompter.
sug suction; **~e** suck; **~emerke** love bite, *(amr)* hickey; **~en** *peckish;* **~erør** *straw.*
sugge *(zool)* sow.
suite suite.
sukk sigh; **~e** sigh.
sukker sugar; **~bit** sugar lump, *(amr)* sugar cube; **~klype** sugar tongs; **~kopp** sugar bowl; **~kulør** caramel; **~rør** sugar cane; **~syke** diabetes; **~tøy** sweets *flertall*, *(amr)* candy.
sukre sugar, sweeten.
suksess success, triumph.
sult hunger; **~e** starve; **~efôre** underfeed; **~elønn** starvation wages; **~en** hungry.
sum sum; **~marisk** summary.
summe hum, buzz; **~ seg** collect oneself; **~re** sum up, add up; **~tone** *tlf* dialling tone, *(amr)* dial tone.
sumo sumo (wrestler); **~bryter** sumo wrestler.
sump swamp, bog; **~ete** swampy, boggy.
sund sound, strait.
sunn sound, healthy; **~het** health.
sup sip; nip, swig.
super super; **~undertøy** thermal underwear.
suppe soup; **~blokk** soup cube; **~pose** instant soup; **~skje** soup *spoon;* **~tallerken** soup plate; **~terrin** tureen; **~øse** soup ladle.
supple|ment supplement; **-re** supplement.
sur sour; *(syrlig)* acid; **~ nedbør** acid rain; **~deig** leaven, sour dough.
surf|e *(sport, edb)* surf, *edb også* browse; **~brett** surfboard; **~r** surfer; **-ing** surfing; *edb også* browsing.
surhetsgrad acidity, pH factor.

surkle gurgle.
surne turn sour.
surre *(summe)* hum, buzz; *(i stekepannen)* sizzle; *(binde)* lash, secure.
surrealis|me surrealism; **-t** surrealist; **-tisk** surrealistic.
surrogat substitute.
sur|sild *pickled herring;* ***-stoff*** oxygen; ***-søt*** *sweet-and-sour.*
sus whistling; humming; **~ete** muddled.
susp suspensory, jockstrap.
sutre whimper, whine.
suvenir souvenir.
suveren sovereign; *(overlegen)* supreme; **~itet** sovereignty.
svaberg *omtrent* coastal rock.
svada nonsense, clap trap.
svaie sway.
svak weak; *(ubetydelig)* feeble, faint; **~elig** sickly, *frail*; **~het** weakness; **~synt** having poor eyesight; *(medisin)* visually-impaired.
sval *adj* cool.
svale *subst* swallow.
svamp sponge; **~aktig** spongy.
svane swan; **~sang** *swansong.*
svangerskap pregnancy; **~sforgiftning** *(medisin)* preeclampsia (PE); **~spermisjon** maternity leave.
svar answer, reply; **~e** answer, reply.
svart black.
svarte|børs black market; **-liste** blacklist.
svarteper *(kortspill)* Old Maid.
svartne go black.
sveise weld; **~r** *(metall-)* welder; *(i fjøs)* dairyman.
Sveits *Switzerland.*
sveits|er *Swiss;* ***-isk*** *Swiss.*
sveive crank.
svekke weaken; **~lse** weakening.
svekling weakling; wimp.
svelg throat; *(medisin)* pharynx; *(avgrunn)* abyss, gulf; **~e** swallow.
svelle swell; **~ ut** bulge.
svennebrev craft certificate.
svensk Swedish; **~e** Swede.
sverd sword; **~fisk** swordfish.
sverge swear; **~ falsk** commit perjury.
Sverige Sweden.
sverm swarm; crowd; **~e** swarm; **~e for** have a crush on; **~erisk** romantic.
sverte subst *(sko-)* blacking.
sverte *verb* blacken.
svett sweaty.
svette *subst* perspiration, sweat.
svette *verb* perspire, sweat; **~tokt** fit of sweating.

sveve hover, float.
svi burn, scorch; *(lide)* suffer.
sviger|datter daughter-in-law; **-far** father-in-law; **-inne** sister-in-law; **-mor** mother-in-law; **-sønn** son-in-law.
svik fraud, deceit; **~aktig** deceitful; **~e** deceive, betray, cheat.
svikt *(mangel)* shortage; *(nedgang)* decline; **~e** fail; **~ende** failing.
svime, ~ av faint; **i ~** unconscious; **~te** scatterbrained.
svim|lende dizzy; **-mel** dizzy, giddy; **-melhet** dizziness.
svin pig; *koll* swine.
svind|el swindle, fraud; **-le** cheat; **-ler** swindler, fraud.
svine|kjøtt pork; **-lær** pigskin; ***-ri*** *filthiness;* ***-ribbe*** roast rib of pork; **-stek** roast pork.
sving swing; *(på vei)* curve, bend, turn(ing); **~dør** swing door; revolving door; **~e** swing; *(bil, vei)* turn.
svinn waste, loss; **~e** *(forsvinne)* vanish; *(forminske)* diminish, dwindle.
svinse wag; *(hit og dit)* scurry about.
svipptur short trip.
svirre *(også overført)* buzz.
sviske prune.
svoger brother-in-law.
svor *(fleske-)* rind.
svovel sulphur, *(amr)* sulfur; **~holdig** sulphurous, *(amr)* sulfurous; **~syre** sulphuric acid, *(amr)* sulfuric acid.
svull *(is-)* ice-fall; *(hevelse)* swelling.
svulme swell; **~nde** swelling.
svulst tumour, *(amr)* tumor; **~ig** bombastic.
svær very large, huge; heavy; **~t** *adv* extremely.
svømme swim; **~basseng** swimming pool; **~belte** swimming belt; **~fugl** web-footed bird; **~hud** web; **~r** swimmer.
sy sew; **~dame** dressmaker.
Sydpolen the South Pole.
syfilis syphilis, pox.
sydvest sou'wester.
sy|maskin sewing machine; **-nål** sewing needle; **-tråd** sewing cotton.
syk ill; sick; **~dom** illness, sickness, disease.
syke|bil ambulance; **-forsikring** health insurance; **-hjem** nursing home; **-hus** hospital; **-journal** case history; **-melding** sick note; **-penger** *flertall* sickness benefit; sick pay; **-permisjon** sick leave; **-pleier** nurse.

sykkel (bi)cycle, bike; **~bukse** cycling shorts; **~kjede** bicycle chain; **~kurv** handlebar basket; **~pumpe** air pump; **~stativ** bicycle stand; **~sti** cycle track; **~styre** handlebars *flertall*.
syk|le bike; cycle; **-ist** cyclist.
syklon cyclone.
syklus cycle.
sykmelde report sick.
syl awl.
sylinder cylinder.
sylte *verb (frukt o.l.)* preserve.
syltetøy jam, *(amr)* jelly, preserve; **~glass** jam jar; **~skål** jam dish.
symbol symbol; **~isere** symbolize; **~sk** symbolic.
symfoni symphony; **~sk** symphonic.
symmetrisk symmetrical.
sympati sympathy; **~sere** sympathize; **~sk** likeable, nice.
symptom symptom.
syn sight; vision; *(mening)* view.
synagoge synagogue.
synd *sin;* ***det er*** *~ it's* a pity.
synd|ebukk scapegoat; **-er** sinner; **-ig** sinful.
syndrom syndrome.
synes *(mene)* think; consider, find; *(se ut som)* appear, seem.
synge sing.
synke sink; fall.
synkron synchronous; **~isere** synchronize.
synlig visible.
syns|bedrag optical illusion; **-er** opinionated person; **-evne** faculty of vision.
synsk clairvoyant.
syns|punkt point of view, viewpoint; **-nerve** optic nerve; **-rand** horizon; **-vinkel** *(overført)* angle.
syntetisk synthetic.
syre acid; *(bot)* sorrel; **~fast** acid proof.
syrin lilac.
syrlig sourish.
sysle med be busy with.
sysselset|te employ; **-ting** employment.
system system; **~atisk** systematic.
systematisk *adv* systematically.
sæd seed; *(væske)* semen, sperm; **~donor** sperm donor.
sær strange, weird.
særdeles highly, most; **i ~het** in particular, especially.
særegen peculiar.
sær|eie separate property; **-fradrag** special deduction; **-fritak** special relief.
særlig *adj* special, particular.

særlig *adv* especially, particularly.
særmerke characteristic; **-preget** distinctive; **-skilt** separate; **-stilling** unique position.
sødme bliss, sweetness.
søke seek, search (*eller* look) for; *(sende søknad)* apply for; *(forsøke)* try; **~motor** *(edb)* search engine.
søker *(fotogr)* viewfinder; *(til stilling)* applicant.
søkt *(overført)* far-fetched.
søkk *(fordypning)* hollow, depression; **~e** sinker; **~rik** loaded; **~våt** drenched, soaked.
søknad application; **~sskjema** application form.
søksmål (law)suit.
søl mess.
søle *subst* mud.
søle *verb* spill; **~ til** soil; **~pytt** puddle; **~te** muddy, dirty; **~vann** slops *flertall*.
sølibat celibacy.
sølje (filigree) brooch.
sølv silver; **~bryllup** silver wedding; **~papir** silver paper; **~plett** silver plate; **~tøy** table silver.
søm seam; *(det å sy)* sewing; *(medisin, bot)* suture.
sømmel seg be proper; **-lig** decent, becoming.
søndag Sunday.
sønn son; **~edatter** granddaughter; **~esønn** grandson.
søppel rubbish, refuse, *(amr)* garbage, trash; **~bøtte** dustbin, refuse bin, *(amr)* garbage can; **~post** *(edb)* spam; **~sjakt** rubbish chute, *(amr)* garbage shoot.
sør south.
sørge *(føle sorg)* grieve, mourn; **~ for** *(skaffe)* provide, arrange for; **~høytidelighet** commemorative service; **~kledd** in mourning; **~lig** sad; **~marsj** funeral march.
sørgmodig sad, sorrowful.
sørlig southern; *(vind)* southerly.
sørpe slush, sludge.
søsken brothers and sisters; **~barn** cousin.
søster sister.
søt sweet; **~e** sweeten.
søvn sleep; **~gjenger** sleepwalker; **~ig** sleepy; **~løs** sleepless; **~løshet** insomnia.
søye *(zool)* ewe.
søyle pillar, column.
så *adv* then; so.
så *verb* sow; **~fremt** provided; **~kalt** so-called; **~korn** seed corn.

såld riddle, sieve.
såle sole.
således thus, so.
såmaskin sowing machine.
sånn such; *(således)* so, thus.
såpe *subst, verb* soap; **~skum** lather.
sår *adj* sore; painful.
sår *subst* wound; **~bar** vulnerable; **~e** wound; *(overført også)* hurt; **~ende** *(overført)* cutting, wounding; **~salve** antiseptic ointment; **~t** sorely.
såte (hay)cock.
såvel – som both – and.
så å si nearly.

T

ta take; *(beregne seg)* charge; **~ fra hverandre** take apart; **~ seg av** attend to; **~ seg sammen** make an effort.
tabbe blunder.
tabell table; **~kort** tax rate table.
tablett tablet.
tabu taboo.
tabulator tab(ulator).
tafatt perplexed.
taft taffeta.
tagg *(pigg)* spike, barb; **~e** tag.
tak *(med hånd)* grasp, hold; *(med åre)* stroke; *(på hus)* roof; *(i værelse)* ceiling; **~grind** *(på bil)* roof rack.
takk thanks; thank you.
takke thank; **~t være** thanks to.
takknemlig grateful, thankful; **~het** gratitude.
taklampe ceiling light.
takle handle, tackle.
tak|luke roof hatch; **-renne** gutter.
taks|ameter taximeter.
takser|e value, appraise, rate; **-ing** valuation, appraisement.
takst rate; *(passasjer)* fare; *(verdi)* appraised value.
takstein tile.
takstmann appraiser.
takvindu skylight.
takt time; *(finfølelse)* tact; **~fast** measured; **~full** tactful.
takti|kk tactics; **-sk** tactical.
taktløs tactless.
takt|stokk baton; **-strek** bar.
tale *subst* speech; *(snakk)* talk.
tale *verb* speak, talk; **~feil**

speech defect; **~frihet** freedom of speech.
talent talent; **~full** talented; **~løs** untalented.
taler speaker; **~stol** platform.
talg tallow.
talje tackle.
talkum talc.
tall number; *(tegn)* figure, digit.
tallerken plate; **~rett** dish, *(amr)* plate.
tall|ord numeral; **-rik** numerous; **-skive** dial; **~øs** countless, innumerable.
talsperson spokesperson, mouthpiece; *(for en sak)* advocate.
tam tame.
tamil Tamil.
tamp rope end.
tampong *tampon.*
tandem tandem.
tang *(ild-)* tongs; *(knipe-)* pincers; *(bot)* seaweed.
tanga thong, tanga.
tangent tangent; *(piano)* key.
tangere touch.
tank tank; **~bil, ~båt** tanker.
tanke thought, idea; **~full** thoughtful; **~gang** train of thought; mentality; **~kors** puzzle; **~leser** mind-reader; **~løs** thoughtless; **~overføring** telepathy; **~strek** dash; **~vekker** eye-opener.
tanklokk petrol cap, *(amr)* gastank cap.
tann tooth; *(på hjul)* cog; **~behandling** dental treatment; **~byll** gumboil; **~børste** toothbrush; **~hjul** cogwheel; **~kjøtt** gum; **~krem** toothpaste; **~lege** dentist; **~legekontor** dentist's office; **~pirker** toothpick; **~pleier** dental hygienist; **~protese** denture; **~regulering** braces; **~råte** caries; **~stensfjerning** scaling; **~tråd** floss; **~verk** toothache.
tante aunt.
tap loss; **~e** lose; **~er** loser.
tapet wallpaper; **~sere** paper.
tapp pin; *(kran)* tap; *(krum-)* pivot; **~e** tap, draw; *(på flaske)* bottle.
tapper brave; **~het** bravery.
tare seaweed.
tariff tariff; **~avtale** wage agreement; **~lønn** contractual wages.
tarm intestine; *(flertall også)* bowels, guts.
tast key; **~afon** push-button telephone; **~atur** keyboard; **~e inn** key in.
tatar *(smørbrød)* steak tartare.

tater gipsy.
tatover|e tattoo; **-ing** tattoo.
tau rope; **~bane** cable car; **~e** take in tow.
taus silent; **~het** silence; **~hetsplikt** professional secrecy.
taustige rope ladder.
tautrekking tug of war.
taverna tavern.
tavle *(skole-)* blackboard; *(elektr)* switchboard, fuse board.
T-bane underground, tube, *(amr)* subway.
te tea.
teater theatre, *(amr)* theater; **~anmeldelse** theatrical review; **~kikkert** opera glasses; **~kritiker** theatre critic; **~sjef** theatre manager; **~stykke** play.
teatralsk theatrical.
teft scent; **få ~ av** get wind of.
teglstein *(til tak)* tile; *(til mur)* brick.
tegn sign, mark; **~setting** punctuation.
tegne *draw;* **~film** (animated) cartoon; **~program** *(edb)* draw programme; **~r** *(mote-)* designer; *(karikatur-)* cartoonist; **~serie** (strip) cartoon, comic strip; **~seriehefte** comic; **~stift** drawing pin, *(amr)* thumbtack.
tegning drawing; *(av abonnement)* subscription; **~sinnbydelse** prospectus.
tegnspråk sign language.
teit stupid, thick.
te|kanne tea pot; **-kjøkken** kitchenette.
tekke *verb* roof; *(med strå)* thatch; **~lig** decent, proper.
tekni|ker technician; **-kk** technique; **-sk** technical; **-sk kontroll** technical control.
teknologi technology; **~sk** technological.
tekst text; **~behandling** word processing; **~melding** text message; **~e** *(film)* subtitle.
tekstil textile; fabric; **~fabrikk** textile mill.
tele *subst* frozen ground.
telefaks fax; **~nummer** fax number.
telefon telephone; **høre~** headphones; earphones; **kort~** cardphone; **~abonnement** telephone subscription; **~automat** slot telephone; **~boks** phone box; **~ere** call, telephone; **~katalog** telephone directory; **~kort** phone card; **~rør** (telephone) receiver; **~samtale** (telephone) call;

~sentral (telephone) exchange; **~svarer** answering machine; **~takst** rate per call; **~vekking** wake-up call.
telegraf telegraph; wire; **~ere** telegraph; wire; cable; **~isk** telegraphic, by wire, by cable.
telegram telegram, telemessage.
tele|linse *(fotogr)* telephoto lens.
telemark|kjøring telemark skiing; **-sving** telemark turn.
tele|pati telepathy; **-skop** telescope; **-verket** telecommunications company.
telle count, number; **~apparat** turnstile; **~verk** *(fotogr)* exposure counter.
telt tent; **~duk** tent canvas; ***~leir*** camp; **~plugg** tent peg; **~stang** tent pole; **~underlag** groundsheet.
telys tea candle.
tema *(mus)* theme; *(emne)* subject, topic.
temme tame; *(gjøre til husdyr)* domesticate; **~lig** rather, pretty; fairly.
tempel temple.
temper|ament temperament, temper; **-atur** temperature; **-ert** temperate.
tempo speed, pace, tempo.
tendens tendency, trend; **~iøs** tendentious, bias(s)ed.
tendere tend.
tenk|e think; *(akte)* mean; **~ seg** imagine; **~lig** imaginable; **~pause** pause for thought; **~r** thinker.
tenn|e light; *(elektr)* switch *(eller* turn) on; *(ved gnist)* ignite; **-ing** ignition; **-ingsnøkkel** ignition key.
tennis tennis; **~bane** tennis court.
tenn|plugg sparking plug; **-spole** ignition coil; **~væske** lighter fuel.
tenor tenor.
tentamen preliminary examination.
tenåring teenager.
teolog theologian; **~i** theology.
teor|etiker theorist; **-etisk** theoretic(al); **-i** theory.
tepose tea bag.
teppe *(gulv-)* carpet; *(lite)* rug; *(teater)* curtain; **~rens** carpet cleaning.
terap|eutisk therapeutic(al); **-i** therapy.
termin period, term; *(avdrag)* instalment, *(amr)* installment.
terminal terminal; **~bord** computer desk.
termobag insulation bag.
termometer thermometer.

termos thermos.
termostat thermostat.
terning *(i spill)* dice; *(-formet)* cube.
terpentin turpentine.
terrasse terrace.
terreng country, ground; **~løp** cross-country race; **~sykkel** off-road bike.
terrin tureen.
territori|alfarvann territorial waters; **-um** territory.
terror terror; **~balanse** terror balance; **~bombing** terrorist bombing; **~handling** act of terrorism; **~regime** reign of terror; **~isere** terrorize; **~isme** terrorism; **~ist** terrorist.
terskel threshold.
terte tart; **~deig** puff pastry.
te|servise tea set; **-sil** tea-strainer; **-skje** teaspoon.
testament testament, will; **~arisk** testamentary; **~e** *(astronomi)* Testament; **~ere** bequeath, leave by will.
testikkel testicle; **~kreft** testicular cancer.
testosteron testosterone.
tett *adj (ikke lekk)* tight; *(ikke spredt)* dense; *(nær)* close; *adv* close, closely; **~ nese** stuffed-up nose; **~e** stop (up); tighten; **~het** tightness; density; closeness; **~sittende** tight(-fitting).
Thailand Thailand.
thai|landsk Thai; **-lender** Thai.
ti ten.
Tibet Tibet.
tibetan|er Tibetan; **-sk** Tibetan.
tid time; *gram* tense.
ti|del tenth; **-ende** tenth.
tidevann tide.
tidfeste date.
tidlig early; **~ere** previous; earlier; **~st** at the earliest.
tids|alder age; **-fordriv** pastime; **-frist** time limit; **-nok** in time; **være i -nød** be pressed for time; **-punkt** time, hour; **-skrift** periodical.
tie be silent.
tiger tiger.
tigge beg; **~r** beggar.
tikamp decathlon.
tikke tick; *(hunnsau)* ewe.
til *preposisjon* to.
til *adv* **en ~** one more; *konj* till, until; **~ dels** partly; **~ overs** left (over); **~ sammen** altogether, in all; **~ stede** present; **komme ~ syne** appear.
tilbake back; *(igjen)* left; **~betale** repay; **~blikk** retrospect; **~fall** relapse; **~gang** decline; **~holden** reserved; **~kalle** recall;

(oppheve) cancel; **~legge** cover; **~melding** feedback; **~reise** return journey; **~slag** setback; **~stående** mentally disabled; **~tast** *(edb)* backspace; **~trekning** withdrawal; **~trukket** retired; secluded; **~virkende** retroactive; **~vise** reject.
tilbe worship; adore; **~der** worshipper; *(overført)* admirer.
til|behør accessories; **-bringe** spend; **-bud** offer; **-by** offer; **-børlig** due.
tilbøyelig inclined; *(ha lett for)* be apt to; **~het** inclination, tendency.
tildele give; *(anvise)* allot; *(ved kvote)* allocate.
til|egne dedicate; *(kunnskaper o.l.)* acquire; **-falle** fall to.
tilfeldig casual, accidental; **~het** chance; *(sammentreff)* coincidence; **~vis** by chance, accidentally.
til|felle case; **-flukt** refuge.
tilfreds satisfied; *(fornøyd)* pleased, content; **~het** satisfaction; contentment; **~stille** satisfy; **~stillelse** satisfaction; **~stillende** satisfactory.
tilføye add; *(volde)* cause.
tilgang access.
tilgi forgive, pardon; **~velse** pardon.
til|gjengelig accessible; **-gjort** affected; **-godehavende** outstanding debt; **-henger** supporter; *(vogn)* trailer; **-holdssted** resort; **-høre** belong to.
tilintetgjør|e annihilate, destroy; **-ing** destruction.
til|kalle call, summon; **-kjenne** award; **-kjennegi** make known; **-knytning** connection.
tillate allow, permit; **~lse** permission, leave; *(skriftlig)* permit.
tillegg addition; supplement.
tillit confidence; trust; **vekke ~** inspire confidence; **~serklæring** vote of confidence; **~sfull** confident; trusting; **~svalgt** representative.
tilløp influx; *(sport)* run-up; *(overført)* attempt.
tilnærming approach; *(overført)* advance.
tilpas|ning adaptation; **-ningsevne** adaptability; **-se** adapt.
til|rettelegge arrange; **-rop** cry, hail.
til|sagn promise; **-sette** add; *(ansette)* appoint; **-sidesette** *(person)* slight, pass over;

(forsømme) neglect; **-siktet** intended; **-skudd** grant, contribution; **-skuer** spectator; **-slag** *(auksjon)* knocking down.

til|slutning *(bifall)* approval; *(samtykke)* consent; **-sluttet** affiliated.

til|sløre veil; **-spisse seg** become critical; **-sprang** run-up; **-stand** state, condition; **-stelning** arrangement; **-strekkelig** sufficient; **-strømning** influx.

tilstøte happen to; **~nde** adjacent.

tilstå confess; *(innrømme)* admit; **~else** confession; admission.

tilsvare correspond to; **~nde** corresponding.

tilsyn supervision; **~elatende** seeming, apparent.

til|ta grow, increase; **-tak** *(foretak)* enterprise; *(forholdsregel)* measure.

tiltal|e *subst* address; *(jur)* charge, prosecution.

tiltal|e *verb (snakke til)* address; *(behage)* please, appeal to; *(jur)* charge (**for** with), prosecute; **den -te** the accused, the defendant; **~nde** attractive.

tiltrek|ke attract; **~nde** attractive; **-ning** attraction.

til|tro *subst* confidence; trust; **-vekst** increase; **-venning** adaptation; **-værelse** existence.

time hour; *(undervisning)* lesson; **bestille ~** make an appointment; **om en ~** in an hour; **per ~** per hour; **~betaling** payment by the hour; **~glass** hour glass; **~plan** timetable.

timian thyme.

tinde *(fjell-)* peak; **~bestiger** mountaineer.

tindre sparkle, twinkle.

tine thaw, melt.

ting thing; object; **~lyse** register.

tinktur tincture.

tinn *(metallet)* tin; *(i bruksgjenstand)* pewter; **~folie** tinfoil; **~varer** *flertall* pewter(ware).

tinning temple.

tippe *(gjette, og drikkepenger)* tip; *(med tippekupong)* do the pools; **~kupong** pools coupon.

tippolde|far great-great-grandfather; **-mor** great-great-grandmother.

tips *(vink)* tip, tip-off.

tirre tease, provoke.

tirsdag Tuesday.

tispe bitch.

tisse pee; *(barnespråk)* wee-wee.
tistel thistle.
titrering titration.
titte peep.
tittel title; **~blad** title page.
titulere address.
tiur capercaillie.
tivoli amusement park, fun fair.
tiår decade.
tjene serve; *(penger)* earn, *(ved fortjeneste)* make; **~r** servant; *(edb)* server.
tjeneste service; favour, *(amr)* favor; **-leverandør** *(edb)* Internet Service Provider.
tjern small lake, tarn.
tjore tether.
tjue twenty; **~nde** twentieth.
tjære tar; **~papp** tarboard.
to *(numerisk)* two; *(nummer to)* runner-up.
toalett toilet; *(rom også)* lavatory, w.c., *(amr)* bathroom, restroom; **~bord** dressing table; **~mappe** toilet case; **~papir** toilet paper.
tobakk tobacco; **~sbutikk** tobacconist's (shop); **~spung** tobacco pouch.
toddi *(drikk)* toddy.
to|delt two-piece; **-etasjes** two-storeyed.
tog train; *(opptog)* procession; **~avgang** departure; **~avsporing** derailment; **~betjening** train crew; **~forbindelse** train connection; **~tabell** railway timetable, *(amr)* railroad schedule.
tokt cruise; *(ri)* fit.
toler|anse tolerance; **-ant** tolerant; **-ere** tolerate.
tolk interpreter; **~e** interpret; *(uttrykke)* express.
toll customs; *(avgift)* (customs) duty; **~ekniv** sheath knife; **~er** customs officer; **~fri** duty-free; **~stasjon** customs station; **~vesenet** the Customs.
tolv twelve.
tom empty.
tomat tomato.
tom|gang idling **-gods** empties *flertall*; **-hendt** empty-handed; **-het** emptiness.
tomme inch.
tommelfing|er thumb; **tvinne -re** twiddle one's thumbs.
Tommeliten *(eventyrfigur)* Tom Thumb.
tommestokk folding rule.
Tommy og Tiger'n *(tegneseriefigurer)* Calvin and Hobbes.
tomotors twin-engined.
tomt *(bygge-)* site; *(rundt et hus)* grounds.
tone *subst* tone; *(enkelt-)* note;

~angivende leading; **~art** key; **~høyde** pitch.
tonn ton; **~asje** tonnage.
topp top; *(fjell-, overført)* summit; **~e** top; **~et** *(teskje)* heaped.
topp|figur figurehead; **-lokk** *(maskin)* cylinder head; **-lønn** maximum salary; **-møte** summit meeting; **-pakning** *(maskin)* cylinder head gasket; **-punkt** summit; *(geometri)* apex; **-ventil** overhead valve.
torden thunder; **~skrall** thunder clap; **~vær** thunderstorm.
tordivel (dor) beetle.
tordne thunder.
tore dare, venture.
torg market(place).
torn thorn.
Tornerose *(eventyrfigur)* Sleeping Beauty.
torped|ere torpedo; **-o** torpedo.
torsdag Thursday.
torsk cod.
tortur torture; **~ere** torture.
torv *(myr-)* peat; *(gress-)* turf.
tosk fool; **~ete** foolish.
tostjerners two-star.
total total; **~itær** totalitarian.
tournedos tournedos.
to|veis two-way; **-verdig** bivalent.
tradisjon tradition; **~ell** traditional.
trafikk traffic; **~ert** busy, crowded; **~-kork** traffic jam; **~lys** traffic lights; **~skilt** traffic sign.
trag|edie tragedy; **-isk** tragic.
trakt funnel; *(egn)* region, tract.
traktat treaty.
trakte *(sile)* filter; **~ etter** aspire to.
traktkantarell funnel chanterelle.
traktor tractor; **~sko** creepers.
tralle *subst* trolley.
tralle *verb* sing.
trampe tramp; trample.
tran cod-liver oil.
trane crane; **~bær** cranberry.
trang *adj* narrow; *(om klær)* tight.
trang *subst (behov)* want, need; *(lyst)* desire; **~synt** narrow-minded.
trans|aksjon transaction; **-e** trance; **-formator** transformer; **-itthandel** transit trade; **-latør** translator; **-pirasjon** perspiration.
transport transport, transportation; **~bånd** conveyor belt; **~ere** transport; **~middel** means of transport *eller* conveyance; **~tjeneste** transport service.

transvestitt transvestite.
trapp stairs; *(trappeoppgang)* staircase, stairway; *(utenfor dør)* (door)steps.
trappe|ned step down, reduce gradually; **- opp** escalate; **-avsats** landing; **-gelender** banisters *flertall;* **-trinn** step.
trasé projected road.
traske trudge; plod.
trass|at *(handel)* drawee; **-ent** drawer.
trassig obstinate, stubborn.
tratte *(handel)* draft.
trau trough.
traust steady, sturdy.
trav|e trot; **-bane** trotting track, *(amr)* racetrack; **-løp** trotting race; **-er** trotter.
travel busy.
tre *(numerisk)* three; *subst* tree; *(ved)* wood; **~blåseinstrument** woodwind (instrument); **~dagersfeber** three-day fever.
tredemølle treadmill.
tre|del third; **-dje** third; **-djeklasses** third-class, third-rate.
treenighet Trinity.
treffe hit; *(møte)* meet; **~s** hang out; **~nde** apt; to the point.
treg sluggish, slow; **~het** indolence; inertia.
tre|grense tree (*eller* timber) line; **-hjulssykkel** tricycle; **-hvit** wooden.
trekant triangle; **~et** triangular.
trekk *(rykk)* pull; *(ansikts-)* feature; *(sjakk)* move; *(karakter-)* trait, feature; *(dekke)* cover; *(luft-)* draught, *(amr)* draft.
trekk|basun slide trombone; **-fugl** migratory bird; **-full** draughty, *(amr)* drafty; **-spill** accordion.
trekke draw, pull; **~ for** draw; **~ fra** deduct; *(matematikk)* subtract; **~ opp** *(klokke)* wind up; *(flaske)* uncork; **~ seg** back out; **~ tilbake** withdraw.
tre|klang triad; **-kløver** trefoil.
trekning *(lotteri)* draw; *(krampe)* convulsion; *(i ansiktet)* twitch.
tre|kull charcoal; **-last** timber; **-masse** wood pulp; **-menning** second cousin.
tren|e train; practise, *(amr)* practice; work out; **~r** trainer, coach; **-ing** work out.
trenere delay, retard.
trenge *(presse)* press, force, push; *(behøve)* need, want, require; **~ igjennom** penetrate; **~ seg frem** press forward; **~ seg inn på** encroach on; **~nde** needy.

trengsel *(folk)* crowd; *(nød)* distress.
trening training; practice; **~sdrakt** track suit.
treske thresh; **~maskin** thresher; threshing machine.
tre|skjæring woodcarving; **-sko** clog, wooden shoe; **-snitt** woodcut; **-stamme** trunk; **-steg** *(sport)* triple jump.
trett tired; *(kjed)* weary (**av** of).
trette *subst* dispute, quarrel.
trette *verb* tire; quarrel; **~kjær** quarrelsome.
tretten thirteen; **~de** thirteenth.
tretthet weariness, fatigue.
tretti thirty; **~ende** thirtieth.
treull wood wool.
trevl fibre, *(amr)* fiber; *(av tøy)* thread.
triangel triangle.
tribune stand; *(overbygd)* grandstand.
trigonometri trigonometry.
trikin trichina.
trikk *(sporvogn)* tram(-car), *(amr)* streetcar.
triks trick, con.
trikotasje hosiery.
trille roll; *(mus)* trill; **~bår** wheelbarrow; **~vogn** shopping trolley.
trilling triplet.
trinn step; *(stige)* rung; *(stadium)* stage; **~løs** infinitely variable.
trinse *(lite hjul)* castor.
trio trio.
tripple trip; **~lvaksine** triple antigen; **-teller** *(i bil)* tripmeter.
trisse pulley.
trist sad, dismal, gloomy.
triumf triumph; **~bue** triumphal arch; **~ere** triumph; **~erende** triumphant.
triv|es thrive; **-iell** commonplace, trivial; **-sel** prosperity; *(velvære)* well-being.
tro *adj* faithful, loyal.
tro *subst* faith, belief; *(grise-)* trough.
tro *verb* believe; think; **~ende** believer.
trofast faithful, loyal; **~het** fidelity, faithfulness.
trofé trophy.
trolig credible; *(sannsynlig)* probable, likely.
troll troll; ogre; **~binde** spellbind; **~dom** witchcraft, sorcery; **~kjerring** witch; **~mann** sorcerer, wizard.
tromme *subst* drum.
tromme *verb* (beat the) drum; **~hinne** ear-drum, membrane;

~sett drum set; **~slager** drummer; **~stikke** drumstick; **~virvel** roll of drums.
trommel drum.
trompet trumpet.
tron|arving heir to the throne; **-e** throne; **-følger** successor.
trop|ene the tropics; **-isk** tropical.
tropp troop.
troskap fidelity, loyalty.
tross *preposisjon* **til ~ for** in spite of.
trost thrush.
troverdig trustworthy, reliable, credible.
trubadur minstrel, troubadour.
true threaten, menace; **~t** endangered.
trumf trump; **~e** *(kortspill)* (play) trump; *(igjennom)* force through.
trussel threat, menace.
truse|r briefs, *(amr)* panties; **-innlegg** panty liner.
trutne swell.
trygd social security; *(forsikring)* insurance; **~esystem** social security system, *(amr)* welfare system; **~eytelser** social security, social benefits.
trygg secure, safe (**for** from); **~e** make safe, secure; **~het** security, safety.
trygle entreat, implore.
trykk *(overført også)* pressure; *(betoning)* stress; *(typografi)* print; **på ~** in print.
trykke press; *(typografi)* print; **~frihet** freedom of the press; **~r** printer; **~ri** printing office.
trykk|feil misprint; **-knapp** snap fastener, press stud, *(amr)* snap; push button; **-sak** printed matter.
trylle conjure; **~formular** magic formula; **~kunst** conjuring trick; **~kunstner** conjurer; **~ri** magic; **~stav** magic wand.
tryne snout.
træl *(hudfortykning)* callosity.
trøffel truffle.
trøst consolation, comfort.
trøste comfort, console; **~premie** consolation prize.
trøye jacket, coat.
trå *adj (harsk)* rancid.
tråd thread; *(bomulls-)* cotton; *(metall-)* wire; **~løs** wireless; **~snelle** (cotton) reel, *(amr)* spool.
tråkke trample.
tråkle tack.
trål trawl; **~e** trawl; **~er** trawler.
tsar czar.
tsjekker Czech.
Tsjekkia Czech Republic.

tsjekkisk Czech.
tuba tuba.
tube tube.
tuberkulose tuberculosis (TB).
tue mound; *(maur-)* ant hill.
tukle med tamper with.
tulipan tulip; **~løk** tulip bulb.
tull rubbish, nonsense; **~e** talk nonsense *(eller* rubbish); **~ete** crazy; **~ing** fool.
tumle tumble; **~ med** struggle with.
tumult tumult.
tun yard.
tunfisk tuna.
tung heavy.
tunge tongue.
tung|hørt hard of hearing; **-industri** heavy industry.
tungt|vann heavy water; **-veiende** *(overført)* weighty.
tung|vekt heavyweight; **-vint** cumbersome.
tunika tunic.
tunnel tunnel; **~bane** underground, tube, *(amr)* subway.
tur *(spaser-)* walk; *(liten reise)* trip; *(til å gjøre noe)* turn; *(dans)* figure; **~-retur** *(billett)* return (ticket), *(amr)* round trip (ticket).
turbin turbine.
turgåer hiker.
turist tourist; **~buss** coach; **~forening** tourist association; **~kontor** tourist office; **~visum** tourist visa.
turn gymnastics *flertall*; **~e** do gymnastics; **~é** tour; **~er** gymnast; **~ering** tournament; **~hall** gymnasium.
turnips turnip.
tur|tall number of revolutions; **-teller** rpm counter.
tusen thousand; **~bein** millipede; centipede; **~fryd** daisy; **~kunstner** Jack-of-all-trades.
tusj *(fargestoff)* Indian ink; **~penn** felt pen.
tusmørke dusk, twilight.
tut *(på kanne)* spout; *(ul)* howl; *(av fløyte; ugle)* hoot; *(horn, fløyte)* toot; **~e** howl; hoot; toot; *(gråte)* cry.
TV television; *(hverdagslig)* telly; **se på ~** *(hverdagslig)* watch the telly.
tvang force, compulsion.
tvangs|arbeid hard labour; **-auksjon** forced sale; **-forestilling** obsession; **-innlegge** commit; **-trøye** straitjacket.
TV-apparat TV set.
tverr sullen, cross; **~bjelke** crossbeam; **~faglig**

interdisciplinary; **~ligger** cross-piece; *(sport)* crossbar; **~snitt** cross section.
tvers| igjennom right through; **på -** across, crosswise; **på kryss og -** in all directions; **- over** across.
tvert imot *adv* on the contrary.
tvert imot *preposisjon* contrary to.
tvetydig ambiguous; **~het** ambiguity.
tvil doubt; **~e** doubt.
tvilling twin.
Tvillingene *(astrologi)* Gemini.
tvilsom doubtful.
tvinge force, compel; **~nde** cogent.
tvinne twist, wind, twine.
TV|reklame TV commercial; **-serie** TV series.
tvungen compulsory; *(unaturlig)* forced.
ty til resort to.
tyde make out; **~ på** indicate.
tydelig plain, clear; *(lett å se, forstå)* distinct; **~gjøre** clarify; **~vis** evidently, obviously.
tyfus tyhpoid fever.
tygge chew; **~gummi** chewing gum.
tykk thick; *(om person)* corpulent, stout; *(tett)* dense; **~else** thickness; **~hudet** *(overført)* callous.
tykktarm large intestine, colon; **~betennelse** colitis.
tyll tulle.
tyngde weight; **~kraft** force of gravity.
tynge weigh down, weigh upon.
tynn thin; *(sped)* slender; **~slitt** worn thin; **~e ut** thin out; **~er** thinner.
tynntarm small intestine.
type type.
typisk typical (**for** of).
typograf typographer.
tyr bull.
tyrann tyrant; **~i** tyranny; **~isk** tyrannical.
tyrefekting bullfight.
Tyren *astrologi* Taurus.
tyrker Turk.
Tyrkia Turkey.
tyrkisk Turkish.
tysk German; **~er** German.
Tyskland Germany.
tyttebær cowberry.
tyv thief; *(innbrudds-)* burglar; **~eri** theft; burglary; **~erialarm** burglar alarm.
tær|e *(om rust o.l.)* corrode; **-ing** consumption.
tøff tough.
tøffel slipper.
tømme *subst* rein.
tømme *verb* empty.

tømmer timber, *(amr)* lumber; **~fløting** floating; **~flåte** raft; **~hogger** *(amr)* lumberjack; **~hytte** log cabin; **~mann** carpenter; **~menn** *(overført)* hangover; **~stokk** log.
tømre build, make.
tønne barrel, cask; **~vis** by the barrel.
tørke *subst* drought.
tørke *verb* dry; **~ av** wipe; **~ inn, ~ ut** dry up; **~rull** paper towels; **~trommel** tumble-dryer.
tørkle *(hals-)* scarf; *(hode-)* headscarf; *(lomme-)* handkerchief.
tørr dry; **~fisk** stockfish; **~legge** drain; **~melk** dried milk; milk powder; **~vittig** dry; **~åte** blight.
tørst *adj* thirsty; **~e** be thirsty; **~e etter** thirst for.
tøv nonsense, rubbish; **~e** talk nonsense.
tøy cloth, fabric, material; *(klær)* clothes.
tøye stretch; extend; **~lig** elastic, extensible.
tøyle *subst* rein.
tøys nonsense, rubbish; *(hverdagslig)* rot, *(amr)* hogwash; **~ete** silly.
tå toe; **på ~** on tiptoe; **~balle** ball of the foot.
tåke fog; *(lett)* mist; **~lur** foghorn; **~te** foggy, misty.
tåle *(ikke ta skade av)* stand; *(utstå)* bear, stand; *(finne seg i)* put up with, stand.
tålmodig patient; **~het** patience.
tåpelig foolish, silly.
tåre tear; **~gass** tear gas; **-kanal** *(anatomi)* lacrimal duct.
tårn tower; *(kirke-)* steeple; *(i sjakk)* rook, castle; **~e seg opp** pile up.
tåteflaske feeding bottle.

U

uakseptabel unacceptable.
ualminnelig uncommon, unusual.
uanmeldt unannounced.
uansett *preposisjon* without regard to.
uanstendig indecent.
uansvarlig irresponsible.

u|**appetittlig** unappetizing; **-atskillelig** inseparable.
uav|brutt continuous; **-gjort** unsettled, undecided; *(sport)* a draw.
uavhengig independent; **~het** independence.
u|**avkortet** unabridged; **-barbert** unshaven; **-barmhjertig** merciless, relentless.
ubalanse imbalance; **~rt** out of balance; *(unyansert)* biased.
ubebo|dd uninhabited; **-elig** uninhabitable.
ubedt unasked, uninvited.
ubegrenset unlimited.
ubegrunnet unfounded.
ubehag dislike; **~elig** unpleasant, disagreeable.
ube|hersket *uncontrolled*, unrestrained; **-hjelpelig** awkward; **-kreftet** unconfirmed; **-kvem** uncomfortable; **-kymret** unconcerned; **-leilig** inconvenient; **-merket** unnoticed; **-regnelig** unpredictable; **-rettiget** unjustified, unwarranted; **-rørt** untouched; *(upåvirket)* unaffected.
ube|seiret unconquered; *(sport)* unbeaten; undefeated; **-skjeden** immodest; **-skrevet** blank; **-skrivelig** indescribable; **-skyttet** unprotected; **-sluttsom** irresolute; **-stemmelig** indeterminable; **-stemt** indefinite; *(ubesluttsom)* undecided; *(uklar)* vague; **-stikkelig** incorruptible; **-svart** unanswered.
ubetal|elig invaluable; priceless; **-t** unpaid; unsettled.
ubetenksom inconsiderate; *(tankeløs)* thoughtless; *(overilet)* rash.
ube|tinget unconditional; absolute; **-tont** unaccented; **-tydelig** insignificant, slight.
ubevegelig immovable; **~het** immobility.
ube|visst unconscious; **-voktet** unguarded; **-væpnet** unarmed.
u|**blandet** unmixed; *(om alkohol)* neat, *amr* straight; **-blu** *(om pris)* exorbitant.
ubruk|elig useless; **-t** unused.
u|**buden** uninvited; **-bønnhørlig** inexorable; **-bøyelig** inflexible; unbending; *gram* indeclinable; **-båt** submarine; **-dannet** uneducated; *(oppførsel)* rude; **-definerbar** indefinable; **-dekket** uncovered.

udel|elig indivisible; **-t** undivided.
u|demokratisk undemocratic; **-drikkelig** undrinkable; **-dugelig** incompetent; **-dyr** monster; **-dyrkbar** untillable; **-dødelig** immortal.
u|egnet unsuitable; **-ekte** imitation; false; *(barn)* illegitimate.
u|endelig endless, infinite; **~het** infinity; **-endret** unchanged.
uenig, **være ~** disagree; **~het** disagreement.
uensartet heterogeneous.
uer scorpaenid; redfish, *(amr)* rosefish.
uer|faren inexperienced; **-stattelig** irreplaceable; *(om tap)* irreparable.
u|faglært unskilled; **-farbar** impassable; *(elv)* unnavigable; **-farlig** safe, harmless; **-fattelig** incomprehensible; *(utrolig)* inconceivable; **-feilbarlig** unfailing; **-ferdig** unfinished.
uff *oh*, *bah*.
u|fin *(simpel)* rude; **-fisk** inedible fish; **-flaks** bad luck.
uforandret unchanged, unaltered.
ufor|beholden unreserved; **-beredt** unprepared.
ufor|delaktig disadvantageous; **-dragelig** intolerable; **-døyelig** indigestible.
ufor|enlig incompatible; **-et** unlined; **-falsket** genuine; **-glemmelig** unforgettable.
uforholdsmessig disproportionate.
ufor|klarlig inexplicable; **-kortet** unabridged.
u|formelig shapeless; **-formell** informal.
ufor|minsket undiminished; **-nuftig** unwise, senseless; **-pliktende** non-binding; **-siktig** *(skjødesløs)* careless; *(ikke varsom)* incautious.
uforskammet insolent, impudent; **~het** insolence, impudence.
ufor|skyldt undeserved; **-sonlig** implacable; *(om motsetninger)* irreconcilable.
uforstyrret undisturbed.
ufor|ståelig incomprehensible, unintelligible; **-svarlig** indefensible, inexcusable; **-tjent** undeserved; **-utsett** unforeseen; **-utsigbar** unexpected; **-varende** unawares.
u|frankert unstamped; **-fremkommelig** impassable.
ufri unfree; **~villig** involuntary.
ufruktbar infertile, sterile.

ufull|byrdet unaccomplished; **-endt** unfinished; **-kommen** imperfect; **-stendig** incomplete.
u|fyselig disgusting; **-følsom** insensitive; indifferent.
ufør disabled; **~forsikring** disability insurance; **~epensjon** disability pension; **~epensjonist** disabled pensioner; **~het** disablement.
u|gagn mischief; **-gift** single.
ugjen|kallelig irrevocable; **-kjennelig** irrecognizable.
ugjennom|førbar impracticable; **-siktig** opaque; **-trengelig** impenetrable.
ugjerning outrage, misdeed.
ugjestfri inhospitable; **~het** inhospitality.
ugjort undone.
ugle owl.
ugress weed; **~middel** herbicide, weed killer.
u|grunnet unfounded; **-gudelig** impious.
u|gunstig unfavourable, *(amr)* unfavorable; **-gyldig** invalid; **-harmonisk** inharmonious; **-hederlig** dishonest; **-helbredelig** incurable.
uheldig unlucky; *(ikke vellykket)* unfortunate; **~vis** unfortunately.
u|hell misfortune; *(ulykkestilfelle)* accident; **-hensiktsmessig** unsuitable, inexpedient; **-holdbar** untenable; **-hyggelig** *(nifs)* uncanny; *(utrivelig)* dismal; *(illevarslende)* sinister; **-hygienisk** insanitary.
uhyre *adj* tremendous, enormous.
uhyre *subst* monster.
u|høflig impolite, rude; **-hørt** unheard of; **-høytidelig** informal; **-håndterlig** unmanageable.
uimot|sagt uncontradicted; **-stående** irresistible; **-takelig** insusceptible.
uinn|bundet unbound; **-skrenket** unlimited; **-vidd** *(jord)* unconsecrated; *(i hemmelighet)* uninitiated.
uinteres|sant uninteresting; **-sert** uninterested.
ujevn uneven, rough.
uke week; **~blad** weekly magazine; **~dag** weekday; **-lønn** weekly wages; **~ntlig** weekly; **i ~vis** for weeks.
ukjent unknown.
uklanderlig irreproachable.
uklar *(utydelig)* indistinct; *(overført)* vague; **~het** dimness; indistinctness.
u|kledelig unbecoming;

-knuselig unbreakable; **-kontrollert** uncontrolled.
Ukraina (the) Ukraine.
ukrain|er Ukrainian; **-sk** Ukrainian.
u|krenkelig inviolable; **-kritisk** uncritical; **-kuelig** indomitable; **-kurant** *(om varer)* unsalable.
ul hoot(ing); howl(ing).
u|lage disorder; **-land** developing country; **-lastelig** *(antrukket)* immaculately dressed; **-lempe** drawback; **-lendt** rough, rugged; **-leselig** illegible.
ulik unlike; *(tall)* odd; **~het** dissimilarity.
ulke sculpin; bullrout.
ull wool; **av ~** woollen, *(amr)* woolen; **~garn** wool; **~genser** woollen sweater; **~teppe** woollen blanket.
ulme smoulder.
u|logisk illogical; **-lovlig** illegal, unlawful.
ultralyd ultrasound (scan).
ulv wolf *m*; she-wolf *f*; **~eflokk** pack of wolves; **~ehi** wolf's lair.
ulydig disobedient (**mot** to).
ulykke *(~stilfelle)* accident; *(katastrofe)* disaster; *(uhell)* misfortune; **~lig** unhappy; **~sforsikring** accident insurance.
u|lønnet unpaid; **-lønnsom** unprofitable; **-løselig** unsolvable; *(problem)* inextricable.
umak pains, trouble; **gjøre seg ~** take pains to; **~e** odd.
u|malt unpainted; **-medgjørlig** unmanageable; **-menneskelig** inhuman; **-merkelig** imperceptible.
umettet unsaturated.
umiddelbar immediate; *(naturlig)* spontaneous.
u|minnelig immemorial; **-miskjennelig** unmistakable; **-moden** unripe; *(overført)* immature; **-moderne** out of fashion.
umoral immorality; **~sk** immoral.
umulig impossible.
u|myndig minor; under age; **-møblert** unfurnished; **-måtelig** immense, enormous.
umbrakonøkkel Allen key.
unaturlig unnatural; *(påtatt)* affected.
under *preposisjon* under; *(neden-)* below; *(om tid)* during.
under *subst* wonder, miracle.
under|arm forearm; **-avdeling** subdivision; **-bemannet** understaffed; **-betalt** underpaid.

underbevisst subconscious; **~het** subconsciousness.
under|bitt protrusion; **-bukser** pants, drawers, *(amr)* underpants; **-bygge** support; **-danig** submissive; **-direktør** assistant manager; **-entreprenør** subcontractor.
underernær|ing undernourishment; **-t** undernourished.
under|forstått implied; implicit; **-fundig** cunning; **-gang** ruin, fall; *(for fotgjengere)* subway; **-grave** undermine, sap; **-grunn(sbane)** underground, tube, *(amr)* subway; **-grunnskultur** underground culture.
underhold|e support; *(more)* entertain; **-ning** entertainment; **-sbidrag** maintenance.
Underhuset the House of Commons.
under|hånden privately; **-jordisk** subterranean, underground.
underkaste submit; **~lse** submission.
under|kjenne reject; **-kjole** slip; **-kjeve** lower jaw; **-klassen** the lower classes; **-kue** subdue, subjugate; **-køye** lower berth.
underlag foundation, base; *(skrive-)* blotting pad; *(telt-)* ground sheet; **~skrem** foundation cream.
under|legen inferior; **-leppe** lower lip.
underlig strange, queer, odd.
underliv abdomen; **~sundersøkelse** gynaecological examination.
underordne subordinate; **~t** subordinate; *(uviktig)* secondary.
underpris underprice, bargain.
underret|ning information; **-te** inform.
under|setsig thickset, stocky; **-sjøisk** submarine; **-skjørt** petticoat; **-skrift** signature; **-skrive** sign; **-skudd** deficit; **-slag** embezzlement; **-slå** embezzle; *(brev)* intercept.
underst lowest, undermost.
understell *(på bil)* chassis; **~sbehandling** underseal.
understreke underline; *overført også* stress, emphasize.
undersøke examine; *(granske)* investigate; go into; **~lse** examination; inquiry; investigation.
undertegne sign; **~de** the undersigned.
undertiden sometimes, now and then.

undertrykke suppress; *(underkue)* oppress; **~lse** suppression; oppression.
under|trøye vest; **-utviklet** underdeveloped; **-tøy** underwear.
undervanns|båt submarine; **-skjær** sunken rock.
underveis on the way.
under|vektig underweight; **-verden** underworld; **-verk** wonder, miracle.
undervis|e teach; **-ning** instruction, tuition.
undervurder|e underrate, underestimate; **-ing** underrating, underestimation.
undr|e wonder; **~s** wonder; **-ing** wonder, astonishment, surprise.
undulat budgerigar.
u|nektelig undeniable; *adv* undeniably; **-nevnelig** unmentionable.
ung young.
ungarer Hungarian.
Ungarn Hungary.
ungarsk Hungarian.
ungdom youth; *(unge mennesker)* young people; **~melig** youthful; **~sherberge** youth hostel.
ung|e kid, child; *(dyr)* cub; **-kar** bachelor.
uniform uniform.
union union.
univers universe; **~alnøkkel** master key; **~ell** universal; **~itet** university.
unna away, off.
unn|dra withdraw; **-fallen** yielding; **-fange** conceive; **-gjelde** pay, suffer; **-gå** *(med vilje)* avoid; *(unnslippe)* escape.
unnlate fail; *(forsømme)* omit.
unn|selig bashful, shy; **-setning** rescue.
unnskylde excuse; *(tilgi)* pardon; **~ning** excuse; apology; **be om ~ning** apologize.
unnslippe escape.
unnta except; **~k** exception; **~kstilstand** state of emergency; **~tt** except, save; but.
unn|vikende evasive; **-være** do without.
u|note bad habit; **-nyansert** unsubtle; **-nyttig** useless; **-nødvendig** unnecessary, needless; **-nøyaktig** inaccurate.
uomsettelig unnegotiable.
uopp|dragen rude, ill-mannered; **-fordret** unasked, uninvited; **-hørlig** incessant; **-lagt** indisposed; **-løselig** indissoluble; *(kjemi)* insoluble.

uopp|merksom inattentive; **-nåelig** unattainable; **-rettelig** irreparable; **-sigelig** irremovable; *(kontrakt)* irrevocable.
u|organisert unorganized; **-organisk** inorganic.
uover|ensstemmelse disagreement; *(avvik)* discrepancy; **-kommelig** insurmountable; **-truffet** unsurpassed; **-veid** rash; **-vinnelig** invincible.
upartisk impartial; **~het** impartiality.
u|passende improper; **-personlig** impersonal; **-populær** unpopular; **-praktisk** unpractical; **-presis** imprecise, inaccurate.
upå|aktet unnoticed; **-klagelig** irreproachable; **-litelig** unreliable.
upåvirke|lig impassive, stolid; *(følelsesløs)* insensitive; **-t** unaffected, stolid.
ur watch; *(større)* clock; *(stein-)* scree.
uraffinert unrefined.
uran uranium.
uransakelig inscrutable.
uravstemning ballot; referendum.
u|redd *(seng)* unmade; *(modig)* fearless; **-redelig** dishonest; **-regelmessig** irregular; **-regjerlig** unruly.
uren|het impurity; **-slig** uncleanly.
urett wrong; injustice; **~ferdig** unjust; **~messig** illegal.
uriktig wrong, incorrect.
urimelig unreasonable; *(meningsløs)* absurd, preposterous.
urin urine; **~al** urinal; **~blære** urinary bladder; **~drivende** diuretic; **~ere** urinate; **~forgiftning** uraemia; **~rør** urethra; **~rørskatarr** urethritis; **~syre** uric acid; **~syregikt** gout; **~veiene** the urinary tract; **~veisinfeksjon** infection of the urinary tract.
urkomisk hilarious.
urmaker watchmaker.
urne urn; *(valg-)* ballot box.
uro unrest; *(engstelse)* anxiety; **~e** disturb, trouble.
urokkelig firm, inflexible.
urolig restless; *(engstelig)* uneasy, anxious.
uroppførelse premiere.
uro|stifter troublemaker; rioter; **-vekkende** disquieting.
urskog primeval forest.
urt herb; **~eaktig** herbaceous; **~emedisin** herbal medicine; **~ete** herbal tea.

urviser hand; **med ~en** clockwise; **mot ~en** anticlockwise.
u|ryddig untidy; **-rørlig** immovable; **-rørt** untouched.
uråd impossibility; **ane ~** suspect mischief.
USA *fork for* **United States of America**.
u|sagt unsaid; **-saklig** biased.
usammen|hengende incoherent; **-satt** simple.
usann untrue, false; **~synlig** improbable, unlikely; **~synlighet** improbability, unlikelihood.
usedvanlig unusual, uncommon.
u|sedvanlig *adv* uncommonly; **-selskapelig** unsociable; **-selvstendig** *(om person)* dependent (on others); *(om arbeid)* unoriginal.
usikker uncertain; *(forbundet med fare)* unsafe; insecure; **~het** uncertainty; insecurity; **~hetsmoment** element of uncertainty.
uskad|d *(om person)* unhurt; *(om ting)* undamaged; **-elig** harmless.
uskikk bad habit; **~elig** naughty; **~et** unfit, unqualified (**til** for).
uskyldig innocent.
usling wretch.
u|slitelig everlasting; **-smakelig** unsavoury, *(amr)* unsavory; **-sminket** unpainted; *(overført)* unvarnished; **-solidarisk** disloyal; **-sosial** unsociable; **-spiselig** inedible.
ussel wretched, miserable.
ustabil unstable; fluctuating; **~itet** unstability.
ustadig unsteady; **~het** unsteadiness; inconstancy.
ustand, i ~ out of order.
u|stanselig incessantly; **-stelt** unkempt, untidy; **-stemt** untuned; **-straffet** unpunished; **-stø** unsteady; **-sukret** unsweetened; **-sunn** unhealthy; **-svikelig** unfailing; **-sving** u-bend; **-sympatisk** unpleasant; **-synlig** invisible; **-sømmelig** improper; indecent.
ut out; **~abords** outboard; **~advendt** extrovert.
utakknemlig ungrateful; **~het** ingratitude.
utakt, **komme i ~** fall out of step.
utallig innumerable, countless.
utarbeide prepare, work out; **~lse** preparation.
utarte til degenerate into; develop into.

utbetal|e pay out; **-ing** payment, disbursement, *(amr)* payoff.
ut|blokket blocked; **-blåsing** exhaust; blow-out.
utbre spread; **~delse** spreading; diffusion; **~dt** widespread.
utbrent burned-out.
ut|brudd outbreak; *(om vulkan)* eruption; *(overført)* outburst; **-brukt** worn out; **-bryte** *(si)* exclaim; *(bryte ut)* break out; **-bygging** development.
utbytte *(handel)* profit, proceeds; *(overført)* benefit, profit; **~rik** profitable.
utdann|e educate, train; **-ing** education.
Utdannings- og forsknings-departementet Ministry of Education and Research; **utdannings- og forskningsminister** Minister of Education and Research.
ut|data *(edb)* output (data); **-deling** distribution.
ut|drag extract; summary; **-dype** deepen; *(overført)* elaborate; **-dødd** extinct.
ute out; *(forbi)* finished.
ute|bli stay away; **-glemt** left out; **-grill** outdoor grill.
utekstet without subtitles.
ute|late leave out, omit; **-latt** out of the question; **-lukke** *(overført)* exclude.
uten without; **~ at** without; **~at** by heart; **~bys** out of town; **~dørs** outdoor; *adv* outdoors.
utenfor *adv* outside; *preposisjon* out of, outside; **~stående** outsider.
utenfra from (the) outside.
utenkelig unthinkable, inconceivable.
utenlands abroad; **~k** foreign.
utenom, gå ~ go round; evade; **~ det alminnelige** beyond the ordinary; **~ekteskapelig** extramarital; **~snakk** irrelevant talk.
utenpå outside.
Utenriksdepartementet Ministry of Foreign Affairs, *(amr)* Department of State.
utenriks|handel foreign trade; **-minister** Minister of Foreign Affairs, *(amr)* Secretary of State; **-politikk** foreign policy; foreign affairs; **-terminal** international terminal.
uterom outdoor area.
ute|spiller *(sport)* field player; **-stengt** shut out; **-stående** outstanding.
ut|fall issue, result; **-fart** excursion; **-flod** discharge;

-flukt excursion, outing; *(overført)* excuse, evasion; **-fordre** challenge; **-fordring** challenge.
utfor|kjøring driving off the road; (på ski) downhill skiing; **-løype** downhill track.
utforming design.
utforrenn *(sport)* downhill skiing.
ut|forske investigate; *(geografisk)* explore; **-fylle** fill; *(skjema)* fill in.
utføre carry out; *(eksportere)* export; *(bestilling)* execute; *(mus)* execute, play; **~lse** carrying out; *(av bestilling)* execution.
utfør|lig full, detailed; **-sel** exportation, export; *(varene)* exports.
utgang *(dør)* exit, way out; *(slutt)* end; **~sdør** exit (door); **~spunkt** starting point.
utgave version; *(av bok)* edition.
utgi *(en bok)* publish; *(redigere)* edit.
ut|gift expense; **-givelse** publication; **-giver** publisher.
ut|gjøre constitute, make up; **-glidning** backslide; **-graving** excavation.
utgå *(utelates)* be left out; **~ fra** emanate from; **~ende** outgoing; **~tt** discontinued; *(sko)* worn out.
utheve *(typografi)* italicize; *(overført)* emphasize.
utholden|de persevering; **-het** perseverance.
ut|hule hollow; **-hus** outhouse; **-hvilt** rested.
utid|e, i ~ out of season; **-ig** unreasonable.
utilbøyelig disinclined.
utilfreds dissatisfied, discontented; **~stillende** unsatisfactory.
util|givelig unpardonable; **-gjengelig** inaccessible; **-regnelig** irresponsible; **-siktet** unintended; **-strekkelig** insufficient.
utjevne smooth out.
ut|kant outskirts; **-kast** draft; *(skisse)* sketch (**til** of); **-kaster** bouncer; **-kikk** lookout; **-kjempe** fight out; **-kjørsel** exit; **-kjørt** exhausted; **-klasse** surpass.
utklipp cutting, *(amr)* clipping; **~stavle** *(edb)* clipboard.
ut|kledd dressed up; **-kommandere** call out.
ut|landet, i ~ abroad; **-lede** deduce; **-legg** outlay, expense; **-leie** *subst* letting (out).

utlending foreigner.
Utlendingsdirektoratet *omtrent* Directorate of Immigration.
utleverle deliver; *(overgi)* hand over; **-ing** delivery; *(av forbrytere)* extradition.
utlignle *(betale)* settle, balance; *(oppveie)* offset; *(sport)* equalize; **-ing** *(betaling)* payment, settlement; *(sport)* equalization; *(av skatt)* assessment.
utlodning raffle; lottery.
utløp outlet; *(munning)* mouth; *(tid)* expiration; **~e** *(tid)* expire; **~sdato** *(for matvarer)* sell-by date.
utløse *(pant)* redeem; *(frigjøre)* release; *(fremkalle)* provoke.
utlån loan.
utmattellse exhaustion; **-t** exhausted.
utmelding withdrawal; resignation.
utmerke distinguish; **~lse** distinction; **~t** excellent.
utnevne appoint; **~lse** appointment.
utnytte utilize; exploit; **~lse** utilization; exploitation.
utopisk Utopian.
utover outwards; *(hinsides)* beyond, past.
utlpantning distraint, distress; **-peke** point out; **-post** outpost; **-preget** marked; pronounced; **-pressing** *(penge-)* blackmail.
utradisjonell non-traditional.
utreise departure; **~tillatelse** exit permit; **~visum** exit visa.
utrette do; *(oppnå)* achieve; **~lig** indefatigable, untiring.
utringet low-necked, low cut.
utrivelig uncomfortable.
utro unfaithful (**mot** to); **~lig** incredible; unbelievable.
utrop exclamation; **~e** proclaim; **~stegn** exclamation mark.
utroskap unfaithfulness.
utrustle fit out, equip; **-ning** equipment, outfit.
utrydde exterminate, extirpate; **~lse** extermination, extirpation.
utrygg insecure; **~het** insecurity.
utrykning call-out.
utrøstelig inconsolable.
utsagn statement.
utsalg sale; **~spris** *(nedsatt)* sale price; **~svare** sale item.
utlsatt postponed; *(om sted)* exposed; *(sårbar)* vulnerable; **-seende** appearance, look(s); **-sending** delegate.
utsette put off, postpone; *(for fare)* expose; **~lse**

postponement, delay; *(for fare)* exposure.
ut|sikt view; *(mulighet)* prospect; **-skeielser** excesses; **-skifting** replacement; **-skjæring** cutting; *(kunst)* carving, sculpture; **-skrapning** *(medisin)* curettage; **-skrevet** discharged; **-skrift** printout.
utskytningsplattform launching pad.
utslag *(svingning)* fluctuation; *(virkning)* effect; **~sgivende** decisive; **~svask** sink.
ut|slett rash, eruption; **~e** annihilate, wipe out; **-slipp** discharge, *(om gass)* emission; **-slitt** worn out.
utsmykning decoration.
ut|snitt cut; *(del)* sector; **-solgt** out of stock, sold out; **-spark** *(fra mål)* kick-out; **-spekulert** designing, cunning; **-spill** *(kortspill)* lead; **-spørre** question.
utstede issue; *(trekke)* draw; **~lse** issue; **~r** drawer.
utstiller exhibitor.
utstilling exhibition; *(varemesse)* fair; *(hunde-, blomster o.l.)* show; *(vindus-)* display; **~sgjenstand** exhibit; **~svindu** show window.
ut|strakt extensive, wide; **-strekning** extent.
utstrål|e emit; radiate; **-ing** radiation.
utstyr outfit, equipment; *(til hus)* furnishings; *(brude-)* trousseau; **~e** equip, fit out; *(forsyne)* supply; *(møblere)* furnish.
utstøtt outcast.
ut|stående protruding; **-sultet** famished.
utsøkt select(ed), exquisite.
uttak *(av bank)* withdrawal; **~ing** selection.
uttale *subst* pronunciation.
uttale *verb* pronounce; **~lse** statement, declaration.
ut|tegning layout; **-telling** result.
uttrykk expression; phrase; *(fag-)* technical term; **~e** express; **~elig** *adj* express.
uttrykk|elig *adv* explicitly; **~sfull** expressive; **~småte** way of speaking.
uttynnet thinned (out).
uttømmende exhaustive.
uttørking dehydration.
utvalg *(av varer)* selection; choice; *(komité)* committee; **~t** chosen.
utvandr|e emigrate; **~r** emigrant; **-ing** emigration.
ut|vanne dilute; water down; **-vei** way out; expedient; **-veksling** exchange; **-vekst** protuberance.

utvendig *adj* outward, external.
utvendig *adv* (on the) outside.
utvetydig unequivocal.
utvide widen, extend, expand; **~lse** extension, expansion.
utvikl|e develop; **-ing** development; *biol* evolution; *(kjemi)* emission.
utviklings|hemmet mentally disabled; **-hjelp** development aid; **-land** developing country; **-læren** the theory of evolution.
utvilsom undoubted; **~t** undoubtedly, without doubt, no doubt.
utvinne extract.
utvis|e expel; *(legge for dagen)* show; **-ning** expulsion.
utvortes external.
utvungen *(naturlig)* free and easy.
utydelig indistinct.
utørst, **drikke seg ~** quench one's thirst.
utøve exercise; **~nde** executive.
u|tøy vermin; **-tålelig** intolerable.
utålmodig impatient (**over** at); **~het** impatience.
uunn|gåelig unavoidable, inevitable; **-værlig** indispensible.
uut|grunnelig unfathomable; **-holdelig** unbearable, intolerable; **-slettelig** indelible; **-tømmelig** inexhaustible; **-viklet** undeveloped.
uvan|e bad habit; **-lig** unusual, uncommon; **-t** unaccustomed.
uvedkommende irrelevant; **en ~** intruder.
uvel unwell, uncomfortable; **~kommen** unwelcome.
uvenn|lig unfriendly, unkind; **~skap** enmity, hostility.
u|ventet unexpected; **-verdig** unworthy; **-vesentlig** unessential, immaterial; **-viktig** insignificant; **-vilje** ill will; *(ulyst)* reluctance; **-vilkårlig** involuntary; **-villig** *adj* unwilling; **-virkelig** unreal; **-virksom** inactive, idle; *(virkningsløs)* ineffective.
uviss uncertain; **~het** uncertainty.
uviten|de ignorant (**om** of); **-het** ignorance.
u|vitenskapelig unscientific; **-vurderlig** invaluable; **-væpnet** unarmed; **-vær** storm, bad weather; **-vøren** reckless.
uærbødig disrespectful.
uærlig dishonest; **~het** dishonesty.

uøkonomisk *(som ikke lønner seg)* uneconomic; *(om person; udrøy)* uneconomical.

uønsket unwanted; **-år** bad year.

V

vade wade; **~fugl** wader, *(amr)* shore bird; **~sted** ford.
vable blister.
vadmel frieze.
vaffel waffle; **~jern** waffle iron.
vagge sway, rock.
vagina *(anatomi)* vagina.
vagle perch, roost.
vaie fly, wave; **~r** wire.
vakker beautiful, handsome.
vakle *(sjangle)* stagger; *(overført)* waver, vacillate; **~voren** unsteady; *(stol)* rickety.
vaksin|asjon vaccination; **-e** vaccine; **-ere** vaccinate.
vakt watch, guard; **~avløsning** changing of the guard.
vaktel *(zool)* quail.
vakt|havende on duty, in charge; **-hund** watchdog; **-mann** watchman; **-mester** caretaker, *(særlig amr)* janitor; *(i leiegård)* (house) porter.
vakuum vacuum.
valen numb.
valfart pilgrimage; **~e** make a pilgrimage.
valg choice; *(politikk)* election; **~bar** eligible; **~dag** polling day, election day; **~fag** optional course, *(amr)* elective; **~fri** optional; **~kamp** election campaign; **~krets** constituency; **~lokale** polling station, *(amr)* polling place; **~skred** landslide; **~språk** motto; **~urne** ballot box.
valmue poppy; **~frø** poppy seed(s).
valnøtt walnut.
valp pup(py), whelp.
vals *(dans)* waltz.
valse *subst* cylinder, roller.
valse *verb* roll; waltz, **~takt** waltz time.
valuta *(pengesort)* currency; *(betalingsmiddel)* exchange; *(verdi)* value; **~kurs** rate of exchange; **fremmed ~** foreign currency; **hard ~** hard currency; **~handel** currency

transaction(s); **~notering** foreign exchange quotation.
vampyr vampire.
vandelsattest certificate of good conduct.
vandr|e wander, roam; **~pokal** challenge cup; **~r** wanderer; **-ing** wandering.
vane habit, custom; **~dannende** habit-forming; **~messig** habitual, routine; **~sak** matter of habit.
vanilje vanilla; **~saus** *omtrent* vanilla custard.
vanke frequent.
vanlig usual, customary; **~vis** usually, generally.
vann water; **~avstøtende** water-repellent; **~bad** water bath; **~basseng** reservoir; **~blemme** blister; **~drivende** diuretic; **~e** water; **~farge** watercolour, *(amr)* watercolor; **~fast** waterproof; **~forsyning** water supply; **~forurensning** water contamination; **~klosett** water closet, w.c.; **~kopper** *(medisin)* chicken pox.
vannkraft water power; hydroelectric power; **~verk** water power plant.
vannkran tap, *(amr)* faucet.
Vannmannen *astrologi* Aquarius.
vann|rett horizontal, level; **-planing** aqua planing.
vannski waterski(s); **stå på ~** waterski.
vann|sklie aquatube; **-skille** watershed; **-skrekk** hydrophobia; **-slange** hose; **-stoff** hydrogen; **-tett** watertight; *(om tøy)* waterproof; **-verk** waterworks.
vanskapt deformed.
vanskelig *adj* difficult, hard; **~gjøre** complicate, make difficult; **~het** difficulty.
van|skjøtsel neglect; **-styre** misrule.
vant til used (*eller* accustomed) to.
vante woollen glove.
van|trives feel uncomfortable; **-tro** *adj* unbelieving.
vantro *subst* disbelief.
van|vare, av ~ inadvertently; **-vidd** insanity, madness; **-vittig** mad; *(sinnssyk)* insane.
vanære dishonour, *(amr)* dishonor; disgrace.
vara|formann vice-chairman; **-mann** deputy, substitute.
varde cairn.
vare *subst (handels-)* article, product, line, commodity; **~r** *flertall* goods; **ta seg i ~ for** beware of; **ta ~ på** take care of.

vare *verb (ved-)* last; **~beholdning** stock; **~bil** van; **~deklarasjon** specification; **~hus** department store; **~merke** trademark; **~messe** trade fair; **~parti** consignment, shipment; **~prøve** sample; **~tekt** custody, care; **~trekk** cover.
vari|abel variable; **-asjon** variation; **-ere** vary; **-eté** variety, music hall.
varig lasting, permanent; **~het** duration.
varm warm; hot; **~blodshest** hot-blooded horse.
varme *subst* warmth, heat.
varme *verb* warm, heat; **~anlegg** central heating; **~bølge** heat wave; **~dress** thermal suit; **~flaske** hot-water bottle; **~grad** degree of heat, degree above zero; **~ovn** (electric) heater.
varmtvannsbeholder hot water container.
vars|el *(advarsel)* warning; *(jur)* notice, summons; *(for-)* omen, sign; **~lys** warning light; **~skilt** warning sign; **~trekant** warning triangle; **-le** *(gi melding)* notify; *(advare)* warn; **-le om** notify of.
varsom cautious; **~het** caution.
varte opp wait (upon); attend to.
varulv werewolf.
vase *(blomster-)* vase.
vaselin vaseline.
vask washing; *(kum)* sink; **~bar** washable.
vaske wash; **~ekte** washproof; **~maskin** washing machine; **~pulver** washing powder, detergent; **~ri** laundry; *(selvbetjenings-)* launderette; **~servant** sink; **~vannsfat** washbasin.
vasse wade; **~n** watery.
vater, **i ~** level; **~pass** spirit-level.
vatt cotton wool; *(i plater)* wadding; **~ere** pad, quilt, wad; **~ering** wadding.
ved *preposisjon* by, at; on, in; *subst* wood.
vedde bet, wager; **~løp** race; **~løpsbane** racecourse; (racing) track; **~mål** wager, bet.
vedkjenne seg own, acknowledge.
vedkommende *subst* (person) in question.
ved|lagt *(i brev)* enclosed; **-legg** enclosure; *(edb)* attachment; **-legge** enclose, attach.
vedlikehold maintenance; **~e**

keep in repair, maintain; **~sfri** maintenance-free.
vedskjul woodshed.
ved|tak resolution; **-tekter** *flertall* rules, regulations.
vedvarende continual, lasting; persisting.
vegeta|bilsk vegetable; **-rburger** vegeburger; **-rianer** vegetarian; **-risk** vegetarian; **-rkost** vegetarian food.
vegg wall; **~edyr** bedbug; **~teppe** tapestry; **~-til-~-teppe** fitted carpet.
vegne, på mine ~ on my behalf.
vegr|e seg refuse, decline; **-ing** refusal.
vei road; *(retning)* way, route; *(hoved-)* main road; **~arbeid** road repair; **~avgift** toll; **~bom** toll gate; **~dekke** road surface.
veie weigh.
veikant roadside.
vei|kryss crossroads *entall*; junction, *(amr)* intersection; **-skilt** road sign.
veiled|e guide, instruct; **~nde** instructive; *(pris)* recommended; **~r** guide, instructor; **-ning** guidance; instruction(s).
veisperring road block.
veiv crank; **~aksel** *(maskin)* crankshaft.
veke *(lampe-)* wick.
vekk *(borte)* away, gone; *(bort)* away, off.
vekke awake(n), wake; *(etter avtale)* call; *(overført)* arouse, excite; **~lse** awakening; *(religion)* revival; **~rur** alarm clock.
veksel *(handel)* bill (of exchange); *(tratte)* draft; **~aksept** acceptance of a bill (of exchange); **~bruk** *agr* rotation of crops; **~strøm** *elekt* alternating current; **~virkning** interaction.
vekselvis *adv* by turns, alternately.
veksle change; *(ut-)* exchange; **~penger** change.
veksling change; *(ut-)* exchange; **~sautomat** coin changer; **~skontor** currency exchange; **~skurs** exchange rate.
vekst growth; *(høyde)* stature; *(bot)* herb, plant.
vekt weight; *(veieinnretning)* scales, balance; **legge ~ på** stress.
Vekten *astrologi* Libra.
vekt|løfter weightlifter; **-skål** scale; **-stang** lever.
vel *adv* well.
vel *subst* welfare, good, benefit.

veldedig charitable; **~het** charity.
veldig *(kraftig)* powerful; *(stor)* enormous.
velferd welfare; **~sstat** welfare state.
velfortjent well-deserved.
velge choose; *(politikk)* elect; **~r** elector.
velgjører benefactor.
velhavende well-to-do; wealthy.
vel|kjent well-known; **-kledd** well-dressed; **-kommen** welcome; **-komst** welcome.
vellagret matured; well-seasoned.
velling thin porridge, gruel.
vel|luktende fragrant, sweet-scented, perfumed; **-lyd** euphony; **-lykket** successful.
vellyst voluptuousness, sensuality; **~ighet** lasciviousness.
vel|ment well-meant; well-intentioned; **-nært** well-fed.
veloppdragen well mannered.
velorientert well-informed; knowledgeable.
velsigne bless; **~lse** blessing.
vel|skapt well-shaped; **-smakende** savoury, *(amr)* savory; tasty.
velstand prosperity; **~ssamfunnet** the affluent society.
velstående well-to-do, prosperous, well off.
veltalenhet eloquence; rhetoric.
velte upset, overturn.
vel|valgt well-chosen; **-vilje** benevolence, good-will; **-villig** benevolent, kind; **-være** well-being.
vemmelig disgusting, nasty.
vemodig sad.
vend|e turn; **~krets** tropic; **~punkt** turning point; **-ing** turning, turn; *(overført)* turn; *(talemåte)* phrase.
vene vein; **~risk** venereal.
venn friend; **~inne** girlfriend.
venne| seg til get accustomed to; get used to; **-løs** friendless; **-tjeneste** friendly turn.
vennlig kind; *(vennskapelig)* friendly; **~het** kindness; friendliness.
vennskap friendship; **~elig** friendly; **~sby** twin town.
venstre *adj* left; **til ~** to (*eller* on) the left; **~kjøring** left-hand driving; **~orientert** leftist.
vente wait (**på** for); *(ha forventning om)* expect, await; **~liste** waiting list; **~værelse** waiting room.
ventil ventilator; *(maskin)*

valve; **~asjon** ventilation; **~ere** ventilate.
veps wasp; **~ebol** wasp's nest.
veranda veranda.
verd *adj* worth; *subst* worth, value.
verden world.
verdens|berømt world-famous; **-del** continent.
Verdens Handelsorganisasjon World Trade Organization (WTA).
verdenskrig world war.
verdensmester world champion; **~skap** world championship; *(lagsport)* World Cup; *(baseball)* World Series.
verdens|omseiling circumnavigation of the world; **-omspennende** global; **-rekord** world record; **-rommet** space; **-utstilling** world exhibition.
verdi value, worth; **~full** valuable; **~gjenstand** article of value; **~løs** of no value, worthless; **~papir** security; **~post** insured mail; **~saker** *flertall* valuables.
verdig worthy; *(om vesen)* dignified; **~het** dignity.
verdsette estimate, value.
verdslig secular, worldly.
verft shipyard.
verge *(formynder)* guardian; probation officer; **~løs** defenceless, *(amr)* defenseless.
verifiser|e verify; **-ing** verification.
verk work; *(mus)* opus; *(smerte)* ache; *(materie)* puss, matter; **~e** ache, pain.
verksted workshop; *(bil-)* garage.
verktøy tool; **~kasse** toolbox; **~linje** *(edb)* toolbar.
verken - eller neither - nor.
vern defence; protection; **~e** defend; protect.
verneplikt compulsory military service; **~ig** a conscript.
verneombud safety deputy.
verne|tiltak protective measure; **~verdig** worth preserving.
verpe lay.
verre worse.
vers stanza, verse; **~ere** circulate.
versjon version.
verst worst.
vert host; *(hus-)* landlord.
vertikal vertical; **~delt** semi-detached.
vertinne hostess; landlady.
vertshus tavern, pub, inn; **~holder** innkeeper.

vertskap host and hostess.
verve enlist; recruit.
vesen being; creature; *filos* entity; *(egenart)* essence; *(natur)* nature; *(opptreden)* manners; *(sinnelag)* disposition; **~sforskjell** essential difference; **~tlig** *adj* essential.
vesentlig *adv* essentially; *(mest)* chiefly, mostly.
veske (hand)bag; *(mappe)* briefcase.
veslevoksen precocious.
vest *(plagg)* waistcoat, *(amr)* vest; *(retning)* west; **~ for** west of.
vestibyle hall; lobby, foyer.
vest|lig *adj* western, westerly; **~over** to the west.
veteran veteran.
veterinær veterinary, vet, *(amr)* veterinarian.
veto veto; **~rett** right of veto.
vett brains, sense; **~skremt** scared out of one's senses.
vev *biol* tissue; *(celle-)* cellular tissue; *(-stol)* loom; *(det som veves)* texture, web; **~e** weave; **~er** weaver; **~eri** textile factory; **~kjerring** harvestman, *(amr)* daddy-long-legs; **~type** type of tissue.
v-genser v-neck (jumper).
vi we.
via via, by way of.
vibr|asjon vibration; **-ere** vibrate.
vid wide; **~e ut** broaden, widen.
vidde width.
video video; **~bånd** videotape; **~kassett** video cassette; **~spill** video game; **~spiller** Video Cassette Recorder (VCR).
videre wider; *(ytterligere)* farther, further; **for ~komne** advanced; **inntil ~** until further notice; for the time being; **~gående skole** upper secondary education, advanced studies.
vidt *adv* far, widely; **~gående** far-going, extreme; **~rekkende** far-reaching.
vidunder wonder, miracle; **~barn** (child) prodigy; **~lig** wonderful, marvellous, *(amr)* marvelous.
vidvinkel|kamera wide-angle camera; **-objektiv** wide-angle lens.
vie consecrate; dedicate; *(ekte)* marry; **~lse** wedding ceremony; **~lsesattest** marriage certificate; **~vann** holy water.
vifte *subst* fan.
vifte *verb* flutter, wave; **~rem** fan belt.

vignett vignette.
vigs|el consecration; **-le** consecrate.
vik creek, cove, inlet.
vikar substitute, deputy; stand-in; **~byrå** temporary job recruitment agency; **~iat** temporary position; **~iere** substitute.
vike yield, give way (**for** to); **~ tilbake** draw back, retreat; flinch (**for** from); **~ til side** step aside.
vikeplass lay-by, *(amr)* pull-off.
vikeplikt yield; **~skilt** give way sign.
viking viking.
vikle wrap, twist.
viktig important; *(innbilsk)* conceited.
vilje will; **med ~** on purpose; **~løs** weak-willed; **~sterk** strong-willed; **~styrke** will-power; **~svak** weak-willed.
vilkår conditions; *(flertall* også) terms; **~lig** arbitrary; **~lighet** arbitrariness.
vill wild; savage; fierce; **~ etter** crazy about.
villa detached house; villa.
ville be willing; *(ønske)* wish, want; **jeg vil** I will.
villede lead astray; **~nde** misleading.
villelse delirium; **snakke i ~** be delirious, rave.
villig *adj* willing; ready.
vill|mann savage; **-mark** wilderness; **-rede** perplexity, confusion; **-spor** wrong track; **-svin** wild boar.
vilt game; *(kjøtt)* venison; **~er** lively, wild; **~handel** wild game (shop); **~reservat** game reserve.
vimpel streamer.
vimsete scatterbrained.
vin wine; *(hvit)* white wine; *(musserende)* sparkling wine; *(rosé)* rosé wine; *(rød)* red wine; **bordeaux~** claret; **burgunder~** burgundy; **lagret ~** matured wine; **årgangs~** vintage wine.
vind wind.
vindeltrapp spiral staircase; winding stairs.
vind|jakke wind-resistant jacket, *(amr)* windbreaker; **-kast** gust of wind; **-mølle** windmill.
vindrue grape.
vind|skjev warped; **-stille** calm; **-styrke** wind force.
vindu window; **skyve~** sash window; **dobbelt~** double-glazed window.
vindus|karm window frame; **-lem** shutter; **-post** sill; **-rute**

window pane; **-sprosse** window bar; **-spyler** windscreen washer, *(amr)* windshield washer; **-visker** windscreen wiper, *(amr)* windshield wiper.

vinge wing; **~skutt** winged; **~spenn** wingspan.

vinglete wobbly.

vin|gård vineyard; **-høst** vintage.

vink sign, signal; *(antydning)* hint; **~e** wave, beckon.

vinkart wine list.

vinkel angle; **~rett** right-angled.

vinmonopolet off-licence, *(amr)* liquor store.

vinn|e *(oppnå)* gain, win; *(erobre)* conquer, win; **~nde** winning; *(overført)* prepossessing; **~r** winner; **-ing** gain, profit.

vinsj winch.

vinter winter; **~dekk** *(for bil)* snow tyre; **~dvale** hibernation, winter sleep; **~sportssted** winter resort.

vippe *subst* current limiter; *(i bil)* constant voltage control (CVC) unit; *(på lekeplassen)* see-saw.

vippe *verb* tilt, tip; **~port** overhead door; **~vindu** pivot window.

virke *verb* work; *(funksjonere)* operate; *(synes å være)* seem, look; **~ på** have effect on; **~felt** field of activity.

virkelig *adj* real, actual; *(sann)* veritable.

virkelig *adv* really, actually; indeed.

virkeliggjøre realize.

virkelighet reality.

virke|middel means, agent; **-måte** mode of operation.

virkning effect; impact; **~sfull** effective; **~sløs** ineffective.

virksom active; *(om legemiddel)* effective; **~het** activity; business.

virtuos virtuoso.

virus virus; **~infeksjon** viral infection.

virvar confusion, mess, tangle.

vis *adj* wise.

vis-à-vis opposite.

visdom wisdom; **~stann** wisdom tooth.

vise *(forstavelse)* vice-, deputy; *subst* song, ballad.

vise *verb* show; *(legge for dagen)* display; *(bevise)* prove; **~ seg** appear; *(dukke opp)* turn up; *(vise seg å være)* prove.

viser indicator; *(ur-)* hand.

visitere inspect; search.

visitt visit; *(lege-)* round(s);

avlegge ~ call on, pay a visit; **~kort** business card, *(amr)* calling card; **~tid** *(på sykehus)* visiting hours.
visjon vision; **~ær** visionary.
viske rub; **~lær** rubber, *(amr)* eraser.
visne wither, fade.
visp whisk; **~e** beat, whisk.
visning showing, viewing, demonstration; *bolig* (public) viewing; **-sprogram** *(edb)* viewer.
viss certain, sure; **~elig** certainly, to be sure.
vissen withered; faded.
visshet certainty.
visst certainly; **~nok** no doubt.
visu|alisere visualize; **-ell** visual.
visum visa; **~søknad** visa application; **~tvang** visa requirement.
vital vital; **~itet** vitality.
vitamin vitamin; **~mangel** vitamin deficiency; **~tilskudd** vitamin supplement.
vite know; **få** ~ learn.
vitenskap science; **~elig** scientific; **~smann** scientist.
vitne *subst* witness.
vitne *verb* testify, witness, give evidence; **~mål** *jur, uttalelse fra vitne* testimony, *(bevis)* evidence; *(eksamensbevis)* certificate, *(amr)* diploma.
vits joke.
vittig witty; **~het** *(egenskapen)* wittiness; *(vits)* joke, witticism.
vogn carriage; waggon; cart; *(jernb)* carriage, *(amr)* car; **~kort** registration card.
vokal *adj* vocal.
vokal *subst* vowel.
voks wax; **~avstøpning** wax cast; **~duk** oil cloth; **~e** *(med voks)* wax; *(bli større)* grow; *(tilta)* increase.
voksen grown-up, adult; **~opplæring** adult education.
voks|kabinett waxworks; **-lys** candle.
vokte watch, guard; **~ seg for å** take care not to; **~r** keeper.
vold violence; *(makt)* force; **~elig** *adv* violent; **~gift** arbitration; **~smann** assaulter; assailant; **~som** violent; **~ta** rape.
voldtekt rape; **~sforbryter** rapist.
voll dike.
volleyball volleyball.
vollgrav moat.
volt volt.
volum volume.
vom belly, paunch; **~bat** wombat.

vond bad; *(ond)* evil; *(smertefull)* painful.
vordende future, prospective.
vorte wart; *(bryst-)* nipple.
vott mitten.
vrak wreck; **~e** *(forkaste)* reject; *(sortere)* sort; **~gods** wreckage.
vrang *(vrengt)* inverted; (turned) inside out; *(om person)* disobliging; *(vanskelig)* intricate; **~e** wrong side.
vrang|forestilling delusion; **-lære** heresy; **døra gikk i -lås** the lock caught; **-maske** purl; **få i -strupen** swallow sth the wrong way.
vrenge turn inside out.
vri *verb* twist, bend, wring; **~dd** bent, twisted; **~dning** twist(ing); *(maskin)* torsion; **~en** difficult.
vrikke wriggle; *(forstue)* sprain.
vrimle swarm, shoal (**av** with).
vrinske neigh, whinny.
vrist *(anatomi)* instep.
vræle roar, bawl.
vrøvl nonsense.
vugge *subst* cradle.
vugge *verb* rock; **~sang** lullaby.
vulgær vulgar.
vulkan volcano; **~isere** vulcanize; **~utbrudd** volcanic eruption.
vurder|e value, estimate (**til** at); **-ing** valuation.
væpne arm.
vær weather; *(sauebukk)* ram; **~bitt** weather-beaten.
være be.
værelse room; **~spike** chambermaid.
Væren *astrologi* Aries.
vær|fast detained by weather; **-hane** weathercock; **-hardt** exposed, unsheltered; **-melding** weather forecast.
væske *subst* liquid, fluid.
væte *verb* wet, moisten.
vørterøl malt beer.
vågal audacious, daring.
våge dare, venture; *(sette på spill)* risk; **~stykke** daring (venture).
våke wake, be awake; **~ over** watch over; **~n** awake.
våkne wake up.
våpen weapon; arms; *(familie-)* coat-of-arms; **kjernefysiske ~** nuclear weapons; **~hvile** truce; cease-fire.
vår *pron* our.
vår *subst* spring.
vås nonsense, rubbish; **~ete** silly.
våt wet; **~mark** wetlands.

W

Wales Wales.
walis|er Welshman, Welshwoman; **-isk** Welsh.
watt watt.
web *fork for* **World Wide Web**; **~leser** browser; **~side** web page.
whisky whisky; *(amr, irsk)* whiskey; *(skotsk)* scotch; **~pjolter** whisky and soda, *(amr)* highball.
WHO *fork for* **World Health Organization**.
wienerbrød danish pastry.
WTO *fork for* **World Trade Organization**.

X

xml *fork for* **Extensible Markup Language**.
xylofon xylophone.
xylografi xylography, wood engraving.

Y

yacht yacht.
ydmyk humble; **~e** humiliate; **~else** humiliation; **~ende** humiliating; **~het** humility.
ymte hint.
yndl|e *subst* grace, charm; **-ig** graceful; charming; **-ling** favourite, *(amr)* favorite; **-lingsrett** favourite dish.
yngl|el brood; *(fiske-)* spawn; **-le** breed; **-leplass** spawning ground; **-ling** youth.
yng|re younger; *(av senere dato)* later; **-st** youngest.
ynke|l seg moan; **-lig** pitiful; miserable.
yoghurt yog(h)urt; **~is** yog(h)urt ice cream.

ypperlig excellent.
yppig exuberant; **~het** exuberance.
yr *adj* giddy; *(duskregn)* drizzle; **~e** drizzle; *(kry)* swarm.
yrke occupation; *(håndverk)* craft, trade; *(akademisk)* profession.
yrkes|aktiv working; **-messig** occupational; professional; **-opplæring** training; **-skole** technical college; **-veiledning** vocational guidance.
yste make cheese; **~ri** cheese factory.
yte grant, give; **~evne** capacity, output; **~lse** *(bidrag)* contribution; *(utbetaling)* payment; *(prestasjon)* performance; *(tjeneste)* service.
ytre *adj* external; *subst* the exterior.
ytre *verb* utter, express.
ytring remark; **~sfrihet** freedom of speech.
ytter|dør outer door; *(entrédør)* front door; **-klær** outer clothes.
ytterlig|ere further, in addition; **-gående** extreme; **-het** extreme.
ytter|side outside; **-st** utmost; extreme; **-sving** outside curve.

Z

zappe zap.
zip *(edb)* zip.
zoologi zoology; **~sk hage** zoological gardens, *(hverdagslig)* zoo.
zoom *(fotogr)* zoom lens.
zucchini courgette, *(amr)* zucchini.

Æ

æra era.
ærbødig respectful; **~het** respect; **~st** *(i brev)* Yours faithfully.
ære *subst* honour, *(amr)* honor; glory.
ære *verb* honour, *(amr)* honor; **~frykt** awe, veneration; **~kjær** proud; **~kjær** proud; **~krenkelse** defamation.
ærend errand; **gå ~** run errands.
æres|doktor honorary doctor; **-gjest** guest of honour; **-medlem** honorary member; **-ord** word of honour; **-vakt** guard of honour.
ærfugl eider duck.
ærgjerrig ambitious; **~het** ambition.
ærlig honest; **~ talt** honestly; **~het** honesty.
ærverdig venerable.
æsj yuck, ugh.
ætt family.
ætte|saga family saga; **-tavle** genealogical table; family tree.

Ø

øde *adj* deserted, desolate.
ødelegge ruin, destroy; spoil; *(skade)* damage; **~lse** ruin, destruction.
ødem swelling; oedema, *(amr)* edema.
ødemark wilderness.
øds|el prodigal; wasteful; **-le** be wasteful, be extravagant.
øgle lizard.
øk *(hest)* nag.
øke increase; **~navn** nickname; **~nde** growing, increasing.
økolog ecologist; **~i** ecology; **~isk** ecological.
økonom economist; **~i** *(sosial-)* economics; *(sparsommelighet)* economy; **~isk** *(som angår økonomi)* economic; *(om en*

persons økonomi) financial; *(sparsommelig)* economical.
øko|sofi environmental philosophy; **-system** ecosystem.
øks axe, hatchet; **~ehode** axe head; **~skaft** axe handle.
øl beer; ale; *(fat~)* draught beer; *(lyst)* pale beer; *(mørkt)* stout beer; **~bryggeri** brewery; **~gjær** brewer's yeast; **~krus** tankard.
øm tender; *(vondt)* sore; **~fintlig** sensitive (**for** to); **~het** soreness; *(overført)* tenderness; **~tålig** *(skjør)* fragile; *(overført)* delicate.
ØMU *fork for* **økonomisk og monetær union** Economic and Monetary Union (EMU).
ønske *subst* wish, desire.
ønske *verb* desire, wish; want; **~lig** desirable; **~tenkning** wishful thinking.
ør giddy, dizzy.
øre ear; **~betennelse** otitis; **~dobb** earring; **~døvende** deafening; **~fik** box on the ear; **~flipp** earlobe; **~lappstol** wing chair; **~merke** earmark; **~-nese-hals-spesialist** ear, nose, and throat (ENT) specialist; **~propper** *flertall* earplugs; **~telefon** earphone(s); **~varmere** earmuffs; **~verk** earache.
ørken desert.
ørkesløs idle.
ørliten puny, tiny, wee.
ørn eagle.
ørret trout.
ørske, **i ~** dazedly.
øse *(-kar)* scoop; ladle.
øse *verb* bale, scoop; *(suppe)* serve *eller* ladle.
øsregn pouring rain.
øst east; **~blokkland** Eastern bloc country; **~en** the East.
Østerrike Austria.
østerrik|er Austrian; **-sk** Austrian.
østers oyster.
øst|lig eastern; **-over** eastward.
østrogen oestrogen.
østvendt facing the east.
øve practise, *(amr)* practice; *(utøve)* exercise; **~lse** practice; exercise; *(trening)* training; **~lseskjøring** driving practice.
øverst top; uppermost.
øvet experienced, trained.
øvre upper.
øvrig remaining; **for ~** besides, moreover.
øy island; *(i navn)* isle.
øye eye.
øyeblikk moment, instant; **~elig** immediate; *(om virkning)* instantaneous.

øye|betennelse eye infection; **-bryn** eyebrow; **-dråper** eye drops; **-eple** eyeball; **-hule** eye socket; **-kast** glance; **-lege** eye specialist; **-lokk** eyelid.
øyemål visual measurement.
øyensynlig evident(ly), obvious(ly).
øye|skygge eye shadow; **-sminke** eye make-up; **-stikker** dragonfly; **-sverte** mascara; **-vipper** *flertall* eyelashes; **-vitne** eye-witness.

Å

å to.
åg|er usury; **~pris** exorbitant price; **-re** practise usury.
åk yoke.
åker field.
åkle woven tapestry.
ål eel; **~eteine** eel pot.
ånd spirit; *(spøkelse)* ghost, spirit; *(forstand)* mind, intellect.
ånde *subst* breath; **dårlig ~** foul breath.
åndedrett respiration; **kunstig ~** artificial respiration.
ånde|lig mental, intellectual; *(mots verdslig)* spiritual; **-løs** breathless; **-nød** difficulty in breathing.
ånds|arbeid intellectual work; **-evne** mental faculty; **-fraværende** absent-minded; **-frihet** intellectual freedom; **-frisk** of sound mind.
åndssvak imbecile, mentally disabled.
åpen open; *(overført)* above board.
åpenbar evident, obvious; **~e** reveal, disclose; **~ing** revelation.
åpen|het *(overført)* frankness; **-hjertig** openhearted, frank; **-lys** open, undisquised.
åpn|e open (**for** to); **-ing** opening; *(innvielse)* inauguration.
år year; **~bok** yearbook, annual.
åre *(anatomi)* vein; *(puls-)* artery; *(sjøfart)* oar; **~blad** oar-blade; **~forkalkning** arteriosclerosis; **~knuter** varicose veins.
åremål, **på ~** for a term of years.
årevis, **i ~** for years.

årgang *(tidsskrift o.l.)* volume; *(vin, film og overført)* vintage.
år|hundre century; **-lig** yearly, annual.
årsak cause; *(grunn)* reason.
års|beretning annual report; **-dag** anniversary; **-møte** annual meeting; **-tall** year, date; **-tid** season.
år|tier decades; **-tusen** millennium.
årvåken vigilant, alert; **~het** vigilance, alertness.
ås (mountain) ridge, hill; *(bjelke)* beam; **~rygg** crest.
åsted scene of the crime; **~sbefaring** on-the-spot viewing.
åte bait.
åtsel carcass, carrion; **~gribb** vulture.
åtte eight; **~kantet** octagonal; **~nde** eighth.
åtti eighty; **~ende** eightieth; **~åri(n)g** octogenarian.

PARLØR – *PHRASE BOOK*

Side

REISE

TRAVEL

Billetter

Tickets

Hvor er billettkontoret?

Where is the ticket office, please?

Jeg vil ha en enkel/retur-billett til ...

A single/return ticket to .., please.

Har dere billige tur-returbilletter?

Are there cheap day/weekend returns (amr: round trip tickets)?

Er det rabatt for skoleelever/studenter/pensjonister?

Is there a reduction (amr: discount) for pupils/students/old age pensioners?

Jeg vil bestille sitteplass/soveplass på bussen/toget til ...

I'd like to reserve a seat/book a sleeper on the bus/train to ...

Overnatting

Spending the night

Kan du anbefale et godt bed&breakfast/guest house/hotell?

Can you recommend a nice bed&breakfast/guest house/hotel?

Er det rom ledig?
Jeg vil *gjerne* bestille et enkeltrom/dobbeltrom.

Do you have vacancies?
I'd like to reserve a single/double room, please.

Jeg vil gjerne ha to enkelte senger/en dobbeltseng.

I'd like a twin bed/double bed.

Jeg vil ha frokost/middag/ fullpensjon.	*I'd like breakfast/dinner/full board, please.*
Er det en campingplass/ vandrerhjem i nærheten?	*Is there a camp site/youth hostel near by?*
Er det plass til en campingvogn/et telt til?	*Is there room for another caravan/tent, please?*
Leier dere ut hytter?	*Do you rent cabins?*
Hvor mye koster det per natt og person?	*How much does it cost per day and per person?*
Kan jeg leie en lakenpose/ sovepose?	*Is it possible to hire bedlinen/ a sleeping bag, please?*
Jeg vil gjerne ha et teppe til.	*I'd like another blanket, lease.*
Har dere en barneseng?	*Do you have a cot for the baby?*
Er dyr tillatt?	*Are pets allowed?*
Er det en matbutikk i nærheten?	*Is there a food store near by?*
Er stedet tilrettelagt for funksjonshemmede?	*Do you have facilities for the disabled?*

Klager	Complaints
Nøklen passer ikke.	*The key doesn't fit.*
Rommet er ikke rengjort.	*The room hasn't been cleaned.*
Dusjen/toalettet/TVen/ lyset virker ikke.	*The shower/toilet/television/ light doesn't work.*
Det fins ikke varmt vann.	*There's no hot water.*
Vinduet går ikke å lukke/åpne.	*The window doesn't shut/won't open.*

Transport	Transport
Når går neste buss/ fly/tog til ..?	*When does the next bus/ aeroplane/train leave for ..?*
Er det en bil/tog-mulighet til ..?	*Is there a coach/motorail service to ..?*
Hvor ofte går bussen/toget?	*How often does the bus/train run?*
Hvilken retning må jeg ta?	*Which direction must I take?*
Hvilke steder stopper vi?	*What places do we call at?*
Hvor må jeg bytte/gå av?	*Where do I change/get off?*
Når er vi framme?	*When do we get there?*
Hvor mye koster det?	*How much does it cost?*
Hvor er nærmeste T-banestasjon?	*Where is the nearest underground station?*
Hvor er nærmeste buss-/ taxiholdeplass?	*Where's the nearest bus stop/ taxi rank?*
Kan du kjøre meg til denne adressen?	*Could you take me to this address, please?*

adresse	address
ankomst	arrival
ankomstdato	date of arrival
ankomsttid	time of arrival
avgang	departure
avgangstid	time of departure
avreisedato	date of departure
badstue	sauna
bagasje	luggage, (*amr:*) baggage
bagasjeutlevering	luggage reclaim, (*amr:*) baggage claim
bagasjetralle	luggage trolley, (*amr:*) baggage trolley
bestille	book, reserve
billett	ticket
enkeltbillett	single ticket, (*amr:*) one-way ticket
overgang(sbillett)	transfer ticket
returbillett	return ticket, (*amr:* round trip ticket); (som gjelder for én dag:) day return
boblebad	jacuzzi
bosted	place of residence
brosjyre	leaflet
bytte	change
bærer	porter
campingplass	camping ground
campingvogn	caravan, (*amr:*) trailer
charterreise	charter tour
cruise	cruise

cruiseskip	cruise ship
dametoalett	ladies' room, (*amr:*) restroom
direktetog	through train
dobbeltrom	double room
driks	tip
ekstraseng	spare bed
enke	widow
enkeltrom	single room
enkemann	widower
enslig	single
etternavn	surname
ferie	holiday, (*amr:*) vacation
fjell	mountain
fjellvandring	mountain hike
fly	(aero)plane, (*amr:*) airplane
med fly	by plane, by air
flyselskap	airline
flyvert(inne)	steward(ess)
foajé	lobby
fornavn	Christian name
fornøyelsesreise	pleasure trip
forretningsreise	business trip
fortolle	declare
fylle ut	fill in
fødselsdato	date of birth
fødested	place of birth
første klasse	first class
gift married	
gjennomreise	transit
gjestebok	visitors' book

gjestgivergård	country inn
gruppebillett	group ticket
gruppereise	group travel
halvpensjon	half board
herretoalett	gents, men's room
hittegods(kontor)	lost property (office)
hjemstedsadresse	home address
hjemreise	return, journey home
hotell	hotel
hotellbetjening	hotel staff
hotelldireksjon	hotel management
hotellværelse	hotel room
høyfjellshotell	mountain hotel
håndbagasje	hand luggage, *(amr:)* hand baggage
innenriks flyrute	domestic flight
innenriksterminal	domestic terminal
innreise	to enter the country
innsjekking	check-in
interrail	interail, *(amr:)* eurail
interrailbillett	interrail pass, *(amr:)* eurail pass
interrailer	interrailer, *(amr:)* eurailer
jernbane	railway
jernbanevogn	railway carriage, *(amr:)* railroad car
med tog	by rail
jorden rundt-reise	round-the-world trip
jordomseiling	sailing around the world
koffert	suitcase

korttidsparkering	short-term parking
kro	inn
kupé	compartment
langtidsparkering	long-term parking
legitimasjonskort	identity card
liggevogn	couchette
lufthavn	airport
motell	motel
mellomlanding	intermediate landing
nasjonalitet	nationality
amerikansk	American
australsk	Australian
engelsk	English
norsk	Norwegian
ombordstigning	boarding
ombordstigningskort	boarding pass
oppbevaringsboks	luggage locker
opplysningskontor	information office
overvekt	excess luggage
pakketur	package tour
pass	passport
passasjer	passenger
pensjonat	boarding house, pension
pikkolo	bellboy, *(amr:)* bellhop
plassbillett	seat reservation
portier	receptionist
portner	doorman
reise	travel
hjemreise	return (journey)
utreise	outward journey

reisebyrå	travel agency
reiseforsikring	travel insurance
reisemål	destination
resepsjon	reception
resepsjonssjef	reception manager
romformidling	accommodation service
rundtur	tour
rutetabell	timetable
selskapsreise	conducted tour
sikkerhetskontroll	security check
sittevogn	carriage
skilt	divorced
skjema	form
sovevogn	sleeping car
spisesal	dining room
spisevogn	dining car
stuepike	maid
svømmebasseng	swimming pool
taubane	cable car
telt	tent
ligge i telt	camp, tent
terminal	terminal
toalett	toilet, *(amr:)* bathroom
tog	train
togforbindelse	train connection
togforsinkelse	train delay
toll	customs, duty
tollfri	duty-free
tollmyndighet	customs
tollpliktig	liable to duty

turist	tourist
turistbuss	coach
turistklasse	tourist class
turistkontor	tourist office
utenriksterminal	international terminal
utflukt	outing
utreise	departure
valuta	currency
vandrerhjem	youth hostel
vekslingsautomat	coin changer
vekslingskontor	exchange bureau
vekslingskurs	rate of exchange
venteværelse	waiting room
vertshus	pub, inn, tavern
vintersportssted	winter resort
visum	visa
værelsesbetjening	room service

NOEN VANLIGE UTTRYKK / *SOME BASIC PHRASES*

Hilsen / *Greeting*

God bedring!	*Get well soon!*
God dag!	*How do you do!*
God fornøyelse!	*Have a good time!*
God jul!	*Merry Christmas!*
God morgen/kveld.	*Good morning/evening.*
God reise!	*Pleasant journey!*
Godt nyttår!	*Happy New Year!*
Hei!	*Hello! (amr:) Hi! (austr:) How are you!*
Hvordan står det til?	*How are you?*
Kondolere.	*Please accept my condolences.*
Lykke til!	*Good luck! All the best!*
Skål!	*Cheers! Bottoms up!*
Vi sees snart/senere/i morgen.	*See you soon/later/tomorrow.*
Vær så god.	*Please.*

Avskjed	***Farewell***
Ha det!	*Goodbye. Bye. So long. Ciao.*
Ha det bra!	*Take care! All the best!*
Ha det gøy!	*Enjoy yourselves! Have fun!*
Morn'a!	*Cheerio. Bye. So long. Ciao.*
Gratulasjon	***Congratulation***
Gratulere med dagen!	*Happy Birthday. Many happy returns of the day!*
Gratulerer!	*Congratulations!*
Personlig informasjon	***Personal information***
Hva heter du?	*What's your name?*
Hva jobber du med?	*What do you do for a living?*
Hvor gammel er du?	*How old are you?*
Hvor kommer du fra?	*Where do you come from? (amr:) Where are you from?*
Jeg heter ...	*My name is ...*
Når har du fødselsdag?	*When is your birthday?*
Presentasjon	***Presentation***
Får jeg presentere deg for ...	*May I introduce you to ...*
Telefon: Jeg heter ...	*My name is ...*
Kan jeg få snakke med ...?	*May I speak to ...*

Takk	*Thanks*
Ellers takk.	*Thanks anyway.*
For all del.	*Don't mention it.*
Hjertelig takk.	*Sincere thanks.*
Ingen årsak.	*Don't mention it.*
Ja takk. (Svar på tilbud)	*Yes, please.* (Svar på forespørsel) *Yes, thanks.*
Mange takk!	*Thank you very much!*
Nei takk.	*No, thank you. No thanks.*
Selv takk.	*Thank you.*
Takk.	*Thanks.*
Takk det samme.	*That goes for you as well. (amr:) Same to you.*
Takk for hjelpen.	*Thank you for your help.*
Takk for maten.	*Thanks for a lovely meal.*
Takk for meg.	*Bye, and thank you (very much).*
Takk for sist.	*Nice to see you again.*
Takk i like måte!	*Likewise.*
Tusen takk.	*Thank you (very much).*

Unnskyldning	*Apology*
Beklager.	*I'm so sorry.*
Ha meg unnskyldt.	*I apologize. Sorry.*
Så synd.	*I'm so sorry.*

Unnskyld! (Innledningsfrase:)	*Sorry! Excuse me. Pardon me.*
Unnskyld?	*I beg your pardon?*

Vanskeligheter med å forstå	***Difficulties in understanding***
Hva betyr det?	*What does that mean?*
Hva heter dette?	*What do you call this?*
Hva sier du?	*Pardon?*
Jeg forstår ikke.	*I don't understand.*
Kan du bokstavere det?	*Could you spell it, please?*
Kan du snakke litt langsommere?	*Could you speak more slowly, please?*

BIL OG TRAFIKK	CAR AND TRAFFIC
Bil, sykkel	***Car, bike***
Jeg vil gjerne leie en bil/sykkel.	*I'd like to hire a car/bike.*
Hvor mye koster det per dag/per uke?	*How much does it cost per day/week?*
Hva skal dere ha per mil?	*What do you charge per mile?* (10 miles=16 km)
Hvor mye er det i depositum?	*How much is the deposit?*
Unnskyld, hvordan kommer jeg til ... herfra?	*Excuse me, how do I get from here to ...?*
Kan du vise meg veien på kartet?	*Could you please show me the way on the map?*
Hvor langt er det?	*How far is it?*
Unnskyld, er dette veien til...?	*Excuse me, is this the road to...?*
Første vei til høyre eller venstre?	*First road to the right or left?*
Følg skiltene.	*Follow the signs.*
Er det en parkeringsplass i nærheten?	*Is there a car park near here?*
Hvor er nærmeste bensinstasjon?	*Where is the nearest petrol station/ (amr:) gas station?*
Jeg vil gjerne ha førti liter/ full tank bly(fri)/normal/ super bensin/diesel.	*I should like forty litres/full tank of (un)leaded/three-star/ four-star/diesel, please.*

Vennligst sjekk oljen/skift olje.	*Please, check the oil/change the oil.*
Vennligst sjekk luften i dekkene/vannet.	*Please check the tyre pressure/ the water.*
Jeg har fått en punktering/ et motorstopp.	*My car/bike has a flat tyre/ broken down.*
Kan du sende en bil-mekaniker/redningsbil?	*Would you send a mechanic/ break down-truck/ (amr:) tow-truck?*
Bilnummeret er...	*My registration number is...*
Kan du kjøre meg til nærmeste bilverksted?	*Could you give me a lift to t he nearest garage?*
Kan du slepe meg?	*Could you give me a tow, please?*
Har du reservedeler til denne modellen?	*Do you have spare parts for this model?*
Bare foreta den nødvendigste reparasjon.	*Just carry out the essential repairs, please.*
Når vil bilen/sykkelen være klar?	*When will the car/bike be ready?*
Kjøretøyet er kaskoforsikret.	*The vehicle has a comprehensive insurance.*
Jeg har ansvarsforsikring/ tyveriforsikring.	*I have a liability insurance/ burglary insurance.*
Kan jeg få en tilleggs-forsikring?	*May I have supplementary insurance?*

automatgir	automatic transmission
bagasjerom	boot, *(amr:)*: trunk
bakhjul(sdrift)	rear wheel drive
baklys	rear light
bakrute(visker)	rear window (wiper)
baksete	back seat
bakskjerm	rear wing, *(amr:)* rear fender
bakspeil	rear-view mirror
barnesete	child's safety seat
bensin	petrol, *(amr:)* gas(oline)
blyfri bensin	unleaded petrol/gas
blyholdig bensin	leaded petrol/gas
diesel	diesel
bensinkanne	petrol can, fuel can, *(amr:)* gas can
bensinmåler	fuel gauge
bensintank	fuel tank
blinklys	direction indicator
bilist	motorist
brems(e)	brake
blokkeringsfrie bremser	non-locking brakes
fotbrems	pedal brake
servobrems	power brake
bremsekloss	brake lining
bremseskive	brake disc
bremsevæske	brake fluid
dekk	tyre, *(amr:)* tire
dekk med slange	tubed tyre, *(amr:)* tire
dekk uten slange	tubeless tyre/tire
diagonaldekk	cross-ply tyre/tire

dieselmotor	diesel engine
eksosrør	exhaust pipe
felg	rim
firehjulstrekk	four wheel drive
fjernlys	main lights
forgasser	carburettor
forhjul(sdrift)	front wheel (drive)
forsete	front seat
frontrute	windowscreen, *(amr:)* windshield
fylle bensin	fill petrol/*(amr:)* gas
førerkort	driving licence, *(amr:)* driver's license
gasspedal	accelerator
gi tegn	indicate
girkasse	gearbox
gire opp	change up
sette i første gir	put in first gear
girspak	gear lever
gå på tomgang	idle
hanskerom	glove compartment
hestekrefter (HK)	horsepower (HP)
hjul	wheel
hjulkapsel	hub-cap
horn	horn
håndbrems	handbrake
***løsne* håndbremsen**	take off the handbrake
instrumentbord	dashboard
jekk	jack
kardangaksel	propeller shaft

karosseri	body
kattøye	reflector
kilometerstand	mileage
kjetting	chain
kjølevæske	anti-freeze
kjøreretning	direction of travelling
klimaanlegg	air-conditioning
kløtsj clutch	
slippe kløtsjen	release the clutch
kollisjonspute	air bag
lydpotte	silencer, *(amr:)* muffler
motor	engine
slå av motoren	turn off the ignition
motorolje	engine oil
skifte olje	change the oil
motorvarmer	engine heater
nav	hub
nummerskilt	number plate, *(amr:)* license plate
nyrebelte	lap belt
nærlys	dipped headlights
oljemåler	oil gauge
oljepinne	dipstick
panser	bonnet, *(amr:)* hood
parkere	park
parkeringslys	parking light
piggdekk	studded tyre/tire
punktering	flat tyre/tire
radiator	radiator
ratt	steering wheel

rattlås	steering lock
reservedekk	spare tyre/*(amr:)* tire
reservehjul	spare wheel
reservetank	spare tank
rust	rust
rygge	reverse
ryggelys	reversing light
sertifikat	driving licence, *(amr:)* driver's license
servostyring	servo-control, *(amr:)* power steering
sidespeil	side-view mirror
sikkerhetsbelte	safety/seat belt
spenne fast sikkerhetsbeltet	fasten the safety/seat belt
skiboks	ski box
skilt	number plate, *(amr:)* license plate
skivebrems	disc brake
skjerm	mudguard
skvettlapp	mud flap, *(amr:)* splash guard
slepekrok	towing hook
soltak	sun roof
spylevæske	windscreen/*(amr:)* windshield wash
startkabel	jump lead, *(amr:)* jumper cable
støtdemper	shock absorber
støtfanger	bumper
sykkel	bicycle

sykkelstyre	handlebars
syklist	cyclist
takgrind	roof rack
tanklokk	petrol cap
teknisk kontroll	technical control
tenningsnøkkel	ignition key
tennplugg	spark(ing) plug
turteller	rpm counter
tyverialarm	burglar alarm
vannplaning	aqua planing
varsellys	warning light
varseltrekant	warning triangle
verktøy	tool
vindusspyler	windscreen/*(amr:)* windshield washer
vindusvisker	windscreen/*(amr:)* windshield wiper
vognkort	registration document

Trafikk — *Traffic*

akselerasjonsfelt	acceleration lane
alkotest	breathalyzer
autovern	crash barrier
avkjøring	exit (road)
avskilte	remove the number plates/ *(amr:)* license plates
berging	rescue
blindvei	dead-end road
bot	fine

bro	bridge
bulk	dent
enveiskjørt gate	one-way street
fartsdump	speed bump
fartsgrense	speed limit
fartskontroll	speed control
fil	lane
bytte fil	change lanes
forbikjøring	passing, overtaking
forbudsskilt	prohibition sign
forkjørsrett	right of way
forkjørsvei	main road
fortau	pavement, *(amr:)* sidewalk
fortauskant	kerb, *(amr:)* curb
fotgjenger	pedestrian
fyllekjøring	drink-driving, *(amr:)* drunken driving
gangbro	foot bridge
gate	street
grusvei	gravel road
grøft	ditch
grøftekant	roadside
gågate	pedestrian street
hastighet	speed
høyrekjøring	driving on the right
kjøre	drive
kjøreforbud	driving ban
kollektivtrafikk	public transport
krabbefelt	slow lane
kryss	crossroads, intersection

landevei	country road
linje	line
midtlinje	centre line
motorvei	motorway, *(amr:)* highway, freeway
motorvei klasse A	dual carriageway
omkjøring	diversion, *(amr:)* detour
overgang	pedestrian crossing
parkering	parking
langtidsparkering	long-term parking
korttidsparkering	short-term parking
parkeringsavgift	parking fee
parkeringsbot	parking ticket
parkeringsforbud	no parking
parkeringshus	multi-storey car park
parkeringsvakt	traffic warden
planovergang	level crossing
påbudsskilt	mandatory sign
radarkontroll	radar control
redningstjeneste	breakdown service
refleksbrikke	reflector
refleksbånd	luminous strip
rennestein	gutter
rundkjøring	roundabout, *(amr:)* traffic circle
rushtrafikk	rush hour traffic
sidegate	side street
skilt	sign
smug	alley
stoppeplikt	obligatory stop

sving	turn
innersving	inside curve
yttersving	outside curve
sykkelsti	bicycle path
T-bane	underground, *(amr:)* subway
trafikklys	traffic light(s)
trafikkskilt	traffic sign
vei	road
veiarbeid	road repair
veiavgift	toll
veisperring	road block
venstrekjøring	left-hand driving
øvelseskjøring	driving practice

MAT OG DRIKKE — *FOOD AND DRINKS*

På restaurant — *In a restaurant*

Kan jeg få bestille et bord til i kveld?	*Could you reserve us a table for this evening, please?*
Er dette bordet ledig?	*Is this table free?*
Kan jeg få menyen?	*May I have the menu, please?*
Hva vil du anbefale?	*What can you recommend?*
Hva er dagens rett?	*What's today's special?*
Har du barnemeny?	*Do you have a children's menu?*
Har du vegetarmat?	*Do you have a vegetarian menu?*
Kan jeg få mer brød/vann/vin?	*Could I have some more bread/water/wine, please?*
Jeg er diabetiker.	*I'm a diabetic.*
Jeg er mett.	*I'm fine, thank you.*
Det smakte meget godt.	*The food was excellent.*
Hvor er toalettene?	*Where are the toilets, please? (amr:) Where is the restroom?*

Klager

Complaints

Jeg bestilte ikke dette.	*I didn't order this.*
Maten er kald/for salt.	*The food is cold/too salty.*
Kjøttet er seigt/for fett.	*The meat is tough/too fatty.*
Fisken er ikke fersk.	*The fish isn't fresh.*
Hent hovmesteren.	*Fetch the manager, please.*

Betaling

Payment

Kan jeg få regningen?	*Could I have the bill, please?*
Vi vil betale hver for oss.	*Separate bills, please.*
Er service inkludert?	*Is service included?*
Det ser ut til å være en feil på regningen.	*There seems to be a mistake on the bill.*
Behold resten.	*Keep the change.*

driks	tip
kelner	waiter
meny	menu
vinkart	wine list
aperitiff	aperitif
forrett	starter, *(amr:)* appetizer
hovedrett	main course
dessert	sweet, *(amr:)* dessert
asjett	small plate
gaffel	fork

glass	glass
kniv	knife
kopp	cup
pinner	chopsticks
skje	spoon
skål	saucer
tallerken	plate
teskje	teaspoon
serviett	(table) napkin, serviette

Mat

agurk	cucumber
akkar	squid
allehånde	allspice
ananas	pineapple
anis	aniseed
appelsin	orange
aprikos	apricot
artisjokk	artichoke
asparges	asparagus
bambusskudd	bamboo shoot
banan	banana
bankekjøtt	stewed beef
basilikum	basil
berlinerbolle	jelly doughnut, *(amr:)* jelly donut
bibringe	brisket of beef
biff med løk	steak and onions
bjørnebær	blackberry

blodklubb	dumpling with blood mixed in
blomkål	cauliflower
bløtkake	layer cake, cream cake
blåbær	bilberry, *(amr:)* blueberry
blåskimmelost	blue cheese
bolle	bun
boysenbær	boisenberry
bringebær	raspberry
brokkoli	broccoli
brunost	Norwegian goat cheese
brød	bread
brønnkarse	watercress
bønner	beans
grønne bønner	green beans
voksbønner	wax beans
bønneskudd	bean sprouts
daddel	date
dampet	steamed
dill	dill
drue	grape
dyrestek	roast venison
elgstek r	oasted elk
endivie	endive
eple	apple
ert	pea
gule erter	split peas
ertestuing	creamed peas
ertesuppe	pea soup
estragon	tarragon
farse	forcemeat, mince

fenalår	cured leg of mutton
fennikel	fennel
fersk	fresh
fiken	fig
finnbiff	stew made with sliced reindeer meat
fiskeboller	fish balls
fiskekaker	fish cakes
fiskepinne	fish finger, *(amr:)* fish stick
fiskepudding	pudding of shredded fish
fiskesuppe	fish soup
fjærfe	poultry
flatbrød	wafer-thin, crisp bread
flesk	pork
fløtesaus	cream sauce
frityrstekt	deep-fried
fyll/fylt	stuffing/stuffed
fårekjøtt	mutton
fåresopp	bracket fungus
fårikål	mutton and cabbage stew
geitost	brown (Norwegian) goat cheese
gravlaks	cured salmon
gresskar	pumpkin
gressløk	chives
griljere	bread and fry
griljermel	breading flour, *(amr:)* bread crumbs
grovbrød	dark bread
gryterett	casserole
gulrot	carrot

gurkemeie	turmeric
gås	goose
hakkebiff	chopped beef
hasselnøtt	hazelnut, filbert
helstekt gris	barbecued whole piglets
hjort	venison
honningkake	*omtrent* gingerbread
honningmelon	honeydew melon
hummer	lobster
hummerklo	lobster's claw
hummersalat	lobster salad
hvalbiff	whale steak
hveteloff	white bread
hvetemel	wheat flour
hvitløk	garlic
hvitløksfedd	clove of garlic
hvitting	whiting
hyse	haddock
hønsefrikassé	chicken casserole
høns	fowl, chicken
indrefilet	tenderloin, fillet steak
ingefær	ginger
ingefærkake	gingerbread
isbergsalat	iceberg lettuce
jarlsbergost	jarlsberg cheese
jordbær	strawberry
julekake(r)	fruitcake, christmas cookies
kabaret	(meat/fish) in aspic
kajennepepper	cayenne pepper
kalkun	turkey

kalv	veal
kalvelever	calf's liver
kanel	cinnamon
kanelstang	cinnamon stick
kantarell	chanterelle
karbonade	meat rissole
karbonadesmørbrød	open faced sandwich with meatburger
kardemomme	cardamom
karri	curry
karse	cress
karve	caraway (seed)
kjørvel	chervil
kjøttdeig	minced meat, *(amr:)* ground meat
kjøttkake	meat ball, rissole
klibrød	bran bread
knakkpølse	knackwurst
kneippbrød	wholemeal bread
knekkebrød	crispbread
klippfisk	split, salted and dried cod
kokt	boiled (in water), cooked
kotelett	chop, cutlet
kransekake	cone-shaped pile of almond cake rings
kremle	russula
kreps	crawfish
krydder	seasoning, spice
kryddernellik	clove
kylling	chicken

kål	cabbage
kålrot	swede, Swedish turnip
kålrulett	stuffed cabbage leaf
lam	lamb
lammesadel	saddle of lamb
lammestek	roast lamb
lapskaus	stew
laurbærblad	bay leaf
lefse	thin pastry served folded and spread with butter and other foods
lever	liver
loff	white bread
lutefisk	cod treated with lye and served boiled
løk	onion
mais	maize, *(amr:)* corn
malurt	wormwood
maiskolbe	(corn) cob
medisterdeig	finely ground pork
merian	marjoram
morkel	morel
multe	cloudberry
multekrem	whipped cream with cloudberries
muskat	nutmeg
mynte	mint
mysost	whey cheese
mølje	crumbled crispbread in fat
mørbradstek	roast sirloin

mørdeig	shortcrust
nellik	clove
nepe	turnip
normannaost	type of blue cheese
nyre	kidney
oksekjøtt	beef
oksestek	roast beef
oliven	olive
olje	oil
oregano	oregano
ost	cheese
osteanretning	cheese board
ostepai	quiche
paprika	paprika, (frukten) pepper
paranøtt	Brazil nut
pastinakk	parsnip
pepper	pepper
pepperrot	horseradish
persillerot	parsley root
piggsopp	tooth fungus
pinnekjøtt	*salted and dried ribs of* mutton, soaked and steamed
pitabrød	pitta (bread)
pizza	pizza
pizzadeig	pizza base
plukkfisk	fish stew, creamed cod
pommes frites	chips, *(amr:)* french fries
potet(er)	potato(es)
bakt potet	jacket potato, *(mest amr:)* baked potato

potetgrateng	au gratin
kokte poteter	boiled potatoes
potetmos	mashed/creamed potatoes
stekte poteter	fried potatoes
potetgull	crisps, *(amr:)* chips
pultost	soft, sharp cheese of sour, skimmed milk
puré	purée
purre(løk)	leek
pytt i panne	meat and potato hash
pære	pear
pølse	sausage, hot dog
pølse og potetstappe	bangers and mash
rabarbra	rhubarb
rakørret	partially fermented trout
reddik	radish
reinsdyrstek	venison
ribbe	pork ribs
rips	red currant
risengrynsgrøt	*omtrent* rice pudding
riske	milk cap
riskrem	creamed rice pudding
ristet	toasted
roquefort	Roquefort
rosenkål	Brussels sprouts
rosin	raisin
rosmarin	rosemary
rugbrød	rye bread
rundbiff	rump steak
rundstykke	(bread) roll

rødbete	beetroot, *(amr:)* beet
rødkål	red cabbage
rødspette	plaice
røkelaks	smoked salmon
røkesild	smoked herring
røkt	smoked, cured
rømme	sour cream
rømmegrøt	sour cream porridge
rådyrstek	venison
råkost	fresh, raw vegetables and fruit
safran	saffron
salat	lettuce
salvie	sage
saus	sauce
selleri	celery
semulegrynsgrøt	semolina porridge
sennep	mustard
sikori	chicory
sild	herring
røkt sild	kippers
sildesalat	salad of pickled herring, beetroot, onion, etc.
sirup	syrup
mørk sirup	treacle
sitron	lemon
sitronkrem	*omtrent* lemon curd
sitronmelisse	lemon balm, sweet balm
sjalottløk	shallot (onion)
sjampinjong	champignon

sjokoladepudding	chocolate blancmange, *(amr:)* chocolate pudding
sjy	gravy
skalldyr	shellfish
skinke	ham
røkt skinke	smoked ham
smalehovud	burnt, smoked and boiled sheep's head
smult	lard
smultring	doughnut, *(amr:)* donut
smør	butter
smørbrød	open sandwich
smørkrem	buttercream, *(amr:)* butter frosting
solbær	black currant
sopp	mushroom
spekekjøtt	cured meat
spekesild	salted herring
spekeskinke	cured ham
spinat	spinach
squash	squash, courgette
steinsopp	cep
stek	roast
stekt	roasted
i panne	fried
langstekt	braised
på grill	grilled
på spidd	spit-roasted
stikkelsbær	gooseberry
sukkerbrød	*omtrent* sponge cake

sukkererter	sugar peas
surkål	sauerkraut
sursild	pickled herring
sushi	sushi
svele	traditional thick pancake (from Western Norway)
sveitserost	Swiss cheese
svinekjøtt	pork
svineribbe	roast rib of pork
svor	rind
sylte	brawn
sylteagurk	pickled gherkin
syltelabb	boiled pig's trotter
syltetøy	jam
taco	taco
tartelett	shell
tatarsmørbrød	steak tartare
tilslørte bondepiker	*omtrent som* apple charlotte, *(amr:)* brown betty with whipped cream
timian	thyme
tomat	tomato
tranebær	cranberry
trøffel	truffle
vanilje(stang)	vanilla (pod)
vannbakkels	cream puff, éclair
vannmelon	water melon
vilt	venison
vørterkake	malt loaf
vårrull	spring roll

wienerbrød	danish pastry
wienerpølse	frankfurter
wienerschnitzel	viennese schnitzel, *(amr:)* veal cutlet
ytrefilet	sirloin steak
ål	eel

Food

allspice	allehånde
anchovy	ansjos
aniseed	anis
apple	eple
apple dumpling	innbakt eple
apple charlotte	*omtrent som* tilslørte bondepiker
apricot	aprikos
artichoke	artisjokk
aubergine	eggplante
bagel	liten brødring
baked alaska	kakebunn med is og marengs, varmet i ovn
baloney	*dss.* servelat
bamboo shoot	bambusskudd
banana	banan
barbeque	steke kjøtt ute ved grill; sterkt krydret kjøttsaus
basil	basilikum
bass	(hav)abbor
bay leaf	laurbærblad

bean sprouts	bønneskudd
beans	bønner
baked beans	brune bønner i tomatsaus
green beans	grønne bønner
wax beans	voksbønner
beef	biff
rare	blodig
well done	gjennomstekt
beefsteak	hamburger
beetroot	rødbete
bilberry, blueberry	*(amr)* blåbær
black pudding	blodpudding
blackberry	bjørnebær
black currant	solbær
bloater	lettsaltet, røkt sild
blood sausage	*(amr)* blodpudding
boston cream pie	pai fylt med (vanilje)krem med sjokoladedekke
bramble pudding	bjørnebærpudding med epler
Brazil nut	paranøtt
bread	brød
brisket	bryst
brisling	brisling
broccoli	brokkoli
broth	kraft
brown betty with whipped cream	*omtrent som* tilslørte bondepiker
Brussels sprouts	rosenkål
bubble and squeak	restemåltid av poteter, kjøtt og kål
bun	hvetebolle, *(amr)* kuvertbrød

butter	smør
caesar salad	salat med hvitløk, krutonger, ansjos og parmesan (ost)
canape	lite smørbrød
caraway	karve
cardamom	kardemomme
carrot	gulrot
casserole	gryterett
catfish	steinbit
cauliflower	blomkål
cayenne pepper	kajennepepper
celery	selleri
cereal	frokostblanding
char	røye
cheese	ost
cheesecake	ostekake
chef's salad	salat med skinke, kylling, ost og tomater
chervil	kjørvel
chicken	kylling
chicory	sikori
chili con carne	sterkt krydret kjøttgryte med røde bønner
chips	pommes frites, *(amr)* potetgull
chives	gressløk
chop	kotelett
chowder	suppe av muslinger, fisk og grønnsaker
christmas pudding	varm fruktpudding med vaniljesaus, dss. plumpudding

chutney	indisk kryddersyltetøy
cinnamon	kanel
clam	musling
clove	(krydder)nellik
club sandwich	dobbelt smørbrød med kylling, bacon, tomat, salat og majones
coalfish	sei
cod	torsk
creamed cod	plukkfisk
cold meat, cold cuts	*(amr)* kjøttpålegg i skiver
coleslaw	salat av hvitkål
continental breakfast	brød, smør, marmelade/ syltetøy og kaffe/te
corn	*(amr)* mais
corn-on-the-cob	maiskolbe
corned beef	sprengt oksebryst
cottage cheese	cottage cheese
cottage pie	kjøttdeig med lokk av potetmos, stekt i ovn
couscous	couscous
crab	krabbe
cranberry	tranebær
cranberry sauce	tranebærsaus
crayfish, crawfish	*(amr)* kreps
cream tea	ettermiddagste med scones m/ smør, krem og syltetøy
cress	karse
crisps	potetgull
croissant	croissant

crumpet	tebrød
curry	karri
custard	eggekrem, vaniljesaus
cutlet	kotelett
danish pastry	wienerbrød
date	daddel
devil's on horseback	baconruller fylt med svisker
dill	dill
doughnut	smultring
dressing	(salat)dressing
duck(ling)	and
dumpling	melbolle
eel	ål
egg	egg
fried egg	speilegg
hard-boiled egg	hardkokt egg
poached egg	kokt egg uten skall i vann med litt eddik og salt
scrambled eggs	eggerøre
soft-boiled egg	bløtkokt egg
endive	endivie
english breakfast	stekt egg, pølser og bacon med poteter og tomatbønner
fennel	fennikel
fig	fiken
fillet	filet
fillet (steak)	tournedos
fish	fisk
boiled fish	kokt fisk
fried fish	stekt fisk

smoked fish	røkt fisk
steamed fish	dampet fisk
fish and chips	fritert fisk og pommes frites
flounder	flyndre
fowl	fugl, fjærfe
french fries	pommes frites
gammon	skinkestek
gazpacho	spansk grønnsaksuppe
ginger	ingefær
goose	gås
gooseberry	stikkelsbær
grape	drue
gravy	(steke)sjy
grouse	rype, skogsfugl
gumbo	krydret kjøtt- eller sjømatsuppe jevnet med okra (gumbo)
haddock	kolje
haggis	stor 'kjøttbolle' av lever, havremel, løk, lammekjøtt og talg
halibut	hellefisk (kveite)
ham	skinke
hamburger	hamburger
hash	pytt-i-panne
hazelnut	hasselnøtt
hen	høne
herbs	urter
herring	sild
horseradish	pepperrot

hush puppy	frityrstekt kake av mais
irish stew	fårekjøtt med poteter, gulrøtter, løk, persille, timian og laurbærblad
jelly	gelé
kidney	nyre
king prawn	kongereke
kippers	røkt sild
lamb	lam
lasagna	lasagne
leek	purre
lemon balm	sitronmelisse
lentil	linse
linjeakevitt	aquavit that has been transported across the equator before being bottled
liver	lever
lobster	hummer
loin	kam, nyrestykke
macaroon	makron
mackerel	makrell
maize	mais
maple syrup	lønnesirup
marjoram	merian
marrow	marg
meat	kjøtt
boned meat	utbenet kjøtt
lean meat	magert kjøtt
spit-roasted meat	kjøtt på spidd
meat balls	kjøttboller

meat rissole	karbonade
mince pie	liten pai fylt med rosiner, mandler, epler og krydder
minced meat	kjøttdeig
minced steak with onions	karbonade med løk
mixed grill	forskjellige kjøttsorter og grønnsaker på spidd
mousse	fromasj (dessert), finmalt farse av kjøtt, fisk eller fugl
mullet	multe
mulligatawny soup	sterkt krydret kyllingsuppe
mushroom	sopp
mussel	musling, blåskjell
mustard	sennep
mutton	fårekjøtt
noodles	nudler
nutmeg	muskat
oatmeal	havremel
oil	olje
olive	oliven
onion	løk
orange	appelsin
oregano	oregano
oyster	østers
pancake	pannekake
paprika	paprika
parsley root	persillerot
parsnip	pastinakk
partridge	rapphøne
pastry	bakevare

pear	pære
peas	erter
perch	abbor
pepper	pepper
pesto	grønn mos av basilikum, hvitløk, pinjenøtter og olivenolje
pheasant	fasan
pigeon	due
pike	gjedde
pineapple	ananas
plaice	rødspette
plum pudding	flambert fruktkake, serveres til jul
pollack	sei
pork	svinekjøtt
porridge	grøt
porterhouse steak	t-benstek uten ben, chateaubriand
pot roast	grytestek kokt med grønnsaker
potatoes	poteter
baked potato	*(mest amr)* bakt potet
boiled potatoes	kokte poteter
creamed potatoes	potetmos
jacket potato	bakt potet
mashed potatoes	potetstappe
roasted potatoes	stekte poteter
poultry	fugl, fjærkre
prawn	stor reke
ptarmigan	rype

pumpkin	gresskar
quail	vaktel
rabbit	kanin
radish	reddik
rarebit	= Welsh rabbit (gratinert ostesmørbrød)
raspberry	bringebær
red currant	rips
relish	sterktkrydret saus eller grønnsaksblanding
rhubarb	rabarbra
rib	ribbe
rissoles	kjøttboller
roast beef	roastbiff
roast beef and yorkshire pudding	oksemørbrad med en pudding av egg/mel/melk/vann, servert med kjøttsky og senneps- eller pepperrotsaus
rosemary	rosmarin
rump steak	rundbiff
rye bread	rugbrød
saffron	safran
sage	salvie
salad cream	remulade
salmon	laks
sardine	sardin
sausage	pølse
scallion	vårløk
scallop	kamskjell
scampi	scampi

scotch egg	hardkokt egg med mel/farse/ brødsmuler rundt, stekt
shank	skank
shellfish	skalldyr
sherbet	sorbet
shoulder	bog
shrimp	reke
sirloin (of beef)	(okse)mørbrad
sloppy joe	hamburger i tomatsaus, servert i brød
snail	snegl
sole	sjøtunge
sparerib	ribbe
spinach	spinat
sponge cake	sukkerbrød
sprat	brisling
squash	squash
steak	biff
rare	blodig
well done	gjennomstekt
steak and kidney pie	oppskåret kjøtt og nyrer, hvitløk, løk og sopp, servert innbakt i paiskall
stew	stuing
Stilton cheese	lagret blåskimmelost
strawberry	jordbær
suckling pig	spegris
sundae	isdessert med krem, nøtter og sauser
swede	kålrot

sweetcorn	mais
sweetpotato	søtpotet
Swiss roll	rullekake
tarragon	estragon
tenderloin	*(amr)* mørbrad
thyme	timian
toad-in-the-hole	pølse innbakt i deig
toast	ristet brød
tomato	tomat
trifle	sukkerbrød dekt med frukt og syltetøy, med krem/vaniljesaus
trout	ørret
turbot	piggvar
turkey	kalkun
turmeric	gurkemeie
turnip	nepe
tusk	brosme
vanilla (pod)	vanilje(stang)
veal	kalv
venison	dyrestek, vilt
waffle	vaffel
watercress	brønnkarse
welsh rabbit	gratinert ostesmørbrød
worchester sauce	sterk saus av eddik og soya
yorkshire pudding	pudding av egg/mel/melk/vann, servert sammen med roastbiff

Drikke

bar	neat, *(amr:)* straight
med is	on the rocks
akevitt	aquavit
alkoholfritt drikke	non-alcoholic drinks, soft drinks
brennevin	spirits, *(amr:)* liquor
brus	lemonade, *(amr:)* soda (pop)
fløte	cream
gløgg	mulled wine
kaffe	coffee
filtermalt kaffe	finely ground coffee (drip coffee)
koffeinfri kaffe	decaf(feinated) coffee
kaffe med fløte	white coffee
pulverkaffe	instant coffee
svart kaffe	black coffee
kakao	cocoa
melk	milk
H-melk	whole milk
skummet melk	skimmed milk
sur melk	cultured milk
mineralvann	mineral water
med kullsyre	sparkling mineral water
uten kullsyre	still mineral water
pjolter	drink, *(amr:)* highball
saft	juice
selters	seltzer (water)
sitronsaft	lemon juice

sjokolade	hot chocolate
snaps	shot, spirits, aquavit
sprit	alcohol, spirits
te	tea
vin	wine
halvtørr	medium dry
hvitvin	white wine
musserende vin	sparkling wine
rosévin	rosé wine
rødvin	red wine
søt	sweet
tørr	dry
vørterøl	malt beer
øl	beer, ale
eksportøl	beer with high alcoholic content
fra fat	draught beer
juleøl	beer specially brewed at Christmas
lyst øl	pale beer
mørkt øl	stout beer
pils	lager

Drinks

ale	sterkt, noe søtt øl
pale ale	lett, lyst øl (pils)
applejack	amerikansk eplebrennevin
aquavit	akevitt
barley water	drikk med sitronsmak laget av bygg

beer	øl
bitter	litt beskt øl
brown beer	mørkt, noe søtt øl
guinness (stout)	mørkt, fyldig øl
lager	lett, kullsyreholdig øl (pils)
light beer	lett, lyst øl
stout	sterkt og mørkt øl
bourbon	amerikansk whiskey
brandy	konjakk, eau-de-vie
cafe au lait	like deler varm melk og kaffe
caffe latte	espresso med varm melk, vispet melk med dryss av kanel/sjokolade
caffe macchiato	espresso med litt melkeskum på toppen
caffe mocka	espresso med varm melk og mocka sirup, pisket melk med dryss av kakao
cappuccino	italiensk kaffe med varm, skummende melk
cider	alkoholholdig eplesaft
claret	rød bordeauxvin
coffee	kaffe
black coffee	svart kaffe
decaf	*(amr)* koffeinfri kaffe
decaffeinated coffee	koffeinfri kaffe
white coffee	kaffe med fløte
draught	fatøl
dry martini	tørr vermuth, cocktail på gin og vermuth

eggnog	eggtoddi
espresso	italiensk kaffe, serveres i mengde av 3 ss og svelges i en munnfull
ice espresso	en del kaffe og melk helles i et glass med isbiter
ginger ale	ingefærøl (alkoholfritt)
ginger beer	ingefærøl med/uten alkohol
irish coffee	kaffe med irsk whisky og krem
juice	juice
lemonade	limonade med sitronsmak
liqueur	likør
liquor	brennevin
long drink	brennevin blandet med vann o.a.
malt whisky	skotsk whisky av malt
milkshake	vispet melk med is
mineral water	mineralvann
moccaccino	varm melk og kaffe, krem dryppet med sjokoladesaus
pint	halvliter (øl), 0,568 l, *(amr)* 0,473 l
porter	mørkt, beskt øl
punch	varm drikk med brennevin, krydder og fruktbiter
rye whiskey	amerikansk whisky av rug
sake	(japansk risbrennevin) sake
scotch (whisky)	whisky laget på en blanding av korn og malt

shandy	øl blandet med ingefærøl eller limonade
soft drink	alkoholfritt drikke
spirits	brennevin
toddy	drikk av varmt vann, brennevin, vin eller saft
wine	vin
mulled wine	en slags gløgg
red wine	rødvin
rosé wine	rosévin
sparkling wine	musserende vin
white wine	hvitvin
whiskey	amerikansk eller irsk whisky
whisky	(skotsk) whisky

HELSE	*HEALTH*
Jeg vil gjerne bestille/ avbestille en time.	*I'd like to make/ cancel an appointment.*
Hvor er venteværelset?	*Where is the waiting room?*
Åpningstidene er ...	*Surgery hours are .../ (amr:) Office hours are ...*
Jeg er allergisk mot ...	*I'm allergic to ...*
Jeg er astmatiker/diabetiker.	*I'm an asthmatic/a diabetic.*
Jeg er blitt bitt.	*I've been stung (om insekt)/ bitten.*
Jeg er forkjølet.	*I've got a cold.*
Jeg er kvalm.	*I feel sick/nauseated.*
Jeg er overfølsom for ...	*I'm hypersensitive to ...*
Jeg har diare/forstoppelse.	*I've got diarrhoea/I'm constipated.*
Jeg har feber.	*I've got a temperature.*
Jeg har hodepine/tannpine/ vondt i halsen.	*I've a headache/ toothache/sore throat.*
Jeg har fått gnagsår.	*I've got a blister.*
Jeg har vondt i magen.	*I've got an upset stomach.*
Jeg har vondt i ryggen/ørene.	*I've got a back-ache/an earache.*
Jeg tror jeg har brukket/ forstuet ankelen/benet.	*I think I've broken/ sprained an ankle/a leg.*

Jeg tåler ikke maten.	*The food doesn't agree with me.*
Trenger jeg bandasje?	*Do I need a bandage?*
Jeg er på bedringens vei.	*I'm on the road to recovery.*

Lege — *Doctor*

allmennpraktiker	general practitioner (GP)
avdelingslege	consultant physician, *(amr:)* attending physician
barnelege	paediatrician, *(amr:)* pediatrician
distriktslege	local medical officer
gynekolog	gynaecologist
hjelpepleier	auxiliary nurse
hjertespesialist	cardiologist
hudlege	dermatologist
jordmor	midwife
kirurg	surgeon
lege	doctor, physician
nevrolog	neurologist
ortoped	orthopod
privatpraktiserende lege	doctor in private practice
psykiater	psychiatrist
psykolog	psychologist
sykepleier	nurse
tannlege	dentist
tannpleier	dental hygienist

øre-, nese- og halsspesialist	ear, nose and throat (ENT) specialist
øyelege	eye specialist

Medisin — *Medicine*

antibiotika	antibiotics
avføringsmiddel	laxative
bedøvelsesmiddel	anaesthetic
beroligende middel	sedative
febernedsettende middel	antipyretic
halstabletter	throat lozenges
hodepinetabletter	aspirin
hostemedisin	cough medicine
insulin	insulin
kinin	quinine
morfin	morphia
nesedråper	nose drops
penicillin	penicillin
prevensjonsmiddel	contraceptive
smertestillende middel	painkiller
sovetabletter	sleeping pills
stikkpille	suppository
styrkemedisin	tonic
østrogen	oestrogen
øyedråper	eye drops

Kroppen — *The body*

akillessene	Achilles' tendon
albue	elbow

ankel	ankle
ansikt	face
arm	arm
underarm	forearm
overarm	upper arm
ben	leg, (i skjelettet) bone
bekken	pelvis
blindtarm	appendix
bryst	breast
brystkasse	chest
brystvorte	nipple
bukspyttkjertel	pancreas
drøvel	uvula
eggleder	fallopian tube
eggstokk	ovary
endetarm	rectum
finger	finger
fot	foot
galleblære	gall bladder
gane	palate
hake	chin
haleben	coccyx
hals	neck
hjerne	brain
hjerte	heart
hode	head
hofte	hip
hofteben	hip bone
hofteledd	hip joint
hofteskål	hip socket

hud	skin
hæl	heel
hånd	hand
håndflate	palm
håndledd	wrist
isse	crown
kinn	cheek
kjertel	gland
kjeve	jaw
overkjeve	upper jaw
underkjeve	lower jaw
kjeveben	jaw bone
kjeveledd	jaw joint
kjønnsorganer	genitals
kne	knee
knehase	hollow of the knee
kneskål	kneecap
krageben	collar bone
kranium	*skull*
kropp	body
ledd	joint
leddbånd	ligament
legg	calf
leppe	lip
overleppe	upper lip
underleppe	lower lip
lever	liver
livmor	womb, uterus
luftrør	windpipe, trachea
lunge	lung

lymfekjertel	lymph gland
lyske	groin
lår	thigh
lårben	thighbone
lårhals	neck of the femur
mage	stomach
mandel	tonsil
mellomgulv	diaphragm
menisk	meniscus
midje	waist
milt	spleen
munn	mouth
nakke	the back of the neck
navle	navel
negl	nail
neglebånd	cuticle
nerve	nerve
nese	nose
nesebor	nostril
netthinne	retina
nyre	kidney
panne	forehead
penis	penis
polypp	polyp
prostata	prostate
pulsåre	artery
pupill	*pupil*
regnbuehinne	iris
ribben	rib
rumpe	behind, bottom

rygg	back
ryggrad	spine
ryggvirvel	(dorsal) vertebra
skinneben	shin
skjede	vagina
skjelett	skeleton
skjoldbruskkjertel	thyroid gland
skulder	shoulder
skulderblad	shoulderblade
slimhinne	mucous membrane
spiserør	gullet, esophagus
stemmebånd	vocal cord
strupe, svelg	throat
tann	tooth
fortann	front tooth
hjørnetann	canine tooth
jeksel	molar
kinntann	back tooth
melketann	milk tooth
stifttann	pivot tooth
visdomstann	wisdom tooth
tannkjøtt	gum(s)
tarm	intestine
testikkel	testicle
tinning	temple
tunge	tongue
tykktarm	colon, large intestine
tynntarm	small intestine
tå	toe
underliv	abdomen

urinblære	bladder
vrist	instep
øre	ear
øreflipp	earlobe
øye	eye
øyebryn	eyebrow
øyeeple	eyeball
øyelokk	eyelid
øyevippe	eyelash
åre	vein

Sykdommer, plager — *Illnesses, ailments*

aids	aids
alkoholisme	alcoholism
allergi	allergy
anoreksi	anorexia
astma	asthma
benskjørhet	brittle-bone disease, osteoporosis
bihulebetennelse	sinusitis
blemme	blister
blindtarmbetennelse	appendicitis
blodforgiftning	blood poisoning
blodmangel	anaemia
blodpropp	blood clot
blærekatarr	catarrh of the bladder, cystitis
blødersykdom	haemophilia
blåmerke	bruise
blåveis	black eye

brannsår	burn
brekning	vomiting
brennkopper	impetigo
brokk	hernia
bronkitt	bronchitis
brudd	fracture
cyste	cyst
diabetes	diabetes
difteri	diphtheria
eggehvite i urinen	albuminuria
eksem	eczema
elveblest	nettle rash
epilepsi	epilepsy
feber	fever
forkjølelse	cold
forstoppelse	constipation
forstuing	sprain
fotsopp	athlete's foot
frostskade	frost *injury*
gallesten	gallstone
gikt	rheumatism
gonoré	gonorrhea
gulsott	hepatitis
halsbetennelse	sore throat
halsbrann	heartburn
hekseskudd	lumbago
helvetesild	shingles
hemorroider	haemorrhoids
heteslag	heatstroke
heteutslett	heat rash

hikke	hiccups
hiv-smittet	hiv infected
hjernebetennelse	brain fever
hjerneblødning	cerebral haemorrhage
hjernehinnebetennelse	meningitis
hjernerystelse	concussion
hjerneslag	stroke
hjernesvulst	brain tumor
hjertebank	palpitation
hjerteinfarkt	heart attack, infarct of the heart
hoste	cough
hoven	swollen
hukommelsestap	loss of memory
hull (i en tann)	cavity
høysnue	hay fever
immunsvikt	immune deficiency
impotens	impotence
influensa	influenza
isjias	sciatica
katarr	catarrh
kikhoste	whooping cough
kjertelfeber	glandular fever
kjønnssykdom	venereal disease (VD)
klaustrofobi	claustrophobia
kløe	itch
koldbrann	gangrene
kolera	cholera
kopper	smallpox
krampe	spasm, cramp

kreft	cancer
krupp	croup
kusma	mumps
kvise	pimple, acne
leddgikt	arthritis
leggsår	leg ulcer
leverbetennelse	hepatitis
liktorn	corn
livmorframfall	prolapse of the uterus
lungebetennelse	pneumonia
lungekreft	lung cancer
lyskebrokk	inguinal hernia
lårhalsbrudd	fracture of the femur
magekatarr	gastric catarrh
mageknip	stomach ache
magesår	gastric ulcer
malaria	malaria
mandelbetennelse	tonsillitis
matforgiftning	food poisoning
menstruasjonssmerter	menstrual pains
meslinger	measles
migrene	migraine
munnsår	mouth ulcer
nervøs	nervous
neseblødning	nosebleed
neslefeber	nettle rash
nevrose	neurosis
nyrebetennelse	inflammation of the kidneys
nyresten	kidney stone
plevritt	pleurisy

pollenallergi	hay fever
prolaps	prolapse
prostata	prostate
psykisk lidelse	mental disorder
psykose	psychosis
reisesyke	travel sickness
rennende nese	runny nose
revmatisme	rheumatism
røde hunder	German measles
senkning	blood sedimentation
skarlagensfeber	scarlet fever
slag	stroke
smerte	pain
snue	headcold
soleksem	sun rash
soppforgiftning	mushroom poisoning
spebarnskolikk	infantile colic
spedalskhet	leprosy
sti (på øyet)	sty (on the eye)
stivkrampe	tetanus
struma	goitre
stær (grønn)	glaucoma
stær (grå)	cataract
stølhet	stiffness
sukkersyke	diabetes
svimmelhet	dizziness
syfilis	syphilis
sår	wound
tannråte	caries
tannverk	toothache

tarmbetennelse	enteritis
tarmslyng	ileus
tett nese	stuffed-up nose
tredagersfeber	three-day fever
tuberkulose	tuberculosis (TB)
tyfus	typhoid fever
urinveisinfeksjon	urinary tract infection, cystitis
utflod	discharge
utslett	rash
vannblemme	blister
vannkopper	chickenpox
vitaminmangel	vitamin deficiency
vorte	wart
ørebetennelse	otitis
øreverk	earache
åreforkalkning	arteriosclerosis
åreknuter	varicose veins

Calgary
C A N
Regina
Vancouver
Columbia
WASHINGTON
Seattle
Tacoma
Olympia
CASCADE RANGE
Portland
Salem
Eugene
OREGON
Missouri
MONTANA
Helena
Billings
ROCKY MOUNTAINS
Boise
IDAHO
Snake
NORTH DAKOTA
Bismarck
Fargo
SOUTH DAKOTA
Pierre
WYOMING
Cheyenne
GREAT PLAIN
Omah
NEBRASKA
Lincoln
Great Salt Lake
GREAT BASIN
Reno
Carson City
NEVADA
Salt Lake City
UTAH
COLORADO
Denver
Colorado Springs
Pikes Peak
4301
KANSA
Kans
Wichita
Sacramento
San Francisco
San Jose
CALIFORNIA
4418
Mount Whitney
Las Vegas
Colorado
Rio Grande
OKLAHO
Oklahoma City
Santa Fe
Albuquerque
Los Angeles
Long Beach
ARIZONA
Phoenix
NEW MEXICO
TEXA
Fort Worth
Abilene
San Diego
Mexicali
Tucson
Ciudad Juárez
El Paso
PACIFIC OCEAN
Austin
Hous
San
Rio Grande
Monterrey
Culiacán
MEXICO
Ciudad de Mexico
ALASKA
Bering Strait
Fairbanks
6194
Mount Mc Kinley
Anchorage
Juneau
Bering Sea
Gulf of Alaska
Aleutian Islands
PACIFIC OCEAN
0
1600 km
Kauai
Oahu
Honolulu
Maui
HAWAII
PACIFIC OCEAN
Hawaii